国际职业教育科学研究手册

GUOJI ZHIYE JIAOYU KEXUE YANJIU SHOUCE

（上 册）

主编：[德] 菲利克斯·劳耐尔 Felix Rauner

[澳] 鲁珀特·麦克林 Rupert Maclean

翻译：赵志群 等

北京师范大学出版集团
BEIJING NORMAL UNIVERSITY PUBLISHING GROUP
北京师范大学出版社

图书在版编目(CIP)数据

国际职业教育科学研究手册. 上册 / （德）劳耐尔主编；
赵志群译. —北京：北京师范大学出版社，2014.2(2021.9 重印)
ISBN 978-7-303-17387-7

Ⅰ.①国… Ⅱ.①劳… ②赵… Ⅲ.①职业教育－文集
Ⅳ.①G71－53

中国版本图书馆 CIP 数据核字(2013)第 308869 号

营 销 中 心 电 话　010-58802181　58805532
北师大出版社职业教育分社网　http://zjfs. bnup. com
电 子 信 箱　zhijiao@bnupg. com

出版发行：北京师范大学出版社　www. bnupg. com
　　　　　北京市西城区新街口外大街 12-3 号
　　　　　邮政编码：100088
印　　刷：三河市兴达印务有限公司
经　　销：全国新华书店
开　　本：787 mm×1092 mm　1/16
印　　张：29
字　　数：525 千字
版　　次：2014 年 2 月第 1 版
印　　次：2021 年 9 月第 3 次印刷
定　　价：58.00 元

策划编辑：王　婉　　　　　　责任编辑：王　婉
美术编辑：高　霞　　　　　　装帧设计：李　尘
责任校对：李　菡　　　　　　责任印制：陈　涛

《国际职业教育科学研究手册》学术指导委员会

（以姓氏拼音为序）

主　任：

石伟平　华东师范大学职业教育与成人教育研究所所长，教授，博士

石中英　北京师范大学教育学部部长，教授，博士

委　员：

郭建如　北京大学教育学院教授，博士

吉　利　北京教育科学研究院职业教育与成人教育研究所研究员，博士

姜大源　教育部职业技术教育中心研究所研究员

刘宝存　北京师范大学国际与比较教育研究院教授，博士

陆素菊　华东师范大学职业与成人教育研究所副教授，博士

马成荣　江苏省教育科学研究院职业教育与终身教育研究所研究员

马庆发　华东师范大学职业与成人教育研究所教授，博士

吴雪萍　浙江大学教育学院教授，博士

徐国庆　华东师范大学职业教育与成人教育研究所教授，博士

徐　朔　同济大学职业教育学院教授，博士

徐　涵　沈阳师范大学教育科学学院教授，博士

俞启定　北京师范大学职业教育与成人教育研究所教授，博士

翻　译：

赵志群　徐国庆　庄榕霞　白滨　吕维菊　王弋　巩婕　刘琪　刘莹　张志新　张浩　陈俊兰　周瑛仪　姜文明　鄢彩铃　何兴国　林来寿　易著良　易代钊　王培　金晓芸等

译者说明

随着我国职业教育事业的发展壮大，职业教育的科学研究不断深入，研究领域也逐渐扩大，并取得了很多有价值的科研成果。然而从总体上说，我国职业教育研究的水平仍然不高，影响力也非常有限，如目前研究型大学普遍看重的主要科学文献索引（如 CSSCI 等）中甚至没有一本职业教育期刊，各种高水平研究机构也普遍缺乏对职业教育的关注。

为了走出这一困局，职业教育科研人员正在通过各种方式探索提高研究水平的途径。例如有学者建议，应建立具有统一研究范式和方法论的"职业教育学科"，即所谓"职业教育一级学科"，理由是职业教育已经发展成为综合性的研究领域，其研究对象、方法和成果涉及和渗透到教育学、经济学、社会学、心理学甚至自然科学和工程科学等多个现有一级学科领域。且不说将这一建议付诸实践的可能性有多大，事实上，在日趋复杂的现代社会中，任何一个学科都很难回答和解决一个复杂社会和技术领域的全部问题。职业教育研究要想提高质量并在学术界争得一席之地，首先要开展高水平的多学科和跨学科研究，重视方法论的建立和研究方法的发展。职业教育研究发展的机遇在于，将随机和分散在多个研究领域的研究进行有效整合，并像其他"成熟学科"那样，尽早开展有关研究方法和方法论的研究（即元研究）。

2005 年，当我刚刚拿到德国不来梅大学劳耐尔（Felix Rauner）教授赠送的德文版《职业教育科学研究手册》时，便意识到该书有可能为职业教育研究开辟一个崭新的天地。这一由德国当代有重要影响力的学者合著的力作，不但在短时间内再版，也开创了德国职业教育权威典籍编辑出版的先河。由于其巨大的学术影响和对职业教育科研的里程碑意义，联合国教科文组织职业教育中心（UNESCO-UNEVOC）决定编辑出版其英文版，并以此为基础与著名的学术出版社施普林格（Springer）合作出版《技术与职业教育与培训国际文库》系列丛书（International Library of Technical and Vocational Education and Training）。

英文版《国际职业教育科学研究手册》增加了英、澳、美、日和中国等国重要作者的文章。早在 2007 年英文版编辑工作结束时，我们便着手进行中文版的翻译。本书的翻译出版工作比预想的要困难，原因是：专业英语或德语译者由于不了解职业教育，其译文尽管忠实原文，但是读者却很难理解；由于语言水平和中

1

国传统学科设置所限，职教研究者往往也无法完全理解其内涵并进行准确翻译。目前呈现在大家面前的这本著作与德文和英文版在结构上有所不同，主要是分成了上、下两册：上册为职业教育的宏观问题研究，下册讨论职业教育的中、微观和方法论问题讨论，以满足不同读者的差别化要求。

关于翻译工作中的其他一些具体事项简单说明如下：

一、关于译名。书中每篇文章的作者名均采用原名，以方便读者查找作者的相关文献。为了方便查找书后的参考文献，文中引用的外国人名一般都不翻译，只有极少数特别著名人物的名字会直接译成中文，如马克思、杜威等。日本作者译名均已核实了真人姓名。

二、关于地名。外国地名根据中国地名委员会审定的《世界地名录》统一；该书未收录的和非英语国家的生僻地名根据通用译法译出，或者保留了原文。

三、为了节省篇幅，在正文中，一般的机构团体和杂志名称只标明缩写，感兴趣者可以很容易地通过互联网搜索引擎或相关网站找到其全称，但重要的职业教育专业机构的原文全称以脚注方式标注。根据读者要求，在正文中只出现学术著作和重要报告的中文译名，原文以脚注的方式呈现。

四、书中所引用的参考文献以附录形式出现于书的最后，并以原书格式排版，相应正文中以圆括号简单标注作者、年份及页码，或只标注年份或页码，如（Lempert 2002，72）和（Wahler 1997）等。为了节省篇幅，对多次出现或者不是直接引用的文献，中文译文删去了页码。当参考文献作者为三人以上时，仅表明第一作者名字，其他用"等"表示，如（Gutschmidt 等 1974）。

翻译的最高境界是做到"信、达、雅"，由于本书极强的专业性，这一理想化的目标可能还很难完全实现。考虑到读者的实际情况，我们对一些原文中需要较强"背景知识"才能理解的概念和事件做了简化处理。例如联合国教科文组织对职业教育的标准概念是"技术与职业教育与培训"（Technical and Vocational Education and Training，缩写为 TVET），在多数情况下我们都简化翻译成了"职业教育"；英语中的 vocational training 一词在很多语境中也超出了汉语"职业培训"的涵义，而包含大量"教育"的成分，为了保证一本书中概念的一致性，有时我们将其翻译成"职业教育"，等等。另外，对于原文英文和德文版有细微差别的文章，我们采用了比较容易理解的译法；对于时效性过强的某些内容，我们略做了删节。我们建议，对于需要、也有基础深入了解文中精确含义的读者，可对照英文或德文版阅读。

最后需要说明的是，作为职业教育研究的经典工具书，本书无论是作者的国际性之强、资历之深，还是书中内容涉猎范围之广、探讨的理论之深，均为当代职业教育研究著作所罕见。为了保证译文质量，我们邀请我国职业教育研究界的重要学者组成了学术指导委员会，他们在长达五年的翻译、审定和编校工作中提供了很多帮助，在此谨表示诚挚的谢意。尽管我们付出了巨大的努力，但是由于能力所限，书中一定还存在很多不足甚至错误之处，恳请广大读者提出宝贵意见。

赵志群

2013 年 1 月 于北京师范大学

致中国读者——中文版序言

Felix Rauner

大约在 10 年前，我开始在德国组织有影响的职业教育学者共同编写一部有关职业教育科学研究的手册，以期为职业教育研究者和高校师生提供一本全面反映当代职业教育研究的任务、问题、方法和最新进展的典籍性工具书。2005 年，德语版《职业教育科学研究手册》(Handbuch Berufsbildungsforschung) 出版并得到了国际学术界的认可。不久，受联合国教科文组织职业教育中心（UNESCO-UNEVOC）的委托，我与 Rupert Maclean 教授合作，在此基础上共同编辑英文版的《国际职业教育科学研究手册》。

根据我个人的了解，近年来中国职业教育取得了很大的发展，职业教育研究也取得了进步。我预计中国职业教育科研人员会对参与这项工作抱有兴趣，于是与赵志群教授共同邀请中国重要学者如石伟平教授、姜大源研究员等一起参与英文版《国际职业教育科学研究手册》的编写工作。从这种意义上讲，本书本身就是一个中国和国际职业教育科研合作的结晶。

本书中文版翻译工作从 2008 年就开始了，当时在华东师范大学召开了规模较大的第一次工作会议。我高兴地看到很多中国有影响的职业教育学者对此项工作给予了很大支持。我预计本书的翻译工作可能会遇到两方面的困难，第一是内容方面的困难，书中内容大大超越了当前中国职业教育研究的涉猎范围；第二是研究传统方面的困难，西方职业教育研究学术传统和研究方法论，与中国目前的职业教育研究也有很大差别。

目前呈现在大家面前的《国际职业教育科学研究手册》(中文版)与德文和英文版在结构上有少许不同。按照中国同事的建议，《手册》中文版分上、下两册分别出版：上册为职业教育的宏观问题研究，下册讨论职业教育的中、微观和方法论问题讨论，以满足不同读者的差别化要求。当然，本书依然保持了原书的基本内容和结构特点。

我相信您将会发现，这本《国际职业教育科学研究手册》(中文版)结构严谨、信息丰富、内容有趣，书中全面总结了国际职业教育研究的最新主题和研究成果，是一本具有很高学术价值和国际意义的职业教育研究工具书。书中内容涉及欧洲、亚洲、北美和澳洲等对职业教育发展具有重要参考意义的地区，您将由此了解不同国家在职业教育研究中遇到的问题和解决方案，当然也包括至今尚未解决的问题，了解不同文化背景的人对职业教育规律的认识和理解。

　　在当前的全球化时代，中国经济是否能够保持长期和稳定的发展，在很大程度上取决于经济结构调整和产业升级是否成功，职业教育在此扮演着重要的角色。希望本书的出版能对中国未来的前途有所帮助。

　　最后，我要衷心感谢中文版的译校者和北京师范大学出版社的编辑，以及为本书出版付出辛勤劳动的人们，相信他们的工作会被广大读者所肯定。

　　感谢北京师范大学赵志群教授对本书出版所付出的努力。

Prof. Dr. Dr. h. c. Felix Rauner

德国不来梅大学

2012 年 12 月

英文版序言

当前，职业教育研究已经成为国际教育研究的一个焦点。国际化的职业教育研究既体现在欧洲研究网络（VETNET）年度会议上，也表现在欧洲一体化进程中实施的各种职业教育研究和发展项目，以及世界银行、世界经合组织、国际劳工组织和联合国教科文组织等开展的旨在促进各国（特别是发展中国家）职业教育体系发展的国际项目中。职业教育对全球经济发展至关重要，它为就业体系培养了大量中间层次的技术工人，但是职业教育研究在很大程度上仍然受到各国职业教育传统的影响。

国际技术和经济的发展变化影响着职业教育，国际化劳动市场的建立依赖雇员的跨国流动，这使人们对职业教育研究的兴趣变得越来越大。希望《手册》的出版，能为支持这一发展进程和在国际学术界展开高质量的职业教育研究做出自己的贡献。《手册》的德文版早在 2005 年就已经出版。为了使《手册》更加满足国际化的要求，我们对很多文章进行了修改和完善，同时还增加了一些文章。对职业教育研究是否可以成为教育研究中一个独立而高水平的研究领域问题，本书作者以令人信服的方式给出了肯定的回答。《手册》还有一章专门深入探讨研究方法问题。

职业教育研究建立在不同学术传统和学科基础上，从工业社会学的资格研究到各个职业学科的教学论研究，职业教育研究的核心内容已经发展成为专门而独立的领域，它与其他任何研究范式都有一定区别。职业教育研究与教育学、劳动科学、社会学、经济学和工程学在研究问题、研究方法和研究成果上有很多共同之处，但是对职业教育体系、职业和职业领域发展以及职业教育过程设计和评估等问题进行的基础性研究，只属于职业教育研究的范畴。

技术和经济的高速发展，以及雇员资格的国际化和本地化双向发展趋势，对职业教育研究提出了巨大的挑战。职业教育正在成为国际质量竞争、创新和确保国家繁荣的决定性因素。职业教育研究涉及职业教育的基本反思、典型试验发展和国际合作质量监控等多方面的内容，本《手册》不仅为职业教育研究提供了知识和指导，而且可以帮助职业教育研究在质量上与其他学科研究展开竞争。

本《手册》是联合国教科文组织职业教育中心（UNESCO-UNEVOC）组织编写

的职业教育文库的一本，目的是帮助各国职业教育研究工作者以更加专业化的方式组织和开展研究工作。职业教育研究可以在职业教育实践、职业教育政策和教育研究之间架设起一座沟通的桥梁，这也意味着，为职业教育改革创新提供更好的资源。

本《手册》收录的142篇文章是128位重要学者的共同心血。作为主编，我们在此向他们表示衷心的感谢。在这一年半的合作中，作者们做了有价值的贡献，不仅是因为他们的论文，也因为他们提供的有价值的建议和严格遵守时间。特别感谢各章的主编，他们提供了很多方案性建议，对各章内容的审定以及提高整书的质量做出了巨大的贡献。没有他们的努力，世界第一本全面呈现国际职业教育研究的传统、问题、方法和成果的《手册》是不可能顺利出版的。

本书的出版是职业教育研究迈向国际化之路的一大步。尽管如此，职业教育研究仍然需要更为系统和深入的国际合作。特别感谢德国不来梅大学技术与教育研究所（ITB）和联合国教科文组织职业教育中心（UNESCO-UNEVOC）。对本《手册》存在的不足和疏漏之处，敬请读者提出批评指正，以便再版时进行改进。

Felix Rauner，时任不来梅大学技术与教育研究所（ITB）所长
Rupert Maclean，时任联合国教科文组织职业教育中心（UNESCO-UNEVOC）主任
2008 年 10 月

作者简介

Althoff，Heinrich，社会学硕士，德国联邦职业教育研究所（*BIBB*）

Arnold，Rolf，博士，德国凯泽斯劳滕（*Kaiserslautern*）技术大学社会学系教授，远程与国际教育研究中心（*DISC*）主任，*Rhineland－Palatinate* 虚拟学院（*VCRP*）院长，主要研究领域为职业与成人教育

Bauer，Waldemar，博士，德国埃尔福特（*Erfurt*）大学教育科学院技术科学与企业发展研究所教授，主要研究领域：技术教学论，工作系统与资格开发，国际职业教育体系，职业教育研究

Behringer，Friederike，博士，德国联邦职业教育研究所（*BIBB*）职业教育社会与经济研究部成本效益与经费研究室主任

Cellini，StephanieRiegg，博士，美国乔治·华盛顿（*George Washington*）大学公共政策与管理学院助理教授，主要研究领域为劳动经济学，公共经费与教育经济学

Dedering，Heinz，博士，德国卡塞尔（*Kassel*）大学职业教育研究所教授，主要研究领域：普通教育和职业学校工作导向的教学，职业培训，继续教育和高等教育

Deißinger，Thomas，博士，德国康斯坦茨（*Konstanz*）大学经济学院教授，主要研究领域为国际职业教育体系比较研究，职业政策，职业教育史

Dietzen，Agnes，博士，德国联邦职业教育研究所（*BIBB*）资格、职业融合与就业研究室高级研究员，主要研究领域：企业的组织发展与资格研究，资格与能力需求的早期预警，劳动市场与职业教育的性别研究

Dybowski，Gisela，博士，德国联邦职业教育研究所（*BIBB*）跨领域任务、交流与国际职业教育研究部主任，主要研究领域：公共关系，国家与国际职业教育项目管理，职业教育研究、合作、战略与政策咨询

Eckert，Manfred，博士，德国埃尔福特（*Erfurt*）大学职业教育与继续教育学教授，主要研究领域为职业教学论，弱势群体职业教育与社会教育学

Ertl, Hubert，博士，英国牛津大学教育研究部高等教育讲师，牛津利纳克尔(*Linacre*)学院院士，高等教育硕士学位课程主任，技能、知识与组织绩效研究中心(*SKOPE*)副研究员。

Evans, Karen，博士，英国伦敦大学教育学院教授(终身学习)，主要研究领域：学习与工作的比较研究，生命过程的工作和学习过渡，工作场所学习。

Feinstein, Leon，博士，英国伦敦大学教育学院教育经济学教授，学习的广泛收益研究中心(*WBL*)主任，主要研究领域：心理轨迹与学术发展，低收入高危人群的原因与后果，学习的广泛收益，教育政策。

Fischer, Martin，博士，德国卡尔斯鲁厄(*Karlsruhe*)大学职业教育研究所教授，主要研究领域：工作相关的能力发展，职业教学论，组织学习，职业教育创新

Frommberger, Dietmar，博士，德国马格德堡(*Magdeburg*)大学人文、教育与社会学院职业教育与人力资源开发研究所教授，主要研究领域：比较职业教育

Grollmann, Philipp，博士，德国联邦职业教育研究所(*BIBB*)欧洲职业教育政策监测与标杆研究室副主任，主要研究领域：职业教育国际比较研究，职业教育标杆研究，职业教育教师的专业化

Grootings, Peter，硕士，欧洲培训基金会(*ETF*)职业教育专家(意大利)，主要研究领域：职业教育系统化改革政策，政策学习，国家资格框架

Guthrie, Hugh，荣誉学士，硕士，澳大利亚国家职业教育研究中心研究顾问，主要研究领域：工业与职业教育员工发展，教授、学习与评估研究，规定的质量，离岸与跨国教育

Hanf, Georg，博士，德国联邦职业教育研究所(*BIBB*)国际监控与标杆研究/欧洲职业教育政策研究室主任，主要研究领域：欧洲职业教育体系，资格体系与标准，欧洲职业教育史

Holmes, Keith，博士，英国布莱顿萨塞克斯大学(*University of Sussex, Brighton*)国际教育中心讲师。主要研究领域：职业教育的组织与管理，教育与农村可持续发展，小国人力资源开发

Hudson, Lisa，博士，美国教育部国家教育统计中心，主要研究领域：职业教育，国际指标，学习的社会成果

Kämäräinen, Pekka，硕士，德国不来梅(*Bremen*)大学技术与教育研究所(*ITB*)高级研究员，主要研究领域：职业教育中的跨文化比较研究，欧洲职业教育政策分析，职业教与学文化中的创新研究，知识创新国际网络

Kirpal，*Simone*，硕士，德国不来梅（*Bremen*）大学技术与教育研究所（*ITB*）研究员，主要研究领域：欧洲技能形成与评估研究，工作导向与雇员承诺的国际比较研究

Köhne，*Godehard*，博士，德国吕特—米福特（*Rheydt-Mülfort*）职业教育学院质量保证与发展部主任，主要研究领域：质量保证与质量发展，职业教育合作

Krekel，*Elisabeth M.*，博士，德国联邦职业教育研究所（*BIBB*）职业培训供应与需求/培训参与研究室主任，主要研究领域：职业培训市场，职业继续教育的成本和受益，职业与继续教育的质量

Laur-Ernst，*Ute*，博士，原德国联邦职业教育研究所（*BIBB*）国际合作研究部部长，主要研究领域：国际职业教育，职业教育与培训的系统性和结构性问题，教与学过程的研究，能力发展，科研管理

Lauterbach，*Uwe*，博士，德国法兰克福国际教育研究所（*DIPF*），主要研究领域：职业教育体系的国际监测和比较，比较教育研究的理论和方法，职业教育的工作人员，评价与（国际）绩效研究

Levesque，*Karen*，博士，美国加利福尼亚伯克利 *MPR* 公司研究员，主要研究领域：职业教育，学生课程选修和成就，学校问责

Loveder，*Philip*，教育管理荣誉学士，澳大利亚国家职业教育研究中心国际与咨询服务部主任，主要研究领域：行业与职业教育的联系，技能短缺问题研究，职业教育经费，国际资格证书系统的透明度

Maclean，*Rupert*，博士，香港教育学院教授，原联合国教科文组织职业教育中心（*UNESCO-UNEVOC*）主任，主要研究领域：全民职业教育作为全民教育和可持续发展教育的一部分，强化职业教育体系内外部效率的战略

Maldonado，*Cecilia*，博士，美国内华达（*Nevada*）大学助理教授，劳动力教育与发展，主要研究领域：培训和发展，拉美裔的教育和劳动力问题

Méhaut，*Philippe*，博士，法国艾克斯普罗旺斯（*Travail*，*Aix-en-Provence*）经济与社会学实验室高级研究员，主要研究领域：劳动经济学，企业和公共教育培训政策，劳动市场与职业教育机构

Meyer-Siever，*Katja*，硕士，德国不来梅（*Bremen*）大学技术与教育研究所（*ITB*）研究员，主要研究领域：经验性学习，自我导向学习，知识管理，能力发展

Nielsen，*Sören*，硕士，欧洲培训基金会（*ETF*）的职业教育专家（意大利），主要研究领域：教与学的组织，职业教育政策审查和同行学习，伙伴国家职业教

育改革设计

Onstenk，Jeroen，博士，荷兰大学哈勒姆学院（*Inholland Professional University，Haarlem*）教授，主要研究领域：职业教育的新内容和新理念，中等教育和初等教育后的职业教育的工作导向学习，教师教育中的教育学发展

Pätzold，Günter，博士，德国多特蒙德（*Dortmund*）大学教育与社会学学院教授，主要研究领域：职业教学论的历史与现状，职业教育教与学的方法，职业教育学习场所的合作，基于 IT 技术的双元制职业教育合作，职业教育史

Petersen，A. Willi，博士，德国弗伦斯堡（*Flensburg*）大学职业教育、工作与技术研究所（BIAT）教授，主要研究领域：电气与信息技术的职业教育研究，职业研究，课程研究与课程开发

Rauner，Felix，博士，荣誉博士，德国不来梅（*Bremen*）大学顾问教授，原技术与教育研究所（ITB）所长，主要研究领域：资格研究与课程研究，工作与技术研究，学习与教学研究，比较职业教育研究

Röben，Peter，博士，德国海德堡（*Heidelberg*）教育大学自然与社会科学系技术教学论教授，主要研究领域：工作导向的学习，组织学习，电气与信息工程的教学法

Ruth，Klaus，博士，德国不来梅（*Bremen*）大学技术与教育研究所（ITB）研究员，主要研究领域：国际比较创新研究，职业教育体系与创新能力的国际比较研究，全球与社会治理研究

Saddler，Sterling，美国内华达（*Nevada*）大学教育领导力系主任，副教授，主要研究领域：劳动力与开发，K-16 辍学，领导力

Sánchez，InésArévalo，硕士，中国欧盟四川天然林管理项目专家，主要研究领域：村级管理小额贷款合作社，贫困与社区能力建设

Smith，Andrew，博士，澳大利亚查尔斯特（*Charles Sturt*）大学人力资源管理教授，主要研究领域：雇主培训，人力资源管理，高绩效工作系统，技能政策

Stockmann，Reinhard，博士，社会学教授，德国萨尔布吕肯（*Saarbrücken*）大学评价中心主任，主要研究领域：发展合作，评价，普通与职业教育学

Timmermann，Dieter，博士，德国比勒费尔德（*Bielefeld*）大学教育经济学教授，校长，主要研究领域：教育经济学，教育政策与教育规划

Wahle，Manfred，博士，德国杜伊斯堡－埃森（*Duisburg-Essen*）大学教育科学系讲师，主要研究领域：德国职业教育史，工业化时代的职业教育，欧洲职业

教育，幼儿园教师的职业教育，学校和教学质量

Walden，Günter，博士，德国联邦职业教育研究所（BIBB）职业教育社会学与经济学研究室主任，主要研究领域：职业教育的成本、收益与融资，合作学习，企业培训政策，职业继续教育

Westerhuis，Anneke，博士，荷兰CINOP专家智能研究中心，研究领域：职业教育与培训创新战略，职业教育体系建构，职业教育的治理

Zabeck，Jürgen，博士，德国曼海姆（*Mannheim*）大学工商管理学院名誉教授，主要研究领域：职业教育政策，职业教学论，职业教育史，教育机构评价，教育哲学

和震，博士，北京师范大学职业与成人教育研究所教授，主要研究领域：职业教育基本理论，职业教育政策，职业教育的校企合作

姜大源，硕士，研究员，教育部职业技术教育中心研究所研究员，主要研究领域：职业教育基本理论，职业教育课程，职业教育的教学论

堀内达夫，博士，日本大阪市立大学教授，主要研究领域：职业教育史，比较职业教育

石伟平，博士，教授，华东师范大学职业教育与成人教育研究所所长，主要研究领域：国际比较职业教育，职业教育政策发展，职业教育教师专业发展

寺田盛纪，博士，日本名古屋大学职业教育学教授，主要研究领域：职业教育比较研究，职业教育后工作安排，企业内培训，职业教育与职业指导

孙林，硕士，研究员，教育部职业技术教育中心研究所研究室主任，主要研究领域：职业教育体系研究，职业教育统计系统开发，职业教育教学

徐国庆，博士，华东师范大学职业教育与成人教育研究所教授，主要研究领域：职业教育基本理论，职业教育课程与教学论，职业教育国际比较

于志晶，硕士，研究员，吉林工程技术学院职业教育研究所所长，主要研究领域：职业教育管理与政策

俞启定，博士，北京师范大学职业与成人教育研究所教授，主要研究领域：职业教育政策研究，职业教育教师专业发展，职业教育史

佐佐木享，日本名古屋大学职业教育学名誉教授，主要研究领域：职业教育史与政策研究，职业教育教师培训

目　录

0 关于职业教育研究——引言

Felix Rauner，*Rupert Maclean*

随着一系列国家和国际研究机构的设立，技术与职业教育与培训（联合国教科文组织对职业教育的标准称呼，下文简称"职业教育"）研究进入教育研究的中心。相关的研究机构主要有：德国联邦职业教育研究所（1979年建立），法国职业教育与研究中心（CEREQ）（1970年建立），美国职业技术教育研究与领导中心（NCRVE）（1965年建立，并于1977年升格为国家研究中心），中国的职业技术教育中心研究所（1991年建立）等。重要的国际性研究机构还包括联合国教科文组织国际职业教育中心（UNESCO-UNEVOC）（2000年建立）和欧洲职业培训发展中心（CEDEFOP）（1975年建立）。各个国家和国际上对职业教育研究的关注不仅是教育发展的结果，也是经济和劳动市场政策发展的结果。

职业教育始终被认为是提高企业竞争力和维持国家经济发展水平的关键因素。例如美国现代化论坛在其《为实现工业现代化的技能》研究报告（1993）中强调："随着经济和技术贸易的快速发展，工人和企业的学习与适应能力成为企业与国家经济在全球竞争中一个核心元素"。

公共领域进行的职业教育研究通常与职业教育的规划任务密切相关，并且常常与行业协会、工会和政府职业教育部门等有密切的联系。学术领域进行的职业教育研究所扮演角色的重要程度，及其与国家教育体系关系的紧密程度，取决于职业教育在国家教育制度中的融入程度。一些国家强制规定职业学校教师必须完成相对广义的高等教育，这些国家把具有职业学科特点的教学论研究作为职业教育专业设计的和教学的基础。随着技术与经济的国际化发展，出现了跨国（技能型）劳动市场，如欧盟加强了对职业教育的一体化进程，促进了职业教育研究的国际化进程（Grollmann等，2006）。职业教育创新和专业化发展网络（UNIP）的成立，成为这一发展进程的重要标志。

　　针对职业教育体系(宏观层面)、职业培训项目体系组织与设计(中观层面)、教学过程分析与设计(微观层面)等各种问题的研究和发展性任务受到多种学科和研究范式的影响。职业教育研究只能采用跨学科的组织形式，主要涉及的学科包括心理学、工业社会学、劳动社会学、教育社会学、组织行为学、自然科学、工程学、教育学以及经济学等。通过职业学和职业教学论的学习，职业教师就正式具备了教学能力和领域的专长能力。

　　尽管人们从科学和政策角度反复强调跨学科的重要性，但实际上要在复杂的研究领域和主题中实现跨学科的研究是非常困难的。职业教育研究要想实现其创新性，必须具备具有扎实科学基础的职业教育研究的专门方法。职业教育研究的创始者在开展研究方法的研究时就已经明确了这一观点。例如联邦职业教育研究所的第一个典型试验项目就提到："建立专门的研究方法论和术语体系，考虑跨学科的关系"(BBF 1971b, 6)。

　　自20世纪70年代初以来，在职业教育研究实践中逐渐建立和发展起了国际化的研究共同体。1997年成立的欧洲职业教育与培训研究网络(VETNET)，以及联合国教科文组织的国际职业教育中心(UNESCO-UNEVOC)是这一发展的重要标志。但是由于在建立国家级的职业教育研究机构并没有提出明确的目标，因此职业教育研究的方法论建设存在很大缺陷。本《手册》希望能够填补这方面的空白。

　　国际职业教育研究可以追溯到19世纪末的瑞典的教育改革。1876年至1904年期间，瑞典在世界博览会上五次成功呈现了其"为工作世界开展的教育"主题，其职业教育传统甚至在巴黎世界博览会上获得了金牌(Reincke 1995, 7)。由斯堪的纳维亚、美国、俄国和欧洲职业教师组成的国际共同体没有把学校与工作世界互动中的职业教育仅仅局限在教育实践中，而将其发展引入到了教师教育领域，并使之成为一个科学研究领域(Hodson 1901；Larsson 1899)。Lipsmeier 在对德国职业教育研究的发展史研究中，强调了1908年成立的德国技术学校委员会(DATSCH)和由大工业支持建立的德国技术工作学校研究院(DINTA)的科学化的反思、分析和实践(Lipsmeier 2005, 22)。1900年开始出现国际比较教育研究，职业教育教师也是积极的参与者。位于纽约的哥伦比亚大学"教师学院国际研究所"正是比较教育研究的中心，参与教师包括杜威和凯兴斯泰纳等著名学者(Lauterbach 2003b, 220)。

　　20世纪初，Snedden 有关职业教育课程开发的研究产生了深远的影响。他提出的关于"真正的职业教育"的理念为美国的职业教育教学论研究奠定了基础(Drost 1967；Snedden 1912；Kliebard 1999)。随之产生了有关职业教育功能性的讨论，它对职业教育学讨论和职业教育研究的影响持续至今。Bobbitt(1918)在其课程研究中提出按照就业体系的要求，把职业教育的课程简化成职业培训。这样，就只能按照 Taylor 的科学管理规则来，使职业教育仅仅服务于美国的产业发展（Taylor 1911）。与此完全不同的是，杜威在民主教育的范畴中建立了自己的职业教育学理论。

20 世纪初，确定职业的轮廓和职业描述、确定技术工人的专业领域和技能要求、评价应聘者是否合适参加特定的职业培训课程的流程开发等成为职业教育研究的任务。这些项目将职业教育研究与教育学联系起来，形成指导行动的应用性学科，也与传统的工作分析联系起来，从而完成对工作的分析和设计（Emery 1959；Hackman/Oldham 1976；Ulich 1994）。在职业教育研究中，职业和职业描述的确定、职业教育课程、培训媒体与教学方法开发成为重要的内容。在此，课程研究与媒体研究常被认为是分析与开发一体化的研究。

从研究内容和研究目的来看，职业教育研究与（普通）教育研究不同。从历史上看说，职业教育研究是在对以职业形式组织的工作的研究基础上发展起来的。这里包括职业与职业领域开发、专业化工作的发展变化、职业教育、资格与学习过程分析与设计等。因此，职业领域及其发展变化成为评价职业教育内容与目标的指标，同时这也涉及就业体系的制度分权问题。高中会考证书代表拥有进入大学学习的资格，职业教育结束之后获得的权利，代表着拥有能够完成专业任务的资格和能力，如果飞行学校的学员在结业考试中无法通过仪器仪表的信息正确进行起飞或者飞行航线和速度操控，他就不能进入飞行员行业。获得特定职业活动需要的专业能力，是所有职业教育的共同特性。为了开展科学的职业学习，我们必须面对这个挑战，即如何破译隐藏在职业工作实践中的知识和技能，如何对职业能力进行测量和评价。

在"职业教育"这个概念中，包含着为就业体系提供全部所需能力的意思。因此，作为关键性概念，资格、能力与教育会出现在《手册》的不同章节。这意味着，社会化过程与教育之间的关系、普通教育与职业教育的关系，就业指导、职前教育与继续教育培训之间的关系，都是职业教育研究的主题。仅仅出于实践的原因，本《手册》仅针对传统意义上的职业教育，而不涉及传统高等教育领域中的专业化教育。

与普通教育体系不同的是，职业教育的特点是在工作过程中学习，这是目标清晰的非正式能力发展的一个维度。职业教育研究与（普通）教育研究不同，它专注于成人的职业学习。这就意味着，尽管学习、认知和发展理论对儿童的教育和社会化过程的分析和设计非常重要，但是对职业教育研究的重要性有所降低。相反，发展理论在成人学习研究中却具有重要的意义（Havighurst 1972；Erikson 1966；Dreyfus/Dreyfus 1987；Lave/Wenger 1991）。

职业教育的另一个特点是，经济发展水平相差不多的国家，其职业教育培训体系却可能有着巨大的差别。文化对职业教育模式的成形有很大的影响，特别是一个国家的形态。例如在欧洲，在经济与技术全球化的条件下，具有悠久历史和高度发达的职业教育体系的国家，正在与那些职业工作和职业教育都相对不重要的国家开展着激烈的文化竞争。

作为发达的工业化国家，日本没有出现高水平的职业教育研究（Georg/Sarrel 1992）。但美国的情况完全不同，它有一个面向真实生活与实际内容的开放的高等教育体系，这使得美国可以把职业教育建立在大学中。在德国，护士是在职业学校中培养的。而在美国的大学中，"护理"则是具有悠久发展历史的专业。在针对人的服务领域，由于职业教育机构不同，美国的职业学研究开展得比在那些职业教育与高等教育有严格划分的国家早得多（参见职业指导和职业准备等相关章节）。

在国际大环境下看，从学校到工作的过渡模式（第一个和第二个门槛）有多种类型（Stern/Wagner，1999）。目前，对从学校到工作过渡的第一门槛研究、基本读写能力研究、基础数学和自然科学能力绩效研究变得越来越重要。这自然也会成为职业教育、就业准备与就业指导研究的主题。

职业教育研究——一个跨学科的研究领域

职业教育研究与劳动科学研究在研究内容与研究方法论上存在着特殊的联系，在此起关键作用的是职业教育研究的"领域特殊性原则"。以技术工作的分析与设计为重点的劳动科学研究，关注工作负荷、健康保护和劳动安全等问题；但职业教育研究首先关注的是工作与培训的内容，以及之后的职业描述和职业课程开发问题。这就在不同的学科与研究范式之间建立起了联系。我们将职业教育学与职业学置于职业教育研究的中心，就可以建立跨学科的职业教育研究领域。

"职业研究"作为职业教育研究的一个核心领域，需要职业教学论、职业学和工业社会学研究者的共同参与，但是在以上每个具体学科领域内进行的职业研究，却一般都针对一个狭窄的研究问题。职业研究与劳动市场研究之间的关系也是如此。从这个角度看，以职业形式组织的工作，仅仅反映了就业体系和技能型人才市场的一个方面（Kurtz 2005）。

当对职业工作过程的分析和设计成为职业社会化过程、职业认同感、职业能力发展和职业教学论研究的共同内容时，职业研究自然也就成为职业教育研究的核心议题。如果确定一个职业，与描述这个职业的职业轮廓和典型工作任务，以及确定资格要求具有特定的联系的话，那么对这些问题的研究就必须在特定的情境中进行，因此职业研究与资格研究也成为职业教育研究的重要领域。资格研究因职业和职业领域的不同而多种多样，因此需要与相关职业学科之间的合作，这种合作是建立在课程研究和专家智能研究的科学的方法基础上的。

课程研究与资格研究也有着密切的联系。课程研究的核心问题是职业教育的内容和目标的"合法性"问题，以及对职业课程和培训项目的内容和目标的体系化问题。目前，围绕着应体现学科知识的客观性特征，还是满足真实的职业资格要求，传统的学科理念和建立在发展心理学理论基础之上的能力发展理念产生了冲突。课程研究和职业教育发展的特殊性，在于如何使工作过程中学习的专业能力发展实现系统化。

不同职业工作的职业特性有很大不同，其职业教育的方式也有很大差异，按照职业和领域组织开展职业教育教学研究也比较困难，这与普通教育不同。在普通教育里，人们无一例外地将阅读、数学和基础自然科学作为文化素养教育研究的组成部分，而职业教育不得不在数百种不同职业中做出区分和甄别。研究表明，职业教育研究特别强调跨学科的合作研究。要想对工作过程中所特有的学习形式、学习性工作环境的组织与设计等问题进行研究，还需要与劳动科学和工程技术学科开展合作研究。

研究方法

很自然，跨学科研究在研究过程中吸纳和采用了不同学科的研究方法论和具体研究方法。职业教育研究者根据各自学科背景，采用特定的方法，选取特定的研究对象，从教育学、社会学、劳动科学、经济学、工程学或自然科学的视角进行研究。社会学中的资格研究就是一个典型例子。特定领域的资格与能力（胜任特征）研究的重点是"如何将设计专业化行为时采用的社会和文化规则，与客观规律相结合"，从而对技术性职业（如机械制造）的解释不仅仅从自然科学和技术理论的角度进行。对专业领域和专业能力深刻理解的基础，是掌握社会和客观两方面的规则（Müller 1978；Heritage 1984，295），这一观点对建立职业教育研究的方法论原则具有深远的影响。"在专业领域能力研究中，要想掌握客观与社会规则的互动方式，无疑需要跨学科的研究方法"（Röben 2004a，20）。

目前在职业教育研究中，除了采用实证社会研究方法外，还要根据研究实际运用多种多样的方法。在研究实践中，混合式研究方法的使用比通常所预想的更为普遍，而常人方法却很少采用。对此 Kleining 持不同观点。除了自然科学和人文科学研究方法外，他强调掌握人类生存至今所采用的日常生活方法。他对常人方法论与科学方法的关系进行了反思，认为"常人方法是科学方法的基础，定性与定量方法是从常人方法中通过不同方式分离出来的两类研究方法"（1995，14）。如果这种观点可以被接受的话，那么经过人们 15 年来对职业教育研究多元化和方法论的争论与发展后，这本《手册》对职业教育研究的方法论进行了系统化的梳理。作为一部综合性文献，它包含了彼此可供参考的研究领域，并针对不同的理念、策略方法和研究主题，提供了日臻成熟和适切的观点。

技术和经济的快速发展对职业教育研究提出了更大的挑战，其中之一是如何协调技术工人职业资格的国际化与本土化之间的关系，这也是在国际质量竞争中关乎创新与繁荣的关键因素。考虑到职业教育研究所面临的多种任务，为了为职业教育体系构建、职业教育典型试验项目设计和职业教育国际合作项目质量监控等提供指导，我们编写了这部《手册》，其目的不仅是为职业教育研究提供指南和关于职业教育研究的词典性质的工具书，而且试图将职业教育研究与其他有竞争关系的学科区分开来。

1 职业教育研究史

1.0 职业教育研究的起源

Uwe Lauterbach

1.0.1 职业教育的研究领域

要对世界范围内"技术与职业教育和培训"(TVET[①]，下文简称"职业教育")研究的历史进程进行全面概述十分困难。职业教育研究领域通常是由各国按照各自对职业教育的定义及其教育结构决定的，它是在不同文化传统基础上形成的。由于各国职业教育的分级分类方式不同，在一个国家被称为"职业教育"的学习过程，在另一个国家可能是"高等教育"的一部分，而在第三个国家根本就不存在。以技师为例就可以充分说明这一点。技师教育不仅结构不同，其在各国教育体系中也处于不同的位置，如在英国的学院或大学、在德国高中教育或高中后的非高等教育阶段、法国的高中阶段、文法学校和技术学院以及美国的社区学院。

通过研究《国际教育标准分类法》(ISCED)中的教育体系分类(见下一节)，就能很容易地看出这种区别。这一分类体系广泛应用于联合国教科文组织(UNESCO)和经济合作与发展组织(OECD[②])关于各国教育体系的报告中(OECD

---

① TVET 全称为 Technical and Vocational Education and Training。

② 经济合作与发展组织，简称经合组织(OECD)，是由 30 多个市场经济国家组成的政府间国际组织。成立于 1961 年，总部设在巴黎。——编者注

1999a；2004c；UNESCO 2007）。为了对各国职业教育发展概况和世界范围内职业教育发展趋势做出评价，联合国教科文组织统计列出并比较了 176 个国家的职业教育情况（Ellis 2004）。这一统计通过对职业教育各个领域，如 ISCED 2（初中教育）和 ISCED 3（高中教育）、ISCED 4（高中后的非高等教育）和 ISCED 5b（高等教育）的分类展现了职业教育的多样性和系统差异性。这些教育类型目标不同，而且往往不会在一个国家同时存在。如 ISCED 2，重点放在读写能力和基础职业培训方面，其主要对象是儿童和青少年；ISCED 5b 的课程则主要是面对成年人的继续教育，其基础是良好的中等教育和丰富的实践经验。各国职业教育体系的复杂性和多样性，决定了职业教育研究首先要关注各国的实际情况，而且相关问题的研究只能针对特定的研究领域。

在对不同国家的职业教育体系进行研究时，虽然多数情况下我们可以理解各国的结构性差别，但是在进行与各自文化背景有密切联系的课题研究时却很困难。单是"职业教育"一词在不同语言中的语义差别，就足以证明这一点。

在德语国家中，"职业教育"（berufliche Bildung）是一个综合性词汇，包含通过各种学习途径（包括非正式的自学）进行的、以实现某种已承认的职业行为为目标的传授技能和知识的行为。在盎格鲁-撒克逊文化圈中存在一种更为微妙的差别："职业"可以根据不同教育水平（如岗位培训、中等教育、高等教育）或社会地位划分为 occupation，vocation 和 profession。即便在同一种语言里，对职业教育研究进行定义也相当困难，这从联合国教科文组织使用的定义（即 TVET）与欧盟的定义（即 VET[①]）之间的区别就可见一斑。如果再将这些术语翻译成其他语言，就可能导致界定方面的问题。比如在法国，职业教育和技术教育是有区别的。事实上，技术教育和职业教育之间的区别也适用于英语国家。

在当今全球化背景下，各国职业教育体系发展直接受到国际职业教育体系发展的影响。也正因为如此，国际和国家之间的比较研究和交流的需求不断增强。作为联合国教育组织的联合国教科文组织是如何采取全球行动应对这一挑战的呢？1974 年举行的联合国教科文组织全体会议对职业教育活动做了以下描述：(a)普通教育的必要组成部分；（b)一种为进行职业工作做准备的手段；(c)继续教育的一个方面（Lehmann 1988，55）。这种定义的思想根源，是确信职业教育只是为职业工作做准备的诸多方式之一。与普通教育相比，职业教育没有得到太多重视，因此职业教育研究领域的界定十分狭窄。与此同时，这一地位也正在发生着深刻的变化。

"这些观点表明，职业教育领域正从为产业和特定职业提供技能培训的简单任务，扩展成为开发人力资源、实现可持续发展以及公民教育的综合性任务。"

---

① VET 全称为 Vocational Education and Training。

(UNESCO－UNEVOC/BMBF 2004，4)

职业教育领域不仅得到了扩展，而且被置于社会和经济发展的大背景中。同时，面对新的挑战，各国对职业教育体系进行改革的呼声也不断高涨。

"迫切需要对职业教育进行改革。这应成为各国的首要任务，……只有当一个国家在其整体的可持续发展战略框架内，将职业教育与整个教育体系成功地融合时，才能实现这一目标。"(UNESCO－UNEVOC/BMBF 2004，4)

职业教育的广义及对未来职业教育任务的界定，在第二届国际技术与职业教育大会的决议中得到了具体说明，这也勾勒出了当今世界职业教育研究领域的框架。

1.0.2 国际教育标准分类

众所周知，各国教育与培训体系有很大差异，这在 20 世纪 50 年代引发了大学和研究机构的一次大讨论。人们试图找到一种可以对各国教育体系进行比较的标准，其目的是进一步发展具有国际可比性的概念和方法，从而得出具有国际可比性的数据和研究结果。最终一项重要的成果是制定了"国际教育标准分类"(ISCED)，并以此对各国教育体系进行标准化的描述(Porras-Zuniga 1994，959)。在 20 世纪 70 年代对全球教育进行的统计汇编中，人们首次使用了 ISCED。1975 年在日内瓦召开的国际教育大会，正式通过了这一标准。国际教育大会是在国际教育局(IBE)框架内各国政府间的常规会议。此后，为了实现教育统计的标准化，1978 年巴黎会议又对这一标准体系进行了修订。随着时间的推移，教育类型越来越多，人们也对标准不断地修改。现在的 ISCED 标准是联合国教科文组织于 1997 年通过的。

为了实现在 INES 教育体系指标框架内各国数据资料和分类体系的可比性，联合国教科文组织、欧盟统计局(关于 ISCED 对欧洲资格与学历的分类参见 Eurydice 2004)和经合组织(OECD)正在经合组织的统一协调下进行合作。在此期间，经合组织对 1997 年由联合国教科文组织教育统计部颁布的 ISCED－97 标准进行了修改和完善，并在《教育分类 ISCED－97 手册——在经合组织国家中的应用》一书中给出了几个不同的修订版本(OECD 2004)。OECD 还发布了关于各国教育学位分类的详细说明手册(OECD 2004)。所有这些努力，使各国教育分类有了国际可比性。对 OECD 的发达国家而言，这一带有指标的教育报告(教育概览)远比 UNESCO 统计年鉴中的描述要详细得多。

以下是对 ISCED 1997 分类体系进行的概括性描述。描述的基础是联合国教科文组织的原始文献《国际教育标准分类 ISCED 1997》(UNESCO 1997)。

学前教育(ISCED 0 级)

0 级针对的是从 3～5 岁到 5～7 岁的各个年龄段。这一基础教育包括为提高儿童学习兴趣、增进儿童情感并促进社会发展进行的所有有组织的、持久的制度化活动。"制度化"一词将制度化团体(小学、学前教育组织、幼儿园、托儿所)组织的活动与在各自家庭中进行的活动区分开来。一般起始年龄为三岁。

小学教育或基础教育的第一阶段(ISCED 1 级)

小学教育始于五岁、六岁或七岁,持续四年级到六年级(OECD 成员国平均年龄为六岁)。小学阶段教育通常不要求有任何先前的正式教育。有些国家的基础教育涵盖了整个义务教育阶段(换言之,没有小学阶段和初中阶段之分),为统计分类需要,将这些国家的初级教育阶段定为六年。

初中教育／基础教育的中学一级或二级教育阶段(ISCED 2 级)

2 级的特点是具有一个专业化教师体系(即每个科目都有专门的老师),一直持续到义务教育结束。教学内容的设计以能够完成从 1 级开始的基础教育为目标。在这一阶段,基础技能得以应用和完善。在采用这种体系的情况下,初中教育的结束通常意味着义务教育的终结。在那些把初等教育视为普通基础教育的一个部分的国家,基础教育的二级阶段属于 ISCED 2 级。如果没有正式划分基础教育的等级,那么六年之后的教育阶段(即从七年级往上)应归为 ISCED 2 级。这一等级的教育还包括对残疾人员进行的特殊教育和各种内容上类似于 ISCED 2 级的成人教育。

中学教育二级阶段／高等中学教育(ISCED 3 级)

高等中学教育包括普通教育和职业教育。其学位证书可作为参与某一特定职业领域工作和(或)升入高等院校的资格证明。入学年龄通常在 15～16 岁到 18～20 岁之间。一般包括 2～5 年学程。入学时通常要求个人已经完成 2 级教育或兼具基础教育和职业工作经验。

中学教育二级阶段有以下三种出路:

➢ 通过获得 ISCED 3a(如高中文凭、学士学位、大学入学资格等)为高等教育 ISCED 5a(即大学教育)的第一阶段做准备;

➢ 通过 ISCED 3b(如双元制学徒制度)为高等教育 ISCED 5b(即应用型高等教育,如技师培养课程)的第一阶段做准备;

➢ 以此作为受教育的终点。即通过 ISCED 3c 为直接参加工作做准备。

高等中学教育阶段的专业化程度高于 ISCED 2 级。这通常要求其教师具有比 ISCED 2 级教师更高的资格,也更加专业。这一阶段的入学年龄通常为 15 岁或 16 岁。ISCED 3 级教育项目的入学资格是:个人必须完成了约九年的全日制教育(从 ISCED 1 级开始计算),或接受过适当教育并具有职业经验。完成 ISCED 2 级或能证明自己已经掌握了该级相应的教育内容,是这一阶段的最低入学要求。

ISCED 3 级同样也包括对残疾人进行的特殊教育和成人教育。但对于那些参加了 2 级阶段教育,却未能达到该阶段学习目标的人,ISCED 3 级不提供支持。

这样的措施与上述 ISCED 3 级的教育项目不同。根据不同内容，这些措施只能被用于 ISCED 1 级或 ISCED 2 级。

高中后的非高等教育（ISCED 4 级）

ISCED 4 级是从高等中学教育向高等教育的过渡阶段。即使从个别国家的角度看，也完全可能清晰地界定出 ISCED 3 级和 ISCED 5 级的教育内容。就教育内容而言，ISCED 4 级并不能算作高等教育，其水平通常不会明显高于 ISCED 3 级。但是，它为已完成 ISCED 3 级学习内容的人提供了拓展知识的机会。学员年龄一般高于 ISCED 3 级学员，但没有年龄限制。学习课程可能持续半年到三年不等。ISCED 4a 课程与 ISCED 4b 课程之间是有区别的。前者是为进入 ISCED 5a 做准备，或作为这一阶段的入学资格；后者并不能提供进入 ISCED 5 级的资格，但至少能为进入劳动市场做准备。

高等教育第一阶段（并不能直接获得高等研究资格）（ISCED 5 级）

ISCED 5 级课程的难度比高中教育课程（ISCED 3 级）或高中后非高等教育课程（4 级）要大得多。入学要求一般为：已成功完成 ISCED 3a 级或 ISCED 3b 级教育，或者具备与此相当的 ISCED 4a 级资格。ISCED 5 级教育的最短年限为两年。但此后并不能直接获得博士学位或相应的高等研究资格（即 ISCED 6 级）。

ISCED 5a 级

高等教育持续三年到五年。多数情况下，完成 ISCED 5a 级教育以获得专科院校或综合性大学的学位（学士、硕士或工程师学位）为标志。这一阶段包含所有博士课程之外的研究型课程。课程内容与 ISCED 3 级和 ISCED 4 级相比具有更强的理论性。入学要求一般为：已成功完成 ISCED 3a 级或 ISCED 3b 级教育，或者具备类似的 ISCED 4a 级资格。标准依据课程类型、在各国学位和资格体系中的地位及整体学习年限对所有大学高等教育学位进行了比较和归类，其中也包括类似"美国硕士学位"这种连续性的课程。整个学习时间至少为三年（按全日制计算）。

ISCED 5b 级

获得 ISCED 5b 级资格所需的学习时间通常比 ISCED 5a 级短。该级别教育以职业为导向，重点是为进行实践工作和之后进入劳动市场做铺垫。当然，这一阶段的学习也要求具备一定的理论基础。颁发的学位都是劳动市场认可的。在完成 ISCED 5b 级教育之后不可能直接进入 ISCED 6 级的研究性课程学习。ISCED 5b 级的入学要求为已完成 ISCED 3b 级教育，或兼具特定学科 4a 级资格和相应的职业资格。

高等教育第二阶段（可直接获得高等研究资格）（ISCED 6 级）

这一阶段为研究生学习所设，可直接获得类似于博士学位的高等研究资格。因此，该阶段并不只是针对高深课程的学习，而把重点放在深层次和原创性研究上。

1.0.3 职业教育发展促进了各国职业教育研究的稳定性和连续性

各国职业教育体系的发展与各自的历史进程密切相关，职业教育的研究领域与职业教育体系涉及的相关领域也有紧密的关系，因此它在历史发展进程中不断扩展。各国职业教育研究涉及的历史区间可能仅有三十年（如澳大利亚的职教研究），也可能持续了百年以上（如德国和美国的职教研究）。

在德国，凯兴斯特纳在1901年发表了一篇关于巴伐利亚相邻各州职业教育体系的比较研究报告，目的是为慕尼黑技术学校的进一步发展收集信息（Kerschensteiner 1901）。他也由此建立起了一种比较研究文化，重点是将对"外国"职业教育体系的理解作为职业教育研究的内容，从而促进本国职业教育的发展。在美国，对职业教育的科学研究在19世纪末20世纪初就开始了。那时，学院和大学首次建立了教育学院和教育系。设立这些部门的初衷只是为了培养教师。

相反，法国的例子却证明：对职业教育研究的"轻视"，加上普通教育（包括大学教育）提供的资格在劳动市场的主导地位，使得职业教育的自主发展和相应的研究活动受到限制，其发展程度远远落后于邻国德国和荷兰。

这里提及的所有研究中，各国对职业教育发展的监控和支持，都是促进职业教育研究发展的主要原因。对决策者而言，最需要认识到一个发达的职业教育体系对经济发展乃至整个国家富强所做的积极贡献，这种认识对于促进职业教育的持续发展至关重要。此外，职业教育关于那些处于社会不利地位或处于社会边缘地带的人群所具备的吸纳能力也非常重要。

国际职业教育进行系统化的比较研究，即比较职业教育研究，只在中国、德国、法国和日本是职业教育研究的重点。"比较职业教育研究"与"国际职业教育研究"不同，后者在多数情况下不会超越国界，而且也不特别强调系统性的对比。

德国和美国的职业教育研究初始阶段还展现了全世界职业教育研究共有的一个典型特点，那就是：早期研究者既非专门的职业教育研究人员，也非职业教育工作者，而是一些广义上的教育研究人员。就学科而言，他们多属于"纯粹的"社会科学家（如心理学家、社会学家、政治学家），或者是教育学家和哲学家，比如杜威和凯兴斯特纳等。

德国在职业教育研究发展过程中具有特殊的地位，因为自从该国将职业教育师资培养学术化，即从大学培养职业教育教师以来，职业教育研究工作就十分普及了。与其他多数国家不同，这种状况使德国能够发展出一种自己特有的、称为"职业教育学"的专门学科。而这一学科起初只存在于那些培养职业教育教师的大学中（Lipsmeier 1972）。美国的职业教育研究有着悠久的历史，但起初也只是在普通教师培养的背景下进行，之后才过渡到教育研究领域。美国职业教育研究可以追溯到19世纪下半叶。从那时起，这项研究就保持着勃勃生机，这主要依靠联邦基金项目，而不是孤立的学科性研究。

这种状况普遍导致职业教育研究缺乏高水平的年轻研究人员。如澳大利亚最近才意识到这一形势的严峻性，并开始呼吁加强对研究人员的支持。因为当代的研究人员在逐渐"老龄化"，而年轻的教育研究工作者又往往偏爱专攻某一领域，不愿进入涉及跨学科的职业教育研究领域。

是否有可能通过建立一个具有统一范式和相似方法论的独立学科"职业教育研究"，来解决这些问题呢？在职业教育领域建立一个"垄断性"的职业教育研究学科，无论是从科学理论角度，还是从研究实践的角度考虑都是行不通的，因为其他社会科学和人文科学，如社会学、心理学、经济学、法律或哲学，以及自然科学和工程学等，都与职业教育及其文化、社会、经济和技术背景等方面进行着相关的研究。对职业教育研究本身的定义，正通过研究对象和认知兴趣的发展而不断更新。就职业教育研究对象的属性而言，最重要的是教育学研究范畴。这一点在本文采用的职业教育研究的定义中做了说明（参见下一部分）。从这个意义上讲，职业教育的教育学研究具有指导性作用，教育学研究方法从不同学科的整体高度将研究者分散的研究方向进行了有效的整合。

1.0.4 多学科、跨学科的职业教育研究：认知方向、研究领域与研究方法

职业教育研究具有多学科或跨学科的特点，这远远超出了其最初只针对职业教育体系进行研究的范围，这一过程多数是伴随着各国职业教育体系的发展而发生的。职业教育研究确定了职业教育的哲学思想和发展依据，它超越了教学论的研究（即教与学的研究）范畴，对职业教育教师的工作也有重要的意义。

如今，职业教育研究与一些特定的职业教育和培训现象有密切的关系。这些教育和培训与职业、（职业）资格获取以及（职业性的）工作活动有直接或间接的关联。其研究内容是在文化、社会、政治、历史和经济背景下获得这些职业资格和一般性资格的条件、过程与结果，比如，研究在（以职业方式）组织的工作过程中，个人态度和社会价值观对职前教育和继续教育（包括非正式学习）的影响。这就要求必须将职业教育体系置于整个国民教育体系的大背景下看待（Achtenhagen 1999；Dfg 1990；Lauterbach 2003）。

对职业教育研究的这一广义定义涉及各国职业教育研究的不同领域。其中一些领域的研究是回顾性的，如对职业教育发展史的研究，对职业教育体系的基本原理、课程设置和与现实要求相关的质量研究等。还有一些领域的研究是展望性的，如对职业教育在满足未来资格需求发展方面所做贡献的研究。资格研究、劳动市场研究和"过渡"（transition）研究（通常指特定社会群体从普通教育向职业教

育的过渡，以及从职业教育向继续教育或职业性工作的过渡），其研究问题都是由不同社会背景和经济环境决定的。

职业教育研究作为一种应用型研究，为公众、利益相关群体、职业教育规划者、行政管理人员和政策制定者提供对现实的理论解释，因此有助于为未来的改革奠定基础。确定实践研究目标时常常会遇到这样一个有争议的问题，即职业教育研究在职业教育体制改革和制定实践性方案时到底能做出多大贡献？这种"为更好而改变"的实用主义思想始终是理论研究的本质和核心。实用主义也体现了当今职业教育研究课题与政治环境之间的密切关系，如各国职业教育体制的质量和职业教育机构的自主权，就是备受关注的问题。

"……于是提出了这样一个特殊问题：一个可以被概念化为'体制'的社会结构，特别是学校结构，对社会活力、社会延续和社会效率做出了怎样的贡献？换言之，结构与功能之间到底有怎样的联系？"（Hall 1990b, 36）

研究设计建立在基本理论和范式基础上。这些理论和范式是科学原理中的一些具体概念，如实证论、进化论、社会研究中实验的作用、感应论、世界体系论等（Lauterbach 2003, 125）。由于职业教育研究是一个综合性的研究领域，因而对人文科学和社会科学中许多理论进行的讨论，以及出现在相关学科中的争论（关于理论、方法和研究课题），迟早也会在职业教育研究中出现。虽然直到20世纪80年代不同学派之间仍存在着激烈争论，但这种范式之争已经渐渐消退，多数科学家已经不再注重这些争议，而是将精力投入到取得实际的科研成果方面。Husén 将这种"现实的转变"的原因概括为：任何一个学派都无法回答"所有"问题，它们的成果很可能会使冲突持续，并传递出一种不恰当的世界观（Husén 1988）。

职业教育研究领域有两类不同的研究方法：第一类是将职业教育作为一种封闭的社会体系来理解和分析；第二类则将职业教育置于各种社会力量之中，通过跨学科的研究方法，对社会赋予职业教育的社会、政治和经济功能进行研究。

职业教育研究实践多按照项目的方式进行，项目遵循"务实的现实主义"原则，重点研究各国职业教育体系的某一方面。多数情况下，这些项目受公共机构的委托进行。研究课题通过研究项目得到进一步的发展，有可能成为一个阶段性的课题，如当前针对欧盟劳动市场和各国职业教育体系的国民流动性的研究。有的研究问题是由理论决定的，如针对欧盟各国职业教育体系的趋同性（convergence）被透明性（transparency）理论所取代的研究。通常，这些理论都是从被政府采纳并导致战略发展变化的研究项目中提炼出来的。

与社会和政治的关系不同，决定了各国职业教育研究所采取的范式也不同。在澳大利亚，主要研究问题针对教育的经济效益，如"企业培训的投资回报"问题；在德国和法国，除了大量实用主义的实证研究之外，还开展了很多基础研究，重点关注体制层面的职业教育与普通教育的等值性，以及个人层面的机会均等(不同社会经济地位、性别之间)等问题，其中还包括建立在人文主义范式而非实用主义范式基础上的各种研究。这些研究对象是以工作过程为导向的"职业性工作"这一社会问题，希望通过这些研究从包括在"欧洲资格框架"在内的多维实践角度对技术工人的工作做出鉴定。美国的职业教育研究多数是受联邦政府(如劳动部和教育部)委托进行的。这些研究并不局限于实用主义研究，因此涉及社会与职业教育体系的关系问题。例如有关职业主义的研究项目"强化了这一领域，有助于该领域受到其他教育工作者、行业、产业和社会公众的重视"。在法国，也进行了类似"显著提高青年的社会职业整合度"等基本问题的研究，而这一直是法国传统的教育社会学的研究课题。

在国际化(经合组织、国际劳工组织、联合国教科文组织)和欧盟发展的背景下，与更广泛的地域和政策相关的职业教育研究牵涉的远不止一两个国家。如在欧盟的研究中，问题从欧盟条约提出的流动性原则开始，逐渐涵盖了诸如质量、资格、互认、欧洲资格框架等多个方面。不仅研究议题如此，就连项目经费来源也不再只依赖某个国家，而有了更多的渠道。

在欧盟内部，各国不同的职业教育研究传统和研究发展阶段之间也有冲突。设于希腊萨洛尼卡(Thessaloniki)的欧洲职业培训发展中心(CEDEFOP①)是欧盟委员会的机构，由它发起并协调"欧洲的"职业教育研究，并在其自 1998 年起印发的《欧洲职业培训研究报告》中对欧洲各国的研究发展进行正式的记录(Tessaring 1998)。这些报告的目的是将各国的传统与相关研究结合起来，从而促进欧洲职业教育研究的共同基础的形成。第一份报告《为变化的社会提供培训》指出：基本教育制度研究是研究的出发点。此外它还提出了其他一系列的研究问题，如为提高能力进行的培训和学习(第二份报告)、教育培训的评估与影响(第三份报告)、职业教育培训的现代化(第四份报告)，正在酝酿的第五份报告题为"对主题和问题的前瞻性研究"。在流动性原则(关于劳动市场、职前培训和继续教育、非正式学习、终身学习等)和《里斯本宣言》(2000)所确定的目标大背景下，职业教育在欧盟政治中的重要性显著提高，许多职业教育研究项目都是由欧盟委员会或欧洲职业培训发展中心(CEDEFOP)直接授权进行的。欧盟的相关机构欧洲培训基金会(ETF②)正在对职业教育合作背景下各国职业教育体系的发展进行监控性研究。这一活动是在与东欧、亚洲和地中海国家合作的框架下，通过内部项目和合作项目进行的。欧洲的合作研究活动还包括欧盟的"达·芬奇项目"(Leonardo da Vinci programme) 和 2007～2013 年的"终身学习项目"(Lifelong Learning

---

① CEDEFOP 全称为 Centre européen pour le developpement de la formation profession-nelle。

② ETF 全称为 European Training Foundation。

Programme)框架内的课题。

欧洲职业教育研究还得到了欧盟"第七研究框架项目"(Seventh Research Framework Programme)的支持，并得到"欧洲科学技术研究领域合作"(COST)项目科研网络的支持。COST 是欧洲科学基金会(ESF)的组织之一。这两个项目针对包括职业教育在内的技术研究和社会研究的所有领域。与上文的欧盟授权研究不同，这些项目为进行有独立观点的、超越实用主义需要的、"独立的"职业教育研究提供了可能。而欧盟授权研究在项目招标时就已经确定了许多指标，如研究领域、认知方向和研究方法等。

随着职业教育研究领域的拓展，人们提出了关于职业教育研究的主流研究方法的问题。这方面存在着多元性。虽然在初始阶段的确存在一种世界通行的解释学(hermeneutical)方法，如杜威的研究，但在当代社会科学领域，量化研究方法却十分盛行(Edman 1955)。方法的选择也说明了职业教育处于一个什么样的发展阶段和发展时期，同时它也与研究主题和研究类型有直接的关系。自从 20 世纪 80 年代"务实的现实主义"产生以来，那些"唯一正确的"研究方法理念遭到摒弃。虽然目前在对职业教育体系的整体分析中大多仍然采用定性方法，但当遇到难以定性的具体问题时，量的研究方法已经受到青睐。

此外，我们还必须区分"针对某个国家的研究"和"从比较角度对某一课题或国家的研究"。由于职业教育的复杂性，人们几乎无法对教育体制做更确切的界定，这也导致了研究方法很难得到进一步发展，而且研究方法在实践中的应用也相当复杂。迄今为止，在国际范围内尚不存在对职业教育的统一评价机制，原因就在于此。也正是由于这一点，20 世纪 90 年代盛行的对各国职业教育体系进行比较性评价和整体化的分类分析，现在几乎已无人问津了。目前应用最广的研究方法是案例研究，也就是在研究领域和认知方向十分明确的基础上，对各国的情况进行研究，再将研究结果一同列出。

来自不同国家的研究人员的通力合作对取得高质量的研究成果非常重要。为描述和分析不同国家或一个地区的职业教育体系的发展状况，指标型的教育报告(通常在一个国家整个教育体系的大框架中)越来越重要，如美国的《教育状况》(Conditions of Education)和《德国教育》(Bildung in Deutschland)等。由欧盟统计局(Eurostat)和欧洲教育资讯网(Eurydice)编写的各国统计数据近年也得到了显著发展，已成为一个重要的研究工具。上文提到的 CEDEFOP 的欧洲研究报告，就包括了对各种研究方法和研究类型的综述。

1.0.5 职业教育研究的客户是谁？谁来实施这项研究？

职业教育研究的客户是利用职业教育研究成果，从事决策、评估政策效果和优化职业资格认证过程等工作的机构和人员。除一些重要国家机构之外，可能还包括一些相关的社会参与者，如雇主联合会和工会等。也就是说，无论是国家的、超国家的还是国家间的研究项目的服务对象，几乎都只存在于相关的机构中，如教育部、劳动部、科学部和欧盟委员会等。

从事职业教育研究的人员类型多种多样。如前文所述，除"正宗"的职业教育研究者外，还有许多来自不同学科的科研人员。这一状况同样也适用于职业教育研究机构。研究机构除传统的高校研究所外，还包括独立的研究机构和个体咨询机构。

由国家政府主办或资助的研究机构则处于中间地位。如德国的联邦职业教育研究所(BIBB)、澳大利亚的国家职业教育研究中心(NCVER)、法国的教育培训研究中心(Céreq)、英国的教学大纲和学历管理委员会(QCA)及国家职业教育研究中心(NCRVE)、美国的国家职业技术教育研究与传播中心(NCCTE)和中国的职业技术教育中心研究所等。除常规研究外，它们还发布合作研究项目、(在国家行政机构的授权下)进行研究协作，并对职业教育发展及职业教育研究进行正式记载和报告。欧盟的相关机构，如欧洲职业培训发展中心和欧洲培训基金会，也履行相似的职责。

一些科学团体在职业教育的内部讨论、外部传播及学科发展方面起着重要的作用。这些团体在美国(如美国职业教育研究会)和德国(如德国教育科学会，DGfE)都有着悠久的历史。在欧洲方面，类似的还有欧洲教育研究会(EERA)。与德国教育科学会类似，欧洲教育研究协会也是一个由带有不同主题和方法取向的研究人员构成的庞大组织。这两个组织均有自己的职业教育研究委员会或工作组。考虑到职业教育研究人员来源的多样性，他们往往还与其他一些国内和国际科学团体取得一定的联系，特别是社会学、心理学和政治学方面的团体。但由于只在少数国家有独立的职业教育研究团体，因此这些研究人员多半属于普通教育研究者。

1.0.6　成果与展望

由于职业教育还不是一门像教育学、社会学和心理学那样独立的学科类别，因此不可能对职业教育研究的发展史进行封闭性的描述，这也是职业教育研究的一个典型特征。这表明，职业教育研究具有跨学科和多学科的复杂性；这还说明，除高校研究所和专门研究机构进行的研究之外，这一领域中还活跃着大量其他参与者(通常只是临时性的)。因此，要对他们的研究活动进行综述几乎是不可能的。

此外，职业教育研究往往是由项目资助的应用型研究。这类研究对咨询公司和个体咨询机构也很有吸引力。这种研究机构的多样性源于职业教育与经济、劳动市场和政治的密切联系。教育和职业教育无论在国家、超国家(如欧盟)还是国际(如联合国教科文组织、经合组织)层面上，都已经成为关注的焦点，因为人们希望通过职业教育的发展提高国民素质并促进经济繁荣。各种各样的研究活动都是为了更好地实现这一目标。政策驱动型研究受到对其感兴趣的政治机构的支持，公共预算提供财政支持的渠道也在不断增多。如今，很多类似资助都是着眼于长远发展。参与这些委托研究项目的主体具有不同的动机和身份。一些在科研界被公认为"了不起的"社会学家、心理学家和经济学家等，偶尔也有可能进行一些职业教育方面的研究。

要想实现职业教育研究的可持续发展，并不断完善职业教育研究的范式、理论和方法，最好还是依赖那些以培养职业教育教师为首要任务的高等院校，或那些专门的职业教育研究机构。此外，各国和国际间的科研团体以及它们组织的研讨会，也通过内部和外部讨论，为把"职业教育研究"发展成为一门公认的学科做出了特殊的贡献。这一学科能否持续发展，特别依赖于相关的研究人员的能力发展。然而迄今为止，这种发展在多数国家偶尔才会发生。多数研究人员通常来自其他的社会科学领域。如果没有相应的职业教育本科教育，就应该大力发展一些专门化的教育，将年轻的研究人员培养成职业教育专家。正如本文所述：无论国家的、超国家的还是国际的条件，目前都十分有利于职业教育研究的发展。

1.1 职业教育研究的起源：澳大利亚的个案

Philip Loveder & Hugh Guthrie

本文描述了从 20 世纪 70 年代中期到 21 世纪澳大利亚职业教育与培训(VET，下文简称职业教育)研究的起源和发展历程。在过去 30 年中，该国职业教育领域发生了重大变化。本章以具有分水岭意义的 1974 年《坎甘委员会报告》为研究起源，一直追踪到目前开展的国家研究与评价项目。最后对澳大利亚职业教育研究的前景进行讨论，并指出该国职业教育研究面临的挑战。

1.1.1 澳大利亚职业教育研究的起源：1974～1984 年

1974 年的《坎甘委员会报告》成为诸多澳大利亚职业教育研究及职业教育发展事业的开端。该委员会由惠特拉姆联邦政府于 1973 年设立，其目的是为时任教育部长 K. Beazley 提供澳大利亚技术和继续教育发展相关事宜的建议。当时澳大利亚劳动部副部长、著名教育家 M. Kangan 任该委员会主席。

在 1974 年以前，澳大利亚在职业教育领域除进行过课程开发研究外，几乎没有进行其他方面的研究，而课程开发研究也因资金不足屡次受阻。虽然各州和各地区的教育部门也进行过一些研究，但大多数研究成果并未发表。

国家级研究起初由高等教育部门承担，并时常与技术教育领域有关。在学校范围内进行的研究也十分重要。然而直到 20 世纪 90 年代中期，职业教育方面的研究一直鲜有学者问津。与该领域研究能力提高有直接关系的是 Kangan 为增强职业教育研究提出的三管齐下的战略。他提议建的第一项政策是建立一个"澳大利亚技术与继续教育(TAFE)技术中心"。该中心的工作目标是"在职业教育中采用科学技术，并由中心本身或通过其他机构进行学习辅助设备和其他教学辅助设备的研究、开发和制造"。同时，该中心还意在实现以下目标：

➢ 成为研究的信息中心
➢ 传播国外信息
➢ 授权相关研究
➢ 发行期刊
➢ 组织教材出版
➢ 培训研究人员

这是澳大利亚第一份关于全国职业教育研究能力协调发展的方案，并以期通过一个专门中心实现这种发展。

Hall(1994)的报告指出：虽然当时 Kangan 的建议并未得到采纳，但五年后教育培训调查委员会再次提出了这个问题(Commonwealth of Australia 1979)。委员会提议建立一个"全国 TAFE 研究与发展中心"，其任务是在以下领域开展工作：

➢ 规划与编写教学材料
➢ 分析职业技能
➢ 授权开设课程
➢ 对课程和学分进行分类
➢ 在教学中使用技术辅助设备
➢ 开发自学项目

TAFE 院长与"技术与继续教育委员会"(TAFEC)主席联名向 1979 年 10 月召开的"澳大利亚教育委员会会议"提交了一份议案，在此之后，TAFE 全国研究与发展中心于 1980 年 6 月成立，后更名为"国家职业教育研究中心"(NCVER)①。1979 年召开的"澳大利亚教育委员会会议"还通过了一项章程草案，规定要在三年后对"中心"的工作进行总结。1981 年 6 月，教育部全体学务大臣签署了"组织章程备忘录"。1981 年 9 月，"中心"成立，并作为一家公司在南澳州注册，受担保限制。同年 11 月，"中心"开始在全国运营。

---

① NCVER 全称为 National Centre for Vocational Education Research。

新建立的 TAFE 全国中心最初进行的研究活动多数围绕课程和教材研发、培训标准制定、技能分析和以能力为基础的培养研究等课题展开。事实上，澳大利亚职业教育研究史多半是与国家职业教育研究中心本身的发展史相联系的(参见 NCVER 2001a)。

Kangan 报告的第二项策略是建议为研究工作拨付专门资金，该项资金独立于提议建立的技术中心所需资金之外。1993 年悉尼理工大学的 R. McDonald 教授及其同事提交了一份题为《不小的改变：制定澳大利亚职业教育与培训研究与发展策略的建议》①的报告。1994 年澳大利亚国家培训总署研究顾问委员会(ANTARAC)成立。至此，Kangan 的第二项建议终于成为现实。1993 年的报告对当时职业教育研究的特点做了这样的描述：它是一种资金短缺的间断式活动，与职业教育管理部门的政策与实践相关度甚小，甚至根本无关。

该报告的发表恰逢 1993 年澳大利亚国家培训总署(ANTA)建立，总署的主要任务便是监督这一领域的发展。由于当时仅有这一家机构，因此报告所提的"大幅增加对职业教育研究的国家投资"这一建议得以迅速实现。然而虽然澳大利亚研究委员会(ARC)对全国教育研究所做的总体回顾中(McGaw 等 1992)也提出了类似的行动建议，这些建议却因负责审核的机构众多且没有任何一个机构能独立采取行动而变得难以实施(Smith 2001)。

Kangan 的第三项策略是向在研究方法层面对技术院校教师所进行培训提供资金。这被视为一种既能增强"内部"研究能力，又能鼓励实践者自己开展行动研究的方式。

Kangan 在第一份报告发表一年后又发表了第二份关于技术与继续教育需求的报告。这份报告建议成立一个统计工作组。该小组自成立后经历了多次名称变化，它是目前澳大利亚国家培训统计委员会(NTSC)的前身。

1.1.2　职业教育研究走向成熟：1985～2005 年

1985 年至今，尤其是 20 世纪 90 年代中期以来，澳大利亚职业教育研究的数量和范围都显著扩大。从 90 年代中期开始，国家职业教育研究中心(NCVER)逐渐从澳大利亚职业教育研究的主要实施者演变为这一领域研究的管理者、知识中介和传播者。同时该中心仍继续积极开展自己的研究，并成为国家职业教育统计数据收集工作的管理者。

上文提及的 1993 年报告《不小的改变：制定澳大利亚职业教育与培训研究与发展策略的建议》在推动政府增加对职业培训相关研究的资金投入方面具有分水

---

① 英文为 No small change：Proposals for a research and development strategy for vocational education and training in Australia。

岭意义。从历史上看，综合性大学和高等教育学院对职业教育研究(尤其是在政府和"澳大利亚研究委员会"直接提供的资金有限的情况下)几乎没什么兴趣。同时，传统上作为职业教育教师教育培训基地的高等教育学院(CAE)也很少有或根本没有研究任务。因此到高等教育学院与综合性大学合并时，几乎还没有任何可以利用的学术资源。大部分职业教育研究力量或存在于国家职业教育研究中心，或存在于有职业教育的各州和地区的政府部门中。

由于传统上职业教育教师和培训人员的主要职责并非进行研究，因此很少有实践者开展过研究工作。随着政府开始切实加大职业教育研究专用经费投入的力度，一些综合性大学开始发展和聚焦职业教育研究，这些研究机构往往与教师培训或成人教育系/学院联系在一起。研究人员在全国范围内竞相争取专门经费。这些资金在 1996 年以前由技术与继续教育委员会(ANTARAC)拨付，其后这项工作转由国家职业教育研究中心负责。

1994 年成立的澳大利亚国家培训总署研究顾问委员会—技术与继续教育委员会(ANTARAC)负责确定研究重点，并确保研究与政策和实践相一致。该委员会作为国家职业教育研究中心的附属委员会于 1996 年更名为"国家研究与评价委员会"(NREC)。该委员会首次将确定职业教育的研究需求作为重要的、全国性的工作任务。技术与继续教育委员会(ANTARAC)在倡导建立职业教育研究文化及发展研究兴趣方面起了重要作用。这种兴趣不仅存在于职业教育领域内部，而且在许多综合性大学中蔓延开来。

1997 年，澳大利亚国家培训总署(ANTA)和联邦政府授权国家职业教育研究中心管理新的资助项目，同年，国家职业教育研究中心首次制定了国家职业教育研究策略，以支持新的资助项目(NCVER 1997)。该策略不仅界定了研究的重点，而且还描述了有效推广研究成果的方法，并注明了该策略的覆盖年份为 1997~2000 年。由于具有双重职责，即收集全国职业教育统计数据和协调领域内的研究活动，国家职业教育研究中心在当时是世界上独一无二的研究机构。

此后该机构又于 2001 年发表了进一步的研究策略(NCVER 2001b)。这一题为《通往未来的桥梁：澳大利亚国家职业教育与培训战略 1998~2003》①(ANTA 1998)的新策略是为支持当时的澳大利亚国家职业教育战略而制定的。之后该机构又接连确定并发表了年度研究重点。目前该机构的研究重点符合正在实施的国家职业教育战略——《设计我们的未来：国家职业教育与培训战略 2004~2010》②(ANTA 2004)。此外，国家职业教育研究中心委员会在建议联邦、各州及各地

---

① 全称为 A Bridge to the future：Australia's national Strategy for Vocational Education and Training 1998~2003。

② 全称为 Shaping our future：The National Strategy for Vocational Education and Training 2004~2010。

区学务大臣确定研究重点方面也发挥着重要作用。

1997 年，澳大利亚职业教育研究会（AVETRA）成立。该研究会最初是依靠澳大利亚国家培训总署研究顾问委员会和国家职业教育研究中心提供的经费得以成立的。其任务是：进一步增强职业教育研究对澳大利亚职业教育政策发展的促进作用；推进职业教育领域中独立、重要研究活动的开展；加强对职业教育及相关部门工作人员研究方法方面的培训。

与此同时，澳大利亚国家培训总署还成立了一个全国重点职业教育研究中心以支持各项目的开展，从而为总结职业教育领域的专门知识提供资金，并资助为期三年的针对职业教育政策与实践的研究项目。首批三个中心于 1997 年建立，分别设在悉尼理工大学、莫纳什大学和塔斯马尼亚大学。第四家中心则于 2000 年开设于墨尔本大学墨尔本皇家理工学院。这些中心的工作对增强职业教育研究能力和探索职业教育的重要问题，如职业教育的经济问题、工作场所的学习以及农村和地方性职业教育问题等都发挥了重要作用。

20 世纪 90 年代早期进行的大部分研究都是围绕政府和产业政策、教育经济学、劳动市场问题（特别是技能分析、职业发展趋势和产业技能要求）、学生和培训生特征以及对教师和培训师等方面展开的。除此之外，作为大学教育系传统研究项目的课程开发和教学研究（即教学法研究）也一直在进行（McDonald 等 1993）。

目前，澳大利亚的职业教育研究越来越受到利益相关各方，特别是政府、政策制定者和产业界需求的驱动。研究主题也更倾向于经济和社会政策方面。随着国家统计数据、学生成果和跟踪调查的建立，量化研究和纵向研究在澳大利亚越来越普遍，并建立了能精确评价具体政策效果的体系。全国的职业教育统计数据、调查和研究共同支撑起联邦政府的《国家职业教育与培训年度报告》①，这一报告被提交至澳大利亚议会进行审议。

近来，人们对职业教育的一些特殊服务对象的关注度有所增强，特别是土著澳洲人；同时对国际基准研究（benchmarking）的兴趣也不断增强，试图按国际标准评价澳大利亚的水平。澳大利亚的各个研究中心（包括国家职业教育研究中心）正越来越多地参与到与国外相应机构进行的重要研究的比较中，包括联合国教科文组织（UNESCO）、经济合作与发展组织（OECD）和国际劳工组织（ILO）的研究。

当今的职业教育研究是围绕一些战略性"主题"进行的，这些主题由职业教育领域的主要利益相关方决定。目前国家职业教育研究中心的五项研究主题也是确定研究重点的参考基础，它们是：

➤ 学生和个体

---

① 全称为 Annual National Report of the VET sector。

> ➤ 职业教育与培训体系
> ➤ 大环境中的职业教育与培训
> ➤ 产业和雇主
> ➤ 教与学

目前在职业教育领域，研究团体的整合现象越来越多。国家职业教育研究中心首次在澳大利亚采用了一种系统性的评价方法（该方法以英国的 Cochrane 协作法为基础）。此方法通过提出并批判性地评价已有研究证据，从而回答一些重要的政策问题。这样，研究就能成为决策过程中更有价值的工具（Anlezark 等2005）。

在联邦政府的资助下，国家职业教育研究中心在研究中引入了一种新的"联盟"(consortium)方法，以最大限度地提高对稀缺研究资源的利用率。国家职业教育研究中心通过具有多个机构和主要研究人员组成的联盟团队，协作开展课题研究，从而提高科研成果的数量与质量。预计这种方法能有效地利用资源，并为针对职业教育重要问题的长期性战略研究提供条件。

每个联盟团队由从两个或两个以上机构中遴选的研究人员组成。研究项目历时两年到两年半不等，目前已投入总计 130 多万美元资助以下两个项目：

> ➤ 为未来工作的技能需求量身打造职业教育与培训
> ➤ 为职业教育培训机构未来的能力建设提供支持

Smith 等探索了研究活动对职业教育决策产生的影响。长期以来，国家级的职业教育研究项目一直重点关注职业教育研究成果的利用和推广。包括国家职业教育研究中心在内的研究机构，始终积极向产业界和更广泛的社会群体宣传职业教育研究成果，其采取的方式如：举办由特定利益群体参加的论坛；开发具有附加值的研究产品及服务；分发专门的简报等。为了确保研究信息覆盖面的广泛性，这些研究机构还广泛应用了网络技术，如网上论坛和"网络研讨会"。

需要特别指出的是，国家职业教育研究中心越来越多地承担起澳大利亚职业教育领域知识传播者的角色。它还与许多教育团体和社团紧密协作，从而建立起更有活力的培训体系(Guthrie 2002)。如今，研究人员还能获得许多专门的资源，包括 NCVER-UNESCO VOCED 国际文献目录数据库等，该数据库含有多国的 3万多条目录。

1.1.3　澳大利亚职业教育研究的未来方向与挑战

过去 30 年，澳大利亚的职业教育研究走过了漫漫长路，从仅有少数几个不同研究活动的学科关注点，发展成一个相互协调的重要研究领域，并与职业教育政策和实践建立了紧密的联系。如今，研究活动在职教体系发展和国家报告中发挥着更加重要的作用，并将继续促进教学实践和教学质量的提高。

对于职业教育研究仍存在批评之声，这些批评意见认为职业教育研究对全国及各州的培训政策仍未产生足够的影响。Smith 指出：传统的为期 12～18 个月的教育研究模式既不能符合忙碌的政策制定者的要求（因为他们必须针对各种变化迅速做出政策方面的回应），也不能满足职业教育实践者更加"实际"的需求（Smith 2001）。但是，被 Smith 称为"快餐"式的、为期较短的研究，又无法得到具有足够深度的研究成果。澳大利亚国内对长期的、多部门参与的纵向研究的需求越来越多，对能将普通教育、职业教育培训、高等教育的经验与劳动市场相联系的研究需求也逐渐增多。决策者需要得到更多的信息，如现存体系有哪些优势和弱点；完成职业教育学习后，毕业生在劳动市场中的就业状况如何；职业教育产生了哪些深层的学习成果；正式培训体系怎样满足不断变化的社会需求等。

Smith 认为，要确保研究能够更加"切中要害"，就必须保证研究主题更加鲜明，且要运用多种方法，围绕职业教育领域需优先考虑的关键问题进行研究，并使主要利益相关方参与进来。正如前文所说，目前由国家职业教育研究中心进行的"国家职业教育培训研究与评价（NVETRE）[①]"项目采用了主题导入法，强调研究课题必须是对职业教育及更广泛的社会群体具有重要意义的问题。此外，利益相关各方所倾向的理解研究成果的方式也在发生改变。那些综合多项研究成果并能证明专门政策具有干预效果的研究"产品"备受青睐。在职业教育领域，用简短、针对性更强且易于理解和使用的出版物代替传统研究成果的做法，被视为一个能够更好地利用研究成果的策略。然而，研究成果的推广工作仍将面临挑战。各方必须运用创新战略以确保企业易于理解重要信息，例如举办相关各方的论坛或发送简报等。

未来，澳大利亚职业教育研究发展的一个重要方面就是培养新一代研究人员。目前，许多参与职业教育研究的科研人员，在工作开始之前接受的正式研究性培训十分有限（Smith 2001）。此外，按照综合性大学的正规研究性课程培养出的往往是针对一个专门学科的研究人员，而职业教育研究则更需要具备多种能力的研究者。Smith 认为，刚毕业的大学生中极少有人具备为职业教育研究做出重大贡献的能力。尽管诸如澳大利亚职业教育研究会（AVETRA）等一些专业研究团体为促进职业教育研究做了大量工作，但仍然缺乏有足够经验的专门研究人员。所有这些因素导致了澳大利亚的职业教育研究团队在开展工作时"捉襟见肘"。另外，相关研究机构面临的一个重要挑战是，要明确新的发展途径并进行研究能力的培养，为未来的研究工作储备人力资源。

尽管澳大利亚的研究工作取得了重要进展，但目前仍对职业教育研究的实用性及其使用效果存在一些疑虑，例如，产业部门期待能得到关于培训能为企业带

---

① NVETRE 全称为 National Vocational Education and Training Research and Evaluation。

来多少投资回报这一重要问题的回答；如何解决产业界存在的、并将继续面临的技能紧缺问题；如何通过缩短培训时间，尽快向产业界输送职业教育培训生(特别是学徒制的培训生)，从而帮助解决澳大利亚经济面临的技能短缺问题。这些问题的解决对于澳大利亚职业培训领域具有重要的意义。虽然迄今为止澳大利亚的职业教育研究多数是需求导向的，但对该领域进行的广泛调查结果却显示，仍有大量研究是供给导向和调查者导向的。另外，确保研究的受益人有机会表达自己的研究需求也是非常重要的。在不久的将来，受益人能够积极地加入到研究团队中并切实参与研究也将同样重要。从这一点看，研究者本身仍将发挥重要作用。

1.1.4　澳大利亚职业教育研究大事记

1974 年　Kangan 委员会提议建立"澳大利亚技术与继续教育(TAFE)技术中心"

1979 年　Williams 调查委员会建议成立国家 TAFE 研究与发展中心，成立了国家 TAFE 资料中心

1981 年　TAFE 国家研究与发展中心于 11 月开始运作

1985 年　《澳大利亚 TAFE 研究与发展杂志》正式发行

1989 年　在阿德莱德召开了由 TAFE 国家中心组织的关于各国职业教育研究与发展的国际大会，澳大利亚"TAFE 指导员会议"发起了 TAFE 国家中心的第二轮检查

1991 年　成立了统计部，TAFE 国家研究与发展中心与国家就业教育培训部签订合同，接手了收集年度统计数据的任务，由 J. White 和 M. Kinsman 领导进行的 TAFE 国家研究与发展中心第二轮检查完成

1992 年　TAFE 国家研究与发展中心更名为国家职业教育研究中心(国家职业教育研究中心)，并在墨尔本召开了由国家职业教育研究中心组织的"技术和职业教育培训的未来"大会

1993 年　1985 年首度发行的期刊更名为《澳大利亚和新西兰职业教育研究杂志》，题为"不小的变化"报告发表

1994 年　澳大利亚国家培训总署(ANTA)研究顾问委员会成立

1996 年　根据 ANTA 合同，国家职业教育研究中心承担了国家级职业教育研究与评价项目，国家研究与评价委员会(NREC)成立并代替了 ANTARAC 的职能

1997 年　第一期澳大利亚国家职业教育研究战略发表，覆盖年份 1997～2000 年

2001 年　第二期国家职业教育培训研究与评价战略发表，覆盖年份 2001～
　　　　2003 年

2004～2006 年　　国家年度职业教育研究重点——2004 年、2005 年和
　　　　2006 年

1.2　中国的职业教育研究

姜大源　于志晶　姚树伟

1.2.1　主题及视域

尽管作为近现代职业技术教育（下文简称职业教育）在中国产生的标志，早在
19 世纪中叶，中国就出现了职业学校性质的实业学堂，尽管现代意义上的职业
技术教育理论建构的主导思想甚至可以追溯到清末民初时期一些代表人物如黄炎
培等的主张，但由于受到战乱及各种政治因素的影响，直到 20 世纪 70 年代末，
对职业技术教育的理论研究一直难成规模和体系，因此，职业技术教育学被认为
是一门新兴学科（纪芝信等 1995）。鉴于此，本专题的讨论将主要着眼于近 20 年
来的变化。

作为一门研究职业技术教育现象，揭示职业技术教育发展规律的科学，职业
技术教育学被认为是整个教育科学体系的一个重要分支，是与多种学科有着紧密
联系的一门综合性学科（刘鉴农等 1986）。它的研究对象被一些研究者归纳为三
个方面：①职业技术教育与经济和社会发展、科技进步之间的关系，即其外部关
系；②职业技术教育内部各要素之间的关系；③职业技术教育的对象（纪芝信等
1995）。

虽然对上述界定最近出现了不同并富有新意的意见，如有学者认为，作为一
种不同的教育类型，职业技术教育有着不同于普通教育而富含职业科学内涵的特
征，这才是职业教育的基础（姜大源 2006）。但综观近些年的研究选题和成果，
其研究对象主要还是集中于以上三个方面的。故而本专题的讨论姑且仍以此为
视阈。

1.2.2　重要研究及成果

热眼向洋与鉴往知来

在 20 世纪 80 年代初由中央政府迅速启动的中等教育结构调整工作推动了职
业技术教育在中国重新开始大规模的发展。由于"文化大革命"，人们对外部世界
已十分陌生。为寻找参照和借鉴，一些学者首先致力于国外职业教育理论和实践

的介绍工作，并形成持续热潮。

这一时期出版的译介著作主要有《西德职业教育》、《日本职业技术教育》、《技术教育概论》、《六国技术教育史》、《七国职业技术教育》、《职业教育与劳动教育学》、《国外职业技术培训研究》、《苏联职业技术教育简史》等；华东师范大学出版社出版了联合国教科文组织于 1974 年第 18 届大会通过的《关于职业技术教育的建议(修订方案)》和《23 个国家、地区职业技术教育现状和趋势》，因前者为国际上关于职业技术教育的权威性文件而更具影响。1991 年北京师范大学外国教育研究所的《中外职业技术教育比较》，作为高校文科教材出版，突破了以往译介著作多作国别介绍的方式，开始着眼于整体的比较。

与持续涌动的"面向世界"的热潮相伴应，一些学者则把目光投向了"传统"，力图鉴往知来。1985 年中华职业教育社出版了《黄炎培教育文选》。1991 年，吴玉琦的《中国职业教育史》出版，为内地第一部阐述中国古代职业教育传统和近现代职业教育理论与实践的职教史专著。1994 年，李蔺田主编的《中国职业技术教育史》出版，这是一部比较全面系统评介近现代中国职业教育历史的论著，在国内有较大影响。近年则有闻友信、杨金梅著，作为中华人民共和国教育专题史丛书之一的《职业教育史》(海南出版社，2000)问世。

职业技术教育学的初步构建

理论建构首先着眼的是对命名、含义、体系、结构、地位、作用等基本概念的爬梳。1984 年，北京师范大学高奇基于讲义编写的《职业教育概论》，被认为是新中国成立后第一部职业教育理论著作。1985 年，华东师范大学教科所编写的《技术教育概论》出版，较为系统地论述了技术教育学基本问题，对技术教育特殊性作了专门分析。1986 年刘鉴农等人主编的《职业技术教育学》，把职业教育和技术教育综合为一体加以阐释，并较为深入地论及了就业结构与教育结构的关系。

稍后还有李廷和主编的《职业技术教育概论》、刘春生编写的《职业技术教育导论》、王金波撰写的《职业技术教育学导论》、吕可英与董操主编的《中国职业技术教育学》、张福珍与王义智主编的《应用职业技术教育学》、杨达生主编的《职业教育概论》、李向东和卢双盈主编的《职业教育学》、严雪怡著的《论职业技术教育》等问世。

这期间，孟广平主编的《当代中国职业技术教育》(高等教育出版社，1993)，以工作实践为基础，通过总结以往办学经验来探讨职业技术教育内在联系和规律，具有"源于实践，指导实践"的特点，有较大影响。国家教委职业技术教育中心研究所编著的《职业技术教育原理》(经济科学出版社，1998)，吸收国外最新研究成果，尝试从职业分析入手来研究诸如专业设置、课程开发等基本问题，亦具开拓性价值。

与此同时，在职业教育分支学科的理论建设方面也有进展。主要著作有：黄强等主编的《职业技术教育心理学》，邹天幸等主编的《职业技术教育管理学》，雷正光等主编的《面向21世纪的职业教育管理研究》，何雪涛、郭耀邦编著的《职业学校教育评估的理论与实践》等。

在进入21世纪后，中国职业教育研究不论在广度或深度上都有新的拓展，并日趋成熟。主要表现为：涌现了一批新的职业技术教育学专著，如张家祥、钱景舫主编的《职业技术教育学》，刘春生、徐长发主编的《职业教育学》，周明星等编著的《职业教育学通论》，李向东、卢双盈主编的《职业教育学新编》等。在比较教育学领域，则有石伟平著的《比较职业技术教育》(华东师范大学出版社，2001)问世。该著作对部分发达国家和地区职业教育的体系、机制、发展模式等作了比较系统和深刻的阐释，被多所高校选为职业教育学研究生教育教材，颇具影响。刘来泉的《世界技术与职业教育纵览》(高等教育出版社，2002)一书，选译了20世纪70年代以来联合国教科文组织有关技术与职业教育的重要文献，为读者提供了一种权威性的全球视野。翟海魂的《英国中等职业教育发展研究》(高等教育出版社，2005)，着眼于通过英国20世纪中等职业教育的演变过程，分析其正反两方面的经验。同样地，在职业教育经济学、心理学、课程论等方面也有一些有价值的专著面世。

国家规划项目研究

从1980年起，职教研究课题开始被纳入全国教育科学规划。"六五"期间，被列入全国教育科学规划项目中的职教课题共有6项，其中国家重点项目有2项，即由滕纯承担的《农村教育问题研究》、李蔺田等承担的《技术职业教育的研究》；"七五"增为10项，其中国家重点项目有2项，即由饶博生等承担的《老少山边侨地区职教发展战略研究》、孙震瀚等承担的《2000年我国职业技术教育发展战略研究》；"八五"增为31项，其中国家重点项目有2项，即中华职教社承担的《黄炎培教育思想研究》、国家教委职教中心研究所承担的《借鉴德国"双元制"经验，促进我国职业技术教育改革的研究与实验》；"九五"增为41项，其中2项为国家重点项目(闻有信，杨金梅2000)，即由刘来泉等承担的《经济发达地区职业教育多元办学体制问题研究》、蒋作斌等承担的《21世纪我国中部地区农村职业教育发展理论和模式的研究与实验》；"十五"增为69项，其中国家重点项目有5项，即由黄尧等承担的《西部人力资源开发战略研究》、马叔平等承担的《职业教育与劳动准入制度互动性研究》、张宝文等承担的《新阶段中国农民职业教育战略研究》、杨进等承担的《职业技术教育与中国制造业发展研究》和郑向东等承担的《"城校互动"职教发展模式研究》。

规划项目中，区域职教发展及各类职教发展的研究课题占多数，还有高等、中等、初等、残疾儿童的职业教育，职业教育比较研究，专业设置，职教信息网络，职教与劳动市场，职教与普教的衔接与沟通等专题。总体上偏重于宏观问题。

集中关注的几个领域

(a)关于职业技术教育体系建设

建立职业技术教育体系，是中国教育体制改革的一项重要任务，也是 20 多年来职教研究领域不断探索的一个重大课题。1983 年国家教育部职业技术教育司将职业技术教育体系建设作为科研项目，委托华东师范大学做专题研究，研究报告于 1985 年完成。报告提出，在人才结构上要建立三个系列，即工程人员系列、技术人员系列和工人系列，工人系列中设立高级技工、技师，并建立相应的学校，这是关于职教体系探索上的一个成果。研究者普遍认为，职教体系是个涉及面广而又复杂的系统，它包括职业技术学校教育的学制体系、职业技术培训体系、职业技术教育师资培训体系以及与体系相关的管理体制。学制体系是整个体系中的核心部分(孟广平等 1993)。

职教体系与经济结构的关系是研究者最为关注的领域之一。一些学者提出，在社会领域的多种结构中，经济结构是基础，居于支配地位，因此，讨论职教体系与结构必须以经济结构为依据(纪芝信等 1995)。他们提出职业技术教育体系和结构的确立要做到"四个适应"，即与国民经济的所有制结构相适应，与劳动就业结构相适应，与产业结构发展变化相适应，与国民经济技术结构发展变化相适应(孟广平等 1993)。也有研究人员专门对建立职教体系的基础理论——人才结构理论做了非常有意义的梳理，将其归纳为"金字塔"模式、"职业带"模式和"阶梯状"模式(职业技术教育中心研究所 1998)。这一时期终身教育思想逐步为人们所接受。一些研究者首先意识到终身教育思想应该是建立职业技术教育体系的一个重要依据。他们认为按照终身教育的观点，职业技术教育不应该是一种早期终结型教育，而应该是一个贯穿人的整个职业生涯的教育，它使处于不同职业发展阶段的人们能够在每个人最需要的时刻以最好的方式得到各种与职业有关的知识和技能(孟广平等 1993)。

进入 21 世纪，中国政府明确提出建立现代国民教育体系和终身教育体系。中国职教学界迅速形成了构建新的职教体系的研究热潮。2003 年由中国职业技术教育学会举办的以"全面建设小康社会与现代职业教育体系构建"为主题的学术年会是这一热潮的集中体现。一些论者对现有职教体系框架的缺陷和不足进行了反省。他们认为现有框架存在着布局结构不均衡、发展不全面的问题，这主要表现为区域间和区域内部之间发展不均衡，受教育人群的教育保障体系不均衡，以及兴办职业教育的体制不健全，办学体制多元化的格局尚未真正形成(周稽裘 2003)。另有学者认为现有体系的最大缺陷是：它一般着眼于通过一次教育满足终身需要，未能完全满足人们的学习需求；受工业社会"标准化"、大批量生产的影响，没有考虑个体的个性和接受能力；办学模式过于单一；依附于普通教育体系，没有充分反映职业教育人才培养类型的特殊性等。有学者提出，要从历史的发展观来看待现有的教育体制，与生产方式进行同步改革，构建新的职业技术教育体系。新体系应该充分反映"新经济"对人才的新需求和人才结构的新变化，使不同类型、不同层次人才都有恰当位置，使所有人在一生工作的各个时期都能与继续教育有效衔接，实现工作与学习的相互交替；实行以学生为中心的弹性学习制度，实行多样性办学，不仅满足经济发展需要，而且还能满足社会和个人的各种不同需要；新体系按照职业技术人才类型及层次而非学历层次构成，并且是个开放体系，与普通教育和特种教育在学制上可以沟通、衔接，在课程上可以交叉融合(黄克孝等 2004)。

(b)关于教学和课程问题

20 世纪 90 年代前后，职业教育选择内涵发展的策略使人们把注意力更多地投向被困扰已久的教学和课程问题。一个重要标志是，职业教育的教学与课程研究作为单独的重点项目被纳入全国教育科研规划，其中有"八五"期间，由黄克孝主持的关于《职业和技术教育课程体系改革若干问题的研究》；"九五"期间，由薛喜民主持的《职业技术教育课程改革与教材建设的研究与实验》、余祖光主持的《面向 21 世纪的职业学校专业设置》、王军伟主持的《面向 21 世纪的职业学校课程与专业教材体系改革的研究与实验》、黄克孝主持的《我国各级各类职业技术教育课程模式开发的理论方法和实验研究》等。

较早尝试从课程论领域里对职教课程进行研究的著作是俞立与郭扬的《现代职教课程论研究》(中国科学技术出版社，1995)和朱晓斌的《职业教育课程论》(广西教育出版社，1997)等。黄克孝、严雪怡的《职教课程改革研究》(科学普及出版社，1997)大力倡导既广泛借鉴国外职教先进课程模式，又继承我国传统课程模式长处的"多元整合"思想。教育部职业技术教育中心研究所编著的《职业技术教育原理》(经济科学出版社，1998)，力图跳出传统课程结构框架，从分析职业和教育以及两者的关系入手，来建构新型职教课程观。该时期出现了一批实验范围广、影响面大、持续时间长的研究项目，具代表性的有蒋乃平主持的以集群式模块课程为主要特征的"宽基础，活模块"的研究；有由上海市教委承担的全国教育科学"九五"规划重点课题《职业技术教育课程改革与教材建设研究与实验》等。

进入 21 世纪，激烈的社会变革和深刻变化中的职业教育又催生了一大批新的研究成果。姜大源的《职业学校专业设置的理论、策略与方法》(高等教育出版社，2002)从研究职业和职业特征入手来界定专业，突破了传统的学科门类的定性方法。赵志群的《职业教育与培训学习新概念》(科学出版社，2003)，从技术发展、劳动组织变更和人力资源开发相互制约的关系出发，对关键能力、行动导向和工作过程系统化学习等理论做了全面探讨。姜大源和赵志群还是最为积极和坚定的"行动导向"思想的提倡者，主张职业教育课程内容设计应该以工作过程为参照系，要追求工作过程的完整性。最近有影响的一部著作是徐国庆著的《实践导向职业教育课程研究：技术范式》(上海教育出版社，2005)，该书提出职业教育课程的根本问题是学问化，工作实践应当是职业教育课程逻辑的核心，应该以实践导向的思想构建职业教育课程框架。20世纪90年代末启动的"面向21世纪职业教育课程改革和教材建设规划"是国家教育行政部门推动的一项重大教育教学改革工程。2002年10月，这一工程的76项研究成果被汇编为4册并出版。随着开始于20世纪90年代末的高等职业技术教育的大发展，对高职教学与课程的研究也持续升温，一批著述相继面世。近年中，由中国职教学会组织的各种全国性职教课程与教学改革学术研究活动，影响很大，也有力地推动了这一领域的研究。

(c) 阶段性的研究热点与论争

20世纪80年代初以来的20多年间，除上面所述及的人们持续关注的方面外，还有一些领域随着社会背景和改革进程的变化形成了阶段性的思潮和研究热点。其中包括，关于农科教结合的研究；关于职业教育与劳动人事制度改革关系的研究；关于高等职业教育的研究；关于产学研结合的研究等。

近20年中，中国职业教育界的思想碰撞也可以说是此起彼伏、精彩纷呈。比如，关于"正名"之争一直持续至今。有学者反对职业教育与技术教育是两类有联系又有区别的教育，主张只有"职业教育"一类教育，其中包括技术教育，其主要根据是当初黄炎培(1878～1965)先生的提法。有人认为技术教育与职业教育不是一个体系，前者应归工程教育体系；反映在高等职业技术教育的培养目标上，则认为技术专业教育应归普通高教系统，高职只是培养"高级技艺性人才"，所以应称"高等职业教育"。也有学者认为，应该从终身教育的角度重新认识职业技术教育的内涵，它应包括：从业准备教育、从业专业教育、从业继续教育；把"职业技术教育"改为"职业教育"的最大问题是更不利于本已十分薄弱的技术类人才培养，应当改为国际上多数国家通用的"技术与职业教育"(孟广平 2005)。

还比如，关于"职普比"问题的讨论也从未停止过。1985年《中共中央关于教育体制改革的决定》提出，五年以后中等职业学校的招生数相当于普通高中招生数。人们理解这个"相当"的意思就是大体上1：1。有论者认为，这样的目标简明易行，在中等教育结构调整过程中，尤其在初期，以此激励、策动社会支持职业教育发展是必要、有效的。也有人指出，用这样的比例来作为工作目标是不科学的；不能简单地认为中等教育结构中的职业技术教育比例越高，表明教育改革越贴近社会经济发展需要。当时世界银行专家认为，今后20年内中国应当把中等职业教育的比例减少为零。当然，也有针锋相对的观点，认为中国在当前和今后相当长的一个历史时期，高中阶段的职业技术教育不仅不可或缺，而且应该大力发展。

1.2.3 研究机构、研究方法及变化

关于研究机构

"文化大革命"结束后，为恢复教育研究工作，国务院于 1978 年批准重建中央教育科学研究所，所内设立了"教育制度研究室"，进行中等教育结构改革及职业技术教育的研究。该室于 1986 年改为职业技术教育研究室及成人教育研究室。1991 年国家级的"职业技术教育中心研究所"成立，原中央教科所职教研究室并入该所。

一些部委和行业也建有职教研究机构。上海、辽宁、湖南、江苏、河北、北京等省市也陆续建立了独立设置的省级职教科研机构。各省级教育科学研究院（所），部分高等教育机构及中等职业学校也设有职教研究所（室）。目前，全国共有中央及省市级职教研究机构近百个，专职研究人员 500 余人。

中国职业技术教育学会是全国职教群众性学术团体，学会下设 10 余个专业委员会，吸收各省市及行业部门职教学会（研究会）70 余个，组织和支持群众性职业教育研究。历史悠久的中华职业教育社一贯重视职教研究，该社有专门研究组织和专兼职研究人员，并出版有学术刊物。

关于研究方法

基于"职业技术教育学是教育学的一门分支学科"这样的认识，直至近期，职业技术教育学体系的建立和发展仍主要以普通教育学的理论成果为基础（张家祥，钱景舫 2001）。有论者认为，总体上可以从三个层次上把握教育科学研究方法，即第一层次是适用于某一学科研究领域的特殊方法；第二层次是适用于各门科学的一般研究方法；第三层次是关于认识世界、改造世界、探索实现主客观世界相一致的最一般的方法论。教育科学研究方法论就是在第三个层次方法论指导下，综合运用第二层次的不同的方法论原理，对教育现象进行探索的分科方法论（马云鹏 2002）。这样的归类被普遍接受。实际中，绝大多数从事职业教育研究者也是据此来确定或表述自己的研究方法理论的。

然而，事实上相当一部分职业教育的研究是属于经验描述式的。尽管如此，试图通过描述现象的特点、揭示现象间的联系和事物的发展历程，进而上升到理论概括的努力，还是显而易见的。近年来，一些学者开始尝试建立职业教育学自己的方法论体系，提出了"科学与基础相交、经验与思辨结合、归纳与演绎并容、历史与逻辑统一"的方法论主张（周明星 2002），并有一些非常有意义的尝试。

从历史上看，20 多年来"实验研究"一直受到普遍重视。作为社会科学的范畴，职业教育的实验研究方法不仅被大量地运用到较为微观的课程、教学领域，还被广泛应用于诸如管理体制、综合改革等宏观性的研究中。

随着课程与教学研究的重要性和迫切性日益凸显，"教师即研究者"的理念正在被普遍接受。旨在让教师"在教育中"研究教育、"通过教育"研究教育、"为了教育"研究教育的教育行动研究方法被积极地引入到职业教育研究之中来（刘建湘，周明星 2005）。一些地区如上海等，正是通过这种方式，培养了大批骨干教师，从而有力地推动了教育事业的发展。

可以说，目前的职业教育研究方法几乎都是从其他学科移植而来的，虽然被大量和广泛地应用，但尚未形成自身发展的内在逻辑体系（刘春生，徐长发 2002）。不过，当代科学走着既分化又综合的发展道路，特别是边缘和交叉学科的大量不断出现，促使教育科学研究方法日益复杂，呈现多元化发展趋势（马云鹏 2002）。通过对近年的一些研究成果的分析，我们可以看出职业教育研究方法也有一些明显的变化趋势：调查研究法应用得越来越普及；实验研究法在进一步发展；追踪式研究开始受到重视；系统科学方法论被越来越多地引入；跨文化研究方法开始被运用；现代化手段被广泛采用等。

1.2.4　问题与展望

近年的研究成果虽然已初步构成了有中国特色的职业教育理论框架，但由于起步晚，学科体系基本上沿袭普通教育学，对自身的特殊性、逻辑结构等问题研究不足；许多相关学科如职业教育心理学、职业教育社会学、职业教育伦理学、职业教育经济学等都尚未建立或处于初创阶段。也有学者对已发表的职业教育学著作进行了分析，认为目前的职业教育学学科体系的建构基本上是经验水平的，它的摹本主要有两个，一是教育学的学科体系；二是职业教育的实际工作。前者简单地照搬正在引起广泛争议的教育学现有体系，无疑会束缚研究的思路；而后者显然降低了学科的理论层次，影响学科理论对职业教育现象的解释力。经验水平的学科体系是学科发展的初始阶段，它的发展方向是范畴水平的学科体系（职教中心研究所 1998）。

更具体而言，就职业技术教育学的建设来说，首先要解决的是确立一些基本概念。像"职业教育"这样的最基本概念目前尚有很大争议，说明我们与"科学的研究"还有相当距离。值得探讨的关键问题还有关于职业教育学学科的逻辑起点是什么的问题。目前我国教育理论界关于教育学逻辑起点已有多种看法，而关于职业技术教育学学科的逻辑起点还未见到有关理论问世。只有在抽象出与人类职业教育实践活动起点相一致的学科逻辑起点的基础上，才可能演绎出与人类职业教育实践活动发展相应的职业技术教育学学科理论体系（李向东，卢双盈 2005）。

尤其值得关注的是，近来有学者从知识类型以及人们活动领域的类型的角度来考察职业教育的学科特征，对将职业教育置于普通教育学学科之下的现状提出质疑。这种质疑源于以下悖论：如果在层次上将职业教育学置于普通教育学之下，那么在教学论领域就会出现尴尬情况——职业教育的专业教学论要么从属于普通教学论领域的专业教学论，要么从属于技术教学论、工程教学论甚至科学教学论范畴里的专业教学论，倘若这样，人们历来所强调的职业教育的类型特征将不复存在！在职业、职业科学、职业教育论三个领域的进一步研究表明，职业教育的发展将使职业教育学逐渐成为一个具有"一级学科地位"，即与普通教育学"平起平坐"的"正当的学科领域"（姜大源 2002）。

从范围更大的发展视野来看，由于职业技术教育与社会、经济、劳动就业等的密切关系，相关的"边缘性"研究领域正日益扩大。如从经济学角度、人力资本理论角度来研究职业教育对经济增长的贡献、投入产出效益、需求供给、价格机制、市场竞争及某些经济规律如技术系数、边际效益对劳动需求的影响等；从社会学的角度研究职业教育的社会功能，职业教育与社会角色、社会组织、社会分层与社会流动、社区、社会保障、社会舆论、社会心理等的相互关系；从劳动科学的角度研究职业教育与就业政策、劳动法规、劳动保护、劳动报酬、劳动安全、职业流动等的关系。当然，有关教育理论的多学科交叉发展，如教育文化学和教育人类学等，也会深刻影响职业教育研究的发展与走向。

1.3　法国职业培训研究：培训体系地位与结构的一面镜子

Philippe Méhaut

世界职业教育培训领域的研究相对欠发达，这与普通教育研究形成了鲜明对比。后者所做的贡献，特别是在解决准入机会不均和社会不公方面所做的贡献，已得到国际公认。

1.3.1　法国的研究欠发达吗

要了解法国职业教育研究的现状，首先必须熟悉法国职业教育体系的特性。

与具有学徒传统的国家相比，法国职业教育体系的发展起步较晚，且在社会和经济层面一直未得到重视。事实上，法国教育体系的传统代表是由精英统治的特权型通才教育（Verdier 2001），职业教育只是教育体系的一个"薄弱分支"。十九世纪法国大革命期间废除了行会和同业社团，学徒培训体系也随之瓦解。职业教育体系在 20 世纪初开始逐渐恢复，但直到 20 世纪 50 年代，才在教育部的领导下重新建立起了结构完整的体系，其中包括学徒制和技术学习中心（Tanguy 1989）。但该职业教育体系的发展并不稳定（在 20 世纪 60～70 年代就又趋于衰败），而且在数量上也远远不及普通教育（直到 20 世纪 90 年代，拥有职业资格的年轻人在数量上才开始超越拥有普通教育资格的人）（Charlot & Figeat 1985；Terrot 1997；Méhautt 2009）。在描述职业培训的特征时，人们往往会说：它是"针对学校教育的失败者"的，因为好学生都被引导到普通教育中来了，目的是继续接受高等教育，而那些成绩较差的学生才逐渐被引向职业培训。这或许对该领域的研究也产生了影响，如极少有研究者将注意力集中在职业培训这个研究领域。直到如今，国家的激励措施也主要用于普通教育而非职业教育，四十年前专业预科证书的产生才激起了人们发展职业培训的兴趣。由此，逐渐发展出一条与普通教育并行的"职业教育轨道"。

20 世纪 80 年代初的一份报告（Carraz 1983）重点强调了职业教育领域研究成果的稀缺程度。报告指出：在法国的社会学和劳动社会学刊物上所发表的上千篇文章中，仅有不到 15 篇文章是关于职业培训的。同样，经济学家对这一领域的研究兴趣也十分淡薄，根本没有专门研究职业教育培训的科学刊物（Tanguy 1983）。虽然这种状况从 20 世纪 80 年代开始有所改观，但法国在职业教育研究领域仍很不发达却是不争的事实，尤其是与德国或荷兰相比。在一份对欧洲相关项目和网络的研究中，Manning（2006）列数了 1998 年至 2003 年间欧洲职业教育培训研究网（Vetnet）中出现的 11 位法籍参与者（同期英国的参与者为 53 位、德国参与者 31 位、芬兰 28 位、荷兰 34 位……）。研究还指出，在其所分析的 29 个欧洲项目中（Leonardo、Socrates、FP4 或 FP5 项目），法国代表的比例严重不足。还有其他一些地中海国家的代表比例也不高，而这一现象不能单凭其英语的语言障碍就能充分解释。事实上，这种状况似乎繁衍出一种"社会效应"，由 Maurice 等（1982）所做的法、德对比研究就重点强调了这一效应。针对这两个国家中蓝领阶层的不同地位，他们指出：一方面必须把握教育体系的结构差别（其中一个国家的职业培训发展强盛，另一个国家则不是）、工作组织和流动模式；另一方面又要厘清这三者之间的关系。

1.3.2　定义和范围界定方面的问题

法国职业教育体系的第二个特性是，它被划入了职前教育和终身教育培训中。职前职业教育体系通常在教育部的领导下运行，但自 1982 年以来，由于该体系与其他部委之间频繁发生冲突，特别是与产业部门的冲突，其权力逐渐被下放到地方当局。而终身教育则被归入劳动部。自 20 世纪 80 年代以来，这种职能的划分得到了改进，权责逐步向地方转移。职前教育和终身教育两个体系间基本没有什么联系，同样，职前教育研究和终身教育研究也是各自为政。

这种职前教育与终身教育之间的划分，在法国和其他一些具有全日制学校教育传统的国家中尤为显著。而这种划分在采用双元制职业教育培训体系（包括"师傅"或"技术员"教育）的国家中就不恰当，因为这些类型的教育培训在法国都属于

"终身培训"体系的一部分。同样，这种划分在采用"商业性"职业教育体系的国家中也不适用(如澳大利亚)，这些国家对青年和成年人的培训方式相同，而在法国，对青年人的培训属于"职前教育"。

因此，法国的教育研究也分为两大类：一类主要研究职前教育(一般指学校教育或学徒制，目前日益发展成为大学中新兴的所谓"职业主义"研究的一部分(Méhaut，2009)。另一类是对终身教育培训的研究，这类培训的对象是那些已离开职前教育体系的年轻人(即对青年失业者)和成年人。因此，例如 Y. Palazz-eschi (1998)所著的《培训社会学入门》①就只对"终身"教育实践进行了讨论。虽然没有确切的数字作依据，但通常认为对"终身教育"的研究比对"职前职业教育"的研究发展程度高。这既因为职前职业教育研究的确相对欠发达，也因为传统上比较重视终身教育且终身教育也是社会晋升的重要途径(Dubar & Gadéa 1999；Dubar 2002)。正因为职前职业教育不够发达，通过终身教育获得社会晋升的观念才盛行起来。

除了这种研究类型的一级划分，还可以按照学科进行进一步的二级划分。除极少数特例外，法国没有任何一个围绕职业教育这一主题组建的科研团体。每个学科仅分别对不同类型的教育进行研究。特别值得一提的是，在法国国家科学研究中心(CNRS)研究实验室(法国最大的研究机构)的指南中，根本没有提供任何关于职业教育和(或)培训方面的识别性关键词。相关关键词只是偶尔作为研究的子课题出现过。因此，有关职业教育与培训研究就仅能在各个相关学科中进行，如经济学、社会学、心理学、法学和政治学等。在大学教育中，"教育科学"从1967 年开始成为独立学科。然而，这一学科的实验研究目前尚不发达，多数研究不是国际性的，而且被归入较低等级的学术团体中(Charlot 1993)。此外，教育研究也主要集中在"普通教育"方面。

最后，我们还要提一下第三级划分。尽管这个级别的划分目前已不多见，但在过去的几十年中却十分重要。它反对在目前被称为"非正规"(non-formal)和"非正式"(informal)的职业培训方面进行研究。与 20 世纪 60～70 年代发起的联想(associative)和行动(activist)运动相关的所谓"大众教育"，就是其中一例。近期关于终身教育的争论又引发了新的争议，但同时也在"职业"教育和其他教育领域之间建立了新的联系。

1.3.3 职业教育的研究机构和组织

一些从事职业教育研究的先驱机构对该领域的发展起了重要作用，其中之一便是法国国立科学技术与管理学院(CNAM)，它进行的是成人教育领域的研究

---

① L'introduction à une sociologie de la formation.

（这是该机构的使命之一），包括对成人教育学以及其他相关群体特性的研究；另一个重要机构是建立于 1928 年、与 CNAM 相互联系的国立劳动研究及职业指导学院（INETOP）；它重点研究学生和成人的心理状态及如何对他们进行指导。该学院出版了一份时事分析刊物，其中包括对劳动心理学和教育心理学的研究。

但直到 20 世纪 60 年代末，该领域的研究才真正发展壮大起来，并形成了体系。

1971 年法国教育培训与职能研究中心（Céreq）的创建及其后来的发展具有重要的意义。该中心由教育部和就业部共同领导，其任务是对就业与工作、青年人的职业融合、职业培训体系的功能和发展（既包括职前教育，也包括继续教育）做出前瞻性的研究（Ducray 1971）。它的任务与德国的相应机构联邦职业教育研究所（BIBB）十分相似，但不具备制订颁布教学计划的职能，而更多的是把重点放在调查研究上。自建立至今，法国教育培训与职能研究中心一直依赖于一个由多个相关中心构成的网络（最初 6 家，如今为 18 家）。这些中心设在各大学的研究实验室（最初仅开展教育和劳动经济学领域的研究，现已涉及社会学、教育学、管理学和政治学等多个领域）。法国教育培训与职能研究中心聘用了约 80 名研究人员，另有 50 名大学研究人员定期参与法国教育培训与职能研究中心组织的研究项目。法国教育培训与职能研究中心可能是法国职业教育研究领域规模最大、组织最有序的研究共同体。

国家教学研究所（INRP）也建有自己的团队。正如其名称所示，它有制订教学计划的职能，但主要工作领域还是在普通教育。1983 年，Vergnaud 指出对职业技术课程的教学研究数量太少，而且相互之间缺乏联系，这不仅包括职业培训的科目，也包括普通教育的科目。2005 年，国家教育学研究所提交了 23 份有关技术课程教学法的研究报告，其他包括小学和中学的技术课教学研究也在进行之中。

与专门的研究所网络并行且有时同样按照上述学科划分方式建立的还有设立于大学和大型研究组织内部的众多实验室，它们也将资源投入到了教育研究中：大约超过 200 个研究机构可算作与教育研究领域有关，涉及的学科包括历史学、心理学、管理学、经济学和教育学等。它们一般隶属于各大学，但规模往往很小。而在这些机构当中，职业教育的比重也不大，通常只有一两个研究人员在进行相关研究，且很少作为这个实验室的中心研究课题。最近在大学的教师培训学院进行的研究活动得到了显著发展，成为了该领域的最新趋势，其中一些活动越来越多地涉及了职业教育领域。

1.3.4　相关的支持和拨款机构

与法国其他研究领域相同，教育部和科研部为实验室和研究所提供财政（含人力资源)和体制上的支持。由于职业教育培训领域的研究相对欠发达,这就更需要相关的投入和激励机制,而对这两方面的关注往往非常分散,而且很不稳定。

20 世纪 70 年代中期至 80 年代早期,对教育、培训和劳动市场研究项目进行大范围招标的做法,为这些领域研究的发展做出了巨大贡献。从 20 世纪 80 年代中期到 90 年代早期,法国国家科学研究中心和科研部的两个跨学科组织在职业教育研究的发展中发挥了重要作用。特别是它们推动了有关学习过程方面的研究(如职业教育教学法研究、工作场所的学徒制研究、新教育技术的功能研究、培训体系与企业衔接的研究等)。因这些组织撤销而产生的空白,直到 21 世纪初科研部再次对教育培训研究项目进行招标时,才得以填补。但这一政策于 2005 年再度搁浅。这种不稳定性显然不利于研究的持续发展和科学知识的积累。相反,它却导致了该领域研究的滞后。

除上述财政支持以外,政府部门还(或曾经)为更多的应用型研究提供资金,其目的通常是为了协助有关决策的制定。劳动部就是这些部门之一。它曾通过其职业教育工作组为有关终身教育的实验研究提供资金,其中包括对教学法和学习过程的研究。新建立的调查、研究和统计部门,既涉及就业研究,也涉及职业教育研究,这导致了职业培训研究发展放缓,却促进了以失业与教育之间的关系为中心的经济和统计研究的发展。教育部负责处理雇主与雇员间关系的部门有一项专门的研究预算,用以资助涉及职业资格证书产生和发展方面的研究。

1.3.5 主要研究主题

我们不可能在这一章中对所有研究进行完整和系统的综述,只能呈现研究中某些持续性的核心问题,并对可能出现的最新研究方向和研究问题提出建议。

许多研究提出了教育体系中的不平等问题。这些研究多数是受 20 世纪 60～70 年代社会学研究的启示,目的是了解进入普通教育和职业教育的不同路径、社会再生产现象以及导致终身教育机会不均等现象的原因。这些研究对平行数据经济建模的依赖性越来越强。

青年的社会与职业一体化过程方面的研究取得了长足的进步(Tanguy 1986),这一法国特有现象的产生是由于教育与工作之间存在严重的鸿沟,同时也是基于青年失业率较高的现实。法国教育培训与职能研究中心(法国教育培训与职能研究中心)对青年社会与职业一体化和职业发展轨迹的探究起到了尤其重要的作用。这些研究成果已被相关科研团体采用,当然,这些研究并不仅限于职业培训领域,其研究目标通常是分析因所学专业和所受培训类型不同而造成的年轻人就业机会和就业路径差别的现象。其中一些研究与传统的、旨在对人力资本的效益做出评估的教育经济学研究一致,它们还与法国的普通教育与职业培训效益的比较研究相吻合。

由于法国的教育体系被认为是一个由国家宏观调控高度统一管理的体系，因此在很长一个时期内，人们一直误认为它是一个各部分均衡发展的体系(Tanguy 1989)。很少有人关注不同利益群体的策略及各培训机构之间的区别。以下几点要素为这一领域研究工作的启动和发展做出了贡献：人们逐步认识到，要了解教育准入机会不均的原因和教育产生的不同后果，就必须考虑"不同培训机构"(以及不同阶层)的影响；教育体系的权力逐步下放为教育系统引入了新的参与者，并提高了灵活性(如终身教育中员工和业主代表作用不断增强，地区作用的增强等)；终身教育领域的准市场机制的发展，不同职前教育机构之间竞争的加剧以及大学的自主性的加强。越来越多的研究开始关注权力下放的结果、对区域性政策的评估、培训机构的不同策略、工会及雇主联合会的参与等问题。上述主题也在强调终身教育及其筹资渠道和调控模式的研究调查中得到了探究和讨论。

目前，劳动的组织及其工作活动中知识的演化已成为法国职业教育研究的重要领域(对1970年至今所做研究的综述见 Iribarne 2001)。在这些领域，人们还从宏观经济和社会角度进行探讨(如劳动组织模式、泰勒—福特主义生产模式的危机)，或从行业和职业角度进行研究(如电子行业中的工作、该行业及其员工的工作和技能等)，还可以从技术和组织的角度进行讨论(如数控机床的推广、电子邮件的引入等)。虽然在过去十年中，对"就业与失业"的研究远远多于对工作本身的研究，但研究者之间的争议仍然十分强烈(Iribarne 2001)。许多研究与职业培训的联系并不紧密，相反却与劳动社会学、人机工程学或管理学的联系更加紧密。但有一些研究是在职业的建立和转变之前就已进行的，其目标一般是对未来的职业、能力发展以及不同职业所需知识的性质做出评价(Ministére de l' Education 2001)。此外，服务部门就业的增长、对"能力"概念的讨论以及对工作中获取非正式知识和技能的兴趣的增强，为产业界职业教育研究提供了新的方向。

最后，还有一种我们称之为"职业教学论"的研究领域，主要针对学习过程和学习条件开展研究。正如 Vergnaud (1983)强调的那样，其研究目的不仅是优化知识的传授，而且包括探索和理解知识本身的结构，以及它的作用过程和方式。尽管针对"普通教育"科目学科教学论的研究相对发达，但是目前对职业教学论的研究数量还很少。一方面，研究往往只关注普通教育课程；另一方面，目前缺乏对于职业教学论研究发展的指导原则。然而在过去二十年中，工作中不同的学习环境、双元制职业教育体系以及新教育技术的应用等问题也得到过些许研究，其主要目标是认识从经验(或实践)到概念性理解的过渡过程。虽然这些研究是关于"终身教育"的，但它们也为"职前教育"研究提出了一些新的方法，特别是对基于单个学科系统的研究方法以及对于忽视非正式学习重要性的做法的批判。

1.3.6 小结

本章不仅对法国的研究状况进行了略显悲观的描绘，还得出了两点启示：

无论对哪一研究领域进行探索，都不能忽略与之相关的社会和经济现实。对于法国的现实情况而言，职业教育的发展状态、经济和社会现状是决定性的因素。

同时我们又不能忽视各学科间的互动及高等教育组织和研究机构的内部情况，这些情况并不完全依赖于上述现实。在法国，社会科学研究的高度区域化、组织与经费支持的地方化和不稳定性(这一点不仅在职业教育领域)，阻碍了研究的发展，特别是妨碍了研究的积累。而只有研究积累才能够提供足够的知识，从而形成科学理性，最终获得可被教育体系参与者积累和理解的研究成果。

1.4 德国职业教育研究的发展

Felix Rauner

1.4.1 引言

在本书德语版中，Lipsmeier(2005)和 Pahl(2005)用两章的篇幅分别从教育和职业的角度呈现了职业教育研究的发展，Grottker(2005)则对前民主德国(1945～1989)时期职业教育研究发展进行了补充。如果读者希望看到关于德国职业教育研究发展更为详尽的研究资料，可以参阅德语版(Rauner 2005)。

联邦职业教育研究所(BIBB)的建立实现了德国国家级职业教育研究的制度化。联邦就业服务部的研究机构——劳动市场与职业研究所(IAB)负责资格和就业方面的研究。除这些国家性的研究机构外，各综合性大学的教育学院及职教教师培训部也普遍开展职业教育研究。此外，众多社会科学和劳动科学研究机构也在进行职业教育研究。其中，位于哥廷根(Göttingen)的社会学研究所(SOFI)、慕尼黑(München)的社会学研究所(ISF)、斯图加特(Stuttgart)的弗朗霍夫劳动经济与组织研究所(IAO)、多特蒙德(Dortmund)的社会学研究所(SFS)和吉尔森可辛(Gelsenkirchen)的劳动与技术研究所(IAT)等值得特别关注。尽管这些机构研究项目的重点放在社会学和工作分析方面，但它们也提出了职业教育方面的问题。从严格意义上说，有两个学术团体是专门进行职业教育研究的：德国教育协会(DGfE)的职业教育部和德国劳动科学研究会(GfA)的技术学科工作组(AG GTW)。前者是由德国职业教育教师组成的科研团队，从教育教学角度对职业教育进行研究；后者则关注技术类职业教育专业中职业教育研究技术的发展趋势。

与世界范围内的发展状况相比，德国护理学方向的职业教育研究起步较晚。

1.4.2　大学职业教育研究的发展

开展于大学中的职业教育研究与职教教师的大学教育紧密相连，同时也与职业教育、职业学和职业教学论学科的教授职位有密切的关系。德国大学中的职教教师教育起源于19世纪早期巴登和符腾堡公国的产业监管政策。该地域性政策的创新之处在于设立培养技术工人的职业学校以及创建职业学院和技术学院（技术大学的前身）。1834年，卡尔斯鲁厄（Karlsruhe）的技术学院（后来发展为卡尔斯鲁厄技术大学）便开展职业学校教师教育研究，并于1857年首次设立了专门的课程（Brechmacher & Gerds 1993，43）。后来其他州也纷纷效仿这一模式。产业协会、行会和德国技术教育委员会（DATSCH）一致认同的观点是：大学教育导致了教师教育的理论化，这与以实践为导向的职业教育目标相矛盾（Litt 1929）。直到20世纪上半期，图林根、汉堡和萨克森等州的大学才开设了职业教育教师培养专业，并设立了"文凭教师"（Diplom-Gewerbelehrer，相当于硕士）学位。而在大学中设立工商行政管理领域的教师教育专业则不这么困难。从20世纪初到60年代，几乎所有州都已广泛开展职教教师教育。民主德国成立后，立即在图林根和萨克森的大学设立职业学校教师教育专业，并建立起一个涉及职业教育主要专业的教学项目与研究机构间的网络（Grottker 2005，43）。所有这些教学项目过去和现在的共同特征是：以"第一次国家考试"为终结，获得硕士学位，并为其后为期两年的预备期（referendariat）工作做准备。只有完成预备期工作并通过"第二次国家考试"的学员才能获得教师职业资格。

在设立大学职教教师培养专业的过程中，教师要获得教授职位，就必须先取得相关资格。这一学术传统，以及教学与科研之间的紧密联系，使该领域的基础研究与教学领域存在相似之处。仅在东德，1945～1989年间就有五百多篇博士论文，分属于医学和经济学（柏林鸿堡大学）、农业（莱比锡大学）和工程学（德累斯顿技术大学、卡尔—马克思城技术大学，马格德堡技术大学）等学科领域。这些领域出版了一些教学方法手册，用于指导机械工程、电力工程、纺织、工艺化学和建筑等学科的教学及教学法研究。资格要求的变化，尤其是技术领域资格要求变化的研究已经受到广泛关注。这要归功于与德累斯顿理工大学劳动研究所的合作。其中，Hacker的研究在国际上备受瞩目（Grottker 2005，36）。

"人们对实践进行研究，是为了告诉实践者应如何去实践。劳动研究常通过分析生产过程的方式进行，这有可能陷入后泰勒主义形式中。民主德国对工作活动进行记录的做法，与批判主义理念和社会可承受的技术发展并不一致。由Hacker发展起来的劳动心理学一直想解决这一问题（Hacker 等 1973；Hacker 1978），他在20世纪70年代提出了"劳动科学"的概念（Hacker & Matern 1980；

Hacker 1986a；Hacker 1986b），并由此研究发展了工作活动评价体系（TBS）。这一体系被广泛地应用于职业学研究中（Bergmann & Skell 1996，210；Grottker 2005，42）。

起初，西德各大学的教育学研究具有强烈的历史和人文倾向（Lipsmeier 2005）。1971年的一项宪法修正案中提出了联邦层面的职业教育规划和研究框架。这个变化在体制上最重要的体现是"联邦及各州教育规划和研究委员会"（BLK）的建立，它制定了一个由多个典型试验课题组成的职业教育综合项目（Gerds 等 2002）。该项目的目标是为职业教育规划和决策提供支持，并引导职业学校教育和企业培训的创新。起初，对这些典型试验课题的科学监控是按准实验研究设计的，为的是实现科学决策。20世纪70年代中期，这种试验方法被另一种研究实践取代。它将典型试验研究视为一种创新项目，将科学监控看成是一种代理机构的研究形式。

从大学中开展的职业教育研究来看，联邦及各州教育规划和研究委员会项目对教学及评价研究中实证调查法的开发提出了巨大的挑战（Dehnbostel 等 1994）。从1989年开始，联邦及各州教育规划和研究委员会典型试验课题被整合成一个新的项目，目的是提高研究的可迁移性，并在一个整体框架内增进各项目间的协同效应。1989年以来开展的项目有：

➢ 双元制职业教育体系中的新学习方案（Gerds 等 2002；Zöller & Gerds 2003）

➢ 职业教育中学习场所的合作（Kolibri）（Euler 1999；2004）

➢ 职业教育教师继续教育的创新（innovelle-bs）

➢ 职前职业教育中自我控制的合作学习（SKOLA）

上述每个项目都包含20个到30个独立或联合的课题。通常这些课题由高校研究所进行协调，以确保科学监控及协调配合，同时也可对典型试验做出科学的评价（Gerds 等 2002）。加入这些课题中的大学教育研究对该学科的发展也起了重要作用。因这些课题的开展而得以提升的科研能力在后来进行的"欧洲职业教育研究和开发项目"中得到了应用（Sellin 2002）。

大学中开展的职业教育研究发展为学术体系中成熟的研究领域只是个时间问题。

1984年不莱梅（Bremen）大学设立了"工作与教育研究中心"，40多名研究人员按照德国科委（DFG）的学术标准开展研究和开发工作。该中心拟定的建议书对其核心任务做了以下定义："……以作为劳动力生活环境和社会再生产基本构成元素的工作和职业为重点，通过对社会化过程和教育过程的分析，建立整体化的教育方案，从而将两个领域（职业教育领域和员工培训领域）的研究与教育实践联系起来。"（Alheit 1994，11）研究中心于1986年更名为"技术与教育研究所"

（ITB）。

德国科委的项目对企业双元制职业教育的教学过程进行了实证研究（Beck/Heid 1996），该项目也是大学中开设的职业学校教师教育专业进行职业教育研究的一个例子。德累斯顿技术大学的职业教育专业曾一度拥有超过 70 名研究人员，这说明民主德国对大学中进行的职业教育研究给予了相当高的重视（Grottker 2005）。

德国劳动科学研究会（GfA）技术职业工作小组的建立及其组织的两年一次的科学大会，对职业教育实证研究的发展和职业教育教师教育的专业化做出了贡献。这项在大学中进行的特定领域的职业教育研究包含以下四个领域（Bannwitz/Rauner 1993）：

1. 职业和职业领域的开发。这一研究领域包括：与职业工作及其起源（职业发展史研究）相关的研究和开发；与各职业领域及其所含职业发展相关的研究和开发（Howe 2004；Herkner 2003）。

2. 职业教育的内容，对职业教育及其过程的分析、设计和评价。

3. 在职业描述的基础上对工作过程进行分析、设计和评价，特别是对不断变化的资格要求和促进学习的工作模式的研究，即特定领域的资格研究与专家智能（expertise）研究。

4. 对工作系统进行的分析、设计和评价，特别是对可程序化的工作系统的研究，即技术类职业的研究。此类研究还包括个性化辅导系统的人机交互问题研究（Eicker/Petersen 2001）。

职业教育教学法研究提出了越来越多的课题，包括：

➤ 占比例最多的历史研究。Stratmann（1992）、Pätzold（1989）和 Kipp（2000）等教育家进行的研究对德国职业教育发展史给出了几近完整的描述。Kipp/Miller-Kipp（1995）和 Wolsing（1977）的研究还涉及了纳粹统治对职业教育的影响。当然，对特定职业领域的职业教育史研究仍存在缺陷。

➤ 课程、教与学领域的研究由于德国科委企业职业培训教学过程研究项目的开展而取得了进展。该领域研究的进一步发展有赖于教学论研究与职业研究的紧密配合（Pahl 2005）。

➤ 传统学徒制中双元职业教育的组织与设计也是受关注最多的研究课题之一（Pätzold /Walden 1999；Euler 2004）。

➤ Lempert（2005）与合作研究中心进行的"生命的地位通途与风险"项目对"与主体相关的研究"做出了特殊的贡献，如能力发展、职业认同和道德素质等（Heinz 2002）。

1.4.3 大学以外的职业教育研究

20 世纪初，与其他工业国家一样，德国对完善职业教育模式知识与方法的需求日益增强。

成立于 1908 年的德国技术教育委员会(DATSCH)所进行的各项活动,特别是其"研究和报告"(1910 年以后,Herkner 2003)和成立于 1925 年、隶属于产业部门的德国技术职业教育协会(DINTA)的活动(Bunk 1972;Kipp 1978),促使其科研主题向职业教育的反思、分析与实施方面转变。此时正处于对心理技术教育研究的重视程度不断提升的时期(Erismann/Moers 1922),如由 Wundt 等进行的职业倾向和员工生理及心理需求的研究,同时这也是泰勒管理模式盛行之时。泰勒管理模式将工人降格为"有意识的实体",这大大影响了产业部门资格培训的进程(Lipsmeier 2003)。

20 世纪 20 年代发表的许多重要研究成果推动了职业教育研究的发展,其中包括如 Ziegler(1916)和 Kühne(1922)出版的手册;国家工作安置及失业保障协会的《职业手册》(Ravav 1930);国家就业服务机构的《职业建议手册》(Reichsarbeitsverwaltung 1925);1928 年发表的《基本问题》。

尽管在纳粹时期也进行了大量有具体成果的教学理论与实践的研究,但无法充分证明这些研究属于职业教育研究范畴。这不单是因为意识形态的偏差,也由于它对经验的排斥。这一阶段的教学论研究成果(Seubert 1977;Kipp/Miller-Kipp 1995)也证实了这种论断。Kell 对纳粹时期职业教育机构的研究做了这样的归类:主题上属于职业教育研究,但其根本性缺陷又使之不能被认定为职业教育研究:"政治目标、主体理论,还有系统化的、累积的经验性知识,最有可能对这些研究产生巨大影响(Kell 1999,152)"(转引自 Lipsmeier 2005,22)。

依据 1969 年《职业教育法》规定而建立的联邦职业教育研究所(BBF,即现在的 BIBB)接替了 DATSCH 的工作,并明显增加了科研项目数量。除研究任务外,联邦职业教育研究所还通过规划活动从职业教育的组织、设计及深入发展等方面入手,为联邦政府、各州文教部(因为他们负责双元制职业教育)以及雇主协会和行业工会提供支持与建议。联邦职业教育研究所的研究和开发活动最初被划分为六个领域:

1. 体系研究:指对职业教育体系的基本问题和工作领域资格变化的研究。

2. 课程研究:对职业学习和培训过程进行的研究和设计。20 世纪 70 年代,又将对职业教育典型试验项目的协调工作划归这一领域。

3. 资格与职业研究:重点是对资格要求变化的研究,这些变化是职业现代化和再发展的基础。

4. 媒体研究与开发。传统的职业教育是按照课程形式进行的,因此联邦职业教育研究所在接替 DATSCH 工作的同时,也承担起了在职培训的课程资料的研发工作。同时,还发展了新媒体和新学习方法的研究。

5. 成人教育和继续教育研究。由于继续教育的发展受不同法律多种规定的约束，其管理职责分散，这也成为终身教育发展的障碍。因此，与职前的职业教育培训研究相比，成人教育和继续教育的研究相对落后。

6. 职业教育成本和筹资渠道。目前为职业教育提供学徒岗位的企业不足5%，职业教育的成本与收益问题变得越来越重要。人们发现，与其他国家相比，德国的双元学徒培训体系需要投入较高的培训成本(净成本)，但并不一定意味着其带来了高质量的培训效果(Rauner 2005)。这一发现激发了人们对职业教育经济问题研究的兴趣(Schmidt 1995A；Lipsmeier 2005；Pahl 2005)。

德国职业教育研究的发展表明(Lipsmeier 2005；Pahl 2005；Grottker 2005及本书3.2节)：联邦职业教育研究所(BIBB)除了进行职业教育的设计和组织等基础理论研究外，还承担了开发性的任务，如《培训条例》和媒体的研发等。这些工作的价值随着上述"基本"认识的深化而提高。因此，职业教育研究的学科特点是将研究(尤其是开发性任务)视为外延手段而非终极目的。这种研究不但与教育学这一行动导向型学科有密切联系(Klafki 1991)，而且还与以工作领域设计为目标的劳动科学研究息息相关(Ulich 1994；Emery 1959；Emery/Emery 1974；Hackman/Oldham 1976)。在职业教育研究中，职业和职业领域的开发研究、培训课程和培训媒体的开发以及培训方法的开发研究，都属于重要的开发性研究领域。因此，课程研究和媒体研究就发展成为一种分析与开发相结合的研究方法。如将一个由11个子项目构成并经过细致规划的完善媒体开发和《培训条例》的综合研究项目分为"教学项目""问题分析""基础研究"和"主体研究"等几个部分。联邦职业教育研究所还通过其《职业教育研究方法论研究》进一步强调了其主张，既不仅将职业教育研究看成一门在教育政策和实践定义的框架内运作的学科，还要按照公认的科学标准发展这一学科。例如，一个涉及方法论领域、题为"工作和职业研究中的跨学科方法"的基础研究项目，就试图实现为课程开发提供"工具箱"的宏大目标(BBF 1971，6)。后来，"基础研究"不再是联邦职业教育研究所的一个独立明确的研究领域，而是作为其主持的职业教育基础问题研究的有机组成部分。此外，"现代职业教育教学法研究"(Dehnbostel 等 1995)"职业教育及组织发展研究"(Dybowski 等 1995)和"能力研究"(Franke 2001)也都表明，目前的研究实践仍十分重视研究过程的科学性。要保持这种趋向的困难在于：既要利用此类研究与教育实践及教育政策的相近性研究职业领域，并促进研究成果推广，同时，为使社会参与各方和政府部门都能满意，又不得不采取一些折中的实践方法(Schmidt 1995b，490)。为使职业教育研究能在不受机构限制的条件下进行，马克—普朗克教育研究所制定了一个与联邦职业教育研究所研究项目类似、但能确保研究"自由"的研究项目(Lempert 1973)。然而这一研究又陷入了另一种困境，即强调研究的自主和自由，意味着与职教实践和职教政策的疏远，这将导致研究对职业教育发展的实际影响大打折扣。

在联邦德国大力开展"公共"职业教育研究的同时，民主德国早在其成立之初就强调职业教育研究的重要性。从1954年起，劳动和职业教育部便承担起对职业教育的政治职责。民主德国1966年成立了职业教育办公室。与其他国家不同的是，职业教育在民主德国被定义为政府中的跨部委事务。早在1954年，职业教育研究就随着"德国职业教育中心研究所"(DZIB)的成立而实现了制度化。该研究所几经更名，最终于1973年定名为"职业教育中心研究所"(ZIB)。职业教育中心研究所负责协调的研究任务包括：a）为各州部长制定职业教育政策提供支持并协助其工作；b）为职业教育理论发展和教学方法的发展做出贡献；c）该研究所是国际上的专业代表。因此，职业教育中心研究所一直参加在法兰克福召开的职业教育国际会议。这一会议是1981年由"德国行业工会联盟"提议举行的(Bargen/Eberhard 1982，106)。职业教育中心研究所开展的研究和开发活动成为实现职业教育政策制度化的工具，部长会议的决议又对政治与科研之间的联系给予了确认。此外还可以明确一种理念，即职业教育的目标是对学徒培训的系统化，这就引出了对教师教育进行研究的特殊任务(Grottker 2005)。

1.4.4 作为独立学科的职业教育研究

直到20世纪90年代，大学中开展的职业教育研究以及联邦职教所(BIBB)与劳动市场与职业研究所(IAB)组织的公共职业教育研究与社会学方面的职业及资格研究之间联系还很少。甚至连职业教育的典型试验也被划分为两类，即学校项目和企业项目。科研共同体也大致分两类：一类关注学校教育；另一类针对企业的职前培训和继续教育。介于这两种传统分类之间的共同体便是职业研究，它存在于大学和联邦职教所中。这些机构很早就开始了专门的研究，即分析及设计不同学习场所的职业学习过程。同时，两年一度的职业教育大会在这一共同体的倡导下开始举办针对职业领域研究的各种讨论占据了大会的主导地位。

1980年，"职业教育高校日"①在不莱梅的设立对职业学的研究和教学发展来说是至关重要的一步。从那时起，每两年召开一次的此项会议，开启了大学中的研究、教学与职业教育实践、职业教育管理间的对话。它创设了一个平台，在这个平台上，科研和开发被视为一个跨学科的工作领域，同时也成为科研与实践对话的主题。由于大会是按照不同职业领域组织的，因此职业学研究在大会中占据了重要地位。高校以外的研究人员及管理机构代表的积极参与，也为职业教育研究的发展做出了重大贡献(Pahl 2005，33)。

以上工作为"职业教育研究网络"(AGBFN)的建立铺平了道路，这一研究网络的使命是将各个共同体的研究人员汇集到一起。尽管这个研究网络得以建立，

---

① 全称为 Hochschultage Berufliche Bildung。

并在国家科技项目中(DFG)被设立为独立的职业教育学科,但关于该领域应采用何种方法研究这一问题,至今仍悬而未决。事实上,在联邦职业教育研究所成立之初就已经对这个问题进行过讨论,创建者通过其第一个研究项目(包括"职业教育研究方法")强调指出:职业教育研究依赖多种学科的专业知识,因此必须确保研究主题的原创性,以及所采用方法的适当性。也就是说,鉴于职业教育研究的跨学科特性,应开发出一套独特的研究方法和术语工具(BIBB 1975)。

确定这一伟大的目标基于一种错误的认识,即研究可以按照学科来构建。直到 20 年之后,人们才清晰地意识到,研究本身就必须依赖多种不同学科的知识(Heid 1995)。因此,那些跨学科的研究,在研究过程中常常通过一些工具,以便采用不同学科的方法。科学家依据自己的学科背景,利用特定学科的方法构建起自己的研究主题。这些主题可能属于社会科学、劳动科学、工程学或自然科学的范畴。社会学中开展的资格研究就是一个典型例子。在特定职业领域的资格和能力研究中,研究者必须注意与客观规律相互作用并能够塑造职业行为的社会文化规则,而这些规则的正确性(如技术工作),只能通过自然科学和技术知识加以证明。人们认识到,职业动力和职业能力都服从于社会规则和客观规律(Röben 2004;Müller 1978;Heritage 1984,295),这一认识对职业教育研究的方法设计产生了深远影响,即"职业能力包含处理社会规则与客观规律间关系的能力,这一事实迫使人们必须采用跨学科的研究方法"(Röben 2004,20)。

联邦职业教育研究所的建立曾一度推动关于方法论的讨论,但讨论的热度不久就消退殆尽。直到人们认识到从其他研究领域引入的方法还有很大程度的局限性时,才意识到有必要进行方法的创新。

本书的方法论一章将专门阐述已在职业教育研究领域持续 30 多年的方法论之争及其发展过程。直到建立与主体相关的研究法之后,德国的职业教育研究才可以称作教育研究中的独立分支,原因是其终于具有了独特的研究问题、研究方法和研究成果。

1.4.5 展望

德国未来职业教育研究的发展,与职业教育教师的专业化发展以及大学各职业领域教师教育的发展密切相关。目前,尚不清楚大学和联邦各州之间是否会为在大学创建多样化的职业学科而展开合作(Gerds 等 1999)。如果能成功开展合作,那将会改善大学职业教育研究的基础设施。2004 年 UNESCO-UNEVOC 杭州国际会议启动以来,就开始了"如何通过职业学促进职业教育教师教育的发展"的讨论(见 UNESCO-UNEVOC《杭州宣言》2005)。这些讨论为跨国界的创新创造了良好的环境,同时,将职业教育研究提升为可持续发展的国际研究领域的预期也大大提高。

1.5 美国职业教育研究史

Cecilia Maldonado & Sterling Saddler

1.5.1 职业教育研究的发展史

美国的职业教育从建立之日起，就受到了哲学、教育、政治、经济和社会等各方面因素的影响而变得十分复杂。职业教育被定义为：

"一项大型的、形式多样的教育事业，既涵盖中学教育，也包括中学后教育……，（它）包括为培养学生迎接未来就业和生活的大量课程"（Scott/Sarkees-Wircenski 1996，2）。

美国职业教育史内容丰富。Gordon（2003）认为，现今掌握的信息说明职业教育的发展始于 20 世纪早期。然而，"引起教育界职业运动的因素却产生于 19 世纪，其历史根源可以追溯到古代，并与欧洲有着重要的关联"（2003，1）。毋庸置疑，美国职业教育发展最重要的时期是 1900 年到 1917 年间（Lazerson/Grubb 1974；Gordon 2003）。

手工教育运动

职业教育的发展源于 19 世纪晚期的手工教育运动（Lazerson/Grubb 1974；Gordon 2003）。虽然麻省理工学院院长 John D. Runkel 和圣路易斯华盛顿大学的数学及应用力学教授 Calvin M. Woodward 都因为"在美国推广手工教育"而得到赞誉（Lazerson/Grubb 1974，4），但是在 1868 年创立、为非洲裔美国人提供教育的弗吉尼亚州汉普敦学院才是历史上的第一个手工劳动学校。它的创设标志着美国手工劳动学校运动的开始（Gordon 2003）。该校的主导思想是"任何工作都应受到尊重；而所有人，无论属于哪个种族，都应为自己的劳动所得而自豪。因此，我们希望学生通过为学校工作来赚取学费"（Gordon 2003，10）。在这一阶段还对学校和教育的主旨与目标进行了讨论，人们普遍认为，在学校内增设手工培训将会构建起一个对学生更具吸引力的、真正民主的体系（Lazerson/Grubb 1974）。该体系具有一个"多重性主题，其中包括工业效率、技能工人培养和教学改革，这些方面通过对社会变化的共同认识而联系在一起"（Lazerson/Grubb 1974，7）。手工教育运动的最大贡献或许是"它影响了人们关于公立学校能够或应该教授哪些知识的认识……，最重要的是，它改变了何为学校的正当教学内容的观点。由于发生了这个变化，向职业目标发生的转移也就顺理成章了"（Gordon 2003，12）。

工业化的影响

工业化的影响改变了手工教育倡导者坚信的理念，如手工教育对社会变化和经济的影响力。

"经济发展不需要那些懂得传统工艺和生产原则的人，而需要那些能操控生产机器、监控装配生产线和组织企业的人"（Lazerson/Grubb 1974，15）。

工业化用机器代替了人力，同时，与城镇化进程相关的各种社会弊病也开始侵蚀整个社会。

"虽然美国人都比较积极地看待技术发展和工业效率所产生的经济回报，但由此产生的社会后果也十分严重：城市的混乱、传统机构的萎缩、一度受到尊崇的价值观的丧失、几代人之间的冲突以及不同社会阶层的矛盾。事实上，19世纪中、后期美国改革的核心问题，准确地说就是要在促进工业增长的同时，又要控制其有害社会影响的问题。学校被视为这一改革的重要主体。知识就是力量，是在寻求繁荣的过程中的国家资源（Lazerson/Grubb 1974，8）。"

由于这个阶段企业实力得到空前壮大，人们更加确信，教育应当与企业和经济需求紧密地联系起来。教育与经济需求的融合推动学校逐渐转向职业培训（Lazerson/Grubb 1974）。职业教育吸引了国家几乎所有对教育感兴趣的群体的注意与支持，其中包括那些拥有政治权力的群体。成果之一就是于1906年成立了国家职业教育促进会（NSPIE）。该组织负责协调各种感兴趣的群体为产业教育提供的支持。NSPIE的努力终于"获得了最伟大的胜利，即通过了《史密斯－休斯法》（Smith-Hughes Act），通过该法案为职业教育拨付联邦基金"（Lazerson/Grubb 1974，18）。

1.5.2　职业教育和职业教育研究立法的作用

社会所面临的经济、社会、哲学、政治和教育方面的问题，往往都是通过立法程序得以解决的。随着美国从农业主导型社会演变为受社会、政治、宗教和文化变化影响的、高度工业化的技术型社会，职业教育的创办为应对其中一些变化做出了贡献，而立法在职业教育的发展中又起了关键作用。正如我们今天所知，1917年颁布的《史密斯－休斯法》对职业教育体系产生了最为重大的影响，但除此之外，其他一些立法法案在迎接未来挑战方面也功不可没。其中几项由于对职业教育产生了重要影响而值得一提。

1862年和1890年颁布的《摩利尔法案》（Morrill Acts），也称为《土地赠予法案》（Land-Grant Acts），为建立"农业学院""手工艺术学院"和"农业及手工艺术学院"提供土地。其目的是"促进涉及各类产业的、用以谋生的工作和职业所需的自由、实用的教育"（Gordon 2003，41）。Gordon认为，1820～1860年间，美国主要产业资源农业对受训工人的需求大幅增长，而这时现有的精英型大学只进行四个领域的专业教育，即法律、医药、教育和宗教。对于大众缺乏应对"实际"问题的受教育机会的状况，国会做出回应，于 1862 年通过了《摩利尔法案》，这也是第一个获批的用于支持职业教育的法案。1890 年通过的《摩利尔法案》为非洲裔美国学生提供了受教育的机会。该法案规定：南部各州用政府赠予土地建立的机构必须同时对白人和黑人学生开放，或者为黑人学生建立"独立却平等的"设施。

1914 年颁布的《史密斯—莱文农业推广法》(Smith-Lever Agricultural Extension Act)(公法 95)为农业和家庭经济的合作推广工作提供资金。同时，它也完善了政府赠予地的"三头统治，即教育、研究和推广"(Gordon 2003，49)。它是第一个规定各州享有等量联邦基金的法案，并"在农场和家庭中，通过示范和项目工作为农民和家庭主妇提供所需的、低于高校教育的职业教育"(Scott/Sarkees-wircenski 1996，121)。

相关人士通常把 1917 年颁布的《史密斯—休斯法》(公法 64～347)视为中央政府通过联邦基金为职业教育提供支持的开端。从那时起，联邦政府对发展职业教育一直持有积极态度。此法案中的许多条款都为职业教育的形成做出了贡献。其中最重要的条款包括：建立职业教育联邦理事会；通过创建州理事会，为在公共机构内开展并实施一些项目而建立"联邦—州—地方"三级合作机构；为研究、调查和报告提供资金，从而协助各州开设职业学校和职业课程；为从事职业教育的教师、管理人员和指导人员拨付工资(州政府负担其中的一半)；为农业、家庭经济、商业和产业科目培养师资。

1963 年颁布的《职业教育法》(公法 88～210)也是一项重要立法，它"标志着职业教育进入了一个新的时代……，(同时也是)国家公众福祉和国家防御的一项根本纲要"(Scott/Sarkees-Wircenski 1996，128)。其主要目标是：

"……坚持、扩大并改进现有职业教育课程；开发新课程；为那些要继续全日制职业教育的年轻人提供兼职工作机会，从而赚取所需费用；使国家中各团体、各年龄段的人，包括高中生、已完成或中断正式教育并计划进入劳动市场的人、已进入劳动市场但需要更新技能或学习新技能的人以及那些有特殊教育障碍的人，都能参加高质量的职业培训或再培训，这些培训对他们获得实际的或预期的高收入工作都有现实意义，同时培训也与他们的需求、兴趣及从培训中受益的能力相适应。"

现在使用的职业教育定义和职业教育实施体系，也是由该项立法拓展出来的。

1984 年颁布的《卡尔·柏金斯职业教育法案》(公法 98～524)"修改了 1963 年的《职业教育法》并取代了 1968 年和 1976 年的修正案"(Gordon 2003，86)。资金投入重点由课程数量的扩展转向质量提高并促进高危人群的教育。该法案有两个主要目标，即经济目标和社会目标。第一个目标是提高劳动者的技能，并为成年人获得工作机会做好准备（即经济目标）；第二个目标是指在职业教育领域为成年人提供平等的机会（即社会目标）（Gordon 2003）。这一法案由 1990 年的《卡尔·柏金斯职业与应用技术教育法案》（公法 101～392）进行了修订，并被 1998 年的《卡尔·柏金斯职业与技术教育法案》（公法 105～332）取代，后者还包含了研究方面的条款。Gordon 指出：

"一项全国职业教育活动的评估获得了批准，为对柏金斯款项资助的项目做出独立考核与评价提供了必要条件。该法案还赋予美国教育部长进行全国研究和论证活动的权力，以及推进发展、进行职能建设和技术支持的权力（Gordon 2003，101）。"

1966 年出版的联邦职业教育立法汇编虽然已经有些过时，但它指出：自 1961 年人力资源开发以来，立法法案中的一些条款就成为其后联邦法律共有的特征。在列出的 14 个条款中，以下是与该领域的评估和研究相关的：

1. 允许、鼓励并要求进行研究、实验和试点项目。

2. 要求进行评估和详细的报告（Swanson 1966，103）。

该领域的专业人士希望联邦政府能继续对职业技术教育及相关的研究工作给予支持。

1.5.3 职业教育研究史

教育研究的历史

正式的教育研究始于 20 世纪与 21 世纪交替之际，那时，大学中开始设立教育学院和教育系，人们借此希望创立一种"教育的科学"（Lagemann 1997，5）。教育被视为解决"快速的人口和经济变化带来的社会问题"的途径（Lagemann 1997，6）。为"培育更满足国家标准要求的教育体系"（Lagemann 1997，6）而建立了一些基础机构，如洛克菲勒基金会资助的普通教育委员会（GEB）和卡耐基教学促进会（CFAT）。同时，它们也是当时全国各城市学校中被称为"重点调查（研究）"的最早发起者（Lagemann 1997）。哈佛大学 P. Hanus 教授和师范学院教授 G. D. Strayor 共同进行了一项研究，研究成果为 12 所一流大学增加开设教育科目做出了贡献，即从 1900 年的 132 种增至 1930 年的 1636 种（Lagemann 1997，6）。

该研究也是最早运用统计方法来呈现"事实"而非"观点"的研究之一（Lagemann 1997）。1904 年，桑代克（E. Thorndike）出版了教科书，书中首次在教育研究中采用了统计分析方法，这一方法进而在全国教育研究课程中被采纳（Lagemann 1997）。在其后的几年中，"又发明出一些特殊方法，使研究者能对教育的不同方面进行研究……，其中一些方法涉及实验室实验；另外一些则用到了调查问卷。这些方法都提供了大量数据，通过对这些数据进行量化分析为教育知识库的迅速发展做出了贡献"(Lagemann 1997，7)。1917 年出版的《期刊论文读者指南》(Reader's Guide to Periodical Literature)将教育研究作为一个可确认的独立研究类别收入其中。几乎与此同时，也出现了专门的教育研究社团(Lagemann 1997)。大体上说，美国对教育的研究比对职业教育进行的研究起步早半个世纪(CVERD 1976)。

职业教育研究

本部分介绍的多数有关职业教育历史和研究的信息，在 1976 年由职业教育研究和发展委员会(CVERD)所做的一份报告中都有详细叙述。该报告是 CVERD 进行的一项评估的产物。1974 年教育部设立了 CVERD，它的两项工作任务是：

(1)对教育部在 1963 年颁布并于 1968 年修订的《职业教育法案》授权下发起的研究和发展活动进行回顾和评估；

(2)为未来十年中研究和发展的政策及活动提出一些改善建议(CVERD 1976，v)。

该报告就是在这个"由来自不同职业教育机构(大学、研发机构、国家机构、各州和各地区的教育机构)的专业人士、行为和社会学家，以及工会官员共同组成的"委员会的指导下进行的，期望以此改进对个人和整个社会的职业教育服务(CVERD 1976，vii)。

历史背景

虽然 1917 年的《史密斯－休斯法》(公法 64～347)和 1946 年的《乔治－巴登法案》(George Barden Act)(公法 79～586)都指定了用以支持"以改进职业教育管理为目标的研究和报告"的资金(CVERD 1976，17)，但两个法案均未提供职业教育研发的专项资金。在 1963 年的《职业教育法》(公法 88～210)通过之后才建立这种资金。该法案为 1965～1969 年间的职业教育研究"提供了明确的实质性资助"(CVERD 1976，17)，这一点在法案的 4(c)部分做了详细说明。

1963 年的《职业教育法》还出资建立了职业教育特别顾问委员会，即埃塞克斯委员会(the Essex Council)。其任务是对 1963～1967 年间所有的职业教育项目进行回顾(CVERD 1976)。它于 1967 年 12 月提交了一份建议书。总体上说，委员会对研究的性质和研究活动的管理并不满意(CVERD 1976)，它所提交的建议最终被收录在 1968 年的《职业教育法修正案》(公法 90～576)当中。

"埃塞克斯委员会提议简化行政复杂性，为残障人员提供特殊培训，批准开设工读教育课程和社区职业学校，并进一步强化中学后教育和成人教育课程。委员会还建议改变联邦政府与各州之间的关系，从而在课程规划和管理方面给予各州更大权限。同时还提出，拨给职业教育的资金中 10% 的份额应继续用于研究活动，包括各州协调单位支持的活动和各州的研究活动。委员会还提出，应由州教育厅长直接分配资金支持涉及全国的关键问题研究。委员会要求对研究资金的管理、监督和协调的权力仍保留在美国教育部所属的职业教育部门内，从而确保研究活动能直接针对职业教育的需求（CVERD 1976，18～19）。"

1968 年的《修正案》中，C、D 和 I 三个部分所拨款项支持了始于 1970 年的职业教育研究活动。C 部分用以支持研究、论证和课程开发，并取代了 1963 年《法案》中的 4(c)部分；D 部分的资金用于论证学校内的创新型职业教育和就业教育项目；而 I 部分的资金则用于支持课程研发和推广（引自对 1963 年《职业教育法》的修正案（U. S. Legislation 1968））。据 CVERD（1976）提供的数据，1965～1974 年间，美国教育部投入了近 2.5 亿美元，对将近 5000 个职业教育研发项目提供了支持。而在此期间，总计拨款数为 2.844 亿美元，但这只占了获批款项的不到 28%。

国家机构及其对研究的影响

1906 年，一些对促进产业教育感兴趣的商业人士创办了全国职业教育促进会（NSPIE）。其成员包括教育家、制造商、技师、商业人士和其他行业的代表。他们的目标是：

(1)引导公众关注产业教育在推动美国工业发展方面的重要作用，并为该领域各方面问题的研究和讨论创造机会。

(2)提供产业教育领域的实验研究成果。

(3)促进产业培训机构的建设（Gordon 2003，63）。

由于他们在产业教育研究方面所做的努力和强有力的领导，该组织（后来变更为"全国职业教育协会"（National Society for Vocational Education））在促成 1914 年全国职业教育援助委员会的建立中起了重要作用。1914～1968 年间又建立了五个专门小组，目的是对职业教育进行深入的研究，从而促进职业教育运动的发展。这六个小组当中有五个是由美国总统任命的。这六个小组是：

➤ 全国职业教育援助委员会（1914）

➤ 职业教育委员会（1928～1929）

➤ 全国教育咨询委员会（1929～1931）

➤ 教育咨询委员会（1936～1938）

➤ 职业教育专家组（1961～1962）

➤ 全国教育顾问委员会，1967（Gordon 2003，63）

虽然每个专门小组都做了大量工作，但必须指出的是，这些小组所做的多数工作最终都落实到了联邦立法或立法修正案中，通过增加全国性资金投入对职业教育给予了真正的支持。

1926 年，在全国职业教育协会（其前身为 NSPIE）和中西部职业协会的一次联席会议之后，成立了美国职业协会（AVA）。1998 年协会更名为"生涯与技术教育协会"（ACTE）。该协会由 40000 名成员组成，其中包括职业教育的教师、督导员、师资培训者、辅导员、行政管理者、提供特殊支持的人员和硕士研究生(Gordon 2003)。这一全国性组织有以下几个目标：鼓励其成员的专业发展；促进课程优化；倡导国家制定有利于职业教育的政策；实现职业教育市场化。

1966 年成立的美国职业教育研究会(AVERA)由特别致力于职业教育研究的成员组成。其成员同时也属于美国教育研究协会(AERA)，他们还在 AERA 中组建了职业技术教育的特别兴趣小组(SIG)。SIG 在 AERA 举办一些与职业教育相关的研究会议。该领域的最高级刊物——《职业教育研究期刊》(The Journal of Vocational Education Research)，就是由 AVERA 出资创办的。

国家职业教育研究中心(NCRVE)是由美国教育部职业和成人教育司于 1988 年建立的。其使命是"对职业教育的性质进行反思，并找出其最佳实施方式。它将促进职业教育的更新，从而为各年龄段的公民提供成功且长期就业所需的技能"(Ncrve 1988，24)。该中心于 1999 年 12 月 31 日停止了运作。

国家生涯与技术教育研究和推广中心(The National Research and Dissemination Centers for Career and Technical Education)是研究信息的主要提供者，这些信息用于关于就业、通过就业并为实现就业进行的各类教育。该组织致力于为地方、各州和全国层面上生涯和技术教育的改进提供创新型方法。其合作伙伴包括明尼苏达大学、俄亥俄州立大学、伊利诺斯大学、俄勒冈州立大学和宾夕法尼亚州立大学。它们共同的目标是：

(1)在所有研究、推广和专业发展活动的规划、开发、实施和评估中应用从业者驱动方法；

(2)开发能够反映不同地区社会经济和文化差别的、反映国家、各州和地方不同从业者的实力和需求的课程；

(3)为中等教育和中等教育后的从业人员及其相关培训机构提供相互协调的研究、推广和师资发展项目(NCCTE 2006)。

1.5.4 小结

要对美国职业教育研究做出描述，就必须了解这些年职业教育的发展历史以及支撑其发展的各项立法。自 20 世纪 60 年代以来，特别是 1963 年《职业教育法》颁布以来，美国对职业教育的研究和推广一直给予了大力支持。研究活动在职业教育合法化的进程中起了至关重要的作用。如果没有这些研究，就很难证明职业教育存在的合理性。

虽然 1862 年和 1890 年的《摩利尔法案》为国家向院校赠地提供了主要动力，但其他立法在美国职业教育发展中也产生了一定影响，而且是非常必要的。这些国家立法为研究提供了所需资金。正是这些研究，推动了旨在培养专业人才和开发并完善课程的职业教育项目的发展。这包括促进职业教育和职教研究发展、并协助职业教育人员专业发展为目标的组织和团体的发展，也为加强职业教育做出了贡献，并使之受到了其他教育者、行业、产业和全体公众的重视。

1.6 现代日本的职业教育和职业培训研究概述

佐佐木享

1.6.1 导言

本章的分析对象包括：第二次世界大战前（特别是明治时期以后）的技术学校、第二次世界大战后高中内的技术课程和公共职业培训及在职职业培训。文章对一些领域的教育研究进行了概述，如对引发上述教育培训项目的理念和体系进行深入研究和发展史研究，以及对这些项目的课程设置及教学方法研究。日本的教育培训只是在很小的领域进行。政府主管部门因将自己禁闭在比国界还难逾越的壁垒中而备受嘲讽，这些局限同样也影响了研究工作。具体而言，职业教育培训在教育研究中往往被忽略，由于研究者总是将"教育"的含义限定在那些教育部管辖的事务，而对这一点，他们却浑然不觉。

当然也有一些例外。Hosoya（1944）的研究是日本该领域进行的第一项研究，它不仅探讨了校内职业教育，还涉及了职业培训的发展前景等内容。由 Hosoya 等提议于 1960 年成立的日本产业教育学会，将研究人员的注意力引向了校内职业教育和校外职业培训。此外，对 Hosoya（1944）研究进行了扩展的 Hosoya（1978）研究，直到今天仍是技术教育方面最全面的研究。

本文将依循校内职业教育及第二次世界大战前后在职和公共职业培训的发展历程，对相应的职业教育培训研究进行总体上的回顾，因此并没有特别涉及与20 世纪 70～90 年代间特别盛行的职业教育培训的对比研究。这类研究可以参阅 Terada（2003）。

1.6.2 职业教育研究

第二次世界大战前的学校职业教育研究

1. 现代学校体系的开端

1872 年颁布的《教育法》是第一部关于学校体系的全面法律文件，自此建立起了现代学校教育体系。初等普通教育体系被统一归入小学之中。有一种理论认为，"教育法"的思想源自于荷兰、法国或美国等国家，但当今普遍接受的理论是，这一思想是对几个不同国家的体系进行融合的结果，也因此是日本所特有的。

2."职业教育"概念的形成

在明治天皇时期，由"实用研究"概念扩展出的"实用行业"概念意指现实世界中所有生产和分配的行业。著名的启蒙思想家 Yukichi Fukuzawa 早期就非常重视"实用行业"这一概念。在这种思潮中又萌生了学习西方技术和思想的观点。Yukichi Fukuzawa 将包含商业和经济学教育在内的教育称为"职业教育"，这对"职业教育"的发展做出了重大贡献。

3. 关于职业学校体系和教学的研究

在战前的日本，"职业教育"的说法并不多见，人们常用的说法是"实用行业教育"。依照 1899 年的《职业学校令》，所有提供职业教育的学校，例如：技术学校、学徒学校、商业学校、农业学校、渔业学校和商船学校，都被指定为职业学校。政府热衷于开设技术学校，从而采用近现代之前没有的现代技术。在当时的教育部长 Kowashi Inoue 的倡导下，于 1894 年颁布了《职业教育经费国库补助法》。这项法律对于职业教育的扩展起了主要作用，因为职业教育所需经费要远远高于普通教育(Kaigo 1968)。

众所周知，在明治时期，所谓"产业启迪者"为职业培训的发展做出了贡献(Miyoshi 1995)。特别是对西方先进技术的学习尤为盛行。在技术学校成立早期有许多传统工业学科，如印染和纺织，但传授现代产业技术的学科也很快形成，如机械学和电学(Miyoshi 1989)。教育部的统计数据显示：在几乎整个职业学校存在期间，至少有70％的毕业生都找到了与所学专业对口的工作。这些毕业生为现代工业的发展做出了重大贡献。

职业学校的课程由所谓普通教育学科(如日语、历史、数学和物理)和该校特定的职业学科与实践训练共同组成。教育部并没有为职业学校设定标准课程，政府也没有为职业学校核准教材。因此，课程设置就极为不同，每个技术学校都有自己独特的课程安排(Abe 1936)。

在第二次世界大战末期，开始出版职业学校主要学科的标准教材，这为产业教育标准的改进和统一做出了巨大贡献(Hara 1968)。

第二次世界大战后的职业教育研究

1. 战后的学校体系改革及职业教育研究

战后的教育改革将学校体系改为 6-3-3-4 体系，并将青少年接受义务教育的年龄延长至 15 岁。因此决定，各领域的职业教育培训都对 15 岁及以上学生开放。接纳初中毕业生的学校都被统一归入高中范畴，而作为高中课程之一的职业课程则接替了战前职业学校的职责。

尽管在 20 世纪 50 年代继续接受高中教育的学生比例只在 50％～60％ 之间，但此后这一比重迅速增加，到 1973 年已经超过 90％，辍学率不足 20％，大多数学生都能完成学业。这一现象或许是在西方国家不曾见到的。

虽然在1960年前后，高中参加职业课程的学生比重大概为40％，但随着其后数年中职业课程的减少，到20世纪90年代，参与职业课程的人数锐减至不足25％(Sasaki 2000)。最近几年，在参与职业课程的学生当中参加技术类课程的人数最多。

关于战后高中职业教育课程和就业方面的其他信息可以参阅Terada (2003; 2004)。

2. 高中职业教育细节方面的研究

与战前不同，作为所有常规课程基础的高中正式课程指导方针也完全适用于职业教育，如产业教育，而对教材的筛选体系也同样被应用于职业教育的教材。在高中职业课程的设置当中，有一半以上的课程时间被分配给普通教育学科，如日语、社会研究、数学和科学，从而确保作为高中的共同基础。而分配给选定领域的职业教育的课时则没有具体规定，只要在高中课程体系框架允许的范围内即可(Sasaki 1989)，与实践培训的课时相加不得超过总课时的50％。

技术类课程教育传统上一直将重点放在技术绘图和实践训练方面。例如：1951年修订的"技术科正式课程指导方针"就规定，课程设置要围绕实践训练构建，而所有选定领域的学科都要被视为实践训练下的相关学科。Jun Hasegawa (1949)在这些正式课程指导方针的制定中起了重要作用。他将1947年V. C. Fryklund的著作《行业和工作分析》(第二版)翻译并发表。该著作被概括为对职业教育的职业与操作分析，把一些全新的教育方法引入了日本。

依据1951年颁布的《产业教育促进法》而创设的联邦补贴对高中职业课程设施设备的扩充起了主要作用(Sato 1996)。《产业教育促进法》中规定的补贴标准大大影响了学校进行实验和实践训练的方式。

关于目前高中职业教育中存在的不合理现象，如学生学术能力低下，以及为克服这些问题所采取的实际行动，可以参阅Saito等(2005)。

3. 对非全日制／函授高中与技术教育间协调的研究

1961年建立起了所谓的"协调体系"，在该体系中，将在特定的授权职业培训机构中取得的学习成就与在非全日制或函授高中取得的学习成就等同看待。这一将学校教育与职业培训连接起来的系统吸引了许多研究人员的注意(Miyachi 1978)。特别是那些大型企业设立的在职培训机构，通过利用这一协调体系而受益匪浅。

4. 对非正规学校和职业培训学校的研究

由于日本具有一种高度重视"学术资格"的倾向，是否从所谓的"正规学校"毕业成为人们关注的焦点，因此，教育研究者们也往往很容易忽视那些非正规学校，因为这些学校无权颁发正式的"学术资格"。然而1976年，在非正规学校的系统之外又新建了一个提供专门培训的学校体系，该体系内进行的职业教育比非正规学校更系统、更有组织（Kurauchi 等 1977；Han 1996）。在这些专门培训学校中，那些招收高中毕业生的学校被称为职业培训学校。职业培训学校取得了显著发展，自1990年开始大约有三分之一的高中毕业生都选择了进入职业培训学校就读。但是，几乎所有专门培训学校都是私立学校。这是一个典型的例子，它表明，政府正在大肆地强制执行削减对职业教育公共投入的政策，因此就迫使私营力量承担起了办职业教育的任务。

1.6.3 职业培训研究

第二次世界大战前的职业培训研究

1. 与职业培训相关的术语

虽然在第二次世界大战前使用过多个不同术语，如"技师培训""学徒制""熟练技工培训""学徒培训"和"师徒契约培训"，但直到1958年颁布《职业培训法》之前，"职业培训"一词却从未被使用过。在当时的环境下，《职业培训法》对学术界产生了巨大影响。该法于1985年变更为"人力资源发展促进法"，但是在学术界，"职业培训"一词的地位却没有什么改变。

2. 战前职业培训历史方面的研究

明治维新建立起了一种自由选择职业的制度。直到德川幕府时代末期某些职业领域还一直存在的学徒雇佣方面的限制，以及那些限制非会员生意的行业协会都彻底崩塌了。在明治统治早期，由政府所属的厂矿企业带头，通过外国技术专家引进了现代技术，这对私营经济部门产生了重大影响。这些部门进行的职业培训可以说就是通过观看别人演示、再模仿这一行为的方式进行"学习"的（Sumiya 1970）。

与学校教育不同，直到20世纪30年代，政府还从未因职业培训的需要而采取过任何特殊措施，基本上，职业培训的工作都留给私营部门全权负责。

政府所属企业，例如，钢铁企业和军工企业，都是由陆军和海军直接控制的，它们往往不考虑收益性而引进最新的技术。因此，军工厂对职业培训领域产生了巨大影响。例如，一些获得了经验和技能的工人在退休之后就开办起了现代工厂。另外，人们也注意到这样一个理论，即在明治时期，本土产业中的技术工人支撑了地方机械工业的发展（Suzuki 1996）。

从1920年起，劳动力周转率降低，永久性的雇佣体系开始在一些大公司生根。有些大公司则开始进行在职职业培训。这也朝着在公司内储备技术工人的做法迈进了一步，因为这些工人往往是分散于各处的（Sumiya 1971）。此外，使战前日本大大区别于西方国家的一个特征是，有组织的劳动力在整个劳动力之中所占比重甚小。依据技能熟练水平而由行业工会划分等级或确定工资标准（等同于西方的职业资格）那时还未产生。

3. 从劳动政策的角度对职业培训进行的研究

20 世纪 20 年代后半期，该国开始意识到，农业部门已不再具备吸纳失业人员的潜在容纳力。由此，该国在近现代史中首次开始采取措施来对抗失业（即开始了对抗失业的事业）。作为该事业的一部分，国家开始以"职业指导"的名义设立公共职业培训机构，但是这种机构的数量还极少（Sasaki 1987）。

20 世纪 30 年代，熟练技工的短缺主要开始在军工行业显现，于是，公共职业培训机构中开始设立相关的培训课程（Tanaka 1986），由此引发了关于应该如何培养熟练技工的"熟练技工之争"。争论的焦点是哪一类型的熟练技工更为短缺：单一技能的技工还是多重技能的技工（Kiuchi 1936）。公众注意到，来自各个不同领域的人士都参与了熟练技工问题的争论，而这在日本资本主义的历史中尚属首次。

1938 年制定的《国家动员法》是一项全权授权的法律，依据该法政府颁布了《工厂企业熟练技师培训令》，并在私营的厂矿企业等处强制推行这一规则，从而培训特定数量的熟练技师。这便是在大范围开展的为期三年的"标准职业培训"的开端。本文开头部分介绍的 Hosoya 的第一本著作便注意到了这一动向。然而，该体系在接近战争末期时瓦解。

第二次世界大战后的职业培训研究

1. 战败后对职业培训的重新组织

战败之后，在占领军的领导下实现了劳资关系民主化，并在短时期内建立起许多行业工会（Ookouchi 1955）。战后日本的行业工会完全是建立在公司联合基础上的，直至今日，它们对员工的教育和培训始终没有什么兴趣。

事实上，占领军只允许教育部开设培训机构，而禁止其他部委和机构参与此事。因此，由原来的交通部和铁道部等设立的培训机构都陷入了荒废状态（Yamamoto 2002）。

当时在日本还没有进行监管人员培训的传统，因此通过占领军并在劳动部的支持下引进了国际一流的监管人员培训体系 TWI（劳动部出版了名为"TWI Kenkyu"的杂志），并迅速在广泛的产业领域内推广了这一培训。TWI 培训值得人们的关注是因为，它为企业管理引进了"工头"的概念（指一线监管人员），而这种概念在之前的日本是不存在的；还因为它开创了一种重视在公司内建立工头体系的潮流（Koga 1978）。

2.《职业培训法》框架的形成和《职业培训法》研究

1958 年，在战后民族主义复兴和技术革新进步的背景下颁布的《职业培训法》是日本第一部关于职业培训的独立法律。该法的颁布不仅标志着日本职业培训的新纪元，同时也对研究工作产生了深远影响。《职业培训法》的重要特征包括：（1）它首次将职业培训课程纳入了公共职业培训方案之中，而该方案之前只是围绕对抗失业问题的；（2）它积极推进在职培训，而不仅仅将其视为保护学徒制的规则；（3）它为政府建立起了考核专门技能的体系（Koga 等 1978）。

有两种不同类型的公共职业培训机构：传统上由地方政府设立的机构和后来的由失业保险部门（后来更名为"就业保险"）出资建立的机构。前者将重点放在职业变更培训上。然而在《职业培训法》颁布以后，两类培训机构都扩展了自己的培训课程，将目标对准了新毕业生。公共职业培训中培训课程的培训标准是由劳动部制定的。与技术类高中的课程相比，公共职业培训中只有少数几项普通教育科目，重点显然放在了实践训练上。然而，对于课程设置的评论分析却不多见（Tanaka 1986）。

依据《职业教育法》建立起的国家专业技能考核体系在西方国家中没有对等物。该体系适用的职业类型仅包括生产领域的职业，而不包括分配领域的职业。与官方认证不同，是否通过专业技能考试并不会直接导致经营或就业方面的限制。考试结果也不会反映在工资标准当中，因为公司和工会都反对将考试与工资标准相联系。

3.《人力资源开发促进法》框架的形成的研究

《职业培训法》于 1985 年提出了"终身学习"的口号，并彻底被重组为《人力资源开发促进法》。由于这一变化的产生，公共职业培训机构也被更名为人力资源开发机构。

据 Kazutoshi Tanaka 提供的信息，20 世纪 70 年代和 21 世纪前十年公共职业培训中开设课程的变化显示：对新毕业生的培训有所减少；对职业变更提供的培训增加了一倍多；而对已就业人员的培训迅速增长为原来的六倍（Tanaka/Ooki 2005）。

4. 在职职业培训研究

《职业培训法》将所有公共职业培训之外的职业培训类型都归为在职职业培训。在职职业培训覆盖了大范围的领域，特别是从高经济增长时期开始，这类培训变得尤为盛行（Kurauchi 等 1963；1965）。1970 年年初进行的大型实地调查显示：所有钢铁生产企业无一例外地设有在职职业培训体系。然而，虽然对所有员工都进行在职培训，但却只对那些占据重要职位和负责检修的人员提供包括岗外培训在内的、为期一年以上的培训（日本钢铁企业员工工会联盟，1973）。大多数在职培训都是依据各公司独特的目标进行组织的。例如：培训就被归为劳动管理的一部分（Michimata 1978）。至少在政府层面上还没有提供任何有关在职职业培训的全面统计数据，这在一定程度上是由于尚不存在可以适用的行政法规。因此直至今日，对在职培训的研究一直远远落后于其他方面的研究。

1.7 联合国教科文组织的职业教育与技能发展研究

Keith Holmes & Rupert Maclean

1.7.1 引言

本章对联合国教科文组织(UNESCO)和它所属的 4 个 UNESCO 研究所和中心在职业教育研究和技能发展研究方面所做的工作进行综述。首先从整体上介绍 UNESCO 的工作,继而对活跃在该领域的 UNESCO 研究所和中心所做的研究进行回顾,最后讨论国家和国际相关研究的发展趋势(包括合作研究和研究网络)和面对的新兴挑战。

成立于 1945 年的 UNESCO 旨在建立一个第二次世界大战后的和谐、繁荣的世界共同体。作为政府间组织,UNESCO 由 191 个成员国和 6 个非正式成员国构成。UNESCO 章程的序文有这样一句名言:"由于战争观念产生于大脑,因此捍卫和平的观念也必须在大脑中构建"(UNESCO 1945,序)。章程将 UNESCO 的主要目标定义为:

"通过促进各国间教育、科学、文化和交流领域的协作为世界和平与安全做出贡献,从而进一步增强全世界对《联合国宪章》确认的不分种族、性别、语言和宗教而由全体人民共同享有的公正、法治、人权和基本自由的重视。"(UNESCO 1945,第 1 条)

教育一直是 UNESCO 的首要任务。联合国于 1948 年在巴黎通过的《世界人权宣言》又赋予了它特别的意义。《宣言》第 26 条指出:

"每个人都有受教育的权利。教育应该是自由的,至少在初级和基础阶段。初级教育应是义务制的;技术和职业教育应对所有人开放;高等教育应在成绩的基础上对所有人平等开放。"(联合国 1948,第 1 款)

1962 年教科文组织全体大会通过了《关于技术与职业教育的建议》。这一规范性文件于 1974 年修订,并于 2001 年进行了再次修订。后者将两次关于职业教育的教科文组织会议(1987 年柏林会议和 1999 年汉城会议)和《技术与职业教育公约》(1989)列入了考虑范围。《修订建议》(2001)将"技术与职业教育"作为一个综合性术语使用:

"(技术与职业教育)指普通教育之外的教育过程,它涉及对技术和相关科学的学习,还包含与经济和社会生活中不同领域相关的实践技能、态度、认识和知识的获得"(UNESCO 2005a,7)。

为完成为不同的文明、文化和人群创造对话条件的任务，UNESCO 承担了"针对新的伦理问题达成一致意见的思想和标准制定者的实验室的角色。该组织还是一个信息交流场所，在此传播和分享信息与知识，并帮助成员国发展其各领域的人员和机构的能力。简而言之，UNESCO 推动着教育、科学、文化和交流领域的国际合作……"（UNESCO 2003b，2）。UNESCO 的每项功能都离不开研究工作，包括：

1）前瞻性研究：未来世界将采取什么样的教育、科学、文化和交流形式？

2）知识的提高、迁移与共享：主要通过研究、培训和教学活动。

3）制定标准：国际文件和法定建议的起草与采纳。

4）专家建议：以"技术合作"形式提供给成员国，帮助它们制定发展政策和开发项目。

5）专业信息的交流（UNESCO 2000，24）。

20 世纪 80 年代，UNESCO 牵头进行并推广了几项颇具影响的职业教育研究，其中包括《从技术与职业学校向工作的过渡：存在问题、当前的努力和改进过渡的创新方法与措施》（UNESCO 1983）和《技术与职业教育的政策、规划与管理：比较研究》（UNESCO 1984）。网页（http：//unesdoc.unesco.org）和 CD 光盘《教育、工作与未来》也提供了针对职业教育与技能发展的研究、政策和技术文献的丰富资料（UNESCO 2003a）。

UNESCO 成员国已将职业教育确定为优先活动领域。即便在 20 世纪 90 年代，国际上普遍关注基础教育、对职业教育少有支持的时候，UNESCO 仍然坚持认为：职业教育在促进社会经济发展中起着重要的作用，可以使个人、他们的家庭、地方社会乃至整个社会受益。事实上，在 1990 年泰国乔木提恩召开的题为"全民教育：满足基本学习需求"的世界大会上，就将"人们为谋求生存、最大限度开发自身潜能、有尊严地生活和工作、充分参与发展、提高生活质量、在知情状况下做出抉择和继续学习而需要获得的"教育内容归入了"基础教育"的范畴之中（UNESCO 1990a，3）。为各国设定的第五个维度的目标是"加大青年和成年人所需的其他基本技能的基础教育与培训，并从行为变化和对健康、就业及生产力的影响方面对活动的有效性做出评价"（UNESCO 1990b，3）。

UNESCO 关于职业教育的两次重要会议都进行了充分的预备和研究工作。1987 年柏林召开了"第一届国际技术与职业教育发展提高大会"，其启动 1992 年的"教科文组织国际技术和职业教育项目"（International Project on Technical and Vocational Education，简称 UNEVOC）起到了重要作用。1999 年于韩国汉城召开了"第二届国际技术与职业教育大会"，其后又于 2000 年在达喀尔召开的"世界教育论坛"将技能发展定为"全民教育"（EFA）的 6 个目标之一。该目标指："确保所有青年和成年人的学习需求都能通过公平参与适当的学习和生活技能项目得到满足"(UNESCO 2000a、b，8)。2004 年又于波恩召开了题为"为就业、公民资格和可持续发展而学习"的国际专家会议。每次会议都突出体现了 UNESCO 的各项关切，如能力建设、性别平等、弱势群体、非正式学习和国际间理解。这些会议对全世界职业教育与技能发展的研究与政策议程产生了重要影响。

1.7.2　UNESCO 各研究所和中心的贡献

UNESCO 创建了一些专门的研究所和中心，用以教育和其他相关领域的研究和专业知识。这些"一级"研究和中心是 UNESCO 不可或缺的组成部分。它们由执行董事会提议，并在全体会议正式通过的基础上成立。它们的运作独立于教科文组织秘书处（虽然要向总干事汇报），而且各自都有具体的研究和能力发展任务。同时，它们在 UNESCO 牵头组织的"全民教育"和联合国"可持续发展教育十年"活动中起到了不可替代的作用。其主要活动包括："提供和传播信息；研究与分析；追踪趋势、监测进展和评估需求；政策对话与发展；能力建设与改革；技术援助与培训"(UNESCO 2004，3)。表 1-1 列出了 UNESCO 在教育方面的一级研究所和中心。

表 1-1　UNESCO 在教育方面的一级研究机构和中心

名称	主要目标
国际教育局（IBE），设于瑞士日内瓦，http：//www.ibe.unesco.org	加强课程和教育内容开发
国际教育规划研究所（IIEP），设于法国巴黎和阿根廷布宜诺斯艾利斯，http：//www.unesco.org/iiep，http：//www.iipe-buenosaires.ar	帮助各国对教育体系进行设计、规划和管理
UNESCO 终身教育研究所（UIL），前身为 UNESCO 教育研究所，设于德国汉堡，http：//www.unesco.org/education/uil	促进素质教育、非正式教育、成人教育和终身教育
教育信息技术研究所（IITE），设于俄罗斯联邦莫斯科，http：//www.iite.ru/iite	帮助各国有效利用教育信息和通讯技术
拉丁美洲和地中海国际高等教育研究所（IESALC），设于委内瑞拉卡拉萨斯，http：//www.iesalc.unesco.org.ve	发展和改善该地区的高等教育
非洲国际能力建设研究所（IICBA），设于埃塞俄比亚的斯亚贝巴，http：//www.unesco-iicba.org	加强非洲教育机构
欧洲高等教育中心（CEPES），设于罗马尼亚布加勒斯特，http：//www.cepes.ro	促进欧洲高等教育的合作与改革
国际技术与职业教育培训中心（UNESCO-UNEVOC），设于德国波恩，http：//www.unevoc.unesco.org	改善以工作为导向的教育
UNESCO 统计研究（UIS），设于加拿大蒙特利尔 http：//www.uis.unesco.org	提供当今世界教育所需的具有国际可比性的统计数据

UNESCO 的多数职业教育与技能发展研究是由其 4 个一级研究所和中心进行的。它们是 UNESCO 终身教育研究所(UIL)、国际教育规划研究所(IIEP)、国际技术与职业教育培训中心(UNESCO—UNEVOC)、UNESCO 统计研究所(UIS)。以下精选并列出了一些职业教育与技能发展研究活动,描述这些工作的现状、潜力和面临的挑战。

UNESCO 终身教育研究所(UIL)

UNESCO 终身教育研究所(UNESCO Institute for Lifelong Learning)是由 1951~2006 年间的 UNESCO 教育研究所(UIE)演变而来的。它"支持着世界各地成人教育和终身教育,以及素质教育和非正式教育的发展,并特别重视弱势人群和勉强维持生计的人群"(UNESCO 2004,8)。

该研究所通过研究和技术援助、组织决策者研讨会和进行从业者培训开展工作。UIL 还进行非正式教育的识别、确认和认证方面的研究,并撰写了近期出版的 UNEVOC 丛书之一《满足非正规领域的基本学习需求:为体面工作、活力化和公民资格的教育与培训的一体化》(Singh 2005)。该书包含了受 UNESCO 和 ILO 委托进行的关于非正规领域体面工作教育、培训和技能形成等方面的研究成果。《UNEVOC 国际职业教育手册》(Chinien 等,2008)也有若干章节由该研究所撰写。

国际教育规划研究所(IIEP)

1963 年成立的国际教育规划研究所(International Institute for Educational Planning)因其在教育和发展研究方面的贡献而享有盛誉。与其使命相吻合,IIEP 的职业教育研究一直将焦点对准规划、财政和管理方面的问题(参见 3.3)。IIEP 研究旨在通过提供能指导规划和政策制定的新知识,协助负责教育与培训的公务人员开展工作。其主要出版著作包括《技术与职业教育与培训的规划》(King 1985),《人力资源规划:方法、经验与实践》(Bertrand 1992),《职业教育的资金来源:观念、范例与趋势》(Atchoarena 1996),《技术教育:死胡同还是适应变化的调整?》(Atchoarena/Caillods 1999),《再读撒哈拉以南非洲的技术与职业教育:新趋势、革新与挑战》(Atchoarena/Delluc 2002)和《亚洲农业高等院校在农村发展和终身教育中的作用》(Atchoarena/Holmes 2005)等。2003 年 IIEP 发起了关于公共职业教育改革和治理的研究项目(Holmes 2003),其中一个部分就是进行一项题为"南非继续教育与培训(FET)院校的治理"(McGrath 等,即将出版)的国别研究。此外,《UNEVOC 国际职业教育手册》也有 IIEP 撰写的章节。除常规出版物以外,研究成果还通过 IIEP 网站、会议、专题讨论会、期刊、时事通讯和培训课程等方式传播。

IIEP 的布宜诺斯艾利斯分部建于 1997 年,目的是加强对拉丁美洲负责教育规划和管理的政府官员的培训。以社会公正为重点的职业教育与技能发展研究是

IIEP 见长的领域之一。除进行教育、工作和弱势青年融入社会方面的研究之外，IIEP 布宜诺斯艾利斯分部还开发了 RedEtis（http：//www. reditis. org. ar），即一个区域性的在研究者、公务员、教育培训机构领导、非政府组织等相关人员之间进行知识传播和开展科研的网络。

国际技术与职业教育培训中心（UNESCO-UNEVOC）

设于波恩的国际技术与职业教育培训中心（UNESCO-UNEVOC International-al Centre for Technical and Vocational Education and Training）始创于 2002 年，旨在帮助成员国实现面对所有人的、高质量的、合适的、终身且低成本的技术与职业教育与培训。中心为政策制定者、教育管理者、教师和学习者提供服务并与之合作。与其他一级研究所和中心一样，它也采取多种多样的活动形式，如组建网络、知识共享、出版刊物、开展协作与合作、提供咨询服务和培训等。它建立的网络中最卓越的是"UNEVOC 网络"，网络由来自 150 多个国家 220 多个专业性职业教育机构共同构成（UNESCO—UNEVOC 2003，27）。

UNESCO—UNEVOC 国际中心的工作目标是切实推进职业教育和教育中的最佳实践与创新，并特别提到要满足发展中国家、转型期国家和冲突后的国家的需求。UNESCO—UNEVOC 与国际出版商 Springer（位于荷兰的 Dordrecht）共同发起了一项大型出版活动。《UNEVOC 国际技术与职业教育与培训书库》是一个出版物系列，它提供了多方面的职业教育"最前沿"的综合信息。《国际书库》由一套"系列丛书"和《技术与职业教育与培训：问题、关切与展望》、《各国职业教育体系轮廓》、《UNEVOC 注解职业教育文献目录》、《国际职业教育研究和 UN-EVOC 研讨论文期刊》共同组成。本书和 6 卷装的《国际应对变化的工作世界的教育手册》（Maclean & Wilson，2008）也同是《国际书库》的组成部分。"系列丛书"意在迎合那些对深入研究分析职业教育发展感兴趣的人士的需求，它展现了多种最佳的创新型实践，并对有争议的课题进行探索，通常采用的是案例研究的方法。丛书已出版的重要书目如：

第一册《中等教育重归职业化》（Lauglo & Maclean 2005）。这是最新一部讨论中等教育与培养青年人迎接未来工作的联系越来越紧密的现象的利弊的作品，这种讨论已存在多时。本书提供了有关中等教育职业化的具体实例，其中特别讨论了撒哈拉以南非洲的情况。

第二册《满足非正规领域的基本学习需求：为实现体面工作、活力化和公民资格的教育与培训的一体化》（Singh 2005）。这是一部文选，汇集了在非正规经济领域工作和生活的人群基本学习需求和技能方面的特征与事实，并提供了案例分析，重点研究各国为迎合这些学习需求采取的教育培训策略。

第三册《为在非正规微型企业部门就业提供培训：来自撒哈拉以南非洲的最新证据》（Haan 2006）。该书描绘了非正规领域工人培训体系面临的严重问题，而这些问题恰恰发生在政策制定者试图制定满足终身教育原则的正式及非正式成人教育的创新性整体解决方案的时候。书中指出，人们越来越认识到：教育是帮助获得体面工作和人性化生活条件的基本且重要的人权。

第四册《巴尔干国家职业教育与培训的转变：一项改革与发展调查》（Bünning 2006）。欧盟的新成员国，包括一些巴尔干国家，现在也加入到哥本哈根议程中，它们是欧洲潜在的、能极大充实整个欧洲人力资源的来源国。本书讨论这些国家的职业教育结构的改革。

第五册《工作中的认同感》汇集了在现代工作过程和柔性劳动市场条件下，有关工作中的认同发展变化的国际理论和实证研究成果。

第六册《工作、主体性与学习》（Billett 等 2006）提供了国际上有关个体主观性在确保有效工作实践、工作性学习和生涯学习中的作用的各种观点。它强调不能仅仅考虑教育机构在职业教育课程和组织安排，还要探讨个体如何通过这些安排来解析、建构并切实参与学习过程。

其他专著还有 Pavlova 的《着眼未来，赋予个体更大的权力：可持续发展的技术与职业教育》、Johnson 等的《是否要在大众高等教育中增设职业教育内容？——应对劳动力市场和工作场所挑战的国际比较》、Fien 等的《可持续发展的技术与职业教育与培训：机遇与挑战》。未来的讨论还将涵盖以下主题：对青少年和青年的学术工作与职业工作教育；工作导向教育的经费；妇女和女性学生的技术与职业教育；利用信息通讯技术支持职业教育；促进工作导向教育的教育体系规划；认证、评估与考核；对冲突后地区退伍士兵的教育与培训；从学校向工作的过渡等。

对 130 个国家做的一个"各国职业教育体系轮廓"完整系列已筹备完成，并以《选定国家技术与职业教育培训轮廓》（Grollmann 等，即将出版）为题出版。《UNEVOC 注解文献目录》是对 1998～2003 年间出版的职业教育文献的一个回顾系列，目的是建立职业教育领域已有研究的标准样本，并支持其他研究人员的工作，同时为政策制定者和职教实践者提供信息。以下的《注解文献目录》已出版并配用数码版本：

1）以可持续发展为目标的技术与职业教育与培训；

2）女性与技术与职业教育与培训；

3）青年失业与满足青年需求；

4）剥削性工作与童工；

5）职业健康与安全。

《应对变化的工作世界国际手册》（（Maclean 等 2008）是为在更大范围提高现有职业教育信息资源利用率而设立的大型项目。该手册通过案例研究方式，呈现职业教育领域的最佳创新型实践，并促进研究者、政策制定者和职教实践者之间更好地进行对话。

　　UNESCO—UNEVOC 还积极组织与研究课题相关的地区性和国际会议。会议议程往往以报告的形式发布，如《波罗尼亚宣言与德国职业教育教师培训新模式》(Bünning & Shilela 2006)。2006 年，职业教育伙伴机构在越南召开了关于职业教育对"联合国可持续发展教育十年"活动所做贡献的会议。UNEVOC 还与NCVER(澳大利亚国家职业教育研究中心)、KRIVET(韩国职业教育与培训研究所)和 CPSC(菲律宾科伦坡技师教育规划人员学院)合作，于 2006 年在阿德莱德召开了主题为"老龄化社会中的技术与职业教育与培训"的研讨会(Karmel/Maclean 2007)。

　　UNESCO 统计研究所(UIS)

　　UNESCO 统计研究所(Institute for Statistics)是负责 UNESCO 领域内统计工作的国际专家和机构网络的重要环节。该研究所的四个主要工作领域是：

　　1)在各国、地区和全球层面上收集、提供、分析并及时传播与政策相关的统计数据、指标和相关文件；

　　2)研发统计方法，用以收集可靠、具有跨国可比性、有效且可能收集的数据；

　　3)对成员国提供援助，帮助其提高统计和分析能力；

　　4)提供分析服务和数据支持服务(UNESCO/UIS 2002，8)。

　　由于对过程监控的需求不断增大，UIS 正越来越多地参与到跨国职业教育与技能发展研究中。这里存在两个主要问题：第一，缺乏各国的可用数据；第二，已收集数据的可比性不足(Ellis 2005)。由于职业教育的情况非常复杂，而且具有多种实施类型和级别，因此用于普通教育的监控数据收集和分析技术不能简单地照搬到职业教育中来。UIS 和 UNESCO—UNEVOC 国际中心在伦敦大学教育学院的协助下，共同承担了一项绘制世界范围内职业教育统计数据分布图的任务，并将于近期发表《世界正规职业教育项目的参与状况：初步统计研究》(UNESCO—UNEVOC/UIS 2006)。

1.7.3　通过伙伴合作和网络进行研究

　　UNESCO 对职业教育与技能发展进行研究的方法与通常的学术研究方法不同，它经常涉及 UNESCO 的内部协作以及与外部研究伙伴的合作，如与其他国际组织、政府部门和高等院校等。2008 年，UNEVOC 与牛津大学共同组织了一次关于多种素质与职业教育的研讨会。UNESCO 的研究以该组织的价值观和政策为导向，其信息来源多为政策对话、专题研讨会和地区及国际会议等(参见 2.1)。

　　内部合作

　　一项将技术援助与研究进行成功地结合的内部合作项目是"全民教育技能发

展项目的规划与实施：以满足边缘人群学习需求为目的的技能发展"。该项目是UNESCO 中等教育部、技术与职业教育部和 IIEP 之间的成功合作。其中，技术援助内容为加强老挝、马里、尼泊尔和塞内加尔的机构能力建设，帮助其制定相关政策。项目在各国设立小组，研究针对边缘化群体的技能发展项目与活动。该项目由丹麦、芬兰、冰岛、挪威和瑞典共同出资进行，并以一次跨地区的研讨会和发表《促进技能发展》(UNESCO/IIEP 2004)顺利结束。

其他 UNESCO 内部合作研究的范例还有 UNESCO-UNEVOC 国际中心对"今日教育"的重要文章《职业教育：卷土重来？》(UNESCO 2005b，4)所做的贡献。"今日教育"是 UNESCO 教育部主办的时事传报。另外，合作还存在于UNESCO 各研究所与中心之间，如由 UNESCO—UNEVOC 编辑的国际教育局杂志《展望》的"特刊"——《以可持续发展为导向的职业教育》(Maclean 2005)。

外部合作

对职业教育中跨部门协作重要性的认识不断提高，引发了各国内部乃至国际层面上新的伙伴合作关系。例如联合国食品与农业组织（FAO）与 UNESCO 于2002 年在约翰内斯堡召开可持续发展世界峰会，共同发起了"农村人口教育（ERP）旗舰伙伴关系"。这一创新项目增强了人们对农村人口教育重要性的认识，并将其视为实现"千禧年发展目标"的关键。UNESCO—IIEP 与 FAO 携手发表了一系列作品，如《为农村发展的教育：期待新的政策回应》(Atchoarena/Gasperini 2003)，还共同组织了几次地区会议。

此外，UNESCO 与国际劳工组织(ILO)也通过组建 UNESCO—ILO 合作工作组等方式在职业教育领域建立了良好的合作关系。双方同意共同进行一系列对学习与技能政策的总结，这在两个机构的工作计划和预算中都得到了体现(Riordan/Maclean 2003)。UNESCO 与经合组织(OECD)之间也存在合作，如关于"国际教育标准分类(ISCED)"的合作。

研究网络

"姐妹学校项目(The University Twinning and Networking) / 联合国教科文组织教席计划"自 1992 年发起以来，在 UNESCO 与全世界各学术团体间建立了广泛联系。其主要参与者为高等院校和研究机构，同时还与非政府组织、基金会、公共及私营部门组织进行了合作。"姐妹学校项目"包括培训、研究和学术交流，它也为 UNESCO 的各项工作，包括职业教育研究，提供了一个跨学科的知识共享平台(Haddad 2005，5)。

1.7.4　总结

近年来，UNESCO 的大多数职业教育与技能发展研究都是由 UNESCO 一级研究所和中心进行的，它们共同构筑了一个颇具规模的成果集合体。其中大部分研究课题都极为重要，并与 UNESCO 促进知识合作的使命、其核心价值观和联合国的重点项目（如"千禧年发展目标"、"全民教育"和"可持续发展教育"等）相一致。由于认识到了职业教育的重要经济作用，因此，UNESCO 的职业教育研究具有更广阔的视野，它涉及了所有与个人、团体和社会全面发展及这三者之间的关系。正如本章所述，UNESCO 的职业教育研究覆盖了从全球议题到地方议题的广大领域，涉及世界各大洲，并特别关注（但不只是关注）"发展中"国家和地区的情况。

这一领域的研究未来仍有广阔的发展空间，而事实已经证明，UNESCO 是研究、政策、规划和实践之间的有效桥梁。当然，在这个复杂且迅速发展的领域也存在许多挑战：发展中国家的职业教育研究能力通常比较薄弱，仍过度依赖国外的知识和技术；无论是地区还是在国际层面，对职业教育进行监控的定量和定性研究方法的开发工作才刚刚起步；在权力下放的发展趋势中，很重要的一点是，让中央决策者了解地方各个利益群体的观点。可惜的是，职业教育与技能发展研究及能力建设的可用资源，目前尚无法满足人们在制定职业教育多重战略发展中的期望。当然，UNESCO 并不是在孤军奋战。它所采用的研究方法，往往通过伙伴合作和研究网络，不但有较好的投入产出比，而且容易引发相关政策辩论，并易于被研究共同体所采纳。

1.8　政府间组织和双边机构开展的职业教育与技能发展研究

Keith Holmes & Rupert Maclean

1.8.1　引言

第二次世界大战结束后，许多新独立的国家都认为，技术和职业技能发展将有助于降低经济的依赖性。与其他领域的发展政策一样，对职业教育的支持也随着更广范围政策取向的变化而变化，这既包括领域内的政策取向，也包括领域之外的政策变化。这些取向本身就反映了人们对哪种干预政策最有可能促进社会经济发展的不同认识。在学术界和国际发展援助领域，人们对应当优先发展哪种教育类型，即是普通教育还是职业教育，以及这二者之间的关系等问题，一直争论不休。

虽然在 20 世纪 90 年代，由于对职业教育的投资回报产生疑虑以及对基础教育的过分专注，国际上对职业教育的兴趣曾一度减弱，但是现在多数政府间组织和捐赠机构都认为，职业教育与技能发展具有根本性的作用。这种兴趣的复兴是由以下几个原因共同造成的：技能发展对提高社会凝聚力和缓解贫困的贡献；全球蓝领就业模式的转变；教育与工作之间沟通的需要；对小学毕业生质量期望值的不断提高（Bah Diallo 2005，1）。

在低收入国家，职业教育的重点往往放在基础技能、读写能力和在非正规经济及农业部门谋生所需的技能上。然而在全球化、经济结构调整以及"终身教育"和"学习型社会"发展环境下，人们对职业教育对经济社会发展贡献的争论愈发激烈。无论"发达"国家还是"发展中"国家，都愿意从国际合作中受益。发展援助机构为职业教育提供了大量财政资助，尽管在应当如何正确使用这些资金方面目前还存在问题。因此，很多政府间组织和双边援助机构都直接参与到职业教育研究中，或者由它们自身进行，或者委托其他相关机构进行。

从概念、行政管理和政策角度看，职业教育都比普通教育复杂得多。人们期望职业教育体系和机构能够实现有竞争力的教育目标，并提供有竞争力的学习机会。除了提供就业培训外，它还要使学习者掌握基本读写能力和运算能力、支持个人及社会发展并为高等教育奠定基础。在许多国家，职业教育往往与中学教育和高等教育体系尴尬地重叠在一起。而教育部通常与劳动管理部门共同承担职业教育管理任务的事实，阻碍了职业教育与教育体系中其他部分以及与劳动市场的衔接。

本章回顾了以下四个政府间组织的职业教育及技能发展研究的历程：世界银行、国际劳工组织（ILO）、经济合作与发展组织（OECD）和欧盟。联合国教科文组织（UNESCO）所做的工作在本书相关章节做了具体阐述，本文不再赘述，但文中有些分析同样也适用于 UNESCO 的研究。另外，我们还对职业教育领域一些卓越的双边援助国的贡献进行了探讨，如澳大利亚、丹麦、法国、德国、日本、挪威、瑞士和英国。最后本文得出结论：必须在各个层面上加强职业教育的研究能力。由于篇幅所限，本章不可能提供所有政府间组织和双边机构职业教育研究的细节，而只是说明出已有研究的基本特点。所选机构也不具有全面性，从某种意义上说，这种选择受我们专业网络及资源的影响（Maintz 2004）。

1.8.2　政府间组织进行的职业教育及技能发展研究的发展

从历史上看，政府间组织对职业教育研究的参与程度几乎与国际上对职业教育提供支持的水平完全一致。

世界银行（http://www.worldbank.org）

世界银行自 1944 年成立以来对发展中国家的社会和经济政策产生了巨大影响。世界银行与 20 世纪 90 年代的结构转型运动有密切的关系，同时在它的积极倡导下，越来越多的私营力量参与到了公用事业中。自 20 世纪 60 年代开始，世界银行就与国际货币基金组织合作，成为了教育项目及活动的主要贷款提供者。

20 世纪 80 年代和 90 年代初，世界银行还进行了几项知名度很高而且颇具影响的研究。研究结果为银行的融资决策提供了信息，并在很大程度上影响了国际和各国职业教育和培训政策。制定这些融资政策的目的是实现投资回报的最大化，这不仅是针对捐赠人，也针对被援助一方。然而事实上，许多"发展中"国家都将所得的大部分援助资金用在了偿还债务方面。

20 世纪 60～70 年代，世界银行的职业教育政策受到了人力资源发展预测者的很大影响，后者强调必须加强教育的经济效益。世界银行主张课程的多样性和职业化，要求加强课程中的技术和与工作相关的内容。到 20 世纪 80 年代中期为止，每年投入到职业教育的国际援助资金约为六亿美元，其中 45％由世界银行提供（Watson 1993，72）。

20 世纪 80 年代，人力资本理论的影响力大幅提升，世界银行的研究人员应用成本效益分析技术试图计算出不同投资选择的经济回报率（Psacharopoulos 等1986）。在哥伦比亚和坦桑尼亚进行的研究发现：尽管综合性学校的毕业生具有较高的认知能力，但他们在求职方面并未取得特别的优势，工资也不比普通中学的毕业生高（Psacharopoulos 1985）。在理解 Foster（1965）对职业学校的批评之后，Psacharopoulos（1986）指出：尽管世界银行此前对综合性学校给了大力支持，但为它们提供的资助并非物有所值，应该放弃多样化的课程（Jones 1992，255）。

世界银行在协调和综合处理其他机构的工作和经验方面起了主要作用，进行了"职业和技术教育政策研究（Middleton/Schwartz 1986）"和"职业教育与培训：对世界银行的投资的回顾（Middleton/Demsky 1988）"的研究。两项研究成果为世界银行题为"职业和技术教育与培训（World Bank 1991）"的指导性文件提供了基础。该文件指出，世界银行将不再对职前教育课程和中等职业教育提供支持，而转向扶持普通教育的发展。这反映了世界银行认为的"一种新兴的国际共识，即职业化的成本太高，而且学校进行的职业教育并未达到预期目标"（World Bank 1991，78）。文件指出：以普通教育为基础的技能是获取工作所需技能的必要条件。它号召将培训与生产更紧密地结合起来，并号召政府要扮演一个为培训提供专业化服务的新角色，而不仅仅是提供培训的本身。

"这一新提法的核心元素，就是加强初等教育和中等教育，而鼓励私营部门进行职业培训，提高公共培训的效率和有效性，并将职业培训作为公平战略的补充"（World Bank 1991，2）。

这需要进行两个方面的工作：第一，解决一些非职业教育方面的问题，如提高普通教育，特别是基础教育的质量；第二，对职业教育进行改革，包括根据不断变化的劳动市场需求对职业教育的供给状况做出评估（Gill 等 2000，2）。

《职业教育与培训贷款的有效性：世界银行的经验与教训》一文（Canagarajah 等 2002）试图对 20 世纪 90 年代以来世界银行的职业教育贷款项目的成果做出评

估。该报告主要聚焦于世界银行目标相违背的项目的实施情况。作者最终发现，他们缺乏对不同培训干预措施的有效性进行评估的有效证据，因此强调必须进行进一步的研究，才能探索创新性的、"优秀实践"方法。

2004年，世界银行发表了题为《撒哈拉以南非洲的技能发展》(Johanson/Adams 2004)研究报告。报告主要研究了1991年《指导性文件》发表以来非洲存在的问题及发展。它由14项主题研究分报告组成，包括对20个国家进行的考察和70个案例研究。这些考察与研究是与其他国际组织合作完成的，其中包括教科文组织的国际教育规划研究所(IIEP)和国际劳工组织(ILO)，以及各国的研究中心和学会。报告强调了职业教育政策框架的重要性，也强调了要正确定义政府职责，即为技能发展提供必要条件和资助。研究发现，"最需要消除的差距，是市场监控与评估的信息与政策制定之间的差距，……还没有可利用的关于重要性、成本、效益和社会公正方面的常规指标。"此外，报告还指出："对撒哈拉以南非洲各国的政府而言，在相关机构中进行能力建设和建立教学模式也是其重要的职责"(Johanson/Adams 2004，186)。尽管已经意识到职业教育与技能发展的重要性，但目前世界银行进行的相关研究还相当少。不过，世界银行仍在继续倡导职业教育改革，并将其作为发展经济和减少贫困的一种途径。

国际劳工组织（ILO）（http：//www.ilo.org）

"目前国际劳工组织的首要目标，是增加妇女及男子获得体面和生产性工作的机会，而这种工作要在自由、平等、安全和人格尊严的条件下进行。"(Somavia 1999，3)

国际劳工组织一直十分重视职业培训，然而直到20世纪80年代晚期，国际劳工组织日内瓦总部对职业教育研究却一直没有给予足够的重视(King 1991，69)，而相关研究多数是在各地区进行的，其中"泛美职业培训研究与文献中心(CINTERFOR)"的工作发挥了重要作用。成立于1963年的CINTERFOR一直肩负着协调成员机构间技术合作工作的任务。特别是它通过成员机构间在研究、信息和文献方面的经验交流以及教学方法和职业培训技术传播，支撑了职业教育机构的发展。

自20世纪80年代以来，国际劳工组织开始更多采用实证分析方法进行研究，并发表了《非洲的农村和城市培训》(ILO 1988)和《非正规部门的就业培训》(Fluitman 1989)等报告。这些研究强调要对培训进行重新定位，即从为工资性就业做准备，转向培养自谋职业所需的技能。国际劳工组织还与世界银行共同发表了《职业教育与培训改革》(Gill等2000)的报告。国际劳工组织的代表性出版物包括《职业培训机构的自谋职业培训》(Grierson/Mckenzie 1996)、《实现经济活力的培训》(ILO 2005a)、《缓解贫困战略中的职业培训与技能发展：一项初步调查》(ILO 2005b)和《全民教育和体面工作》(Mayoux 2005)。

国际劳工组织的项目"技能、知识与被雇佣能力"旨在"促进各方加大对技能和培训的投资，从而使所有人有更多平等参与生产性的和体面工作的机会"（Riordan/Rosas 2003，23）。项目的目的是支持培训政策及课程完善，并特别强调支持弱势群体发展的策略。从 20 世纪 90 年代初开始，国际劳工组织倡导并尝试促进一些核心工作技能（core work skill）的发展。这些技能包括学做新工作、进行团队工作、解决问题和制定决策，还包括应对激烈竞争所需的技能，如具备质量意识和达到顾客满意等。该项目引进的核心技能既强调对社会个体的授权，即"公民身份技能"，也强调了对工作世界的授权，即"就业技能"（Riordan/Rosas 2003，23）。"技能、知识与被雇佣能力"项目还对学徒制、边缘群体培训策略（Bennell 1999）和工作场所技术变化对培训的启示进行了研究（Ashton/Sung 2002）。

国际劳工组织将"国家资格框架"（National Qualification Framework，简称 NQF）视为应对技能鉴定挑战的主要方法之一。《国家资格框架：在发展中国家有效实施的可能性》（Young 2005）阐述了 NQF 实施方面的重要问题。国际劳工组织还建立了一个包含国家资格框架比较经验的信息库（http：//www. logos-net. net/ilo/nqf）。

经济合作与发展组织 (OECD)（http：//www. oecd. org）

经济合作与发展组织（简称经合组织）的成员国仅限于富有国家，其活动与这些国家的重点事务直接相关。在教育领域，主要是"普及终身教育"并培养适应劳动市场的高水平技能与资格。这一重点引出了以下重点项目，如对普通教育成果的大规模标准化测评，如"国际学生评价项目"（Programme for International Student Assessment，简称 PISA）和对成年人知识、能力及技能的研究。虽然 OECD 的工作聚焦于其富庶的成员国，但其研究项目中也有对非经合组织成员国职业教育的分析。例如 OECD 进行了一些关于工作场所培训的研究，如《在职培训：五个亚洲实践》（Salome/Charmes 1988）。此外，OECD 还对布隆迪、喀麦隆、科特迪瓦和津巴布韦的在职培训进行了分析。而 OECD 的发展援助委员会（Development Assistance Committee）则对数据来源的可靠性进行了比较研究。

OECD 的研究吸引了全世界的注意，也因此影响了其他机构进行的职业教育研究。其中一个例子就是 OECD 最近进行的"能力的定义与选择"（The Definition and Selection of Competences，简称 DeSeCo）项目。该项目提出了以下研究问题，即"我们需要哪些能力来实现个人生活的成功和社会的良性运转"。DeSeCo 的目标是为关键能力的定义与选择提供理论基础和基本概念，同时也为个人的基于统计指标的能力的持续发展提供基础，它还试图为解释与教学成果相关的实证结果建立一个基准点（Oecd 2005，4）。项目的最后一份报告介绍了关于在职业教育课程及培训项目改革中，应优先发展哪些正式与非正式的能力的讨论（Rychen/Sal-ganik 2003）。

欧盟(http：//www. europa. eu)

自 1957 年欧洲经济共同体成立以来，在整个欧洲范围内进行经济和劳动政策的整合就一直是其战略目标。依据 2000 年《里斯本战略》的构想，2002 年通过了加强欧洲职业教育与培训合作的《哥本哈根宣言》。"欧洲职业教育与培训信用体系"（European Credit System for Vocational Education and Training，简称 ECVET）是哥本哈根进程的一部分，其目的是使已获得的学习成就在全欧洲更容易承认。ECVET 试图使职业教育资格变得更容易理解和比较，从而增强职业教育的吸引力并促进其流动性（EC 2005，4）。欧洲的职业教育合作还受到了"达·芬奇项目"的资助，该项目对整个欧洲用以改善培训体系及提高实践质量的项目提供支持。欧洲还有一个相关机构，即"欧洲职业培训和发展中心"（CEDEFOP），专门进行欧洲职业教育和终身教育方面的研究。而"欧洲研究区域"又推动了各国在职业教育研究工作及研究能力方面间的协调与整合（EC 2002，9）。

"欧洲培训基金会"（ETF），是欧洲委员会的一个专门机构，从 1994 年开始运营，其工作任务是发展欧盟伙伴国的教育与培训体系，其中包括处于转型国家和发展中国家。ETF 旨在"帮助这些国家提高国民技能与知识，从而创造更好的生活环境、培养积极的公民意识并建设尊重人权和文化多样性的民主社会"（ETF 2006，1）。虽然 ETF 起初只在成员国和欧洲邻国开展工作，但其职业教育与技能发展研究项目的涉猎范围却广得多。ETF2007 年的工作规划包括"从技术发展活动向新型的、更全面的工作过渡，目标是从整体上提高人力资源政策的水平"（ETF 2007，5）。

主要研究项目包括：跨国劳动市场研究；为缓解贫困而进行的技能发展；为实现知识经济而进行的技能发展；高等院校与企业间的关系；资格框架；评估研究；终身教育所需的重要能力；移民的影响和从教育到工作的过渡。除各种主题研究之外，ETF 还进行了许多国家职业教育和劳动市场改革方面的深入调查。近期发表的代表性文献包括：《在资格框架应用方面的国际与各国发展回顾》（Coles 2006）；《为欧盟新成员国及候选国的职业教育与培训提供财政支持》（Masson 2006）和《中东及北非的职业教育改革：经验与挑战》（Hakim/Carrero perez 2006）。

迄今为止，欧盟对发展中国家职业教育的支持基本用于对培训中心的建设和完善。如今，与其他多数地区和国际组织一样，欧盟发展合作的目标已成为帮助伙伴国提高培训质量，并确保对劳动市场的需求做出更有力的回应。

1.8.3 对双边机构进行的职业教育与技能发展研究的回顾

澳大利亚的海外发展署（AusAID）(http：//www. ausaid. gov. au)

在教育领域，AusAID 重点关注的是基础教育和职业教育。AusAID 倡导使用需求驱动方法，并支持促进弱势群体参加职业教育的活动。AusAID 十分重视对太平洋及东南亚临近地区提供发展援助。

丹麦外交部混合信贷局（DANIDA）（http：//www.um.dk）

自 1994 年起，丹麦对职业教育的援助呈现出一个地理性的转变，即援助对象从亚洲转向了非洲。2001 年，Danida 起草了一项关于"技能发展"的新政策，这项政策概念的本身就比"职业教育"要宽泛。政策文件确认了技能发展对缓解贫困和解决发展政策重点方面（如环境、性别、人权、有效管理、民主/参与性等）所起的作用。同时，这一文件也与丹麦的发展援助战略密切相关。该文件的结果是，政府从对具体技术培训提供支持转向对组织和管理问题提供建议。《评估报告：丹麦对职业教育与培训提供的援助》（Danida 2002）建议，丹麦的援助应"基于对具体国家需求和机遇的深层次分析，包括对技能型劳动力需求的性别敏感度分析"（Danida 2002，70），这一提议已经取得共识（Jensen 2002，5）。

法国外交部国际合作与发展司（DGCID）（http：//www.diplomatie.gouv.fr）

DGCID 重点关注缓解贫困、基本人类需求、经济和社会发展以及促进民主。法国在职业教育方面的合作重点是：支持对部门需求敏感且在经济上可持续发展的教育政策；与民间机构建立伙伴关系（如雇主和雇员联合会）；特别支持继续教育基金的设立（DGCID 网站）。

德国联邦经济合作与发展部（BMZ）（http：//www.bmz.de）

BMZ 负责德国的发展合作工作。BMZ 委托 GIZ（德国国际合作机构）和 SE-QUA（经济发展与职业培训基金会）等实施德国对伙伴国家的援助。德国将培训师培训、在职培训和性别平等作为工作重点。GIZ 不仅对职业教育体系中的具体组成部分提供支持，还为职业教育的整体战略发展提供服务，从而支持建立就业导向的资格体系、建立先进技术培训和服务中心、职业教育教师及管理人员培训、课程研发；减少贫困和职业教育改革。SEQUA 为西欧企业的职业培训项目提供支持，例如建立培训中心、提供培训设备、进行课程研发和培训师的培训（Maintz 2004，27）。

日本国际协力机构（JICA）（http：//www.jica.go.jp）

JICA 是一个由日本外交部领导、负责国际合作的执行机构，其他部委也参与了发展援助工作。JICA 以一种全面的方式看待"技能"，认为"技能"包括技术、社会、精神和智力等各方面因素。JICA 既支持产业的人力资源开发，又支持个体赖以生存的技能发展和微型企业的技能发展（JICA 2006，1~2）。此外，日本在支持职业教育的同时还促进基础教育的发展，从而使技能发展符合地方的需求。

挪威发展合作署（NORAD）（http：//www.norad.no）

NORAD 是挪威外交部下设的一个董事会。挪威对职业教育提供的支持包括：开设青年企业中心、提供职业教育的前期培训、教师培训、传统职业技能培训和与成人素质教育相关的技能发展课程。挪威还将促进技能培训与非正式教育相结合，以防止儿童流落街头，并以此对抗童工问题。同时，挪威还大力推进对边缘群体的技能培训。

瑞士发展与合作署（SDC）（http：//www.sdc.admin.ch）

SDC 与其他联邦机构一道，负责对发展援助活动进行协调、与东欧进行合作以及提供人道主义援助。职业教育是 SDC 优先发展的主题之一，其主要工作手段为：进行职业教育培训、促进技能发展和推动微型企业发展。SDC 对职业教育提供支持的具体信息可参阅《瑞士发展合作中的技能发展：认识与展望》（Sdc/Kodis 2001）。

英国国际发展部（DFID）（http：//www.dfid.gov.uk）

DFID 除支持国内的教育项目之外，还对教育研究提供帮助，并与政策制定者和实践人员沟通研究成果。DFID 进行的技能发展研究包括：《为应对竞争而学习：迦纳、肯尼亚和南非的教育、培训和企业》（Afenyanu 等 1999），《培训对女性微型企业发展的影响》（Leach 等 2000）和《卢旺达和坦桑尼亚发展的全球化及所需技能》（Tikly 等 2003）。DFID 最近还发表了一项题为"中等教育、职业教育和高等教育对发展的重要作用（Dfid 2006）"的简报以及题为"技术与职业技能发展（Dfid 2007）"总结。

1.8.4 分析与结论

由于大学的研究机构普遍缺乏对职业教育的研究，因此政府间组织和双边机构的研究工作对这一领域做出了极为重要的贡献。从本文综述可以看出，大部分研究并不是纯正的学术研究。就 UNESCO 而言，采用的研究方法通常包括：进行委托研究、为专家会议或专题讨论会准备论文、为政策制定提供咨询和评估信息。多数研究工作不是独立进行的，但从本质上是有作用的。而且完全可以理解的是，它们都反映了资助机构的意识、兴趣和方法论。正如 King（1991，77）注意到的那样，政府间组织进行的问题和事务研究的目的，往往是寻求一种可概括的原则，以在更大范围内指导相关国家制定资助政策；而双边机构更倾向于对那些与它们建立了长期关系的国家进行研究。

本文特别强调了世界银行在国际教育与培训事业中所起的作用。同时也指出，政府间组织和双边机构都具有各自特殊的兴趣和专家知识。这些组织最初并不是研究机构，但是在研究和政策制定之间存在着一种双向的相互影响。目前，国际上的职业教育与技能发展研究都是在联合国优先发展项目的背景中进行的，其中包括"千禧年发展目标""普及教育""素质教育""艾滋病病毒/艾滋病"和"可持续发展"等。另外，人们越来越注意到职业教育对弱小国家、突发事件和危机状态后重建中国家所起到的作用。这些组织不主张独立于宏观政策目标或政治影响的"中立"的研究，相反具有强烈的政策导向，并迅速向国际及各国的决策部门传播。

虽然存在一些国际性的潮流，如研究概念从"职业教育"到"能力发展"的转变，已在许多双边机构中广泛流传，但它们彼此间的思想和实践仍存在着显著差别，这源于各自不同教育理念以及对国家作用的不同认识。例如法国强调职业教育的社会功能，并十分重视各国政府对正式职业教育提供的支持；而瑞士则更乐于对非正式职业教育提供支持，而且往往喜欢通过一些民间团体开展工作（Atchoarena/Delluc 2002，86）。

本文总结显示，无论是政府间组织还是双边机构，都对职业教育与技能发展研究的潜在可能性表现出越来越大的兴趣。它们愈发热衷于从比较经验中进行学习，并尽可能避免重蹈一些过去的失败做法。职业教育政策制定者和研究人员正面临许多亟待解决的问题，例如从学校到工作的过渡、职业教育经费和管理机构改革（包括权力下放趋势）、促进能力导向培训以及普通教育与职业教育资格通融等（Atchoarena 2001，2）。其中，每一个领域都需要大量具有有效研究数据支撑的高水平知识。然而尽管进行了诸多尝试，而且机构与各国政府的要求水平都很高，但是仍然缺乏足够的相关专业知识，职业教育与技能发展国际比较研究可资利用的资源也不丰富。此外，机构与国家作用的转变，即从单纯"提供培训"到较为复杂的"为培训创造支持环境"，也要求我们必须加强各个层面的研究能力。

政策研究受益于各国的直接经验，而这些经验确保了研究与基本现实相吻合。但是，由于机构研究中存在的政治利益和经济利益，以及职业教育常常挑战各部门利益的性质，要求我们进行更为独立、批判性的跨学科研究。职业教育与技能发展国际研究完全可以更加开放，从多个角度、采用多种研究范式进行，并应更加关注不同文化背景的影响（Crossley/Watson 2003，142）。或许政府间组织和双边机构在这一领域的影响相对有限，因此它们进行的研究并未如预期那样，从同期的学术评价中受益。具有强烈政策指导意义的、如此重要的研究，却在一种孤立于理论、研究方法和哲学讨论的情况下进行，这是很不合适的。

1.9　国际职业教育比较研究的发展

Uwe Lauterbach

1.9.1　定义与范畴

在德语国家，传统上普通教育和职业教育之间存在着很大差异，因此这一领域的研究尤为重要。在多数国家，没有必要把高中阶段的职业教育研究作为一个专门的学科，尽管高中阶段教育也分为普通教育和职业教育，因为高等教育和多种多样的继续教育机构也都在从事着职业教育和培训工作。在很多国家如美国和英国，这些机构甚至起着主导作用。如今，随着对技能要求的不断提高，职业教育的地位也在不断提高，这促使中等教育后职业教育和高等教育机构开设更丰富、更具吸引力的课程，从而使继续教育的整体地位得以提升。

在国际比较研究中不能再像过去那样，将职业教育体系局限在中等教育领域。要想证明这一点，只需看看美国和加拿大的社区学院、澳大利亚技术与继续教育学院(TAFE)、英国的继续教育学院以及中、东欧转型国家和发展中国家及新兴工业化国家新近创设的类似学院就够了。这些学院的学生被称为"大学生"，这也佐证了上述观点。虽然在德国相关文献中这些学校叫"全日制职业学校"，就读学生也叫"中学生(pupil)"，但是在国际比较研究中，他们都属于"大学生(student)"的范畴。事实上，在一些国家如美国，这些学院在职前和继续教育中均起着主导作用。国际比较研究的一项基本任务就是明晰不同文化语境下的术语和定义。要想弄清"职业教育研究"到底由什么构成，首先必须对不同国家职业教育体系的定义、范畴和参考文献进行研究。

1.9.2　定义

将职业教育与高等教育和成人教育区分开，定义为一个全世界所接受的研究领域，这是一项困难的工作。不同文化对职业教育进行不同的限定，这又进一步加大了这一难度，这从英文概念"职业教育"就可以看出，它指以校内教育为主的工业与技术领域的职业教育。职业教育与"职业培训"不同，后者指企业中进行的在岗培训，并暗示着体力劳动和"简单"的职业行为。在一些国家，这种培训也包含在"职业教育"中，虽然有时这两个概念是作为同义词使用的，但它们往往具有上面那些对立的含义。除了"职业教育"以外，常用的还有"技术教育"一词。技术教育通常更注重"理论"，涵盖的职业包括如实验室技术员、会计和商业管理方面的专业人士。

无论是在英美语言还是罗马语言中，都没有一个能囊括"技术与职业教育和培训"(TVET)全貌的统一词汇，更不要说在亚洲语言中了。由于英语是国际学术语言，因此从实用角度出发，我们把本研究限定在英语国家的文化背景中。但是必须牢记，用这一通用语进行沟通可能存在一种风险，即容易忽略不同文化背景中的细微差别。

德语的"职业教育"与英语的"技术与职业教育和培训"对应，联合国教科文组织所采用的也是这一定义，欧盟则采用"职业教育与培训"(TVET)的概念。英语的 TVET 在欧洲各国文献和欧盟层面的跨国交流中有不同的含义。如德语的职业教育的英文翻译不是 TVET，而是 professional education，职业教育机构（in-stitution）则被统称为"professional college"。英文"profession"覆盖的范围更广，不仅包括正式职业教育体系中提供教育和培训的所有行业，而且还包括诸如屋顶建筑工（roofer）和屠宰工人等"简单"体力劳动行业。更令人困惑的是，同样是"职业学校"，在美语中指培养医生的医学院校，而在丹麦语中则指提供技术培训的院校，后者更接近社区学院。我们可以列举出无数这样的例子，这说明，人们通过对英语通用概念的不断调整，使其适应不同文化群体的需要。如今已经演变成为国际交流基础的"专业英语"，即使对那些母语为英语的人来讲，也似乎变成一种"外语"了。

1.9.3　背景性和文化借鉴

关于"技术教育"是否也属于职业教育这一问题，文化背景起着决定的作用。为澄清这个问题，我们不得不讨论各国内部的教育体系。在多数欧洲国家，高中教育分为"普通教育""技术教育"和"职业教育"，但这最终还取决于各国的不同背景。在国际研究和跨文化研究中，不能忽略不同国家的文化、社会、政治、历史和经济框架条件，以及对职业教育有重要影响的社会价值观等背景性因素（Teichler 1995）。

在国际比较过程中，如果忽视了各国职业教育体系的文化特殊性，必然会产生错误的认识（Georg 1997，157 ）：几乎所有经合组织（OECD）进行的国际教育体系研究中都有这样的论述：有些国家（如德国）与其他多数国家相比，大学生数量过少。这种对不同国家教育现象中文化背景的陈述同样也适用于"职业"这一概念。如果说"职业教育研究"中"职业"按这种方法进行定义，假如我们要研究不同文化背景下个体接受的职业教育和他真正从事的职业之间的差别，那么该研究领域的定义就会变得更加模糊。例如与德语"职业"一词相对应，英语中有更多的词来描述，如"occupation"、"vocation"和"profession"。

尽管存在这些困难，但不能就此认定职业教育研究只能在一国之内进行，因为只有这样才能界定出特定政治—地理区域内有决定意义的文化变量。由于比较研究主要参考各国不同的文化背景，因此虽然能够进行国际对比，但内容却往往比较空洞。然而对这种文化相对论（Epstein 1988，7）提出的范式也有很多反驳。例如，历史发展和社会技术变革产生了一些全新和生疏的概念。在国际压力下，进行比较研究是各国职业教育体系现代化发展的迫切需要（Robinsohn 1970）。

1.9.4　进行国际职业教育研究的正当性

我们需要说明各个国家、跨国机构和国际组织进行职业教育研究的理由。德国很早就开始了这项工作，正如德国研究基金会（DFG）的德国高等教育学院职业教育理事会的定义中所表述的："对职业教育进行研究考察的是专业资格的获取条件、过程和结果，以及对实现按职业组织的工作过程至关重要的个人与社会的态度和取向"。

这个定义涵盖了职前教育和职业继续教育培训，有时也包含大学中的职业教育。它甚至还体现了普通教育与职业教育等值的理念（Beck 1995，457）。如果说资格、技能、工作和职业研究没有为"职业教育研究"提供基础，使之与其他学科区别开来，那么上述这种较为实际的定义就更适合界定各国及国际职业教育比较研究的研究领域。但是，如果就此认为主要障碍都已克服，那么对于那些在本研究领域中比较活跃的学科而言，显然是过于乐观了。因为没有理由表明职业教育学在目前这个研究领域具有专属研究权，例如，在职业教育领域的工作过程和劳动市场方面，不同专业和学科的专家都在进行研究。有的国家甚至没有规定职业教育教师必须具备大学文凭，当然也就没有提出进行职业教育学研究的要求，但在德语国家中，职业教育学就涵盖了这些研究领域。

这也解释了为什么至今尚不存在作为科学探讨平台的刊物。已有的职业教育（比较）研究成果主要发表在如《比较教育》、《比较教育评论》、《国际教育杂志》等国际性"比较教育"研究的刊物中。

这是否就意味着没有必要进行国际职业教育比较研究呢？当然不是。上文提及的人类为实现自身生存而必须有组织地进行工作所导致的需求（即职业教育的核心功能），不局限于国界内的研究兴趣，那种令人气馁的、将该领域研究完全留给政治决策者处理的现状，都表明国际职业教育比较研究的必要性。这些理由（源于对获取国际相关研究成果的兴趣）与那些单纯强调"比较"是职业教育研究的构成要素、却忽略了比较方法是许多学科中的通用方法的理由要充分得多（Lauterbach 2003，269）。

1.9.5　是否要将已有研究与职业教育学作为参照学科

由于职业教育领域中有无数不同的研究分支，于是产生了这样的问题：是否可以将职业教育学视为职业教育比较研究的基础学科。该问题源自 Lipsmeier 等提出的观点，即比较职业教育学具有独立起源，而区别于国际上占据主导地位的比较教育学，它针对的是"经济与技术"这一复杂的研究主题（Lipsmeier 1969，146）。这种试图将本研究领域作为一门独立于职业教育学之外的学科的努力始终没有停止。人们之所以尝试将这一学科独立出来，一方面是因为他们想为职业教育学这个较新的学科勾勒出一个鲜明的轮廓，使之区别于占主导地位的普通教育学；此外，或许由于目前对国际比较研究和吸取他国经验需求不旺的缘故，仅仅是由于专家们以往（甚至还在）（一厢情愿地）坚信，"双元制"是世界上最好的职业教育体系（Gonon 1998，93），而在已有科学研究中根本就不存在与之匹配的"对应物"(Georg 1995,67)。但 Abel(1962)的观点例外，他曾反复强调作为职业教育比较研究核心的比较职业教育学与比较教育之间的关联，然而他的观点并不具代表性。另一方面，当我们回顾那些职业教育学的杰出"拥护者"的研究活动时会发现，与比较教育学的代表人物相比，他们关于国际比较的论述除了规范外并无太多出奇之处。这些专家们也将自己视为这个科学团体（指比较教育）的一分子。19 世纪晚期，当慕尼黑酝酿创设继续教育体系时，凯兴斯特纳依循比较改良功能理论(Lauterbach 2003,110)在周边国家进行了一系列比较研究，为身边棘手问题寻求解决办法。他和同事（包括 Dewey，Kandel 和 Monroe）与纽约哥伦比亚大学国际教育学院的国际比较教育中心长期保持联系。凯兴斯特纳在国际教育界是个不同凡响的人物，这一点可以从他在美国和英国的许多讲座看出，而比较教育的鼻祖级人物之一 Sadler(Lauterbach 2003,220)也引用过他的观点。教育家进行国际比较研究最重要的动力就是实现"新教育"理念。

德国的比较教育研究曾由于纳粹的阻挠而一度衰败，战后由于美国军政府的大力支持又再度复兴。但将职业教育比较研究设为独立领域的工作却并未列入日程。相反，比较研究的成果几乎都被用来支持教育改革和重建教育体系了。在职业教育领域中，以个体研究和改良理念为核心的比较研究占据着主导地位。这些研究成果不仅针对德国的状况，而像一个成型的通用理论，也能为美国的职业教育改革提供依据。人们在重点关注比较教育理论研究的同时，以当时的社会、经济和心理状况为背景，也展开了职业教育领域的国际比较研究，这类研究并未提及职业教育中任何一个具体的比较研究领域(Lauterbach 2003,279)。

虽然 Abel 也进行了许多国际比较研究，但他反对将比较职业教育学设为独立研究领域。人们之所以进行这类研究，完全是受职业教育理论及由其推导出的普通教育与职业教育等值化理念的驱动。Abel 的比较研究是国内研究与国外研究的结合，例如他在研究职业活动演化时，为明确界定职业、行业和专业的概念，就将重点关注德国状况的职业发展研究和重点关注国际非正式教育形成过程的发展理论结合在一起了(Abel 1962)。

在 Abel 之后，德国有关职业教育学的国际研究工作的地位骤降至边缘。正如上文所解释的，这主要是由于人们坚信根本无须将德国特有的"双元制"与其他国家的教育体系相比较。那时候的典型现象是，拿已有体系与新创体系进行比较，比较的方法往往没有经过仔细推敲，而比较的结果几乎"无一例外地"倾向于德国的职业教育体系。

1.9.6 职业教育国际化和职业教育比较研究

直到 20 世纪 90 年代，人们才再次意识到国际职业教育比较研究的重要性。这一意识的形成，主要源自当时的国际背景。

在欧洲，推动职业教育研究发展的决定性因素，是高质量教育对发展经济和开发社会资源的重要作用，同时也出于欧洲就业体系内部流动的需要。自从欧洲煤炭钢铁同盟(1951)建立以来，流动性研究就成了研究者广泛关注的主题和反复研究的焦点。而启动达·芬奇项目(1994)之后，流动性就更成为了研究的核心课题。流动性包括很多方面，它同时也是欧洲委员会各项活动的中心议题。随着欧洲委员会"欧洲资格框架研究(EQF)"和"欧洲职业教育培训学分转换系统(ECVET)研究"两个项目的发展，再度提出了进行研究的必要。除达·芬奇项目(及后续项目)外，欧盟框架研究项目也为进行更深入、详尽的研究提供了可能。另外，欧盟的职业教育机构 CETEFOP 和 ETF 也在欧洲委员会活动范畴内为研究提供支持，并对欧洲职业教育比较研究的发展状况提出整体看法(Tessaring 1998a；Descy/Tessaring 2001)。除了这些项目外，各国政府也在对国际研究进行投资，这些投资活动都是在与发展中国家和新兴工业化国家的国际职业教育培训合作框架下进行的。一些国际组织也参与其中，如经合组织、联合国教科文组织、世界银行和国际劳工组织等。在研究个体技能水平对国家经济效益重要性的过程中，有一个课题变得日益重要，那就是国家职业教育和继续教育体系的效率问题。职业教育研究的中心任务之一是要为国际研究机构的大规模评估研究提供具有说服力的研究理念。鉴于这项研究课题的复杂性，进行跨学科合作是比较明智的做法。

1.9.7　主导学科与研究取向

所有这些外部条件使我们有理由相信，职业教育国际比较研究的"黄金"时代即将来临。当然，要达到这一境界尚有许多工作要做。其中一项重要任务就是讨论确定主导性研究学科。是注重实证的社会学比较教育研究，还是多学科和(或)跨学科研究能走得更远？德国研究基金会(DFG)发布的《职业教育研究纪念》(Denkschrift Berufsbildungsforschung)证实了跨学科研究的重要性。其依据是比较研究在英国和美国都占主导地位的事实。

"这一拓展性研究领域还将教育学的方法与社会学、经济学、政治学和心理学(特别是交叉文化心理学)方面的问题联系在一起。还有一些研究取向指向了文化学和法学。"(Mitter 1996，501)

职业教育比较研究也在不同层面上(如系统层面、问题层面和功能层面)对国际职业教育的发展状况进行了跨学科研究和比较研究。研究课题主要集中在社会发展背景下(尤其是经济、劳动市场和其他框架背景下)的职业教育，同时还考察个体方面(如教学研究)和大规模评价方面的问题。

关于这种研究与比较研究的区别，从比较所采用的范式、理论和方法中是无法找到答案的。它们真正的区别存在于对研究结果的兴趣中。职业教育国际比较研究在职业教育理论和专门课题基础上，重点研究职业教育这一领域，如对普通教育与职业教育的等值性所进行的比较研究。

该领域研究的复杂性已得到公认，由 Tessaring 提供的关于欧盟职业教育研究的主要研究问题列表(1998b，9)也证明了这一点。如果我们再将非正式和非正规职业教育考虑在内的话，这种复杂性就会进一步加剧。

因此在实施研究项目过程中有必要以职业教育学为基础，同时参考社会科学和人文科学的研究成果。这些跨国(跨文化)职业教育比较研究成果也是支撑项目进程的"连接性"结构，即在职业教育(比较)研究框架内，职业教育学、比较职业教育学和职业教育跨学科研究领域三者之间紧密联系的结构。此外，将国内与国外研究焦点相结合十分必要，就是将研究者"自己"国家体系内的研究焦点与国际比较研究的焦点相结合。凯兴斯泰纳和 Abel 都赞成这一观点，这与 Holmes (1974)等描述的研究实践的基本原则和教育实践中运用比较研究的重要作用不谋而合。与这些注重研究本国状况的科学家不同，还有一些研究者更注重国际方面的问题，往往从外部视角来看国内问题。他们进行的研究，如大规模评价(如国际教育协会和经合组织进行的教育比较研究)、趋势分析和理论形成(如世界体系理论)，都或多或少影响着国家内部关于普通教育和职业教育的讨论。

能否切实建立起这种跨学科的联系，是评判教育实践、教育管理和教育政策研究能力的一项基本标准(Achtenhagen 1999，100)。国际上的比较研究项目已经展现出了跨学科合作的迹象。这不仅是由于职业教育研究课题本身的复杂性，同时也反映出不同国家进行的职业教育研究牵涉了这些相关学科，并由此形成了国际化的网络。这些研究成果是可迁移的，因为就特定问题群而言，国内研究和国外研究是相互联系的。通过对职业教育体系进行的比较，才能最终取代那些建立在假象基础上、早该被取代的原有模式(Lauterbach 2003，257)。

这些变化迫使那些迄今为止一直以完备的实证研究方法为基础、垄断国际比较研究的"真正的比较研究学者"不得不开始防范(Lauterbach 等 2001，349；Lauterbach 2003，283)。在职业教育研究领域进行的国际比较研究代表了一种理论观念，这种观念现在已广泛被用于各国"内部"的各个研究领域。这就意味着，教育研究现在更加符合国际化标准，该研究领域已不再是某个单一学科的特权。

1.9.8　国际交流平台

建立交流平台对这一领域具有重要的作用。通过交流平台，可以对研究成果进行正式记载，并促进研究人员和教育实践间的互动。

如上文所述，职业教育比较研究是一个综合性学科，其中一些研究人员只是在短期内关注这一领域，而另外一些则将该领域视为一个永久性的研究课题。在专门的大学学院、公立及非营利部门设立的独立研究机构和咨询公司中，情况也是如此。职业教育比较研究与基础学科之间的关系、与开展研究的科学团体之间的关系，都存在严重的问题。仅在心理学领域就有许多从事比较研究的科学团体，它们同时也关注职业教育。各国社会学领域的状况也是如此，而在国际研究团体中情况就更是如此。以此类推，所涉及的学科不胜枚举，例如经济学。单就这些原因而言，我们就无法将科研团体局限在欧盟这个政治和地理范畴内。各国的科研团体也都要融入世界的整体体系中，关注点在欧洲、北美、亚洲或澳洲。

鉴于上文所述的职业教育研究结构的复杂性，从符合实际的角度出发，将跨学科的职业教育(比较)研究的关注点放在欧洲似乎比较明智。此外，还应不断推动不同学科专业团体之间进行讨论，并促进国际间对话。为了持续获得研究成果，还必须长期关注北美、日本、韩国、中国、澳大利亚、南美和南非等地的情况。

除欧盟外，还有一些国际组织对职业教育(比较)研究的发展起着重要作用，如欧洲委员会、国际劳工组织(ILO)以及联合国组织(UNO)的一些附属机构和部门，特别是联合国教科文组织(UNESCO)及其下设的技术与职业教育培训中心(UNEVOC)，还包括世界银行的人类发展研究部和经济合作与发展组织。

国际科研团体和跨国组织也能从以下两方面促进欧洲的职业教育比较研究：

➢ 职业教育领域的"比较"研究人员可以积极参与科研团体(如 CESE、世界理事会/WCCES、IEA、ATEE)，特别是各类学术会议

➢ 可以将与职业教育直接相关的比较研究成果通过国际化研究网络在互联网平台上发布

实现这一目标的一个重要媒介是职业教育培训网(VETNET)，它是由 1994 年创立的欧洲教育研究协会(EERA)运作的。欧洲教育研究协会的目标是通过形成网络来推动欧洲的教育研究。它针对各课题领域创建了专门化网络，如职业教育培训网。研究成果在两年一次的欧洲教育研究大会(ECER)上公布。过去由于参与力量过于分散，研究成果的展示往往难以充分反映研究的最新进展。此外，从职业教育培训网成员在欧洲的地区分布可以看出，该组织迄今为止尚未充分获得南欧各国的广泛参与。然而尽管目前有这样那样的不足，欧洲教育研究协会仍然是欧洲职业教育(比较)研究中重要的交流平台。此外值得一提的是，欧洲职业培训发展中心为促进职业教育(比较)研究所做的努力，该组织为收录研究成果创设了许多平台。但是我们发现，直至今日各个组织还未采取系统性举措，建立与非欧盟研究团体之间的联系，或加强与国际或外国职业教育研究科研团体之间的联系。建立与美国教育资源信息中心(ERIC)和德国文献数据库(FIS Bildung)类似的欧洲职业教育(比较)研究成果搜集库，将会对职业教育比较研究的发展大有裨益。只要通过举办专题研讨会，就可以从质量上为研究成果提供保障。另一个职业教育比较研究的核心问题是：与教育实践的关联度问题，也完全可以通过欧

洲职业培训发展中心提出的社会伙伴合作构想加以解决。

　　要使这些方案在整个欧洲层面上切实得以实施，各国首先要做出必要的努力。在这一点上，可以参考德国职业教育研究网络工作组（AG BFN）的工作。他们通过跨学科的合作，成功地为职业教育比较研究提供了基本的理论和方法。因此，参与其中的科研人员就无须再为自己所采用的理论和方法被无根据地认为是偶然的折中方案而辩护了。

2. 职业教育研究与职业教育政策的关系

2.0　职业教育研究与职业教育政策制定及实践的关系

Anneke Westerhuis

2.0.1　简介

职业教育研究与职业教育政策制定、实践创新之间的关系是一个内容广泛的研究主题，它主要讨论研究者对政策制定和教育创新所做的贡献。这里有一系列问题需要回答，如它们之间是否构成一种"特别的力量"，政策制定者和实施者是否希望借助这种力量改善决策效果和取得更佳效果等。本文主要讨论以下内容：

（1）职业教育创新，政策议程和研究议程之间关系的重新界定；

（2）职业教育研究对政策制定和实施的作用；

（3）研究项目中研究者、实施者和政策制定者的角色变化；

（4）欧盟对职业教育知识体系和职业教育研究组织的影响；

（5）职业教育作为一个以多学科合作为前提的独立研究领域。

2.0.2　职业教育创新；政策制定与研究议程间的关系

长期以来人们都习惯地认为，政策议程与研究议程之间，特别是在教育创新方面，存在着密切的联系。如二战刚结束，政策制定者就把调查研究看作对于教育创新的重要支持：

"是否能够利用政治手段应用知识而非一味响应个体的需求成为检验一个政府是否成功的试金石。从这一角度来看，对现代化的认识演变为两种思想间的冲突，即公众视野和精英视野中不同公共利益间的冲突（Apter 1967）。"

国家政策利益相关者、教育研究机构和学校构成了一条秩序井然的关系链。国家政策利益相关者确定创新方向，政府拨款，研究者在实践者的帮助下将创新理念运用到实施模型中，教师则试验或验证这些模型的可行性。创新链的基础是知识链，包括知识的研究（Research）、开发（Development）和推广（Diffusion）等连续性的活动，即通常所说的 RDD 模型。在传统的 RDD 模型中，知识的生产和传播呈线性相关。链的第一环是大学和研究机构的研究工作，研究结果通过教育体系中的支持结构（关系链中的中介环节）进入到第三环，即学校。教育支持结构的任务是解释这些理念并使之具体化。就如同穿了孔的洋葱，知识从内核流出，经过真皮扩散到表皮。然而从 20 世纪 80 年代开始，这种关系链在很多国家已经不复存在。在欧洲，公众对职业教育的期望与其实际效果间的差距与日俱增，人们不再相信政府有能力缩小这个差距。从国家层面调控教育也不再是有效的策略（Karsten 2006）。

在经历了大规模的学校合并后，规模较大的学校获得了更多的自主权。人们希望学校能作为创新先锋，在教育创新中发挥积极作用，并制定学校本位的政策。正是由于这个原因，政府的教育创新资金大量流入学校，这被称作"创新礼盒"（innovation box）（Bruijn/Westerhuis 2004）。

在德国，上述关系链被打破的重要原因是职业教育的利益相关方越来越难达成共识。各种争论虽然使职业教育研究主题得以"去政治化"，但却降低了研究的效率。尽管体系层面仍存在很多问题，但决策部门不再愿意通过"典型试验"研究来实现教育体系和教育机构的现代化。不同利益群体因各自追求的利益不同而变得不团结，职业教育创新思想呈现出了政府与社会伙伴不一致的多元局面。

从更宽的层面看，很多其他领域的机构也在从事教育研究工作。研究机构数量不断增多，出现了许多能提供更好研究服务的机构，这也对传统的关系链构成了巨大挑战。关系链不再呈单一线性关系，而是成为一个松散而灵活的网状结构，并受供求关系的影响。职业教育研究成为一个开放的"市场"，"许多教育研究，包括对政策方针有重大影响的研究，都是由大学和非政府机构完成的。私营咨询顾问的作用不断增大，智囊团、政党、工会和志愿者团体的影响力也在日益增长"（Lawn/Rees 2007，53）。这段引人注目的引文总结了教育研究的四种动力：

1）越来越多的组织认识到自己与教育、尤其是职业教育息息相关；

2）越来越多的机构和组织委托他人进行研究；

3）在知识经济时代，越来越多的机构开始为私立和公共机构提供咨询和研究服务；

4）对知识的理解发生了变化，知识成为一个多维的概念，具有不同的形式和功能，如隐性知识（Gibbons 等 1994）。

　　显然目前缺乏大家共同关注和通用的创新政策议程。欧盟里斯本议程虽然在不同程度上注意到了社会伙伴的参与性及其地位，但还达不到以上这一创新标准。在欧洲，人们对目前的发展状况评价不同。

　　一种观点认为，职业教育应该带头响应这一发展。如 Laur-Ernst 等认为：职业教育创新研究的作用不仅是识别、规范和实施创新需求，而且要引发并共同影响创新，并进行创新的检验和评价。职业教育研究可以扮演"预期的创始者"角色，它对创新和设计未来具有重要作用。职业教育研究应更多地介入并支持不同层面的创新。提高各种创新能力的必要条件，创建有助于引发创新的结构，在职业教育机构营造创新氛围等。这些不确定性说明，职业教育不只有一种未来，而是有许多可能性。当技术官僚理念（technocratic concept）（即把典型试验开发出来的新方案推广到实践中——译者注）被学习型组织理念所代替后，创新议程的设置便呈现出多元化。职业教育研究必须组织自己的支持者（客户）或响应学校的需求，也就是说，职业学校有了设定研究议程的权利。

　　另一种观点认为：应让职业教育的多数利益相关者共同协商来确定政策议程。如 Vijlder（2005）建议，制定一个由国家和地方管理者共担责任的国家职业教育创新议程。还有一种策略是由各级政府负责能力建设，从而为"部长和官员报告政策发展情况，并提供高质量的建议和实证材料"。

　　两种策略的区别是，前者具有兼容性，即在制定职业教育研究议程的过程中尽量兼顾多个利益相关者；后者具有排他性，即完全由政府决定或影响研究议程的制定。兼容性策略意味着最终的议程要么是一种妥协，要么是一种折中。而排他性策略下的议程一般直接取决于政策制定者的喜好。

2.0.3　研究成果对职业教育政策的制定及其实践的影响

　　这里矛盾的是，尽管教育研究、政策制定和实践三者之间的关系成为公众关注的焦点，但与其他领域的研究相比，教育研究成果对政策制定和实践的影响微乎其微。2003 年经济合作与发展组织（OECD）这样总结到：

　　"教育研发过于琐碎、政治化、无关紧要且脱离实际。有时研究过于本土化，很少吸收国际经验，时至今日，对此的批评仍不绝于耳。但这并不意味着教育研究者没有提出新的见解。恰恰相反，他们的确提出过新的思路，只不过在应用知识和将知识迁移为实践者和政策制定者实际行动的过程中做的没那么成功"（OECD 2003a）。

　　这种批评不仅来自经济合作与发展组织。在过去很长时间里，对教育研究与实践之间存在差距的看法早已存在。为什么政策和实践从研究中获益甚少？对此的批评主要来自对教育研究质量的不认可，如 Kaestle（1993）认为教育研究声名狼藉，Levin 等（1999）指出教育研究"缺乏可信度"，而 Lagemann（2000）则将教育研究比作一门"难以解释的科学"。

针对教育研究与教育实践之间的巨大鸿沟，美国国家研究委员会的立场颇为中立。通过文献回顾，Broekkamp 等将对教育研究的批评总结为以下四个方面：

➢ 教育研究成果偏"软"，其结果没有严格且明确的实证依据

➢ 教育研究成果缺乏与教育实践的相关性，在大多数情况下，研究结果具有很强的情境性，但普适性较弱

➢ 从事教育实践的人很难相信教育研究的成果，并且认为这与他们的日常生活无关

➢ 由于缺乏必要的能力，从事教育实践的人们很少应用研究成果（Broekkamp/Van Hout-Wolters 2006）

在分析这些关键问题的过程中，Broekkamp 和 Van Hout-Wolters 并未对传统研究理念与应用性及市场驱动的研究理念加以区分。然而，进行学术性研究和应用性研究的比较分析是必要的。除了在委员会工作的研究者，很少有研究者被指责为"政策的经营者"。给这些研究者附上"政策经营者"标签的做法揭示了研究与实践之间的隔阂，描绘了两者之间非常紧张的关系。当教育研究已经普及化且有很多机构提供教育研究服务时，政策制定者是否有很多机会来挑选提供研究服务的机构？研究受市场的影响，因此非常需要对供给和需求进行评价研究（Lawn/Rees 2007）。

传统研究和应用性研究的对象不同。传统研究的研究对象大多是关于方法论的问题，如需要考虑的变量的个数，缺乏开展基础研究的资料。这种研究很少关注对最新研究方法的开发和应用且研究问题缺乏实用性，研究团体与外界隔绝。从事应用性研究的研究者需要面对的现实是，教育研究是一个不断发展的领域，充斥着多种方法论、研究机构和资金渠道，同时受到市场力量的驱动。与传统研究的问题不同，这种发展有其自身的问题，如研究琐碎、对反思和元研究关注不够、缺乏对研究方法的质量评价机制等。

本章很多文章讨论了研究成果对政策制定和教育实践的影响。一般认为，教育研究，尤其是职业教育研究，可以使政策制定和教育实践更上一层楼。

例如，Winterton 在"职业教育研究与社会对话"中谈及政策与研究议程之间的微妙联系时，提供了这方面的新思想。1993 年欧盟社会伙伴得到欧盟委员会的资助，委托一批专家研究如何使社会对话起到沟通的作用，这成为交流有关继续职业培训（CVT）信息和经验的平台。社会伙伴对继续职业培训的重视程度给专家留下了深刻的印象。然而"社会对话"并非万能药，专家很难证明其特有的附加价值。尽管如此，人们还是总结了许多"社会对话"对完善继续职业培训所做的贡献，其中最有成效的成果是它提高了培训的经济效率和公平性。这标志着欧洲的社会对话在教育与培训领域的发展进步，同时也将"社会对话"纳入到职业教育的

议程中，促使更多社会伙伴们参与到研究议程的制定中来。如欧洲职业培训发展中心（CEDEFOP）从那时起便开始与社会伙伴发展更为亲密的关系，并设立一个专门项目用于支持职业教育领域的社会对话。

Grootings 等在"转型国家的职业教育研究与政策改革"（参见 2.6）中分析了社会经济制度转型对职业教育研究的影响。面对社会经济的剧变，职业教育研究有必要重新界定研究领域和营造新的制度环境。从这个角度看，现有研究主题已变得过时且不再重要。"欧洲培训基金会（ETF）伙伴国的职业教育研究毫无现代意义且毫无关联。似乎有一种社会学规律才是这种现象真正的幕后推手，至少对转型国家来说是这样的。"文章就这种变化给职业教育研究带来的影响进行了生动的解释，并且分析了应如何填平教育研究与实践之间的鸿沟，以及如何构建研究团体，使之响应新社会经济现实背景下的教育政策。与经济合作与发展组织的定义不同，转型国家的职业教育研究、政策制定及其实践之间的差距具有其他特点。为什么合乎时宜的职业教育研究是制定和实施职业教育创新政策的基础并且对转型中的国家显得尤为重要，这已成为一个必须回答的问题。构建这种类型的研究，需要我们做很多事情，如：

1）通过社会协作，构建一个沟通劳动市场需求和职业教育供给的新信号系统；

2）引进"大职业教育研究观"。职业教育研究不再局限于职业教育的内在事宜如课程、教科书、教学资料及在职教师培训。"大职业教育研究观"下的职业教育研究需要将课程需要与劳动市场和各工作组织相联系，同时还涉及学习过程的质量，理论知识与实践学习的整合，学习者需求和各种新的学习理论等方面的内容。

3）构建新的制度环境，克服各种研究之间（如职业教育内部对技术问题的重视，学术性教学研究与政党相关的政策导向研究）的隔阂。

4）目前的重建活动在捐助者的领导下进行。然而对转型中的国家而言，重建职业教育体系所欠缺的资源并非只是金钱。我们还欠缺一些理念或概念上的准备，同时急需职业教育改革政策制定和实施在理论方面的本土化理解。这些理解以及基于这些理解的研究都是成功制定出职业教育改革政策的必要条件。只有职业教育研究、职业教育政策和职业教育实践相互配合，改革政策才可能成功。然而，专业研究和开发能力的缺乏成为各国政策改革建立有利基础的制约因素。实际上，目前在许多西欧国家面临巨大压力的情况下，我们呼吁构建一条连接政策利益相关者、教育研究团体和教育实践的强有力的关系链。

转型中国家需要多纬度的本土化指导，且这种指导需以批判性研究为基础。从输入方面看，职业教育改革要确保与所处背景、嵌入性和所有权相适应。这意味着职业教育改革需与大学开展对话，就学习理论的最新发展等问题进行更好的交流。从输出方面看，职业教育改革需要不断评价资助者干涉的结果及其产生的深远影响。即要积极建立独立且相互合作的研究机构，以推动各国尽早对改革要素能否在各国国情下发挥作用及能达到的程度作出评价。

Köhne 等在"发展援助与职业教育研究"一文中承认，理论建设、基础研究和应用研究之间存在着差异，但这些差异并没有明晰的分水岭。为了实践，理论建设、基础研究和应用研究应加强合作。通过分析工业国家与发展中国家间职业教育的合作可以发现，这些合作历史悠久且以政策实施后的评价研究和由国际和国家机构承担的研究为主。此类研究成果一般最终刊登在内部报告和研究刊物上，而非"科学出版物"上。只有具备理论支撑且采用严谨技术手段的研究，才有助于将应用研究推向一个新的高度。然而另外一种观点则认为，从严格意义上来说，"职业教育研究"的对象是专业能力获得的条件、过程和影响以及与基于工作过程的职业表现相关的个体和其社会态度。与职业教育研究关注知识的观点不同，职业教育合作更加强调职业教育实践带来的效益："职业教育研究必须阐明职业教育的基础，明确其内容和目标，并促进其适应科技、经济和社会的发展。"

单方面重视应用研究和委托研究会带来一些不利影响，尤其是当人们无法在公认的指标体系和单一方法框架基础之上对职业教育项目进行纵向分析和长期的科学监控时，不利影响会更加突显。当前教育研究的劣势源于这样一个事实：教育研究已经成为一个竞争行业。对他们来说，只要职业教育研究与资助机构同意合作，那么就可以弥补研究与实践之间的鸿沟，而且这种合作是互惠互利的，因为这种合作"不仅有助于分析那些主要的发展问题，将研究成果应用于政策文件的制定和项目实施中；同时还利于提升职业教育在发展援助中的重要性"（参见2.7）。

经济合作与发展组织在过去的 20 年中对以下问题极为关注：是否需要有人来负责研究市场的组织？研究是否仅仅是一种商品就够了？调节和完善教育研究与政策、实践之间关系的机制是否恰当？关注这些问题的一个重要原因是，各国政府都表明了要顺应信息时代的发展相应调整其改革的意愿，并下决心建设学习型社会或发展学习型经济。政府不仅是研究者的客户，同时也有责任促进研究能力，尤其是在以大学为基础的学术研究能力及其与实践相结合的能力的提升。例如，在教育部长会议中，各国部长认为教育研究在以下方面的发展潜力稍显不足：1)投资水平和教育研究与发展的能力；2)通过诊断、比较和分析过程沟通研究与实践；3)积极创新，寻找研究、政策和实践之间更好的衔接方式。这是他们对学术研究的理解。然而当很多教育研究都只局限于学术领域的内部审视，或者研究项目缺乏在其他社会研究领域发展潜力的情况下，这种看法就变得很合理了（OECD 1995）。

如今，虽然在改善研究与实践的衔接方面已经尝试采取了一些全新且前景良好的举措(Lawn/Rees 2007)，但是学术研究仍然只是研究活动的一部分。因此这些积极举措并未解决 Köhne 等提出的问题。目前，研究已不再是只有大学或学术类研究机构才能开展的项目。因此，仅仅通过单向传输体系(研究者为输出端，实践者为接收端)改善学术研究与实践的衔接是不够的。包括大学在内的不同研究机构需要加强合作，从而保证职业教育项目的纵向发展和长期科学监控。不仅在供给方面，在需求方面也需对职业教育项目的开展进行调控。当然，做到这一点并不容易，而且这常常是一个被忽视的主题。有人认为，教育发展的活力拓宽了利益相关者的范围，使研究需求多元化，而政府却将这种活力转化成了设立更多机构的动力，包括职业教育机构，这是政府在供给方面为自身制造问题。

Laur-Ernst 等指出，研究者在提高职业教育效率和实现可持续发展问题上有自己的立场，他们的文章"作为创新进程的职业教育研究"(参见 2.4)以一段极具吸引力的文字开头"职前和继续职业教育的效益及可持续发展，与职业教育研究机构的学习和创新能力息息相关"。我们需要分享各种视角，具有不同学科背景和承担不同责任的人们应该相互沟通。

从学术研究、应用研究、实践和政策制定间的紧密合作中我们获益甚多。是否有可能在体制层面开展这类合作？其中一个方法是将其作为某个机构的共同问题，如经济合作与发展组织成员国政府会首先考虑凝聚各个国家的问题。在这一问题上，选择经纪人(brokering)非常重要，因为这样研究者、研究机构、客户和政府委托人(commissioners)就不必再局限在一个国家制度框架内开展合作。在研究机构和客户不断扩展的时代，一国制度框架内的研究必定没有成效。研究、政策与实践之间的互动有多种形式，如举办各类研讨会、系统评价会或成立专门的研究中心，进行政策和实践方面研究的交流。政府可通过网络、网站或构建伙伴关系等手段筹措资金、组织和协调互动活动。T. Leney 对两种类型的研究推广做了区分：

1)建立机构，整合、归纳和简化各类研究成果，最终将其转化为易于政策制定者和实施者接受的内容。此类研究推广方式被称为"迁移性推广"；

2)建立网络、网站和伙伴关系，各利益相关者共同分享研究所得的知识。这是严格意义上的推广。

两种类型的区别在于，第一类需要设立独立的机构，专门负责将研究成果转化为可以被政策和实践吸收的信息。第二类也存在着信息迁移，但不是由一个机构单独完成，而是通过集体对话和个体沟通方式，让研究走出深闺，更为政治家和实践者所理解和接受。语言差异和参考框架的不同仍然是提高研究影响力的主要障碍。

下一步就是将政策制定者或实践者融入到研究过程中，特别是要将从事教育实践的人融入到这一过程中，因为他们可从直接参与中受益。

必须承认，政策制定者、实践者和研究者有不同的侧重点。他们不仅对互动交流的效果有不同的期待，而且对目前的发展状况也持不同看法。互动交流这类中介性活动不仅仅是信息传播。因此，人们对构建一个将研究、政策和实践结合的综合性网络持怀疑态度。教育研究者和政策制定者间原本就存在某种冲突关系，或者说至少在某些方面相互误解、甚至相互怀疑（Whitty 2006，160）。

2.0.4　研究项目中研究者、政策制定者和实践者的角色变化

教育研究者们几乎听不到来自实践的声音。然而 Laur-Ernst 等对未来的职业教育研究却抱有充足的信心："鉴于社会发展速度加快，经济、劳动市场及教育全球化及依赖性增强，教育研究愈来愈需要从多个层面开展并推动创新。这对促进创新和未来的构建具有不可替代的作用。"（参见 2.4）

教育研究者们的信心并非毫无根据，研究工具在理论和方法上的不断完善是信心的保证。特别是在当今社会大背景下，促进创新行动和改善创新工具非常重要。

虽然 2003 年经济合作与发展组织《教育研究的新挑战》的报告已经在方法论上明确反映了教育研究的主流，但许多颇有前景的研究项目仍然存在。在这些项目中，通过采取允许实践者参与的方法，教育实践者可以从教育理论和教育研究中受益。由欧洲教育研究会（VETNET）承办的欧洲教育研究会进行了多场圆桌会议，分享了很多职业教育研究领域的成功案例。会议达成的共识是：目前教育研究方法趋向行动研究。行动导向的研究方法在职业教育研究与创新的衔接中将发挥更大、更积极的作用。一般的调查和实验将参与研究的人员划分为客户、被调查者和研究者。而行动研究不同，它强调研究者和实践者之间直接、相互的合作。行动研究基于这样一个前提：知识是一个多维度的概念，并具有不同的形式和功能。在教育实践中，通过教育实践不断发展知识，也是知识的合法来源。知识的多面性和知识产生过程的多样性证明了"行动者"方法的合理性（Gustavson 2001）。不同参与者介入知识生产的过程、他们的地位和作用方式对研究其对创新实践的影响也发挥着重要作用（Manske 等 2002）。

对知识的学术化标准进行批判已经不是新鲜事了，如 Lyotard（1984）曾反问"谁能决定知识是什么？"在《知识的再生产》（The new production of knowledge）一书中，Gibbons 等（1994）将"情境知识"归为知识的第二种类型。他们对第一种知识（学术知识）和第二种知识进行了区分，为我们呈现了一个清晰且不断发展的"知识"概念，即知识不仅在学术背景下产生，也产生于其他对知识有需求的情境中。情境知识与学术知识的区别在于前者实用性更强而理论性偏弱。

"唯一的问题是，这两类知识是否完全不同，并需要冠以不同标签，或者这两类知识是否可以融合于当前的实践中共同发展？"（同上，3）

确定知识所具价值的基础并非是其能否进行编码，而是其实际价值，因此这一价值与所处的背景及其应用有关。

人们不仅对知识的理解有不同观点（如实践理论），而且对知识生产过程的动力也有不同看法，这一不同观点的关键是组织化的知识共同体。在知识共同体中，各种角色以参与者的形式直接参与互动。行动者方法是行动研究的又一个关键要素。研究者以顾问的身份帮助各利益相关者"观察和描述""探索和分析""反思和阐述"（Stringer 1999）。

与客户、被调查者和研究者三种角色相比，行动者为推进创新更强调实践理论的发展，需要进行更精细的角色定位，如：

➢ 负责开发与教育实践相关的情境知识；

➢ 根据方案迁移已经开发出的情境知识；

➢ 开展与创新进程相配套的研究，尤其是确定研究的结果和效果。

➢ 对行动研究而言，保持研究过程与成果之间的平衡非常重要，虽然它并不关注研究项目中各参与者的角色问题，但是如何在一个知识系统中积累研究结果是行动研究关注的焦点。关于行动研究如何促进理论建设这一问题，De Bruijn 和 Westerhuis 认为，这同样是研究者应该承担的责任。

研究者需要关注：

➢ 各种经验与知识来源的冲突；

➢ 通过情境知识与形式知识之间的冲突和融合产生概念性知识；

➢ 将新的实践理论迁移和扩散到外部世界。

然而，研究者仅仅承担起情境知识的迁移并将其应用于理论的建构是不够的。从系统论的角度而言，在动态和互动过程中，理论知识的积累不一定是连续的。中介交流活动是一种开放的合作，这不仅限于理论建设。这个结论留下了几个未得到全面回答的问题，尤其是有关实践共同体与研究团体之间知识获取的组织方式问题，如怎样证明实践者可以通过积极参与研究从中获益。也许会有人认为，参与研究项目对于实践者而言就是将其研究经验迁移到实践中。在欧洲教育研究会的圆桌会议上，Deitmer 等（2005）在职业教育典型试验项目所得经验的基础上总结到，将评价结果和成果迁移到组织的日常活动中的过程存在着系统性的困难，其效果也绝非像预想的那样具有深远意义。

与医疗领域的专业人员不同，教师不能在"一对一"情境下行动。教育研究成果的推广是在非常复杂的日常情境中进行的，这些研究成果由一个群体共享。因此通过简单的方式使新教师独立应用研究成果、获得一系列的职业能力，或者加入到研究中来是远远不够的。荷兰国家教育委员会指出，职业教育领域需要一些合适的组织和体系来促进知识在实践中的应用（Onderwijsraad 2006）：

1)这些应用不应只针对学校领导或相对独立的专家，而要关注和培训更多教师，因为他们是内部的知识生产者；

2)学校要对实践的质量和改革负责，同时要加大在知识管理和促进知识生产的系统化方法方面的投入。

将研究与实践联系起来的方式还有：提升教师和管理者的能力，使他们在更开阔的视野下评价自己的日常实践活动；引导他们以新角度审视日常工作。最简单的方式就是使用一些研究工具（如基于理论的问卷或观察表）集中评价一种情境。研究表明，改善情境需采取的行动和团体观察情境的方式越来越一致，这就为共同评价异同和讨论改善措施奠定了基础。

上述关于教师的角色定位与"净友"(critical friend)的概念只有一步之遥了。Swaffield (2002)认为，"净友"是指"作为校内人员，能从不同角度审视学校，并协助完成将校内熟悉的内容转变成新的焦点。"净友"帮助其他人看得更清楚，使他们注意到那些隐藏的东西，并联想到其他的理论和模型。

Costa 和 Kallick (1993)将"净友"描述为"一个值得信任的朋友，他提出一些极具挑衅性的问题，从另外的角度评价数据，并从朋友的立场上为他们的工作提出批评意见。'批判型朋友'花费很多时间全面了解工作背景以及工作者个体或团体努力实现的结果。'净友'是工作成功的支持者"。

"净友"可以用 Freudian 的术语"会诊医生"(raising consciousness)进行类比。"批判型朋友"的职责是提高病人（学校）的意识，让他们认识到压抑（各种不同或隐性的观点）的情绪及其动因（数据）。其实，就研究方法而言，教育研究与其他促进学校发展措施之间的界限并不十分清楚。

2.0.5 欧盟在知识体系和职业教育研究组织中的影响

在《里斯本议程》(Lisbon agenda)中，欧盟为职业教育制定了一个引人注目且雄心勃勃的议程。有人认为此项议程侧重两项事宜：第一，提高职业教育的参与度；第二，加大对职业教育社会伙伴的投入。那么，欧洲层面的政策对职业教育研究的组织究竟有何影响。Kämäräinen 和 Fischer 在《欧洲合作背景下的职业教育研究》①中讨论了欧盟资助政策与研究议程的关系。文章分析了欧盟资助的职业教育研究合作项目的发展，包括连续性项目的主题及其重点的改变等方面的问题。这些项目包括：

1)克服理念性障碍，增强欧洲知识的积累；

2)发展致力于职业教育研究的欧洲研究团体；

---

① 英文 Research on Technical and Vocational Education and Training (TVET) in the context of European cooperation

3)为欧洲政策制定和实施做出贡献——这对于职业教育研究是一项挑战。

欧洲合作项目为欧盟职业教育研究团体的发展奠定了基础，并为欧盟解决一系列复杂的研究问题做好了准备。欧洲合作项目不仅促进了研究团体在社会层面的发展，还成功地将研究成果汇聚于一个知识体系中。在合作项目开展初期，研究主要突显其功能上的特殊性，并从各国文化背景出发对职业教育体系进行诠释。此后，研究转向于在职业教育内部寻求普适性的规律，从而评价职业教育体系某一职能的绩效。寻找能够证明各职业教育体系竞争优势的证据，会对论证方法提出很多问题，而对职业教育的功能分析可以回答这些问题。于是，问题从"什么是最好的体系？"转变为"什么体系在这一方面做得最好？"职能研究有助于识别具体或一般的发展趋势，厘清特殊性与普适性的关系。在这一问题上，研究者须顾及各国间的文化差异以及因欧洲一体化造成的各国职业教育体系趋同发展的压力。从这个角度看，这种文化上特有的发展进程与各国间平行的"体系环境"息息相关。因此，各国职业教育体系应与更为全面的解释框架相连接。

欧洲职业教育研究网络的发展是欧洲议程的另一成果。尽管欧盟研究团体总是肤浅地应对问题，但这个团体还是发生了变化。研究团体成员希望这一团体能够成为一个可以独立发挥作用的组织（比如重视独立研究与评论），而非仅仅是欧盟政策制定的协助者。追踪欧洲研究团体的发展也是一件十分有趣的事。

欧洲委员会在职业教育政策与议程制定方面具有垄断性地位，甚至可与 20 世纪 90 年代主要欧洲国家的政府媲美。然而，许多问题也随之而来，如他们是否愿意同新的利益相关者分享这种地位；在拥有众多成员国的欧盟内部，职业教育研究者进行自我组织是否仍旧是一种可行的战略；欧盟职业教育研究团体的地位是否将会超过一个实体；委员会是否会被各国内部个别研究者主导等。

2.0.6 职业教育作为研究领域，多学科视角是前提

Karsten（2006)认为教育研究中存在两类知识：第一类知识的目的是促进完善承担教育责任的过程；第二类知识旨在促进教育的完善和创新，这类知识涉及范围较广。第一类知识告知我们教育的最新进展，第二类知识告知我们教育中的哪些要素最有效，使我们深入了解政策问题的实质，如怎样介入等。这两类知识都认同"研究有利于政策和实践"。迄今为止，这一观点的基础也是本文所讨论的主题，如职业教育的创新、研究成果的影响等。

然而，职业教育研究不仅仅是政策制定者和实践者的工具。研究者的工作也不仅仅是协助政策制定者制定创新议程。研究还需要致力于解决职业教育中模糊的、隐性的问题，从而对政策制定者与实践者提出挑战，提高他们解读现实的能力。职业教育研究包括独立性研究和解读性研究。职业教育的一大特点是它分属于教育、劳动市场和职业发展等多个领域，因此需要从多学科视角来研究职业教

育。从学术角度看，职业教育是一门涉及多领域的交叉学科。跨学科研究拓宽了我们对职业教育影响动力及其影响范围的理解，同时还为我们实现提高职业教育质量的目标提供了参考。

这方面有两个重要的案例，即 Petersen 的《职业和职业领域》①和 Eckert 的《工作—教育—培训：一种跨学科研究方法》②。两位作者都表达了"作为研究者应该承担开展跨学科研究的责任"这一观点。

《职业和职业领域》指出职业结构与职业群的区别，以及职业结构与职业教育领域的区别。职业研究与职业教育研究需要加强在目标和手段方面的合作，也需要开发整合性的研究方法。这不仅是开展研究的需要，也是引入全面且相互匹配的分类规则的需要，因为"职业和教育培训是两个相互依赖的系统，同时也是发展职业教育培训的重要基础"（参见 2.3）。

欧洲资格框架的发展证实了 Petersen 的观点，即首先对资格的不同水平加以描述和界定，之后资格领域才能相对独立于职业体系。

《工作—教育—培训：一种跨学科研究方法》呼吁跨学科研究，文章为"职业资格如何在工作中或为了工作而发挥作用"这一问题提供了两个答案：一个是教育导向的方法论假设，即系统的学习过程及知识获得可促进能力的发展；另一个是工作导向的方法论假设，即能力发展来源于经验和非正式的体验学习（培训）。两种方法论都有悠久的哲学和历史传统，且代表职业教育的两种研究范式。职业教育受制于资格水平、职业和劳动市场的发展，因而资格水平、职业和劳动市场都是职业教育的研究对象。这些问题只有通过跨学科研究才能找到答案。

例如，针对职业教育如何为将来的发展做准备的问题，"虽然在职业和资格研究上存在着预见性不足的问题，但顺应职业资格需求的发展将成为职业教育规划的根本问题。对于职业教育实践，这种针对未来的开放式模式是多方面的。一方面各类资格必须满足当前的需求；另一方面职业资格必须确保迁移性，从而满足未来的新需求"（参见 2.2）。

这里的一个重要问题是，对不同的职业而言，什么是最基本的？这是一个关于基本实践活动和技能问题，还是一个能促进迁移的专业基础知识问题？

从对能力的多元理解入手（按照传统理念，能力包括旨在整合改造环境和自我实现能力的专业知识），Eckert 总结到，能力可通过工作或者接受系统的指导及教授获得，"在学习型工作组织中，理论反思和教学导向的专业训练是职业教育中"工作导向、教育导向和培训导向三种研究方法的结合点"（参见 2.2）。

---

① 英文 Occupations and Occupational areas。
② 英文 Work-Education-Training：An Interdisciplinary Research Approach。

2.0.7 展望

本文认为必须合理处理职业教育研究与政策和实践关系。文章从不同角度探寻了这些关系并得出以下结论：职业教育研究、政策和实践之间的关系是发展变化的，不仅政策与研究的关系是这样，实践与研究的关系也是如此。站在政策和实践的立场上看：研究者不再是无所不知、无所不晓的圣者。这种地位变化并非出于对研究的轻视。越来越多的研究人员投入到功能性知识的生产工作中，以期促进政策制定并推动实践创新。可以说，研究者的专业身份正在被削弱，这种地位的丧失是知识经济的一个影响。传统智能型从业者地位的丧失（如研究人员）与知识经济的兴起同时发生并不是一件自相矛盾的事情。知识经济主要根据知识对生产的价值来评判知识。知识不再拥有独立的地位，而只能根据其促进其他事物发展的能力获得价值。在工业制度下，知识的生产服务于产量的增加和效率的提高（Wilde 2001；Drucker 1969）。知识的生产不是祭司们举行的神圣仪式，而只是知识工作者提供的一项服务。

知识经济带来的另一个影响是，生产出可以直接应用的知识的难度越来越大，这也导致了研究范围的扩大。现在，我们无法再明确划定职业教育研究的范围。这涉及研究范围和知识体系的本身，那么，什么才能称为教育研究呢？

这就向我们提出了一个有趣的问题：未来是否有可能找到新的方法将职业教育研究整合成一套完整的知识体系，从研究方法和研究成果等方面提高研究质量。让研究者在知识积累和知识管理中发挥中心作用的想法是否现实可行？是否需要建立一套网络体系以推动研究者之间的对话、促进研究者间协作团体的建立并探寻合作学习模式？国家作为客户及利益相关者，在提高职业教育研究质量和推广研究成果方面扮演什么角色？是否应该承认，职业教育研究正在发展成为一个服务行业，同开放的市场经济一样需要规章制度？

2.1 职业教育研究与社会对话

Jonatham Winterton

社会对话是欧洲社会模式的支柱之一。自欧洲经济共同体（EEC）成立以来，社会伙伴通过共同协商制定议案和采取统一行动，对具有法律约束力的措施的发展做出了贡献，从而促进了职业教育政策的发展（Travitian 1992）。在欧盟层面，欧盟条约第118b条对社会对话组织做了规定："欧盟委员会应致力于推动欧洲层面的劳资对话，可在双方共同认可的条件下建立协议关系。"三个参与对话的社会伙伴代表机构是：欧洲工会联盟（ETUC）、欧洲工业与雇主联合会同盟（UNICE）和欧洲事业单位公共参与中心（CEEP）。为了开展社会对话，经济与社会委员会（ESC）创办了论坛，该委员会于1989年起草的社会宪章在马斯特里赫特峰会上得到了采纳。1991年，各社会伙伴达成协议，这一协议成为马斯特里赫特峰会最终制定的社会议定书的基础。从此，社会对话成为欧洲一体化在社会层面的中心主题（Dolvik 1999；EC 2002a；Gold 1993；Hall，M. 1994）。通过社会对话，完成了多数社会福利和劳动市场政策改革（Lourdelle 2002；Sarfati 2003）。

在过去几十年中，虽然各社会伙伴合作机构并未在立法和社会政策干预方面达成一致，但在通过欧盟委员提高就业和培训积极性这一问题上却达成了广泛的共识。欧洲工业与雇主联合会同盟（（UNICE）和公共参与与大众经济利益欧洲企业中心（CEEP）一向反对劳对动市场进行规范，并抵制了欧盟层面的集体谈判。教育与培训社会伙伴工作小组在两年内达成了四点共识，取得了显著成果。欧盟委员会强调，欧洲层面的社会对话应在职业教育领域发挥主要作用，并倡导社会伙伴之间就技能获得进行磋商（EC 1997c）。这在某种程度上体现了培训与开发所具有的相同本质，在劳动力的技能维持和更新方面，雇主和工会具有共同的利益。然而，工作关系中的内部矛盾不可避免地成为了职业教育各利益相关者达成共识的阻碍。即便各方表面上都支持培训工作，他们各自的动机和利益却始终不会相同。对于雇主而言，最重要的是拥有胜任企业目标要求的劳动力，从而满足竞争日益激烈的国际市场要求；对于员工而言，培训是一种提高技能和能力的方式，是获得更多报酬的途径，同时可以提高工作的满意度、安全系数以及劳动市场的流动性。雇主联合会和工会这些代表机构不仅支持其成员所设定的目标，还制定了内容广泛的议程。通常，雇主联合会把培训作为一种发展战略机制，通过复合型技能和灵活的功能促进工作的重构。而工会则认为，培训是提高员工自主性、提高报酬、维持劳动关系的一种途径。正是这些区别（而不是共识）产生了在职业教育领域进行社会对话的需要，社会对话可以作为明确合作事宜和解决利益争端的手段。三方模式可以使各个社会伙伴与国家机关共同制定职业教育政策。这可以缓解商业利益的短期需求、个体就业的中期需求以及国家技能发展战略的长期需求间的矛盾。显然，由于科学技术和工作过程的快速变化，企业和组织层面上的社会对话是必需的。

虽然几乎所有人都认为社会对话在职业教育体系的发展和管理方面发挥着重要作用，但这一领域缺乏全面、系统和常规性的研究。至少在欧洲，多数国家的职业教育体系在组织层面包括三方主体，由他们决定培训标准。他们通常会安排经费事宜，在某些情况下也会组织和管理教育培训机构。在这个体系中进行的协商和谈判很少能吸引职业教育专家，专家们更为关注的是具体的培训问题，而不是做出决策程序。但是对于企业来说，决策程序则是问题的核心。他们认为，在决定薪资的要素中，培训只是次要的。值得注意的是，各国在职业教育开展的社会对话方面进行的研究各不相同。例如，在英国，保守党政府解除了三方机制，却激发了人们对在职业教育中开展社会对话的兴趣。同时，工会代表大会(TUC)也制订了新的计划，促进了工作场所培训的协商的开展。同样，FORCE项目承担的研究也包括关于职业继续教育契约政策的国别研究。这显现了协商和集体谈判在该领域的重要性，尽管协商范围和工会组织规模出现了总体萎缩(Winterton/Winterton 1994a；1994b)。

至今已开展过大量历史悠久、针对社会对话组织的比较研究(Crouch 1993；Streeck 1992；Traxler 等 2001)和对不同职业教育体系的比较研究(Ashton 等 2000；Calloids 1994；Campinos-Dubernet/Grando 1988)。但是，针对职业教育社会对话的比较研究却很少。虽然前面提到的 FORCE 研究项目也包括了一定数量的比较分析，但大部分研究内容还是侧重于国别研究。独立学术研究的情况也是如此。比较分析要么只针对少数几个国家，要么聚焦教育和工作层面更为广泛的内容或经费调控方式，很少涉及职业教育的社会对话。

2.1.1 基于职业继续培训(CVT)的社会对话支持系统

人们对职业教育的社会对话兴趣陡增的转折点是 1993 年欧洲理事会提出的一项议案，即建立持续的职业培训的社会对话支持系统。这一支持系统是由教育、培训和青年事务组织(Education Training and Youth)的人力资源工作小组(Task Force Human Resources)建构的，并由欧洲委员会出资。各社会伙伴委托一个专家组对社会对话的方式进行研究，确保社会对话能够成为交流有关职业继续培训(CVT)信息和经验的论坛。专家起草了一个含有 30 个案例的概要，代表CVT 方面的优秀实践案例。大部分案例以欧洲行动项目(著名的如 FORCE 项目)的文档为依据。这些案例围绕专家提出的 10 个议题进行阐释，并获得了社会伙伴的认可。开展社会对话公认的目的是搭建收集信息的公共平台，但实际上也遴选出了一些有推广价值的案例，它们代表着成功的实践与改革，堪称"典范"。通过在这一领域的对话，各国政府和社会伙伴至少在职业继续培训的一般条款上达成了共识，他们对职业教育的重视给笔者留下了深刻的影响。

随着该领域关注度和实际行动的日益增加，我们发现：各国社会对话机制的正规化程度以及社会伙伴在国家、地区、行业和企业层面发挥的作用等存在着巨大差别。并非所有案例的社会对话效果都是明晰的，因此我们很难确定其价值。在研讨会的总结中，V. Merle 明确指出了社会对话对完善 CVT 的特殊贡献，其中一个是较好地实现了培训的经济效益与个体公平的一致性。

经过社会对话工作小组和专家的协商，社会伙伴一致同意继续开展这项工作，人力资源工作小组的工作由教育、培训和青年事务总署(Directorate General

Education Training and Youth)接替，并起草了围绕 10 个相同议题的 30 个新案例(UNICE/CEEP/ETUC 1996)。案例细化到行业和职业培训体系，由 15 个成员国在各国指定专家的协助下完成。在认识到这 60 个研究案例的局限性的同时，这两个概要也阐明了十年来社会对话对职业教育的重要性和多样性。为此，社会伙伴明确了未来工作的四大重点，即终身学习、指导、资格和资源。

这项工作激发了参与职业教育发展的欧洲委员会各个机构进行改革实践的热情。欧洲职业培训发展中心(CEDEFOP)和欧洲培训基金会(ETF)的管理委员会中都有来自社会伙伴的代表。CEDEFOP 开始与社会伙伴建立更为亲密的关系(Theunissen 1996)并开展了"2000 议程"项目，推动了职业教育社会对话的开展(Aga 1998)。欧洲培训基金会(ETF)也支持这一领域的研究，并委派 Gierorgica/Luttringer (1997)分析了社会伙伴在企业培训中的角色。霍尔沃森第一次尝试对参与培训开发的社会伙伴进行系统的比较分析，并在欧洲培训基金会(ETF)发表了阶段性成果(Halvorsen 1998)。这一探索性研究为后续调查工作奠定了基础，以下将进行讨论。

2.1.2 里斯本峰会和行动框架

人们对职业教育的社会对话兴趣陡增的另一个重要转折点是 2000 年在里斯本举行的欧盟峰会，这一峰会见证了欧洲职业教育和终身学习政策框架的诞生。与欧洲就业战略相联系，这一峰会制定了今后十年的目标，即"将欧盟建设成一个世界上最具竞争力和活力的知识经济实体，一个能维持经济持续增长、创造更多更好的就业机会、更具凝聚力的社会"，这就是著名的里斯本战略。2001 年斯德哥尔摩欧盟峰会则要求制定出具体的工作方案、评估目标及标准。2002 年巴塞罗那欧盟峰会制定了更为长远的目标，即到 2010 年使欧洲教育与培训体系成为一个国际质量参考体系(EC 2002a)。基于上述目标，各国于 2001 年布鲁日职业教育总干事会议上达成了共识：努力推动欧洲范围内的合作。哥本哈根宣言(2002)提出在欧洲层面促进资格和能力发展的战略。拉肯会议上社会伙伴发表联合声明，要求在自愿协议和共同工作方案的基础上构建一个新的独立模式。欧盟理事会对此做出回应，协商性地建议采用自治的双边方法(bipartite approach)。拉肯宣言以后，欧洲层面的社会对话实现了更多的双边参与，并越来越独立于欧盟理事会。社会对话涉及的领域局限在共同工作方案和行动框架之内，之后便是类似成员国采用的开放协调法和欧洲就业战略的报告和监控机制。2002 年社会伙伴一致通过《基于能力和资格的终身发展行动框架》，并提交欧盟理事会(ETUC 等 2002)。行动框架提高了社会伙伴在培训新方案中的地位，并建立了一年一度的欧洲监控和评价机制。欧洲职业培训发展中心(CEDEFOP)认为，行动框架为职业教育走向更为自主的社会对话迈出了重要一步。

CEDEFOP 的调查是迄今为止对职业教育社会对话最全面的比较研究，它反映了社会伙伴在欧洲层面做出了新努力，即通过自主行动促进学习和发展。调查旨在探索欧洲职业教育社会对话的实质及发展，同时找出好的实践活动并加以推广。调查的主要研究工具是问卷，辅之以文献回顾和与社会伙伴机构代表的讨论。调查对象包括欧盟所有成员国和两个欧洲自由贸易联盟（EFTA）国家。这些社会伙伴机构代表来自欧洲层面以及一些成员国（Winterton 2003）。早期活动采用的职业教育体系类型，用于探索职业教育领域的社会对话在多大程度上受到以下两个方面的影响：第一，技能形成的焦点（工作场所或学校）；第二，对职业教育体系的调控（国家或市场）。分析社会对话的本质及其发展程度需要与职业教育政策的制定、职业教育的实施和终身学习的推动相联系。结论详见以下几章。

2.1.3　社会伙伴参与职业教育政策的制定

回顾欧洲历史上的终身学习政策，Heidemann（2002）指出，虽然框架大都由各国政府制定，但各国政府始终希望社会伙伴能参与既定框架的完善工作。欧洲职业培训发展中心（CEDEFOP）的调查证实了这一点。调查发现，在所有参与调查的欧洲国家中，社会伙伴在职业教育政策的制定中扮演着正式的角色。所有案例都显示，这种角色在国家层面有所体现；大部分案例还显示，这种角色也体现在行业层面；也有部分案例显示，这种角色还体现在区域和地方层面（组织或企业）。

对于那些一向注重政府调控的国家，社会伙伴的参与形式则通过立法进行规定。调查中涉及九个这样的国家。德国 1981 年颁布的《职业教育促进法》明确规定了在国家层面职业教育政策管理主体的责任。1969 年的《职业教育法》明确了16 个职业教育地方级委员会的职责。1997 年第三版《社会法》(III)明确了就业和劳动力市场项目，包括培训、继续培训和再培训共同承担的责任。国家层面的联邦职业教育研究（BIBB），其常务理事会和联邦政府联合委员会由中央政府代表、雇主、工会和联邦政府代表组成。在法国，《劳动法》中的各项条款（尤其是第 9 章，第 910—1 条）都对社会伙伴在职业教育政策制定中的参与角色做出了界定。社会伙伴在"国家职业培训、社会发展和就业委员会"（the National Council for Vocational Training，Social Advancement and Employment）上与国家层面的官员共同讨论职业教育事宜。在法案起草前一般不会正式地与工会进行协商，但实际上所有与职业教育相关的立法都会在实施前获得跨职业的认可。在比利时，1921年颁布的 24 号法案给予雇主和员工维护各自职业权利的机会，也包括享有职业教育的权利。而 1952 年颁布的 29 号法案则宣布成立国家劳动委员会（CNT），它是由来自不同职业的员工和雇主联合会的代表组成的联合机构，且员工和雇主代表人数相等。在冰岛，1996 年颁布的第 80 号新《高级中学法案》列出了职业教育政策，其中第九章以"职业学习和职业委员会的中央合作委员会"的名义详尽阐述了行业的角色和职责。

自由主义国家如英国和爱尔兰在以法律形式规定社会伙伴参与职业教育政策方面则显得不足。Heidemann 等（1994，11）评价到，在英国职业教育领域几乎完全没有社会对话，然而在这两个国家社会伙伴在职业教育政策方面却发挥着重要作用。在爱尔兰，1987 年《劳动服务法》规定，社会伙伴通过由三方组成的两个机构参与国家职业教育政策的发展，即培训与就业局（FAS）和国家旅游培训机构。在英国，社会伙伴则聚焦于行业培训委员会。行业培训委员会（ITBs）是1964 年《工业培训法案》宣告成立的由三方组成的法定行业机构，但在 20 世纪 80年代被雇主主导的市场导向系统所取代（Hyman 1992；Rainbird 1990；Senker1992）。虽然发生了种种变化，但社会伙伴仍然广泛地参与了各项培训管理活动，甚至包括在工会体系已经崩溃的行业（Winterton/Winterton 1994b），尽管在这一方面缺乏法律基础。直到 1997 年工党政府重新获得政权，工会才得以在职业教育发挥重要作用。

在荷兰，其独有的社会经济"浮地模式"，又称"泡勒德尔模式"（poldermodel），融合了国家调控社会对话的"瑞兰德模式"（Rijnlands model）和以"益格鲁－撒克逊模式"为代表的自由市场模式。"浮地模式"指政府与社会伙伴之间进行的集中且详细的谈判协商，这一模式虽抑制了工资的增长但促进了就业的增长。20世纪 80 年代，社会伙伴提升和扩大了就业能力和培训方面谈判的层次和范围，其影响是 1982 年《瓦圣纳协议》的签订。瓦圣纳协议被认为是经济发展的利好转折点。《职业教育与成人教育法案》（Wet Educatie en Beroepsonderwijs)明确了相关主体正式交流和参与的各种方式，并且在国家各职业教育机构委员会中都有社会伙伴的代表。

2.1.4 社会伙伴参与职业教育的实施

Heidemann（2002）引用代表欧洲工会联盟（ETUC）的研究，总结到：80 年代末期以来在很多成员国及整个欧洲层面，继续职业培训（CVT）日益成为了社会对话关注的焦点。此外，从 2000 年开始，工会组织代表和劳动者代表逐渐超越战略性讨论并更多地参与到继续培训的实践中。这种趋势在欧洲职业发展训练中心（CEDEFOP）的调查中得到了证实。调查显示，社会伙伴除了在职业教育政策制定过程中发挥作用外，还参与各种与职业教育行动实施相关的活动，特别是在行业和地方层面，尤其是社会伙伴还参与课程开发、新的资格开发和在岗培训。

各国政府调控程度的差异导致了社会伙伴参与方式的不同，然而不论各国监管框架的实质有何区别，社会伙伴都广泛地参与了课程和资格的开发。在德国，职业教育国家课程的数额是非常少的，但公司可以随意超越这一限制。大企业经常开发满足自身需求的各类资格并同时补充国家资格。在法国，社会伙伴可以在联合咨询委员会、各类高等教育委员会和国家行业就业联合委员会（the sectoral Joint National Employment Boards）的赞助下，提议开设新的课程和资格。在丹麦，教育部长根据社会伙伴的建议决定每项职业教育项目的指导方针。社会伙伴通过职业教育咨询委员会、国家贸易委员会、国家培训委员会和继续职业教育委员会直接影响各项职业教育项目课程框架的制定。通过地方培训委员会，社会伙伴可以根据地方劳动力市场需求影响本地的课程设置。同样，在芬兰，社会伙伴为国家核心课程的制定提供咨询，同时作为培训委员会的成员，他们有机会更进一步的影响课程内容。在澳大利亚，社会伙伴在职业教育的实施方面发挥着广泛的作用。他们负责管理各类成人教育学校，而成人教育学校实际上是继续职业培训唯一的提供者。在这些方面，社会伙伴或是为课程的设计和新资格的开发提供咨询或是为此负责。在丹麦，地方培训委员会中有社会伙伴的代表。作为职业学校的咨询机构，地方培训委员会调整课程使其符合地方企业的需求。在英国，工会在能力本位的国家职业资格框架下参与新资格的开发。雇主领导的工业主导机构（employer-led Industry Lead Bodies）组织功能分析，开发职业资格标准，后来这一角色被标准制定机构（Standards Setting Bodies）所取代。社会伙伴的参与是其中的根本因素。

由于调控方式的不同，社会伙伴参与开发在职培训的方式也不同。在更为侧重调控的国家，社会伙伴参与享有法律上的权利保障。而在奉行自由主义传统的国家，参与活动因不同的雇主而千差万别。在德国，社会伙伴主要在公司层面参与受训生的选拔和培训内容的选择。工作委员会（Works Councils）只需联合五名以上员工就可以要求雇主进行培训需求分析。然而在比利时和法国，社会伙伴在参与课程的制定上虽具有相同的角色，但他们不能参与受训生的录用工作。在芬兰，社会伙伴能够参与各职业教育学院学生的录取，但国家学生选拔系统将向各职业教育学院推荐学生，并具有最终决定权。在英国，甚至是在保守党执政期间（1979—1997）集体谈判总体范围大幅萎缩的情况下，职业教育领域的社会对话仍然在企业和工作场所层面进行着。尽管资料显示工会在将谈判议程扩展至职业教育领域上的尝试非常有限（Glaydon/Green 1992；TUC 1998），但这些工作场所层面的培训却产生了积极影响（Claydon/Green 1992；Winterton ＆ Winterton 1994b）。在其他国家，职业教育活动在 90 年代后趋向分散化，职业教育活动特别是继续职业培训越来越响应产业的变化，社会伙伴也参与到了各项实践活动中。在瑞士，市政当局享有更多的自主权可以与由雇主和员工代表组成的地方职业委员会共同组织高中水平的网络职业培训。在挪威，大部分继续职业培训（CVT）是在公司层面上进行的，当地社会伙伴参与培训课程的制定，同时在一些情况下还会参与培训的联合筹资。法国则经历了一系列法律上的变动：1983 年第 83 号法案第 8 条；1993 年第 93 号五年法案的第 1313 条；劳动法第 L. 910—1 条。在地区职业培训发展计划下，地区就业与职业培训协调委员会向地区社会伙伴进行咨询。

2.1.5　社会伙伴参与推动终身学习计划

社会伙伴广泛地参与推广终身学习的各项活动并鼓励人们抓住工作中的学习机会。例如，荷兰政府和社会伙伴共同制定了国家终身学习战略，到 2010 年的目标是提高 25～64 岁公民职业教育参与率，并使荷兰成为欧盟在这一方面表现最为出色的两个成员国之一。各职业教育机构正在成为促进终身学习的知识中心，社会伙伴与各职业教育机构承担共同责任。在荷兰，由三方组成的教育与劳动市场咨询委员会（ACOA）是参与修订资格结构的机构之一，这有利于促进终身学习。从 20 世纪 80 年代起，在教育和培训领域达成的集体协定数量大幅上升。劳动监察（SZW 2001）的研究显示，在调查的 117 项协议中有 86 项涉及就业能力方面的内容。

在许多国家，社会伙伴参与职业教育筹款的安排并促进学习的获得。征收资金制度（Levy-grant arrangements）是职业教育筹资的惯用手段，社会伙伴也参与其中。目前，雇主通过税收和拨款帮助职业教育筹措资金。在一些国家，雇主联合会也会参与这一系统的管理，并且工会在一些情况下也会参与其中。在德国，社会伙伴通过三方安排决定培训计划（包括学徒制）的筹资，并由就业服务机构在国家、地区和地方层面进行。在法国，社会伙伴还参与管理学徒制税款（它的收集和分配由企业决定）并成立企业强制性财政贡献的征收机构，从资金上保障年轻人从工学交替工作合同中（alternance work contracts）获益。在丹麦，网络职业培训通过雇主报销计划（AER）获得资金，而继续职业培训则通过教育与培训筹款劳动市场机构获得资助。

Heidemann（2002）评论到，最近几年许多国家引入了个人学习账户（如英国和瑞典）和培训券（如澳大利亚和德国），鼓励个体抓住学习机会并同时分担学习成本。在英国，个人学习账户（指控欺诈事件发生后于 2001 年 11 月关闭）成为了社会对话的焦点，因为雇主在个体或集体协议基础上做出了额外的贡献（超出国家财政）。在德国，许多涉及继续职业教育资金和项目的行业达成了集体协议，并且工作委员会也会常常提议以带薪休假为条件接受继续职业培训。在一些大公司，社会伙伴已经参与到有关学习时间账户协议的协商中。针对资格的新集体协议规定，巴符州地区金属行业的员工可在个体人力资源发展讨论的基础上享有定期接受技能提升的权利。在比利时，CPNAE 社会伙伴于 2001 年总结得出集体工作协议（2001 年至 2002 年），这一协议包括培训部分，有效期至 2003 年年底。这一部分规定，雇主在 CCT 期间必须给予所有员工至少四天的培训时间，2002 年两天，2003 年两天。为了实现这一目标，每家企业可以通过向相关的社会行业基金提交培训计划来加入 CCT。除了有利于员工技能的扩展和提升外，协议的签署还将带来丰厚的经济优势：向其员工提供培训的企业可以获得每人每天37.18 欧元的培训补助（免费 CEFORA 课程除外）；超过 120 家注册培训机构提供现场 CEFORA 课程及减价优惠。根据 2000 年达成的职业间协议（Inter-occu-pational Agreement），社会伙伴要求各行业发布至少一份新的集体工作协议或者扩充目前现有的协议，同时号召各行业实施各项倡议，决策产生最具生产力的协作方式并努力寻求目标群体的最佳界定：包括年老的工人、非比利时族群和残疾人。

很多国家重视集体协议在促进地方层面职业教育发展方面的积极作用。在西班牙，2000 年 12 月签署的第三次三方继续培训协议（the Third Tripartite Con-tinuing Training Agreement）规定了公司在实施 CVT 上可以获得政府支持的条件，其中一条要求是培训计划必须获得所在公司法定工人代表的批准。在葡萄牙，综合的培训计划首先来自各公司的培训计划，然后再提交至公共机构筹措资金，工人代表通过协商的集体协议参与培训计划的制订。在冰岛，社会伙伴参与公司层面的继续职业培训，课程和资格的开发都不必依据国家标准。正是出于此目的，一些行业的雇主和员工才愿意捐助资金。在澳大利亚，企业可以自由地引入培训计划而不用考虑国家标准，并且公司层面的培训计划有时候也是集体协议的主题。在法国，如果涉及国家资格，那么地方培训计划必须遵守国家标准，但公司可以组织非资格的额外继续职业培训，工作委员会为此类培训计划提供咨询。在荷兰，行业层面的集体协议确立了征收培训税的 60 个行业，旨在平衡培训成本和减少盗取熟练劳动力的行为。

可以得到证实的是，在社会伙伴领导的革新中，最为重要的是更加关注对学习机会的把握。由于认识到了经济发展中出现的严重技能短缺，工党政府在1998 年成立了联合学习基金（ULF），旨在借助工会的影响增加工作中的学习机会，另外提升工会提供学习的能力。联合学习基金的许多活动围绕工会学习代表，即积极的工会成员和一般的非专业官员展开，这些人会向参与学习活动的同事提供建议、指导和协助，并与企业主和提供者协商以增加学习机会。早期资料显示，工会学习代表在创造和把握工作中的学习机会上具有积极影响（Cowen 等2000），尤其是对那些低技能工人和面临裁员危险的员工（Winterton 2001）。至关重要的一点是，2002 年颁布的《就业法案》从法律上给予了支持，有效地促进了工会在职业教育和工作场所终身学习机会等方面发挥更大的作用。

2.1.6 结论

欧洲职业培训与发展中心（CEDEFOP）调查显示，社会对话和其他社会伙伴

（如三方主体）广泛且明显的参与欧洲职业教育政策制定的各个层面，如国家、地区、行业与地方（包括不同的企业、组织和次级地理区域）。不论是何种盛行的社会经济模式，例如，依法调控模式（存在于大部分国家）、自由安排模式（英国）或是这两种模式的混合体如荷兰的正式合作（the formalized cooperation），各国社会伙伴都广泛的参与了各项活动。除了参与职业教育政策制定的正式结构外，社会伙伴还参与涉及职业教育行动的各项活动，特别是在行业和地方层面上。例如，社会伙伴参与课程、新资格和在岗培训的开发，同时还激励员工抓住学习机会。虽然参与的结构因政府调控的力度而有所不同，但不论其规章框架的属性如何，社会伙伴皆广泛地参与了课程和资格的开发。社会伙伴在公司层面参与职业教育实践的不同因各国调控方式和职业教育体系的重心而异。对于倾向调控的政府，社会伙伴的参与活动是法律保障的权利。而在一贯盛行自由主义的国家，参与活动在不同雇主间则存在很大的区别。从 20 世纪 90 年代起，一些国家的职业教育活动越来越趋向于分散化，这促使职业教育尤其是继续职业培训更积极地响应工业变化，并且社会伙伴也参与到实践活动中了。一些国家重视集体协议在地方层面职业教育发挥的促进作用，尤其是那些将职业教育聚焦于工作场所的国家。虽然各国的具体情况不同，但这种差异比预期的要小，以至于不能够用各种不同的职业教育调控方式（市场和政府）和劳动关系常规模式（北部或斯堪的纳维亚模式，南部或地中海模式，西部或加勒比模式，中部或德国模式）来区分。不同劳动关系类型既存在共性也存在差异，这也许正是推广良好实践带来汇聚效应的结果（或者公正地反映了传统模式的局限）。

行动框架也鼓励工会更多地参与职业教育领域的社会对话和终身学习，同时，研究机构也开展了与工会组织相关的早期工作，如 Hans Bockler 基金会出版了职业教育和终身学习领域社会对话的研究分析（Heidemann 2002；Heidemann 等 1994）；欧盟贸易联合会（ETUC）的 Kerckhofs/André（2003）调查了欧洲终身学习领域的社会对话，并特别指出行业层面对话机构取得的进步。欧洲在行业层面开展的职业教育和终身学习社会对话尤为重要，因为在特定的行业各成员国需要相同的技能，目前这一点在欧洲委员会（EC）各项倡议中都得到了认可。直到 1998 年，欧洲行业社会对话已在 9 个联合委员（由欧洲委员会决议产生）和 11 个非正式工作团体中（由社会伙伴自行成立）展开。1998 年欧洲委员会（EC）发起了一项机构改革，行业对话委员会（EC 1998b）取代了现存机构；同时，欧洲工会联盟（ETUC）通过欧洲企业联盟开始协作集体谈判。各行业的对话分布不均衡，并且不同政策领域的结果也不同（Keller 2005）。根据社会伙伴参与行业的代表范围以及他们对各方意见和约束框架协议进行讨论和协商的意愿，目前委员会已认可 30 多个行业对话委员会。

Kerckhofs/André（2003）报告指出，在 1979 年和 2002 年，这些组织发布了

200多个联合文本，其中48%涉及职业教育的各项规定。但需要认识到的是，这些大量历史文献并未体现出社会伙伴的联合意见或协议所带来的影响。目前，来自行业委员会职业教育领域的报告显示，相对于联合意见，各项直接行动或行动框架更受关注。虽然有时候行业协商可以促成职业间框架协议的达成（正如2002年远程工作），但格奇（Goetschy 2005）指出，在行动框架下也可能出现相反的情况，影响到个别行业对话委员会。趋势是在终身学习领域发展欧洲行业各项社会对话战略。大多数欧洲社会对话行业委员会都在讨论终身学习，并且许多委员会已经制订出具体的行动计划。

丹麦最大的工会组织协助了一项研究，对丹麦、法国、德国和英国的工会政策和终身学习实践进行了比较（Vind等2004）。虽然行动框架为工会在终身学习领域发挥作用提供了一个平台，但仍然需要在欧洲层面制定更为精细的战略以及在国家层面进行更为具体的行动监督和分析。在丹麦、法国、德国和英国，工会正积极寻求扮演新的角色，通过就实际事件（例如时间账户）达成的集体协议推动终身学习，工会成为了个体和学习机会衔接点的中介，参与职业教育质量保障并鼓励在工作中营造学习文化。然而，目前此类倡议并未在欧盟层面获得战略上的协调，但随着欧盟的扩大这一需要将越来越迫切。

欧盟的扩大将给职业教育领域的社会对话带来新的挑战，因为新成员国在社会对话结构和过程、职业教育体系和劳动资格等方面均存在劣势。尤其是在行业层面，这一劣势已得到充分的论述。另外加之政府不愿分享权力、雇主抵制参与对话以及工会拒绝承担责任（Draus 2000；Mailand/Due 2004；Sarfati 2003；Winterton/Strandberg 2004）等问题，如果要在欧洲制定和实施政策方面继续发挥社会对话的重要作用，就必须重视和解决这些问题（EC 2004）。根据里斯本会议目标，一些国家迫切需要提高劳动技能。如在土耳其，职业教育体系已不能适应劳动市场的需求。对这些国家而言，职业教育体系的改革将对社会对话形成巨大挑战。鉴于这些挑战以及工会在制定"促进工作中能力发展"新战略时的需求，瑞士最近设立了SALTSA项目对8个国家进行比较研究，其中包括3个新成员国和1个候选国（Magnusson/Winterton 2007）。

2.2 工作—教育—培训：一种跨学科的研究方法

Manfred Eckert

2.2.1 引言：职业学习的目标与职业资格

通常，职业学习的目标是帮助人们有能力完成工作，有工作能力是衡量职业学习和职业培训是否成功的特有标准。关于资格对工作的作用，雇主和雇员持不同的立场。对于雇员，他们希望资格可以为其在劳动市场增添砝码，并获得职业变更和生涯发展的机会。同时他们也希望借助资格能确保持续受雇佣的状态，并在社会、个人和专业层面上得到身份认可，从而抵御失业。但是只有在良好的学校教育和广泛的基础职业培训基础上，综合职业能力、社会能力和个人能力等才能得到发展，这种希望才能成为可能。对于雇主而言，他们则更关注生产和业务流程中利益的最大化，以及全球化市场竞争力的提高。这需要大量能够在学习型组织和相应创新业务中表现出色的劳动者。

无可争议的是，职业教育应超越只针对特定岗位的具体技能的培训。在现代服务导向的社会中，职业教育的目标是关键能力或能力的迁移，为未来的职业行动提供更广泛的机会(Zolingen，2002)。通过系统的教学及知识学习是否能为这些能力的发展提供支持？是否能从经验和经验导向的非正规学习中获得这些能力？这些问题至今仍没有答案。一方面，掌握系统化知识是学校的目标，而构建经验性知识则发生在工作情境中；另一方面，职业教育的目标是实现学习的直接应用，可通过学校课程或接近工作岗位的学习组织方式实现。

2.2.2 概念澄清

工作

一方面，通过日常生活经验，人们很了解"工作"所包含的意思；另一方面，对"工作"进行概念界定却存在困难。工作是有用的人类活动，是物质财富的来源，这是人类学和经济学对工作的基本定义。通常情况下，开展工作离不开特定的社会和历史条件。工作的社会组织形式是经济、技术和社会因素的产物，劳动等级分层以及对应的职业差异化，使得社会和社会结构保持稳定。作为工作组织形式，职业的"专业化"会带来"社会不平等"(Lewis 2000；Zilversmit 2004)。由于企业生产方式的变化和竞争的持续压力，对工作、对工人的资格要求会不断发生变化，甚至会出现能力要求的分极化和降低。工作能促进自我潜能的实现，但同时也会加剧人的异化。工作能力(working power)既是一种正在形成的潜力，也是一种商品。马克思主义哲学已指出了工作的这种矛盾性。在古代哲学中，工作同物品的生产有关，它是奴隶的任务，因此不具有政治属性。相反，自由人的职业目标则是形成政治力量和建立政治体系(Arendt 1981)，因此需要自主性和教育。在职业教育理论和政策中，这种矛盾在继续上演。最重要的是，如何按照技术规则及相关事物对工作的要求最佳地生产产品？如何建立个人和集体所需的工作和生活条件以及政治环境(Dewey 1916；Lakes 1993)？可以确定的是，要想最佳地实现工作要求，需要具体的资格。对职业教育来说，这是课程的一个重要基本观点。另一方面，每个工作岗位都是充满着经验的环境，在此不仅可以应用具体的能力，而且可以获得能力并发展能力。对于机构而言，能力是主体的潜能，它超越了工作岗位的具体要求。当工作以一种有利于促进学习的方式来组织和呈现的时候，就能促进这些能力的发展。原则上说，企业的工作经历也可以认为是一种社会化过程。在此，我们关注的是个人的发展，社会、职业与企业组织结构优化及其与各专业实践共同体的整合。最后的问题是，工作过程中的经验是否能够提供融入社会和政治活动的机会，工作经验是否可成为政治教育的一部分（Heydorn 1972；Heydorn 1979；Negt 1968）。

教育

教育与工作的分离的哲学传统根深蒂固，在直至近代的欧洲教育中，这种紧张的关系还在继续：教育是否只是个体的非工具化的发展？按照这个观点，人们倡导通过掌握古典语言、文化和艺术中的理想化内容促进个体的发展。那么，自然科学和现代语言是否也可以成为教育内容？在完成普通教育后，是否应当接受职业和应用导向的培训？是否有可能通过灌输与职业情境相关的、来自这些情境的知识实现教育？这里最需要回答的问题是，是人类是仅仅按照功利主义原则对经济和技术进程俯首称臣？还是可以释放在工作和生活设计中的、独立和自主的行动潜力（Blankertz 1963；Dewey 1916；Hyslop-Margison 2001；Litt1961）。这种矛盾尤其体现在对启蒙的理解上：启蒙是一个政治解放还是经济自由过程？过去，尽管强调这种尖锐的对立，但还是出现了很多启蒙思想家。他们克服了两极化思想，整体地看待经济和政治自由。在职业理念和科学技术的发展过程中，这种整体化的思想还在持续（Blankertz 1969）。

通常在讨论教育时一定会联想到学校。但学校的课程内容与真实的应用情境常常脱节。他们以系统化的学科知识为导向，关注个人的发展和教育过程，关注品德教育并促进社会化过程的实现，通过灌输或批判性的反思实现政治的一体化。职业学校也被赋予了这一目标。原则上，学校向个体传授知识，并提供发展潜能的机会，这超越了当前的社会需求，目的是面向未来。学校总是有远离现实工作和生活的倾向，脱离实际，甚至与那些很难应用在实践中的"惰性知识"打交道，这是很危险的，因为学校由此成为一个自我设计的人造世界，具有自己独特的需求、筛选机制和地位保证方式。这是一个与现实失去联系的、却能够在社会上进行复制的世界，它通过将机会传播给下一代来维持其对社会的吸引力。在这个大背景下，职业教育遭到了强力的抨击：由于"较低的教育性"，职业教育被看作是阻碍个人发展、机会平等和社会进步的绊脚石（Lewis 2000）。

建构主义哲学是现代普通教育和职业教育的教学指导思想（Doolittle 1999）。这意味着，应重视行动导向和自我控制的学习，重视学习的形式和背景而淡化学习内容。这也产生了一种新的教育理念，即不再强调知识系统性，而更加关注行动能力及其在具体职业领域和相应实践共同体中的发展（Rauner/Bremer 2004）。

培训

与教育的理念完全不同，培训的目标是直接教授行动策略和技巧，从而应对具体工作情境的要求（Buckley/Chaple 2000）。在此背景下，动作方面的技能培训被置于优先地位，当然也要训练语言、心理和认知方面的技能。在多数情况下，掌握应用性知识极其重要（Friede/Sonntag 1993），如为年轻的大学毕业生到大型企业工作提供职前培训。培训同样被用在涉及掌握具体的、情境化的、应用性的有关交流、沟通和技术方面的能力的继续教育中。在职业教育培训实践中，引入模块化的能力标准，是培训理念的典型表现。例如，作为"培训包"的模块化能力标准，在澳大利亚职业教育系统中发挥了重要的作用（Deißinger 2005）。然而至今仍不清楚的是，是否能用这种（类似）行为主义学习方式解释行为倾向的形成，或者在职业教育课程中获得的知识，是否能通过复杂的迁移过程在多种情境中得到应用？

德国的短期模块化培训项目刚刚开始，它同样也承载着培训的理念。这是为残疾青年开展的企业内职业准备项目的一部分，帮助他们接受合适的职业培训并提供技能要求低的就业机会。在此，一部分资格来自职业教育课程的学习；另一部分则在企业短期工作经历中获得。

在技术领域的学徒制培训主要按照"示范——模仿"的原则进行，这同样也是职业培训的一种形式。工业培训采用适当的指导形式在培训车间开设课程，并在工作岗位上进行学习，这体现出了系统化培训的特点。原则上，只要关注在真实工作岗位或模拟工作情境中的职业和实践性学习，培训就会发生。培训的目标有两个：一是行动惯例（action routines）的发展；二是熟悉企业的行动要求和解决问题的方法，从而胜任具体工作岗位和相关情境的要求。这体现了"资格"与"培训"在理念上的相近之处。在职业教育培训中，这种形态的学习在技术和工业领域发挥了重要的作用。尽管职业培训的具体方式发生了变化，课程也逐步被教学项目和各种行动导向的学习形式取代，但这种学习方式把职业培训的实践层面同与行动相关的知识发展结合在了一起。这也提出一个理论问题，即培训是否只是与手工的、动作的和行为的学习有关？还是在获得领域经验的同时开始学习职业理论？人们还要考虑的是，通过培训和经验获得的行动潜力，是否有助于对工作情境和工作要求产生更深入的认识，并最终提高专业化行动的效率？

2.2.3 不同的"工作—教育—培训"方式的起源

工作、社会化与资格

职业资格及其社会化可以在手工业学徒培训中找到其历史根源。这种前工业时代的培训形式，将技术资格要求、职业和社会经济身份的社会一体化过程结合起来。工作岗位学习和工匠所在企业的社会结构，是传统学徒制的核心。

除学徒制外，与企业紧密合作的职业教育模式普遍存在于德国和英国，在法国和俄国则出现了生产学校模式。生产学校希望通过示范性和创新性的生产将技术进步和经济效益与职业资格联系起来（Meyser 1996）。在这两种模式中，也出现了两种与生产相关的职业教育形式。在 19 世纪，许多欧洲国家的企业内学徒培训需要职业学校的支持，因此出现了所谓的"双元制"（Stratmann/Schlösser 1990），其中有些国家的双元制保存至今。在双元制下，各种工作中的学习形式与学校教学、特别是职业理论教学联系起来。正是这种发展带来的影响，人们开始认识到学习可以发生在不同的场所（Münch 1977），三个最重要的学习场所分别是学校、培训车间和工作岗位。它们的不同组织方式，可以提供大量的、方法不同的学习机会（Pätzold/Walden 1995；Euler 2004）。

由于新技术在工作中的推广应用，向学校本位的职业教育方式改革势在必行，这个观点持续了很长时间。很多教学论理论认为，只有将一系列的培训转移到培训车间和个体模拟学习中才能实现学习。然而在 90 年代又兴起了一股反对的浪潮，出现了"分散化学习"和行动导向学习的理念，从而抵制职业教育的学校化倾向。现在，工作场所作为学习场所再次被提到重要位置。在原则上可以假设，在学校和工作场所同样可以发生高质量的职业学习。学校可以借助专业场地和设备模拟实际需求（培训车间、模拟企业等）和实习。实训室、培训车间和相关培训课程为个体提供了系统化发展能力的机会，从而拓展了基于企业的、与工作场所相关的培训地点。虽然存在很多争议，但可以肯定的是，不同形态的学习场所都有助于职业能力的发展。这些职业教育模式最重要的差异表现在资金筹措方面。大部分学校由政府投资，而企业内培训场所则由私人资助。多种学习场所的结合对于职业教育是最为有利的，责任与财政拨款方式是最根本的问题。

教育

由企业提供的、在工作世界的真实的职业学习过程及工作经验，很难被贴上"教育"的标签。它们致力资格或能力的发展，这与培训的理念是一致的。在传统的意义上，教育的概念更多地与学校学习联系在一起。这应当归咎于历史文化的谬误，即对工作对社会化的影响和促进潜能发展的作用的错误认识。

由于在学校的实践导向课程设计中经常出现且不断高涨的热情，人们把职业的内容整合到了学校课程中（Kliebard 1999；Dewey 1916）。在 19 世纪，除古典语法学校外，自然科学和现代语言中学也得到了发展。技术学院的建立，促进了技术领域的职业教育与培训的发展。系统的、学校本位的职业教育和与工作相关的学习过程一同为劳动力的发展提供了机会，使其有能力进行科技和经济创新。这种理念对整个学校系统产生了影响。层次低的学校总是参照学生的生活世界，并提供一些具有职业准备含义的课程。出于满足对实践和职业导向教育的社会需求，产生了自然科学、现代语言和商业学习的各类专门学校。在技术学院和应用性大学领域，法国巴黎高等技术学院（French Ecole polytechnique）是值得一提的先驱。它有很高的教育标准，通过对复杂科学知识的迁移达到改善生产的目的。这种模式带动了大量同类技术学院的发展，其教学内容涉及实际工作的理论基础和基础科学知识的迁移。但这也对职业教育提出了一个重要的基本问题：与职业相关的内容是否就是"科学知识的基础部分"和"科学知识的应用部分"，还是一个通过系统化经验学习（在生产、工作和经营过程中）建构起来的、以学校形式迁移的归纳性知识。直到今天，人们未澄清这个问题（Grüner 1978；Rauner/Bremer 2004）。这对学校教育理论产生了影响：除了大学教育外，职业教育是一种发展导向的生涯发展途径，还是"冷却"了的教育兴趣，这仍是一个有争议的问题。后者似乎更为准确，尤其是当职业资格更倾向于帮助社会弱势群体和移民更快适应就业要求时，职业教育就会忽视个体全面发展的需求，从而导致过早的区分过程（Lewis 2000）。批判职业教育和工作教育学对雇员在政治、社会和企业参与方面的利益考虑也出现了弱化，在美国还出现了关于培训导向的资格理念的讨论。

培训

培训是一个现代概念。在 1880 年至 1920 年间，现代工业的出现要求越来越多的具有良好适应能力、工作能力和社会融入能力的工人，培训变得越来越重要。除了传统的学徒培训外，必须建立起新的培训形式。一方面，工业企业采用源于手工业的培训方法；另一方面，学校则把为工作世界的准备作为一项专门任务（Zilversmit 2004）。以上两种模式最初都偏向与工作岗位相关的操作技能训练。然而人们认为这种培训形式太狭隘，于是出现了新的职业教育模式（Smith 1999）。美国的研究则由持相反观点的 Prosser 和杜威主导着。Prosser 提倡为来自工人阶级的年轻在校生提供一种培训导向的、具有社会效益的综合性职业准备。杜威则站在不同的立场。他发展了工作教育学的批判理论，以促进人在民主社会中个性和解决问题能力的发展，从而实现自我导向和参与（Kliebard 1999；Rojewski 2002）。根据这一理念，对工作世界的准备是普通教育的一部分。德国职业教育理论家，如 Kerschensteiner 也提到了这一观点。

2.2.4 研究问题与相关研究方法

作为一个参照点，"工作—教育—培训"的关系从不同角度解释了职业教育培训的理念，尽管它们在具体实践中常常是重叠的。职业教育研究也有基本的、重要的研究问题。在此，尤其需要强调资格研究、职业研究和劳动市场研究。职业资格一般总是以组合的方式出现在一个职业或职业领域中，因此遵循的是职业性原则（Deißinger 1998）。事实上，职业结构不断变化，是经济和科技发展带来的不可避免的结果。因此对未来发展进行预测，对职业教育的规划特别重要。在职业研究中，通常都要尝试去预测未来资格和职业的发展。但是，由于技术和工作组织形式设计方案的不可预见性，以及外部条件、经济和科技发展趋势的不确切性，资格预测的价值非常有限（Rauner 1988）。总体发展趋势，如服务型社会的出现等，是可以很好预见的，但这种宏观发展趋势预期并不能转化为对资格需求的预期。

人们开发了一种以行业分析为特点的新方法，在同一行业中涉及的职业轮廓中寻找典型的工作任务，并在职业科学的研究中探讨这些工作任务。尽管在职业研究和资格研究中存在着在预测方面的缺陷，但预测职业资格的未来发展，以及了解资格需求的发展趋势，仍然是职业教育规划的基本问题。在职业教育实践中，这种面向未来的开放式标准是多维度的。一方面，资格要满足当前的需求；另一方面，即使未来有新的要求出现，也要确保职业资格的可迁移性。从雇员角度看，职业资格为他们提供了工作流动的机会。如果需要，职业资格还必须有连贯性，以应对职业变迁的需要。职业教育是在实践中实现这一目标的一种可行的方法。与单一和针对性强的专门化基础教育相比，全面的职业基础教育可使职业变换更加容易。有关职业基础教育的研究发现，对职业基础教育的理解存在很大矛盾性。这里的关键问题是：什么是每个职业中的基础部分？是各种基础实践活动和技能？还是便于未来工作迁移的专业基础知识？按照目前较认可的是，职业基础包括专业、社会和个人等多方面的复杂能力。这需要能力导向的学习形式，通过项目教学和自我组织的学习方式才能实现。

职业工作的研究方法

当工作和工作过程成为职业教育的研究对象时，它们之间的互动关系就显得很重要了。一方面，人们如何才能胜任工作和特定岗位的要求；另一方面，如果采用可以促进学习的方式组织工作活动，那么工作本身就有了提供培训和继续教育的潜力。按照"发展性任务"理论（Havighurst 1972），通过多种工作组织形式，不但可以为动作、解决复杂问题、自主计划、交流和合作提供设计空间，而且有助于产生可从主观角度运作的精细和多样化的需求。这就带来了很多研究问题，而且只有通过跨学科研究才能得到答案。工作过程分析是工作研究的任务，而将工作过程转化为知识结构则是职业科学研究的任务。在完成工作任务的背景下，通过自我控制的学习过程建构知识，这需要借助学习心理学和行动心理学知识进行分析和解读。在此我们经常预设，工作或业务过程是可以人为设计的，所设计的形式决定了工作过程。准确地讲，工作过程是客观需求和主观性能力的结合。在此需要区分两个维度：工作过程的外在维度体现在课程和工作过程的可视化结果上；工作过程的内在维度，是对劳动者产生影响的显性知识基础和对情境隐性熟悉度（Pahl 等 2000；Neuweg 1999）。工作过程的特点表现在，不仅要保障可行的实施潜力和动作惯例（Leontjew 1982），而且要超越这种惯例去适应新的情境（Volpert 2003）。这个观点是能力研究的起点，它支持行动潜能理论（Vonken

2005)。从某种意义上看，其基础是过去有关职业社会化和职业传记的研究成果（Lempert 1998；Hoff 等 1985）。这些研究把工作作为一种现象，全面分析了它的社会化因素，并指出了保持个人发展和个体生活经历稳定的条件。越来越明确的是，国际化和全球化社会调节因素在很大程度上影响了工作条件。

职业教育的研究方法

开发职业教育方案是一项教育任务，也是职业学校的特殊兴趣所在（Pahl 2004）。在此背景下，课程标准的内容远远地超越了根据工作需求而确定的职业资格所包含的内容。因为教育标准的目标更为广泛，指专业能力、社会能力和个人能力的综合发展。这里需要区分学校本位学习的两个基本模式：一是归纳式学习，它建立在日常生活和工作经验基础之上；二是系统化学习，即以科学知识为基础。学科导向的学习是寻找与职业或职业领域有关的参照学科，通过教学简化，使这些学科基本知识的结构适合学生的认知水平（Hering 1959；Ahlborn/Pahl 1998；Grüner 1978）。教学策略是中介手段，目的是促进独立解决问题和开展自我导向的学习，从而掌握具有应用价值的知识，减少惰性知识的学习。正是职业教育学的这种特点，使得开展教与学的研究变得更为重要（Achtenhagen 1995）。教学设计和复杂的教学组织的目的是促进相互关联的知识的掌握。学习心理学中的建构主义理论（Doolittle 1999；Gerstenmaier/Mandl 1995）如"抛锚式教学""认知灵活性"和"认知学徒制"等都促进了这一发展。在职业教育学中，工作和经营过程已经成为了新的教学基准点，并形成了以学习领域为基础的课程和教学实践。按照科学体系划分的、彼此独立的信息不再处于中心地位，取而代之的是引向具体行动情境的、以应用为导向的知识。目前的挑战是如何将行动结构与知识结构建立起联系。以何种方式使这两种结构彼此相关，从而产生良好的学习效果，这已成为职业教学论研究的一个重要而开放的问题（Fischer 2000）。

研究与培训

职业培训的目标是获得具体的资格，因此属于资格研究层面的问题。这里的首要问题是：如何将不同的资格整合成为一个有意义的整体。过去，以职业形式开展的培训可以解决这一问题。现代资格的概念弱化了职业理念，因此我们不得不去寻找新的答案，因此，行业研究变得重要起来。第二个重要问题是资格的迁移，即在特定培训情境下获得的资格，在多大程度上可以迁移到其他行动情境中？这个问题也可以这样问：为了将获得的知识迁移到行动或所需要的情境中，对系统化的培训措施有什么要求？人们很少讨论应考训练，但却广泛采用这一方法，这就是有关这个问题的最好案例。这里有个基本问题，即如何在实践能力培训和知识迁移之间建立起联系？在迁移研究中大家公认的是：与通过灌输式学习获得的惰性知识相比，在复杂情境中通过行动导向方法获得的知识更容易被迁移。在此背景下，元认知知识具有重要的意义，因为它体现在学习和知识建构的情境中，并让人们意识到它的存在。这表明，不仅逻辑性知识的构建过程，而且它在应用情境中的建构过程，都可以促进学习和迁移的实现。按照这种理解，职业培训显然与机械的操作技能培训无关，而与获得资格所需要的知识有关。

2.2.5　问题与展望

我们可以发现，工作过程中的学习把培训要素和能力获得与教育需求联系在一起。不需要智能的培训只强调行为或动作策略，这是远远不够的。相反，现在需要解决的问题是：如何确定职业需求，并将其作为能力获得的基础。根据传统理念，教育的目的是将与情境相关的能力与自我实现能力进行整合。能力包括特定领域的知识，这种知识可通过了解工作过程以及系统化的指导或教学获得。在可以促进学习的工作组织中，理论反思和以职业实践为导向的教学是"工作—教育—培训"的核心，职业教育的多种研究方法在此可以实现融合。

2.3　职业和职业领域

A. Willi Petersen

2.3.1　简介

职业、职业分类和职业领域的系统化，都是职业研究和职业开发的重要领域。职业研究表明，社会背景和研究关注点对认识职业和职业分类有重要的意义。例如，在劳动市场研究中，职业的演变、发展、统计、具体的职业概况、岗位或职业要求及其对技能的需求等都极为重要。

职业教育研究同样涉及职业，但主要针对职业领域内的职业要求和资格、课程开发以及职业教育描述[①]和项目开发。职业教育领域或学科的分类和系统化问题，也与职业教育领域（专业设置）有关。尽管在研究目标、关注点和成果等方面还有明显差异，但职业研究和职业教育研究都是针对职业现象、职业分类和职业系统化问题的研究。

由于研究方法不同，各国对职业领域和职业教育领域的定义有很大的差别，而且人们常常把如 area、field、group、class、domain 和 discipline 等术语作为同义词使用。例如，在德国，一方面有超过 30000 个（社会）职业（StBA 1992）；另一方面，根据《德国职业教育法》（BBiG）的规定，针对这些社会职业，又有约 350 个具有规范"职业描述"的培训职业；另外还有数目不详的其他职业培训、继续教

---

① vocational education and training profiles，类似我国的专业设置。

育和高等教育专业或培训项目。然而根据什么标准才能将这些"职业"和"职业教育描述"系统、合理地归为不同的"职业领域"呢？这主要由各国的研究目标和研究理念决定。

在国际背景下，例如，在遇到比较、迁移、职业和职业教育描述的确认等问题时，必须考虑职业体系与职业教育体系之间的区别和联系。职业的系统化及其国际比较似乎很简单，但实际却并非如此，因为这对各国职业教育描述的依赖性很强。在有关欧洲技能和资格标准①的大讨论中，也遇到了这样的问题。

本文首先从国际相关研究成果入手，尝试开发职业和职业教育体系分类或系统化组合的一般目标和方法；之后揭示德国职业和专业分类的结果以及应采用的分类方法。

2.3.2　职业与国际职业分类

随着劳动市场的全球化，各领域的职业、职业分类与聚合逐渐成为一个国际性的研究开发领域。从 1923 年起，国际劳工组织（ILO）就开始建立《国际标准职业分类》（ISCO②），其主要目标是提高国际职业和劳动市场研究成果的质量、信度和数据的可比性（Hoffmann，1999）。基于在国际合作中大家对 ISCO 的广泛承认，ISCO 已成为许多国家职业分类的指导方针。

最新版的 ISCO 是国际劳工组织在 2008 年修订的③。ISCO 的所有职业分为四个层级。除了"职业词典"（dictionary of occupation）和"可选择职业数值集"（value set for the variable occupation）两部分外，职业按照两个维度进行分类，"ISCO 采用的技能概念有两个维度：技能水平，是所涉及任务的范围和复杂性的参数，其中复杂性优先于范围；技能专门化，反映了应用知识的类型、使用的工具和设备、需处理的原料以及生产的商品和服务的性质"（ibid，6）。

需要强调的是，按照定义，技能是用来完成工作任务和履行职责的职业技能，它与通过培训获得技能或正式资格的方式和途径无关（IAB 2000）。因此，不管是否存在此类职业的培训，都可以按照以上这两项技能标准对职业进行分类。由于许多情况下职业技能正好与职业教育中获得的资格对应，因此"技能"与"相应的资格培训"之间存在着对应关系（见图 2-1）。在研究中我们应注意到，ISCO的四个职业分类层级分成五个与工作相关的技能水平，并与国际通行的（学历）教育层次相对应，包括职业教育和高等教育，即《国际标准教育分类》（ISCED）④可用于定义 ISCO 的技能水平"（Hoffmann 1999，6）。

---

①　英文 European Skills and/or Qualifications Framework。

②　英文 International Standard Classification of Occupations。

③　本文原文采用的是 1988 年版的 ISCO，译者根据 2008 年版的 ISCO 做了部分修订。

④　英文 International Standard Classification of Education。

技能水平的结构　　＜＝＝＝＞　　教育层次的结构

图 2-1　技能水平和教育层次的对应关系

按照这种水平分类方法，职业体系和教育体系之间应存在着关联，因此职业研究和职业教育研究也应建立起联系。根据新版 ISCO，所有职业分为 10 个职业大类，43 个职业中类，125 个职业小类和 436 职业细类。

表 2-1　ISCO 的职业大类及技能水平

职业大类	技能水平
1. 立法者、高级官员和经理	—
2. 专家	4
3. 技术员和辅助专业人员	3
4. 办事员	2
5. 服务人员和市场销售人员	2
6. 农业和渔业的技术工人	2
7. 手工艺及相关贸易行业工人	2
8. 机器设备的操作员和装配工	2
9. 初级职业(非技术工人)	1
10. 武装力量	—

这 10 个职业大类以及更细的职业类别显示，"技能水平"和"技能专门化"两个标准均会出现在同一个职业类别层次中，其中技能水平占主导地位。

由于职业多种多样，职业分类的方法也有很多，因而在国际应用背景下，ISCO 的质量改进和发展成为研究的重要内容。研究自然指向了职业分类在为满足全球需要的发展过程中存在的困难和问题。但是"国际劳工组织(ILO)能投入到 ISCO 相关工作上的资源很有限，平均每年只有一个工作人年"(Hoffmann，1999)。此外还存在着如何利用各国提供的知识和信息的方法论问题："有很少有国家针对《国家职业分类标准》(NSCO)的更新建立了系统化的程序，有些即便开展了这项工作，也未必会及时向国际劳工组织汇报其活动和发现，因此从哪里可以找到相关信息？依据什么标准判断各国进展报告内容的重要性和代表性并且反映到 ISCO 中？"。

甚至不同国家的专家建立联系的过程也有问题，"经验证明，许多专家在对议案进行评估时感觉到困难，因为这些议案与其所在国的经验和程序不符"(Hoffmann 2001)。

此外，由于 ISCO 建立在对各国研究成果的收集和解读基础上，因而只有在各国的互动过程中才能进一步发展。考虑到全球已有 230 多个国家，显然一些国家的研究成果比另一些国家对 ISCO 的影响更大。对许多缺少职业研究的发展中国家，ISCO 是开放自己的职业分类的唯一基础。

尽管存在一些问题，国际上对 ISCO 的认可也显示出一定的开放性，并支持其的本土化发展。ISCO 实现了多样化的发展，如 1992 年国际劳工组织开发计划署(ILO/UNDP)国际劳动力迁移亚洲区域项目开发的《国际标准职业分类(OC-WM)》，1993 年欧盟的《国际标准职业分类(COM)》以及 1995 年独联体的 ISCO(ILO/UNDP 1992；Elias/ Birch 1994；Hoffamann 1997；Laurie 1998)。在协调、咨询和支持服务方面，国际劳工组织直接与其他国家合作。因此，按照 ISCO 建立职业分类事业的发展前景十分广阔。

2.3.3　国际比较中的职业群与职业领域

正如《概念、方法、信度、效度与跨国可比性》调查报告指出的，职业分类的比较是一个复杂的研究领域(Elias 1997)。这个跨国比较研究涵盖了如苏联、澳大利亚和中国这样的世界性大国。就 ISCO 国际比较而言，一个主要困难是，很多语言对职业和技能两个词的解读和使用含混不清，因此国际比较的重点是各国对 ISCO 的接受度和采纳程度。如"中国也考虑引进 ISCO 作为国家分类标准"(Elias 1997，19)。

欧盟的职业分类同样是建立在与 ISCO 直接对比的基础上的。欧盟《国际标准职业分类(COM)》的准备工作和开发过程包括"涉及欧盟 12 个国家的一系列的详尽调查，并全面考虑各国职业分类专家的经验与职业信息编码的实际需要"(Elias/Birch 1994，1)"。原则上，ISCO 和《国际标准职业分类(COM)》的职业群划分具有相同的基本结构，只有少数职业群针对欧盟实际情况做了修改。

一些欧盟国家在做了少许变动后就将《国际标准职业分类(COM)》作为国家职业分类标准，另一些国家则开发了修订版的国家职业分类标准。法国和德国的国家职业分类标准未与《国际标准职业分类(COM)》或 ISCO 建立直接联系。建立自己独特的国家职业分类标准的国家有不同的原因，这也导致了以下问题：国家和国际间职业群和职业领域没有可比性。

因此，参考 ISCO 进行职业群与职业领域的直接比较很有意义。由于不同国家的职业分类有很大不同，在此我们只分析分类法差别很大的美国和德国的情况。

美国的"标准职业分类(SOC)体系"

1998 年美国开发了新的《标准职业分类体系》(SOC)[①]。SOC 与 ISCO 的职业群比较见表 2-2 (SOC 1998)：

---

　①　英文 Standard Occupational Classification。

表 2-2　ISCO 与 SOC 职业分类结构比较

ISCO	SOC
10 个职业大类	
28 个职业中类	23 个主要职业类别
116 个职业小类	96 个次要职业类别
390 个职业细类	449 个宽泛的职业
	821 个细化的职业

美国之所以制定自己的 SOC 的原因是"美国采用的主要分类原则是根据绩效（以技能为本）"，……而"不采用国际标准职业分类法的原因是，它不能灵活地满足美国的需求"（Herman/ Abraham 1999，2）。

与 ISCO 相比，SOC 的职业层级划分有不同的标准。SOC 的 23 个职业大类结构主要以"技能专门化"为唯一标准，而 ISCO 的 10 个职业大类划分则把"技能水平"和"技能的专门化"两项标准分开。因此，SOC 有职业大类"交通与材料运输职业"，涵盖了不同技术水平的多种职业，如飞行员、副驾驶员和飞行工程师、卡车司机或抽水站操作员等职业。

德国的职业分类

德国有两套官方职业分类，第一套是 1992 年联邦统计局颁布的《职业系统分类：职业名称系统化列表》（StBA）；第二套是 1988 年联邦劳动署颁布的《统计用职业分类》（BA）。两种分类方式在职业分类各层级名称和数量上的不同见下表：

表 2-3　德国 StBA 和 BA 职业分类的结构

StBA	BA
6 个职业大类（Berufsbereiche）	3 个职业大类（Berufsbereiche）
33 个职业带（Berufsabschnitte）	20 个职业领域（Berufsfelder）
88 个职业群（Berufsgruppen）	83 个职业群（Berufsgruppen）
369 个职业列（Berufsordnungen）	319 个职业列（Berufsordnungen）
2287 个职业（Berufsklassen）	

与 ISCO 的职业大类相比，德国职业分类的第一层级同样建立在技能和职业标准混合使用的基础上。但与 ISCO 的 10 个职业大类相比，StBA 分类系统的 6 个职业大类完全不同，他们分别是：Ⅰ. 农业、动物、林业和园林业职业；Ⅱ. 煤矿所有者和矿工；Ⅲ. 生产制造类职业；Ⅳ. 技术类职业；Ⅴ. 服务类职业；Ⅵ. 其他劳动力（参照 StBA 1992，20）。

1992 年德国对 StBA 做了修订。可以看出，虽然 ISCO 名声显赫，但对 StBA 和 BA 职业分类系统并未产生影响。近年来，BA 职业分类系统在 1975 年旧版 StBA 的基础也上做了些修改。

在联邦劳动署的分类框架内，BA职业分类的宗旨差不多"仅"针对已有工作的、有社会保障的个人。而StBA职业分类不仅包括上述群体，还包括诸如个体经营者、商业领域的工作成员、公务员、服务官员和文职人员等其他从业人员。最新的StBA和BA职业分类尽管还存在差异，但仍采用了很多共同标准，尤其是在第三级"职业群"和第四级"职业列"。在第二级"职业带"和"职业领域"的区别也很小。StBA对职业带的定义是"所包含的职业在任务的性质、活动、加工的材料类型等方面有相似之处"（StBA 1992，13）；BA对"职业领域"的定义为"所包含的职业在工作任务或活动、使用的材料类型和职业环境，或基本工作需求上，具有共性"（IAB 2000）。

这些定义包含的分类标准与ISCO标准"技能专门化"具有可比性。如下表所示，20个职业领域同时使用了"技能水平"和"技能专门化"标准，这与ISCO相同。

表2-4 20个职业领域

1. 农业、绿色类职业
2. 采矿业类职业
3. 石匠、瓷器和玻璃工人
4. 化工和塑料类工人
5. 印刷工人
6. 金工类职业：金属生产工人
7. 金工类职业：从事安装和建设技术方面的工人
8. 电气类职业
9. 纺织、皮革和服装类职业
10. 食品类职业
11. 建设及其相还将有职业，木工
12. 技术和自然科学类职业
13. 商品和服务行业
14. 运输和存储类职业
15. 管理、办公、经济和社会科学类职业
16. 安全类职业
17. 传媒、人文和艺术类职业
18. 健康类职业
19. 社会和教育类职业，牧师
20. 美发人员、服务生、清洁工

这里是一个关于标准混合使用的案例。所有电类职业如电力安装工和电子机械工都属于第8个职业领域"电气类"职业，但是电子工程师却归到了第12个职业领域"技术和自然科学类"。这里不仅有针对专业，而且还有针对不同技能水平的考虑，这与ISCO类似。但是分类方式也不完全相同，如职业领域"农业"包括不同层次的农业类职业，如农学家和农业工人等。

国际职业分类比较显示，一方面，职业群或职业领域在结构和数量出现相对一致的趋势，因为全世界在多数职业领域的劳动市场都有可比性。如在第二个职业层级上，各国职业群的数量大都在 20～35 个之间。但另一方面，在内容和结构上，职业群或职业领域则有很大差异，主要原因是对"技能水平"和"技能专门化"两个标准的不同应用。特别是对"技能水平"的不同理解，导致不同国家职业群或职业领域的结构和数量的不同。其他的突出困难是统计数据以及职业和职业群发展的国际比较（IAB 2000）。

2.3.4 职业分类背景下的专业设置

综上所述，职业、职业群或职业领域的分类和系统化非常重要，但是它们与职业技能获得的方式却没有关系，与通过职业培训获得的正式资格类型也没有直接的关系。在很多情况下，职业技能与在职业教育或培训中获得的能力是对应的。因此，探索职业教育与培训的专业设置，专业设置有哪些规律或者应当符合哪些规律，非常重要。

专业与专业群

ISCO 采用的主要标准是"技能水平"和"技能专门化"。《国际教育标准分类》（ISCED）则采用了可比较的参考标准。1997 年版《国际教育标准分类》（ISCED—97）将教育分为六个"教育层级"，包括职业培训和高等教育。其中第 3～6 级教育与 ISCO 中的职业技能水平对应。从专门化的意义上讲，职业教育与培训的专业分为 10 个大类和 26 个领域（UNESCO 1997a，35）的两个层级。这 10 个大类分别是：0. 普通项目；1. 教育；2. 人文与艺术；3. 社会科学、商业和法律；4. 科学；5. 工程、制造和建设；6. 农业；7. 健康和福利；8. 服务；9. 未知或未指明的。

与 ISCO 的 10 个职业大类相比，专业大类不是按照"教育水平"标准分类的，而是根据"专门化"或"学科"标准，如第 6 大类"农业"涵盖了所有层次的职业教育和高等教育专业。而 ISCO 中可比的职业群"熟练农业和渔业的技术工人"只包含第 2 级技能水平中的农业类职业。

ISCO 和 ISCED—97 的比较说明，尽管不同国际分类没有实现协调一致，但是技能水平与教育水平之间还是存在着一定关联，职业体系与教育培训体系之间也有一定的对应关系。

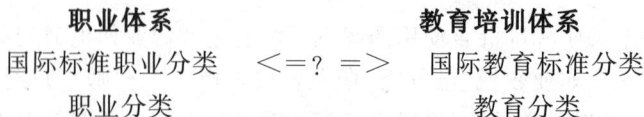

职业体系   **教育培训体系**

国际标准职业分类　＜＝？＝＞　国际教育标准分类

职业分类 　　　　　　　　　　　教育分类

图 2　职业分类与教育培训分类间的对应关系

由于这种对应关系，我们自然希望能在更加透明的和国际间相互协调的框架下完善各种分类，这就预先假定了各国职业研究和教育培训研究是均衡协调发展的。然而事实上，这个假定条件并不存在。

欧洲的专业设置（教育与培训领域）

在欧盟统计局（Eurostat）和欧洲职业发展训练中心（CEDEFOP）的共同指导下，欧洲在 1999 年开发并颁布了"培训领域"分类，即《培训领域指南》。这一新的职业教育专业分类与 ISCED 有密切的联系，与 ISCED 采用的分类方法也相同，即仅采用"专门化"或"学科"两个标准中的一个（Andersson/Olsson 1999，6）。因此，欧洲《培训领域指南》可认为是《国际教育标准分类》的下级分类。在分类标准的开发过程中，出现了许多针对分类方法的讨论，主要针对两种分类方法：一种是采用 ISCO 的"职业与分级导向标准"；二是采用 ISCED 的"学科与内容导向标准"。一些国家建议采用以 ISCO 为基础的分类方式，但"大部分成员国想要一个与 ISCED 接轨的体系，因此采用了以学科和内容为导向的方法"（同上，8）。同时，这也为提高职业分类和专业体系之间的协调提供了机会。这个目标是在 20 世纪 80 年代提出的，当时欧洲已经有人开始尝试建立教育培训领域的专业设置分类（Benner 1982）。作为欧洲职业分类与专业分类的参考，人们试图在专业设置与过去的职业供求登记系统建立起联系，但并未获得成功。但是，这仍然是一个很好的对职业研究与职业教育研究进行协调的建议（Andersson/Olsson 1996）。

作为国际专业设置标准的欧洲《培训领域指南》，其 10 个专业大类和 26 个教育领域直接采用 ISCED 分类方式。在第三个层级上，欧洲《培训领域指南》将 26 个教育领域进一步划分为 65 个培训领域（Andersson/Olsson 1999，10）。以下摘录显示，培训领域是按照学科内容分类确定的，如：

培训领域 5：工程、制造与建设

    52：工程和工程行业

        521 机械和金属加工

        522 电力和能源

        523 电子工业和自动化

        524 化学和加工

        525 汽车、轮船和飞机

    54：制造和加工。

与教育专业分类相似，欧洲培训领域同样也包括所有层次的教育与培训专业，因此领域非常广泛，如培训领域"汽车、轮船和飞机"包括"学习汽车的设计、开发、生产、维护、诊断、修理和服务……"（Andersson/Olsson 1999，8）。

德国职业教育的"职业领域"

与欧洲的培训领域相比，德国对教育培训领域的专业设置没有一个全面的分类标准。与德国职业分类体系一样，德国的培训领域分类与 ISCED 没有任何联系。在德国，职业教育的分类及系统化方式有两种，它与教育培训的层次和类别有关。

对所有层次职业教育进行分类，最初的简单方法是直接采用 StBA 和 BA 职业分类标准（见表 3）。这意味着职业教育专业设置在结构和方式上与职业分类是相同的（BA 2006）。例如，在 StBA 和 BA 职业分类中，33 个职业带（或 20 个职业领域）和 88（或 83）个职业群分别被用于职业教育描述（专业设置）中。与欧洲分类相比，德国有 26 个教育领域和 65 个培训领域，这里只有少数几个领域大体相同，其原因是分类方法不同。

德国职业教育的专业设置按照职业分类的方式划分，因此称为"培训职业"。根据《德国职业教育法》（BbiG 1969/2003）的规定，目前设有 350 个培训职业，它们都有规范的职业描述。这 350 培训职业被划归到 88 个职业群中的 69 个（BIBB 2004）。这意味着，并不是所有职业群都有培训职业。有培训职业的 69 个职业群有 01 农业人员，02 养殖者、从事渔业人员，……，14 药剂师（化工人员），……，28 机械师，……，31 电气技师（电工），等等（参见 BIBB 2004）。

德国第二种对职业教育专业（即培训职业）的分类更多是按照教学组织方式进行的，它与德国双元制职业教育体系中的职业学校有大关系。双元制之所以被称为"双元"，是因为职业教育既在工作场所（或工作中）开展，同时也在职业学校进行。这种分类方式只适用约 350 种具有规范的职业描述的培训职业。

政府部门把所有培训职业系统地归入到若干个职业领域，目的是建立一个用于规范职业教育第一年学年，即职业基础教育年的课程设置与教学，其官方文件就是所谓的《职业基础教育年核算条例》（BGJAVO，1972）。从形式上看，在职业基础教育年，每一个职业领域内所有培训职业都提供统一的、基础性的职业知识和技能教学，不论是通过全日制还是校企合作方式进行。对职业领域进行系统建设，是建立规范的职业培训条例的前提，因此需要相关的教学和课程标准。这几乎与"学科与内容导向"的分类方法一致。在 2003 年版的规范中，共有 14 个职业领域，即：I. 商业与管理；II. 金属加工；IIa. 汽车技术；III. 电气技术；IV. 建筑技术；V. 木材工程学；VI. 纺织技术与服装；VII. 化学、物理和生物；VIII. 印刷技术；IX. 彩色和室内设计；X. 健康；XI. 卫生；XII. 营养；XIII. 国内财政；XIV. 农业经济。

只有存在共同的基础教育内容时，才能确定一个职业领域的培训职业的数量和结构。因此，上述 14 个培训领域只包含了全部培训职业的一半。例如，信息和通信技术（ICT）的培训职业就没有相应的职业领域。

德国职业领域的结构对职业教育教师培养极为重要（KMK，1995）。由于职业领域与职业教育教师培养专业的结构有直接的联系，因此与职业教育研究领域之间同样有相互依赖关系。有关职业教育专业设置的变化和未来发展等问题，是职业教育研究的一个重要课题。

结语

各国职业分类和专业设置分类的不同，显示了各国职业分类和职业教育专业设置在目标、兴趣点和结果等方面的差异。职业分类及其相应的职业群或职业领域的结构，与职业教育的专业设置结构，在绝大多数情况下是不同的。建立一个整体化的、相互匹配的分类方式是必要的，因为职业体系与教育培训体系是相互依存的两个体系。整体化的、相互协调的职业和专业设置体系，是职业和职业教育设计和发展的基础(Petersen 等 2004)。

为了完善各种分类方式，特别是使其相互协调，职业研究和职业教育研究必须协调各自的目标和方法，并更好地整合各自的方法。然而这却很艰难。例如，建立新的欧洲资格标准(EQF)不但要描述和定义资格水平，而且还要描述和定义资格范围或领域，这与各国的职业体系联系相对并不大；又如新颁布的《欧洲议会和欧盟委员会关于职业资格认定的指示》①也面临同样的困境。

2.4 作为创新过程的职业教育研究

Ute Laur-Ernst & Georg Hanf

职前教育与职业继续教育的效力和可持续发展，与职业教育研究机构的学习能力和创新能力有密切的联系。这些研究机构会在政策层面上对职业教育产生影响，并且也会利用职业教育实践的成果。当这种三角影响失去推动力时，职业教育的发展就会停滞不前，无法满足经济和社会发展的需求。如若目标不仅限于维持现有的职业教育体系，而是将其设计得更符合未来发展的需要，那么所有层面上的合理化都是很重要的(BIBB 2000；Heidegger/Rauner 1996；Koch/Reuling 1994)。在经济、政策和实践的交互作用下，应用问题导向的职业教育研究在跨学科推力作用下的创新过程中，承担了先行发起者、称职的贡献者和建设性批评评价者的角色(Kleinschmidt 等 1978)，因此职业教育研究采用了社会研究和行动研究的方法和工具。然而，只有职业教育研究不断发展、系统地完善自身的理论和方法，才能完成这一复杂的任务(Benteler 等 1995)。

---

① 英文为 Directive of the European Parliament and of the Council on the recognition of professional qualifications。

2.4.1 关于"创新"与"创新过程"的概念

职业教育创新的要素是什么？职业教育创新过程的特点是什么？（该讨论可以追溯到 20 世纪 70 年代 Gutschmidt 等人的研究，1974）。由于创新本身的"相对性"和"主观性"（更不用说目前对它的过度使用了），对创新进行定义的本身就是一项挑战。从实用主义上讲，职业教育创新可被定义为"在过去已有的系统范围或实践领域中从未出现过的事物"。它可能是一种刚刚被识别的新职业，另一类教学方法，一种有远见的继续教育与培训结构，或新型的教育与培训提供者。因此，职业教育创新可与教育体系（宏观层面）、教育行政与实施机构（中观层面）、参与的个体以及教与学的具体过程（微观层面）有关。这些"创新"可能是原创的（但并不一定是）；换句话说，它们极有可能已经在别处存在，如别国的职业教育体系或其他教育机构。然而在特定时空内，这些变化应该是可感知的，例如，作为一种新的、有前景的工具，它们能够：

➢ 改善目前的状况；

➢ 解决棘手问题；

➢ 或提供新的选择和机遇。

创新不能只停留在想法上，而是要有可实现、可操作的模型。在实践中，它必须能贯彻执行并有示范效果。然而在职业教育经费投入领域，并不需要奇异的创新，相反创新应该可以轻易地被迁移和推广，然而现实中却存在着大量创新没有推广的例子。

创新过程包括多个阶段，从方案设计开发到将新方法融入日常实践中。创新的形成取决于创新的特定形式和实质，但它也有独立的特征：如在创新过程中参与者的合作，创新实践的直接背景与大背景，应用在创新过程中的方法和可获得的资源等。每个案例中这些条件的相互作用都是独特的（Laur-Ernst 1981b）。创新过程在具体细节上可能不同。然而，财务规则、研究指导方针和设计创新过程的"目前发展状况"等因素，也给创新过程增加了一定的标准化成分。随着政策、实践、经验和理论认识的不断深入，这些因素也随着时间的推移发生相应的变化。

要观察科学组织的、与实践相关的创新过程的结构向"哲学"的转换，可能需要数年时间，即从技术官僚模式（将新奇的已经做好的"产品"直接引入到教育现实中）到参与模式（研究者与实践者合作进行创新并将创新溶入到日常实践中）；从科学规划模式到所有参与者的动态学习过程模式；从产品导向到过程导向。

德国的职业教育创新存在着多种"组织模板"：

➢ 由联邦政府、各州和联邦教育规划与研究促进委员会（BLK）开展的具有深厚传统的初步研究（相应的背景参见 BLK 1992）；

> ➢ 在欧盟委员会计划框架内的跨国典型试验项目，开始于 PETRA 项目，并与达·芬奇 II 项目一起延续至今；

> ➢ 知名机构开展的相关研发项目（如联邦职业教育研究所，州立和大学的研究机构）；

> ➢ 东德援助措施框架内的创新计划（如 QUEM 或 Regiokom 项目）；

> ➢ 支援伙伴国或转型国职业教育改革的国际典型试验项目（如 1991—2001 年德国与中欧和东欧国家实施的 TRANSFORM 计划；Hoene/ Höhns 2001）。

此外，联邦政府以及主管部门近年来持续设立了很多创新项目，主题包括"利用新媒体学习""能力发展的学习文化""终身学习"和"可持续发展的学习"等。这些创新项目虽然不专门针对职业教育，但的确给职业教育带来了益处。

2.4.2 创新的潜力与冲突领域

由于双元制下职业教育责任的多元化，与其他研究领域相比，德国的职业教育研究已成为一个被各种冲突包围的领域。政治立场的冲突、研究领域的差异、参与者的利益分歧和学术竞争等，都是创新行动的决定因素，并引发了相互矛盾的挑战。职业教育研究必须为解决这些问题做出贡献。

创新政策的变化

对实施何种实践导向的职业教育研究，是否、以及如何针对教育政策目标应用已有的研究成果，政府（包括联邦政府和各州政府）、雇主协会和工会具有相当大的发言权。20 世纪 60 年代末到 70 年代初，政策部门对将典型试验作为一种"试运行"的创新战略充满信心，将其作为教育规划体系改革的典型试验，如北威州的学院制中等以上院校、职业培训基础年和高级职业学院等。如果原型试验成功，即通过了严格的科学性检验，就会被直接引入到监控系统中。创新项目及相关研究获得了较高的政治和社会地位，但不久对此的争议也出现了。

因此，政策制定者从宏观层面的准试验性质的典型试验中撤离出来，转向了争议较少的、微观层面的教育过程设计上（Rauner，2002）。然而，这种再定位被称为现实主义的分水岭，它将职业教育研究内容非政治化了，同时也留下了一套用于处理结构和实质性改革的工具，但这些工具显得越来越不灵验。尽管 80 年代和 90 年代出现了更多的问题（如培训场地不足、技术和组织结构变化、个人主义和全球化等）和更多对创新的压力，政治家不再依靠典型试验对教育体系和机构进行实质性的现代化改造，而是选择在实践中改造，而这对系统的影响是微小的。

20 世纪 90 年代后期，人们开始对职业教育系统构成要素进行审查和反思（如 1996 年联邦政府的改革观和 1998 年"工作、培训和竞争力联盟"的建议），接着又进行了一些有趣的创新项目，并取得了成功。创新政策从自上而下的国家干预和管理方式，转变成为自下而上的方式。这种变化的一个重要结果，是职业教育研究获得了更广泛的空间。对主动性和创造力的需求与日俱增，但没有必要将其应用到结构改革中。联邦及各州政府为支持创新构建了一个雄心勃勃的框架，但暂缓了决定要推广哪种成果而未将其投入到职业教育的监控系统中。他们主要依靠基层创新项目的转换效应和成功迁移。

多种创新的混合—— 向更具战略性的方法发展？

由于采用自下而上的战略，以及与三方机构和德国职业教育体系的结构相适应，人们期望研究可以产生慎重而多样化的方案。与其管辖权相一致，联邦和各州政府资助各自的典型试验研究项目；有时两级政府也会进行合作。社会伙伴通过开展适当的创新项目追求各自的改革理念，有时孤军奋战，有时携手共进（如金属与电子行业学徒资格考试的现代化）。此外，由于不同的职业教育实践领域（如学校、企业和培训中心）针对的目标群体、职业领域和职业结构不同，因此需要具体问题具体研究，量身定做解决方案。与研究者不同，参与创新的实践者对合理的科学基础或研究成果的系统化推广并没有特别的兴趣，甚至将这些看作是一种侵扰或竞争劣势。

在 ADAPT/EQUAL 和 LEONARDO 行动计划中，欧洲出现了越来越多的典型试验项目；跨国典型试验项目也在不断涌现，如 TRANSFORM 项目可比较 Laur-Ernst(1997)。在这一层面，德国已参与了成功的模型实测，这些实测与现行的国家政策和实践存在冲突（比如对以非正式方式获得的能力和部分资格或模块的承认）。

然而，欧洲基金的应用已经实现了最大的可能（详情参见设在 BIBB 的国家信息服务机构"欧洲教育"网不断更新的内容：www.na-bibb.de）。因此，多年来涉及范围广泛的创新活动得到了资助。尽管这些创新偶然存在不兼容性，但他们却能并肩共存。一般而言，创新的效果受到地域或特定时间的限制。在最后一轮项目中，如何保持项目成果的影响成为主要问题。欧洲委员会 2002 年出版了《发展职业培训创新的行动计划》。2005 年起，所有项目必须包含成果保持计划，并将此作为一项指标。

在几乎所有的资助领域都对研究课题进行了集中，这无疑引发了争论。很长一段时间里，各国甚至整个欧洲都不太明确"他们将走向何方"。在职业教育中，严格且统一的理念被多元化理念所取代。在国家和欧洲层面对创新的促进都产生了一些随意和不明确的信号。

1998 年起，采用了一种新的哲学促进创新：联邦政府和州政府从项目导向转变为综合项目导向。推广综合项目模式旨在促进研究和发展活动更好地协同，强调将典型试验项目成果转化到职业教育主流中，强调系统创新的可持续发展。

综合创新项目与政策重点更紧密地联系在了一起。新的综合项目包括如：新的学习理念和学习质量；完善不同学习场所之间的合作；提升教师和培训师的能力；自我学习和合作学习(综合项目模式策略回顾参见 BLK 2005)。2006 年联邦政府建立了智囊团，以促进职业教育职前和继续教育的创新。

进入第三个千禧年，部分创新活动的关注点开始被欧洲教育培训政策主导。委员会和各部长委员会共同制定了教育培训体系未来的共同目标，欧洲和各国的项目和活动都转向了政策重点。这些目标都体现在《教育与培训 2001》工作计划中。所有欧洲层面的活动都要致力于促进主要目标的实现，即将欧盟变为最具活力和竞争力的知识社会(里斯本议程)。工作计划提出面向各成员国的开放的合作方法，对此成员国取得了一致意见：

> 成员国就共同标准达成共识，从而了解各自立场并根据所设目标对进程进行评估；

> 成员国就比较合作工具(comparative cooperation tools)达成共识，促进优秀实践经验的推广和交流。

这些方法保证了基于创新目标的更加连贯的改革政策。

研究：变革的推动者

在高等教育领域，人们常常蔑视那种与政策和实践相关的、不严格遵循经典的实证分析范式的研究。对学术的建设性和通过管辖权的干预(不作为参与方)一直受到批判。现实中，人们通过同步分析以及对创新产生的条件的反思来促进创新(学习)过程。这种研究过去被称为"行动研究"，现今被称为"建构性研究"(Heidergger 等 1997)。在 70 年代，伴随这一复杂概念，职业教育研究为开辟新的领域和进行彻底反思做好了准备。这一点可以从典型试验中"科学过程监控"的角色变化得到印证。

科学过程监控开始时被理解为一种独立的外部监控功能。现在它已经与行动研究范式看齐，成为变革的推动者。相应的基本要求包括：通过研究与获得科学知识(科学知识要超越特定的个案，确保创新的可迁移性)的结合来支持创新过程。不可否认的是，在参与和距离之间，在解决实际问题与从根本上增加知识量之间，研究过程很难实现理想的平衡。但原则上仍然可以证明，行动研究是一种比较合适的方法。此外，一味围绕方法进行讨论也收效甚微。我们需要创造性地发展创新研究的综合方法，同时还需在公共领域中发展建构性创新的可持续发展理论(在众多研究中，Zimmer 1997 抓住了问题的要害)。

职业教育研究经常呼吁的跨学科研究，但却很少付诸实践。跨学科性被各种冲突包围，虽然尚未得到开发，但却蕴含着大量的重要材料和巨大的创新潜力。很多复杂问题只能通过跨学科方法才能理解和解答。对培训的社会科学研究需要工作本位的视角，从而为确定新职业或新培训计划提供有用的数据。如果目标是支持个人能力的发展，那么需要重构教学观念，这需要借鉴教育心理学和工业心理学方法。值得借鉴的是：具体的职业教育实践能够体现出复杂系统的特点，而狭隘的创新则与这一理念不符。例如，一个教学上完美的学习理念如果在企业继续教育中大幅增加了费用，那么它对企业的用处就微乎甚微。成功的创新，是在相关行动领域和目标之间实现充分的平衡。多学科的研究必不可少。

2.4.3 创新过程中的职能

在重视创新过程的大背景下，职业教育研究的任务范围包括（Bähr/Holz 1995）：

- ➤ 创新需求的识别、确定和运作；
- ➤ 创新的产生和协作性设计（shaping），试验和评估；
- ➤ 创新的实施、迁移和推广；
- ➤ 对产品和过程的总结性评价，以及对他们的影响分析；

在整个创新过程中，上述活动处于变化和互动作用中，并通过多种反馈渠道建立起了相互之间的联系。创新过程不可能从开始到结束一切都计划好，而是在过程中不断出现惊喜，这需要所有参与者展现出开放性、灵活性和社会同情心，从不同角度进行分析、提出创造性的解决方案并做出妥协。

创新需求的识别、确定和运作

创新的出发点通常是一个已知的公认的问题。社会科学研究、职业教育统计数据、重点行业分析或纯研究洞察成果，都能协助人们确定创新需求，并在经验上给予支持。长期以来，国际比较职业教育研究成果也成为另一种来源，帮助人描绘出各自体系中创新的必然性。鉴于许多批评指出职业教育研究产生成果的速度太慢，很多研究重点放在了早期诊断、前期活动和剧情描述上（如国家研究联合 Frequenz）。为了更详细地描述创新需求，并为其"本地化"实施做准备，还必须根据研究目标对基本数据进行补充。在此过程中还需要考虑行政命令和实践者的利益。这为创新项目确定了研究投入方式，有利于明确需求和潜在的参与者。

创新的产生、协同设计与试验

最初一个假设方案的提出，呈现和解释了待解决问题与解决方案（即"创新"）之间的联系。这为创新提供了科学的、与实践相关的理性，并概括了创新的主要特点。

这个"解释模型"不是一成不变的，在整个创新过程中会不断完善。它也可作为动态的"行动模型"的参考模型，为实施创新勾画出关键方案和行动路线。行动模型的核心要素是创新战略，它取决于参与者的能力、创新意愿和形成性（自我）评价。通过经验型数据和获得的经验，能对创新的产品和创新过程做出反馈；反馈的目的是在现有条件下获得最佳结果。最后还必须进行实证检验，获得能证明创新比过去的实践更具优越性的证据，或者使所有参与者都意识到或承认创新的积极效果。这假定了一系列共同定义的成功指标，即检验指标。

在开发和实验中采用的方法多数是定性研究方法，如专家问卷、参与者问卷、小组讨论、访谈、（参与式）观察和环境分析等。采用（准）实验设计方法获得系统性知识的方式在典型试验项目中还很少被采用，但绝不能排除。

创新的实施、迁移和推广

经验显示，尽管自己亲自参与了创新项目，但实践者还是比较抵触创新，而不是热情地投入到创新中去。然而他们必须做出变化，而不是研究者。因此需要持续、公开地调查涉及创新的人员的实际态度和创新的广阔背景，从而避免对创新的接受程度做出错误的评估。此外，在实践中常常缺乏对潜在利益团体的系统研究；通常项目参与者一般不是利益团体的代表，这会导致对需求的错误假设。最关键的一点是对创新"迁移"的坚持（Albrecht/Bähr 2001，BIBB/BWP 2001；Nickolaus/Schnurpel 2001/1999），这在多数情况下是不可行的。典型试验项目往往是在特定条件（如资源更丰富，有特别的规定等）下发生的。这些创新的"种子"很难在正常的现实生活中存活。这也解释了为什么资助一结束，创新便无法在正常生活中坚持下来，甚至在原来产生的环境中也无法生存下去。一些创新项目最终不得不向决策者和教育管理机构寻求帮助。尽管有国家资助，如果这些机构不利用这些创新成果，那么研究者也束手无策，这样的创新毫无用武之地。创新的制度化、推广和有效迁移不充分的原因多种多样，它常常隐藏或被压制在创新本身的质量、利益和创新产生的条件中，而这通常不会被注意到；这时，即便是有更好的迁移管理体系也无济于事。鉴于这种情况，需要更清晰地通过另一种提高创新结果在实践中或政策上的迁移能力（包括营销方面）（Eberhardt/Kunzmann 1997，如中欧和东欧的创新合作合资项目）。

理由充分而现实地回答这个问题是"迁移模型"的一部分，也是创新项目第三个有效的理念。虽然对此有很多描述，但却没有很清楚的。

评价与影响分析

一般来看，形成性评价是创新过程的一个重要组成部分，然而有价值的总结性评价却很少见（参见 Kromrey 1995 年关于评价方案的论述）。对一个项目甚至综合项目进行长期的效果和副作用的评价更为少见。

国家层面的典型试验研究也是如此，只是最近有了变化。过去十年欧洲委员会的综合项目更是如此。从第二代到第三代综合项的变化，2000 年欧洲委员会采用了"稳定策略"，引入了评价和影响分析，其主要内容包含推广和试验最有创新性的实践、利用它们并在不同背景下发展它们、将其逐步融入现有体系以及非正规学习过程中。按照欧洲议会和欧盟委员会的决定（EC 2007b），从 2000 年起，所有综合项目都要进行事前评估。

由于一味狭隘地强调"经典意义"上的迁移，人们常常忽视和低估典型试验研究的积极和持久效应，这就需要系统性的影响研究，欧洲职业教育发展中心(Cedefop)的第三份职业教育研究报告中也强调了这一问题，其中包括评价研究和影响研究的理论基础，以及对体系和综合项目进行评价的实例(Descy/Tessaring 2004)。

2.4.4 展望与挑战

鉴于经济、劳动市场和教育的相互依赖及全球化趋势越来越明显，未来的职业教育研究将在各个层面上支持和产生更多的创新(Laur-Ernst/King 2000)，它对改革和设计未来具有不可或缺的作用。创新工具日臻完善(无论是在理论还是在方法上)，如规则的修订一样(越来越差异化、灵活和更多的研究成分)必要。30 年来的创新过程多是基于行动研究的，而对这种范式的完善方面人们却少有所作为。关于社会背景下创新行为的系统研究(元研究)和理论工作也极为缺乏。创新已成为影响职业教育发展的关键，但这一点人们还未充分意识到。除非在所有职业教育机构中提高创新能力、构建有利于创新的机制、营造有利于创新的氛围，否则就无法面对未来的挑战。

2.5   欧洲合作背景下的职业教育研究

Pekka Kämäräinen & Martin Fischer

研究的背景与科学价值

本章综述欧洲合作项目中的职业教育研究的发展，它们均得到了欧盟资助。在此，职业教育是指在获得劳动市场所需技能和能力的教育与培训(TISSOT 2004，160)。欧洲合作项目由欧洲委员会、教育文化理事会(Directorate General Education and Culture)及研究理事会(前身是 DG XII)共同管理。

欧洲职业教育研究项目对欧洲职业教育研究合作起了以下几方面的作用：

➢ 从 20 世纪 90 年代初开始，欧洲合作项目就已经是职业教育研究的主要资助者。正是因为有了欧洲的资助，才产生了由多国参与和推广的职业教育研究。

➢ 欧洲职业教育研究活动是在多元背景下进行的，并通过框架计划联系起来。各阶段计划的主题及重点可以从欧洲项目的发展历程中得到启发。

➢ 在欧洲项目中，职业教育研究的目的是获得"欧洲附加值"。一方面，它建设了欧洲知识库，并发展了职业教育研究的共同体；另一方面这也说明了职业教育研究的作用的变化，即促进教育培训领域中欧洲统一政策的制定。

2.5.1 欧洲合作项目中职业教育研究的作用

欧洲教育培训行动计划中的职业教育研究

20世纪90年代初，在欧洲行动计划中开始开展职业教育研究，并将"培训"与欧洲劳动市场联系在一起。如PETRA项目的重点是职前教育，研究职业教育在"从学校到工作过渡"中的作用。FORCE项目关注职业继续教育，促进对不同行业继续教育需求和"最佳实践"（good practice）的研究。Eurotecnet项目则关注技术和社会创新，为特定国家间的交流示范项目提供了平台（Bainbridge 1994；Nyhan 1998）。

1995年以后，新的欧洲立法将整个教育培训纳入欧洲合作中，这体现在两个欧洲综合项目中。Socrates综合项目包括普通教育的Comenius项目、高等教育的Erasmus综合项目和成人教育的Grundtvig综合项目；Leonardo da Vinci综合项目则包括职业教育多领域合作以及职业教育与高等教育的跨领域合作。在da Vinci综合项目中，一系列的"调查与分析"（Survey and analysis）项目（后来称为"欧洲参考资料"（European reference materials））把相关研究活动联系在了一起。

欧洲研究框架计划中的职业教育研究

第三个欧洲研究框架计划（20世纪90年代初开始实施）不包括职业教育研究。但是它的研究重点是科学与技术的预测与评估（Forecasting and Assessment of Science and Technology，简称FAST），倡导对"人性化生产"和"工作与技术的社会性设计"的研究，这与职业教育也有关。

第四个欧洲研究框架计划（1994—1998）增加了"社会经济的针对性研究（Targeted Socio-Economic Research，简称TSCR）"项目。TSCR关注职业教育研究及其在欧洲社会经济发展中的作用。该计划不但为主题项目（thematic projects）提供了资助，同时也资助了包含多个主题领域的综合性研究（CORDIS 1999）。

第五个欧洲研究框架计划（1998—2002）没有对社会经济研究确定具体的支持机制。职业教育包含在"提高人类研究潜力和完善社会经济知识库"研究领域中。这是一个横向研究领域，并通过重点主题计划（如信息社会等）得到了扩充（参见CORDIS 2006a）

第六个欧洲研究框架计划的重点是构建新的欧洲研究合作机制，关注对优秀网络和综合性项目的大规模资助，试图构建欧洲的基础研究设施，把领域内的大量研究联系了起来（CORDIS 2006b）。

职业教育研究与欧洲计划的整合

不断发展的规划机制和职业教育研究促进措施可以简要概括为：

➤ 在第一阶段，职业教育尚未纳入由欧洲研究框架计划支持的研究领域。但是，一些独立的行动项目还是开展了职业教育研究活动，这些活动与该项目的具体关注重点有关。这时，发展职业教育研究文化的机会还是很有限的。但是 FORCE 计划中的行业研究是一个例外，这也为欧洲职业教育研究的后续活动奠定了基础。

➤ 1995 年后，职业教育研究正式成为欧洲框架计划的研究领域，并获得了 TSER 的支持。同时，综合性的职业教育行动计划为开展更为广泛的研究和进行多样化的项目设计奠定了基础。

➤ TSER 项目之后，人们期望职业教育能正式成为欧洲框架计划的重点。同时，正在制订的新的欧洲合作研究框架计划，是向终身学习的综合性研究方向发展。

2.5.2　欧洲职业教育研究中方法和知识兴趣的多样性

在 Hörner 之后，Sellin 和 Grollmann(1999，7)提到了欧洲职业教育研究的四项功能。Frommberger 和 Reinisch(1999，329)，Lauterbach 等(1995，15)也提出了同样的观点。这四项功能是：

➤ 个体化(idiographic)功能，介绍不同国家和文化背景下的职业教育；

➤ 一般化(nomothetic)功能，帮助发现职业教育内部的一般性规则，如 frommberger/reinisch(1999)认为该功能的方法是准实验的；

➤ 改良(melioristic)功能：促进职业教育典型项目的实践，改良中孕育着完善；

➤ 发展(evolutionistic)功能，在发展方式和变化过程中识别出特殊的和普遍的发展趋势。

个体化功能的研究方法

个体化功能的研究方法描述了欧洲各国职业教育体系和职业教育实践。通常，对一个国家职业教育体系的评价涉及以下问题(Descy/Tessaring 2001，8)：

➤ 如何调控、协调和运行职业教育体系？

➤ 职业教育与培训如何获得资助？

➤ 普通教育与职业教育之间的关系如何？

➤ 如何获得并认证职业能力？

➤ 如何培养职业教育教师，如何通过进修为其提供支持？

这些研究可获得国家资源和欧洲资助。Lauterbach 等(1995—2005)、Koch(1998)、CEDEFOP(2006d)和欧洲培训基金会(ETF 2006)等收集了这方面的研究成果。一方面，个体化功能研究方法为其他研究方法（特别是国际比较研究）奠定了基础，并指出了欧洲职业教育研究的社会文化特征；另一方面，个体化研究法也面临着一些特殊的困难。

这些困难是由职业教育的动态发展特点造成的。与普通教育不同，职业教育和劳动市场容易发展变化，与不断变化的需求和雇主的要求有直接的联系。事实上，可以通过不同的分类方式研究职业教育的动态性，但人们并没有这样做。因此，一些个体化研究成果甚至在出版前就已经被认为是过时的。

一般化功能的研究方法

研究方法从个体化到一般化的发展，与项目设计及跨国合作的阶段有关。研究者进行国别比较时，需要寻找一般性的规则和原理，因此必须考虑比较研究的标准问题。方法研究和实践研究存在很明显的问题，即缺少公认的第三方标准（Frommberger/Reinisch 1999；Lauterbach 2003b，91）和可作为欧洲参考模型的职业教育体系。虽然对各国的能力潜力以及技术、组织与经济竞争力之间的联系做了理想化的假设（Georg 1997a），但是尚未有实证依据证实，某种职业教育体系具有明显的竞争优势。基于方法上的原因，人们还无法分析大量的影响因素，也无法对职业教育体系在社会经济发展中的影响进行量化研究（Tessaring 1998b，36；Büchtemann/Verdier 1995）。

所谓功能分析方法试图解决这一问题。Greinert 提出了"功能与结构分析法"，起初用于描述德国双元制职业教育（Greinert 1998）的特点，后来又将其应用于国际职教史的比较研究中（Greinert 2002）。他还提出了职业教育体系的一般功能（认证、分配、选择、吸收、利用和整合）。虽然欧洲各国的框架条件不同，但在各国职业教育体系中都可以找到以上功能。基于此，Hörner（1993，19）提出了功能等价物（functional equivalents）的概念，这帮助我们有可能将不同现象放在与其功能相关的同一层次上进行分析。

"从学校到工作的过渡"是一般化功能比较分析的一个案例。研究表明，各国有明显不同的过渡方式：在丹麦、德国、荷兰和奥地利，青年毕业生的失业率在8%～14%之间，比利时、法国、爱尔兰和英国在18%～36%之间，但在地中海国家，这一数据升至49%（Descy/Tessaring 2001，30）。TSER 中的 CATEWE项目（2000 年关于欧洲"从教育向工作过渡"的比较分析）的研究表明，这一现象一方面与各国职业教育体系有关；另一方面取决于其他变量，如性别、社会地位和青少年的国家传统等。

除了具有明显比较特征的研究外，一般研究侧重欧洲职业教育研究的重要维度，如职业教育的政策、职业教育社会结构与社会文化以及能力发展，等等。以下是本领域的重要研究项目：

a）Socrates 综合项目"欧洲带薪教育假制度——一种终身学习的战略？"（Arbeit und Leben 2000），是职业教育政策研究的代表。

b)一个社会结构研究的代表，是关于职业教育与社会排斥间关系的研究。研究成果包括 16 个相关主题的项目，并最终总结成"社会排斥和教育公平"项目群。

c)社会文化维度的研究项目有，关于不同文化背景下职业认同感形成的研究（Fame Consortium 2004）。

d)能力发展的研究成果如"工作过程知识"的获得（Fischer 2000），它收集比较了 10 个国家的相关研究成果（Boreham 等 2002；Fischer 等 2004）。这些研究成果在学习型企业中进行了实证研究（Fischer/Röben 2004）。

改良功能的研究方法

在欧洲行动计划中，相对研究导向的项目（在"调查和分析"计划和"欧洲参考资料"范畴内开展），典型实验获得了更多的支持。此类项目一般都能获得欧洲的资助，希望借此完善各国职业教育体系、改善当前教育组织，并在不同职业教育模式中推广各项"欧洲"改革。这些目标都重视项目的改良功能，例如：

a)da Vinci 综合项目"Intequal"（其后续项目是"Duoqual"）研究了通过"双元导向资格认证"将普通教育与职业教育结合起来的前景。它研究了不同改革理念和典型实验的差异，构建了"学术"和"职业"相结合的培训模式。与课程"方案"是理念不同，改良功能的研究常与案例分析结合在一起（Brown/Manning 1998；Manning 2000）。

b)在科学技术合作框架下，欧盟财政合作得到了各参与国和科学技术合作秘书处的认可。在此背景下，1997—2002 年实施了"科学技术合作 11 号行动"，该行动的主题是"迁移性、灵活性和流动性目标"。该项行动的准备工作始于 20 世纪 90 年代初的可行性研究，当时分析了职业教育的教学过程。可行性研究总结出了一个框架，以促进教育改革经验的推广和教学过程的灵活性与流动性（Achtenhagen 等 1995；Achtenhagen 2003）。根据这个框架，科学技术合作行动在平行工作小组和联合会议的基础上组成。据此，研究者分析了在不同教育发展水平和国家背景下促进迁移、灵活和流动性的前提（Achtenhagen/Thang 2002）。

c)近几年，改良功能研究领域转向了网络学习。虽然相关措施覆盖了所有教育领域，但关于职业教育及与工作相关的学习问题，仍然得到了高度重视。

发展功能的研究方法

发展功能的研究关注欧洲职业教育发展的特殊性和普遍性之间的关系。这类研究以研究假设为基础，如需假设欧洲一体化过程中的文化是多样性的，并且各国职业教育体系有同质性的发展趋势。特定文化的发展过程彼此紧密相连，从而构成并行的"系统环境"。因此，对各国职业教育体系（或职业资格证书体系）的解释应在综合性框架内进行（Kämäräinen 1996；Hanf 1998；Harney/Kissmann 2000；Münk 2001）。

同样需要类似的假设和框架，才能分析不同国家对技术工人的需求。这种欧洲层面的比较分析可以追溯到 20 世纪 80 年代早期。当时此类分析的兴趣是观察，即观察类似的技术变化和能力发展需求是如何导致不同的技术工人培训组织方案的（Sorge/Warner 1986；Prais 1995）。

在欧洲合作层面上，此类成果可在一项 FORCE 的行业研究中找到，该研究分析了特定行业中工作过程与职业培训之间的关系，涉及所有欧盟成员国（1995年之前）、日本和美国（Rauner/Spöttl 1996）。比较研究发现了一个极端现象：希腊汽车服务业有 14 种不同的职业描述；而另一个极端则是，美国提出了"全能技工"的理念。da Vinci 综合项目的一个后续项目对这项成果做了进一步研究，在"汽车机电一体化"项目的职业描述的基础上，开发了一个欧洲课程标准（Heise 1998）。这些不同阶段的项目说明了，研究是如何实现其发展功能的。

第二个类似研究的例子是关于职业教育体系的发展，如 da Vinci 综合项目"后 16 种战略"及其后续项目"Spes-Net"。在早期阶段，前一个项目提出了促进"平等尊重"（parity of esteem）的四个战略，即一体化、跨机构合作、等级结构连接和加强职业学习。后者分析了如何借助补充战略进一步发展主战略（Lasonen 1996；Lasonen/Young 1998；Stenström/Lasonen 2000）。

第三个例子是 da Vinci 综合项目中的"Europrof"项目，该项目分析了职业教育教师的培养与培训，批判了教育教师培养主导模式中学科知识、教育能力与工作过程导向能力相分离的现象（Brown 1997）。在基本理念发生变化的基础上，后续项目"Euroframe"完成了两项任务：一项为研究机构和教师培养教学计划开发了标准，从而促进欧洲职业教育教师教育的发展（Grollmann 等 2003）；另一项则分析了欧洲国家在职业教育教师继续教育发展方面的合作前景（Attwell/Brown1999）。

第四个发展功能的例子是欧洲职业培训发展中心（CEDEFOP）和欧洲培训基金会（ETF）的联合项目。此项目关注欧洲职业教育和终身学习的远景描述与战略。它试图提高欧洲各成员国监控和设计职业教育发展，以及确定相关战略的能力。远景描述建立在有关经济和社会发展的三个假设上（Sellin 2002）。后来，远景描述项目还提供了一个共同的描绘工具，该工具可以综合考虑欧洲不同职业教育体系的之间的关系（Grollmann 等 2003，9）。

2.5.3　"欧洲意识"的不同方面及其对职业教育研究的启示

发展"欧洲意识"已成为对各类研究项目的基本要求，并被纳入到欧洲计划中。职业教育研究中的欧洲意识包括三个方面：

➢ 克服理念障碍，促进欧洲知识的增长；

➢ 在职业教育研究领域发展欧洲研究共同体；

➢ 对职业教育研究的挑战：促进欧洲政策制定过程。

克服理念障碍，促进欧洲知识的增长

由于各国职业教育体系的多样性，对于职业教育研究而言，"欧洲意识"的概念具有特殊的重要意义。在职业教育的现象中，这种多样性镶嵌在各国的专业术语和特殊的文化理念中。为了能学习到彼此的文化，必须深入研究并考虑研究工作的不同方面。然而，由于欧洲计划中单个项目的生命周期非常短，因此无法达到上述要求。促进欧洲意识的知识增长，必须在相对综合的项目和项目史（包括不同的发展阶段）中才能实现（Kämäräinen 1998b；Kämäräinen 1998a）。

以下是四种项目史类型以及相应的知识增长模式，它们是在职业教育研究中发展欧洲意识的具体方式：

➢ 上面提及的"后 16 种战略"（Lasonen 1996；Lasonen/Young 1998；Srenström/Lasonen 2000）欧洲项目史比较了欧洲不同国家的发展战略，促进了"普通教育与职业教育间的平等尊重"。从知识增长的角度看，在有可选择战略的框架中，合作伙伴有必要建立对自己（和自己国家职业教育模式）的认同感。在下一个阶段，再分析学习对方模式的可能性。这个项目史，呈现了不同职业教育研究和职业教育体系发展理念的"跨文化知识增长模式"。

➢ 欧洲研究网络的主要活动是对"工作过程知识"进行的实证研究。它分析和记录了在共享"工作过程知识"基础上，在复杂工作情境中进行合作管理的案例（Boreham 等 2002）。后来，欧洲研究网络的研究与"组织学习"研究一起，成为职业教育课程开发和工作场所学习组织研究的同等重要基础（Fischer 等 2004）。这种项目史呈现了"不同研究主题间的关联性知识增长模式"，以及相关知识利用模式。

➢ 上面提及的欧洲汽车机电一体化项目（Rauner/Spöttl 1996；Heise 1998）成功实现了"欧洲一体化"的新的职业描述和相关课程开发。该项目在一个跨技术的领域中开发了综合性的工作过程导向的职业描述。在项目史的不同发展阶段，发展出了不同的研究方法用于进行职业描述和课程开发。该项目史针对具体的研究领域，实现基础研究与知识利用之间的迁移，呈现了一种"形成性的知识增长模式"。

➢ 上面提及的 Europrof 项目，把对职业教育教师培养培训的分析与欧洲综合改革议程的对话联系在一起（Attwell 1998）。Europrof 项目最后阶段和后续项目 Euroframe 的共同特点是，将统一的指导性原则与针对各国文化和实际进行调整的改革议程联系起来。Euroframe 项目中的各个子项目，则努力将欧洲共同战略与各国自己的发展战略结合起来（Groll-mann 等 2003；Attwell/Brown 1999）。该项目史考虑了在欧洲职业教育教师培养培训领域中促进创新的不同前提条件，表现出了一种"迁移性知识增长模式"。

发展职业教育研究领域中的欧洲网络和研究共同体

欧洲意识的另一个方面是发展欧洲职业教育研究网络和研究共同体。在早期的欧洲合作阶段，研究网络只是建立在研究者与其研究机构间人际关系的基础上。1995 年之后，一些新项目为建立具有更广泛主题和合作空间的网络提供了基础，如由 TSER 资助的网络"论坛"（FORUM 2000）、da Vinci 综合项目的"Europrof"项目及其在 1998—2000 年间使用的合作交流平台"REM/欧洲职业教育研究"。

这些网络的发展，为把 VETNET 网络发展成欧洲职业教育研究的综合共同体奠定了基础。VETNET 建立于 1996 年，是欧洲教育研究会（EERA）中的职业教育部门。逐渐地，在欧洲教育研究年会（ECER）上，VETNET 成为欧洲职业教育研究的知识共享的重要平台（VETNET 2006）。

在新网络的创建阶段，欧洲职业培训发展中心（CEDEFOP）参与了网络的各项活动，并组织了一系列研讨会，以促进各欧洲项目间的知识共享。之后，CEDEFOP 利用"Cedefop 研究平台"（Cedefop Research Arena，简称 Cedra）将这些活动与发展网络支持服务及相关出版物联系起来。此外，CEDEFOP 还定期出版欧洲职业教育研究报告，展示欧洲及各国最新的重要研究成果（Tessaring 1998b；Descy/Tessaring 2001）。

对职业教育研究的挑战：促进欧洲政策制定过程

欧盟里斯本峰会（2000 年 3 月）为欧盟未来十年设定了发展目标，并为具体的后续程序奠定了基础。在随后的教育议程《教育与培训 2010》中，"欧洲框架"工作进程的主要作用是为欧洲高等教育（博洛尼亚进程）和终身学习领域（哥本哈根进程）奠定基础。

从职业教育角度看，哥本哈根进程的重点是开发一个共同的欧洲资格认证框架（EQF），并将其与欧洲学分转换体系（ECVET）置于同等重要的地位。欧洲委员会完成了欧洲资格认证框架，并作为提案提交给了欧洲议会及理事会。希望到 2009 年，欧盟各成员国能调整各自的资格认证框架，以符合欧洲资格认证框架的要求。

考虑到职业教育研究是新欧洲政策过程的潜在促进者，有必要提及以下几方面的发展：

➢ 为了实现里斯本峰会的职业教育目标，2004 年开展了一项重要的后续研究，为欧洲教育部长级会议提供基本信息。由职业教育研究机构和各国有关部门组成的专家组参与了《马斯特里赫特研究》的准备，它为职业教育若干领域的政策监控奠定了基础（Leney 等 2005）。

➢ 为了制定欧洲资格认证框架和欧洲学分转换体系，欧洲委员会设立了专家组，并采用了一些欧洲项目的研究成果。这些措施引发了争议，并由此引起了一个独立的研究和评述（Grollmann 等 2006）。

➢ 为了支持国家和行业资格认证框架的发展，欧洲委员会正在建立新的支撑机制并实施相关的项目。同时在国家层面上，各国政府和社会伙伴正在实施各自的措施。分析这些欧洲框架标准与各国（或行业）资格框架标准之间的关系，及其明确职业教育研究在欧洲未来职业教育政策制定中的作用，对于职业教育研究者来说都是一个挑战。

2.6 转型国家的研究和职业教育改革政策

Peter Grootings & Sören Nielsen

2.6.1 背景

处于转型期的国家面临很大的挑战。专业研究与发展能力的缺乏阻碍着各国建立良好的基础，也不利于改革政策的发展。欧洲培训基金会的伙伴国很少开展现代职业教育研究，至少后社会主义国家很少对现代职业教育进行研究。处于加入欧盟前阶段的中欧和东欧新成员也出现了相同情况。欧洲职业教育发展中心（CEDEFOP 1992）在 20 世纪 80 年代末、90 年代初向中东欧及独联体国家开放了职业教育研究论坛，以使他们加入欧洲正在进行的讨论。如今，西巴尔干地区、俄罗斯、乌克兰、高加索地区、中亚以及北非地中海国家的情况也发生了改变，这些国家已没有了真正意义上的职业教育研究。

如今，在中欧和东欧的新成员国中这种情况有所改观（Strietska-Ilina 2000）。这些国家的职业教育研究在一定程度上回应了这种转变带来的挑战，并且在职业教育改革过程中发挥了重要作用，尤其是在建立终身学习体系方面。不过，职业教育研究仍然存在弱点，如研究领域过于狭窄，质量低，方法陈旧以及研究组织效率低等。在此，我们的讨论将聚焦于欧盟以外的转型国家。

转型国家的职业教育研究有什么特点？为什么失败了？为什么适当的职业教育研究基础在转型国家职业教育改革政策的制定和执行中非常重要？欧洲培训基金会怎样为其提供支持？本章将对这些问题进行讨论。在结语部分，我们将对重新整合的转型国家在职业教育研究共同体中面临的机遇予以概述。

2.6.2 传统：原社会主义国家中职业教育研究的狭义概念

经济和社会结构的根本性变化，使原社会主义国家职业教育系统的作用发生了巨大转变，并确立了一个全新的逻辑。随着许多工作室的关闭和企业设施的减少，学校被迫承担起为整个职业教育负责的重任。职业教育变得更加理论化，成本也在不断增加。在市场经济条件下，在劳动市场需求和职业教育供应之间建立一个新的信号系统迫在眉睫，多数情况下，这一系统的建立是依托社会伙伴关系实现的。在大多数国家中，这种重建过程远未结束。这也直接导致了职业教育研究中一个崭新领域的出现。而以往的研究传统很难适应这种转变。

直到 20 世纪 80 年代末，转型国家中开展的职业教育研究仍大多由专业的职业教育研究机构完成。这些机构专注于"内部"的职业教育研究，如课程、教科书、教材和在职教师培训。这些机构是高度集中且自上而下的专业部门系统的一部分。工业部门有时也有自己的职业教育研究机构。职业教育研究机构与服务于教育系统其他部分的科研院所之间有明确的劳动分工。这些机构通常不参与政策研究，他们的工作属于技术性质。基本教学研究工作由科学院或者其分支机构来做，而具有政策导向的研究则由附属于政党系统的研究机构进行。

有趣的是，与职业教育有关的研究往往首先开展于那些与政党的青年组织有关的研究机构。20 世纪 70 年代以来，青少年问题受到了越来越多的政策性关注。这些问题被认为是由年轻人的期望与社会主义社会的需要间不适应的现状导致的。在此背景下，一个全新的、具有可比性的研究领域得到了发展，且这种发展依赖于该国的政治大环境。这项研究涵盖了所有从帮助年轻人适应现实社会到提倡变革以适应年轻一代愿望的问题。这项研究还扩展到了其他社会科学领域，特别是教育和劳动研究。研究涉及与政府相关的研究机构（科研院所，劳工和教育科研所或教育科研院所）和内部的学术研究机构（社会学研究所），但很少涉及经济研究（Adamski / Grootings 1989）。

很多时候，专业的职业教育研究机构并不受那些影响更广的研究趋势的影响，并且它们之间几乎没有任何交集。职业教育往往被认为是社会主义教育体系中的重要组成部分。从意识形态和经济因素上看，职业教育始终占据比普通中学和高等教育更有利的位置。这也解释了为何在转型之后，几乎所有国家中传统的职业教育机构都很难适应职业教育、劳动市场和就业制度之间的体制性变化。在某些国家，即使职业教育研究机构依然存在，他们在很大程度上仍专注于"内部"的职业教育研究，并没有涉及那些与劳动市场和工作组织有关的课程问题。

这些研究仍集中于专业技能人才的储备方面，且主要涉及以投入为基础的方法（课程内容，教学计划，教科书和教师资格）的研究，但很少注重过程性问题，如学习过程的质量、理论和实践学习相结合等。直到最近以学习结果为本的方法才开始出现，这一方法涉及重新界定教育标准的问题。

与此同时，各国对结果、相关性、效率和有效性的关注所带来的压力使得职业教育研究转向服务于劳动市场。这是一种新的发展，而非过去那种对学习需求和年轻人期望的简单回应。20 世纪 80 年代以来，青年研究（有时非常重要）的传统已从研究议程中全部消失。这些发展结果表明，在没有外部援助的情况下，很多国家的职业教育没有能力应对体制改革带来的挑战。我们可以将转型国家职业教育研究发展面临的挑战总结如下：

> ➢ 广义的职业教育研究很难从狭义的"内部"传统发展而来；
> ➢ 制度发生变化后，职业教育机构面临着摆脱原有框架的严重问题；
> ➢ 改变不仅要关注劳动市场的相关需求，还需考虑到学习者的需求；
> ➢ 必须将新的学习理论和现代的、以学习者为中心的方式、方法结合起来。

2.6.3 以知识为基础、援助者为主导的职业教育改革

普遍贫困是所有转型国家转变后面临的一个共同问题。在职业教育领域，体制缺失导致了教育系统创新能力的欠缺，特别是职业教育创新能力的缺乏。职业教育系统被迫以牺牲发展为代价，而把重点放在了提供日常教育和培训等方面。由于意识形态和财务方面的原因，职业教育在课程开发和职教师资培训方面遇到了困难，这也是中央扶持机制关闭带来的后果。建立新的扶持体系以取代以往体系的进程一直比较缓慢。因此，直至今天，转型国家仍然缺乏职业教育扶持体系。

欧洲培训基金会的 2004 年和 2005 年年鉴（Grootings 2004；Grootings/Nielsen 2005）对职业教育各个方面的缺失进行了深入分析，并提出需要对现代化需求和制度改革需求进行区分。年鉴同时也指出，由于教师和培训人员处于被忽视的地位，因而我们需要考虑到他们的双重作用，从而促进职业教育改革。

职业教育体系的重建在资金和理念上面临着资源严重缺乏的困境，因此很有必要开展具体的援助和合作。当前，援助者在很多方面产生了重大影响，包括技能开发是否能被采纳为一个优先政策，这些政策的重点是什么，以及这些政策是如何制定和实施等方面。多数国家面临的关键问题是缺乏资金导致无法购买新的教学设备、无法整修房舍和支付工资，这也是多数利益相关者所承认的关键问题。简而言之，解决这一问题要恢复过去运作良好的制度。

目前，所有转型国家的职业教育改革仍在进行中。这些由国际专家与外国技术援助为主导的改革是由援助者设计且以援助者为导向的。当地的职业教育专家通常受聘为"当地专家"，他们对欧盟的政策框架及西欧国家的优秀案例非常熟悉。

但是这些发展活动是基于外部的、技术的方案（其另一个目的是增进理解和

认识），且通常是在很短的期限内活动。这些活动能在一定程度上促进当地的学术发展，但无法促进专业研究能力的构建。教育科学，包括职业教育研究，既是理论也是实践。它的发展既包括实践知识的发展，也包括理论知识，如教学、学习和指导等的发展。这些实践属于整个教育体系，是教育科学的组成部分。

转型期国家非常需要地方性理论以制定和实施职业教育改革政策，或至少应奠定一个坚实的知识基础。很多改革设计无法嵌入到现有的制度架构中，例如，西巴尔干正在实行的不同职业教育模式、德国国际合作机构（GIZ）推进的社会伙伴合作的双元制模式以及盎格鲁-撒克逊文化国家产出导向的学分制下的学徒制（尽管还没有合适的认证和鉴定机制）等。

目前，地方政府仍缺乏进行"双向分析"（Grootings 1992）的能力。这意味着地方政府需要研究：（a）转型期解决急迫问题的短期政策；（b）局势得到一定程度稳定后采取的可维持的长期政策。各国"双向分析"能力的提高可以为有效界定职业教育中恰当的合作或援助模式提供基础。

新的职业教育政策的目的在于促使职业教育以技能为基础，而较少地以知识为基础，重点关注学习成果（开始时称为技能，近年来多称为能力），而非学科课程、教师和培训者角色的投入。此外，新政策优先强调资格，而非教与学的过程。然而，目前的趋势是从完全注重结果转向对学习过程重要性的重新认识。多数国家正在重新寻求在基于学习结果的政策、追求过程质量和投入政策之间建立一种平衡。这些国家早在 20 世纪 80 年代便已建立了国家资格框架，如今又再次重视过程的重要性。它们过去并没有引入严格的以结果为依据的政策，如今则吸纳了一些诸如路径、透明度和认知因素，并使这一政策成为国家资格框架中的一部分。

最近的变化还包括有关教师对教育和培训质量的新认识（Grootings/Nielsen 2005）。这通常意味着从狭隘的、行为主义的"技能"概念向更广泛的"能力"概念的转变，这一转变根植于建构主义学习理论。目前的关注重点是寻找培养人们新技能（如学习能力）的方法，从而应对不确定性的能力要求，培养创业能力。国际援助机构所采用的"技能发展"概念在很多方面与当前现代职业教育政策及其讨论不一致，这导致教育共同体中交流的困难。因此有必要在转型国家中建立一个更为有效的地区性研究机构，以协调处理有广泛和持续影响的分歧。

总而言之，在转型国家中有必要进行地区性、以核心研究为基础的多维度指导：职业教育改革投入要符合当时的背景、现实情况和所有权要求，并在一些问题（如学习理论的新发展）上更好地与高等院校进行沟通协调。在产出方面，应对援助机构通过独立的"伴随研究"进行干预的意义和结果进行广泛而持续的评估，从而使国家能够较早地评估改革因素在所在国背景下的作用。

2.6.4 欧洲培训基金会方法：发展与促进当地职业教育的专业知识

自 20 世纪 90 年代初以来，欧盟通过建立欧洲培训基金会这一职业教育援助的专门性机构为东欧、苏联、北非和中东转型国家职业教育研究的发展提供了支持，它采用的基本方法包括：

a) 国家观察网络

欧洲培训基金会建立了一个国家观察网络，以扩大现有狭隘"内部"职业教育研究传统，克服转型国家的困难并打破在职业教育研究领域的限制。当欧洲培训基金会在 1996 年首次开展工作时，伙伴国家的决策者和重要的利益相关者，对职业教育在市场经济发展和劳动市场中所发挥的作用的认识还很有限，教育、培训和劳动力方面的统计数据比较稀缺而且不可靠。欧洲培训基金会所面临的当务之急是加强当地收集信息和分析信息的能力。欧洲培训基金会通过建立小观察点/单位(国家观察点)收集、分析和传播职业教育方面的信息，为各国的利益相关者提供欧盟国家的经验和范例，各国也为欧洲培训基金会的倡议提供了支持。

开展能力建设项目十多年来，伙伴国家的职业教育发生了很大变化。政策制定者意识到，职业教育应与劳动市场的需求相适应。由于建立了观察点，其职能已从信息提供者转变到广泛的国家改革过程的参与者。相关报告和分析也从职业教育发展的描述性陈述和共同模式下的关键指标发展为分国家的、在更广泛背景下对职业教育领域的深入研究和分析。

在大部分欧盟新成员国中，国家观察点成为欧洲职业教育发展中心协议国联盟的领导者，从而证明了其价值；很多国家还建立了教科文组织职业教育中心。未来这些网络还需要进一步扩大。

b) 同行评审：关注职业教育部门政策评估中能力的构建

自 2002 年以来，作为 2000—2002 年 OECD 教育政策评审（OECD 2003）的后续部分，欧洲培训基金会在东南欧 10 个国家组织开展了同行评审（www.etf.eu.int，评审涉及阿尔巴尼亚、波斯尼亚和黑塞哥维那、保加利亚、克罗地亚、科索沃、前南斯拉夫的马其顿共和国、黑山、罗马尼亚、塞尔维亚和土耳其等十国）。欧洲培训基金会工作人员参加了这些评审工作。经济合作与发展组织的审查涵盖整个教育和培训制度及其政策，而欧洲培训基金会组织的评审工作则集中在欧盟新成员国和地区的职业教育部门，旨在加强该地区职业教育改革和政策分析的能力。

同行评审活动结合了传统的政策同行评审法和基于能力建设的同伴学习法，它：

➤ 为国家决策者提供了职业教育改革政策措施的外部评估；

➤ 增进了东南欧国家之间在职业教育体系、存在的问题和发展方面的相互了解和认识；

➢ 促进了区域网络的发展，加强了职业教育专家、利益相关者和决策者之间的经验交流和合作；

➢ 促进了欧盟成员国和有意加入欧盟的国家间职业教育改革经验交流；

➢ 有助于推动欧盟援助方案周期的完善；

➢ 加强了欧洲培训基金会与各国当局/专家间的合作；

2005 年，欧洲培训基金会举办了一次关于课程改革的跨国区域性同行评审，重点针对东南欧四国的职业教育课程改革，主要内容是回答为什么在有这么多国际援助下却几乎没有进行全国性的课程改革？所有来自该地区的同行都是课程开发专家，但并不是都有参与政策制定的经历（Parkes/Nielsen 2006）。同行评审的一个重要目标是能力建设。欧洲培训基金会同行评审方法是传统的同伴审查和更为现代的同伴学习法的结合，同时也是一个过渡方法。它告别了以专家为主导的知识迁移模式，转向于政策学习的参与模式。对实践经验的严格审查，可以帮助我们在这一基础上继续前进。

c）职业教育教师培训网络——在东南欧新兴国家职业教育中心周围建立实践者社区

许多国家的教师和培训者教育落后于职业教育课程改革的进程。作为回应，欧洲培训基金会在东南欧成立了区域性职业教育改革教师培训网络，以支持教和学的创新。这在区域性巨大转变过程中为参与国建立一个了平台。该网络开展了跨国发展项目，共同制定了东南欧职业教育的创新实践汇编，并开发了《东南欧职业教育师资培训系统目录》（www.etf.eu.int）。

为长期和可持续的提高教与学创新的能力，我们有必要加强各国新职业教育机构在职业教育教师培训网络中的参与程度。职业教育教师培训网络在推动观念更新和项目开展方面具有潜在的杠杆作用。它的目标是支持各国创新能力的不断提高，完善其职业教育体系以适应不断变化的要求，积极开展教与学的创新活动，帮助其参与国际合作网络和合作项目。

新项目将结合正在进行的欧洲培训基金会政策学习及教师发展（在职业教育改革中作为专家和利益相关者）活动，关注如何通过国际援助更好地促进国家教育体系的可持续发展。

只有本地的利益相关者成为改革政策的制定者，且改革能够融入当地大环境时，教育改革才是可持续的。这意味着，本地的知识和创新举措是改革的一个主要来源和出发点。该项目的关注重点是，如何在国家之间建立改善政策学习的平台和环境。所开发的方法建立在新的社会学习理论基础之上，而不是外部的"专家模式"。该项目将在"实践共同体"中检验参与性原则，以完成特定学习成果、实现职业教育机构工作人员的专业化并使这些工作人员成为改革中的利益相关者

（Wenger 1999；Wenger 等 2002）。知识与实践之间的联系建立在行动的基础上。该项目重点针对那些所谓的"疼痛领域"，因此应当明确可行且能有针对性地满足特定的需要。操作层面行动的认识，也应体现在参与的职业教育机构内部组织的战术和战略层面。将知识共享融入工作过程中，从而为职业教育机构创造价值。欧洲培训基金会的其他项目，如 CIS 和 MEDA 中的国家资格框架，也采用了类似的方法。

2.6.5　伴随欧盟研究网络新成员国的整合所发生的

本文的起点是转型国家在职业教育研究中所遇到的困难。在欧盟新成员国和转型国家中，研究传统和职业教育扶持体系在经济和政治转型压力下瘫痪了。欧洲职业教育发展中心于 1991 年组织的、由来自捷克和斯洛伐克、保加利亚、匈牙利、波兰、罗马尼亚和苏联职业教育研究机构的代表参加的"平台会议"，其备忘录至今还清楚的记录着这些国家在转型早期所面临的巨大研究困难。欧盟资助的研究方案和教育行动项目为职业教育改革重建更巩固的、以知识为基础的方法提供了良好的基础。所有欧盟国家都在经历经济全球化和信息化背景下的人力资源开发改革，这是一个找寻共同的解决方案，迎接共同挑战的重要时期。

从欧盟新成员国的经验中我们可以知道，欧盟资助的研究项目和教育行动项目已经为重建一个更牢固的基于知识方式的职业教育改革打下了良好的基础。当今，在全球化和信息化的压力下，所有欧盟国家都在进行人力资源开发，因此，这是一个为面临共同挑战寻求共同解决办法的最富有的时代。

另一个灵感来源于新欧盟成员国对欧洲职业教育发展中心研究项目的参与。这些本来对欧盟以外国家不开放的活动，为跨越欧盟界限的知识共享提供了一个很好的机会，这正如斯洛文尼亚在前南斯拉夫或波罗的海国家在苏联所扮演的角色一样。

"地方"层面的一个有趣的发展是成立了包括职业教育在内的"巴尔干教育学会"。这一学会由塞萨洛尼基（Thessaloniki）大学于 1999 年建立。学会每次的年会上都讨论大量问题，如 2004 年的教育质量问题（Terzis 2004）。这一学会包含了所有东南欧国家的研究人员，构成了一个巴尔干地区的网络，旨在开发新的方法。这一倡议可以看作是对当前北欧和盎格鲁－撒克逊国家在教育政策对话中占据主导地位的一个回应，也可以是从"中心—外围理论"（centre-periphery philosophy）角度的理解。很多转型国家的科学论文令人耳目一新，这是我们开始从各自话语和讨论中相互学习、共同探讨的有利时机，也是为丰富政策学习搭建平台的重要机会。

2.7　发展援助与职业教育研究

Godehard Köhne & Reinhard Stockmann

直到 20 世纪 90 年代，工业国家和发展中国家的职业教育合作受到科学研究知识的影响还很小，也没有受到一种特定职业教育理论的影响，它完全受到经验性知识和西方职业教育理念和教育实践的支配，这可以从许多相关主题的出版物中得到证明。这些出版物对职业教育合作产生了很大影响，但对理论研究和发展的贡献却是有限的。多数研究是关于职业教育合作项目实施后的报告，有的则是由各国政府或国际组织委托撰写的内部报告。委托机构(特别是世界银行)并没有将其作为科学出版物出版发行。

直到最近，在基础研究领域才出现了一些有助于理论研究的出版物。人们通过不同的角度解释比较职业教育研究与职业教育国际合作的相关性。例如，对非正规劳动市场中职业培训的支持，不能仅靠职业教育学经验来进行。观察表明，只有考虑到教育与培训的不同社会文化背景和政治经济条件，各国职业教育体系才能得到长足的发展。这也是比较职业教育研究为什么越来越受到关注的原因之一(UNESCO-UNEVOC 1989；World Bank 1991；Georg 1997；Freeland 2000；Deissinger 2001；UNESCO/ILO 2002；SDC 1994)。此外，国际研究机构，如欧洲职业培训发展中心(CEDEFOP)的活动也激发了对开展比较职业教育研究的热情。这些国际研究机构的任务是促进欧盟职业教育的推广和发展，并在政策评价研究和教育与培训建议方面建立国际网络(NORRAG，自 1992 起)，其"工作组"关注国际职业教育合作。2000 年建立的联合国教科文组织职业教育中心(UNESCO-UNEVOC)的任务是促进成员国，尤其是发展中国家改善职业教育。

2.7.1　概念分类与主题区分

发展援助、发展政策和发展合作

在政策实践中，"发展援助""发展政策"和"发展合作"三个概念经常混合使用，但是在政策讨论中，它们还是要弄清其区别。"发展援助"指各国和国家机构以及非政府组织的与发展相关的活动；"发展政策"是针对发展目标的、由政策机构定义的、能促进目标落实的活动领域、计划和战略；"发展合作"是发展政策的实践方面，包括各国政府之间、国际组织之间与地方政府之间达成一致意见的具体项目、计划或措施(Nohlen 2000)。

职业教育合作

"职业教育合作"(与职业教育援助、职业教育支持同义)不是按照类似方式定义的。职业教育合作包括针对这一领域发展合作的服务(即职业教育援助)、目标、支持原则和针对这一领域制定的支持方案(职业教育援助政策)以及具体的培训项目、计划和措施。

比较职业教育研究

"比较"是一个基本技术,通过比较可以发现事物和现象的异同之处。比较的对象一般是社会范畴中的一个现象,人们对它与其他社会领域相关关系的背景中对其进行审视(Georg 2005)。比较法已被广泛应用于许多学科的研究,因此并不是比较职业教育研究的特色(Lauterbach 2005)。从严格意义上说,"职业教育研究"是对获得职业资格的条件、过程和影响的研究,同时还包括与职业工作绩效表现相关的个人、社会态度以及取向方面的研究(DFG 1990)。职业教育研究强调认知取向,而职业教育合作则强调职业教育实践的利益。"职业教育研究要澄清职业教育的基础、构建其内容和目标并为职业教育适应技术、经济和社会发展做准备"(Raddatz 1999)。

在研究对象、任务和目标等方面,比较职业教育研究与职业教育研究没有差别,但它主要针对不同国家职业教育的特定现象进行国际和跨文化的比较(Georg 2005)。

本文主要内容

本文对职业教育研究的评论侧重对发展合作的分析和研究,包括两个方面,一是项目的选择、规划、实施及其影响;二是这些项目对职业教育研究的启示。

2.7.2 职业教育合作的目标:职业教育研究的一个主题

从理念和战略发展的角度,职业教育研究通过可行性研究、实施研究和评价研究,从多方面促进职业教育合作的发展。目前,研究重点是职业教育的"效果和效率"以及"质量和质量保证"。世界银行激发了人们对这些研究的关注。作为教育领域最大的援助机构,世界银行不仅对发展中国家和多边、双边援助机构的政策产生着影响,还主导了相关的研究活动(Bennell 1996)。世界银行的政策性文件《职业技术教育与培训》[①]的出版,不仅标志着世界银行对职业教育合作的重新定位,还再次引发了对教育政策的深入讨论,这个讨论一直持续至今。尽管存在着很多批评(Lauglo 1991;1997;Madsen 1991;Lenhart 1993;Arnold 1994),这个政策文件依然是世界银行与发展中国家开展职业教育合作的指导性文件。世界银行支持的很多指导方针和思路也成为国际、多边和双边援助机构的政策性文

---

① 即 Vocational and Technical Education and Training. A World Bank Policy Paper。

件（AusAID 1999；IDB 2000；UNESCO/ILO 2002；DANIDA 2004；ADB 2004；Maintz 2004）。

效果和效率

对职业教育效果和效率进行调查的主要动机，是世界银行倡导的职业教育私营化。世界银行认为，职业教育私营化是促进劳动者技能发展最有效的方式（World Bank 1991），而公共职业教育投入产出低、缺乏市场定位和适应力。世界银行的这一立场是在参考了很多研究成果后作出的，特别是一个由世界银行人口与人力资源部完成的为期4年的研究与咨询项目（Middleton 等 1993）。该项目研究发现，由公共机构或政府组织的职业教育效率低下，政府对职业教育过多的调控是造成教育培训与劳动市场鸿沟的主要原因。如果由政府规定培训内容并提供大部分培训机会，而不顾及私营企业，那么职业培训注定无法在质量和数量上满足雇主的需求。该项研究的结论是，不应由政府来规定培训需求和培训内容，而应由私有经济来决定，因为它们才是劳动力的主要客户。只有需求驱动而不是供给驱动的职业培训方式，才能缩小培训与劳动市场的鸿沟（Middleton 等 1993；Gill 等 2000）。

为了证明这一援助政策的正确性，世界银行进行了深入的研究。研究结果（Middleton 等 1993）最终证实了公立或政府机构组织的职业教育效率低下的事实，并肯定了上述研究项目的建议，即减少公共资助的培训、加强对私营企业培训的支持以及筹资渠道的多元化等（Schweitzer 1994；Psacharopoulos 1995；Gill 等 1998；200；Canagarajah 等 2002）。其他援助机构和职业教育研究机构的研究也获得了基本一致的研究成果结果并提出类似的建议（UNESCO-UNEVOC 1996；Atchoarena 1996；Lith 1998；OECD 1998；Schiefelbein 等 1998；Atchoarena 等 2002；Wolter 等 2003；Descy 等 2005）。与此持不同意见的是 Tippelt（2000）和 Healy（2000）。他们认为，仅仅把效益看作是（高等）教育投资的收益对教育投资效率进行分析存在着缺陷，因为这它忽视了社会和个人方面的其他收益。

为了促进经济增长和社会福祉，该如何有效地利用和提升技能与能力呢？人们对此方面认识的欠缺，进一步降低了本就局限性很大的效率分析的价值。造成这些局限性的原因还包括：缺乏有效的数据，尤其是很难确定能够测量职业教育体系和项目效率的变量和指标（Berghe 1996；1998b；Bergmann 1996；Lipsmeier 2001），并且在排除其他因素干扰的情况下，来证明对人力资本影响。

为了提高职业教育的效果与效率，必须优先考虑需求驱动的培训模式。对此观点也存在着反对声音，主要批评其只关注企业利益，而没有考虑个体的教育愿望。另一种反对意见认为，完全以需求为导向的培训模式由于设备和人员方面的准备不足，培训提供方会遇到很多困难。这一点在 Harris（ 2001）对澳大利亚职业培训的转型研究中得到证实。据此，教师培养专业人才的作用和功能是职业教育研究的一个"热点问题"。支持供给导向培训模式的人发现，企业对员工的需求受到合格员工供求关系的影响（Schaack 等 1997），但是 King（1990）、Lauglo（1993；1996）和 de Moura Castro（1995）反对这一观点。

在对需求导向与供给导向培训模式的深入分析中，de Moura Castro 指出了需求导向培训模式的局限性，认为职业培训对雇主需求的反映不是完全被动的。他认为应优先考虑需求导向培训，但供给导向模式也有其合理性（de Moura Castro/de Andrade 1997），因为全部或大部分培训都由私营行业承担是不现实的。Lauglo（1997）也持同样的观点，认为对公立职业教育的批判存在风险，因为这种对私有企业组织和资助职业教育的能力和意愿的判断过于理想化。Schweitzer（1994）也反对单方面的职业培训私有化，因为雇主提供培训的质量和数量取决于经济增长的速度、国家制度环境和对培训投入的激励政策。

尽管存在着批评，但在国际职业教育合作中，需求驱动的职业培训理念还是得到了广泛的支持。几乎所有双边和多边援助机构都倡导这种思想，并将其作为职业教育援助的指导方针。

质量

效果和效率问题把职业教育质量提上了政治讨论的议程上。世界银行（The World Bank 1999）把质量（quality）、通道（access）和传递（delivery）定义为"良好教育体系的三大支柱"，并认为质量具有关键的作用。但是世界银行提出的质量的概念，并没有在普通教育和职业教育的质量之间做出区分，它主要针对三个方面，即教和学的过程、员工激励和课程开发。教学过程质量取决于该过程是否与相关要求实现了很好的匹配，是否以产出为导向，是否从质量保证角度对教学过程进行持续的监控。员工激励质量的基础是扎实的职前培训基础，以及定期参与继续教育、足够的收入和职业生涯发展机会。高质量课程的特点是灵活性、适应性、促进对社会发展和社会福祉以及获得应对全球经济发展的能力。在针对一个具体事务的变量具体描述一国事务（问题、目标和基本假设）时，对所认可的变量，世界银行并没有通过对指标的定义来确定有操作性的质量要求（GTZ 1989）。上面提及的政策文件提出了"指标"（World Bank 1991；World Bank 2000）的概念，但这些指标事实上与质量并没有关系，他们采用的投入或产出导向目标，如教育投入占 GDP 的比重、不同教育领域和学校类型的入学率等。此外，他们也没有把指标理解为一个公认的变量。甚至在最近世界银行的战略文件（2005）中，也都没有对质量层面的内容和相应的指标做出具体或更为准确的描述。

在普通教育和职业教育领域，世界银行都没有对质量进行系统的分析，也没有对质量指标进行说明，这证明世界银行在此方面兴趣不足。一些地区性的发展银行，如 ADB 和 IAD 等也都是这样。但是，OECD 和其他几乎所有的欧洲机构，如欧洲职业培训发展中心（CEDEFOP）、欧洲统计局（Eurostat）、欧洲教育信息网络(Eurydice)和欧洲培训基金会(ETF)等都对质量的内容、特点和发展指标给予了广泛的关注。

　　van den Berghe(1998a)在一项针对指标的深入研究中总结到，多数现有国际层面的教育指标都是针对普通教育体系的，从性质上来讲是描述性的。为了能够评估评价和提高质量，所需的指标都应是精心设计的衡量标准，这需要大量有关质量标准和有关满足质量要求的信息(Berghe 1998a)。后续讨论提出了开发质量标准指标的方法步骤。Stahl/Severing (2002)也分析了欧洲职业教育中质量保证的理念。在有关对质量的争论中他们批评到，目前依然缺乏有关理论、理念和实例的国际交流(Stahl/Severing 2002)，对质量的争论依然局限在现今对标准体系、准则和质量管理方面，而针对职业教育实践标准开发的讨论却非常少。有关质量的争论还未涉及用于教与学和学习过程评价的标准和程序 (Stahl/Severing 2002)。

　　由 Freeland(2000)完成的《教育概览：OECD 指标》①研究，关注的是可比性，而不是质量的内容。该书从 1992 年出版后定期更新。Freeland 认为，此类研究的根本缺陷是：研究范围狭窄，只涉及职业教育体系的结构和特点，而忽视了大量的文化特性。这类研究关注对数据的概括，这会导致一个这样的印象，似乎出现问题的国家都是相同的，而且收集到的数据也具有可比性(Freeland 2000)。他反对这种简单化的处理，认为，一些诸如既定的资源配置、技能禀赋、政府结构、社会和文化构成以及劳动市场的运行等因素，都会对国际比较研究的结果造成重大影响(Freeland 2000；King 1993；Georg 1997；Deißinger 2001)。研究范围或覆盖率、分类和测量等方法论问题，同样也会对结果产生影响。尽管在研究中可能存在着这些缺陷，但 Freeland 还是推崇国际比较研究。他认为，如果只在国家层面开展研究，那么研究提供给教育决策者的信息非常有限。这一立场得到了其他职业教育研究者的支持，尤其是 Tessaring (1999)和 Lauterbach (1995—2005；2001)。

　　在欧洲层面的职业教育合作中，有关职业教育质量的讨论是一个重要议题，其动力来自欧洲委员会 2000 年在里斯本制定的战略目标，即把欧洲变为世界最有竞争力和充满活力的知识经济体(Council of the European Union 2000)。为了实现这一目标，各国首脑和欧盟高层领导倡导一项致力于教育现代化的计划(Council of the European Union 2002)。其配套措施应建立在三个基本原则基础之上，即提高质量、为所有人提供教育机会和面向世界。关于职业教育提高质量的倡议，在 2002 年 12 月欧洲委员会的决定和 2002 年 11 月加强职业培训合作欧洲各主管部长的声明中得到了肯定。从那时起，在关键词"哥本哈根进程"下，质量保障成为了欧洲职业教育政策的焦点。随后于 2002 年成立了有关指标和基准

---

　　① Education at a Glance-OECD Indicators.

的永久性工作小组，2003年成立了职业教育质量方面的技术工作组，2005年建立了职业教育质量保障的欧洲网络。

欧洲职业培训中心(CEDEFOP，2006)的"工作计划2006"，是质量保障在职业教育中应用的又一次证明。根据计划，"实现职业教育体系的高质量和创新"是2006年至2008年的四个重点内容之一。相关研究计划"职业教育的质量保障"致力于加强这一领域的合作，主要通过以下方式：协助新建的欧洲职业教育质量保障网络的工作，统一质量保障框架标准的交流、实施和测试(CEDEFOP 2006)。与此相关且在工作计划中明确的活动有"统计与指标"和"职业教育的质量保障"项目(CEDEFOP 2006)。

OECD也将其注意力导向了教育与培训质量上并扩充了其指标系统，用于记录学生的表现、教师的能力和教与学过程的质量(OECD 1994；2004；2006)，然而有关定量测量的指标如教育参与、教育支出或教育结果都与普通教育类似。这种情况也出现在1997年OECD和UNEVOC联合设立的"世界教育指标"项目所开发的指标中。

相对而言，在国际职业教育合作中，关于质量保障和质量发展仍然不是重要议题(Arnold等2001)，但是，发展中国家却可能出现一种与日俱增的趋势，即教育服从于经济发展的合理化和功能化。相应地，这些国家也会出现对质量保障过程和培训设备的兴趣，以及对教育培训发展观的兴趣。

如何建立组织质量管理系统，使其不仅可以适应教育与培训提供者的条件，而且还可以满足职业教育合作的特殊需求，Arnold等对此问题进行了研究，其目标是开发一种方法简单且可操作的质量方案和工具(Arnold等 2001；Arnold 2002)。最终，他们研究出了一个质量模型，并公布了该模型的使用方法，因此在职业教育质量保障方面首次出现了一个综合性方案，包括对方法的介绍和应用。

2.7.3　职业教育合作的战略发展目标：职业教育研究的一个议题

目前人们还是把"发展"等同于经济发展，而把高素质劳动力看作是经济协调发展的一个前提条件(BMZ 1993)。因此，发展合作和职业教育合作的首要任务，就是发展切实可行的经济。自从世界各国开始实施联合国千年宣言(UN 2000)以来，不仅减少贫困成为发展合作的一个主要目标，所有的措施和计划也都服务于该目标。

经济发展

数十年来，职业教育援助的依据一直是出于人们对人力资本理论的考虑。而人力资本理论的观点极其简单：对获取知识、技能和能力进行投资，将会为个人带来更高的收益、为企业和社会带来收益。这种收益对个人而言体现在收入上，对企业和社会而言则体现在生产力的提高及（或者）社会的现代化上。为了说明教育投资与发展之间的关系，人们主要进行了宏观和微观的经济学分析，取得的最大成果是证实了教育投资与个人收入之间的关系。在发达国家和欠发达国家，微观经济学研究均显示，收入水平随着教育程度依次递增（Büchtemann 等 1993）。另一方面，教育与培训对国家经济发展的影响仍然是一个争议问题。这里的问题是：宏观经济增长与教育培训相关度如何？培训与提高国家经济竞争力的关系如何（Timmermann 1996；Timmermann 等 1995；Veichtlbauer 等 2001；Georg 2005）。

唯一可以弄清楚的是，对教育与培训的投资可以促进经济发展，这种简单的因果机制是不存在的。显然，这里会涉及很多其他因素，例如，可靠的法制体系和法律实施，具有可诉的法律制度；文化特点导向如勤俭、创新和创业；功能完善的劳动市场，可以为合格劳动力提供机会；当然还有高效和具有充分选择机会的教育体系。

然而，在经济分析中很难关注到所有这些因素。其中最容易被完全忽视的是中观层面，即组织和企业的层面。这一层面是宏观层面与微观层面的连接。虽然这一层面非常重要，但人们却很少研究教育与培训给企业带来的收益（Büchtemann 等 1993）。令人惊讶的是，本来企业应该对教育投资的评估怀有兴趣，因为生产严重地依赖人力资本，但事实并非如此。而且，人力资本理论的创始人 Mincer(1958) 和 Becker(1964) 一开始也只是对企业内部培训的收益感兴趣。

为了分析职业教育合作的效果，各国对合作项目都进行了评价。由于信息收集机制机构的缺失或运作不佳，大部分发展中国家极度缺乏有效且可靠的数据，因此也就无法确定宏观经济的效果，因此只能对项目目标的实现情况和非预期效果进行评价。遗憾的是，目前只有很少与效果相关的研究采用了有信度评价方法。这表明，尽管采取职业培训措施的企业和培训学员可以从中获益，但是大规模的培训体系改革成功的案例却很少见。按照合作项目计划，在现有的体制中，一般只能在少数几个领域做出一些非实质性的改变，如在个别职业、行业或地区（Stockmann 1992；Stockmann 1996；Greinert 等 1997；Stockmann 等 2000）.

对评价进行深入研究发现，大部分职业教育合作项目至今仍未涉及绝大多数的贫困人口。我们期望开展正规的职业教育，因为我们预设穷人最欠缺的就是技能。但是有一些研究能够证明针对减少贫困的职业教育项目的效果（参见 Dörrenbecher 2001 菲律宾的研究）。

根据现有的评价研究结果，我们可以对职业教育合作做出一些总结，即成功的合作项目和计划的特点是：

> ➤ 与合作伙伴的目标、其所处的制度和机构的能力，以及社会文化主流价值观、规则和结构相符合；

> 通过田野研究，对不同层次、不同领域的援助措施及其之间的关系进行调查；
> 对项目管理具有合适的监控和评价系统；
> 在不同层次采取不同的措施（例如，体制层面的政策咨询和实施层面的典型试验试点项目）。

减少贫困

从 21 世纪开始，人们对国际和各国的发展政策与合作进行重新定位。世界各国广为采用的联合国千年宣言（2000 年 9 月）以及为落实宣言各国确定的千年发展目标（2001 年 9 月），为全球的发展政策开创了前所未有的依据和政治承诺。从那时起，许多国家和大量的国际组织便把自己的发展政策和合作引向了实现千年发展目标（UN 2000；2001）。

在这种背景下，必须对职业教育的合作计划进行重新定位。然而与数十年前相比，职业教育的重要性在降低。不论是千年发展目标还是相关的标准，都没有明确提及职业教育。只有假设职业教育可以促进减少贫困这一崇高目标的实现，对职业教育的支持才有可能获得一些间接的正当理由（World Bank 1999；BMZ 2005a；BMZ 2005b；UNESCO 2006）。

这种假设在多大程度上是正确的，如何设计合作项目才能实现职业教育合作的有效性和可持续性，这些都是职业教育研究的基本问题。与宏观和微观经济学相比，在这方面更适合采用具有严密方法设计的、与效果导向相关的项目规划和评价。然而至今尚未见到对职业教育合作效果提供的任何真知灼见。最大的缺失是纵向分析和对职业教育项目进行的长期且科学的监控的研究，任何与此内容相关的研究都缺乏可靠数据。因此，有必要建立有关的报告体系并对相关人员进行培养；同时也需要充实现有体系的内容，引入职业教育内容及质量定性指标，并且考虑不同的层次（微观、中观和宏观）。为了实现体系的可比性，不仅需要量化测量，而且还需要对职业培训课程进行定性评价，因此需要花费大量精力在信息获取和协调上。目前仍然缺乏统一的、可接受的指标体系，对操作的定义和方法也存在不同看法，并且缺乏独立的方法论框架。

此外，在大量失业和就业不充分足的现实状况下，我们还需要重新审视职业教育成本，以及世界银行所倡导的劳动市场需求导向的的理念（尤其是千年目标）是否还能站得住脚。贫穷经济体的发展要扩大第三产业（所谓的非正规行业），这将给人们尤其是妇女带来更多的就业机会。此外，在制度建立过程中，应当将职业教育看作一个具有交叉性课题的主题。

职业教育研究与援助机构的紧密合作，不仅有利于对重要问题的分析，将研究成果应用到政策文件的起草、规划和实施中，还将提高职业教育在发展援助中的地位。

3. 职业教育体系研究

3.0 职业教育体系研究

Thomas Deißinger

3.0.1 作为历史与文化载体的职业教育体系

职业教育体系不能简单地理解成一个由政治或经济利益驱动形成的特定的事实"结构"。为了解其内部运作和满足外部需求的方式，应把职业教育体系看作一个"历史实体"。在此，除了工业化发展特征之外，还要关注不同的"学徒文化"（Deissinger 2004）或"学习文化"（Harris/Deissinger 2003）。当前有关职业教育改革发展的讨论，与全球化进程有着密切的联系（参见 2.5）。这属于国家层面的挑战，只有将特定的职教体系作为"参照系"才可能制定出应对方案，包括不同国家职业教育对"教育"或"教学"的不同定义（参见 2.2），以及就业培训与个人发展的不同结合模式（Winch 2006）。由此产生了教育和培训的区别，这可能是除工业化过程之外对各国职业教育体系特点形成的最大影响因素。

人们普遍认为，职业教育体系与所在国的"其他社会制度"有密切的联系，这既包括劳动市场、经济、工业和政府管理制度，也包括政府所认同的职业教育理念（Reichwein 1925/1963）。例如，德国把职业教育体系作为国家教育体系的核心。尽管 1969 年才颁布《职业教育法》，但事实上"双元制"的发展历史要早得多（Greinert 1994）。对德国现代职业教育制度的建立产生重要影响的理论是"德国古典职业教育理论"，其关键人物是凯兴斯泰纳。他推动了德国义务职业学校制度的建立，促使企业培训发展成为"双元制"模式，因此被称为"德国职业教育学

155

校之父"(Winch 2006；Simons 1966，124)。职业学校的功能是对工作场所的培训提供教学补充，凯兴斯泰纳将其与职业联系起来，并将其作为"塑造人"(Menschenbildung)的主要途径，从而成为一种与学术教育并驾齐驱的教育模式(Blankertz 1982，89)。凯兴斯泰纳将人看作一个社会存在，这既包括他的职业，也包括他在社会中的身份，这完全打破了传统的教育理念(Simons 1966，28)。1897 年的法案被视为双元制职业教育发展的重要历史事件。1901 年，Kerschensteiner 出版了他的名著《Prize Essay》，提出了职业教育改革计划。当时人们已采取措施，通过建立强制性职业学校取代普通教育学校，但这在一开始并没有受到师傅和老师的喜爱，反而被学徒认为是一种对培训的干扰和负担。凯兴斯泰纳深信，职业学校对刚走出普通学校的青年人有着巨大的优越性，因为不管是从社会角度还是从教育角度看，这种学校教育模式的费用都更低，而效率却更高。企业师傅和企业主认为凯兴斯泰纳的改革计划干扰了他们的企业培训，因此千方百计地去阻碍其实施。但是，因为该计划符合市民民意，而他们又是政界精英依赖的对象，因此学校改革获得了动力(Blankertz 1969，135—138)。事实上，现代德国的职业学校仍然遵循 19 世纪末至 20 世纪初的学校改革原则。双元制职业教育有两个特点：一是它将教育和工作通过职业教育的方式结合起来；二是由于机制和法律障碍，学校和企业这两个"学习场所"仍然彼此分离，仅在教学上有一些松散的联系(Euler 2004)。同时这也可以类推到职业教育与普通学校教育以及高等教育间的关系上(Baethge 2007)。

确定职业教育及其外部社会和经济环境的历史印记，是职业教育的文化基础以及它与其他教育子系统之间的关系，这也是职业教育比较研究中的关键课题(参见 3.3.1；参见 3.3.2)。理解这一领域开放性问题的关键是"学习模式"。当职业技能是在工作场所中获得时，"学习模式"的具体表现形式就是"学徒模式"(Harris/ Deißinger 2003)。如果仅仅从机制角度研究职业教育，只是把国家职能作为主要的"比较因素"(Greinert 1988)，就会减少对文化因素的洞察力，这种现象主要表现在诸如英国或澳大利亚这些英语国家中。近年来，由于对学校本位的职业教育和传统的在职培训都不满意，这些国家的学徒制得到了复兴(Ryan 2001；Deißinger 2003)。与这一状况正好相反，在德国，人们认为独立的职业发展道路本身也是"独特"的和有价值的，这将德国与其他欧洲国家区分开来(奥地利和瑞士除外)，尽管德国这种独特的定位一直都受到批判(Young 2003，228；Baethge 2007)。学术生涯发展途径和非学术职业发展途径尽管彼此分离，但又相互联系，这种关系使德国的"职业发展轨迹"比其他国家都稳定。

当人们谈论"学习"或"学徒"模式时，头脑里总会有一些比较的准则，从而帮助那些试图了解职业教育的组织、教学和课程以及了解职业教育与年青人职业和生活发展前景之间关系的人，更多了解现实生活中的差异。职业教育比较研究的第一个层面是在不考虑"背景"的情况下对"系统维度"进行描述。这种分析方式亦被称为"多层次"(multi-level)方法(Schriewer 1987)。在"系统"层面上,可运用不同标准进行系统化的比较,如"学习模式"的概念就体现了这种研究方法,它包含5 个层次(Darris/Deiβinger 2003)。下文通过比较德国和澳大利亚的职业教育模式分析这些指标:

(a) 职业教育的优势及其地位:指在特定国家环境中职业教育的价值,包括学徒制和工作场所进行的学习。除文化层面外,普通教育的选拔机制和高等教育机会对职业教育有着重要影响。如英国和澳大利亚的职业培训不如学校的地位高,这主要因为工作本位教育的结构性缺陷,同时也是由于教育和培训之间明确的思维界限造成的,因为"主要为体力劳动者提供的职业教育处于主流教育之外"(Hermann 等 1976,33)。但在德国,职业教育仍然保持了学徒制的重要特性,并为中学生开辟了令人向往的发展途径,即使 20 世纪六七十年代的全日制职业学校大发展和批判性教育运动,也没有危及双元制的生存(Zabeck 1975;Deiβinger 1998,25)。

(b) 对职业教育路径的认识和理解:德国有发展较好的职业教育路径,一多半 16~19 岁的学生接受国家承认职业的职业教育。与多数欧洲国家不同,德国几乎所有经济领域都有学徒制度,中小公司也对提供培训机会做出了重要贡献(Deiβinger 2001b)。学徒的教育背景不同,近年来完全中学毕业生占培训生的比例稳定在 15%,这使得德国青年人接受学术教育的比例在国际上较低。澳大利亚尽管在 20 世纪末引入了新型学徒制,却没能促使大众对该制度有所了解,"培训环境不断变化,而且越来越复杂"(Ray 2001,35)。

(c) 职业教育的经费:尽管对雇主的承诺日益不满,但是德国的培训市场仍然是"卖方市场"(Greinert 1994,80)。签署一项培训合同,就意味着企业承担培训的主要费用。"雇主作为培训经费的主要承担者"(Ncver 2001,38),体现了 19世纪末期立法工作的自我管理原则,这表示企业是在自愿基础上提供培训机会的。然而由于目前就业市场和培训市场的困难,职业教育的公共经费投入变得越发重要(Deiβinger/ Hellwig 2004)。澳大利亚符合其国情的福利制度。因为学徒制有一定的社会功能,即提供技术人才,从而提高产品和服务质量(Ray 2001,16),因此雇主可期待政府对培训的大规模资助。英国也是如此(Ray 2001)。"新"学徒制的发展需要国家强有力的财政支持,而"传统"的学徒制仅依靠雇主的投入。

(d) 学徒制的关注点:德国学徒制的特点"是培训体系而不是就业体系",其学徒培训津贴比澳大利亚的正常工人和学徒工资低得多(Ncver 2001,39)。培训津贴是劳资谈判的结果,其基本含义是:为青年提供工作生涯开始时所需的基本费用,而不过多增加雇主的压力。由于学徒制既不属于学校教育体系,也不属于正式工作的范畴，因此它是为职业教育和招募新员工专门设立的，这意味着人们对"双元制"学徒制寄予了很多期望。在澳大利亚，历史上学徒制的目标就是培训技工，它是针对手工业和很多现代职业进行岗位培训的主要方式。只是近年来，学徒制才逐渐显现出一些普通教育的功能，其证据就是学徒制目前由政府教育部门而不是由经济部门管理。

（e）企业内培训质量的保证：德国学徒制的专门培训合同是根据 1969 年《职业教育法》制定的（Deißinger 1996）。据此，企业有责任赋予员工《培训条例》规定其应具备的能力。《职业教育法》的功能是使职业教育的过程系统化和标准化，它体现在培训合同以及对培训生能力要求的标准化上。在澳大利亚，何种培训的质量更高，一直是职业教育讨论的核心问题。评论（Mitchell 等 1999，119）指出，20 世纪 90 年代出现的培训包"通过强制使用授权课程，从而确保了培训的实施和成果质量。无疑，以能力为基础的培训（CBT）遵循的不是"职业方案"，它主要是为企业服务的，因此是"企业导向"或"雇主导向"的培训方式，而不是教育学意义上的"高质量"（Harris 2001；Deißinger/Hellwig 2005）。

3.0.2　作为研究对象的职业教育及其内部关系

不同国家历史和文化的长期发展，将其职业教育塑造成为一个复杂的结构化实体。然而从教育学的角度看，这种对"职业教育体系"的理解有些过于简单，因为这里对教学问题没有给予足够的关注，如课程层面的学习目标确定、职业教育学习层面的功能和意义特征，以及在工作和职业学习情境中的学习控制等。这意味着我们要从多方面深入了解职业教育的含义。职业教育是：

a)与一种或一系列职业资格认证对应，职业教育代表一个专门的概念或思维体系，以及一个具体的计划或流程；

b)根据不同资格水平、入学要求和课程长短，职业教育体系的结构会得到相应的调整；

c)职业教育与教育体系中的其他子系统有密切的联系，如普通中学、高等教育以及继续教育或终身教育等；

d)职业教育受到所在国家社会经济状况的制约，包括整体发展水平、个人需求、社会和经济承受能力等，也与可选择的学习途径有关；

e)职业教育通过专门的机构传播知识和技术，这些机构包括学校、高等院校、企业和培训机构等；

f)职业教育有企业和学校独立进行，也有通过校企合作模式进行的；

g)职业教育的课程与目标与某特定领域的工作和职业相关，是为进入工作领域做准备；

h)职业教育是社会和经济政策工具。

第二种观点把职业教育看作学生从学校向劳动市场过渡的路径和工作机制。利用"门槛"模型可以帮助我们厘清不同国家不同教育体系之间的"边界"问题(Mertens 1988)。"门槛一"指从普通中学教育向职业教育的过渡过程;"门槛二"是职业教育向就业的过渡。然而我们不能完全依靠这个模型进行国际比较,因为它无法完全解释各国职业教育的传统和创新。事实上并不存在适应所有国家文化背景的普适性分析工具,特别是在研究就业与教育体系的复杂机制时,困难就更大了,因为这与劳动市场多种功能有关。如德国劳动市场有显著的"职业性"特征(参见 2.3;3.1.1),各行业的劳动市场和学徒体系都通过"培训职业"进行规范(Deißinger 1998)。英国和澳大利亚有更"开放"的劳动市场。美国也如此,其劳动市场长期以来一直都是"内部"和"松散"的(Doeringer/Piore 1971;Sengenberger 1987)。这意味着,通向就业的过渡路径独立于正规培训体系之外,而受企业内部管理制度或特定岗位要求的影响更大。

第三个观点是对职业教育不同路径之间联系的描述,包括普通教育以及不同职业教育类型之间的联系。Greinert(1988)采用比较研究法(参见 3.3.1)确定了职业教育的三种基本模型,即市场模式、学校本位模式和双元制模式。这里关注的是在职业教育体系形成过程中的分工、运作机制以及政府的作用等。然而这一模型主要关心职前培训,忽略了不同国家职业教育体系内部不同模式之间的复杂关系。如尽管英国或许属于"市场模式",但这并不意味着职业教育只在企业内开展,也不意味着职业教育只考虑经济利益。因为:一是英国以能力为基础的职业教育通过"严格的评估和资格认证体系表达职业教育的需求",促使政府更积极投身其中(Hayward 2005,78);二是近年来,由于不满意企业内培训的质量和地位,以及许多行业缺少学徒制度,参加学校式职业教育的学习者日渐增多(Ryan 2001 等)。

在德国的学术讨论中,学校式职业教育与双元制之间的关系始终是一个核心议题。传统上,人们一直认为企业培训和学校教育代表不同教学理念和学习范式。学校式职业教育(参见 3.3.8.2)有明确的教育思想,社会化和功利性较弱;而企业培训在经济环境中进行,忽视教育性目标(Greinert 1994)。以上两种特征在双元制体系中均有体现。从历史上看,职业教育的最初理想是对普通中学毕业生进行义务教育后的教育,现在则更多地与高等教育入学资格建立起了联系。德国的全日制职业学校体现了职业教育的多种功能,即(Kell 等 1996):

➢ 职业预备教育(1—2 年),通过增加年轻人在培训市场的机会使其进入到学徒制中;

➢ 继续教育(2～3 年),指导年轻人达到更高的资格水平(如大学入学资格);

➢ 职业培训(2～3 年),引导年轻人达到与劳动市场所需但不属于双元制的职业资格水平。

学徒制和全日制职业学校之间常常有一个界限，因为不同类型职业学校通常建立在同一个物理实体中，即所谓的"职业学校中心"。德国联邦职业教育研究所(BIBB)的研究表明，由于不同的法规，各州学校职业教育的种类很多，且多数缺乏企业的介入(Feller 2000)。专门设置的"模拟工厂"也没有从根本上解决这个问题。雇主认为，只有学徒制才能培养满足实际工作所需的能力和态度。大企业一般不太认可从全日制职业学校获得的职业资格，如"助理资格证"等，而小企业特别是贸易公司则容易接受在学校教育中获得的资格证书。此外，即使很多企业认为模拟工厂可以替代部分传统课堂教学，但仍然认为学徒制的"社会化功能"对技能发展和工作准备更有价值(参见 3.6.6)。从教育政策角度看，最近一项研究也得出同样令人"失望"的结果，即学生也"忽略"了自己在全日制职业学校获得的资格证书的事实。他们在全日制职业学校最强烈的学习动机是：i)提高修完课程后申请学徒位置的成功率；ii)获得高等专科大学(Fachhochschule)的入学资格。这项成果强调了一个国家内部不同职业教育类型之间的影响，及其对毕业生的心理特征、就业路径和生涯发展产生的影响(Deißinger/Ruf 2006，122)。

3.0.3　全球化发展是职业教育体系研究的主要驱动力

另一个重要的研究议题是职业教育的历史特征。各国的现代化进程受到其职业教育发展特征的影响，教育体系发展改革也面临着历史、"心理状态"和"参考体系"变化的挑战。目前，职业教育已经成为国际教育政策的一个核心议题，这表现在日益增多的"洲际"研究中(Misko 2006；Keating 等 2002)。职业教育改革已成为一项国际性的挑战。欧盟将终身学习作为欧洲国家的国际战略，将 1996 年作为"欧洲终身学习年"(Hake 1999)。欧盟委员会的《增长、竞争和就业》白皮书(EC 1993)指出，终身学习应成为"各国教育共同体可以共同努力的整体目标"。《教育与培训——迈向学习化社会》(EC 1995)的白皮书将终身学习与为每个公民的"个人技能卡"联系起来。《里斯本宣言》明确表示，应把职业教育视为社会和经济政策的主要工具。多年来，欧洲主要有两类机构开展了职业教育体系的特征描述、结构信息或统计指标的研究：第一类是欧洲的或国际机构，如欧洲职业教育发展中心(CEDEFOP)、欧洲统计局(Eurostat)、经济合作与发展组织(OECD)或联合国教科文组织(UNESCO)等(CEDEFOP 1981；Kommission der Europäischen Gemeinschaften 等 1997；OECD 2003)(参见1.7；参见2.5)；第二类是第三方研究机构，如大学。这里必须提到达·芬奇计划，该项目从不同层面关注职业教育，如学徒制度或职业教育的正规与非正规学习的关系等，目的是推动职业教育的流动性和和创新(Europäische Kommission 2005)。

经合组织的国际学生能力测评项目(PISA)对普通教育研究产生了重要影响

(OECD 2000)；在职业教育领域，"能力"和"标准"则成为世界范围内政策制定和科学研究的重要命题(Billett 等 1999；Hellwig 2006a；2006b；Pilz 2006；Weigel 等 2007)。它们具有共同的"哲学"基础，即通过"产出"评价教育体系、机构或项目的效率和质量。国际学生能力测评项目通过测量学生在若干重要科目(如数学和科学等)的学习绩效对学生进行评价。这是对教育体系进行评价的一个新视角，即通过所展示的学习绩效和教学成果从外部评价教育系统的整体表现((Ertl 2006)。在德国，这引发了对学校整体教学质量的讨论，其结果之一就是文教部长联席会议 2004 年决定引进《教育标准》(KMK 2005；Klieme 等 2003)，提出了每位学生应当取得的学习成绩或能力。"随着《国家标准》的引进，能力概念成为教育研究的主导议题"(Ertl 2006，628)。当然，这里的教育改革还有其他原因，如传统的理念更加关注学习内容而不是学习目标。改革的原因之一可能是盎格鲁-萨克逊文化对(职业)学习的理解(Misco 1999)。尽管对此争议很大(Canning 1998)，它却受到其他试图进行职业教育改革的国家的欢迎。在这种背景下对"能力"的理解与德国的"职业能力"有很大的区别(Hellwig 2006a)。近年来与该议题有密切联系的是有关"欧洲职业资格框架"(EQF)以及相应的"国家职业资格框架"(NQF)的讨论(Deiβinger 2006b；Young 2003)。在《里斯本宣言》之后，欧洲国家有关欧洲职业资格框架的讨论强调地方性职业资格证书需要更多的透明度和可比性。除了职业教育特殊的社会和经济影响力外，人们还赋予其与高等教育同等的地位，这意味"博洛尼亚进程"和"里斯本—哥本哈根进程"成为一块奖牌的两面，它们遵循相似的和谐发展准则，并且在可渗透的统一的教育体系中，努力提高迁移性和发展进程中的透明度和灵活性(Winterton 2005；Raffe 等 2005)。该研究还包括职业教育"欧洲学分转换系统"方案(EC 职业教育)。

2006 年，作为《PISA 震惊》的结果并在欧盟职业教育政策的启发和压力下，德国出炉了第一份"职业教育 PISA"可行性研究报告《职业教育 PISA》，它不仅尝试填补能力实证研究的空白，还关注国际学生能力测评项目和欧洲职业资格框架的研究(Baethge 等 2006)。这一职业教育"微观"研究领域的例子，集中研究了职业教育教学和课程(参见 3.4.1)以及能力测量问题(Röben 等)。研究对与能力研究相关的职业教育特征及其与劳动市场的联系问题进行了概括。重要的是，全球各国在职业教育体系的发展完善过程中，在不同文化条件下改革完善职业教育的目标、工具、路径以及教育学基础，从而追求一种超国家的战略，该战略包含了所谓的"教育模式"和"参照系"等(Frommberger 2006)。尽管实施了一系列政治举措，然而针对以下两个课题仍需要进行研究：1)引进以能力为基础的培训和欧洲职业资格框架改革措施真的推动职业教育质量提高了吗？2)那些忽略了特定国家文化背景因素的职业教育国际化战略的"负面效应"是什么？不同国家对职业教育有不同的立场和出发点，这反映了各种职业教育体系的不同的结构和文化背景

(Gendron 2005，7)。

本章下文将从多种角度讨论职业教育体系的问题。首先讨论"比较"和"可比性"问题，接着对不同国家职业教育研究、各国及国际职业教育报告体系进行历史性的反思。显然所有这些职业教育的子系统与整体职业教育体系有着紧密的联系。德国以其独特的职业教育传统开展了评估。本书国际案例部分包括有关职前教育、继续教育、院校职业教育的研究课题和成果。

3.1　职业教育比较研究——方法论的思考

Philipp Grollmann

3.1.1　职业教育比较研究的条件

与日俱增的国际合作及经济联系是促进职业教育国际比较研究发展的主要因素。国际发展合作机构(如德国的 GTZ 或全球层面上的世界银行)以及国际组织(如欧盟、联合国教科文组织等)都是职业教育比较研究国际合作的推动力。全球资本流动和经济合作需要了解更多潜在投资国家"人力资本"质量方面的信息。新的跨国管理方式如欧盟的"开放协调方法"(Open Method of Co-ordination)(Leney 2004)等，也需要科学研究的支持，从而获得"标杆"学习经验以及政治和实践决策所需的数据和知识。职业教育还可以对更广阔的社会和经济环境做出重要贡献。研究表明：不同的生产模式、经济竞争力以及国家劳动市场体制，与对社会发展所需的知识和技能基础的保障方式有直接联系(Hall/Soskice 2001；Maurice/Sorge 1990；Soskice/Hancké 1996)。

另外，一些因素也限制了职业教育比较研究的发展。作为一项被国际普遍接受的学科雏形，比较职业教育研究有其特定的研究领域、研究方法和基础条件。

如何对职业教育进行描述：一个方法论问题

首先需要强调的是，构成比较研究最重要的部分，并不是进行简单的精神层面的"比较性操作"，尽管这极有可能意味着科学的深思熟虑，而是针对"职业教育"这个研究目标建立一个基本假设，也就是说：把学习和学习的制度化放在多元文化或国家传统中(Hörner 1991；1997)，用这些文化传统的差异解释职业教育领域的特定事物。

这意味着，可以把一个特定的社会实体定义为"职业教育研究领域"。在一些文化中，这个概念有明确的内涵和外延；而在另一些文化中，可能很难对其进行清晰的描述(参见第 1 章)。职业教育体系整合了多种功能，在不同文化中，这些功能是在不同社会领域实现的，如院校、劳动市场、社会工作、企业组织以及其他非正式学习场所等。在不同文化中，都应当将"职业学习"作为比较职业教育研究的一项重要议题。

有学者甚至认为，由于方法和认识方面的障碍，任何试图对职业教育体系进行比较研究的努力都会失败，并最终制造出一个科学赝象（Georg 1996，1997）。按照他们的观点，劳动市场、教育和学习以及与之相关的社会因素之间有密切的联系，将职业学习及其制度化策略孤立于整个社会或文化环境之外是不可能的。"职业教育"的作用是一种文化投影（cultural projection），但是对于文化敏感性研究而言，职业教育又不是一种有效的类别。这与实用主义的职业教育实践形成鲜明的对比。在此，职业教育事实上包括了所有不需要学历证书就能获得职业岗位的所有个人发展路径、教育项目和机构的总和（Ryan 1991；Stern/wagner 1999）。

本文潜在的基本假设是：从社会传统方面对职业教育进行比较研究是可行的。但是，职业教育比较研究存在方法论问题，在职业教育比较研究项目中必须对此进行反思。

职业教育比较研究的传统和类型

通过对现有文献的回顾，我们会发现两个既彼此独立、但又相互交织的重要研究领域，即：

1）与不同文化、国家或社会环境相关的职业教育问题的研究；

2）从国际社会与经济这一更广泛的领域中衍生出的职业教育问题研究。

第一类研究包括对职业教育体系的描述（Lauterbach 等 1995—2005），以及在不同教育传统中对职业教育发展过程进行的历史学研究（Green 1990；Schriewer 1986；1987；1993），或者对职业教育体系相关层面所做的实证研究等（Deißinger 2002；Fischer/Röben 2001；Frommberger 1999；Grollmann 2005；Harris/Deißinger 2003）。

第二类比较职业教育研究包括教育与劳动市场之间的关系研究，主要功能是对研究对象进行解释，如对从学校向工作的过渡、对职业认同感或对职业教育与竞争力之间的关系研究等（Keep/Mayhew 1998；Kirpal 2004；Stern/Wagner 1999）。

此外还可以从不同认识取向进行研究。通过比较研究可以探求职业教育的普遍特征，如国际课程发展的趋势等。同样还可以针对不同文化或国家来分析界定职业教育的特点。

研究目标可以是改善实践状况，也可以是分析事物的规律，如职业教育体系中不同元素和变量之间的因果关系（Hörner 1991；1997）。不同研究模式参见图 3-1。下面，我们讨论一些比较研究的基本问题，如有关分类模式的问题也称为"nostrification"问题，以及在比较研究中审慎处理语言和认知的关系问题等。文中将会通过一些有关教师专业发展的案例进行说明。

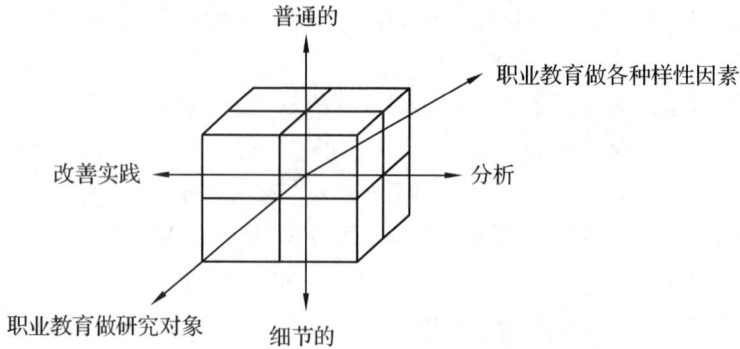

图 3-1　职业教育比较研究的传统和类型

3.1.2　比较研究中潜在的谬误

分类模型的建构——分析的维度

德国职业教育研究文献分析表明，从 20 世纪 90 年代中期以来，始终存在着是否能够对职业教育体系进行比较和分类的争论（Deißinger 2001；Frommberger/Reinisch 1999；Georg 1997b；Lauterbach 1994；2003a；Schütte/Deissinger 2000），这反映了针对比较研究方法的适用性的国际学术讨论。

这里一个典型案例是 W. D. Greinert 对职业教育体系进行的分类。他把职业教育体系划分为三种类型，即市场模式、学校模式、混合模式或称双元制模式，类似的分类模式也可在 Leney（2005）的《里斯本－哥本哈根－马斯特里赫特联盟伙伴》报告中找到。这里采用的主要分类标准是"国家职责"。20 世纪 90 年代，Greinert 以系统论为基础，进一步完善了他的分类模式。他参照"系统特殊性交流管理模式"[①]理论，将上述分类模式发展成为新的三种类型，即：1)科层模式；2)市场模式；3)混合模式或双元制模式。一些学者指出这种分类模式的局限性（Frommberger/Reinisch 1999），其中一项主要批评观点认为，这种分类模式只考虑了一个维度的因素。不管 Greinert 是否尝试按照 M. Weber 的定义去确定"真实或理想的类型"（Weber 1980），事实上"系统特殊性交流管理模式"理论也可以有多种具体化方式，如社会福利就可被视为一种管理类型，包容性或社会伙伴关系也可以是类似的方案。如果看一下北欧，这种管理类型立刻就会呈现在眼前。这些例子说明了 Greinert 分类模式与各国政治管理模式非常接近，同时也说明这种职业教育体系的分类模式与政治学理论有密切联系，而与职业教育的教和学的联系很少。

Deißinger（1998）的研究显示，相关研究正在向多维度表述的方向发展，他在

[①]　全称为 governing-patterns of system-specific communication。

增加两个维度的基础上，建立了新的分类模式。为了表示三种不同的理想类型，Deißinger 增加了"课程与教学"以及表示社会化进程中的"职业资格获取地点"的维度。这是首次将职业教育学的核心内容引入到相关讨论的尝试。Deißinger 称之为"资格类型"，并将其划分为"企业独有""知识导向"和"职业导向"三种类型。显然，这里他考虑了欧洲职业教育的三种重要体系（即芬兰、英国和丹麦）。

对职业教育体系的比较研究是职业教育比较研究学术争论的前沿。在德国，人们常常把"双元制"作为研究的基准（Frommberger/Reinisch 1999）。长期以来，在职业教育体系比较研究中，对这种劳动市场、教育以及资格结构和功能的分类模式（nostrification）持批判态度的学者是 W. Georg。他多次强调不能把"职业教育体系"这个概念作为中间参照物（tertium comparationis）。在他看来，只有在"考虑重建具体国家的特殊文化和组织结构背景时"，比较性的分析才能获得深入的认识（Georg 1997b）。

可以肯定，撰写过职业教育比较研究论文的人都认可这个观点。目前在宏观层面，对这一问题的关注已经成为职业教育比较研究的主流。

如工业社会学领域进行的职业教育研究就广泛采用了个案研究方法（Heiden-reich/Schmidt 1991；Schmidt 1991）。系统、结构和传统，这些对一个国家或地区而言的具体事物，在解释微观层面的研究结果时必须是透明的。需要提醒的是，在职业教育研究中，这种情境相关性不能"简单"从教育学视角得出，它还要反映职业教育、劳动市场和企业组织之间复杂的关系及其发展。如英国的模块化课程常常被认为是灵活课程的典范，但是对模块课程的理解和说明，则需要结合特定的劳动分工文化或企业内人力资源开发模式进行。

专家呼吁，在比较研究中对教育与工作之间的关系进行分析时，应关注微观层面研究。然而学界对此呼吁至今仍鲜有响应。有关"教与学"以及教师的专门化的比较研究目前仍很欠缺（Schütte/Deißinger 2000）。

工业文化研究也说明了职业教育对促进技术发展的重要性，尽管技术发展本身就是职业教育的一个维度（Ruth 1995）。例如，如企业、职业或职业领域是如何联系或是根据什么界限进行划分的？在德国，公共卫生、供暖与空调领域出现了很多新职业，美国同样也是如此。

类型、层次和维度

在比较研究中，针对不同的研究目的类型建构备受争议，其价值大小与认知兴趣有直接的关系。这类研究的重要目的是，利用理想的分类模型形成假设（Deißinger 1995）。许多分类模式的建立，特别那些完全建立在单一维度上的模式，就像发出了一个开放的邀请，人们在此基础上形成其他背景下对职业教育真实状况的"假设"。有时这些假设是正确的，但有时也可能是错的，甚至完全可能误导人们。因此 Lauterbach 等（1995—2005）认为，比较研究有时完全可能制造出不合时宜的刻板理论。Deißinger 则强调了理想的分类模型的"启发功能"。按照 Weber(1988a, 190)的观点，建立理想的分类模型的目的是：

"帮助我们在研究中提高归因能力：它不是假设，但是却指导我们建立一个假设；它不是对现实的描述，但是可以为我们描述事物提供一个清晰的表达方式"。

科学研究的目的首先是降低问题的复杂程度。在这一层面上，分类模型是一个重要的解释工具。然而职业教育研究的难点在于，如何能够确定这一模型中相应的维度。一项有关中国职业教师专业化发展的案例研究可以解释个道理：

"多数西方国家认为中国是一个社会主义中央集权制（计划和决策）的国家，然而在职业教育领域，其现实与以上观念相差甚远。在由教育部门、劳动部门以及其他行业部门共同组成的复杂网络中，职业学校在专业设置（特别是新课程的开过程中）享有高度自主权。这种自主权表现在处理一些行政事务以及与当地政府的协调等方面。如针对新专业的设置，如果官方还没有课程计划，学校可以自主开发，他们开发的课程今后完全有可能被管理机构所采纳[……]。这样，在同一地区甚至同一学校常常会出现不同的课程标准。"(赵志群 2003)

显然，在中国的职业教育行政管理层面，政府扮演着重要的角色。但是以上例子却说明了在行政管理维度综合考虑问题的重要性，特别是涉及日常教学工作时。这说明职业教育与其文化背景中的微观和宏观结构的结合是多么屡弱。有关这一问题的另一案例是德国职业教育不同参与者之间的合作问题。其他国家普遍认为，在"双元制"中雇主和教育体系的合作堪称楷模。但是人们可能会吃惊地发现，在德国职业教育体系中，学习场所之间的良好合作并不常见，而完善这个合作方案却是有关职业教育改革讨论中的经常性话题(Grollmenn 等 2003；Grollmann/Lewis 2003)。

总之，在进行职业教育比较研究时，必须不断反思不同维度之间的关系，同时选择适当的研究方法，这涉及社会实践多个维度的跨文化的一般性假设。

外化和内化的类别建构——关于职业教育国际讨论的认识论问题

由于比较研究中常常会遇到概念问题，各学科在比较研究设计中会进行去耦设置，以便其研究方法和结论不至于过多与其他学科重合。然而比较研究有一个重要的功能，就是准确调查相邻学科的研究发现是否能满足普遍性的要求，以及比较研究的发现是在特殊文化条件下产生的，还是与特定的文化无关(Fischer 2003)。

从对研究对象初始数据的处理，到最终成果的评估，都说明比较研究过程中人种志方法的重要性。一方面，一些研究项目可以简单地采用国家文化研究方法；另一方面，尽管研究项目采用无文化针对性的研究方法，但仍会与其他研究和实践传统发生矛盾。在此，"外国"作为一项原因，不仅在实践和政策制定过程中发挥着重要作用，而且对社会科学研究方法的发展也有重要的意义（Zymek 1975）。这里一个明显的例子就是对"国际性教育规律"的引进，如德国围绕职业学校向区域化能力中心转变的讨论（Kurz 2002）。一些理论和理念进入一个国家的讨论时，并没有对本国的原始状况进行反思，如学习型组织理论就是一个典型的例子。类似的例子还有 Schön 等（1983）关于欧洲专业化和职业学习的理论。

目前社会对 Schön 和 Senge 高度认可，并将其奉为促进改革的"英雄"。比较教育学家 T. Popkewitz 在对这种"杂交式"的研究现象进行评论时，借用了"本土化外国人"的比喻：

"[……]我用'本土化外国人'这一概念解释，本土和全球因素是怎样相互影响形成权力的。'杂交'的概念既否定了普遍性也否定了一般性。本土化外国人的重要性不在于这个人是否具有男英雄或女英雄的身份，而是这些杂交式的讨论能够引导人们记住进步，并将记忆与遗忘分开。"（Popkewitz 2000）

与上文有关分类的问题相似，研究者很容易将自己的文化类型与所观察到的其他背景中的文化类型建立联系，如德国的研究者一提起美国的双元制职业培训就断言"这样的制度行不通"（Kreysing 2002）。还有另一种情况是，通过观察，研究者将其他背景中的概念应用于自己的文化。因此可以看出，这里有两种建构类别的方式，即外化的类别建构和内化的类别建构。Popkewitz 还把本土化外国人的比喻应用到了有关教师的专业化讨论中：

"教师的专业化讨论存在于不同的管理发展模式中，特别是当个性化、行动以及参与式理念在全球流行的时候。如今专业化教师的形象是：在分散化的教育体系中能够协作、反思并"建构知识"。这种"新型"教师（和培养的儿童）有能力解决问题，可以灵活应对无法明确界定或没有单一答案的问题。教师有个人的实用性能力，可以处理复杂的问题情境"（Popkewitz 2000，282）。

他认为教师的专业化是对盎格鲁-撒克逊文化中专业化理念的发展，这有别于传统的德国方式。德国的"专业化教师"的标志是"教育"（Bildung），这既是教师的属性，也是他的专业任务。比较研究的根本问题常常建立在一种假设上，即研究对象、研究方式设计和对成果的解释是彼此独立的。然而在国际比较研究中，各个研究对象并不是完全独立的。在通常的社会研究中，每个研究目标之间也不是独立的。比较研究中的"准试验学校"以及它的本土化形式也证明了这种判断。在比较统计中，这种尴尬局面被称为"高尔顿问题"（Galton's problem），最早是由英国统计学家高尔顿（F. Galton）提出的。

因此，从研究兴趣形成的层面开始，我们就要注意它的发展环境。在这个阶段，就需要对研究对象的特点进行预设：它是针对特殊的文化，还是有普遍意义？由于存在着分类建构问题，如何系统解释问题、处理具体和抽象之间的关系，如何按照科学的方法要求组织和实施调查研究，并处理好开放和封闭之间的关系，等等，这是比较研究面临的最大挑战。这同样也适用于对研究成果的解释。语言困难提高了这一问题的复杂性，而在进行比较研究时，语言问题又是不可避免的。

语言与文化比较

在德国《时代》周刊的一篇文章中，记者 M. Speiwak(2001)介绍了美国亚利桑那州菲尼克斯大学(UOP)。由于很高的学生数量和其他关键数据，该校被认为是一所成功的大学，其卓越性表现在：适应新技术方面的高度灵活性、继续教育在美国市场上占有较高份额以及不断建立发展的"附属"机构。Speiwak 指出，菲尼克斯大学的讲师(lecturer)称自己为"教员"(instructor)，这对描述该校的教育理念具有重要的意义。事实上，美国英语中的 instructor 和 lecturer 的词义基本相当，这有别于英国英语。在美国的社区学院和职业高中，"讲师"这个词也非常通用(Miller 1998)。尽管这一案例摘自一篇报道，但是却反映了在比较研究中经常出现的语言问题，这可以作为对"解释过头"的一种警示。

Clement (1999)解释道，在语言层面上，不可避免地会传播文化投影。语言在一定程度上影响着感知，尽管还没有上升到"语言决定论"的程度，这已经被一系列心理试验所证明。有趣的是，研究发现，特别是在理解和处理一些抽象概念和问题时，人们最容易受到语言的影响。例如，语言对感知时间的影响程度，要超过对感知颜色的影响程度高(Boroditsky 2001)。因此，对"地球村的沟通问题"(1999)也需要进行深入的实证研究。从语言维度进行的理解的认识非常必要。如果没有实证研究成果的支持，有可能会导致巨大的倒退，而且不会对认知进程带来任何益处。因此，职业教育的"意义"，只能在抽象化的概念和确凿的实证数据的相互交织关系中重建。文化批判家及左翼黑格尔派学者 F. T. Vischer 认为，M. Weber 在其有关类别构建的著作已经提出，需要在"实体"(substance)和"意义"(meaning)之间寻求一种适度的平衡(转译自 Weber 1988，214)。

3.1.3 职业教育比较研究，一次繁重的旅行

综上所述，职业教育比较研究必须面对严峻的方法论问题。支撑比较职业教育研究关于跨文化或跨国界差异的一般假设，包含以下几方面的内容：

1. 职业教育是社会实践中一个多维度现象，有时各维度之间的联系是松散的；

2. 可以对职业教育的普遍规律、职业教育研究和政策讨论进行研究(如教育或跨国政策的实证研究)；

3. 研究问题的形成以及数据和结果解读中存在文化投影问题(类型建构)；

4. 在语言、概念的敏感性和实证研究之间存在着平衡问题。

除此之外，比较研究学者还要明确他们的目标是想探寻共性还是差异，以及

是否更加注重分析还是实践方式？比较职业教育研究实践有时需要在研究过程中保持与各种合作伙伴的持续沟通，这种合作被称为"合作研究"法（Attwell 1997；Schmidt 1991；Thurley 1991）。然而这并不能替代比较研究，而只是比较研究的社会前提。研究合作的社会实践在职业教育领域里产生了实际反响。

3.2 比较职业教育研究——基于方法论的思考、结果以及现存问题

Hubert Ertl & Dietmar Frommberger

3.2.1 教育和培训的比较兴趣阶段

对教育现象的比较研究已有很长历史，可追溯至古代由赴外旅行者撰写的有关教育实践的报告。今天也能找到这些"旅行者的故事"，它们有奇特的细节描述，与我们熟悉的教育体系和实践形成强烈的对比。撰写这些报告的动机是好奇，因此文章中并没有成系统化的描述。

自19世纪以来，对教育和培训有着独特兴趣的旅行者受到欧洲主要国家教育体系发展的启发，认识到必须在国家层面制定教育政策。因此，教育方面的政治家和专家开始走访其他国家，通过在学校和教育机构的见闻，撰写系统化程度不同的有关教育政策与实践的报告。这些报告多采用百科全书式的描述，基本不具有解释力，英国教育家 M. Sadler 关于德国教育和培训的报告就是这类文章的典型例子。一些对国际学生评价项目（PISA）中取得优秀成绩国家教育部长的访谈，使人们想起了19世纪借鉴他国教育经验的案例。

20世纪初期，对其他国家中影响教育体系形成的历史和社会因素的研究很流行。这种比较研究认为社会和教育间有相互依赖关系，即社会结构、权力和偏好决定着教育，而教育又可以在中长期内改变社会。按照这种假设，教育家和政策制定者开始把教育看作引导社会和经济向特定方向发展的工具。

20世纪下半叶，社会科学的研究方法和手段在教育学研究中得到应用，比较教育研究也发生了变化，即不再仅仅采用历史分析法对影响教育的因素进行分析，而更多地采用实证方法来描述和分析教育体系并对其实效进行评估。教育行政部门开始采用在社会科学领域（如心理学和经济学）发展起来量化研究手段制作复杂的统计报告。近来，很多国家中对学生的学习成绩进行的大规模比较研究可以视作这种比较研究的发展。（更多盎格鲁文化国家的比较教育研究成果见 Noah/Eckstein 1969，Jones 1971，Epstein 1994 和 Vos/Brits 1990）。

3.2.2 不同国家的研究传统

教育和比较教育是世界上很多国家都在探讨的主题，历史上对职业教育和比较职业教育进行研究最多的是德语国家，但是近年来职业教育已成为欧洲乃至世界各国的研究领域。如经济合作与发展组织(OECD)每年都搜集各种类型职业教育发展数据、进展以及资格认证情况(OECD 2005b)。欧洲职业培训发展中心(CEDEFOP)也搜集很多有关欧洲和其他国家职业教育体系、结构以及实践等比较的信息(CEDEFOP 2006b)。

不同国家的研究有不同的传统和背景，对比较职业教育研究的关注点也不同。如德国的比较研究关注职业教育体系的结构和实践，如 20 世纪 90 年代英国国家职业资格证书体系引发的对模块化培训的讨论(Deißinger 1994；Pilz 1999；Ertl 2002)，英国的比较研究更多关注培训体系与经济竞争力之间的联系。这些研究包括 Prais 等(Prais 1981；Prais/Wagner 1985)进行的德国与英国的比较研究、英国与其欧亚主要竞争对手国之间比较研究(如 Finegold/Soscice 1988；Finegold 等 1990；Finegold 1992)。结论表明，英国陷入了"低技能均衡"陷阱，与德国等"高技能均衡"国家相反。最近，人们在培训体系与劳动市场结构的关系(Brown 等 2001；Hayward/James 2004)以及从学校到工作的过渡方面进行了研究(Evans/Heinz 1994；Bierhoff/Prais 1997；Müller/Shavit 1998)。英国和德国比较职业教育研究的关注点不同，表明比较研究受特定国家体制特征的影响。比较研究的目的正是要了解不同政策的影响并解释比较职业教育研究的成果(Ertl 2006a)。

比较职业教育研究在不同国家有不同的称谓，如德语叫"比较教育学"(Vergleichende Erziehungswissenschaf)，而法语和西班牙语则称为"教育比较"(Education Comparée 和 Educación Comparada)，这不但与不同国家的比较教育的发展状况和地位相关，也与职业教育作为一门独立的学科的发展程度有关。如德国教育研究协会(DGFE)有一个职业教育的独立小组，而 DGFE 的英国同行(BERA)则没有这种小组。

德语国家始终试图将比较职业教育发展成为比较教育的一个二级学科(Lauterbach 2003b，2003a)，部分原因是因为第二次世界大战后德国的分裂和德国"其他"地区对职业教育持续进行的比较。Czycholl(1971)认为德国职业教育的比较研究一直可以追溯到 20 世纪初期，那时凯兴斯泰纳等学者就采用比较方法对德国职业教育的发展方式进行深入研究。Czycholl 通过对比较职业教育研究的需求(由于贸易国际化和欧洲一体化进程等原因)与缺乏公认的研究目标、方案和方法之间的矛盾(Abraham 1962，176)的研究得出结论：本领域的研究仍处于"前科学阶段"。实践证明，这一评价在三十多年后的今天仍然有效。

Lauterbach(2003a；2003b)非常关注职业教育比较教育与其他比较研究之间的关系。他认为，比较职业教育研究中有关研究范围、比较方法和研究动机的讨论，还未达到建立一个二级学科的水平，因为文化背景不同的学术界对比较职业教育研究的定位不同(Busch 等 1974)。

3.2.3　比较职业教育研究：方法论及成果

历史研究方法不但用于描述、解释和理解过去发生的事件，而且还应得出结论并展望未来的发展趋势。比较研究遵循类似的原则，比较职业教育研究更是如此：一方面，了解其他国家职业教育的特点和结构模式，特别是其发展沿革；另一方面，及时总结经验并对未来发展提出建议，从而确保职业教育规划的可持续发展。

采用历史研究方法时，对使用历史证据解释当前问题的有效性始终存在争议，在比较研究中也有这个问题。如职业教育体系比较意味着(用统一指标)去衡量不同的职业教育体系，为了得到理由充分的结论，需要正确评价不同模式的背景和发展情况。这种评价可以促进评价标准(tertia comparationis)的完善，从而得出相对客观的国际性结论。

广义上讲，"比较"意味着不仅要衡量和理解不同国家职业教育体系的差异和共性，而且要了解不同国家职业教育的规划和设计。严格说，在衡量不同国家或文化间的职业教育之前，必须理解职业教育。只有这样，才能根据比较的目标界定有效的比较准则。

为了解释差异性和共性并对其进行对比，需要开发出能适应多国国情的理论或方案。文献显示，这种理论模型至今尚未出现。下表说明了比较职业教育研究的主要领域：

表 3-1　比较职业教育研究的问题和学科领域

比较职业教育研究的问题	比较职业教育研究的学科领域		
描述不同国家或文化背景下的职业教育	职业教育的教与学	职业教育的目标和内容	职业教育的结构和功能
理解/解释不同国家或文化背景中的职业教育			
按照专门的准则，比较两个或多个国家或文化背景中的职业教育，如： —观察并了解差异性和共性 —找出界定和解决问题的新方法 —了解并解读不同的绩效，即标杆研究			

Broadfoot(1999，24)认为，比较职业教育研究中出现的问题与比较教育研究的三种文化传统有关：经验主义者(empiricist)提供了有关教育现象的文献，以及国家为实现教育过程的组织和实施而开发的方法和途径。实证主义者(positivist)试图将"科学"的研究手段应用于教育和培训现象,从而概括出一般化的结论。整体化(holistic)方法关注构成教育系统的文化因素和力量,以解读并最终对教育现象进行比较。

必须认识到,职业教育是一个非常概括性的术语,在不同国家有不同的含义。比较职业教育研究试图确定和理解这些基于不同研究理念,涉及多个学科领域的含义,同时还期望能彼此学习,从而找出解决方案以及影响系统绩效的原因。下面,我们介绍一些比较职业教育研究的成果:

旨在描述不同国家或文化背景的职业教育的研究成果
> 针对职业教育体系的国别研究(Lauterbach 等 1995－2005;Rothe 1995;Koch 1998;Andersson 2000;Westerhuis 2001;Atkinson 1999)。

旨在理解并解释不同国家职业教育的研究成果
> 职业教育历史研究(Kirsch/Bertrand 1991;Lane 1996;Schriewer 1995;Goudswaard 1981;Charlot/Figeat 1985;Pelpel/Troger 1993;Gregson 1995)

旨在通过对职业教育比较认识差异性与共性的研究成果
> 通过完善分类模式对职业教育体系进行广义比较(Greinert 1988,1995;Deißinger 1995;Clement 1996;Frommberger/Reinisch 1999;Brown 等 2001)

> 历史比较研究(Kraayvanger 等 1988;Deißinger 1992;Greinert 1999;Frommberger 1999;Frommberger/Reinisch 2004)

> 确定并解决问题的新方法的研究(Finlay 等 1998;Deißinger 1998;Pilz 1999;Gonon 1998;Nijhof/Streumer 1998;Wieringen/Attwell 1999)

> 欧洲科学技术研究合作组织(COST)的倡议可以认为是一项大规模尝试,即对当前欧洲职业教育出现的共同问题进行制度化的比较研究(Mulder/Sloane 2004,Nijhof 等 2002)。

通过培训效果或受训人员绩效对职业教育进行比较的研究成果

迄今为止,还没有比较不同国家职业教育绩效表现的重要实证研究成果。职业教育没有类似的义务教育领域中经济合作与发展组织的国际学生评估项目(PISA)的研究成果。然而在欧洲,对职业教育政策的标杆研究逐渐成为比较不同国家职业教育的习惯做法。当然对教育效果的小范围比较研究还是有的,如爱尔兰与德国合作项目(Schmidt,1997)报告指出,爱尔兰的电工和汽车机械工参加德国职业资格证书考试,其成绩与德国同行相近甚至稍胜一筹。可以认为,这些职业领域中两国的培训标准是有可比性的。

从其特点看,比较职业教育研究可定位在人文科学与实证科学之间。它采用社会科学研究方法对职业教育的社会和个人条件及结果进行解读，并回答有关教育现状的成因、社会影响力及教育目标等的问题。比较研究还采用历史和哲学方法进行分析（Anweiler 1974）。总而言之，关于比较教育研究采用的方法和面临的挑战参见 Keeves 等（Keeves/Adams，1994）提出的分类理论，关于教育培训比较研究的功能清单参见 Phillips 的文章（Phillips 1999）。

3.2.4　欧洲职业教育比较：欧盟职业教育政策讨论

自 20 世纪 90 年代起，欧盟立法对欧洲各国职业教育的影响成为重要的研究课题（Achtenhagen/Kell 1994），主要探讨在大欧洲政策框架下各国职教发展情况，有时也通过一些较为模糊的主题（如"职业教育的新发展"和"职业教育的现代化"）展现各国的政策与实践（Ertl 等 2004）。

欧盟层面政策的制定受到两个层面因素的制约：各国职业教育历史发展及其社会经济背景的联系，各国面对教育现代化挑战而进行的努力（Georg 1999）。20 世纪 90 年代末，欧盟教育项目由于受到诸如主权、多样性原则和"程序化方法"等因素的约束，常常因管理效率低和官僚作风而备受指责（Ertl 2002）。目前欧盟在教育和培训领域启动了职业教育比较研究，且为此提出了很高的要求。

欧盟的战略目标是"[…]使其成为世界上最具竞争力和活力的知识经济体，保持经济的可持续发展、提供更多更好的就业岗位并加强社会凝聚力"（欧盟理事会 2000，3）。里斯本议程为未来的教育培训政策设立了目标，并形成一种开放的合作政策方式，即"[…]是传播最佳实践并实现欧盟主要目标的工具"（Frommberger 2006）。它允许欧盟成员国制定政策指南，并设定实施的时间表，并允许使用指标数据和标杆研究对成员国及其他竞争国家之间的绩效进行比较，通过定期监控及同行评议对成员国的进展进程评估，并由此构建了固定的比较研究活动。

里斯本议程明确了欧洲教育培训体系的三项主要目标："发展区域性的学习中心、提高特别是信息技术领域的新型基本能力，提高资格认证的透明度"（欧盟理事会 2000，12）。此外还制定了一系列与教育培训有关发展目标，如增加投资，明确终身学习中的基本能力，增加职业资格认证过程和学习培训的透明性，制定共同的简历模板（欧盟理事会 2000，13）。在职业教育中提出了完善指标体系、建立欧洲职业教育绩效标杆研究等措施（欧盟理事会 2004）。这些可以对教育培训体系的绩效进行量化比较的目标，只有通过对欧盟成员国实现目标的进程进行定期测量和比较才能实现。

在 2004 年，研究机构受欧盟委托开展了一项对欧洲国家职业教育选定绩效指标进展情况的研究。他们评审了欧洲和国际的核心出版物，如欧盟委员会、欧洲职业培训开发中心（CEDEFOP）和经济合作与发展组织，以及所有欧盟成员国的报告，并根据不同主题提交了国别报告，从而"[…]确定各国职业教育向里斯本条约设定的目标和衡量基准的进展情况"（Maastricht 2004，9）。

该项目还研究了其他问题，如职业教育质量、继续教育的参与度、职业教育与社会融入、职业教育的投入与收益、教学创新和欧洲劳动市场的能力建设等。研究表明，北欧国家在实现哥本哈根协议设定目标的进程中表现最为优异，不但为学习者提供了良好的基本技能训练，而且继续教育的参与度也最高。但是"欧洲和地中海核心成员国"（Maastricht 2004，3）在提高其职业教育的绩效方面表现不佳。

里斯本条约有其复杂性，它引发了一系列的活动，其中一些强化了始于 20 世纪八九十年代的项目，另一些则开拓了新的合作领域。里斯本条约也是多层面的，它试图影响所有层面的教育和培训的发展。如在宏观层面，它试图建立欧洲终身学习资格框架（EQF）（欧盟委员会 2005），这涉及各成员国职业资格的定义和政策法规；在微观的教育培训层面，则引进欧洲共同的简历模板（欧盟委员会 2002）对学员个人的学习经历进行认证。这两项行动与过去的、但不完全成功的欧盟政策有关。例如，欧洲终身学习资格框架再次提出了引入曾在 20 世纪 80 年代尝试过的包含 5 个层面的"国际交流职业注册"（SEDOC）的资格证书制度（EC Decision 85/386 of June 1985），包括成员国之间的资格互认和资格认证的透明度（Zimmermann 1993，338；Wiegand 1996，262）。为使该体系更具操作性，欧洲职业培训开发中心启动了一个比较行动，这导致"国际交流职业注册"注册了 200 多个可比较的职业活动。"国际交流职业注册"与来自所有成员国的专家开展了合作，该注册的内容包括职业描述以及与相关成员国文凭、证书和与资格认证有关的基本要求（Sellin 1996，21）。1993 年，209 个职业描述得到欧盟成员国的一致认可，并在欧洲范围内与社会伙伴组织开展合作。"职业描述"和"职业比较表"勾勒出了职业培训的路径及获得的资格，并定期刊登在欧盟的官方期刊上（Piehl/Sellin1995，213）。欧盟职业培训资格认证比较项目中进一步完善了 SEDOC（SELLIN）。有关各成员国在"国际交流职业注册"方面取得的有限成功经验以及后来有关认证和可行性问题的讨论参见（Scheerer 1998）、（Bjφrnävold/Sellin 1998）、（Blitz 1999）和（Frommberger 2006）。

波洛尼亚协议和哥本哈根协议制定的"欧洲学分转换系统"拓展了欧盟在推动学员流动性方面的活动。职业教育的达芬奇规划以及之前一系列项目如"成人和工作生活做准备的青年职业培训"（PETRA）、"欧洲技术培训网络"（EUROTEC-NET）以及"妇女培训计划"（IRIS）等，对促进职业教育学员的流动性起到了积极作用（ERTL 2002）。

后里斯本时代的欧洲教育，特别是职业教育政策被视作应"全球化导致的急剧变化和新知识经济带来的挑战"的反应。基于里斯本条约的政策措施被形容为欧洲教育政策的转折点(Nòvoa/DeJong-Lambert 2003，55)。有关比较指标和共同的标杆研究政策不仅促成了欧洲国家职业教育领域的合作，也为该领域的比较研究注入了持续的动力，尽管这些政策的影响力迄今还很有限。

3.2.5 问题

下面我们总结存在的问题及需要进一步开展工作的研究领域，从比较的视角说明不同国家之间职业教育的实践和理论：

1)关于教育培训过程的内容及效果的比较研究：

不同国家和文化中的学徒和学生需要在职业教育中获得哪些类型的知识、技能和能力？不同国家以何种方式将知识、技能和能力进行组合并进行资格认证？资格认证对(国际)劳动市场有什么价值？

2)关于职业教育的教与学的比较研究

学徒和学生如何在职业教育中学习？不同国家的学校本位和工作本位学习是如何进行的？学校本位学习和工作本位学习之间的关系是什么？教师/培训师/讲师在职业教育中的作用是什么？

3)关于职业教育体系和结构的比较研究

不同国家和文化之间职业教育体系存在差异和共性的原因是什么？某些国家学校本位教育体系中指导式教学法占主导地位的原因是什么？为什么在法国学校本位职业教育占主导地位？澳大利亚职业教育为什么采用以能力为本位的职业教育模式？不同国家关于职业能力的不同概念对其职业教育体系的影响是什么(Ertl/Sloane 2005)？

综上所述，系统化的比较职业教育研究还处于发展初期，依靠其力量开没有在教育研究中建确立重要的学科地位。然而近年来职业教育政策的发展表明，例如在欧盟层面存在着重要的政策研究议题体，用以比较各国职业教育体系及其产出，或通过超国家的共同绩效指标进行比较。这些政策比较研究的实践表明，职业教育的比较研究对深入了解不同国家职业教育体系以及实践的基本原理和实施过程奠定了重要基础。对标杆的解释必须建立在比较研究的基础上。至于短期的教育决策(如宏大的里斯本条约)是否会为必要的职业教育比较研究工作留出充裕的时间，还有待观察。

3.3　职业教育史研究：案例研究

3.3.1　中国职业教育史研究

俞启定　和震

中国的教育历史发展源远流长，教育史作为一门独立的学科，已经走过了上百年的历程，而职业教育史(下文简称职教史)的专门研究却相对滞后很多，且多是一些零散的专题研究，这可能与职业教育在整个教育体系中的地位有关。直到20世纪80年代后期，随着中国改革开放政策的不断深入，教育结构调整和职业教育事业快速发展，职业教育成为国家整个教育体系的重要组成部分以后，才逐渐得到重视，与此同时，职教史研究也从零散的资料整理，逐渐拓展到各个专项研究。

3.3.1.1　重要研究成果

重要研究成果主要体现在一系列的专著中，另外，有些专史，如科技史的研究也偶有涉及职教史的。

职教史和职业教育思想专项研究著作

20世纪80年代台湾学者周谈辉的《中国职业教育发展史》是中国第一部有关中国职教史的专著。他将清末1862年学制颁布前的时期定义为职业教育的萌芽阶段，把1862年至今的职业教育(1949年后仅指中国台湾地区)发展过程分为八个阶段，分别从背景、宗旨、制度与管理、专业设置与课程、师资、经费与设备、教法特点和实施等方面，对职业教育制度的形成与演变过程进行了清晰的阐述，并对历史进程和发展现状进行了反思(周谈辉，1982)。

吴玉琦的《中国职业教育史》按照历史发展顺序与专题形式相结合的形式，在系统挖掘整理史料的基础上，对中国从古代到近现代职业教育的产生、发展和变革的历史进程及其规律进行了归纳。他以中华职业教育社的活动为主要线索，分析探讨了中华职教社逐步建立起来的一整套以职业学校、职业补习学校、在普通学校中兼施职业教育、农村改进及职业指导等若干环节相互衔接的职业教育体系与结构(吴玉琦，1991)。

李蔺田、王萍的《中国职业技术教育史》是一部有价值的文献汇总，它对从1862年(清代)经中华民国到1988年间(中华人民共和国)中国各时期职业教育的政治方针、学校制度、课程、教师、学生、行政管理制度等内容进行了总结，史料翔实，系统有序，但对职业教育思想及其代表人物没有展开更深入的分析（李蔺田/王萍，1994）。

刘桂林在其博士论文《中国近代职业教育思想研究》中，把近代职业教育思想运动分成三个部分，通过对近代职业教育思想的发生发展历程的分析，试图寻找职业教育思潮与职业教育实践的联系，并提出"近代职业教育思潮的演变是探索职业教育中国化的过程"的新观点（刘桂林，1997）。

以上这些成果，特别是对建国后职教史的研究，对总结职业教育发展的经验教训和指导职业教育实践起到了重要作用。但总的来说成果都比较简明，侧重在对近现代历史事件阐述，带有明显的实用主义倾向。这些研究多从教育内部着眼，而从社会学、经济学、哲学等其他学科更广阔的角度对职业教育史进行的综合研究还是空白（职教司/职教中心所，1995）。

职业教育学论著中的史论和专项论文

中国职教史研究在一些职业教育学论著中也有以专门章节的形式出现，或散落在诸如中国教育史等的教科书和一般著述之中，如毛礼锐的《中国教育史简编》（毛礼锐，1984）、郝新生等的《比较职业教育》（郝新生等，1987）和高奇的《职业教育概论》（高奇，1984）等。这些研究涉及的职教史多以描述史实为主的形式出现，篇幅较短，内容简洁，通常不是作为专题史来研究的，在内容的深度和广度方面有较大的局限性。

近年来，不少职教史论文从历史角度来审视当前的职业教育现状，反思职业教育中存在的问题。一些论文以以史鉴今的态度去对待职业教育的历史和现实，不再是纯粹史实资料的汇总，而加入了哲学理性的思考，在前人研究基础上有所深入（参见王炳照，2005；吴应彪，1999；胡幸福，1998）。另外，对职教史的专题研究也有所发展，如对职业教育发展中某种学习机构历史变迁的研究（宁欣/李凤仙，2001）、对古代职业技艺传授历史的研究（朱晓斌，1997）以及对职业教育制度史和学制史的专题研究（孙越，2003；张新民，2005）等。这些研究均带有不同程度的历史反思和批判。这也反映了中国教育史研究发展过程的"先总后分，先泛后专"的普遍规则。

3.3.1.2 几个重要研究问题

职教发展史中的重要人物思想研究

在对中国职教史中重要人物思想的研究中，最引人注目的是关于黄炎培职业教育思想的研究。大凡谈到近代职业教育的史学著作，基本上都会对黄炎培的生平活动及职业教育思想进行系统且深入的分析，如上文提及的所有职教史研究专著。另外，有关中国教育史和教育思想史的研究中，一般涉及职业教育时，也多会用一定篇幅讨论黄炎培及其职业教育思想，如王炳照等的《中国教育思想通史》（第6卷）（王炳照/阎国华，1994）和孙培青的《中国教育思想史》（孙培青，1995）。

据统计，从 1994 年到今天 20 年间，国内各期刊发表的有关黄炎培的研究论文总计 160 篇。在对黄炎培职业教育理论要点的综述中，其核心内容是：①"使无业者有业，使有业者乐业"的职业教育目的；②"社会化"和"科学化"的职业教育的办学方针，即"大职业教育主义"；③"手脑并用"和"做学合一"的职业教育教学原则；④"敬业乐群"的职业道德教育（王炳照/阎国华，1994）。黄炎培创办的中华职业教育社对中国近现代职业教育的发展也起到了巨大的推动作用。因此，对中华职业教育社的系统研究也相对较多（吴玉琦，1991；黄嘉树，1987）。

迄今为止，职教史研究对其他教育家如张骞、蔡元培等人的职业教育思想也有涉及，但相对偏少且零散。据统计，从 1997 年到 2004 年间发表的有关张骞的研究论文总共只有 11 篇，其他人相对来说就更少了。这里应当提及的是，张兰馨曾对张骞的实业教育思想进行了较为深入系统地分析（张兰馨，1995）。

职教史中有争议的两个问题

第一个问题是关于中国职业教育起源的两种观点。大部分学者认为中国古代就有职业教育，"它主要以隐性的形式存在于社会教育和家庭教育之中，"……"中国古代职业教育只是没有像现代作为学制中的独立部分来表现而已"（王炳照，2005）；而另一种观点则认为，只有到了近代机器工业生产时期，中国才有了真正意义上的职业教育，古代所谓的各种算学、律学等教育都不能认作是职业教育，而只是一种专业教育（刘桂林，1997）。造成这一不同认识的原因，是人们对职业教育概念的界定标准、内涵和特征认识上的不同。

第二个问题是关于最早的职业教育代表人物和学习机构的。吴玉琦认为"齐恒公（？—前 643）和管仲（—前 645）执政时期，规定士、农、工、商的子弟应该子就父学，弟从兄学，标志着家业父传型职业教育的出现"；李蔺田等则认为春秋战国时期（前 770—前 221）的鲁班、扁鹊和墨子是中国最早的职业教育代表人物，而专门以技艺为业的农家、兵家、方技家等也非常重视生产、劳动等应用型教育（李蔺田/王萍，1994）；较多学者认为墨子（约前 468—前 376）是较早可以代表中国古代职业教育的人物，原因是其技术造诣已达到相当高的水准，且有技艺传授的教育活动，但所有这些观点目前仍缺乏充分的史料来证实（王炳照，2005）。有趣的是，对中国传统文化形成有决定性影响的孔子并没有被提及，这可能与中国职业教育社会地位不高的历史习俗和现状有一定的历史关系。

关于最早的职业教育机构，毛礼锐认为"汉代（前 206—公元 220）学制中除有大学性质的太学外，还有以研习尺牍、字画等内容为主的特殊学校鸿都门学，应当是中国甚至世界最早的文艺、艺术类学校"（毛礼锐，1984）。最近，淄博职业学院的研究认为，管仲是中国职业教育的奠基人，他为创建霸业推行"四民分业定居"，把齐人分为士、农、工、商四个阶层分业聚居，并世代相承，这直接促成了古代职业教育思想的形成。当时齐国出现的历时 150 年、学生数千人的"稷

"下学宫",可看作是进行职业教育的场所(淄博日报,2005/11/06)。还有学者认为中国古代没有完整意义上的职业教育机构。

3.3.1.3 职教史学的研究方法

在目前进行的职业教育历史人物思想研究中,大多研究者注重对著名代表人物的研究,如对黄炎培、张謇和蔡元培等人的研究都已相当深入,这样固然可以把握职教史发展的主流思想和发展线索,但对于参与职业教育活动和推动职业教育事业发展的普通大众给予的关注却相当有限,在一定程度上失去了研究的实践基础,缺乏足够的说服力。

在对著名人物职业教育思想的进行分析时,目前研究多从哲学角度和政治立场出发,而很少有从其思想产生的社会背景和心理角度进行分析,这并非完全是"以人为本"的,导致人物思想缺乏鲜活的生命力(马立武/常旭,2005)。另外,官方资料的片面性也限制了人们对历史事件和历史人物的全面认识,这里最缺乏的是具有"田野调查"性质的实证研究(黄立志,2004),即从实际生活和现实中去搜集新鲜的实物史料,关注普通大众的贡献。

3.3.1.4 问题与展望

人物思想史的研究范围有待拓宽

职业教育人物的研究范围到目前不够宽广,许多重要的教育家和社会活动家如古代的鲁班、扁鹊、墨子、管仲,近代的张之洞、严复、陈独秀、邹韬奋、陶行知、杨贤江等人都对中国职业教育的发展有着不同程度的思考和推进,对此应予以重视;另外应重视普通大众在历史发展进程中的积极作用,只有对他们的职业活动历史和历史角色进行详实的分析和考证,才能更生动地呈现历史的本来面目。

职业教育专题史研究有待加强

目前对专题史的研究相对比较薄弱匮乏,如职业教育的学制、行政、管理、课程教学、教材、师资、产教结合、职业指导、职业培训(学徒制)以及各个行业或专业的职业教育发展史,虽然在一些书籍论文中或略有涉及,但缺乏有足够深度和系统性的成果。

开展中外职业教育史的比较研究

中国的教育在古代并不封闭,各朝代各时期与外域均有频繁的交往历史。中国的教育思想、教育制度影响过外域,同时也在不断吸取着他人的长处。进行国别或地域的职业教育比较研究,包括体系和专项比较,具有重要的意义。目前仅有吴式颖、阎国华(1997)的《中外教育比较史纲》中涉及"中外近代中等职业技术教育发展的比较"的课题,这无论是在内容、涉及范围还是研究深度上都是有欠缺的。

职业教育与社会经济、政治和文化发展的互动研究

与普通教育相比，职业教育与政治、经济和文化发展有着更为密切而直接的联系，例如农耕文化下的职业教育，近代工业化进程与职业教育演进，生产工艺技术发展对职业教育的影响，社会心理及各种亚文化形态与职业教育思潮的历史发展等，都是值得深入研究的课题。今后的职教史研究应当跳出纯教育学研究的狭小圈子，才能揭示职业教育的发展规律，对职业教育理论和实践发展做出更大的贡献。

3.3.2 职业教育理论史研究

Günter Pätzold & Manfred Wahle

3.3.2.1 概念解读

职业教育史研究主要是对历史的回忆和批判性的反思。通过对当前和未来教育政策和职业教育理论发展方向的探索，职业教育史成为工作文化发展进程中不同社会群体经验及案例的汇集。

如果历史是一位老师，如果说历史事件可以解读目前我们所面临的问题，那么以下假设就是成立的，即在任何历史时期，社会、经济、政治、文化和职业教育现象都是历史现象。当今社会的组成、结构、制度，它的潜能和机遇，都是历史传承的结果。现有社会结构不仅是历史的发展结果，也受到特定利益集团的影响，并由此改变着自身。历史与现实的联系对职业教育研究非常重要。正如其他社会领域一样，职业教育研究也受历史的影响和制约，其功能、现状及前景一方面受社会经济条件的制约；另一方面也取决于经济、利益、权力和教育政策的结构性因素，这些因素在历史进程中不断发展和变化。

职业教育学研究具有深厚的历史特性。当前，职业教育理论和实践十分关注历史沿革，特别是个人的资格问题，它认为职业和工作是人类存在的基本要素。同时它也关注职业教育的有效组织形式（Stratmann 等 1982；Pätzold/Wahle 2000；Stratmann 1999；Wahle 1999）。

起始于 19 世纪后期的职业教育史研究纷繁复杂（DFG 1990，89）。作为教育科学的一个分支，职业教育史研究已经成为一个专门的研究领域。特别是从 20 世纪 70 年代起，职业教育史研究已经发展成为一门拥有丰富的方法论、理论和主题视野的子学科。职业教育史研究的方法和途径不断变化，但始终关注以下几点：

> ➤ 在社会组织和历史发展进程中工作与职业的关系，以及工作发展成为一个职业的合法途径；
>
> ➤ 职业培训与学校本位职业教育的制度化、规范化和现代化历史；

> ➢ 职业培训与职业教育学理论的发展，包括其不同的指导思想；
>
> ➢ 作为独立的学科以及教育科学子学科的职业教育理论建设。

开展这些研究工作的兴趣不是收藏古玩和建立一种陈列过往事实的职业教育博物馆。恰恰相反，职业教育史研究试图提供一种指向，从而帮助解决职业教育目前和未来遇到的问题。它的两个基本功能，即陈述性和目标性，都是连接职业教育传统形成条件和持久发展趋势的关键。这种纲领性理念对职业教育史研究具有重要的意义。借用德国著名诗人凯斯特纳(E. Kaestner，1899—1974)的话总结就是：职业教育史研究不断发掘"昨日新闻"，并将其融入到当前的相关讨论中。

3.3.2.2 研究领域与研究传统

如前所述，职业教育史研究是教育学研究的一部分，其研究集中在与教育学有关的情境里，即在不同时期的工作、行业和职业领域中教育教学过程是如何形成的。由此产生一个重要但并非只针对职业教育史研究的问题，即当"职业的"教育和培训成为教育学的重要目标时，当"职业"理念与教育相结合时，这意味着什么？用历史分析法获取信息非常必要，但职业教育研究不能只停留在历史分析上，还要考虑个体和工作世界之间的复杂关系。解决问题的办法，是通过发展不同学科的研究方法去深入分析各自的问题，如在历史学、社会学，特别是劳动与职业社会学、工业和组织社会学以及(政府的)就业市场研究和职业研究领域。随之而来的是范围更广的学科、研究领域和具体工作，其中，"人、工作和职业"之间的复杂关系扮演着重要的角色，例如在职业教育法和劳动法、职业医学、职业心理学、职业咨询和就业政策等领域。为了澄清这个研究主题的语义和(或)理念问题，还必须具备哲学和文学史知识。

不同学科有很多研究领域，这些研究领域之间相互交叉，这意味着它们彼此之间并不存在严格的界限划分，甚至每一门学科都从其他学科的发展中获益。它们并没有因此而失去各自的独立性，反而因此得到了加强。

从这个意义上说，职业教育史研究对其他领域的研究和实践具有很高的实用价值，将相关领域严格划分开来十分困难。有一个例子可以说明这个问题：在当前的社会学讨论中，人们对"工作世界的深层次变化是否会导致职业的终结"这一问题充满着争议。事实上，这个问题同样也曾经出现在工业革命时期。那时的争论是，是否能用无生命的、唯利是图的工厂雇佣形式，取代传统的社团主义(corporatist)职业方案？这与目前工作和职业结构的变化有关，与理想的职业概念不断弱化有关，也与相关社会和教育政策的结果有关。事实上，目前围绕这一问题的社会学研究，并未建立在职业治疗(occupational-therapeutic)研究成果的基础上，职业教育史研究当然可以为此提供极有价值的启发(Baethge 2000；Pätzold/Wahle 2000，2003；Schlüeter/Stratmann 1985)。这表明，尽管很难将职业教育史研究和其他领域的研究划清界限，但是当前学术界对劳动世界的研究却是按照另外的方式进行的：如针对青年人进行的历史学研究主要关注其功能外的活动而不是职业责任；在普通教育中针对社会化过程的研究中，仅将其看作学校教育学的内容；把与职业相关的问题仅仅看作是一个职业问题或一个经济学问题。这些与教育学有关的二级学科只是偶尔有一些联系，主要还是在努力开发自己的基础理论和研究方法。而且很重要的一点是，职业教育学方面的问题难以成为这些学科的核心。同时，各学科之间的协作也存在着许多障碍需要克服，现在的研究项目也主要是按照传统的研究理念进行的。

从研究内容和研究重点看，过去职业教育史研究的基本方法和课题与现在有很大差别。这里，20世纪20年代可以看作一个转折点。从那时起，职业教育学开始成为一门学科。当时的研究对象与这一学科形成的背景有关，即德国开始将职业学校教师教育放在研究型大学中进行，其主要研究内容也是针对部分时间制职业学校教育的（Lisop等1990；Stratmann 1989，177）。这种局限性同样也体现在职业教育研究上，如研究主要针对对年轻男子，尽管女童也获得了在手工业、工业以及贸易领域的培训机会。产生这个问题的原因是，职业并不能保障女童将来拥有美好的生活前景，而只是她们从学校到婚姻乃至身为人母的过渡过程的一个阶段，因此（过去）女童的教育往往被忽视（Lange 1996；Mayer1992，1998；Schlüter 1987）。同样，过去的职业教育史研究不但忽略了对工业化过程中工作模式和社会变化的分析，也没有对与之相关的职业教育政策的后果进行分析。尽管当时"社会政策研究会"认识到了这一问题，但职业教育史研究却没有因此而做出更多的贡献。

产生上述问题的原因主要是传统研究狭隘的学科视角和方法取向。职业教育史研究只是关注自己的学科特点，系统化地忽视了实证分析，也没有将历史事件放在社会大背景中进行分析，而只是对职业理念本身的发展史进行研究。糟糕的是，教育学中的"职业"只是一个规范性术语，而不是是一个探索性术语。例如，著名古典职业教育理论家凯兴斯泰纳在20世纪初为职业建立了特有的教育学思想，将"天职"协作原则与典型的工作道德相结合，创造了一整套针对现代公民意识的职业理论（Kerschensteiner 1966/68；Stratmann 1999，631）。这种具有特定价值取向的职业思想，不但存在于整个纳粹专制时期（尽管它曾短暂地被所谓的"人民公社"取代过），而且仍然适用于第二次世界大战结束后的时代（Baumgardt 1979，161；Kipp/Miller-kipp 1995，539；Seubert 1977）。直到20世纪70年代中期，才出现了针对这种传统职业理念的批判。有批评者声称要打破这一神话（Stratmann 1975）。

这种局限性很强的职业教育理论对职业教育史研究产生了深远的影响。缺乏批判性的建构，限制了职业教育研究的发展。除教育思想匮乏外，职业教育体系发展也缺乏元理论的支持（Heid等1980）。在20世纪70年代，职业教育研究的范围更小，它主要关注双元体制内的教育培训，而且主要集中在技术类职业领域，因此事实上也更针对男性学员。就学习地点而言，研究主要针对职业学校，而较少关注企业培训。

直到 20 世纪 70 年代初，这一局限才被突破。职业教育史研究显示出了一定的策略性和持续性，它不但克服了早期研究的局限，而且观念也发生了变化。在此背景下出现了两个有趣的现象：第一，教育学研究更多采用社会科学的研究方法，职业教育史研究也开始关注社会史发展；第二，从 20 世纪 70 年代末期起，所谓"新妇女运动"产生了巨大的推动力，职业教育越来越多关注青年妇女问题。这次研究方式方法的变革，修正了对非传统职业教育史理论的接受和体制上的固有观念。

旨在重建职业教育社会史及其有关职业教育现代化研究的最新成果，对过去的研究成果至少在一定程度上进行了修正。这就论证了，与现代的职业教育史研究相比，传统职业教育史研究有多大程度的局限，以及今天我们应该如何看待它。职业教育理论和职业教育史研究开始以一种崭新的自我批判方式面对历史。值得一提的是，目前职业教育史研究的条件和标准也扩大了。

3.3.2.3 关于现代职业教育史研究的主题、重点与方法

数百年来，人类一直都在思考着工作和职业问题。从职业教育史研究角度看，这里的原因可能是：在不同时期，职业体系和职业教育体系之间关系的变化，岗位培训和学校教育方式的变化，以及职业培训模式理论的形成（尤其在其转型时期），都影响着职业教育组织和机构的自我认识。更为广泛研究领域的开拓，意味着增加了更多的研究任务。相关期刊、调查和专门研究数量反映了研究的繁荣程度，如在 1987—1995 年间每两年一次的职业教育史学大会发表的论文就证明了这一点。这些论文反映了当代职业教育史研究的内容重点和方法进展。总的来说，目前职业教育史研究优先关注的领域是：职业教育理论重建、政策手段问题、职业教育和企业需求之间的联系（Wahle 2007a）、职业教育和社会变化的关系以及职业教育现代化的问题。关注的重点历史时期是 19 世纪，尤其是德意志帝国时期。相对而言，对纳粹专政时期（Herkner 2003）以及所谓二战后"重建期"的关注较少。针对中世纪以及工业化早期的论文也比较少。

在研究方法上，实证研究、历史研究和理论性研究方式占据主导地位。例如，采用数据分析和解释方法（Poelke 1987；Stratmann 1992，399），或对文字、图画（绘画、照片）和影视资料进行系统化的历史检验并利用诠释学实践（herme-neutical practices）进行解读（Kipp 2003；Weise 2001），或用特定的或现代的理论解释一项实验项目（Baethge 1970；Tratmann 等 2003）。简而言之：职业教育史研究采用了多种方法和方法组合，它不再是简单地对一些事物的描述或者验证。这也意味着，不管研究工作的理论基础来自哪个学科，如社会学、经济学、文化

的还是其他现代理论，它们都是启发式的参考理论，为调研提供具体的导向。因此，多样化的量化和实质性数据资源成为这种研究的重要优势。

这种多样化意味着职业教育史案例研究的多维度，它因此能够揭示复杂的历史关系。从这个意义上讲，当代职业教育史研究的结构特点是：通过一些概念去解释和分析职业教育历史，作为工作的社会发展史的一部分，其理论可以用于解释工作组织模式及其发展变化过程。因此，不同的分析领域、研究方法和解释导向的目标只有一个，即解释工作、行业和职业的历史社会现实，以及在此基础之上的资格和社会化过程。

3.3.2.4 问题与前景

尽管已经取得了一些研究成果，而且无疑是朝着成功的方向在前进，但职业教育史的研究现状并不令人满意。目前，职业教育史研究的有用性越来越受到质疑，其研究成果没有得到广泛的讨论，其代表人物也处于守势（Kipp 2000，Seubert 2000，Klusmeyer 2000）。1995 年出版的《职业教育手册》清楚地反映了职业教育史研究的边缘状态：在 40 篇论文中，只有一篇有关德国职业教育历史的文章（Greinert 1995）。在应对职业教育现在和将来所面临的挑战方面，只有很少几篇文章提及了以史为鉴的问题。因此，职业教育史看起来并不是职业教育理论的重点。除了对历史研究饶有兴趣的小范围人群之外，相关项目及研究成果也鲜为外界所接受。事实上，虽然人们并没有公认历史研究已经过时，但在人们眼里，它的贡献对整个学科来说并不是很重要。

除上述问题外，职业教育史研究还需解决两个深层次的问题。其一，关于学科定位和标准问题，即如何在学术界确定其位置（Reinisch 2000，35）；其二，建立新的研究方法，为职业教育建立反思性的历史学基础（Hasfeld 1996，1；Gonon 2001；Zabeck 2000）。在此，应当关注学界对职业教育史研究方法的强烈批评，即仅对职业教育史进行文字化的描述，这与实证主义相离甚远。这种批判对天真的职业教育学历史观提出了警告，即在历史学写作兴趣的驱使下，选择自己感兴趣的问题和资源进行研究，毫无批判地利用研究结论，支持制定某种特定的职业教育政策（Stratmann 等 2003，344）。

虽然这些批评声音值得引起思考和讨论，但是在历史上，职业教育学的实验理念还是极为丰富的，它不但没有限制职业教育实验的效力，反而促进了社会、政治或文化的发展，并拓展了历史研究范围。

职业教育史研究能加深人们对职业教育研究和实践的连续性与变化的认识，但这只有在掌握足够学术资源时才能实现，但这个严重问题长久以来一直没有得到满意地解决。如果这个问题能得到解决，职业教育史研究就会有更好的发展。这里还有一些基础性研究问题，至少还存在四个问题领域和行动领域——第一，女童和妇女在职业教育中的地位以及他们在不同时期经历的变迁；第二，对职业教育重要历史事件图片和影像资料的分析；第三，有关的社会群体（如社会伙伴、管理者）；第四，对采用现有方法无法解决的职业继续教育问题的研究（Faulstich/zeuner 2001）。这意味着，有必要对目前的教育指导思想产生重要影响的因素进行研究，这也有利于通过强调社会－历史研究方法进一步丰富科学认识。应该认识到，职业教育史研究是必要的，应当继续推进。它是整个职业教育的重要基础，其研究成果可以帮助职业教育决策者做出明智的决策。

此外，职业教育史研究还有直接的实用价值，这在《未来的教育政策——教育 2000》，即德国国会关于双元制职业教育的调查报告中得到了证实。

3.3.3 日本西式职业学校历史研究

堀内达夫

19 世纪后半叶，日本积极引进现代技术填补其与欧洲之间的技术差距。日本邀请了许多外国技术专家在国营企业担任要职，这些企业多服务于促进工业发展、支持国民财富增长以及增强军事力量等领域。日本还向海外派遣人员以期将最新科技带回国内。众所周知，日本政府雇用的这些外国技术专家和海外学成归国人员为日本的工业现代化以及建立西式教育组织做出了重要的贡献（Ogata 1961）。

一般认为，日本现代职业教育的形成是由西式学校转型过来的。法国人创办的横须贺校舍、英国人管理的工部大学校以及美国人经营的札幌农业学院，长期以来一直被作为主要研究对象。本文讲述了日本职业教育形成史（National Institute for Education Research 1974；Miyoshi 1979；1999），重点讨论在推动工业发展过程中起核心作用的工业技术领域。此外还谈及一所学校，即东京技工学校，这是一所由日本人按照西方模式建立的学校。

3.3.3.1 横须贺校舍的工程师和技术员培养

在欧洲和美国的军事压力下，日本封建政府决定打开国门。政府发展海军以加强国防，并制定了在江户（今东京）湾建立海军兵工厂的计划。该计划按照法国特使建议的形式制定。海军兵工厂旨在修复并建造海军舰只以及进行相关专业领域的教学。当时服务于中国（清朝）的海军工程师 L. Verny 被邀请参与这个项目。他建立了"工厂内学校"的理念，用于企业内的教学。这就是后来以"校舍"冠名重建，并为人所熟知的横须贺校舍的前身。这是最早将西式教育引进日本的案例之一。1865 年 1 月，最早建造横须贺钢铁厂（即后来的横须贺造船所）的建议书得到了法国特使和日本封建政府的首肯。该建议书简明阐述了"校舍"的教育目标，即："日本政府期待有朝一日使国民取代法国人掌握船只建造技术，并在造船所内建立一所学校培养工程师和技术员等人才，……，课程设置完全效仿法国海军学校的规定"(Yokosuka Naval Arsenal 1915)。上述内容载于同时期的法国外交部文献。

"日本政府从日本陆军军官学校里挑选受过教育的有为青年参加工程技术培训(Elèves Ingénieurs)。上午，这些学生在翻译的帮助下进行主要工作，晚上则进修海军士官学院的课程(Ecole de maistrance)。他们从工程师那里尽可能多地学习辅修课程。同样，年轻的技工由欧洲技师挑选出来进行培养(elèves contre maîtres)。技工们白天在工厂工作，晚间则根据海军士官学院的培养计划在法国式兵工厂学习技术绘图和科学知识"(Correspondance Politique Japon 1865)。

该文献清楚地谈到，"学舍"这种半天工作半天学习交替的学校教育模式仿效了海军士官学院(école de maistrance)的做法。另外在培养工程师之余，通过采用海军士官学院的课程，"学舍"还试图培养出一些不仅成为"技工"并最终能成为"技师"的学员。然而该项目的负责人 Verny 再一次提出将工程师和技工分开培养的建议。根据 1867 年 2 月的造船学校组织计划(Ecole des constructions)，在横须贺建立的造船学校为通过法语基础课程和入门级科学考试的学生提供为期三年的课程。所授课程被描述为"包含所有涉及造船领域的科学知识，但学校课程不包括巴黎综合技术大学(Ecole polytechnique)教授的冶金学、防御工事筑造技术、火炮制作与设计学方面的知识，也不包括巴黎中央理工学院(l'Ecole Centrale des Arts et Manufactures)教授的有关冶金及应用技术这些纯工业领域的课程，如纺织科学(Tanaka 1983，200—201)"，即主要课程是"所有与造船相关的科学知识"。然而一些课程如冶金、防御、炮术、纺织等被排斥在外。此外，Verny 所著的另一部文献中(1867)记载，技工学校(l'Ecole des contre-maîtres)通过每天教授三小时的技术制图、机械学和几何学培养骨干技工。除这两所学校外，日本的造船学校参照的西方模式还有法国的海军工程应用学校(Ecole d'application du génie maritime)，这是 Verny 曾就读的"巴黎综合技术大学"的一个学院。巴黎中央理工学院教授广泛的工业应用科学知识，海军工程应用学校借用了其中一些课程，Verny 希望培养知识全面的骨干工程师而不是单纯掌握造船技术的工程师。实质上，Verny 所考虑的并不是简单照搬国外的学校模式，而是如何使学校与当时日本的工业和教育条件相吻合。

3.3.3.2 工部大学校的工程师培养

工部大学校是公共建设工程部牵头建立的，旨在培养能推动采矿、铁路和通讯等工业领域发展的人才。与横须贺校舍相比，工部大学校最初聘请的所有职员都是英国人。来自苏格兰格拉斯哥大学的工程领域的先驱 W. J. M. Rankine 博士在这件事上发挥了重要作用。

随着英国教师的纷纷到位，学校于 1874 年颁布了《工部大学校课程和章程》，工程师培养的最初模式也由此建立：

"学员要在校学习 6 年。在前四年，学生住校，每年有 6 个月的时间学习，剩下 6 个月每个学生根据自己所选工程技能课程来进行实地学习。之后的两年，学生则完全进行实地工作。这样，这个学校就实现了理论学习和实地操作的交替结合。每名学生可以将上半年在校学习的技能通过下半年的实地操作来巩固并获得工作经验"（Kyu-Koubu Daigakkou Shiryo Hensankai 1978，195）。

该课程设计包含两年的预备课程、两年的专业课程和两年的实地工作，以上规定展现了一种三明治式培养模式，即实习和学校教育交替进行。该学校最显著的特征是：其目标是培养能够供职于公共建设工程部的"工业官员"，而所有的教师岗位均由英国人占据（按照 1881 年教授"建筑学"的 J. Conder 记述，最初有 9 人任教），这包括曾任校长的 H. Dyer。专业工程师培养在课程开始时就将工程技术分为土木工程、机械工程、通信、建筑、各领域化学、采矿工程以及钢铁铸造等领域，正如章程所述："每名学生将自行选择课程学习。"

该课程是由 Dyer 设计的，他本人早先是格拉斯哥市郊的技工。他在做学徒期间就在安德森学院的夜校进修。出于对该领域的热爱，他决定继续在格拉斯哥大学深造（冬季在校理论学习，夏季实际操练），期间得到了 Rankine 工程师的指导（Miyoshi 1989，62—64）。工部大学校模式基于两个理念，一个是该校效仿格拉斯哥大学，Dyer 曾就读于该大学（kita 1981）；另一个是工部大学校参考了苏黎世的瑞士联邦技术学院模式。Dyer 在来日本之前曾对该模式很感兴趣（Nakayama 1974，211）。然而，通过国际化比较研究等方式对上述课程设置进行调查研究的结果印证了一个有说服力的理论，即旨在为政府培养优秀工程师的目标而设立的以上技术学院的课程，是依照英国式的经验主义理论设置的（Miyoshi 1979，290）。

3.3.3.3 东京技工学校对技师的培养

日本 1872 年拟颁布《教育条例》（Education Code）施行现代学制。然而在明治早期，处于领先地位的职业教育多在教育部管理权限之外，因此也不包含在《教育条例》规定的内容之内。故此，根据 1880 年《教育条令》（Education Order）建立的东京技工学校是第一家直接隶属于教育部管辖的、门类全面的职业教育机构。这是采取措施将提供农业、商业和其他学科的职业教育各种教育机构都置于教育部管辖之下而迈出的第一步。

在金融危机和工业发展停滞期间建立东京技工学校，其原因是多方面的：1)支持公众反贫困；2)完善当前的学徒制；3)教授工业管理原则；4)恢复工业生产；5)为其他技工学校创设模式；6)培训教师。人们普遍认为，Ryuichi Kuki、Arata Hamao 和 Seiichi Tejima 等教育行政管理人员，在对英国、德国和法国的职业学校（Gewerbeschule，Ecole d'Arts et Métiers）进行了广泛调研的基础上，缔造了这所学校的办学理念。

1882 年的《东京技工学校章程》指出，建立该校的目的是在开展比培养普通技工标准更高的培训，正如章程中写道："该校将通过教授涵盖广阔领域的技术工艺知识，培养出技工学校教师、技师或生产管理者(第一条)。"

课程包含一年的预备课程以及三年的常规课程(化工技术和机械技术课程)。专业理论和实验分别在常规课程上进行(Tokyo Kogyo Daigaku 1940，94)。除了在校内工厂实习，也进行校外实地训练。1882 年建校时校长和 10 位教师均是日本人。

1890 年，学校更名为"东京技术学校"，Seiichi Tejima 非常熟悉职业教育，因此成为该校的第二任校长。他认为学校的宗旨是"培养那些毕业后能够成为技师或是工业技术教师的学员"。他还重新编排了课程，常规课程仍保持 3 年的学制，但是增加了毕业后为期一年的实地训练的内容。这些改革确保了学校和企业之间的合作，从而为私营企业的发展培养了技术人员，同时提高了毕业生胜任技师的能力(Tokyo Kogyo Daigaku 1985，133)。

3.3.3.4 结语

有关日本现代职业教育的形成始自引进西方学校模式的观点，可以归纳如下：19 世纪后半叶，欧洲和美洲一些国家日益关注学校模式的职业教育发展，并使之成为工业化政策的重要组成部分。日本同样欢迎这种趋势，尽管她顺应这种趋势所做出的努力与其他国家不同，例如英国。英国依赖在职培训，并将职业教育移交给私营部门的专业机构进行；再例如德国，根据各州及各自工业需求从低端开始进行职业教育。日本的职业教育是面向国家的精英人群开展的，这有点类似法国的模式。这种高端的企业内学校得到了横须贺造船厂法国人的指导，该造船厂在推动企业发展、增加国民财富以及加强军事力量方面做出了重要贡献，而这是日本职业教育的最初模式。另外，由英国人晚些时候建立的工部大学校是一种工程师培养体系，它整合了欧洲大陆国家采用的理论导向型培养以及在英国的经验导向型培养。然而，它发展成为一个更类似于欧洲国家的技术专科学校，注重政府工程师培养，以致后来被帝国工程学院接管。

另一方面，横须贺造船厂的"学舍"是一种企业内学校，它结合工作岗位(例如工程师和技工)组织分层教学。分层教学采用的体系注重理论和实践合理配比，并特别强调实践。尽管学舍采用的教学体系建立在法国海军士官学院的基础上，但作为一种尝试，对其工程师培养课程进行了重构，并结合了海军工程应用学校(Ecole d'application du génie maritime)和巴黎中央理工学院的特色。最后，东京技工学校是由日本人根据他们对国内外职业教育的详细调查和经验借鉴基础上自己运作管理的。尽管其模式不容易界定，但是东京技工学校向英国、德国尤其是法国的工业职业学校学习，为私营企业培养高级或骨干技师，因此可以归纳为复合型模式。

综上所述，日本现代职业教育形成时所借鉴的西方学校模式很难被归为单一模式，但所有这些模式都可以称为复合型学校模式，而这种模式在当时与工业发展、增加国民财富和增强军事力量的状况是相适应的。

3.3.4 职业教育史研究：美国案例分析

Cecilia Maldonado & Sterling Saddler

3.3.4.1 历史背景介绍

E. L. Thorndike1904 年编写的教科书在职业教育研究中引入统计学方法，促进了职业教育研究的发展并引发了人们对职业教育研究的兴趣。该书最终促使职业教育研究在 1917 年被承认为一个独立的研究领域(Lagemann 1997)。然而直至50 年后，职业教育研究在得到相关法案批准提供的资金支持后才真正发展起来(CVERD 1976)。

尽管 1917 年《史密斯—休斯法案》(PL64－347)和 1946 年的《乔治巴登法案》(PL79－586)确定了用于支持"旨在提高职业教育计划行政管理的研究和报告"的资金(CVERD 1976，17)，但两者都没有为职业教育研究和发展提供专项资金。直到 1963 年通过的《职业教育法案》(PL88－210)才批准了这笔资金。该法案第4(c)条明确规定为 1965—1969 年间的职业教育研究提供"实质性资金支持"(CVERD 1976，17)。1968 年《职业教育法案》修正案 C、D 和 I 部分明确规定了支持始于 1970 年的职业教育研究。C 部分支持研究、示范和课程开发，代替了1963 年法案的 4(c)节；D 部分的资金用于职业教育或生涯教育计划的创新示范；I 部分资金用于课程开发和推广(U. S. Legislation 1968)。

早在 1966 年美国职业教育研究协会(AVERA)，即现在的"生涯和技术教育研究协会"(ACTER))成立之前，职业教育研究就已经存在，但是非常"学术性"的。职业教育研究的领导者认为，"需要打破各学科内部和彼此之间的障碍及限制"。他们认为 1963 年职业教育法案的 4(c)节除了支持建立相应的职教服务机构外对研究活动的支持太少，因此呼吁"职业研究作为强大的，不断增长的辅助力量积极推动职业教育服务在未来成为现实"(Burgener 引自 Mccracken 等 1994，10)。

尽管 1968 年职业教育法案修正案同意资助职业教育研究，但资金状况仍然是一项挑战。美国职业教育研究协会(AVERA)做出改善职业教育研究资金使用的承诺，授权 A. Lee 博士于 1970 年撰写一份政策声明，建议保持稳定的联邦职业教育研究专项资金并讨论这些举措(MCCRACKEN 等 1994)。后来，该组织在华盛顿继续倡议将 1968 年修正案中 C 部分拨款的 10% 用于研究，但总统否决了这一提议。Lee 博士指出研资助存在的两个问题：一些州反对给职业教育研究拨款；国会反对确定固定比例的拨款用于研究(McCracken 等 1994)。

"在 1965 年至 1974 年间，美国教育署斥资近 2.5 亿美元支持 5000 个职业教育研究和发展项目。"(CVERD 1976，19)1963 年《职业教育法案》第 4(c)节支持的项目和 1968 年《职业教育法案》修正案 C 部分州立项目包括：应用或基础研究(第 4(c)资金的 32%；37%资金用于试验、发展或试点项目(CVERD 1976)。C 部分资金也用于此类项目，资金比重从 1971 年的 68%升至 1972 年和 1973 年的 100%。在 1974 年，C 部分仅有 31%用于支持这种研究，另外 68%用于其他研究(零散项目，如示范、评估和推广或其他合作研究活动)(CVERD 1976)。

1974 年，承担美国教育署两项主要职能的职业教育研究委员成立，以"……审议和评估教育署在 1963 年《职业教育法》和 1968 年《职业教育法》修正案权限下支持的研究和发展活动，并对未来 10 年政策项目研发变化提供建议"(CVERD 1976，v)。

那时有数百万美元支持几千个项目，"……过去的十年没有文献记录和广泛的影响力"(CVERD 1976，1)。该委员会发现了这一体系缺陷，认为其原因是由于"职业教育研发计划中缺乏连续性政策、管理和领导"造成的(CVERD 1976，2)。本章的一些研究描述是从 1976 年该委员会的工作报告中直接摘录的。

因涉及领域内容广泛，对职业教育研究进行描述非常复杂。根据该委员会报告认为，1974 年前的项目研究方法和成果没有很好地记录下来(CVERD 1976)。那个时期所谓的研究项目仅按题目进行了分类，后人很难准确界定当时采用的研究方法。研究主要采取描述性而非实证方法，且关注焦点多是项目评估或是新项目的开发(CVERD 1976)。

自从 1976 年职业教育委员会报告出版以后，没有其他机构对生涯和技术教育研究进行总结评价，只有少数文献对该领域的研究实践进行了描述，如罗杰斯基(Rojewski 1997)对 1987 年到 1996 年间职业教育研究杂志(JVER)进行了分析，Zhang(1993)和 Gordon(2003)关注了职业教育研究数据统计的重要意义等。本章对上述研究活动和研究发现进行简要介绍。

职业教育目标

对职业教育所研究问题的描述也体现在对名称的变化上，职业教育现改称为生涯和技术教育。1917 年通过《史密斯－休斯法案》时，职业教育的主要目标是"培养能够胜任美国经济劳动市场需要的学生"(CVERD 1976，2)。20 世纪 60 年代又增加了一个目标，即"增加每个人的就业选择……"以及第三个隐性目标"鼓励学生学习基本理论和技能"(CVERD 1976，9)。随着 1972 年、1974 年和 1976 年教育修正案的通过，职业教育的范围扩大了，目标学生范围包括残疾、贫困、移民、中学后以及非传统就业的学生(gordon 2003)。1984 年《柏金斯职业教育法案》(柏金斯Ⅰ)、1990 年《柏金斯职业与应用技术教育法案》(柏金斯Ⅱ)和 1998 年《柏金斯职业与技术教育法案》(柏金斯Ⅲ)对职业教育产生了巨大的影响。柏金

斯 Ⅰ 的目标是改善项目实施，服务处于不利处境的人群。柏金斯 Ⅱ 和 Ⅲ 改变了我们今天对职业教育的看法，其目的是在"技术不断进步的社会"中教授工作所需的技能和能力(Gordon 2003，278)，并第一次关注学术、职业教育以及技术预科教育的整合。法案还强调高中和后高中教育之间清楚的协定、问责制以及技术使用的拓展。Lynch(2000)详细总结了自 20 世纪初以来职业教育发生的变化，认为"日益明显的是，我们几乎一直在围着联邦政府确定的职业教育方向绕圈子。19世纪末 20 世纪初之后的立法旨在培养更多学生获得技能知识，使他们在可以经营农场和工厂。如今《柏金斯 Ⅲ》挑战着我们的教育方式，使更多学生接受现代教育，帮助他们成功胜任不断变化、技术日益复杂的国际竞争"(Lynch 2000，10)。

2005 年通过的《卡尔 D. 柏金斯生涯与技术教育改进法》继续改进学生从高中到高中后以及进入工作岗位的生涯教育路径。责任制发挥了更为重要的作用，在社区学院中尤其如此。他们为急需熟练劳动力的行业提供相应的课程。

研究对立法的影响

研究经常影响政策的制定。早期建立职业体系的拥护者主要是通过研究成果影响立法的。由政府、工商业等相关部门委托的委员会出版的报告对许多法案的通过产生了重要的影响。如《马萨诸塞工业和技术教育委员会报告》(1906)以及《关于儿童与工业关系小组委员会报告》(1906)都是由道格拉斯委员会出版的。其他机构如专业组织以及工会也对立法产生了影响，如国家教育协会出版的《公共教育中工业所在地委员会报告》(1910)以及国家制造业协会出版的《工业教育委员会报告》(1905，1912)都提交到了国会。

各参与方提交的倡议都希望联邦和州政府建立和支持职业教育。最具影响力的报告来自职业教育国家辅助委员会(1914)，其研究成果和建议被纳入到了1917 年的《史密斯－休斯法案》中。这项法案奠定了今天我们熟知的美国职业教育体系的基础。尽管没有描述其收集资料的方法，但这项报告的整体目标是明确职业教育和培训当前及未来的需求，解释为何要将职业培训作为州和国家的共同责任(Hawkins 等 1966)。

3.3.4.2 职业教育研究的重点(20 世纪六七十年代中期)

1963 年通过的《职业教育法》使研究资金提供成为可能，但职业教育研究的重点仍然是制订教学计划和完善课程，仍然没有系统化的研究方式。职业教育研究"是受到立法激励，在教育心理学、普通教育和农业领域研究方法论影响下形成的产物"，"职业教育研究方法论与立法产生的影响同样大"(Finch/Hillison 1990，225)。上述文献讨论了 19 世纪末相关研究产生的影响、20 世纪 20 年代描述性研究以及实验研究的初步应用。这些实验研究在其他领域应用较广，并最终出现在早期职业教育研究领域。然而"更多复杂的实验设计和统计来自农业领域"。此后，定性研究受到了职业教育的青睐。

1974 年成立的委员会旨在对职业教育研究产生的影响进行评估。此前已对成立委员会的宗旨进行了讨论。通过回顾 1965 年到 1974 年间的研究，该委员会指出研究集中在以下优先领域：

➢ 生涯发展和指导

➢ 有特殊需求的学生

➢ 学生特点

➢ 教师教育

➢ 教学技能

➢ 课程开发

➢ 劳动市场供需信息

➢ 职业教育管理

➢ 职业教育项目评估(Finch/hillison 1990，83)。

这些结论来自对多种资源进行的评估，包括评估职业教育、走访 10 所研究机构、组织听证会、采访美国教育总署官员并进行邮件调查以及一系列电话访谈(CVERD 1976，112)。对研究进行评述时没有采用特殊的方法。

3.3.4.3 职业教育的统计技巧研究

Zhang(1993)出版的"职业教育研究统计技巧选定"一文对 20 世纪 80 年代职业教育研究运用的统计技巧状况进行了总结，其研究目的包括：

1. 描述过去使用的统计方法，确立职业教育研究统计技巧；

2. 描述研究问题领域；

3. 描述研究统计技巧与研究领域之间的关系；

4. 描述所使用的方法战略；

5. 描述研究使用的统计技巧和方法战略之间的关系；

6. 描述 20 世纪 80 年代不断变化的统计方法、统计技巧水平、研究的问题以及方法战略(Zhang 1993，7)。

他从 1980—1983 和 1986—1989 期间出版的 4 本职业教育重要期刊中选择了一定数量的文章(n＝118)进行分层取样分析。本文不介绍其全部研究成果，但简要介绍其有关统计信息的两项重大发现，这对本章内容至关重要。

在所选文章中共有 30 种不同的统计方法。抽样文章中的 57％(n＝67)可归为采用"基本技巧"的，即"完成一门基础统计学课程的普通读者可以理解"；25％(n＝30)的文章归为"中级"，即"完成两门基础统计学课程的普通读者可以理解"；18％(n＝21)的文章被认为是"高级"，即"完成两门基础统计学和至少一门高级统计学课程的普通读者可以理解"(Zhang 1993，9)。

最频繁使用的方法是描述性、关联性的方法(Pearson r，Spearman rho，Kendall 一致性系数等)以及变异数分析(ANOVAs)(单因子和多因子变异数分析，单因子，共变数分析 ANCOVA）；很少使用回归（一元线性回归，多元线性回归）分析和非参数分析（因素分析、最小的分析必要条件/MANCOVAs、判别分析、路径分析等）（1993，12）。这些文章主要关注的是课程（38％）、教师（25％）、学校设置（23％）和学生（14％）。研究发现，研究问题与统计技巧之间存在着重要的关系。57％的文章主要采用问卷调查法，29％的文章采用田野研究以及事后追溯，13％的文章采用实地试验；很少使用实验室实验法（1993，12）。

Zhang 总结道，职业教育研究大部分是基础性的，仅有极少部分属于高端研究；统计技巧选择与研究问题和方法策略相关；20 世纪 80 年代以来研究技巧没有发生明显的变化（1993，14）。

3.3.4.4 《职业教育研究杂志》(JVER)的研究评述

Rojewski(1997)在对 1987—1996(序列号 12—21)年间出版的《职业教育研究杂志》(JVER)的文章类型做了评述，对评论性期刊 JVER 的职业教育研究及工作准备等相关课题进行了回顾(JVER 1997)，发现在上述期间，JVER 出版的 160 篇文章涵盖 40 个主题。约三分之二的文章采用定量研究，仅有 10％的文章采用定性研究，其余文章可归为"其他类型"(Rojewski 1997)。研究主题集中在职业教育的内容/领域（21.9％）、学生关注点（10.6％）、时机/职业顺序（11.3％）、设置/地点（8.8％）、教学方法（8.8％）和清晰度/普遍性（38.8％）。文章没有讨论专门的研究方法。

Gordon(2001)对美国职业教育研究协会(AVERA)的 113 名会员进行了抽样调查，获得了他们对统计显著性检验的看法的基线数据，这有助于推动生涯和技术/劳动力教育研究者之间对统计信息的讨论的开展。研究运用了心理测量学工具测量相关的观点。该研究的宗旨是：

1. 探究 AVERA 成员关于统计显著性检验的看法；

2. 测定 AVERA 成员对选定统计方法的评价，如信度和分段方法等。

抽样组的人口统计特征为：77％为男性，93％拥有博士学位，82.5％在大学工作，7.5％在学区工作，5％从事商业活动，5％在其他领域。60％被调查者表示其在教育研究领域有 15 年以上的经验。

研究发现，"对统计学（定量方法）感兴趣的人容易对此项调查进行回复"。只用定性方法进行研究的人不很愿意参与这些调查。研究围绕显著性检验产生的争议引起了 AVERA 成员的关注。70％以上的被访者认为需要召开研讨会，对新出现的统计方法和研究手段等问题进行讨论。多数受访者不同意禁止显著性检验的提议，认为统计检验与前期研究是一致的。研究人员建议"未来应鼓励 AVERA 研究人员注重统计检验、成果影响范围并对成果的可复制性进行实证调查"(Gordon 2001，16)。

3.3.4.5 结语

本章简要回顾了美国职业教育的研究类型，但没有专门针对方法论以及各相关领域的具体研究课题和成果。研究领域的广泛性特点，使我们无法对所有研究方式进行全面的回顾。本文目的是概括美国职业/生涯及技术教育中采用的研究方式，为在该领域制定研究计划提供一些历史背景。希望读者可以由此了解职业教育研究与立法之间的密切关系，即在多数情况下，研究项目受到立法及其确定的资金的推动。从某种程度上讲，职业教育研究是职业教育体系的基础。

如上所述，对职业教育或生涯与技术教育的研究兴趣正在复苏，通过研究证明其承载的价值对未来的筹资至关重要。这是培养 21 世纪技能型人才的重要基础。

3.4 国家与国际职业教育报告：案例研究

3.4.1 职业教育的国家报告——澳大利亚的个案研究

Philip Loveder

职业教育和培训十分重要，国家借此可获得对经济发展和社会进步必不可少的、技术纯熟的劳动力。在澳大利亚，这是一个十分复杂的领域。在这一领域，人们以灵活多样的方式开展各种各样的活动。

在过去的 20 年间，国家对职业教育市场逐渐放松管制，这为许多私立机构创造了机会。他们举办培训班并颁发国家认可的资格证书，并在与他们技术特长相应的缝隙市场(Niche market)与公立机构进行强有力的竞争，赢取政府为培训场所提供的资助。

国家政策十分重视如何满足产业需求、如何准确了解和评估政策效果、如何在过剩的公立和私立机构中衡量技能掌握情况并改进相应的规划，以及如何确保以连续的方式收集和报告有关培训活动的信息。

3.4.1.1 职业教育和培训的规划及报告框架

在澳大利亚，完整的职业教育国家报告是一个新鲜事物，其开始时间与1992 年国家职业教育体系发展处于同一时期。在此之前，职业教育的大部分责任由州政府和地区(省)政府承担，由政府机构出具的报告具有法律效力。报告的目的是出于向公众解释公共基金去向的需要，同时也是一种确保系统完善的方法。

1996 年 9 月，澳大利亚国家培训局（ANTA）部长理事会成立了绩效评估委员会（PRC），作为国家对绩效考核、数据收集和管理、研究和评估机制改革的一部分。该委员会为职业教育开发了一整套关键绩效考核准则，并建立了一系列长期的关键绩效考核措施。委员会的早期工作还涉及过渡期的安排，以建立一套基于产出和结果的职业教育体系（ANTA 1997）。

2005 年 6 月 30 日，澳大利亚国家培训局被撤销。它的职能由澳大利亚教育科学培训部承担。

在此期间，澳大利亚通过一系列的国家战略来促进职业教育的发展。其中特别重要的一项战略名为"通向未来的桥梁：澳大利亚职业教育和培训 1998－2003 年国家战略"（ANTA 1998）。这项战略表达了澳大利亚各级政府机构（州和国家）与澳大利亚产业部门携手建立一个真正的国家职业教育体系所做的共同承诺。

这项战略分析了五年计划下各种经济、工业和社会变革力量以及他们对专业教育和培训的意义。该战略还为职业教育制定了一个含有五个关键目标的远景规划，它们分别为：（1）为工作世界武装澳洲人；（2）增强劳动市场的流动性；（3）实现职业教育的公平结果；（4）加大对培训的投资力度；（5）使职业教育公共投入的价值最大化。

后来的（也是当前的）国家战略是"设计我们的未来：澳大利亚职业教育和培训的国家战略 2004－2010"。这一战略以以下四个目标为基础：

目标 1：产业界将有一支高技能的劳动大军，支持全球经济中的强劲表现；

目标 2：雇主和个人将成为职业教育和培训的中心；

目标 3：通过学习和就业，促进社区与地区的经济和社会发展；

目标 4：澳大利亚本地人将能学习到基本工作技能，并共享学习文化。

任何战略都必须通过一种方式来衡量其有效性，这一方式是"设计我们的未来、规划未来：澳大利亚职业教育和培训统计的远期规划 2004－2010"。这是一个在 5 年规划内甚至将来也是世界级的职业教育统计数据库（ANTA 2004a），其目标有三项：

> 提供一个综合的、高质量的信息库，来支持职业教育政策的制定以及研究和评估；

> 利用该信息库强调公共受托责任（public accountability）及对国家职业教育系统的检验，包括对关键绩效的考核；

> 通过开发数据链接，以各种形式共享数据，广泛使用信息库分析。

为了支撑国家战略和各项目标的实施，人们建立了一套"关键绩效考核指标"（Key Performance Measures，KPMs），以测量体系中各种目标落实的有效性。建立这些关键绩效考核指标的基础是 SMART，即具体性（specific）、可测量（measurable）、可实现（achievable）、重要性（relevant）及与时俱进性（time-bound)，并与本领域的基本业务和核心战略有密切联系。在使用国家统计和调查数据的国家报告中，这些指标显得尤为重要。当前的关键绩效考核指标包括：

KPMs1：学生对职业教育的参与度和成绩；

KPMs2：学生就业结果和他们对职业教育满意度；

KPMs3：雇主对职业教育的参与度和满意度；

KPMs4：澳大利亚土著人的职业教育效果；

KPMs5：社区对职业教育的参与度和满意度；

KPMs6：效率与绩效。

3.4.1.2 以统计为支撑的报告框架

1990 年 11 月，澳大利亚各部长领导各自部门实施了一场全面、全新的统计改革项目，该项目的成果是建立了"澳大利亚职业教育管理信息和统计标准"（AVETMISS）。1993 年，该标准得到了澳大利亚所有政府部门的认同，成为澳大利亚职业教育的第一个关于信息标准的专业化规范，并受到国家职业教育研究中心（NCVER）的监督（NCVER 2004a；2004b）。按照该标准进行的数据收集和调查，为针对每一项关键绩效考核指标的报告提供了大量的可测数据。

数据库

AVETMIS 标准包含两个重要的组成部分（数据库），即"职业教育和培训机构"和"新型学徒制"。一般地，"新型学徒制"中的学生这一数量相对较小的人员，同时也是"职业教育和培训机构"学生这一数量较大的人员的组成部分。

学徒和实习生的数据库

信息数据由每个州和地区管理局从各个学徒培训和实习正式合同中得出。自 1996 年 7 月 1 日起，每个季度由地方部门从系统中提取数据，上交给 NCVER。这些数据为关键绩效考核指标 1（学生对职业教育的参与度和成绩）提供数据支持。

在任何一个季度，提交的关键数据都包括：

➢ 学员和学生的信息；

➢ 培训机构的信息；

➢ 培训合同的执行，包括合同的开始、取消和结束，合同的有效期和取得职业资格后的就业情况；

➢ 雇主，包括他们的规模，法人名称和依据澳大利亚新西兰标准行业分类（ANZSIC）确定的雇主企业所属的行业；

➢ 资格或课程。

职业教育和培训机构信息数据库

信息的收集来自于技术与继续教育学院（TAFE）、大学以及接受政府资助的私营培训机构。来自这一数据库的数据为关键绩效考核指标 1（（学生对职业教育的参与度和成绩)提供报告支持。

按日历年度,每年数据库一次培训活动的相关数据,其关键信息包括:

➤ 学员和学生;

➤ 资格或课程;

➤ 能力单元或模块单元;

➤ 培训机构;

➤ 培训提供机构的校园或培训场地。

职业教育和培训公共投入的财务数据库

NCVER 也收集澳大利亚的职业教育财务信息,包括收入、支出、资产、负债和现金流等。这一数据提供关键绩效考核指标 6(效率和绩效)报告的支持。数据常常会经过一些"调整",以提高功效测评的准确性和可比性。

信息收集和提交的过程

由 NCVER 开发的数据校验软件被分发给各州和地区,用以在数据提交前对数据进行校验。各州和地区按照 AVETMIS 标准从他们的系统和培训机构中提取数据。

NCVER 对提交的数据加以重新验证,对各种数据质量进行检查,然后反馈给州政府部门。在某些情况下,州或地区政府部分可能需要重新提交数据。

国家调查计划

支持国家战略决策的数据收集的第二个重要部分是针对职业教育和培训的一项国家调查计划。国家调查计划中的数据为关键绩效考核指标 2——学生就业的结果及他们对职业教育和培训的满意度,关键绩效考核指标 3 ——雇主对职业教育和培训的参与度以及关键绩效考核指标 4 ——职业教育和培训为当地澳大利亚人带来的影响分别提供了相应支持。

NCVER 代表澳大利亚的教育、科学与培训部(DEST)负责管理这套调查计划的执行。该调查计划包括以下主要调查:

学生产出调查

学生产出调查每年由 NCVER 负责展开,并提供关于接受职业教育的毕业生和完成模块课程学习者的数据。调查对象大约有 30 万 TAFE 和非 TAFE 的学生,涉及问卷设计、多达 4 次的邮件调查、无响应电话的再次调查、网络调查以及发给各州和大约 80 个机构的复杂的自动化生成的报告。该调查的内容包括:

➤ 毕业生的特点;

➤ 课程信息;

➤ 就业效果 ;

➤ 课程学习前后的就业前景和结果;

➤ 收入及其他就业相关成果;

➢ 继续教育；

➢ 对课程各方面的满意度。

关于雇主对职业教育体系的利用和建议的调查

自 1997 年以来，对雇主的定期调查每半年进行一次。调查询问雇主对澳大利亚职业教育体系的意见、看法和满意度。

对土著学生的调查

在 2004 年，NCVER 对澳大利亚接受职业教育和培训的土著学生展开了有史以来第一次的调查，共采访了全国 70 个不同地方的 785 个土著学生。调查报道了他们进行学习的原因、培训是否满足他们的需求以及参加培训后的收益。

跟踪调查：TAFE 对年轻人两年后的影响

利用 2002 年学生成果调查的结果，NCVER 在 2004 年对一群学生展开了跟踪纵向调查，对一群年龄在 15～24 岁之间的于 2001 年参加过职业教育(TAFE)的年轻人检验接受职业教育的持续成果。该调查还特别研究了培训带来的就业、工资和技术水平、再教育成果以及其他收益的变化。

3.4.1.3 其他数据库

除了 NCVER 的各种数据库外，还有一些数据来自其他机构，如澳大利亚统计局(ABS)每四年开展一次的"教育和工作调查"(目录：6227∶0)和"教育和培训调查"(目录：6278∶0)，"培训支出和实践调查"(目录：1136∶0)以及收集有关教育参与和成就信息的人口普查。

此外，澳大利亚统计局还在 2006 年开展成人文化水平和谋生技能调查，作为国际成人文化水平调查的一部分，该调查与经济合作和发展组织(OECD)组织进行。调查在 2006 年展开，与 1996 年的有关学习方面的调查相距 10 年。

澳大利亚的教育、科学和培训部(DEST)同样也进行相关数据收集：培训和青年网络管理体系(TYIMS)通过联邦新型学徒中心(NACS)收集新型学徒的相关数据。

3.4.1.4 报告与宣传过程

职业教育活动有多种报告方式。按照澳大利亚政府的要求，NCVER 提供一系列的出版物供决策者和决策机构参考。网络的一个优势是可以用来制作详细的表格。

此外，人们还可以在 NCVER 网站上获得和查询各种详细数据和表格。NCVER 也为小型统计咨询机构提供即时服务，同时可以为诸如澳大利亚教育、科学和培训部(DEST)、大学、研究机构以及行业技术委员会等机构定制各种数据包。

在国家层面，职业教育活动主要通过《国家职业教育年度国家报告》呈现，它是根据 1992 年《澳大利亚国家培训权利法案》(ANTA 法案)的要求提交的，包括对职业教育培训领域在一个特定年份的绩效评估(DEST 2005)。该报告有定性和定量分册：第一册概述全年职业教育的运作情况；第二册由每个辖区根据全国统一格式制作的绩效报告组成；第三册是有关该领域建立的关键绩效考核指标各项进展情况的报告，包括详细的统计数据以及与关键绩效考核指标相对应的国家体系绩效的其他信息。

全部报告为国民提供国家体系的运作、取得的成就和受到的挑战及处理结果的信息。该报告在每年的澳大利亚国会春季会议上提交给国会。

由于职业教育的责任由国家和州/地区政府共同承担，各州(地区)政府也会制订各自的职业教育工作计划，这些计划包括其管辖区域内最希望达到的目标。

为履行为国际机构提供本国教育数据的义务，澳大利亚通过 NCVER 每年为经济合作和发展组织(OECD)提交特别的统计报告，并按照《国际教育标准分类(ISCED)》报告澳大利亚职业教育和培训活动。

3.4.1.5　报告的当前问题及其发展

职业教育报告目前的一个重要问题是，由于只有接受国家周期性财政资助的机构的培训信息，国家职业教育培训机构数据低估了整个职业教育的状况，特别是私营机构的状况，因此没有反映出职业教育供求关系的真实情况。

目前，政府和私营培训机构的代表组织如"澳大利亚私营教育和培训理事会"(ACPET)和澳大利亚工商会(ACCI))等，正在努力把私营机构包括在国家级数据库中，这样才能完全反映"职业教育和培训的总体情况"。现在，有建议号召私营培训机构和以企业名义注册的培训机构主动提交数据。报告应首先公布公共职业教育培训范围之外的学生和课程的特点(ANTA 2004b)。

将数据库的数据与普通个人进行横向匹配，有助于更好地利用系统中的信息，这已经成为目前优先发展的计划。比如，最近 AVETMIS 标准的改变，使得系统能够把公共培训机构中脱产培训的学徒和学员区分开来。

职业教育报告的另一个问题，与对学生的发展路径进行纵向跟踪有关。目前普通教育、职业教育以及高等教育统计数据库各自分离，在数据库之间进行个人识别和追踪很不方便，人们很难搞清学生发展去向的真实性质。有的州和地区正在开发独一无二的学生标识符，这样即便是在跨阶段跨部门的数据库之间，也能正确地追踪学生发展路径。

职业教育统计数据收集和报告的一个新挑战，是新的关键绩效考核指标KPM5(社区对职业教育的参与度和满意度)的引进。在澳大利亚，改善地方和社区培训活动信息交流，已经被确定为职业教育优先完成的任务。但在整个地区和社区获取相关信息比较困难，因为按照传统，数据收集主要是针对个体的，将此扩展到整个地区，需要不同的方式。

值得注意的是，20 世纪 90 年代，在澳大利亚的政府报告中职业教育报告在一些方面是处于领先地位的。职业教育所采用的模式，已经被其他部门、特别是社会服务部门所采纳。尽管如此，职业教育数据收集和报告的方式仍有很大的提高空间，尤其是在其对澳大利亚社会特定人群的职业教育参与度和成就的理解方面。

3.4.2　中国的职业教育报告

孙　琳

中国的《职业教育报告》是一份系统总结报告期限内中国职业教育的发展状况以及存在问题、为制定职业教育宏观政策和开展职业教育研究提供信息的工具书。其主要任务是：分析经济社会发展与产业结构调整对职业教育的需求，总结国家和具有地方特色的职业教育经验，集中探讨涉及当前职业教育发展的重大问题，对今后职业教育的改革发展提出政策性建议。

3.4.2.1　产生与发展过程

《职业教育报告》是中德职业教育合作的成果。20 世纪 90 年代，在技术合作的框架内，中德两国政府在职业教育领域进行了内容广泛的合作，目标是学习德国职业教育的先进经验，改革和完善中国职业教育体系。

建立科学合理、符合中国国情的职业教育体系，需要先进的职业教育理念及科学的方法的指导。1991 年，德国政府通过德国技术合作公司，支持中国政府成立了职业技术教育中心研究所（下文简称职教中心所 CIVTE），研究所的任务之一，是"根据中国职教的发展需要进行方针政策及法规的研究，并向政府提供决策咨询服务"（SEK/HSSt/GTZ，1994）。完成这一任务的一个主要途径，就是学习借鉴德国《职业教育报告》的经验，开展职业教育事业发展的统计分析与宏观政策的总结研究，为宏观管理决策提供政策咨询。

1994 年，职教中心所开始了《职业教育报告》的研究和编制工作。由于在这之前中国教育科研领域很少涉及教育政策发展的年度研究，因此这项工作在中国教育研究领域内是开创性的。报告开始时作为内部出版物，自 2001 年开始正式出版，出版周期为 1～2 年。它在帮助职业教育管理部门制定与贯彻政策，帮助职教科研部门开展科研方面，正发挥着越来越重要的作用。教育部将在此基础上，逐步建立职业教育发展的年度监测制度。

3.4.2.2　框架结构与内容

中国的《职业教育报告》由四部分内容组成，它们是：

第一部分，职业教育发展综述

主要包括：①社会经济发展现状及当前政策，重点突出产业结构、就业结构和劳动就业政策方面的发展变化及政策调整，及其对确定职业教育发展重点与思路的影响。②各级各类职业教育事业的数据统计与发展改革描述。以 2001 －

2003 年为例，本部分主要包括各级各类职业教育与培训的数量发展，民办职业教育发展现状与问题，农村和西部职业教育，职教师资，职教经费，招生就业，教学改革，国际合作等。③职业教育改革与发展政策述评，包括重大会议、重要文件，对政策实施效果的评价。

第二部分，专题报告

由职业教育行政部门的管理者和职业教育研究专家组成专题小组，就职业教育发展的重要问题进行专门研究。2001－2003 年报告的专题部分涉及的内容包括高等职业教育、农村劳动力转移、职业资格证书制度、区域经济发展与职业教育、学习型社会与职业教育、世界职业教育发展与变革趋势等问题。专题报告的重点是本领域改革与发展的新情况和新问题。

第三部分，地方报告

针对中国经济发展的不平衡，报告分别选择经济发达地区、经济一般地区和经济欠发达地区有代表性的个案进行总结分析，目的是按照因地制宜、分类指导的原则，强化报告的针对性、可比较性和可借鉴功能。如在 2001－2003 年报告中，含有全国 19 个省、市、自治区教育管理部门或职教科研机构针对当地职教发展现状、存在问题、获得的经验和特点等方面编撰写的报告，其主要内容有：①本地区职业教育发展的政治、经济、社会发展背景；②本地区各级各类职业教育发展的基本情况，包括初、中、高等职业教育数量发展变化，招生、就业状况、师资发展情况、经费投入情况等；③本地区职业教育发展的政策措施，包括重大会议、重要文件；管理体制、办学体制、投资体制、师资队伍建设方面的改革与发展，农村、城市职业教育发展的重要政策及成效分析；④本地区职业教育发展特色，经验介绍。

第四部分，附录

内容为教育主管部门及其他有关部门颁布的涉及职业教育的重要政策及文件，以及报告期限内职业教育的大事记（教育部职成司/职教中心所，2005）。

3.4.2.3　报告编撰的组织

《职业教育报告》的编撰最初由职教中心研究所独立完成。自 2002 年起，教育部根据职业教育宏观政策制定的需要，将此列为专项工作，由教育部职业成人教育司与职教中心所共同组织完成。按照教育部的要求，各省市区应对职业教育事业发展进行统计和政策研究，总结当地职业教育发展的现状、问题及经验，以报告的形式呈报职教中心所。报告的综合部分以及整个编写组织管理工作则仍由职教中心所承担。每年，职教中心所根据中国职业教育发展的重点、难点及热点问题，列出若干项专题，聘请职业教育行政和科研部门的管理者和研究人员撰写专题报告。此外，职教中心所还召集职教界的其他研究部门以多种方式参与这项工作，包括中华职业教育社、高等院校和全国 29 个省市区的教育科研机构，每年就报告内容广泛听取意见，取得社会各界的支持与关注。

《职业教育报告》的基础统计数据来源主要是《中国统计年鉴》和《中国教育事业统计年鉴》，数据分析以短期为主，主要是当年度与往年间的比较。对一些缺乏全国广泛代表意义的数据则进行典型案例分析，如毕业生就业的数据，就是根据地方职业院校学生就业统计及用人单位的典型案例调查来得到的。报告的政策部分，主要以当年度职业教育重要会议、主要文件为依据，对现行政策及实施效果进行描述与分析。作为教育部的报告，按照要求，政策的解释与说明应与教育部保持一致。

3.4.2.4　存在的问题及展望

目前中国的《职业教育报告》基本上还是一份以数据汇总与资料整理为基本内容的报告，报告在编撰过程中存在着几个重要的指导思想问题尚未厘清：

第一是属性问题，即此报告是属于政府的工作报告还是研究性报告？由于作为主编者的教育部职成司和职教中心所在工作的任务、性质和方式方法方面都有很大不同，因此存在着对报告的写作方向、内容以及结构等问题的反复争论；

第二是功能问题，即《职业教育报告》到底要为社会就业和职业教育发展解决什么关键问题？目前，报告的主要内容停留在对职业教育事业发展的数据统计以及对现状、政策和热点问题的分析和总结上。由于缺乏劳动市场调查和前瞻性的就业需求预测，因此对解决从培训到就业顺利过渡这一关键问题上的贡献还远远不够。

第三是报告的内容及其结构问题。目前，对报告的基本框架及主要内容的形式、结构、篇幅等具体事项尚未做出成型的规定，撰写报告的随意性比较大。这里要解决的问题是，如何在对整个国家职业教育进行全面描述的同时，兼顾地方的具体和特有的问题，如何将统计数据分析与质的研究结合起来，如最新的理论研究及教学改革成果是否也应该成为报告的内容？

此外，建立健全编撰《职业教育报告》的组织管理制度也是一个亟待解决的问题。当前中国现行法规还没有对《职业教育报告》做出强制性规定。对于《职业教育报告》编撰这样一项常规工作，政府应当对保证其编撰工作的组织结构、职责划分、人员、经费和时间进度等方面做出规定，特别是为报告涉及的统计数据和文献资料建立一套稳定可靠的信息源。根据中国地域差距大的特点，发挥地方职业教育研究部门的积极性，扩大地方内容，也是一个可行的发展方向。

一个更完善、更具有社会影响力的职业教育报告，不仅应反映中国教育体制内部的发展，还要分析教育体制外的社会环境的变化，如劳动市场供需情况、职业结构变化对职业教育的要求等。报告所提供的数据、信息和建议应能为个人的职业发展以及教育界和劳动界的相关机构提供有价值的帮助，这是《职业教育报告》今后应当努力的方向。

3.4.3　德国的职业教育年度报告

Heinrich Althoff & Elisabeth M. Krekel

《职业教育年度报告》给德国提供了该国职业教育发展现状和未来预期的全面系统的信息，该报告从 1977 年以来作为联邦政府的官方报告每年都要公布。起初的《职业教育年度报告》仅仅集中于描述企业内部培训位置的供应和需求，但如今该其包含了基于统计数据和研究项目的广泛分析，涉及职前教育培训与职业继续教育。

由于国际学生评价项目（PISA）测评结果和其他一些因素，目前德国建立了一个国家报告计划，涵盖从普通学校和职业教育的初级、高等教育和继续教育的所有教育领域。

3.4.3.1　《职业教育年度报告》

《职业教育年度报告》的法律基础是《联邦职业教育法》第 86 条的规定（联邦职业教育法，2005），该法案在 2005 年进行了大规模的修订。联邦职教所（BIBB）成立于 1970 年，它基于《职业教育法》（BBiG）展开研究、开发和咨询活动。BIBB 按照 BBiG 第 90 条规定，协助撰写《职业教育年度报告》。BIBB 的管理委员会也参与《职业教育年度报告》的准备工作。

BIBB 管理委员会是联邦政府关于职业教育基本问题的法定咨询机构，它在联邦教育研究部提交的《职业教育年度报告》中具有提出建议的权利。在 BIBB 管理委员会中，雇主代表、雇员代表、各联邦州以及联邦政府代表享有平等的投票权，该管理委员会的任务在 BBiG 第 92 条中有规定。

《职业教育年度报告》由两部分组成。在第一部分，联邦政府对当前的培训位置和就业状况提出预测，同时介绍政府解决教育问题的政策。当《职业教育年度报告》草稿完成时，BIBB 管理委员会马上进行内部讨论，内容是当前职业教育政策、职业教育研究和实践的首要问题。该管理委员会的代表代表雇主和雇员的不同立场，以投票的方式做出决定。联邦内阁的决议和 BIBB 管理委员会投票情况均包括在《报告》的第一部分。

除了有关培训位置供需关系和职业教育结构性发展的大量数据和详细研究结果外，《职业教育年度报告》的第二部分还包括职业教育规划的数据、职业继续教育的数据以及国际职业教育发展的数据。

各种统计数据成为对德国职业教育的结构和发展进行分析的基础。学校统计数据包括了来自普通教育学校的毕业生数量，因此也包含了预期流入职业教育的学生数量。将就业统计数据与某行业企业的规模和经济部门联系起来，我们能计算出企业内培训的发展情况，并与雇员的发展和培训企业的发展做出比较（在德国，签了培训合同的培训生享有社会保险，因此包括在就业统计数据之内）。两种独立的计算方式提供企业培训新签合同的数量信息以及详细目录和结构信息：BIBB 的信息在 9 月 30 日结束，联邦统计局在 12 月 31 日结束。（Flemming 等 2005；Ulrich 1999）。双方共同的数据库是有关管理机构的业务统计数据，它们通常是一些商会（如工商行会和手工业行会）。这些行会按照 BBiG 第 34 条的规定"建立和保持培训情况登记"。换言之，所有在培训企业（培训者）和青年（培训生）之间签订的培训合同都必须提交到行会，并由行会进行受训情况登记。

3.4.3.2　培训位置的供给和需求：BIBB 9 月 30 日结束的调查

依照 BBiG 第 86 条的规定，BIBB 每年秋天在相关机构（如行会）调查 9 月 30 日之前签订的仍然有效的培训合同。对本年度培训的调查结果可在 12 月初查到，同时可以查到的还有联邦就业署（BA）的业务和工作介绍统计。他们是联邦政府培训职位资产负债表的中心基础。BA 的业务和安置统计数据除了其他东西之外，还包括了曾经试图通过 BA 得到培训的年轻人的数量、尚未安置的申请人的数量以及在安置年末（每年的 9 月 30 日）培训空缺的数量。

培训岗位的总供应量来自每年签订的新培训合同（BIBB 调查的期限是到 9 月 30 日）的数量以及在九月三十日财政年度末还在联邦就业署的业务统计数据中列出的空余培训位置。2005 年 562 816 个培训位置的总供应量是由已签订的 550 180 个新培训合同和 12 636 个空缺培训位置组成的。

总需求量包括已签订的新培训合同数量和在 BA 登记过的在财政年度末尚未安置的培训位置数量；在 2005 年，未安排培训的人数是 40 900。加上已经签订的 550 180 个新培训合同，我们得出的培训位置需求总量是 591 080。2005 年职业培训位置的名义需求比供应量多出 28 264 个。

要得到一个更为准确的劳动市场培训位置供应情况，除了这个"名义上的"培训缺口外，我们还要参考其他数据。许多年轻人除了企业培训外还有其他选择（如全日制职业学校教育，职业预备教育等），因此不算在未安置的申请人之列，但他们仍然希望得到企业培训位置。在 2005 年，这样的申请人在 BA 登记的有 47，228 个。BIBB/BA 申请人调查结果显示，寻求培训位置的人数还要更多（Ulrich 等 2005；Eberhard 等 2005；Ulrich 2003）。

3.4.3.3　职业教育的结构性发展：职业教育统计

联邦统计局 12 月 31 日的计算是依照 BBiG 第 88 条规定的统计方式进行的。这一统计周期是一个日历年度（1 月 1 日到 12 月 31 日）。除了职业继续教育数据以外，职业教育统计为企业培训（双元制）提供了广泛的信息，如在：

> ➤ 培训生：性别、公民身份、教育、培训职业、培训年份等；
> ➤ 实训教师：性别、技术和教学资格；
> ➤ 培训顾问：年龄、性别、教育背景等；

　　尽管有内容丰富的数据库，职业教育统计只有有限的科学价值（Althoff 1984），这并不是因为获取的数据不够精确，相反管理部门获取的这些数据可能远远要比向学员或需要提交信息的其他人员直接询问来得精确。这是因为，研究的必要条件是个体变量可以依照所提问的科学问题自由地组合，而迄今为止的职业教育统计不可能这样做。这些数据都是通过行会搜集填到表格中的，并通过州统计局提交到联邦统计局。这些统计局因此不再从表格中提取数据并根据所提问题自由将其组合。因为手中的这些合计数，如"合同解除"或"考试结果"栏，已经不能与"学校教育背景"栏进行合并。

　　在管理政策方面，教育政策取决于从事企业内职业教育的、尤其是离开了综合学校和职业学校之后的年轻人的确切数量。只有这个数据，才能准确反映企业职业教育的实际吸纳能力。不过，职业教育统计的基础是培训合同的数量，而不是培训生的人数（Althoff 1997）。但是，第一次接受职业教育的年轻人的数量和所签培训合同的数量之间可能有约10％的差距，这点可以从初次调查中看出来。这是因为部分年轻人在解除第一次培训合同之后又签订了新的培训合同。这就意味着新签培训合同的数量总是多于新加入培训体系的年轻人的数量。调查还显示，大约有一半的年轻人在解除合同后继续进行他们的企业内职业教育和培训（BIBB 2005，62，78，BMBF 2003，96f）。

　　类似情况也可以解释企业职业教育的辍学者数量。这些退出培训的人也能得以确认。他们包括那些解除合同后离开企业职业教育体系的年轻人，以及那些结业考试不合格的人。在职业教育统计里，基本上不可能清楚地区分这两类人。那些解除合同后永远离开培训系统的年轻人不能被精确地量化，因为职业教育统计不可能把他们和那些解除合约后在另外一个职业或公司继续接受培训的年轻人区分开来。

　　其原因同样也是因为数据的编写是来源于培训合同，而不是受训学员。因为合同一旦解除就不可能与任何可能签订的合同有联系。因此在职业教育统计中，解除的合同就被视为职业教育的终止，即便这些年轻人在不同职业或公司继续进行他们的公司内部培训（Althoff 2003，35）。

　　《职业教育法》于2005年进行了修订，如今联邦统计局的职业教育统计中包含了进一步的改革，这些将在2007年4月1日生效。分析的可能性将会有较大的改进，特别是通过计划转变，将综合统计转变为个体统计。因此对职业教育统计中的各项目，将来有可能进行详细的分析。有史以来第一次可能在个人的职业培训结业考试结果或解除培训合约和受训学员的职业背景之间建立起联系。这样，职业教育统计的修订也能为科学分析带来价值。然而即便修订了职业教育统计，这一统计也不可能为签订培训合同的培训生描绘培训经历。即使在2007年以后，也只能在名义上通过入学和完成培训课程的比较中确定中途退出的人数。

只有给每个培训生一个单独的识别号码才可能更好地确认人数。

3.4.3.4　结论

9月30日截止的BIBB调查和职业教育统计是德国有关《职业教育年度报告》的两个主要数据来源。对本年度培训的评估，是基于9月30日截止的BIBB调查和BA的业务和安置统计协作的结果。然而针对培训生的结构更为详细的信息和更具区别性的陈述，只有在一年后用到9月30日截止的结果才有可能做出。9月30日截止的调查只按照联邦州、就业服务区、正常及缩短培训期限以及性别来划分。然而在12月31日截止的数据中，除了其他因素外，可能的评估还涉及培训生的年龄、学校背景、培训年份和公民身份等。分析结果构成了职业教育政策的重要基础，并将在每年的《职业教育年度报告》中公布。

3.4.4　职业教育报告：美国的个案研究

Lisa Hudson & Karen Levesque

3.4.4.1　职业教育和美国教育体系

在美国，职业教育数据库和报告的结构受到学校系统的地方分权和个人主义的影响，因此缺少两个简单而直接地描述职业教育的因素：一是统一性，用于明确表述职业教育的标准定义；二是正式的计划，它有助于追踪职业教育的参与者。产生统一性问题根源是学校很强的地方自治传统；而计划性问题则源自美国"百花齐放"的哲学理念。

统一性

统一性是个问题，因为美国教育体制遵循一个强大的地方自治传统。在小学和初中教育阶段（义务教育），整个教育系统由约14 000个地方自治的教育机构组成，它们不同程度地接受50个州的高一级的教育机构的管理，这一制度削弱了教育的全国标准形式，因此中等职业教育的结构、方式和定义五花八门。

统一性在第三阶段（中等以上教育）也是个问题，这一阶段的职业教育主要由州办的两年制的"社区学院"和私营的盈利性高等院校提供。

如果将应用领域的学士学位课程，如工程和教育等也看作职业教育的话，四年制本科院校将超过私营的盈利性学校，成为第二大职业教育的提供者。不过在美国这类教育计划通常并不被认为是职业教育。比如《2006年卡尔·D.珀金斯职业技术教育修正法案》（支持职业教育方案的联邦法律）就把职业教育作为低于学士教育这一级别的预备教育（第三节（5）（ii））。

每个州规定其社区学院的教学重点是放在职业培训（职业教育）还是学术教育的准备（即升入到四年制学院获得学士学位）和提供具体的职业计划上。做出这些决策的基础是当地的劳动市场需求情况，以及当地和本州的教育传统和哲学理念。

百花齐放

尽管美国的学校可能缺乏统一的定义，他们却有着相同的美国价值观。美国人强烈抵制在义务教育阶段将学生限制在一种生活道路上的教学计划，例如为单一的职业生涯做准备。他们尤其反对那种被专门设计成为替代大学学习做准备的教育计划（正如他们对职业教育的传统观念），因为父母通常相信（不论现实与否），这种教育计划会限制其子女未来的发展。因此，虽然学生可以在中学里选择多种职业教育课程，但他们一般只是在没有正式登记为职业教育专业，或没有被正式确定为职业教育学生的情况下才选择职业教育课程。

正如所有人说的那样，美国教育体制也有例外。例如美国大约有 900 所全日制"职业高中"招收大约 9％ 的中学生，而且"综合高中"的学生也会接受职业教育。另一个例外是"生涯学院"。这些学校（可以称为校中校）为学生设定了具体的职业道路（比如，技术学院，音乐学院）。值得注意的是，这些教学计划的设定通常能使学生在完成他们的学业之后仍可选择高等教育。因此，就生涯学院的学生可以追求四年的本科学习而言，这些生涯学院在美国不是那么"职业化"。

相比之下，在本科层次上为某一特定职业（如工程、法律、护理）做准备也被认为是高等教育的组成部分，而且其正式计划方案也很规范。因此高等职业教育的学生可认定为准学士水平、主修某一职业领域课程的学生（需注意的是，这类学生须首先申报一个专业，这在最初报名时通常不作要求）。

正如下文将要看到的，收集不统一的教育系统的数据会遇到一些困难。尽管现在看来这些困难很容易解决，但是美国在最初收集全国职业教育的数据时，决策者还是过分天真地低估了收集数据的难度。

3.4.4.2 美国职业教育数据库的历史

（更详细的历史分析，参考 Hudson 2000 & Hoachlander/Levesque 1993）

从 1917 年国会通过《史密斯—休斯法》帮助学校培训工人以适应国家经济高速增长的需要以来，美国联邦政府就开始支持职业教育计划。在 20 世纪 60 年代，联邦法律的关注点转移到确保平等接受职业教育上来。随着这一变化而来的是收集详细的全国性数据以追踪学生参加职业教育的兴趣。因此，国会制定了新的要求，要各州在每年呈交给国会的报告中把职业教育支出和学生注册的信息包括进去。对于各州所有的中等教育、中等以上以及成人教育学生，职业教育在招生方面打破了种族、身心障碍以及其他学生特点的限制。

为满足这一数据收集的要求，美国教育部要求每个州在从本州内的教育机构收集数据后，向教育部提供必要的数据。但问题随之产生，因为事实证明，这些需求的数据超出了大部分州的记录保存能力。此外，由于各州在定义相关数据库项上的差异，州与州之间以及同一个州在不同时候，经常出现不一致以及不可比的数据。经过持续几十年改进这一行政记录的努力之后，该数据的收集于 1983 年终止了。

这个初步的数据库出现问题，原因有许多因素，但根本原因恰恰在于，各州采用的数据库形式不适用于当前的任务。各州行政记录的设计是为了满足本州和地方各自的需求，因此反映了各州的教育条件、政策和结构，以及各州特有的数据库格式、能力和要求。比如，联邦政府所要求的时间上的连贯性，或许对各州而言还不如考虑如何周期性地修改数据库的方式，以满足新的优先事项，或反映新的举措。同一个州内数据的标准化可能也会因为各地的差异而变得更加困难，在那些教育主要由地方运作的州内，州政府或许根本不可能在地方数据库上推行标准化的做法。最后，收集有关所有学校、教师和学生的数据要耗费大量的时间和成本，大多数州只能收集关于其教育体系的最基本、最关键特征的信息。

因此，国会在 1984 年放弃了行政记录数据收集的方式，要求收集全国职业教育的数据，而无须从每个学校每个学生收集数据。立法（和随后的立法）解放了教育部，放开了把州行政管理记录作为其主要数据来源的限制。取而代之的是，教育部所属的国家教育统计中心（NCES）现在可以通过抽样调查来收集职业教育的相关数据，这一方式已经应用在整个教育领域的数据库和相关报告上。关于收集职业教育数据的现行法律《2006 年卡尔·D. 珀金斯职业技术教育修正法案》明确了数据库对抽样调查的依赖性：

国家教育统计中心应收集和报告全国有代表性的生涯和技术教育的学生样本的信息，作为其评估的一个常规部分（第 114 节（a）（3））。

以这一样本为基础的数据库现在被称为生涯/技术教育统计（CTES）系统。

3.4.4.3 生涯/技术教育统计（CTES）系统

CTES 系统是一种衍生的数据系统，它收集全国职业教育数据的方式不是通过关于职业教育的专门的、独立的调查，而是通过 NCES 内多用途教育数据库中有关职业教育部分的数据。总体而言，这些数据来源提供了中等和高等职业教育以及与工作有关的成人教育和培训的信息，它在每个教育层次均解决了以下问题：

> ➢ 职业教育传输体系是什么样子的？
> ➢ 提供了什么？
> ➢ 参与者是谁，他们收获了什么？
> ➢ 谁在进行职业教育，职业教育如何教？
> ➢ 取得了什么成就？

如表一所示，虽然 NCES 的调查是 CTES 系统的主要数据来源，但是这里也有其他联邦机构提供的数据。CTES 网站提供了更多有关这些数据来源的信息。在个别情况下，也采用来自行政管理部门记录的普查数据（即 CCD 从各州的中小学教育管理机构收集的数据，IPEDS 收集所有大专院校的数据）。这些较新的行政记录信息的基础，是与各州和大专院校的长期合作体系。他们只负责收集有限的、有标准化格式的、能可靠报告的数据。CTES 的另外两个数据来源也值得一提，即快速反应调查系统（FRSS）和中学以上教育高速信息系统（PEQIS）。它们可以在需要时迅速在全国开展抽样调查，在针对具体议题上收集新的、不包含在现有数据库中的信息。如 NCES 在 1999 年进行了 FRSS 和 PEQIS 调查，调查学校职业教育的公共内容（Phelps 等 2001）。

表 3-2　职业/技术教育统计（CTES）系统的数据来源

中学阶段数据库
高等及成人数据库
数据通用核心（CCD）
快速反应调查体系（FRSS）
中学成绩单研究（HSTS）
国家教育进展评估（NAEP）
学校和教师安置调查（SASS）
现有人口调查（CPS）2
整合中等以上教育数据系统（IPEDS）
国家成人识字研究（NALS）
国家家庭教育调查（NHES）：成人教育采访
国家中等以上教育学生帮助研究（NPSAS）
国家中等以上教育教师调查（NSOPF）
中等以上教育快速信息系统（PEQIS）
收入和方案参与调查（SIPP）2
纵向数据库
刚开始中等以上教育学生的纵向调查（BPS）
2002 年教育纵向调查（ELS）
中学及以上（HS&B）
1988 年国家教育纵向调查（NELS：88）
国家青少年纵向调查（NLS-Y）1
注意：除非另有说明，所有数据均由 NCES 提供。
1. 由美国劳工部劳动统计局提供
2. 由美国商务部人口普查局提供

CTES 系统与以前的数据收集方式相比有三个优势：第一，CTES 数据库基本上都来源于有全国代表性的抽样调查，这些调查采用普遍的、可比较的定义和数据元素。正是由于这种数据元素的同一性，使得 CTES 系统能有效解决之前困扰行政记录数据库的数据质量问题。第二，CTES 的做法允许 NCES 将职业教育

体系和更大的教育体系以及其他体系联系起来，因此例如主修职业课程的大专学生可以在大专教育的背景、持续性和所取得成绩方面与主修理论课程的学生进行比较。第三，行政记录提供的数据有限，最多只是学生人数、教员、课程及其他学校特征等。相对而言，CTES系统的跨部门和纵向调查的范围更广，能为政策分析和研究提供更为丰富的数据。比如，用CTES可以探索职业课程选择与本科课程选择及所取得的成绩之间的关系，完成职业教育的学生是如何过渡到劳动市场或高等教育的，以及年长的职教老师与较年轻的老师的资历相比如何等。

然而，为确保被CTES所用的NCES数据库包括解决职业教育问题所必需的数据元素，CTES系统需要与NCES有更强的协调性。为做到这一点，CTES的工作人员参与了每个相关数据库技术审查小组（TRP）的工作。此外，CTES还建立了自己的技术审查小组。CTES技术审查小组由职业教育专家组成，包括从业人员、研究人员以及政府代表，他们通过订约人，向NCES对其在数据库中应包含的项目、数据分析和报告的优先次序以及关键概念的定义（如职业参与者、职业课程和计划的分类等）给出建议。CTES技术审查小组确保CTES系统在其数据收集、分析和报告的方式上实现关联性和时效性。

3.4.4.4 CTES报告

CTES系统的数据库为分析提供了原始数据。NCES进行分析的基础是CTES技术审查小组的投入以及与教育部职业和成人教育办公室的协作，这是总结性的。迄今为止，CTES通过发布报告的形式宣传数据分析的结果，主要是《美国职业教育》。这一根据最新数据出版的报告，提供了中等、中等以上以及成人职业教育条件的全貌，迄今为止已经出版了多期（Levesque等2006）。在报告每两个版本的间隙，NCES会发布更多的有关职业教育一些具体议题的专题报告，比如2005年CTES公布了有关《2000—2001年劳动力在职业教育方面的参与情况》（Hudson等2005）和《本科职业教育趋势》（Hudson/carey 2005）的报告。

除了为NCES的分析和报告提供数据以外，CTES系统还进行国家职业教育评估（NAVE），这是美国国会要求的、在每个联邦职业教育立法授权机构进行的周期性研究（始于1976年，随后1984年，1990年，1998年以及2006年重新颁布）。例如，中学成绩单的研究为中等职业教育提供了核心数据，纵向研究为职业教育的经济回报提供主要数据，并解释了中等职业教育和辍学之间的关系（Silverberg等2004）。

最后，CTES数据库（像多数NCES数据库一样）可以为任何希望在职业教育方面进行深入研究的人员提供帮助，如研究中心、大学教师和一般从业人员等。

3.4.4.5 网络上的CTES

CTES在NCES网站建有网页，用户可以通过网页查看和定购CTES报告。网络用户也可以在NCES网站上通过表格查询功能寻找有关职业教育的统计数据。但如果要查找的是某一具体统计数据，这两种方法都很麻烦。此外，以这些格式出现的最新数据在它们未被发表在报告上之前是看不到的，而报告通常要在数据收集完几年后才会发表。组织在一个逻辑框架内的、基于网络的表格系统，将使职业教育统计数据的使用更及时、方便。

CTES 网络表格的框架目前正在开发中。计划设立三组表格统计（分别为中等职业教育、中等后职业教育以及成人职业教育），解决前面提到的五个一般性问题。这一 CTES 网络系统将包括估计值（百分比和平均数）、人口统计、相关标准误差以及变量的定义和课程分类。表格将提供来自每个 CTES 调查的最新数据，并且为关键统计量提供一段时间的趋势图。建立 CTES 网络系统是一个长期而持续的过程。该网站目前在线提供来自近期一些调查的有限的表格集，并随着新数据的增加而不断扩大和更新。正如在所有其他方面的努力一样，CTES 欢迎和鼓励来自数据用户的所有反馈。

3.4.5　职业教育的国别与国际报告：欧盟的个案研究

Friederike Behringer

3.4.5.1　欧盟的教育和培训：在辅助目标和共同目标之间

欧洲各国教育体系的结构性差异很大。欧盟条约将一些定义明确的政策领域授权给了欧盟，而对其他包括教育培训在内的政策领域则在附属条约中，即各成员国对各自教育体系的内容和组织结构保留全部责任。欧盟在教育领域建立了激励和建议机制，但（在形式上）并不协调成员国的法律和法规（欧盟公报 1997，第149 和 150 条）。

在里斯本欧洲理事会（2000 年）国家和政府首脑商定了一项重大战略目标，即到 2010 年：

"成为全球最具竞争力和活力的知识经济体，实现可持续经济增长，创造更多、更好的工作机会以及更大的社会凝聚力。"欧洲理事会强调这需要"为教育体系的现代化制订一个具有挑战性的计划"（Council of the European Union，2000，par. 2 and 5）。

在此之前，欧洲理事会从未对教育体系作为经济和社会战略以及欧盟未来的一部分所起的作用做出如此程度的承认。人们引进了一个新的开放性协作机制（OMC）[①]，以通过改进现有程序推动这一战略目标的实现，加上欧洲理事会较强的指导和协调作用，从而确保更为持续的战略方向和对进展的有效监督（Council of the European Union，2000，par. 37）。OMC 是在敏感政策领域的一种软性法律形式，它为共同目标提供定向，期望国际同行的压力能推动国内改革的进

---

① 全称为 open method of coordination。

程。在 OMC 方式下，正如其在教育方面的实施作用一样，基于指标和标杆分析法（benchmarking）的进展监控发挥着重要的作用。

自 2000 年以来，教育和培训报告在欧洲取得了重大进展。原则上报告分两部分：第一是对欧洲教育培训系统的绩效和进展情况的监控，它以欧盟委员会及其机构建立的指标和共同目标为基础，并与其成员国紧密合作。第二是欧洲职业培训发展中心（Cedefop）的职业教育研究报告发挥了重要作用。第一部分重点是已经商议好的指标和各成员国提交的国内报告。第二部分旨在提供欧洲内外具有职业教育研究最新发展水平的总结和分析。

3.4.5.2　职业教育的里斯本目标和报告

如上所述，在欧盟和国家层面的定期报告是里斯本议程一个不可分割的部分。这些报告按照各自不同的日程计划发表，涉及包括欧盟各机构在内的多种机构，如 Cedefop 和欧洲培训基金会（ETF））。

➢ 首先在春季欧洲理事会发表年度报告，即主要的年度进展回顾。

➢ 其次在教育培训领域已经建立了独立的两年一次的报告日程，即教育理事会和委员会的联合报告。

➢ 最后，与《哥本哈根宣言》相关的独立的进展回顾将逐渐融入教育发展报告中，宣言呼吁欧洲在职业教育领域加强合作（European Ministers of Vocational Education and Training/EC 2002）。

呈交春季欧洲理事会的报告

在里斯本欧洲理事会上，理事会对新战略目标进展的有效监控所起的卓越指导和协调作用已被承认，并请欧洲委员会按照确定指标结构制定有关方针进展的年度报告（Council of the European Union，2000，par. 36）。欧洲理事会在尼斯（2000）通过了首个由 35 个核心指标构成的指标体系。后来几届欧洲理事会对这一体系进行了修订，最后确定了 14 个指标，以便对发展情况进行更为简便的评估（欧洲委员会——总秘书处 2003，1.3.5）。在此，有五个指标与教育和培训相关（欧统局 2005）：

1. 青年受教育程度（20～24 岁）；

2. 辍学生；

3. 终身学习（成人参与教育和培训）

4. 科学技术类毕业生；

5. 教育方面的公共支出。

不过这些结构性指标只是提供了部分有关职业教育报告的坚实基础（详细讨论参见 Behringer/Pfeifer 2005）。基于劳动力调查（Labour Based Survey，LFS）的第一个指标并不是根据普通教育或职业教育记录的。人们无法在 OECD 提供的数据基础上估计职业教育比例，因为这两个数据来源缺乏可比性。按照 LFS

数据提供的辍学生的定义也有问题，因为很多被归为辍学的人在一些国家被看作是正在培训或积累无薪酬工作经验的学生。LFS结构性指标定义的成人参与职业教育和培训的时间也仅仅是四周。

几乎可以肯定的是，终身学习被低估了，而且这种低估是有偏倚的。此外，由于各国相关方法（方案和定义）的不同，跨时间段和跨国比较也遇到了障碍。最后，根据新的终身学习定义，收集的信息涉及所有的教育和培训类型，而不仅仅是被调查者与目前或将来可能的工作相关的教育和职业培训。教育和培训的公共支出数据的基础是UOE收集的数据，但它并没有独立的职业教育部分，而且有关职业教育培训的私人经费支出的信息支离破碎。最后一个结构性指标的重点在高等教育毕业生上，不属于职业教育范畴。

里斯本战略中期回顾（2005年）的结论是一个新的开始，它特别强调了发展和就业（Council of the European Union，2005）。欧洲理事会继续强调欧洲的主要资本是人力资本，并呼吁开展终身学习是实现里斯本目标的必要条件。里斯本战略的新起点反映在了欧洲理事会（Council of the European Union，2005c）采纳的关于发展和就业的综合指导方针上。指导方针构成了各成员国提交的国家改革计划的框架，展示详细的行动意愿。这也包括作为各成员国就业政策指导方针的关于教育培训的两个指导方针，即：

➢ 扩大和改善对人力资本的投资；

➢ 适应新的能力要求调整教育和培训体系。

2006年欧洲委员会的春季报告《是加速前进的时候了》（EC 2006）包含对每个成员国国家改革方案的评估和每个成员国结构性指标的简单综合评价。

教育理事会和委员会的联合报告

里斯本理事会（Council of the European Union，2000，par. 27）邀请各国教育部长"对教育体系未来具体目标进行综合思考"并在2001年为欧洲理事会提交更为广泛的报告。在2001年各国教育部长首次商定了2010年要达到的共同战略目标（Council of the European Union-Education 2001）。这三个战略目标是：

➢ 提高教育和培训制度的质量和效率；

➢ 促进所有人获得教育和培训；

➢ 将教育和培训体系开放到更为广阔的世界。

欧盟理事会在巴塞罗那（2002年）通过了一项2010年教育和培训系统目标的后续详细工作方案（Council of the European Union，2002c）。设立了八个工作组，分别重点负责三个战略目标下13个具体目标中的一个或多个，并设立了指标标准工作组和标杆基准工作组，利用各项指标测评实现目标过程中的进展。会议还邀请教育委员会和理事会在2004年春季欧洲理事会上就工作方案的有效实施情况给出报告（Council of the European Union，2002，par. 43）。教育理事会于2003

年5月同意建立欧洲平均绩效水平的参考标准，但没有确定国家目标（Council of the European Union，Education 2003）。通过的2010年要达到的欧洲参考水平如下：

1. 青年受教育程度：22岁青年至少85％以上应完成中等水平以上教育。

2. 辍学生：欧盟平均水平为年龄在18～22岁的不超过10％。

3. 终身教育：欧盟平均水平为至少12.5％成年劳动适龄人口参加教育培训。

4. 数学、科学和技术：在这些领域毕业生总数至少增长15％，同时减少这些领域的性别失衡。

5. 基本技能：欧盟15岁读写能力低的人口百分比应至少降低20％。

教育委员会在2003年没有对欧盟人力资源投资的参考水平做出决定。

构成欧盟参考水平基础的四项指标与上面讨论的结构性指标类似或相同，因此也不特别针对职业教育。基本技能指标的来源是对15岁学生的测评（PISA），这些学生大部分都接受通识教育而不是职业教育。

教育理事会和委员会的首次联合报告提交给2004年春季欧洲理事会（Council of the European Union，2004），以期在两年一度的联合报告中监控目标实现过程的进展。就像《教育系统的未来目标》报告一样，随后的报告同时强调教育和培训两个方面。联合报告回顾了在向共同目标迈进的过程中取得的成绩，并强调加强国家和欧盟行动的必要性，并同时强调了作为OMC工具的这些指标和欧洲参考水平（基准）的重要性。然而指标和标杆基准的选择并没有针对职业教育。基于指标的报告通过《加强欧洲职业教育和培训的合作》（《European Ministers of Vocational Education and Training/EC 2002》）进行了补充，即欧洲层面的资格框架开发（目的为共同的质量保证框架，单一的欧洲资格和能力迁移框架以及职业教育的学分迁移）。联合报告呼吁改善数据和指标，特别是成人教育和职前教育与培训。

尽管2005年中期评价后有关里斯本战略的报告被简化，有关2010教育和培训工作方案的独立报告还是每两年要精心制作一次。不同于以往报告，2006年联合报告草案及其附件（Council of the European Union，2005a，2005b）部分来源于32个国家提交的国家报告，其结构主要基于欧洲委员会的一个指导性说明，确定了2004年期中报告优先考虑的领域，包括：

➢ 国家政策和里斯本议程的关系；

➢ 提高教育和培训领域投资的效率；

➢ 实施终身学习战略；

➢ 高等教育和职业教育改革；

➢ 发展欧洲范围的教育和培训。

要求各国提供有关已经进行或还处于规划阶段的战略和政策的关键信息，详细说明已取得的进展和遇到的主要障碍，以及可测量的变化和趋势。跨国分析的目标是综合考虑各国的优先事项、关注问题、期望实现的进展和结果。根据教育和培训领域欧洲平均绩效五级参考水平(标杆基准)的进展评估构成了联合报告草案的另外部分。

对哥本哈根进程的评价

哥本哈根宣言(European Ministers of Vocational Education and Training/EC 2002)设想了每两年一次的进展评价。第一次评价发生在 2004 年的马斯特里赫特，通过由欧洲委员会委托的一个研究报告公布(Leney 等，2005)。该研究报告评价了在向里斯本目标迈进过程中职业教育的贡献，评价的基础是：

> 31 个欧洲国家职业教育和培训负责人(DGVT)按照研究小组设计的调查问卷完成的自我评价报告；

> 由专家分析员为这一研究提交的 30 个国家职业教育发展情况的独立报告；

> 欧洲和国际层面的报告和数据的分析。

基于这一综合研究的结论，《马斯特里赫特公报》确定了必须进行改革和投资的领域，并首次确认了国家层次优先行动事项。公报重申，充足的数据和指标是一个确保进展评价的先决条件，从而提高职业教育的效率和吸引力，要优先考虑提高职业教育统计的范围、准确性和可靠性。哥本哈根进程的第二次评估成为 2006 年部长级会议的主题，同样由欧洲委员会提交的另一份报告为这次评估提供了背景分析。

3.4.5.3 职业教育研究报告

欧洲职业培训发展中心(Cedefop)是欧盟一个机构。正如其组织法中明确指出的，该中心的目标与其他欧盟机构相似，主要是研究、传播和促进合作，它通过把一些任务转包给其他伙伴机构以加强与利益相关者的固定联系。成立 Cedefop 的另一个原因是因为职业教育学术研究还很薄弱，这突出了 Cedefop 在研究和工作网络建设两方面的重要性。

1998 年以来 Cedefop 已出版了三份职业教育研究综合报告，对欧洲职前职业教育和职业继续教育的研究、重要理论和方案方法、实证结果和政策含义、措施和研究展望等作了评价。这些定期报告由一份背景报告和一份综合性报告组成。背景报告包括著名学者在某一特定议题上的成果，包括两到三个独立卷。综合报告在背景报告和 Cedefop 报告的基础上，介绍职业教育研究的主要内容，并为决策者和研究者提供建议。报告重点根据新出现的议题不断调整：

> 第一份研究报告(1998/1999)的关注点是《为变化的社会而培训》；

> 第二份研究报告(2001)：《能力培训与学习》；

> 第三份研究报告(2004/2005)：《学习的价值：教育和培训的评价和影响》；

> ➤ 第四份研究报告(2007)调查实现里斯本—哥本哈根—马斯特里赫特目标的条件，旨在找出 2010 年后的新研究议题。

为了实现这一目标，Cedefop 通过网络和与成员国的密切合作，建立了 ReferNet，以满足欧盟职业教育发展对高质量信息的要求。ReferNet 涵盖所有欧盟和欧洲经济区国家，由一个由每个成员国的职业教育和培训机构组织代表组成的国家协会和各种职业教育研究机构组成。ReferNet 欧洲层面的会员有 ETF 和 Eurydice 等。ReferNet 的任务主要是：(1)收集资料、更新网上数据库并提供信息服务；(2)提供跨领域的主题政策分析；横向知识；支持政策辩论；(3)支持开发协商一致的研究方法。

在与 ReferNet 和其他欧洲研究网络(如 Wetnet)和 ERO(European Research Overview)协会的协作下开展工作，提供了 ERO 数据库——一个由研究项目、专家和论文组成的数据库。作为 ERO 项目的一部分，所开发的研究监控器为职业教育研究提供了网络概览。以下是三个反映欧洲 HRD 和职业教育概况的网站：ReferNet、CEEC(重点是中东欧国家)和 Wetnet。成立于 1997 年的 Vetnet 的主要内容是职前教育和职业继续教育的研究和发展，它是欧洲教育研究会(European Education Research Association)的一部分。这一研究网络着眼于促进讨论、传播和合作，因此是欧洲层面职业教育研究报告的互补。

3.4.5.4　结论

恰当的数据和指标是监控实现目标的进展情况、制定以证据为基础的政策以及深入研究的必要条件。在职业教育领域，甚至缺乏有关投入和产出的关键数据，因此迫切需要建立恰当的数据和指标。就覆盖的国家范围而言，这已经取得了一些进展。第三次继续职业培训调查(2006)和成人教育调查(2005—2007)填补了有关成人学习的缺口。然而由欧盟收入和生活条件统计(EU-DILC)代替欧盟家庭事务委员会(ECHP)是一种退步。EU-DILC 并不收集继续培训的信息，而 ECHP 却收集。

职业教育信息的改进并不总需要新的调查。研究人员只要能更好地获得现有数据并更好地利用资源，就能改进职业教育报告。通过引入现成的调查问卷，如 LFS 以及联合国、经合组织或欧统局(UOE)的调查问卷，就可以拆分普通教育和职业教育与培训的数据，从而大大提高职业教育报告和研究的质量。

3.4.6　职业教育的国家和国际报告——经合组织(OECD)，国际劳工组织(ILO)和世界银行的个案研究

Simone Kirpal

尽管在 20 世纪七八十年代国际关于职业教育和成人学习的投资和研究已经

获得了很多关注，但是由于对这些领域项目投资令人失望的经济回报，对职业教育和成人学习的投资和研究兴趣在 90 年代急剧下降。国际组织转而不断将其注意力和努力方向转移到基础教育上，特别是小学和中学教育。最近，在终身学习、扶贫、青少年教育和社会凝聚力等政策背景下，技能发展和成人教育已变得越来越重要，这也包括早期教育（学前儿童教育和保育）和入学准备。所有这些都在过去一段时间成为捐赠机构和政府间组织的优先支持领域。例如对职业教育在达到欧洲委员会确定的里斯本目标（Leney 2004）中扮演角色的讨论中，把技能发展和经济增长以及/教育和工作间的相互依存作为证据，已经在国际政策方面重新恢复了其战略地位。

本章介绍三个重要国际组织即经济合作和发展组织（OECD）、国际劳工组织（ILO）和世界银行实施的职业教育报告策略。在国际政策背景下，对职业教育在某个特定国际组织中扮演的角色的认识，必须从该组织的自我定位和作用或"使命"的角度进行。由于这三个政府间国际组织在角色、功能和目标上有很大差别，本文一开始列出每个组织的主要目标，然后说明他们为实现其目标如何把职业教育培训政策和计划纳入其组织战略以及达到了何种程度。文章主要详细阐述这三个组织职业教育政策和研究议程战略的相同和不同点，这些组织的职业教育研究、政策和计划存在很强的关联性。本章与 1.8 章互为补充，那章的内容是OECE、ILO 和世界银行以及其他政府间组织和双边机构职业教育研究的发展过程。

3.4.6.1 职业教育在国际组织优先政策中的作用

OECD、ILO 和世界银行的不同目标和作用的根源是其发展历史和组织形式。作为联合国系统的专门机构，ILO 和世界银行被认为是代表世界多数国家的超国家机构，世界银行集团成员数量从 140 到目前国际复兴开发银行（IBRD）的184 个政府成员，而在 2006 年 ILO 就已经拥有 178 个注册成员国。与背景相对应，这些组织的目标是在其各自政策领域建立世界性的指导方针和标准：ILO 在人权和劳工权益方面，世界银行在发展政策方面。相比之下，OECD 只是由 30个工业化国家、特别是欧洲国家组成的。它没有超国家机构的地位，但可以看作是一个政府间的"常设会议"（permanent conference）。

经济合作和发展组织（OECD）（www. oecd. org）

OECD 的前身是 OEEC，它是第二次世界大战后为实施欧洲重建的共同构想和推进其成员国间的合作而建立的，目的是执行战后美国和加拿大援助欧洲重建的马歇尔计划。OECD 的目标主要是支持其成员国的经济发展和繁荣。但近年来OECD 的关注点开始从成员国转移，放在对已经建立或是新兴市场经济国家的分析解读上。

评价 OECD 政策中对职业教育的关注情况，可以针对 OECD 开发的用以比较、支持和促进经济增长的分析工具(如统计指标和标杆基准)的主要目标进行。因此,进行国际间的背景信息比较分析成为主要工具,如教育成果(有选择地参考职业教育计划)的数据和指标(OECD 2005b)、就业或健康以及通过具体国家调查和评价形成的国家报告。在 OECD 的国际成人识字调查(IALS)中,特别提到了技能缺陷和获得工作相关培训的途径(OECD/加拿大统计,2000)。考虑到知识型工作环境的新要求,最近的成人识字和生活技能调查(OECD/加拿大统计,2005)分析了工作任务和(可观察的)技能之间的关系、匹配和不匹配,以及工作场所中技能的使用等。这些国际对比调查、统计指标和国别调查有助于确定突出的经济问题和发展趋势,从而帮助政府和决策者进行战略定位。

随着对发展中国家承诺的扩大,OECD 对选定的亚洲和非洲国家进行了一些基于工作的学习和职业培训的国别研究,并在近期开始为个人能力和学习成果测评提供基本方案和甄别指标。这一支持能力测评工具开发的措施已经植入到 OECD 的终身学习政策中,该政策在过去 30 年间已经发展成为一项主要的政策目标,并在 1996 年时被突出强调并形成方案(OECD 2001b;2004a)。OECD 在职业教育政策、规划和研究方面做出的努力都反映在 OECD 终身学习政策的总体框架中。终身学习方案的基础是跨领域的方式,由生命周期中所有形式的正式和非正式学习(及其对其的承认)组成。终身学习强调学习者的中心地位,因此将注意力从供给方(即培训机构和正规学院)向满足学习者需要的需求方转变(OECD,2004a)。此外这一方案还肯定了教育的多重目标以及含义更为丰富的收益,如个人发展和社会凝聚力等。

实施这一步骤具有广泛的作用:"教育和培训政策核心参数的含义:目标;供给的结构;教育和培训内容、质量和实用性;资源供给和管理以及不同伙伴和利益相关者的角色和责任。"(OECD 2004a,2)

在职前和继续教育培训和成人学习中,把终身学习方案放在优先推进的地位,不但赋予了企业培训人员和培训机构一个全新的战略角色,也支持了他们的专业化进程。

尽管在政策层面上作了很好的定义,但在国家层面终身学习政策的实际执行过程中却遇了很大障碍,对各国终身学习绩效的监控也缺乏有效的数据。因此 OECD 正不断努力,开发对基于工作的和通过其他非正式学习形成的能力评价工具和学习评价工具。在关注点转移到不断增长的基于经验和非正规学习(与以前的正规职业培训课程相比)上后,德国联邦职业教育研究所(BIBB)研究了如何支持基于职业经验的学习。该研究成为 OECD 发起的(从 2000 年到 2005 年)由 25 个国家参与的大型研究项目的一部分。这一创新性研究的主要目标,是确认"国家资格证书体制在促进终身学习方面扮演的角色",即国家资格证书体制对终身学习的数量、分布和质量产生影响的程度(Behringer/Coles 2003)。通过开发、测试和运用职前职业教育和职业继续教育改革的范式，背景研究的目的是分析正规学习过程中基于经验的学习的牢固程度，以及过去几年职业证书体系改革对终身学习机制产生的影响。子项目包括：以过程为导向的职前和继续职业教育培训；作为职业能力发展模式，学习型组织的职业教育和经验引导性学习促进系统化的岗位经验积累(Pütz 2000；Reuling/Hanf 2004)；个人、社会和组织学习过程间的联系以及个人的自我评价等(Oates 等 2004)。

国际劳工组织(ILO)(www.ilo.org)

国际劳工组织的任务是促进社会公平和国际公认的人权和劳工权益。国际劳工组织于 1919 年在《凡尔赛和约》的基础上建立，1946 年成为联合国的第一个特别机构。

ILO 以大会和建议的形式制定国际劳动标准，设立基本劳动权利的最低标准，如结社自由、组织权、集体谈判权、废除强迫劳动以及机会和待遇均等。它还对发展中国家、工业国家和转轨国家在就业政策、劳动管理、劳动法和产业关系、工作条件和职业安全等方面提供技术支持。进行和监控劳动统计是执行实现上述目标的重要方法和工具。

由于这些议程，职业培训和职业康复始终是 ILO 工作的优先关注领域。这导致了职业培训和人力资源发展越来越多地被看作是经济政策(对劳动生产率和企业竞争力的影响)和(劳动市场整合、就业能力和社会融合方面的)社会政策的战略组成部分。在开发和实施职业教育研究、文献整理和系统规划的过程中，ILO 的就业能力和技能部(EMP/SKILLS)以及成立于 1963 年的泛美职业训练研究和文献中心(CINTERFOR)发挥了重要作用。CINTERFOR 具有显著的区域性，重点是技术合作协调和在其成员机构之间传播职业教育知识和方法，而 EMP/SKILLS 则主要通过以增强赚钱机会和灵活性为目标的培训、技能发展和教育来达到帮助个人增加就业机会的目的。通过宣传工具、知识发展和 ILO 成员服务，EMP/SKILLS 通过强调支持弱势群体融入劳动市场的培训战略，促进了全球培训政策和规划的完善。

ILO 的职业教育培训战略和项目有以下特点：(1)与人力资源开发联系密切，因此需要与企业和雇主协会紧密合作；(2)对创业技能发展有新的定位，而不是为个人寻求依赖性的为就业做准备的正规培训(Gill 等 2000；Grierson/Mckenzie 1996)。以上第一部分建立在国际终身学习(Vargas Zuñiga 2005)和 ILO 特有的三元结构基础上，即工人和雇主作为与政府平等的伙伴参与进来(ILO 2005a)，第二部分则涉及特定领域的技能形成和在发展中国家创造就业和收入的机会(ILO 2005b；2005c；Mayoux 2006)。

按照为青年和弱势人群增加就业机会的战略，ILO 采取了两项创举：在 2001 年启动"技能、知识和就业能力"(Chambers/Lake 2002；White/Kenyon

2001)和联合国/国际劳工组织/世界银行青年就业网之后，ILO 加大了在国际层面的努力，以改善青年失业状况。针对两项强调技能形成的中心地位的青年就业行动有一系列的研究论文和案例分析（Curtain 2000；O′Higgins 2001；Sarr 2000）。此外，由 ILO 开发并在一些地方实施的农村经济授权培训（简称 TREE)①方案强调了知识、培训和技能发展在发展中国家创造就业机会和促进穷人和弱势个体增长方面所扮演的核心角色。TREE 方案按照需求驱动模式，考虑当地的条件和需求，为在地方层面确定、设计和实施培训和培训后支持项目如创业和收入提高项目，提供了一种工具箱和方法论。国家职业资格框架 NQF)在这一战略中扮演了关键角色（YOUNG 2005）。

考虑到其他与培训和人力资源发展政策相联系的重点领域，ILO 发表了关于《为知识社会的工作而学习和培训》的重要报告（ILO 2002）。该报告在国家层面问卷调查基础上，将注意力转向人力资源开发立法、政策和实施是如何反映学习和培训的新要求的。报告调查了生产和服务对人类知识和技能逐渐增加的依赖性，以及教育和培训在提高生产力、增强经济竞争力和社会凝聚力方面所起的作用。报告以当代人力资源开发原则以及培训政策、法律和实践为背景，总结了各国基础教育和职业教育体系的改革措施，以确定能为在业和失业工人维持其就业能力提供更多更好的学习和培训机会的政策和实践经验。其他研究分析了各国对工作岗位上的学习进行认证的经验和途径，从而确定工人的技能以提高其就业能力（Dyson/Keating 2005）。

世界银行（www.worldbank.org）

作为教育项目的主要贷款方，从 20 世纪 60 年代开始，世界银行就积极支持发展中国家在职业教育方面的投资。从 20 世纪 60 年代到 80 年代末，世界银行教育贷款很大一部分直接拨给中等和中等以上职业教育。由于这些贷款大部分用于支持昂贵而复杂的职业教育体系上，多种评价研究和论文不断质疑这种方式的投入产出效益和可持续性，有研究证明这一方式无效，特别是在低收入国家和撒哈拉以南的非洲国家（Middleton/Demsky 1988）。因此世界银行在 1991 年的一个政策文件中建议，将世界银行培训重点从增加培训的公共供给转移到提供政策咨询和支持机构能力建设、职业教育改革和非正式培训上来。这一角色转换意味着世界银行开始更多关注培训供给的响应能力、效率和质量，以及加强对私人培训机构的支持力度。按照国际的评价，这个政策文件明显标志着从重视职业教育，向增强通识教育特别是小学和中学教育方向的转变（Canagarajah 等 2002；World Bank 1991）。

在很大程度上放弃了对职业教育的直接投入后，最近世界银行的职业教育政

---

① 全称为 Training for Rural Economic Enpowerment。

策和战略目标主要是通过青年发展计划支持培训项目和技能形成项目。20 世纪 90 年代以来的主要目标是降低青年失业率、促进学校到工作的迁移和提高就业能力，世界银行采用了类似于 ILO 的方式。上文提及的联合国/国际劳工组织/世界银行青年就业网加强了与这两个组织在此领域的合作。

世界银行的地方青年就业计划的重点是扶贫，其目标是通过加强青年的职业技能和生存技能以提高来自贫困家庭的高危青年的就业能力，因此工作培训、实习以及附加的教育措施都是推动青年向劳动市场过渡的核心战略。如在多米尼加共和国发起的一项大型青年发展项目，一方面为青年提供工作经验和专门技能；另一方面则推广"第二次机会"教育方案，通过夜校完成正规教育。职业培训与通识教育相结合，被看作是这一方法的特殊优点，通过认可对方的优点来协调两个教育领域。除了关注雇主外，该项目还推出促进创业和自谋职业的培训课程和实习机会。其他地区也支持类似的项目，如中东和北非地区（MENA）的"职业创造和能力发展倡议"（MENA）。"埃及技能发展项目"聚焦技能发展与人力资源开发的联系，处理雇主对培训的低投入与技能要求升级之间的矛盾，旨在帮助中小企业主认清其在人力资源和技能培训方面的实际需要，以提高其生产力和竞争力。这些方案的共同点在于它们越来越多地强调通过非正规的培训和学习发展职业技能。有关国家的经验案例研究显示，这一策略对低收入国家以及撒哈拉以南非洲国家特别有益（Johanson/Adams 2004）。

虽然侧重点不同，世界银行同样也加大了对一些项目的投资。这些项目主要解决信息技术革新和新兴知识社会所需的培训和技能需求问题。知识经济要求识别核心能力和技能，而在地方上则更要建立职业教育与雇主和相关机构的密切联系。

3.4.6.2　结论

OECD、ILO 和世界银行这三个国际组织没有官方的有关职业教育的系统性报告，尽管在这三个组织中或多或少地都通过国家研究、委托研究、个案研究和分析评估等方式支持着其职业教育的投资、项目和优先事项，它们更多地受到政策兴趣和优先发展领域的驱动，而不是一定的规则和已建立的学术标准或指标。因此，所有报告和研究职能根据各个组织的特点、其特定的作用和目标来解释和评价。

最为系统的报告形式是 OECD 的报告，它对有关教育成就和就业情况等通过数据和指标进行国际间的比较。OECD 的定期调查同样有选择地针对工业国家以及一些转型国家和发展中国家的职业教育情况进行。然而尽管开发对个人能力、技术和学习成果评价指标受到越来越大的关注，取得的数据只有一部分涉及职业教育，因此还远远不能呈现出一个有关职业教育的系统性报告。

这三个组织的共同点，可以从 20 世纪 90 年代它们对职业教育政策和研究战略的调整中发现。这一政策调整承认了终身学习和就业能力，特别是发展中国家的自谋职业和个人技能的优先发展地位。这导致了职业教育重点的转移，即从1)正规学习到非正规学习(non-formal)和非正式学习(informal)；2)从公共到私立的培训供给；3)从供给方(即培训机构和正规学院)到满足学习者需要的需求方；4)从专业技能到更为广泛的综合生存技能；5)从局限在技能的经济性前景到加强更广泛的个人利益和社会公益。尽管国际上对职业教育的兴趣在 20 世纪 90年代有所减弱，但技能发展和成人学习在终身学习、扶贫、青少年发展和社会凝聚力的优先政策背景下重新获得了重要的地位，这使得职业教育研究和项目更加系统地与其他领域融合在一起，这些领域包括青少年发展项目和通过跨领域跨学科的自谋职业提高收入的人力资源开发项目。

3.5　职业教育课程教学的发展与评价

Thomas Deißinger & Jürgen Zabeck

3.5.1　职业教育课程教学的历史发展和研究状况

对职业教育体系进行现代化改造使之"经得起未来的检验"，这在国内国际上都已成为教育政策研究的一个重要任务。尽管各国的工作力度、进度和决心有所不同，但不管出于何种考虑，这一现代化过程已经发展成为一个国际现象，这在欧盟显得更为突出。欧盟致力于在欧洲国家实施"终身教育"战略(Kommission der Europäischen Gemeinschaften 1996)，因此原来在教育培训体系中对各个领域的界定，包括高等教育和继续教育等，将变得越来越模糊。人们意识到教育效果与实际工作需求之间的严重不匹配，迫使我们对传统的课程内容与教学模式进行重新思考。与现在不同的是，过去青年人融入社会经济生活的过程是通过自然的新老更替实现的。当"劳动分工"开始替代和补充古老的新老交替模式时(Smith 1776/1993)，生产过程、生产环节或典型的人员服务便逐渐以职业的形式出现，这一过程成为 Brunner 所称的"欧洲历史发展的合理化进程"的组成部分(1956，17)。与高等教育不同，职业教育的教学理念开始时是简单的"模仿式"，直到中世纪才有一些机构化和制度化。在英国，1563 年的《技工章程》中正式确立了行会学徒制，并将其作为一项国家性的人力和雇佣政策(Perry 1976，6；Deißinger 1994)。要想在某个城镇获得"一行业的从业自由"，首先必须在具备适当资格的师傅引导下完成学徒过程。但多数规章制度并未对培训内容的标准进行界定。显然，培训内容是由行业的具体实践情况所决定的，并不属于政府规章和"西方的课程设置"范围之列(Dolch 1959/1982)。有趣的是，尽管欧洲各国的整体发展状况类似，但由于与其他欧洲国家之间的文化差异，德语国家形成了一种特殊的"学徒文化"（Deiβinger 2004），这令历史研究者瞠目。这里差异包含各国对"何为教育"以及对职业教育与个体个性发展之间关系的不同认识（Winch 2006），并由此产生教育与培训之间区分，而这种区分对多数国家都是适用的。

值得注意的是，在德国，尽管由凯兴斯泰纳和 E. Spranger 发起的职业教育运动大大促进了对个体进行的职业化教育的复兴（Blättner 1965；Winch 2006），但事实上有关教育（Bildung）即"个性化教育"的概念并没有引发教育学的发展（Paulsen 1895）。随着普通教育和职业教育的制度化发展（小学和非全日制职业学校就是这种发展的产物），对"教育课程"及其设定基础的技术和政策层面的理解，越来越深刻地影响着"教育"这一概念的本身。可以说，那些在应对外部挑战时并非一成不变的课程，通过发展特定的"认同感"，却起到了一种社会制度的作用。这种"行为"的结果可以称之为"发展"，当然它以一种"有机的"方式运作。本文我们对"发展"和"评价"一并讨论，不但强调教育体系及其提供的专业和课程的正面功能，同时关注以恰当的方式对其重新界定和改进的可能性。当然这也包括 20 世纪六七十年代教育学讨论中提出的，以及 19 世纪初期 A. von Humboldt 所倡导的教育改革中所说的纯粹的教育学目标（Blankertz 1969；Deiβinger 1998，25）。

前文我们使用了"学徒文化"一词，由此指明职业教育与培训体系是由特定的"哲学理念"和"内在逻辑"决定的，而对这些"理念"和"逻辑"的理解必须"与其所在的社会制度相联系"，包括劳动市场、经济、行业组织方式和政府管理体制等（Raffe 1998，391）。如果牢记这一前提就会发现，如果只从制度的角度研究职业教育，并把政府功能作为唯一重要的"对照基础"（tertium comparationis），那么就无法深入了解隐藏在职业教育背后的真正驱动力量（Greinert 1988）。在德国，由于把职业教育理解为一种独立的、"特有"的且具有重要意义的体系，因此德国与其他多数欧洲国家不同（不包括奥地利和瑞士）。然而这种特殊的理念也招致了不少非议，有人批评这种"按照不同评价标准和体系"分别组织职业教育和普通教育的做法，谴责其"限制了两种教育类型之间过渡的可能性"（Young 2003，228）。但是从另一方面看也可以这样理解，即德国这种学校和（非学校）培训并举的职业教育体系植根于彼此分离却又相互依存的两个体系内，它们之间的相互作用明显使德国的"职业发展轨道"比其他国家更为稳固（Deiβinger 1998）。虽然作为职业教育主体的双元制职业教育具有"文化的特定性"和"功能的灵活性"双重特点，能在不产生任何负面影响的前提下适时淘汰技能过时的（培训）职业和课程、并引入新的职业和相关课程和对现有职业课程进行调整，从而适应社会、经济和技术发展的需要。但是，由于该体系在《职业培训条例》和培训内容的决策过程中采用了一种由四个地位平等利益团体共同参与决策的协商机制，并遵循必须达成共识的原则，因此限制了各方的独立发展意愿，即不允许任何一方对评价结果进行单方面的解释(Deißinger 2001)。在德国独立的职业教育研究尚未建立之前,双元制体系之外的学徒制度和职业教育课程就已经开始发展了。时至今日,德国全日制的职业教育学校都一直在不断地自我调整以适应时代发展的要求,但始终没有形成系统性的评价机制。1971 年,德国文教部长联席会议(KMK)针对"助理职业"设立了全日制的职业专科学(Berufsfachschule),但没有设立、也没有计划设立相应的评价体系。1975 年建立的专科学校(Fachschule)的课程也是如此,传授的职业知识和技能的范围不断拓展,使其可以颁发高级职业资格证书(如技师)和通常由普通教育学校授予的高等教育入学资格。此外还有产生于 1969 年的可获得应用性大学(Fachhochschulen)入学资格的专科高中(Fachoberschule)和经济专科高中(Wirtschaftsoberschule)。

3.5.2 职业教育实证研究的实用价值

在德国,直到 20 世纪 60 年代职业教育研究才开始初具规模,而这也仅仅是一种在相似背景中进行的零散的实证研究(DFG 1990)。那时研究人员和机构只是一味追求对双元制职业教育(学徒培训)的批判(Lempert 1974),而未能正确看待二者间相互融合的一面,更没有运用具有充分理论基础的研究方法。虽然 20 世纪 60 年代关于教育的争论暴露出学徒制度以企业培训为基础的做法的诸多弊病,并认为其在面对两极化的劳动市场发展状况下作用越来越有限,但德国教育与教养委员会仍然以该体系成功和有效的一面为依据,继续"保卫"学徒制(Deutscher Ausschuss für das Erziehungs-und Bildungswesen 1964,131)。对于这一针对传统学徒体系的争论,无论是支持者还是反对派都没有任何实证依据。尽管进行评价研究的初衷是为了辨明该体系取得的成就的真伪,但不久人们便发现,评价研究事实上已经被当成了政治工具。其结果是,研究变成了为事先设定的教育政策进行辩护的工具,特别是为那些在制度和教学方面的创新提供依据。时至今日,评价研究面临的重要挑战仍然是如何通过建立各方都能接受的研究活动标准,来"保护"研究成果并避免其被某种政治目的所利用(Sanders 2000)。这里的一个重要方法就是以"系统理论"(Parsons 1976;Luhmann 1996)为基础的研究。

基于系统理论方法的评价研究认为评价的目标是描述现实,如对专业课程和教学制度进行描述,依据其目标和功用对相关对象进行研究和评价。这种研究方式能够精选出一些原有和新设课程业已存在的、或将要出现的事物的实证数据,描述它们是否有助于应对潜在问题的挑战。此外,评价研究还能用来改进那些已经存在但还没有完全符合预期目标的教学方案和制度。评价研究对帮助人们弄清自己对教育创新的期望、以及预定目标和设想是否存在偏差等也十分有益。当然这类研究的最终目标不仅仅是提供可靠的研究成果,而且也有助于提出新的研究课题(Sanders 2000,67,167)。

　　从系统理论的视角看，尽管开设课程、教育目标和提供的证书各不相同，但是教育体系都是社会体系的一个"子系统"，是具有不同功能结构的实体（Parsons 1976）。该子系统从社会吸收所需的物质（作为基本给养），同时也应对其他子系统有所贡献（即输出）。职业教育课程也是一种社会制度，对课程的组织（或自我组织）必须符合其在社会体系中应有的功能的要求。这就是说：①它们必须对教育体系的需求方（如普通教育毕业生以及他们获得资格的期望）有足够的吸引力，还必须通过提供被社会认可的资格促进社会的繁荣发展（即外部功能）；②课程安排不仅满足上述要求，同时还必须符合教学机构应具备的基本功能的要求（内部功能）。因此职业教育的专业建设和课程创新应同时符合多方面的需求，这在德国包括政府、企业、议会和工会等。在制定政策时，最严峻的挑战就是说服各方人员和机构相信新的项目和方案会产生出比原有体系更好的教育或社会回报。

　　如 20 世纪 70 年代设立的校内职业基础教育年（Berufsgrundbildungsjahr），德国教育理事会在项目的《结构计划书》中指出：第一年的职业教育针对一个特定的职业领域进行，它属于与生产相分离的全日制必修课教学，以与传统学徒培训不同的方式进行系统化的组织（Deutscher Bildungsrat 1970）。这里潜在的思想是：避免学徒过早地被"开发"，并在有限的工作条件下为新的职业培训理念创造实践机会。虽然职业基础教育年的实施具有某种"协作性"或"可变换性"，但与双元制的目标类似，其课程的主要目标仍然是"进行教育"而非"获取资格"，这一点从其"开创性的"课程设置和教学目标中便一目了然，因此也符合当时的主流教育理念和思想。但从评价的角度就提出了以下问题，即以教育为主要目标的职业课程设置是否还能满足"外部功能"要求？通过这些课程获得的能力与资格是否能够顺利地把第一年的培训与后继培训联系起来？最重要的是，这些课程能否保证让青年人成功地进入职业工作领域？学生在进入职业基础教育年时怀着怎样的兴趣和愿望？如果要求他们在接受专业培训前首先接受"普通的"职业培训，是否符合他们对职业教育的期望？从普通教育学校毕业之后，他们是希望直接进入工作场所接受培训，还是更希望继续待在学校接受指导？

　　德国职业教育体系创新政策的一个例子是"模拟公司"（Übungsfirmen），它不但受到广泛关注，也得到了巴登—符腾堡州政府的政策支持。这种课程和教学创新的目的是增强全日制职业学校教学的真实性和可靠性。鉴于近期"培训市场危机"（Deiβinger 2006A；Deiβinger/Hellwig 2004）的出现，德国包括联邦和州政府的各级政府都不得不解决接受职业预备课程和全日制职业教育的学生数急剧增加的问题，因为这些学生中仅有 50% 参加了可以获取全国就业市场认可的职业资格证书课程。为提高这类专业与课程的地位，必须强化双元制以外的职业教育与工作的相关性。这个问题再次反映了"学徒文化"的特点，它深深地植根于特定的社会基础和思维模式中，与（例如）英国和澳大利亚的职业教育体系完全不同

（Harris/Deiβinger 2003；Deiβinger 等 2006）。"模拟公司"是一种提高职业学校教学的实践性的工具，以此对为期两年的全日制职业教育预科（Berufskolleg）而言，其毕业生无论是直接参加技能性工作，还是继续接受学徒培训，模拟公司都有助于提高在此获得的"辅助性"职业资格的含金量（Feller 2002）。虽然修订后的《德国职业教育法》（2005）赋予了州政府更大的权限（BMBF 2005），但人们依然怀疑，从教育和社会角度看，模拟公司是否真的能够通过典型问题和工作活动在贴近现实的教学环境中培养年轻人的技能，并提高其就业能力。模拟公司期望从一种创新的教学组织中获益。与一般校内商业管理和经济专业教学不同，模拟公司对教与学之间的关系进行了重新定义，使师生双方的角色都发生了变化，其教学组织有助于克服"思想和行动的二元性"（Tramm 1994），因此符合当前职业教育讨论中占主导地位的行动导向教学理念（Czycholl 2001）。

我们还可以从系统理论的角度来评价模拟公司（Deiβinger/Ruf 2006）。虽然在模拟公司进行的教学对增进师生在教学方面的理解有明显益处（即内部功能），但对外部的利益相关者产生的影响却很有限（即外部功能）。一些政治家和企业仍然坚信，全日制职业教育的教学根本无法与可获得实践工作经验的社会化学徒培训相媲美，因此可能只有"三明治课程"（即将实习或缩短的学徒培训与职业预科或类似机构的全日制职业课程相结合）能够替代或部分替代学徒制。这就对模拟公司的理念及其在政策和教学方面的合法性提出了严峻的挑战。将来的结果很可能是，从社会和经济角度看，模拟公司不再被视为"使学校教学贴近实际"的最佳解决方案（Deiβinger 等 2006）。

3.5.3 评价对职业教育创新项目的矫正作用

从科学的意义上讲，评价研究具有以下两项功能：（1）关注教育机构和教育活动的真实现实；（2）按照背景条件，对预期目标的实现程度进行评价。因此科学的评价的重点是根据预定目标对实证结果进行数据采集和评判。此外，评价还应起到一种批判性工具的作用，从而防止经验主义带来的损害、提示人们行动可能面临的风险、对预设目标提出矫正建议和对可预见的不利后果提出解决方案等。但是事实上这些目标并不容易实现，因为评价往往是在有准备的情况下授意进行的。多数情况下，进行评价的并不是由第三方资助的中立研究人员，而是有特定利益目标的委托方。因此，实际上很多评价只是用来表明一项教育政策的实施已经接受了评价，而如果真的存在重大缺陷，那么也应该早已更正了，这一点在典型试验项目中表现得尤为突出，如，尽管有的项目设计理念与结果严重不符，但却仍然可以持续多年。当然，如果评价不去对项目目标进行批判性的反映，如果评价只是从纯学术的角度去关注内部和外部功能，那么也不能满足在特定条件下的课程和教学研究的需求，因为教育研究是重视实用价值的认知学科，它不但必须提供根据充分的信息，还要提供教学方面的指导和支持。教育研究是进行评价的一种手段，它有自己的标准，但这些标准不能替代项目资助者制定的标准，而只能作为一种额外的矫正工具。

评价方法受历史发展和系统环境的影响。按照教育制度理论，必须在复杂的制度环境中去探讨评价方法。在这个环境中，应将政治目标、职业、教育学和人类学的要求作为"真正的动力"（Reichwein 1925/1963，89）。教育研究中的评价则用于判断是否可能找到或已经找到了解决问题的方法。德国的职业学院（Berufsakademie）或许可以作为强调教育的功能性作用的高等教育政策的一个范例（Deißinger 2005），它在巴登——符腾堡州提供"常规"高等体系之外的职业教育。如今职业学院已经有 26 年的历史，在这期间它的规模不断扩大，学生人数逐步增加，成为一种新型的"学术性学徒体系"。20 世纪 70 年代早期，许多企业担心，由于宽松的教育政策，许多具备实践工作才能的年轻人会倾向进入普通中学并最终走入高等教育。在政策上一般认为，中等学校毕业生如果具备理论和实践两方面的资格，就可以获得商业企业里较高的职位。要想使这种模式获得"联邦及各州教育研究规划与研究支持（BLK）"的认可成为一种常规性制度，就必须进行相应的研究。于是便开始了对职业学院的评价，重点评价与外部和内部功能相关的各项需求。该评价的目标是明确对"学术性双元制"的理解、确定教学组织方面的不足并进一步增强制度和课程规范建设。这一评价对在教育部门内部设立的职业学院所做的批判性分析起了非常重要的作用。职业学院文凭等同于综合性大学和应用技术大学的文凭，这导致职业学院毕业生对未来就业产生了不切实际的期望，并引发了一种所谓"形象问题"。必须进行相关研究对现存问题进行矫正，并使职业学院意识到，如果高等教育部门试图与它们区分开来的话，那么它们自己还必须努力证明和维护自己的地位（Zabeck 1975，114；Zabeck/zimmermann 1995）。虽然职业学院并非德国高等教育体系的宠儿，但其成功率的确高于综合性大学，如其"辍学率"（即没有达到标准要求的一年级学生的比例）一般在 10% 左右，而其毕业生往往在求职上也有较多机会。Zabeck 和 Zimmermann（1995）的研究也验证了这种合作式教育的重要作用：虽然与综合性大学和应用型技术大学相比，职业学院毕业生的失业率并不明显偏低，但无论是与工作相结合，还是与学徒企业的合作，事实证明这种教育模式取得了良好效果。尽管有这些明显优势，但该"体系"仍在拼命挣扎，试图获得与综合性大学平等的地位。但由于一个容易引起误解的名称，它们还承担着需要与学术性机构相比较、以及可能失去职业教育机构地位的双重风险（Deißinger 2005）。

3.5.4 典型试验对职业教育课程发展的贡献

从 20 世纪 70 年代初以来，德国联邦政府和各州政府决定将典型试验项目

(Modellversuche)作为一种职业教育的政策性工具。教育政策的制定者和行政管理机构都把典型试验看作一种典型的实践案例,用来证明所设想的革新措施的合法性,或对这些措施进行细化和修订。在此,典型试验项目的承担机构需要提供证据,从原则上证明其工作目标的可行性。从一开始,典型实验的预设目标就包括推广经过证实的教育创新经验。而要想实现经验推广,就必须对典型试验项目的总体结构和处置方法进行描述(Kleinschmitt 等,1981),因此典型试验项目往往都有科学伴随,但对科研伴随人员的资格及其使用的研究方法并没有明确的标准。无疑,对典型试验项目的评价应该根据其潜在的政治目标进行。基于这一原因,人们广泛采纳了新出现的"评价"这一概念,也越来越多地认为典型试验项目研究应当遵循实证社会学研究的基本原则(Rhyn 2001,186)。但并不是所有人都能做到这一点,因此典型试验还是缺乏对标准方法的统一理解(Tramm/Reinisch 2003)。在政策、实践和科学研究相互影响的背景中(Terhart 2003),虽然有一些研究人员声称自己的研究取得了成功,但是他们应该更客观地以批判的态度看待这些研究成果(Beck 2003;Scholz 1977)。

毋庸置疑,教育家为制定政策和典型试验实现其既定目标提供了重要的建议(Pätzold 1995)。他们积极参与教育问题讨论、拥有丰富的连续而系统的知识,并具备澄清问题并找到解决办法的能力,因此使许多典型试验项目不至于夭折。但是典型试验项目的顾问也必须清楚,有时正是他们改变了能导致预期成果实现的原始条件,从而阻碍了项目获得新的研究发现(Euler 2003,201)。为了防止这种情况发生,有必要明确划分专业课程的行政主管部门和承担负责部门间的职能。20 世纪 70 年初设立"北莱茵—威斯特法伦预科学校"就是违背这一原则的典型例子(Kultusministerium Nordrhein-Westfalen 1972)。与系统理论方法要求的不同,该项目把政策与科学混为一谈,没有弄清是科学从属于政策,还是政策受政治化科学的引领。项目起初制定了建立总合学校(1967)的政策,接着又确定了其与高中教育阶段进行重组的政策。文化部为筹备预科学校还建立了"规划委员会",其任务是通过典型试验,建立一种"独立但在内部有区别的"新型学校模式,学校内部是"开放性的"(出处同上,13)。这种学校的主要任务是提供双证书,既包括普通高等教育入学资格,又包括按照《职业教育法》规定的职业资格证书(Blankertz 1982)。这种项目从意识形态出发以及缺乏实践基础的本质一开始就表现得十分明显(Zabeck 1973,31)。参与规划的研究人员没有进行预测性评价,而只是一味深信通过现有方法可以实现其政治抱负。此外,也没有说明经由学校教育颁发职业资格证书的方式是否符合职业教育法规的要求。由于该项目在启动之初就没能厘清这些模糊认识,因此注定会失败。

在职业教育专业课程发展进程中,人们很少能够完全创造出一种全新的模式,而是通过典型试验项目对已有的方案进行部分修改。典型试验项目必须要处理好两个问题：第一是项目何时终止；第二是如何将项目取得的成功经验推广到教育机构的常规教学中？如果在中途取得的成果严重偏离预定目标，那么科研伴随人员就应该建议终止项目，而不是对项目进行改动。但是在多数情况下，典型试验项目研究会受到一些特定条件的限制。在双元制内通过"学习场所联合体"(Lernortverbund)促进合作的典型试验就是一个很好的案例（Euler 等，1999）。项目方案认为应依据不同学习场所的教学适应性，将岗位培训和岗外培训安排到不同学习场所进行。然而除了这一典型试验的理论基础值得怀疑外，项目还产生了其他一些负面影响，最终未取得令人满意的效果（Pätzold/Walden 1995；1999）。

因此 Brandtstädter 得出结论：评价结果很少会真的引发对教育政策的修订（1990，225）。上文提及的那些根据职业学校的评价研究提出的批判性建议，也都没有得到后续响应（Zabeck 1996）。教育政策的制定者和行政管理人员显然只是想继续执行他们的预定计划。鉴于这种现实，F. Rauner 建议将典型试验重新定义为一种研究工具。也就是说，典型试验再也无法确保改革的合法性和可靠性，也无法测试改革、甚至无法引发任何改革行动。相反它们能起到的仅仅是一种工具的作用，为制定政治和行政决策提供支持（Rauner 2003，403）。只有当典型试验融入到教育部门管理部门的决策机制中并坚守预定目标时，它们才有可能成功地与创新改革相融合，而且由于没有受到政策和管理层阻碍，因此也就不太可能会失败。而目前由文教部长联席会议提出的学习领域（Lernfeld）课程方案的实施，却似乎正以一种完全相左的陈旧方式进行（Rauner 2003，406），即按照教育管理者观点，这项创新完全在行政领导下进行，而典型试验只是从科学的角度对这一创新提供支持（Bruchhäuser 2003，501）。如果典型试验按照这样的原则进行，那么就会使研究成为一种纯粹的、依赖性的政策工具。这样典型试验项目就会失去其在职业教育课程和教学发展中应当发挥的评价功能。因此，不论是外部评价研究，还是典型试验项目，都必须继续寻求能使教育创新获得成功的各种条件，并同时澄清它们所遵循的理论和方法依据（Nicholaus/Gräsel 2006）。

3.6 职前职业教育研究：案例研究

3.6.1 职业指导与工作定向教育

Heinz Dedering

3.6.1.1 定义和实施情况

职业指导与工作定向教育通常被视为一种就业前的职业教育，同时也是普通教育体系的一项任务。在这个学习领域中，学生有机会考虑职业和工作的基本问题和关系。职业与工作定向教育包含两方面的任务：

职业定向教育的学习内容是职业选择的措施。这一方面涉及职业教育和就业市场状况（职业选择过程的客观方面）；另一方面涉及学生的具体的职业要求、职业期望和一般的生活期望（职业选择过程的主观方面），也就是为选择职业做准备。狭义上讲，职业定向的目的是发展职业选择的能力，即人们在职业选择过程中以合理的方式决定第一份职业的能力。在德国，除学校的职业定向教育外，还有劳动局和职业介绍所提供的职业咨询作为补充（如提供关于职业要求、职业培训和就业机会、职业道路和发展前景的解释）。

工作定向教育的目标是复杂的工作世界，包括技术、经济、家政和职业等，目的是让学习者获得工作所需的一般性专业知识与技能，以此理解和形成自己的工作世界。这也包括在生活中学到的加强与扩大专业知识技能的动机和技能。工作定向教育的内容是各种形式的工作，除有偿工作外，还包括自我工作（家务劳动等）和社区工作（社会志愿活动）。在多数情况下，有偿工作和为职业角色做准备是最重要的。因此从广义上讲，工作定向教育也可称为一般化的职业定向。在德国，最早在小学（包括特殊教育学校）的社会学课上就有了职业与工作定向教育的内容。职业与工作定向教育的重点是主体中学和综合学校，实科中学也有一些相关课程。少数完全中学（5～10年级）开设独立的职业与工作定向课，多数情况下这门课只是一门或多门其他课程（如社会学、政治、地理和历史等）的组成部分。在完全中学的高级阶段，职业与工作定向教育的内容除了在交叉学科（如"职业和大学学习入门"）课程上讲授外，还在应用经济学和应用技术课上讲授。此外，德国所有类型的普通教育学校都给学生提供实习机会。通过这种方式，为学生提供职业与工作定向教育。

在职业教育领域也有工作定向课程，它们是对专业教育和继续教育的重要补充，其主要内容是在社会和技术系统中、特别是在生产领域和生产过程中人们面对的是工作岗位（参见4.6）。工作定向课程通常与专业理论课或实践课合并开设，但有时也会独立开设（如北威州的职业预科中已开设了工业经济学课程）。因此在职业教育和继续教育研究范畴中，也进行针对工作定向教育的学术讨论，但本文不涉及这些问题。由于工作导向的职业教育和普通教育中的职业与工作定向教育具有跨职业的特点，因此有必要设计成一门统一的课程，从而整合成为完整的工作导向的教育（参见Dedering 1998）。

3.6.1.2 研究重点

从教育思想发展史看，职业与工作定向教育可以追溯到17、18世纪启蒙教育家的教育理念。文献中经常引用裴斯泰洛奇（1899—1902）的理论，这一方面与教育乌托邦思想（如Rousseau）和现实主义教育思想（如Comenius）有关；另一方面建立在孤儿教育工作的资料基础之上（Pestalozzi 1899—1902，特别是第 18 卷）。

随着工业化的发展，裴斯泰洛奇认为年轻人有必要为进入工作世界和为有偿工作做准备。他倡导将学会工作与（头脑、心灵和手的）全面教育目标结合起来。Pestalozzi 的理论与当时流行的工业学校的做法相距甚远，因为这些学校的特点是经济决定一切。20 世纪初期，改革教育学采用了 Pestalozzi 的教育理念，并以"劳动课"的形式使其得到了进一步的发展。劳动课教育强调，教育是通过学生自治而达到使学生学会自立。

在德国，这些理论主要是由凯兴斯泰纳（1954；1961）建立的，此外，H. Gaudig(1860—1923)和 P. Oestreich(1878—1959)等也做出了贡献。Kerschensteiner 把工作教育理解为"普通的职业准备"，其内容包括适应工作方法、认真、全面、审慎的工作态度和唤醒工作热情等，这同时也促进了公民教育的发展。在此，学生的工作被置于中心地位，并伴随着一个思想的过程。凯兴斯泰纳的工作教育包括独立设置的"手工艺"课程和（其他课程中的）工作导向教学原则。

建立工作定向教育的思想始于魏玛共和国时期，后来在联邦德国时期有关职业与就业定向教育改革的讨论中被采纳和具体化（Dedering 2002，18）。这里起决定作用的却是另一件事，即"青年人的职业匮乏"（DGB 1952）。在 20 世纪 50 年代中期，原联邦德国出现了培训位置和就业岗位的匮乏。之后，随着工作岗位的减少和自动化生产工艺的引进，联邦德国经济面临着大范围的资格危机，由此引发的职业与工作定向教育研究聚焦于以下几个方面：

基本概念

1964 年，德国教育委员会提交了一份关于主体学校的专家报告，建议把"劳动课"作为主体学校的一门"独立的课程形式"（Deutscher Ausschuβ für das Erziehung-und Bildungswesen 1964，41）。这份报告引发了对这一新课题的基本概念的广泛的学术讨论，人们为此提出了很多建议（Ziefuβ 1996，7），主要分为以下几个方面：

➢ 关于劳动课的任务，有的方案表现出鲜明的教育理论或政治立场，如对劳动课教育的解放性要求，有的方案却没有考虑到劳动课教育对教育理论和政治的影响，如在岗位功能和技术方面。

➢ 关于劳动教育的内容，这些方案一般包含多个领域的内容。这些教学内容（至少在多数的"早期"方案中）多来自相关学科的学科知识（如技术科学、劳动科学、经济学、家政学和纺织技术等）。随着劳动课教育的发展，人们认识到，劳动课的内容不能再直接来自学科知识，而必须从工作世界和日常生活中获取。当然，实践导向的内容也应该经过检验，看它是否能在学术上站得住脚。

➤ 关于劳动课教育的组织方式，主要有四种解决方案：1）劳动课作为一个整合性的科目，一般围绕着一个核心科目（多数为技术或经济学）的内容整合为广泛的内容，包括技术、经济、社会、生态问题以及不断变化的工作世界的复杂关系；2）劳动课是几个科目（如技术、经济和家政等）的合成体；3）劳动课的部分内容可作为其他课程的组成部分，因为经济方面的内容多属于社会学课程（政治等），而技术方面的内容多属于自然科学；4）在跨学科的教学活动中与职业和工作世界有关的学习内容。尽管在劳动课教育发展的最初几年中主要采用前两种组织方式，但自从 1987 年文教部长联席会通过了关于技术、经济、家政和职业的学习领域建议后，在课程开发工作中越来越多地采纳了第三种和第四种解决方案（KMK 1988）。

➤ 关于劳动课教育的教学方法有两种，一种倾向于以理论反思为主的学习（主要在经济学课程中）；另一种倾向于以实践行动为主的学习（主要在技术课中）。直至目前为止，还没有通过问题或行动导向的教学方法加强理论与实践联系的教学建议。

➤ 关于劳动课教育的学校定位，已经建立了既照顾到学校类型又照顾到教育层次的实施方案。20 世纪 70 年代以前，这些方案大多数是针对主体学校和实科中学设计的；之后则有了针对整个中学阶段的方案，包括针对整个初中阶段（参见 2003 年的核心课程建议）和高中阶段的（Dedering 2001）。目前，已经建立了针对从一年级到十三年级的所有普通学校和职业学校的工作定向教育的课程标准（Dedering 2000）。

教学计划分析

教学计划分析的第一次浪潮开展于 20 世纪七八十年代。在此期间，原西德几乎所有州都颁布了劳动课教育的教学计划或教学指导性文件。第二轮开始于 20 世纪 90 年代初，主要是针对由于工作世界的结构性变化而引发的课程内容的修定，以及补充东部州加入联邦德国后的新内容。对此，H. Ziefuß 进行了大量的研究，包括了对所有联邦州劳动课教育的组织形式、目标和问题、内容和学习目标、专业内容以及教学方案的分析（Ziefuß 1992；1995）。此外，Ziefuß 还提交了一份全面而深刻的总结报告，讨论了工作和技术变革、信息技术发展、职业选择信息的重要性等问题，涉及教学方法的改变（项目方法重要性的丧失、企业实习的重要性、情境相关性等），以及对劳动课教育面临的困难，如各方面内容缺乏系统性的融合和过于强调教学的理论性等（Ziefuß 1996）。

教师的专业化成长模式

在 20 世纪六七十年代，劳动课教师的培养只是职业指导研究和工作定向研究的一个边缘化主题，它取决于各州的劳动课教育模式。此外，各师范大学也按照自己的方式各行其是。从 1980 年起，由于人们在劳动课教学改革方面的努力，如文教部长联席会(KMK)对教学计划的修订等，特别是 1989 年统一后东德制订了劳动课教师培养的教师教育计划，学术研究也开始更多地关注劳动课教师培养培训问题。德国劳动、技术和经济教学研究会(GATWU)提出了两种模式：一个是双专业培养方案(技术专业或家政与经济学专业)，另一个是三专业培养方案(另外再加上经济学)。这是一个高度整合的专业设置，包括劳动科学、经济学和社会学课程、劳动课教学论、企业和学校实习等(GATWU 1992；Kahsnitz 1993)。由 A. Bojanowski 等提出的劳动课教师培养专业设置建议，扩大了劳动课教师的专业化程度，使其有可能在学校外的其他职业准备和指导机构工作(Bojanowski 等 1984，2；1996，865)。Ziefuβ 的调查显示，在大多数师范院校的劳动课教师培养中，经济学、技术科目和家政理论的教学仍然是分离的。许多高校教师一直都在为争取其学科的独立而努力，这从劳动课设立之时就开始了，尽管在复杂工作世界中获得的经验早已证实了这一"古老"设想的的正确性：

"由完整的工作世界形成的结构和相互关系作为一个'整体'，是不可能通过相互独立的学科表现出来的(Ziefuβ1998，9)。"

关于综合技术教育的讨论

对于原西德来说，原东德的综合技术教育始终展现了其"特有的魅力"。

"将劳动和技术的基本现象介绍给各年龄层次的所有学生，这一完整的教育教学理念是令人信服的，方案的执行实践也很有说服力。它的魅力在于，当时'西方'没有类似的选择"(Wiemann 1991)。

综合技术教育不仅是文献讨论中的课题(Klein 1962；Markert 1972；Dedering 1979)，同时也是国际活动的课题，如在国际 Haus Sonnenberg 活动中(Wiemann 1991)。自德国统一以来，德国为解决东部地区的综合技术教育问题做出了巨大的努力(Lackmann/Wascher 1991)，其基础多是原东德学者的内部知识和经验。在职业与工作定向教育中，应当利用这些工作基础。

国际理念的接纳

直到 20 世纪 90 年代初，所有有关职业和工作定向教育的研究主要还是局限在德国国内。但随后德国和欧洲发生的一系列政治变革(如德国统一，欧盟建立和东欧国家的开放等)，意味着一个新时期的到来，此后这些研究也越来越多地关注其他国家。西欧(Brauer-Schröder/Sellin 1996；Hörner 1996a；Ziefuβ 1996)和东欧(Bojanowski/Dedering 1991；Hörner 1996b)国家有关职业和工作定向教育研究是最基本的。但欧洲以外的国家，如在美国(Rauner 1996)和第三世界(Dröge/Neumann 1996)的教育体系中也出现了相关研究。这些研究工作显示了各种理念的巨大差异。在西欧国家之间和东欧国家之间均存在着很大差别。随着东欧的政治变革，东欧也在吸收西欧的方式。

3.6.1.3　实证研究

有关职业与工作定向教育的实证研究很多，但主要有现状分析和典型试验两种形式。

20 世纪 80 年代初，Ziefuβ 等以问卷调查形式进行了大量的现状分析。来自西德（包括西柏林）的 1045 位教师对劳动课教学进行了评价（Ziefuβ 等 1984）。十年后，Ziefuβ 将这一量化研究推广到了整个德国。研究基于两个问题：教师如何评估其所在州的劳动课教学计划，以及他们在教学中是如何实施的（Ziefuβ 1995）。接受采访的教师强调了以下措施的必要性（Ziefuβ 1996）：

➢ 将劳动课教育扩展到所有类型的中学里，并包括初中阶段和高中阶段；

➢ 将劳动课作为必修科目；

➢ 更好的师资培养培训；

➢ 进一步发展专业教学论，如通过对教学内容的界定和统一；

➢ 更多地考虑工作世界的发展；

➢ 加强职业指导课的企业参观和实习。

2002 年开展了一项关于工作定向教育的学校类型的界限和可能性的调查（Dedering 2004）。调查对象涉及全德 172 个普通学校和职业学校的教研室。尽管半数以上被调查人员认为在本校进行改革的可能性"可能很高"，但几乎三分之二的人认为在全德国教育体系中改革的可能性"可能很低"。其他还有针对个别州的现状分析（Dedering 等 1982）。以及针对职业指导与工作定向教育的部分教学内容的实证调查。

首先是关于企业实习经历的调查（多半是以前的）。1977 年，Platte 针对企业实习问题进行了全国性的问卷调查，调查对象除教师、学生和家长外，还有教育部门、工会、雇主协会以及企业，并在调查结果（特别强调企业实习中的职业导向内容）的基础上，开发了《示范性企业实习计划》（Platte 1981）。

其次应该提及关于《职业选择和职业选择准备》的综合性调查。例如，由 Kleffner（1996）等开展的研究说明了青年人的职业选择态度。这项研究之所以很有价值，是因为其对职业选择准备得出的以下结论：当问及对职业选择的影响时，被调查青年将家长和亲戚放在了首位，然后按降序排列分别是企业实习、职业咨询、朋友以及学校。由此得出的一个结果是，职业选择课程应当建立与职业情境的联系，提供职业选择具体信息的任务应该留给其他机构。

最后，应注意在对学校教科书内容进行的分析和研究工作。尤其值得一提的是不来梅开展的教科书研究。该研究对初中教科书中有关工作或职业、经济学和技术的教学内容进行了调查分析，如内容的数量关系、定性描述、学术适宜性及其教学方式等（Bönkost/Oberliesen 1997）。

典型试验项目（以及类似的研究项目）在多个方面进行了关于职业和工作定向

教育的研究，但这只是在项目范围内有效。这里最主要的是课程或课程元素（教学单元、教学形式、媒体、学习评价、教学场所合作和教师培训等）的开发和试验。多数情况下，这些项目在一个或多个试验学校进行。

典型试验项目的一个重点内容是职业选择准备。尤其是在 20 世纪 70 年代，德国联邦劳动署、州劳动局、教育部门以及学校进行了一些尝试。以下试验尤为重要，它们阐述了尝试过的对职业选择准备而言非常重要的教学组织：

> 企业实习项目（作为跨专业的教学场所的合作）起到了总体和关键的职业定向作用（Feldhoff 等 1985）；

> 一体化职业选择准备典型试验（职业选择课、企业参观、职业指导、媒体利用、访问职业信息中心和企业实习相结合）（Sachs/Beinke 1997）；

> "女生与职业选择"项目（Lemmermöhle-Thüsing 等 1991—1993）；

> 初中阶段跨学校类别的职业定向教育试验（Dammer 1997）。

自 1999 年以来，德国在教科部资助的"学校—经济与劳动生活"项目框架内，进行了开发新型职业指导方式和提升青年劳动技能的典型试验，46 个中学、继续教育机构、企业、工会和地方政府参与了项目。其中一些项目是跨州合作的，因此"有多种合作伙伴、合作类型、目标群体和内容重点"（Famulla 2001）。典型试验项目有专门的科学伴随和评估（Famulla 2001）。

3.6.1.4　研究存在的问题和不足

有关职业与工作定向教育的理论和实证研究表明，人们为更好地建立和发展这一领域的课程做出了不懈的努力。但不能仅对其进行正面的评价。职业与工作定向教育研究的不足，是存在不同的学术和理论观点，这导致无法建立一个"共同的课程名称"，造成职业与工作定向教育"地位低下"（Gmelch 1991）。在此，至少早期的研究是"片面的"（Ropohl 1997），如：

> 关于单独设立技术、经济和家政课程的建议；

> 对劳动课教育的理解局限在职业选择准备上；

> 把劳动和工作局限在有偿工作上；

> 把技术的概念缩小为工程技术；

> 将工作实践理解为在学校进行的简单手工操作。

这种片面的研究是无法正确理解工作的内涵和复杂关系的，不可能建立职业与工作定向教育的完整方案，也不适合作为教学指导的基础。

与这些方案不同的是建立在自己的职业与工作教育理论基础之上的"详细描述"方案，如完全针对学生的劳动课教育理念（Himmelmann 1985）和将工作与休闲结合的劳动课教学理念（Ziefuβ 1985，242）。值得一提的还有将技术、经济学和工作作为物质文化的整体化劳动课教育方案（Ropohl 1992），以及对具体的复杂工作情境的考虑（近来扩展成为普适化的工作导向教育）（Dedering 1998）。不过这些研究的命运却是在"实践"方面没有获得足够的重视。总体上讲，自从 20 世纪 70 年代中期职业与工作定向教育教学改革以来，本领域的"学术无知"在不断扩大。Ziefuβ 甚至谈到"在劳动课教育讨论中存在着学术敌视"（Ziefuβ 1996）。但无论如何，理论对职业与工作定向教育的影响都是有限的。例如，劳动课教育的方针主要是由社会利益团体决定的："劳动课教育刚刚经历了一场由政治决定的讨论，该讨论对其进一步发展是不利的"（Jenzen 2002）。

只是到了最近一段时间，职业与工作定向教育的学术思想和建议才在教育实践中受到了一些关注。例如在勃兰登堡和不来梅州的课程开发中采用了完整的行动理念。

3.6.1.5 研究任务

应当加强本领域所有方面的研究，以使职业与工作定向教育成为所有学校类型的必修课（Gmelch 1991）。第一，基础理论研究的目标，是澄清职业与工作定向教育的教学理念。第二，开展课程的行动研究，提高目前职业与工作定向教育不高的地位。第三，通过实证研究确定这一领域的教育效果。可以通过历史研究和国际比较研究扩大研究范围，并获得认可。应当面向未来，巩固职业与工作定向教育这一年轻的研究领域的传统，一个问题是，这只能通过与相关学科、教育科学以及学校和企业的合作才能实现。另一个问题是，青年科研人员严重缺乏，影响了职业与工作定向教育研究的未来。当务之急是加强青年学术研究队伍的建设。

3.6.2 职前教育：英国的案例研究

Karen Evans

概述

在英国，职前教育是否能提升青年人在教育、培训和劳动市场中的前景，长久以来一直是人们讨论的核心话题。20 世纪 70 年代中期，由于英国一位首相在其演讲中宣称：教育的主要功能就是使孩子们能胜任"一项工作"（Callaghan 1976），因此，在教育计划中普遍加入了"职业化"课程的内容。关于职业准备地位的讨论事实上可以追溯到 19 世纪中期。那时，在学校课程中开设"实用科目"的倡议不仅遭到了那些自由化倡导者的反对，也遭到了身为工人阶级的家长们的非议，因为他们对于自己孩子应该接受怎样的教育持有不同的观点（Ball 1979）。当时，自由化倡导者获得了胜利，而且这种状况一直持续到 20 世纪。20 世纪的国家教育体系整体改革一直坚守着"所有年轻人都有权参与广泛的普通教育"这一原则（Pring 2004）。

20 世纪 70 年代劳动市场的变化和失业的增加为一系列增强教育实用性的"创举"提供了充分条件，但是起初，这些新措施只被应用于一部分人身上，即：

那些被认为"能力较差"的年轻人。"青年培训规划"(YTS)是由一项旨在抗击青年失业的规划发展而来的。虽然表面上看是青年劳动市场出现了严重问题，但人们却认为，导致青年人无法获得工作的真正根源在教室里。强调自由化观念并号称以学生为中心的州立学校，由于不能满足劳动就业市场的种种需求，受到挑战(Wilms 1988)，而此时政府又相继推出了所谓"差生"项目、"技术和职业教育项目"以及"职业前教育认证项目"。事实上，所有这些措施都是针对学校成绩较差的青年人而开办的职业预备教育。尽管增强职业相关性的呼声很高，但课程"主流"并未有太大改变，英国的"A"级课程甚至完全没有变化。而(理论上)应该具有统一性的"普通中学教育证书"①事实上再次被划分为上下两个等级，以此区分成绩优秀的学生和成绩较差的学生，而后者被认为更适合参加职业预备教育。

职业预备教育这种本质上具有选择性的特质，是其遭到批判的一个重要原因(Holt/Reid 1988；Coles 1988)。此外，与美国和日本的比较研究者也批评说，课程职业化的做法其实并不能为雇主提供其所需的劳动力(Ashton/Maguire 1986；Raffe 1988)。还有一种批判论调认为，教育并不需要职业方面的合理性，相反，个体发展和完善以及能覆盖艺术、科学和技术类科目的丰富多样的课程设置，才是适用于所有儿童的(Pring 1987)。

早期的职前教育课程是否达到了其预期的提高离校生就业能力的目标了呢？不同的教育项目(例如 VEI，UVP 和 CPVE)曾对此做过大量研究(Barnes 等1987；Bridgewood 等 1988；Raffe 1988)，但它们都未能对参与职前教育的学生是否真正从中获益这一问题做出结论。那么，这些项目对青年人的工作态度、参与职业教育(VET)的态度和在不同领域劳动市场中的前景到底起到了怎样的作用呢？"经济和社会研究理事会"的"16～19 岁"研究项目，是一项旨在研究青年人经济社会化和政治社会化进程的项目。研究的对象是来自英国四个特征各异的劳动市场区域(斯温登、谢菲尔德、利物浦和柯卡尔迪)的两组年龄分别在 15～16岁和 17～18 岁的青少年，历时两年。Bynner 和 Evans(1990)对参加职前教育的青年人所做的研究分析表明：在职业性最强的学校中，职业预备教育的确发挥了一点作用，使得年轻人在 16 岁时便能找到全职工作。而这也正是许多英国人的目标，因为英国文化中历来就有早就业的传统。对离校生进行的职前教育使他们更多地接触到了管理、职员和电脑方面的知识，但并没有显示稍强的工作承诺。因此，与没有参加职前培训的年轻人相比，他们的价值观并没有什么显著差别。在态度方面只有一个指标显示出与课程重点具有重要关联，那就是，与其他人相比，在职业性最强的学校中就读过的青年对工作的承诺意识要稍强些。

尽管有上述这些不尽如人意的地方，但在 20 世纪 90 年代和 21 世纪初这几

---

① general certificate of secondary education.

年间，各种形式的职前教育还是得到了大力推动。其目标是为青年人提供职前学习的机会，使之具备更广泛的能力，同时也使得该举措远离地位低和边缘化的局面。在英国，参与实际工作的经历已经成为所有 14～16 岁青年课程中必备的部分，而对这个年龄段的学生而言，也开启了大量职业性工作的机会。"普通中学教育证书"和"普通国家职业资格"（由此可以获得 A 级职业水平或新的学徒身份）都为年轻人提供了各种"职业类"科目的选择，使之能够借此升入高等职业教育培训体系，或顺利地从教育过渡到工作领域。近期的一项新举措是，从宽泛的普通教育学校中毕业的年轻人可以加入"高度灵活性规划项目（IFP）"，该项目允许 14 岁以上的年轻人边工作边接受教育。

从以上叙述中可以看出，"职业教育"和"职前教育"这两个词界限模糊，且常常被互换使用。从某种程度上讲，二者间缺乏明确区分的这一事实反映出在英国要参加职业培训几乎不需要什么前提条件。要想登上"国家职业资格（NVQ）"（从最基础的一级技能一直到顶端的高级技能）的第一个阶梯，并不需要事先获得任何资格。但要进入较高等级则需要一定的前提资格，而这种前提要求也往往是比较灵活的。此外，雇主们也并不是一味地要雇佣那些具备某项资格的年轻人。大型企业的雇主对资格和资格水平的要求通常较高，且其中多数企业会自己进行继续培训；但对于小型企业而言，工作态度和工作动机还是决定录用的最重要前提。因此我们可以说，前提是由雇主的评价确定的，有些雇主只要认为求职者具有可塑性，能胜任某项工作或角色，那么即便他们在先前的学校教育中成绩很差，也还是会接纳他们的。职业培训体系与学术教育体系不同，对成绩或资格不太看重，而是更注重经验、针对特定工作的"可培训性"、人际沟通能力和"知道如何做"的能力的发展。也就是说，个体的特性和能力与分数和资格同等重要。

在目前的背景下我们也已经指出（Evans/Kersh 2006），最好是将职前教育视为一个为那些尚无明确目标的学习者创设的"定位阶段"，参与者将从以下几个方面受益：（1）了解更广泛的就业领域或增加对职业教育培训的理解；（2）形成和提高各种技能（包括技术类技能）以及增强个人和社会能力；（3）"尝试"或示范性演练多种不同的职业工作。此外，职前教育项目不仅要以青年人自身的需求为基础，还要以他们即将进入的社会的需求为基础，同时，还必须考虑到青年人自身的渴望以及他们对更广泛的团体所做的贡献。

从上文可以看出，20 世纪晚期就业形势的变化导致了一种"道德恐慌"，担心失业会对年轻人的工作动机产生了不良影响。虽说英国是当时欧洲的"失业中心"，但由于青年失业现象蔓延至各处，因此这种担忧也遍及了整个欧洲。人们甚至担心将有一代人在缺乏"工作道德"的环境中长大。然而事实上，青年人就业机会的减少反而以多种方式大大"加强了教育和就业之间的关联"。蓬勃展开的义务后教育为 25 岁以前的年轻人，在义务教育结束以后直到首次进入劳动市场之前这段时间，提供了很多不同的受教育途径。虽然各种新的选择和途径越来越受重视，而传统过渡模式也已"破裂"且不得不扩展其范围，但在依据阶级、性别和特定地区的种族而划分的各种群体中，不利之处仍在聚集（Banks 等 1992；Ball 等 2000）。

许多国家提出了"终身学习"解决方案（OECD 1997）。这些国家意识到，正规教育体系本身就会助长社会排斥性，因此希望能为青年人提供不同的教育路径或"第二次机会"。有些国家采用了制度化的终身学习方式，有时甚至被视为针对深层次结构问题的一种"橡皮膏"式的回应。而另外一些国家则不将"终身学习"当成一种政策性解决方案，它们的干预方式是基于标准的人力资源方法，对前置式教育与培训标准形式的加强，视为能对投资给予最佳回报的做法（见下表中的类型Ⅰ），或者视为将"辍学者"带回教育体系的方式（类型Ⅱ）。而那些（以显性或隐性方式）运用终身学习理念的干预措施则分属于类型Ⅲ和类型Ⅳ。

表 3-3　干预的类型：职前教育融入国家体系

类型Ⅰ：扩展性的标准途径 　　这些途径旨在对早期学校教育的基础进行加固，并对其不足进行改进，目的是将青年人留在主流体系中，并使他们能够踏入标准化的初始职业教育培训机构轨道中。其重点放在"保留"上。
类型Ⅱ：处于"辍学"边缘者的回归 　　这类项目是特别针对那些在未成年时便脱离了常规教育体系的人，其目标是将他们重新带回教育培训体系中。
类型Ⅲ：其他制度途径 　　指的是强调制度性的干预措施，其目标是拓宽"主流渠道"，引入不同的资格获取路径和方式，并为继续培训和工作提供多种技能与资格的获取渠道。
类型Ⅳ：全面的"生活领域"的干预措施 　　这类措施比较注重个体的生活经历，其目标是对青年人的整个"生活圈"产生影响，促进非正式学习和技能发展，从而通过各种不同力量为其向成人阶段的过渡提供更广阔的支撑。

Evans 和 Niemeyer（2004）通过研究证实，上述所有类型的干预措施在英国都存在，而几者之间的不同组合也遍及了欧盟各国。类型Ⅰ所采用的方法是将义务教育的时限延长，从而将学生较长时间地"保留"在标准体系内。所有北欧国家都采用了这类方法，但比利时在确保义务教育年限有效延长方面似乎比英国成功。类型Ⅱ应用于那些具有完备过渡体系结构的国家中，在这种体系中往往设有严格的资格门槛，它会决定个体能否被劳动市场接纳（如德国）。许多国家采用了类型Ⅲ的方法，用以补充人满为患的现有体系。其目标是拓宽原有的主流体系，纳入新的路径选择，并以此抗击"第二等级"标签所带来的负面影响，从而确保这类人

得到应有的认可。英国甚至试图重新界定各种职前教育形式，将它们纳入升至"高级现代学徒体系"更高阶段的过程中，并期望以此提高14～19岁年龄段青年人的教育参与比例。类型Ⅳ往往存在于志愿组织、社区组织和第三产业的非营利性组织内，它们在为许多国家弱势青年提供支撑方面发挥了重要作用。同时，这些组织也很可能还是类型Ⅲ中各项目的主要开办者，或许与其他组织合作参与了上述任何类型中各种项目的开办。

尽管上述所有类型的干预措施在英国都得到了大力发展，但青年人的需求状况从本质上看却没有什么改变。他们需要用更长的时间来发展广泛的兴趣和技能，从而满足职业教育项目和雇主们对特定职业的具体要求。还有许多人需要物质支援和社会支持。英国的研究往往都以职前和职业教育项目的政策框架为主要关注点，最近的一个典型例子就是正在进行的"那菲尔德14～19岁研究项目"①。苏格兰和威尔士的研究也都重点强调对政策框架及其影响的分析，而"国内—国际"比较研究的不断增加也为英国各地区职前教育和职业教育的政策制定提供了新信息（Raffe/Courtenay 1988；Raffe/Byrne 2005）。

与其他欧洲国家相比，英国在政策领域的研究具有明显优势，但对职前教育的教学方面的研究却相对薄弱。Evans和Niemeyer(2004)对欧盟各国所做的职前教育教学研究进行了分析。分析显示了在欧洲占主导地位、结构完善的社会教学法和职业教学法在职前教育领域是如何相互竞争的，并指出：受社会人类学观点启发而扩展形成的、新版情境教学理论可能会有助于未来更全面的教学发展研究。而英国异军突起的、以工作为基础的教学法进行的社会文化研究，也有可能对职业前教育领域的整体规划和发展起到一定作用。此外，对英国乃至整个欧盟来说，要想维持未来职业教育和工作领域的社会化、符合工作场所实际状况的职业教育发展这几者间的平衡，就会不断地为政策、实践和研究机构提出新的挑战。

3.6.3 荷兰的职前教育

Jeroen Onstenk

3.6.3.1 概述

职前教育可能是荷兰教育体系中讨论得最多但又最难以理解的一部分。尽管60％以上的青年接受职前教育，但它在大众心目中的形象并不好。职前教育同时也是一个极具吸引力和创新性的教育领域。荷兰教育体系对职业教育和普通教育做了非常明确的划分（CEDEFOP 2004）。在不同的教育阶段，学生可以自由选择接受职业教育或者普通教育。和其他欧洲国家（如法国、挪威、瑞典和英国等）不

---

① the Nuffeld 14～19 Research Programme.

同，荷兰没有追求职业教育与普通教育的一体化或加强两者间的联系。自 2001 年开始，加强职前的中等职业教育和高等职业教育成为主要的政策目标，这进一步加大了职业教育与普通教育之间的差别。

3.6.3.2 中等职前教育

荷兰的义务教育为 5～16 岁。儿童先接受全日制义务教育，之后接受部分时间制义务教育，即学生一周上两天学，一直到 17 岁。中等教育(VO)针对 12～16 或 18 岁，有两种教育类型。同一年龄段 40％的学生在完成小学教育后选择普通教育，通过较低途径(5 年制 HAVO，普通高中教育)或较高途径(6 年制 VWO，大学预科教育)进入高等教育。取得 HAVO 文凭就具备了高等职业教育(HBO)的入学资格。获得 HBO 学位后可以升入综合性大学学习。获得 VWO 文凭的学生可以直接升入综合性大学接受教育，小部分获得 VWO 文凭的学生选择接受高等职业教育(HBO)。

60％的学生选择接受中等职业预备教育(VMBO)。中等职前教育的学制为四年，为进入高级中等职业教育(MBO)做准备。中等职前教育的课程由基础理论课和后两年的专业课组成。可在不同层次通过不同的学习途径学习专业课。这种类型的教育属于 ISCED2，即第二级教育第一阶段(CEDEFOP 2004)。

中等职业预备教育(VMBO)是一种相对较新的教育类型，产生于 2001 年，是在当时的初级普通中等教育(MAVO)和职业预备教育(VBO)合并的基础上建立的，其目的是巩固职业预备教育(VBO)在教育体系中的地位并加强初级普通中等教育(MAVO)学生的职业准备。初级普通中等教育(MAVO)与职业预备教育(VBO)合并，与多数初级普通中等教育(MAVO)学生有进一步接受高等职业教育(HBO)的愿望相符合。

中等职业预备教育(VMBO)为学生提供四种学习途径：

(1)理论学习途径。善于理论学习的学生能够进一步转入接受高级中等职业教育(MBO)(3 或 4 级水平)或者在第四年继续接受高级普通中等教育(HAVO)；

(2)混合式学习途径。混合式学习与理论学习相似，但混合式学习比上述理论学习途径的职业性更强；

(3)为高级中等职业教育(MBO)2 级、3 级或 4 级水平课程做准备的职业导向学习；

(4)为高级中等职业教育(MBO)1 级或 2 级水平课程做准备的职业导向学习。

职业导向学习提供四个专业领域的学习机会：工程技术、护理与福利、经济以及农业。目前出现了越来越多的跨行业和跨领域的课程。

另外，荷兰针对难以找到工作的人提供特定的实践方式，使这些人为劳动市场的要求做好直接的准备。

几乎所有中等职业预备教育(VMBO)的学生在毕业后(或未毕业时)就继续接

受高级中等职业教育（MBO）。越来越多达到 3 级或 4 级水平的高级中等职业教育学生毕业后继续接受高等职业教育（HBO）。高级中等职业教育是职业教育的重点。

由于实际的教育生涯发展各式各样，而且常常并不按照制度规定的形式进行，所以目前人们对实际的教育生涯发展和动机进行了大量的研究（Esch/Neuvel 2005）。

人数

尽管绝大部分年青人都接受中等职业预备教育（VMBO），但是中等职业预备教育的公众形象并不好，导致这一情况的主要原因是问题少年的存在。由于中等职业预备教育学校同时接受所有能力较差的年青人，并且没有更低的中等教育类型，因此这类学校的学生常常是在动机、智力或者行为等方面存在较大问题，因此中等职业预备教育学校常出现这样那样的问题并且有许多学生需要特别关注。这些学校有许多问题学生群体，对这些学生的问题的报道涉及中等职业预备教育许多学校的校长、教师和学生，对中等职业预备教育形象产生了负面影响。然而这一印象却忽视了中等职业预备教育给大部分学生提供的教育机会，以及中等职业预备教育许多积极的发展。

针对问题青年，荷兰有相应的发展促进机制。学校能得到额外资金给学生提供额外的支持，以处理心理、社会或学习方面的问题。越来越多的学生得到额外的支持，尤其是有移民背景的学生（OCW 2005）。大多数获得支持的学生来自于社会经济发展环境较弱的地方，如今这些学生常常是少数族裔。通过对这些学生额外的支持，中等教育帮助他们可以在社会上获得一席之地。目前比较严重的问题是旷课，更严重的情况是学生辍学。特别是在大中型城市，学生人数较多的学校面临着不断增加的辍学问题。这极大地影响了（通常是中等职业预备教育）学校的教育工作。

尽管中等职业预备教育的公众形象不很好，但一项研究结果表明，中等职业预备教育学校的学生和教师对这种教育的内容和质量感到满意，而对转入高一级的高级中等职业教育（MBO）的意见却越来越多（OCW 2006；KAKS 2005）。

在有关教育政策和中等教育方针方向的公共讨论中，大家认为中等职业预备教育需要进一步发展和创新。中等职业预备教育学生在背景、能力、学习风格、动机以及所需要的特殊支持等方面的差异，比其他类型学校学生的差异大，而且这种差异还在不断加大。中等职业预备教育学校和学生还有很多社会问题。因此，提供个性化的教育对中等职业预备教育非常重要。对中等职业预备教育的投资，将有助于促进知识经济的方针，并提高社会凝聚力和社会一体化进程。

目前所有学校都有了更多的政策自由，中等职业预备教育也从中受益。在中等职业预备教育中，为学生量身定制教学方案特别重要，因为学生及其能力存在着巨大的差异。与其他教育类型相比，辍学的风险在中等职业预备教育中是最大的。因此，有大量研究调查辍学和提前离校的原因，并设计方法来支持和鼓励年青人留在学校，至少等到获得基本的职业资格（Rebelgroup 2006；Steeg/Webbink 2006）。

3.6.3.3 研究与发展

作为荷兰地方管理下放权力大趋势的一部分，中等职业预备教育学校最近在专业设置、教学大纲、学习与工作相结合的双元制课程、教育结构与教育验收/评估、总教学时间、特殊需要支持体系和继续学习等方面获得了更多的自主权。

职业教育内部的顺利转换

为达到里斯本目标，自 2001 年以来，荷兰出台了促进作为通向高等教育主要途径的职业教育（VMBO－MBO－HBO）发展的积极政策。有必要通过建立一条发展良好的职业教育通路促进教育生涯发展，从而满足知识社会的要求。除了简化入学要求外，在课程内容的协调、加强连续性以促进升学等方面也做了大量努力。为了实现转换的顺利，还需要针对职业教育所有专业开发新的教育教学方法（De Bruijn 2003）。促进学生的教育生涯方针是这项政策的重点，与年青人有关的政府各部门之间应更好合作，以确保降低辍学率。需要对职前教育提供额外支持，从而提高它的质量和形象。

应加强中等职业预备教育的发展，使之成为职业教育体系的基石，必须解决令人不安的高辍学率问题。多数学生不是在接受中等职业预备教育时辍学，而是在从中等职业预备教育转入（或未转入）较高的高级中等职业教育时辍学。荷兰的政策强调，通过促进更多青年人参与工作过程可以提高竞争实力，这也会防止某些青年人被社会忽略和抛弃。在此，实现中等职业预备教育与高级中等职业教育之间的良好衔接特别重要，这是降低辍学率的重要手段。教育家强调，学生在中等职业预备教育阶段学习基础职业课程，以及在下一阶段的地区培训中心进行 1 级、2 级水平培训时辍学的危险最大。如果不承认高级中等职业教育 2 级水平的基本资格的工作经验，那么这些年轻人的才能就得不到充分的发挥与肯定。促进中等职业预备教育与高级中等职业教育之间的衔接、合作或持续规划，或承认其资格等有针对性的行动，会产生很多益处。

辍学

辍学在荷兰是一个大问题。在 2001 年，大约 47000 名年青人（23 岁以下）没有获得基本的资格，即没有成功完成高级中等职业教育 2 级水平的职业教育与培训课程，也没有获得高级普通中等教育（HAVO）或大学预科教育（VWO）证书就离开了学校。

未来要优先考虑实现工作与学习的结合，以进一步加强地区网络的合作，给教育机构更多的自由试验降低青年失业的行动计划，为这些青年人量身定制方案，给予学生更多的支持，并增加他们对自己职业生涯承担的责任。

新内容

传统的职前教育专业分四个领域，即工程技术、农业、经济和护理与福利，然而现在有越来越多的跨行业和跨领域的专业。设立这些专业的背景是，就业结构的发展以及这些专业对那些还不知道自己想从事什么职业的青年的巨大吸引力。学校有更多的自由开发课程，而且与高级中等职业教育建立良好的联系，如通过与中等教育第一阶段相比较的方式，开发出更通用的资格证书。这样，学校就可能提供针对地方劳动市场的范围更广泛的跨行业课程，同时保留了公民教育的性质并确保学生升入地区职业教育培训中心。

新的教学法

为了能提供量身定制的教育，中等职业预备教育学校最近已经在专业设置、工学结合课程、学制的连续性、教育结构、考试、教学时间、特殊需要支撑体制以及用于就业培训的资金等方面得到了大量的自主权。学校应在稳定而开放的框架内，进一步提供符合学生需要并考虑中学后教育和地区劳动市场需求的、充满生机、活力和创新的中等职业预备教育以及就业导向的培训。中等职业预备教育引入了新的教学法、学习环境、问题本位学习和自然学习等学习理念，遵循的基本理念（Sanden 2004a）：

（1）学习是一个积极的过程；

（2）人能够从经验中学习；

（3）已有的知识要被激活；

（4）学习依赖于学习的情境；

（5）学习动机必不可少。

新的教学方案的目标是，通过以学生为中心的学习使学生获得能力提高。有许多措施使现代有吸引力的教学计划把教学与专业实践紧密联系起来，如所谓的工作站学习组织和现代化教学设备的使用等。重构后的教学科目更注重学生的能力培养（Sanden 2004B），这使得职前教育更吸引学生，又与地区培训中心的发展相一致。学校与企业的合作，可以在学习与专业实践之间建立起更紧密的联系，从而促使学习与专业实践更多、更好地结合。

研究显示，中等职业预备教育的形象在大众媒体中变得更积极。一个由4000名学生参与的研究项目表明，这些学生在最后一年都投入到学习中，特别是热衷于与工作相关的学习（Harms 等 2005）。这些学生对理论与实践学习之间的平衡与关系感到满意。许多学生准备在自己的水平上反思自己的活动。研究证明了行动学习和真实性学习理念对学生的学习动机和投入产生的积极作用（Teurlings 等 2006）。学生对新的教育理念有时也有矛盾的看法。一方面，学生很难静下心来坐在教室里长时间被动地听课；另一方面，他们也难以按照自主学习理论建构自己对职业世界的认识。因此，他们有时更喜欢课程教学和善于引导与解释的教师（Hamstra/Ende 2006）。

一个重要的警示是，中等职业预备教育不久将面临严重的师资紧缺的威胁。因此荷兰制定相应的措施以确保招收职业教育师范生，包括不同行业的年轻而有经验的工人。

加强在工作场所的学习

对职前教育的教学内容和考试的规定变得更加灵活。人们通过加强学习过程与专业实践之间的联系等方式进行课程的改革（Onstenk 2003）。通过加强学习与工作的结合，可使学生较快应对企业和中学后教育的要求。

2001 年，社会伙伴与教育部、文化和科学部共同签署了工学结合协议，以加强中等职业预备教育在工作场所的学习，并且为建立通向高级中等职业教育或更高层次教育奠定基础。另一个目标是降低辍学率，并通过实践中的工作与学习的教育增加青年人获得基本资格的机会。地区劳动市场主管机构、企业与学校之间的紧密合作使得这一目标得以实现。2003 年，工学结合协议正式通过法律确定下来，中等职业预备教育加大了工学结合培训的力度（Onstenk 2003）。

建立与私营企业、商业组织、商会或者地方或区域性机构的联系非常重要，这能为中等职业预备教育学生提供实践培训、学徒工作或进行社会服务实习的地方。专业和企业共同体的知识中心的职能是评价企业提供的实践培训工作并且签署实践培训协议。中央与荷兰中小企业协会及荷兰工业联盟（VNO/NCW）等组织在中央层面建立合作计划，为学生提供实践培训基地以及学徒工作或社会服务实习岗位，并在各地区具体实施。

3.6.4 日本职前教育的发展和研究

寺田盛纪

3.6.4.1 研究主题界定：日本的职前教育

在日本很少听到诸如"职前教育"或"职业预备教育"这样的概念，因为日本通行的观点是将职业教育从正规教育中区分出来。这种观点认为，只有职业教育学校（通常提供中等职业教育课程）负责提供职业教育或与职业相关的教育，而其他普通和义务教育机构，如初中和正规高中等则负责提供非职业（学术）类的教育。不过，日本已经开始在初中和高中课程中提供职业教育和指导。

在日本的普通教育体系中，职前教育是职业指导的一部分，这就是目前被称为"生涯指导"的教育活动。职前教育还在某些特定的普通教育科中作为职业预备教育，如初中的"技术与家政教育"和高中的生涯教育科目（工业社会和人类）。跨学科的"综合学习阶段"也包括职前教育的内容。

本文从以下几方面对第二次世界大战后日本职前教育研究的发展和现状进行

综述：1)研究课题案例发展；2)研究的核心形式；3)政策主导和面向实践的研究；4)科学研究的方法论特点；5)学术研究课题的发展。本文不涉及家政科的研究。

3.6.4.2　第二次世界大战后到 20 世纪 60 年代初的研究：职业指导和职业学习的综合发展

第二次世界大战后最早的职前教育始于 1947 年设立于初中的"职业科"。这实际上是职业预备教育，而不是按照职业学科组织的。在强调职业教育和强调职业指导两种意识形态的冲突中，1949 年 5 月，在"试验课程"课题组织方案基础上，"职业科"被重组为两个科目，即职业科和家政科。1949 年 12 月，这两个科目合并成"职业与家政科"。1951 年官方课程纲要将"商业"纳入职业教育并作为课程组织基础。从"基本技术和基础日常活动"观点出发，1956 年修订的职前教育纲要包括六个领域，即农业、渔业、工业技术、商业、家政和职业指导（3 年里每周 3 到 4 学时）。这与德国的劳技课有相似的结构。

日本该学习科目结构的变化十分重要，它标志着职业科（职业教育）和职业指导两方面研究活动的一个里程碑。

那时，职业指导的代表人物是心理学家和教育部官员，如 Ando 等（1951）和 Sakamoto 等（1953）的启蒙研究，以及他们引入的美国职业指导教学。这些工作标志着研究工作发展的开始，研究内容主要是对美国职业指导研究和"国家职业指导协会"（NVGA）创始人帕尔逊（F. Parsons）的职业能力倾向理论的引进和借鉴。职业指导的目的是"帮助个人选择职业，为职业做准备，获取职位，取得进步"，指导的内容为：对职业的理解，职业研究，职业实践（尝试过程）以及职业选择（即职业选择指导）（教育部，1947）。

关于职业指导的研究内容，美国和日本的区别是：战后日本极为重视就业安置功能，即"职业选择指导"。这一重要功能由公共就业保障办公室（1947 年就业保障法）分派给各校校长。研究人员在教育部确定的四个职业指导领域外又增加了两个领域，即学生自我了解和毕业后的后续指导。研究活动涵盖了所有这 6 个领域（Masuda 等，1959）。

与专家（心理学家）支持的职业指导研究不同，作为普通初中教育重要组成部分的"职业与家政科"缺少专家研究。教育部官员在基础教育研究人员指导下（Ando 1950），或者有时自己行动（Shirai 1952），积极推行美国的职业教育理论和课程开发方法。在这个过程中，他们没有明确区分初中和高中阶段。

Jun Hasegawa 为工业领域的学校职业科引进了完整的课程理论，而且主持起草了 1951 年的官方课程纲要。他翻译了美国学者 Fryklun《职业与工作分析》（Trade and Job Analysis）一书（Fryklund 1949），确定了当时普通职业课程的职业定位和以培训为导向的内容。

3.6.4.3　关于技术与家政教育作为正式学科的研究

20 世纪 50 年代后期，日本为经济的飞速发展做好了准备。很多经济机构建议扩大高中阶段教育中的职业教育，同时建议对初中阶段的科学教育与技术教育进行系统整合。教育部也准备将"职业与家政科"整合为男女同校的"技术教育"。但是家政科的教师组织要求仍然继续进行女性家政教育，政治家在这一过程中也进行了干预。据说在 1958 年 7 月 27 日晚，"技术教育"几乎一夜间成为"职业技术和家政教育"（Kiyohra 1989，931）。从此以后，"新毕业生就业市场"的主体就从初中生毕业生转为高中毕业生。

作为整合后的必修学习科目，技术和家政教育的内容是工业物质生产技术和家政技术，商业、渔业、职业指导方面的内容以及农业方面的多数内容都被排除在外。因此其性质是普通教育科目，而非职业预备科目。

在日本那段时期，大学或类似机构并没有职业教育或技术教育的专业研究人员。这一空白由普通教育研究人员和应用教育的倡导者填补（他们在 20 世纪 60 年代开始支持职业教育和技术教育研究的发展）。20 世纪 50 年代以来，Kido（1950 年）、Miyahara（1956）等发展起来了旨在促进将生产技术教育作为一般科目的"以生产为导向的教育理论"，这也是当时苏联的"综合技术教育"和美国"工业技术教育"思想影响的结果。

Toshio Hosoya 是日本第一代职业教育和培训研究的代表，他最早开始倡导技术及家政教育的研究。Hosoya 原先从事教育方法的研究，后来在 1960 年与少量职业指导专家和工业心理学家共同成立了日本职业和技术教育协会（目前成员约 300 人）。他的主要理论是通过构建职业和技术教育，特别是通过项目学习（技术经验科目）实现"逻辑思维和实用技能的培养"（Hosoya 1969，204），这一理论对后来的官方课程纲要产生了持续的影响。

两个私立研究机构的研究活动（其带头人在 20 世纪七八十年代转为大学职业与技术教育的学者和教授）在技术和家政教育的建立过程和实践发展中做出了重大的贡献。其中一个组织是"日本技术教育研究协会"，它重视家政教育和职业技术教育间的差别，主要观点是建立在对"技术学习"和"技术技能"掌握的基础之上的。该协会 1972 年（Hara/Sasaki 1972）提出了系统的理论。第二个重要组织是"工业教育协会"，从"劳动过程中的技能学习"角度观察男女同校的技术和家政教育，并发展了对教育实践的研究（Sangyo Kyoiku Renmei 1996）。

随着 20 世纪 80 年代硕士课程在全国高等师范院校的建立，对技术和家政教育的研究终于达到了分析和实证研究阶段。研究主要由上述师范院校的教师和已经完成师范学院硕士课程的专家主持。师范院校的专家都是"日本工业和技术教育协会"的成员（成立于 1958 年），他们通常持有农业或者工程学博士学位，其研究主要针对冶金、机械、电力和农业经济等领域的教材，同时也进行一些技术学习和技术技能发展方面的因素分析研究（日本工业和技术教育协会期刊，季刊）。

与此同时，从 20 世纪 70 年代初开始，"第二代"研究人员，通常为国立大学非师资培训教育学院的教授，开始了课程研究（Motoki 1973）和制度历史研究（Hara/Uchida 1975）。此外，相当数量受过博士教育的青年教育研究人员（"第三代"）专门从事历史研究（Morishita 1988）和比较研究（Tanaka 1993），并在 20 世纪 80 年代后发表了他们的研究成果。由 Kiyohara（1989）发表的著作是有关教育实践史研究的杰作。

上述有关技术和家政教育的研究，与职业教育甚至是职前教育都有很大的差别。

3.6.4.4 职业指导和生涯教育研究

随着技术与家政教育的建立，职业指导失去了原来的实用价值和地位。此后，职业指导不再是教授科目，而是（由学校老师组织）的"课堂活动"的一部分，属于所谓"特别活动"的课外教育。同时还规定以生涯指导的形式提供中学的职业指导。

1973 年教育部的全国调查显示，初级中学每年平均只有 10～15 学时的生涯指导课。就内容而言，初中提供了进入高一级学校的"充足"资料，但提供的有关职业和行业信息及经验（即工作场所的实地考察）的指导都极为缺乏。由于继续上高中和大学的学生人数不断增加，生涯指导在职业中学起着职业介绍所的作用，在初中和普通高中为"继续到更高一级学校提供咨询"和"申请哪所学校"提出建议。

美国 20 世纪 50 年代后期开始的生涯指导运动的发展和 20 世纪 70 年代初开始的生涯教育运动，影响了日本的职业指导和研究。据此，日本职业指导研究会（1953 年成立）在 1978 年改名为日本生涯指导研究会。

上述协会的会刊《生涯指导研究》从 1980 年到 1994 年间每年出版一次，从 1995 年起每半年出版。除了基于教育社会学理论和教育理论的文章，其他大部分研究都是发展心理学和咨询心理学专家对生涯动机和生涯选择的研究。

遗憾的是这些职业指导研究比较偏爱升学指导，而青年从学校到就业的过渡逐渐成为一个重大社会问题，从 20 世纪 90 年代后期开始，"从指导到教育"转化的观点迅速发展。在美国，生涯教育涉及普通教育和职业教育的广泛领域，特别是在高中阶段，而在日本从事生涯教育研究工作的只是生涯指导研究人员。

学者 Senzaki 和 Nobuchi 主张将就业发展看作一个教育问题。Senzaki（1979）坚持将生涯指导发展为生涯教育；而 Nobuchi 则提出了将生涯指导看作是教育"生态系统"内部问题（1998）。由 Senzaki 领导的研究小组为"生涯发展教育计划"提出了建议，计划包括四个方面的内容，即生涯设计技能、生涯信息检索和使用技能、决策（生涯选择）技巧、人际交往技巧（1998）。这份研究报告使得"生涯教育"概念进入日语的常用词汇，这从第二年日本教育文化体育科技部的文件中可以看出来。2004 年，"日本生涯指导研究会"改名为"日本生涯教育研究会"（约700 名会员）。

3.7　继续教育与培训研究

Rolf Arnold & Henning Pätzold

人的工作和职业一直在发展变化，这是由科技和社会的变化所决定的。同样，从国际研究中我们也知道，如今职业中所积聚的技能潜力不仅是变化的结果，更是变化的重要先决条件。因此，能力发展需要相互依赖的方法，这些方法不是简单地让我们哀叹一些职业的衰退，而是帮助我们确定职业专长将以何种新面目在国际劳动市场中出现（不一定并按照传统的组织和常见的职业形式出现）。

本文从对现代职业教育的基本概况开始，由此得出研究的结论、讨论的领域以及研究方法，重点是二次文献分析。文章最后对未来的教育培训研究的趋势做一预测。

3.7.1　框架

从职业教育到能力发展

生产的普遍方式——无论是不使用工具、使用工具还是在机器上生产，这决定了人们如何工作。生产方式决定了社会是由不同职业构成的一个体系。例如，自从有了木工工具，哪怕是最初级的工具，才使"用工具"做木工活成为可能，而后才有了木匠和工匠的职业。同样，作为工业和技术生产特征，如今一切形式的职业都依赖于机器的存在。因此，职业的产生同技术发展，即工具和机器的发明以及生产过程，有着紧密的联系。如果从新技术的发展和职业的产生的时间关联上看，这一点显得特别清楚。例如，1840 年摄影术发明以后，随之在 1860 年前后产生了摄影师这个职业。1900 年左右发明了汽车，六年后产生了汽车技师这一职业。类似的关系表现在无数的其他职业上。

社会主导生产方式和职业体系之间的密切联系带来了一个后果，就是工业化国家中从事农业和林业的人员数量急剧减少，而从事服务业的人数则急剧上升。这清晰地反映了现代工业社会第三产业化的发展趋势，正如 1949 年法国社会学家 J. Fourastié 在其著作《20 世纪的巨大希望》(Le grand éspoir du ⅩⅩ siècle)所描述的那样。现代工业社会中，制造和建筑活动在劳动中的份额不断减少，多数人从事"广义的服务业"。这一趋势导致一些职业的逐渐灭绝（如铁匠），并产生了另一些职业(如化学技师、电子技术员、汽车机电一体化维修师等)。需要经过专门培训的职业数量逐步减少,而现有工作的要求在不断改变。例如,信息通信技术的应用改变了银行职员的工作,其角色从会计转向客户服务和销售。对生产领域的技术工人的工作要求也发生了类似变化:除了在特定技术领域的专业知识和技能外,技术工人还要表现出非专业性的能力,如人格、自律能力、创造力和沟通能力等。

从劳动分工和工作要求来看,至少在工业劳动的核心领域,这种发展趋势提出了更高的专业化要求,与此同时也加强了对自律和责任感的要求。职业教育和企业内部的能力开发必须承担更大的责任,它要帮助受训者学会应对未来并且承担职责。这意味着对职业教育和能力开发认识的改变,这对实践和研究都有影响。

二者都面临着"范式"的改变,这种改变尽管不出乎意料,但却是"根本性"的。近些年来,从企业内部到教育机构,关于职业能力发展的系统性方法的争论越来越多。从全世界范围来看,这些方法是情境化的,也就是说,是根据特定国家或地区的实际而建立的。这一理念的转变,对职业教育和企业内能力开发关注点也产生了根本性的影响:"模式"导向逐渐淡化,人们更加关注考察能力发展是如何植入企业和微观的社会情境去。显然,针对某种特定职业的要求正在逐步消失。在人员选择标准上,工艺技能不再那么重要,而与人格相关的素质和关键能力(Mertens 1974;Pratzner 1978)在现代化领域中则更加重要。

劳动分工和职业要求的变化,既有数量又有质量上的,因此必须考察就业体系中不同层面的技术要求如何发展。对未来技能要求的预计显示,到 2010 年,现代社会中人们从事的工作约有三分之二分布在基础设施和服务领域。信息领域,即与获得和加工信息相关的活动,将会继续扩大。

从历史的角度看,"全民教育"或"全民全面教育"(Comenius 1967)建立了一个正式职业教育的基础,标志着欧洲工业化的开始。19 世纪产业革命的出现与此有直接的联系,特别是对职业教育而言:目标是培养劳动力,特别是提高科技水准和工作质量,由此提高产品的市场机会。类似的考虑表现在德国与亚洲、非洲和拉美国家的职业教育合作上。许多项目采用了口号:通过促进职业教育创造更多的产业和工作。在此往往假定职业培训、产业发展和就业之间存在着积极的关系。

然而这些假定常常被证明是错误的,特别是普通的技术教育也可能在劳动市场和工业化进程中发挥积极的作用,而专业技能除非立即得到应用,否则很快又丧失了,对劳动市场和就业没有任何作用。另外,似乎也没有必要提前进行不确定的培训,因为劳动者所需的条件在后,而生产设备和能力的建立在前。

如今,在国际经济学和教育学讨论中,人们清醒地认识到了能力发展(人力资本）、就业和经济发展的关系。在世界多种形态的教育和经济体制背景下，多数发展中国家并没有遵循工业化国家的范例和理念。人们不再试图对教育、劳动市场和就业之间的关系进行解释，而是采用综合性的方法研究它们之间的关系，即：

> 必须考虑教育培训课程的社会需求；

> 以及对工作的供应（"人力途径"）；

> 必须考虑灵活性和流动性（即这些工作有哪些可被代性和迁移的潜力，如工人需要具备哪些关键技能）；

> 以及工作的组织划分过程，特别是在发展中国家的劳动市场（在不同劳动市场上教育/能力开发与工作分动的关系）。

由此引发了针对企业内能力开发的问题，及如何将人力资源开发与具体的功能性要求结合起来。要想找到明确的答案和对策绝非易事。

3.7.2　成人教育和职业教育的联系

各国成人教育和职业教育的关系有很大不同。各国职业教育开始的年龄不同，这对这两者之间的关系的影响显而易见。职业教育已经显示出随人的寿命增长而延长的趋势，因此把青少年作为职业教育"典型"目标群的观念似乎也不再适宜了，如职业学校学生的平均年龄已经出现分化。此外，职业学校和其他职业教育机构不得不逐渐服务于逐渐扩大的培训市场，这导致学生年龄和经历背景的多样化。尽管一些国家仍然坚持保留职业教育和成人教育的区别，但把前者的大部分归到后者里似乎更合适一些。这当然会对该领域的研究产生重大的影响。职业教育研究往往与青少年离开学校参加某一职业的培训或当学徒联系在一起，这使得人误认为职业教育，包括整个教育，都是一个终生发展的过程，这个过程是由一系列相互关联的阶段构成的复杂体系，这当然与成人教育培训有密切的关系。应该强调的是，在研究方面，成人教育有许多理论和实证方法，而职业教育研究领域尚未出现成熟的理论和方法。这种状况说明：

> 职业教育研究不能再将青少年作为"典型的"研究对象；

> 职业教育研究必须扩大时间的范围。职业教育过程包括"职业认同感"的发展，要求正确观察更为广泛的对象；

> 将成人教育研究方法运用到职业教育研究中，特别是质性研究方法，这在成人教育方面有着悠久的历史而富有成果。

除了其他方面，成人教育更强调在建构主义的学习方法（Reece/Walker 2003），该方法已经在成人教育研究领域扮演这重要角色，特别在能力开发和迁移性学习研究中富有成效（Mezirow 1991）。

3.7.3　对成人教育研究的影响

职业世界与成人教育培训的巨大变化，对相关研究产生了巨大的影响。特别是对能力开发的强调，导致了观点的重大变化。简言之，过去很大一部分成人教育研究关注的是错误的命题。传统研究关注的是技能的培训和学习，以培养某一特定领域的工作能力为目的。引入能力的概念后，拓宽了这个观点。一个人能够完成一项关注任务，这还不足以令人满意。他还必须乐于这样做，而且能够识别出需要采取特别行动的情境。能胜任意味着有能力知道怎么做和何时做。研究发现，接受过培训的人能够在考试情况下完成任务是不够的，因为这不足以证明在"现实生活"中他会怎么表现。能力学习的目标是培训做出适当决断的能力，因此单一的技能培训的重要性普遍下降。

关于成人教育培训的研究，表 3-4 达给出四个方面的结论。

表 3-4　能力发展观点的变化

能力发展——观点的变化	
迄今为止的焦点	变化了的观点
为某个"职业"做准备，作为技能工作的框架	以跨职业内容和关键能力为导向
在完整的职前教育意义上完成培训和学习过程	能力发展作为终生的需要
以职业描述和特定的课程为导向（供给导向）	以地区产业聚集的实际要求为导向（需求导向）
体系发展尽可能以广泛的标准为基准（州或国家范围内的）	建立与地区相匹配的体系发展（新的分析单元）

跨职业内容导向这一观点的转变，意味着课程和学习目标研究的变化。过去，对生产和服务方案和过程提出批评或许并不重要，现在这种态度已变得非常重要。所谓批评，并不意味着对企业所做的任何决定都提出质疑，或对工作岗位不停地进行重组。雇主希冀其雇员能对所处的工作环境提出持续的"建设性的怀疑"，在不影响整体全局活动的情况下进行改进。这要求具备对变化了的情境形成明确观点的能力，因此要求远高于"做对事"的能力。能力应跨职业发挥，这方面变得更加重要，因为跨职业意味着适应不同公司、不同工作环境，甚至不同职业的要求。

"生命期限"（lifespan）观强调，职业教育和成人教育不是孤立的活动，而应该从终生角度来看待。成人教育是对过去的学习和培训活动的继续，因此是一个教育和培训链中的一系列努力。因此，成人教育不仅要培养职业能力，还要为后续的培训做准备。这提出了一个问题，即是否可能性延长培训和课程的效果，这与可持续学习（sustainable learning）研究有关。可持续学习研究的一个重要领域是，借助电子媒体将后续的学习融入到工作过程中(EC 2001)。生命期限观还有助于让我们看到成人学习的一些特征，暴露了传统学习理论的不足。所以，应将学习研究与成人学习理论建立更密切的联系。

第三个变化是从职业轮廓到更复杂的需求体系，涉的不仅仅是职业轮廓的的本身，还包括地区条件、社会和经济发展状况等。在这种情况下，成人教育研究不单要处理技术发展带来的需求期望这一问题，还要考虑其他因素，包括准备改变自己的任务。显然，要预见未来的学习目标变得更加复杂，研究必须考虑其他社会科学学科的发现，特别是社会学的研究成果，才能清晰地描绘成人教育的未来发展趋势。这还包括从教学研究观到社会研究观的转变，即从考虑如何成功地传授知识，到考虑采取什么措施才能确保所教的东西将来对雇员和雇主都有用。

最后是成人教育的系统观，它强调成人教育整体性和与周围环境的依赖关系。该领域的研究成果已找到了新的学习参与者，即"组织"，甚至是一个"地区"(参见 EC, E. C. 2003)。这项研究面临一个全新的研究单元。其面临的挑战是要开发新的分析方法。它能够一方面发现具体地区的特定情境；另一方面在特定地区或地区外得出可比较的结果。

3.7.4 职业教育的资源

作为经济发展的关键因素，职业教育得到越来越多的关注，不同的研究资源开始进入人们的视线，这些或来自国内，或源自国际，为探讨职业教育问题提供了宝贵的材料。初看下来，这些资源可以被划分为"资源"和"针对特定问题的材料"。资源的本来目的是提供质量监控服务，如国家职业教育报告或 OECD 的教育报告。各国和国际的教育研究有若干用途。首先将某一领域所做的大量研究的成果捆绑在一起，这是开展所有研究项目的起点。此外，还有可能获得这些项目的原始数据，并按照研究的问题对此进行处理。由于大规模数据研究以及质性研究的数据收集通常非常昂贵，这种二次分析是值得的。而且研究显示，不仅是调查的经验数据，而且包括定性数据，都是二次分析的良好基础(Corti 等 2004)。表 3-5 给出了职业教育方面一些主要数据资源。

表 3-5 研究资源

名 称	描 述	区 域
欧共体家政座谈 ECHP	基于问卷的多种社会经济话题研究，包括教育方面。数据从 1994 年至 2001 年	欧洲
社会经济座谈	与 ECHP 类似	德语区，可获取用于研究的英文数据

名　称	描　述	区　域
成人素质和生存技能调查（ALL）和国际成人素质调查（IALS）	文化素质和生存技能调查。两项调查均未针对职业教育，但在有几种能力有重要意义，包括一般公民和专业工作。	国际；数据覆盖各西方国家
OECD	OECD 提供许多教育方面的监控数据，例如《教育一览》年度报告。部分数据可以免费获得，但 OECD 的出版政策不同	通常是 OECD 成员国
《成人教育的系统化报告》（BSW）	监控成人教育，国家文档样案例	德语
《2005 年英国教育培训数据》（ETSUK）	教育和培训统计数据的纵览，另一个国家文档案例	英国
EURODYCE	对教育及其相关议题的详细情况纵览	欧盟

表 2 达仅给出一个概览。考虑了许多难以处理的数据资源，特别是不同国家的特点和不同监控系统等。

3.7.5　对特定发展和研究项目的意见和建议

在这个快速发展和"反思性的现代化"（Beck 等 1995）社会中，发展终生学习，需要明确人们的普遍需求，这涉及理论和实践两方面的问题。对这两个方面的研究都应该加强。因为，只有建立了继续教育和终生学习的现代化进程理论，才能阻止细致的实证主义分析成为偶像的创造者，以及上文所提及的终生学习实施的仲裁人（Lenzen/Luhmann 1997；Arnold 1996）。

从这个意义上讲，尽管有所疏漏，但还是应该总结一些今后研究和发展项目的研究领域和问题：

对成人教育研究的理论和系统性定位

➢ 成人教育培训市场中参与者（显性和潜在的）的期待是什么？

➢ 这些期待下面是什么利益和要求；

➢ 成人教育培训向个人、企业和社会"许诺"了哪些（显性和潜在的）职责；

➢ 在实现"许诺"的过程中发生了什么，成人教育培训的"实际"效果如何；

➢ 在成人教育的"功能共生"（functional symbiotic）综合体中，如何确定和实施普遍使用的标准和质量保证体系。

克服"固守学校"的观念

➢ 成人在机构外的学习过程中采取了哪些形式和无一定形式的策略？结果如何？

> 这些无一定形式的学习类型和先前的教育、学习经验、职业要求的背景、经历以及性别、年龄有何关系；

> 采取什么"措施""支撑结构"和伴随方式，才能使这些无一定形式的学习最好地保持下来；

> 无一定形式成人学习形式(如教练和能力建设方案)的出现、其作用和发展对继续教育机构及其教师产生了哪些影响？

基于建构主义学习理论的习得和应用研究

> 典型的"自主"学习(自学)采用哪些学习类型、学习策略和学习态度；

> 在成人学习中，学习活动的类型和学习者类型如何"相互影响"；

> 什么样的学习组织才能符合可持续成人学习的标准？在多大程度上符合？

> 如何将这些标准有效融入各种形式的成人教育培训项目和课程上；

> 在自我控制的学习组织安排中，不同的参与群体如何实现可持续性(没有"唯一最佳的方案")。

思维模式的迁移(解释性学习)和组织结构(组织学习)研究

> 通过哪些教学组织，能够引发和促进反思和迁移过程；

> 如何实现或安排与工作岗位相对应的学习机会；

> 如何为反思性和迁移性学习过程设计虚拟(多)媒体；

> 在企业(不同部门)继续教育培训以及人力资源管理和行政管理提出了哪些新的职业要求。

关于动机、要求和效果的实证研究与分析

> 哪些条件因素构成成人培训的动机，并且决定是否参加成人教育培训；

> 不同社会环境中的成员是如何利用自我控制的能力发展学习机会的；

> 成人教育培训的要注意哪些主题和能力领域；

> 成人教育机构如何确定需求，并将其作为教育课程和项目的基础；

> 成人教育机构如何确保教育的质量、效果和可持续性；

3.8　职业院校研究：案例研究

3.8.1　中国高等职业教育研究综述

石伟平　徐国庆

中国的高等职业教育诞生于 20 世纪 80 年代初，在 90 年代中期确立地位，大规模发展始于 90 年代末(王明伦,2004)。这 20 年间对高职教育的研究从未间断。对中国期刊网的搜索结果显示,关于高职教育的文章 20 多年来共有 7476 条,而且 70% 的文章都发表于 2000 年之后;各类高职书籍已出版百多部;"九五""十五"期间全国教育科学规划课题中有关高职的共有 57 项,"十五"比"九五"多 47 项,2001 年,教育部 34 项重点课题中,高职占到了 8 项,接近三分之一。这说明高职已受到社会各方面的关注,且 2000 年以后开始形成了高职研究热潮,但此前也有许多成果非常值得关注。虽然我国高职研究的时间非常短暂,但还是形成了研究问题相对集中的三个阶段,姑且称之为早期、中期和近期。本文以 1994 年以来比较有代表性的研究成果为样本,以一窥见全斑。

3.8.1.1 以发展动因、内涵和办学途径等基本问题为焦点的早期研究(1980—2000)

从研究成果的数量看,2000 年是个分水岭。这一时期关于高职的论文和书籍虽然并不多,却是高职理论的重要奠基期,对高职发展动因、内涵和办学途径等基本问题进行了探索,澄清了人们关于高职的基本认识。有些成果对高职的实践发展产生了重要影响。

关于高职发展动因的研究

高职为何会在 20 世纪 90 年代的中国得到肯定并开始发展,是这一阶段研究的热点问题。论证高职发展的必要性的确是高职发展的关键,因此这些成果为高职大规模发展奠定了重要思想基础。多数研究把它归结为经济发展,认为经济发展导致的对人才知识结构需求的升级是根本动因。石伟平对高职发展动因作了归纳:1)经济原因。科技进步与生产中高科技含量的增加,要求提高一般劳动者的职业素质,以满足经济发展对高级职业人才的大量要求;2)社会原因。在失业问题已经相当严重的情况下,为了缓解劳动力市场的就业压力,避免高失业率带来的大量的社会问题,发展"高职"规模,以推迟相当一部分人的初就业时间;3)教育原因。在高校入学日趋激烈的情况下,为了分流,减轻传统的高校升学压力而大力发展"高职",而且也是为了满足民众的大众化高等教育的需求。这一观点相对来说要辩证得多。

关于高职内涵与办学途径的研究

1994 年,《中国职业技术教育》连续发表多篇文章,讨论高等职业技术教育的内涵、实施和发展问题,这充分说明了这一时期对这些问题的关注。尤其是关于高职内涵的研究是这一时期的热点,而这是发展高职的关键问题,至今并没有得到很好解决。杨金土(1995)等认为"高等职业教育主要是高等技术教育",并借助人才结构理论对其进行了说明。认为社会人才主要有四类,即理论型人才、工程型人才、技术型人才和技能型人才。高职的培养目标主要有三种类型,即高层次的技术员类人才、有一定实践技能又有一定专业技术的"技师型"人才和管理人员，其中技术型人才是主要的。在办学途径上，他们认为主要有国家、地方政府或社团办学；产业、行业、企业办学；社会团体、私人办学；各种形式的联合办学，包括引进国外资金所实行的联合办学等各方面的办学积极性，来大力发展高等职业教育(杨金土等，1999)，这是对高职概念和办学途径的一个比较完整的论述。在高等职业学校叫什么名称的问题，有研究建议，根据我国的实际和国际上流行的称谓，可以称"技术学院"或"技术大学"，其理由有二：1)这类学校的培养目标主要是技术人员和管理人员，所进行的教育通常叫"技术教育"。现在我国统称职业教育，实际上涵盖了技术教育；2)便于同国际上接轨和交流。联合国教科文组织把这类教育称之为"技术与职业教育"，许多国家都采用了"技术学院""技术大学"这样的名称。

石伟平重点就高职姓"高"还是姓"职"这一问题进行了研究。吕鑫祥(1998)的观点也比较有代表性，他认为："可以对高职作以下阐述：1)高职是培养技术型人才的教育，它包括学历教育与非学历教育两部分。2)高职的学历教育可以有很多层次：大学专科、大学本科和研究生层次。我国当前高职教育大部分为大专层次，它与我国高专教育的主要特征是相同的，同属国际教育标准分类中的第五层次教育，因而都是我国高等教育的组成部分。3)高职的非学历教育是一个形式多样、内容广泛、幅度较大的领域，其主要方面是职业资格证书教育和技术登记培训。"

除这些基本问题的研究外，这一时期还有不少关于高职的比较研究及中、高职衔接的研究。比较研究主要集中在对国外经验的介绍上，如台湾(严雪怡，1994)、美国(夏明，1994)和日本的高等教育政策与高等职业教育(韩民，1996)等。这些研究主要集中在对国外高职教育的静态剖析，其目的是希望从国外高职教育的发展中找到我们可以借鉴的经验和教训，在我国发展高职教育的初期，这些研究成果是非常必要的。全国教育科学规划课题主要关注点在高职的定位和与中职的衔接上，如初等、中等、高等职业技术的衔接及与普通教育相互沟通的研究，高等工科职业教育基本规律及运行特征的研究和实践等。

3.8.1.2 以人才培养模式和学制改革为焦点的中期研究(2000—2004)

2000年以后，随着高职规模的迅速扩充，理论界和实践界均意识到，高职发展必须从规模扩充转向内涵建设，必须突出特色。在这一基本认识下，高职人才培养模式与专业建设成了这一时期研究的问题焦点，具体地说就是重点研究基于产学合作的人才培养模式。时间大致持续到2004年。

从2002年起，国家教育行政部门连续召开3次全国高等职业教育产学研结合经验交流大会。经过三次会议的凝练，"以服务为宗旨，以就业为导向，实行产学研结合"被高度认同为中国高等职业教育发展的基本定位和必由之路。这一时期，对产学研结合的讨论和研究达到高潮。教育部高等教育司和中国高教学会产学研合作教育分会编写的《必由之路—高等职业教育产学研结合操作指南》集中反映了这一成果。

这一时期，有三分之一的研究涉及了产学研问题。2003年，在中国高等职业教育研究会常务理事会上，李志宏指出：要"大力推进产学研结合的发展道路"，强调调整专业结构，面向就业市场进行专业设置，加强学校与企业、行业的密切结合，推行"订单式"的培养。产学研的研究从方方面面开始进行，包括高等职业教育产学研合作的经济动因（薛培军，2003），中国产学研合作的产生、发展过程和趋势（吴继文，王娟茹，2002），国外产学研合作教育及其给我们的启示，学校经验性研究，例如《坚持产学研合作，培养应用型人才》，就主要介绍上海第二工业大学产学研合作的经验等。可以说，这一阶段从各个方面对我国高职发展施行产学研的办学形式做了充分了理论准备和实践总结。黄尧认为，职业教育实行产教结合，是《职业教育法》和《中国教育改革与发展纲要》的明确要求。实施产教结合是职业教育的本质特征，是职业教育的特色体现，是我国职业教育发展的成功经验，也是国际社会职业教育发展的基本模式和发展趋势。这当然也包括了对高职产学研合作人才培养模式的肯定。通过对这些研究我们发现，在对高职人才培养模式的探讨上，产学研合作已经成为职业教育发展的一条主线和一种明确的办学形式，并成为当前职业教育不可或缺的办学"支柱"。

这一时期另一个研究焦点是高职学制问题。七部委联合颁发的《关于进一步加强职业教育工作的若干意见》提出，高职的基本学制以两年为主，并将在两至三年内落实到位，从而在学术界掀起了关于高职学制改革的热潮。有研究者认为，试行两年制有利于使高职人才培养模式和课程体系完成一次翻天覆地的改革，形成我国高职教育的特色，因为实行两年学制，会迫使我们冲破原来的体系，探索新的人才培养方案，构建新的课程体系，创新人才培养模式，从而走出一条培养应用性人才的成功之路这对我国高职教育的发展将是一大贡献。也有研究者认为，高职学制的三改二，虽然有着诸方面的积极意义，但它可能给高职教育带来冲击和不利的影响，例如可能导致高等职业教育社会地位的下降，加大社会就业压力，培养目标的实现难度加大，对师资队伍素质的要求提高，学校教育成本提高，竞争加大。多数研究者则认为，高职学制的长短应根据具体专业人才培养目标实现的需要而定，不可一刀切。出于某些原因，关于这一问题的探讨主要是在一些正式和非正式学术讨论场合进行的，论文形式的研究成果并不多。

学制问题的一个方面是高职专升本。许多研究者指出，当前我国高职教育学历的最高层次仍然局限于大专，而本科层次的高职教育是否发展，关系到我国学制在新的历史时期改革与发展的关键问题。借鉴国外和我国台湾的经验，以及对我国现实情况的分析，对于极少量现有办学条件优越的高职院校，则可在严格审核的基础上让他们升格为技术本科。许多研究者主张我国应当创办本科层次的高职教育，以后还要创办硕士、博士层次的高职教育。

但是，面对可能带来升本热这一问题，研究者们指出，在高职院校升格为本科的过程中，一定要严格审核，以确保技术本科的办学质量。绝对要杜绝的是对各地高职院校升格为技术本科过程的失控。对于高职院校升格为技术本科的审核，要特别指出的是，所确立的标准必须是技术本科自身的标准，而不是传统学术性大学的标准。这就要求对技术本科的办学标准进行认真研究（石伟平，徐国庆，2003）。

这一时期另一个比较集中的问题是关于高职人才培养目标的定位。第一个阶段通过大量讨论达成了一个共识，即高职是培养技术应用型人才。但是，2004年的"南京会议"把高职培养目标明确定位为高技能人才，由此掀起了一场讨论。这一定位自然和教育部倡导的"就业导向"职业教育办学方针有密切关系。有研究者认为，技能型人才的要求相对较低，主要从事实际操作性工作，这是中等职业教育培养的范畴。另一些研究者则认为社会需要大量高技能人才，中职由于入学基础及条件所限，不能达到对这类人才的基本要求，因此高职要承担培养高技能人才的任务。因此，高职培养目标的定位必须包括高级技能型人才，尤其是在当前，这应是高职培养人才的主要任务。有研究者则采取了综合观点，认为21世纪初我国高等职业技术教育所培养的人才应包括职业型、技术型、应用型，并提出如果高职培养目标仅仅定位于高技能人才，那么就会出现技术型人才由谁来培养的问题。面对这一重大问题，杨金土、孟广平等老学者采取了更加务实的研究方法，在对第一、第二、第三产业的部分企业进行调查的基础上，对我国高等职业教育的培养目标再次进行了定位，认为高职培养目标不应仅仅定位在"技术应用性"人才上，但是我国高等职业教育的主体仍然是高等技术教育，其基本的培养目标以"技术型"人才为主。同时认为专科层次的高等教育并不都是高等职业教育，在目前和今后的一定时期内，我国高等职业教育将以专科层次为主，但不限于专科层次（杨金土，孟广平等）。这一观点是很有见地的。

伴随上述对现实问题的讨论，高职比较研究的内容也在深入。如《当代国际高等职业技术教育概论》一书的内容就涉及了历史、学制、办学现状、办学特点、管理体系等（姜蕙，2002）。另外如《21世纪高等职业教育的发展趋势及我们的对策建议》，其中总结了新世纪的背景特征，并提出了高职未来发展的几大趋势：高职机构高移化、模式多样化、发展规范化、目标国际化和教学现代化等。还有《高等职业教育的国际比较研究》（黄鸿鸿，2003），文中提出了高职的层次高移化使得职业教育体系更完善、高职成为终身教育的重要组成部分、高职与社会经济发展联系更加密切三大趋势的观点。匡瑛的博士论文《高等职业教育发展与变革之比较研究》，是这一领域的一个比较完整的研究成果。

3.8.1.3　以高职特色课程建构为焦点的近期研究（2004—　）

2004年至今，高职研究的焦点问题又发生了重大转换，即转向了更加具体，也最困难的高职课程与教学模式研究。理论界和实践界均逐步认识到，高职一切问题的核心是课程问题。无论和高职定位、专业建设还是人才培养模式，最终只有在课程中才能得到很好的说明，也才能得到实现。教育部精品课程的评比，以及高职对特色的强烈渴望，是高职课程改革高潮兴起的直接动力。基本研究取向是如何摆脱本科压缩的学科课程模式，突出对学生实践能力的培养。大量以高职实践教学体系为主题的论文均可归入这一取向。

由于以特色追求为直接动力，因此学者们非常强调建立有中国特色的高职课程模式。影响比较大的是项目课程的理论研究与实践。许多高职学院在自我探索项目课程的过程中，也进行了一些理论概括和总结。徐国庆（2005）认为项目课程是职业教育课程的本质特征。他认为项目课程是以通过对工作体系的系统化分析所获得的工作项目为单位设置课程，并组织课程内容的职业教育课程模式。

另一项较有代表性的成果是《点击核心：高等职业教育专业设置与课程开发导引》，它借鉴了国外程模式及其开发方法，尤其是澳大利亚和德国的经验，同时结合我国的国情，试图探索高等职业教育课程新模式及开发方法；提出课程设计应以满足产业界的需求为宗旨，即以就业为导向，以新的职业能力内涵为目标构建工作过程系统化的课程体系，其课程设计方法称为就业导向的职业能力系统化课程开发方法，简称为 VOCSCUM（高林，鲍洁，2004）。

3.8.1.4　高职研究的特点和展望

我国高职尽管发展历史很短暂，但其研究成果颇丰。以上综述仅仅是这些成果的冰山一角。除了这些比较重要、颇受关注的成果外，高职研究其实已涉及了高职办学的方方面面，如师资队伍建设、实训基地建设等。分析这些研究的特点，有利于展望更好的未来。

研究问题与高职实践发展结合紧密

本文把高职研究划分成了三个基本阶段，而这三个阶段正好是我国高职实践发展的三个关键时期，且每个阶段的问题焦点正是高职实践发展非常关注的，由此可见，高职的研究问题与实践发展是完全同步的。实践中的许多问题，如高职培养目标定位、学制改革、课程改革，都及时引起了学术界的热烈讨论。这是高职研究非常健康的一面。

经验性、工作性研究成果偏多

但是高职研究也存在不少问题，突出表现为经验性、工作性研究成果偏多，许多成果或是经验总结，或是工作报告，理论水准有待提升，尤其缺乏对高职理论系统建构的成果。对高职特有规律把握得也不够，许多研究比较注重高职的职业性一面，对其高等性一面关注不够。当然，这和高职研究的历史短暂是有密切关系的。

开始形成相对独立的研究队伍

研究发展的重要方面是研究队伍的建设。除了大量关注高职问题的综合性研究者外，相对独立的高职研究队伍也正在逐步形成。大多数高职学院建立了"高职研究所"或类似研究机构，许多职业教育学博士点、硕士点设立了高职研究方向，出现了一些以高职为专门研究领域的研究者。但从总体上看，高职研究队伍还非常薄弱，专门化的学术研究团体也似显不足。

总之，高职已成为我国高等教育的重要组成部分，是职业教育发展的重要发展方向。高职实践发展迫切需要理论研究的提升。未来的高职研究在继承密切联系实践这一优良传统的同时，有必要加强研究队伍与学术团体建设，并提升基本理论问题的研究水准。

3.8.2 对职业学校的研究

Günter Pätzold

3.8.2.1 概念解释

作为高中阶段的教育机构，职业学校是德国教育体系的组成部分。它在初中后双元制职业教育框架内传授国家承认的培训职业的基础和专业知识，并对普通教育进行延伸。职业学校因此培养了学生的综合行动能力。文教部长联席会议（KMK）认为职业学校是"一个独立的学习场所"，其目标是"满足职业工作任务的要求，并培养本着对社会和生态负责任的态度参与设计工作世界和社会的能力"（KMK1999）。

为实现这一目标，职业学校进行了行动导向的教学改革。职业学校还在跨职业的课程和专业课程中努力解决我们这一时代的关键性问题。

从数量上看，职业学校是职业教育学校最重要的形式。它在双元制职业教育体系中的法律地位不如培训企业，主要按照特定的教学计划完成其教育任务（Euler 1998，31）。职业学校的专业分为技术、经济管理、营养及家政服务、公共健康、社会事务和农业等类别。在北威州，职业学校设有基础教育年，提供针对整个职业领域的基础教育，或为未获得企业培训合同的学生提供职业预备教育。除职业学校外，德国的职业教育学校还有职业专科学校、职业提高学校、专科高中和专科中学。

为将职业教育和高校入学资格在组织和课程上衔接起来，北威州 1998 年颁布实施了《职业预科法》，将职业学校与职业预科进行了合并（Landesinstitut für Schule und Weiterbildung 1997；Verordnung 1999）。其他州还有职业高中、职业或技术完全中学和专科学院等学校类型。这样，职业学校不但与普通教育体系、青少年社会工作体系、继续教育和企业培训体系建立了紧密的联系，也保留了自己的独立性。职业院校对企业培训有依赖性。企业对是否开展培训、开展何种职业的培训以及接受谁参加培训具有决定权；公民自愿与企业签订培训合同。学校根据学生的培训职业组建班级；职业学校的结构也是按照一个地区内企业的培训职业确定的。职业学校教育为义务教育，它必须接受未满 18 周岁的学生。这意味着，学校要为那些未取得企业合同的适龄学生提供专门的教育服务。目前，就业体系的发展变化对职业学校提出了挑战，要求其提供灵活的教学组织和课程，但对此职业学校仍缺乏经验。

全国统一的职业学校《框架教学计划》由文化部长联席会议（KMK）按照每个培训职业的《培训条例》制定并颁布，各州可根据实际情况进行微调，因此每州之间可能有细微的差别。各州负责开发其他跨职业的课程，如宗教与伦理，德语/信息，体育/健康，政治/社会，以及非商业类职业的经济管理知识等（Kutscha 1982）。

只有采用科学的方法对职业学校的发展史、现状、功能、影响、问题和质量进行研究时，才可以说真正开展了职业学校研究。我们不仅要对可观察和可领会的教授行为、教学情境设计、师生互动情况，其组织和课程条件和影响等进行实证分析，而且还要关注宏观、中观和微观层面不同群体的期望，以及双元制教育体系面临的挑战。值得指出的是，职业学校已经发展成为一种区别于普通教育学校的、极具特色的多功能教育体系（Harney/Rahn 2000）。职业教育研究应针对不同学校类型的分专题进行，如职业教育与普通教育的一体化，学校教育替代双元制教育的可能性，职业教育的去专业化，学校与企业的合作，学校教育与继续教育的衔接等。所有类型的职业学校的教师培养和资格都是一致的。职业教育研究既与普通教育体系有关，也与就业体系相联系，其研究主题包括以职业形式组织的工作以及企业内和跨企业的培训。仅局限于课堂教学研究是不够的。

直到 20 世纪 60 年代中期，联邦德国具有理论基础和实证依据的职业教育研究才开始发展，这也仅限于行业组织、工会、教师组织和职业院校实践者开展的零星研究。多数研究只针对具体事务，缺少系统性和合作性，也极少能够达到实证研究的标准。当时，人们并不认为职业教育是一个独立的研究领域，职业教育学和经济教育学的联系也不密切。直到 20 世纪，职业学校研究与职业教育学和经济教学才结合在一起，因为当时职业学校教师培养工作已经转移到大学（Georg 1982；Stratmann 1994；Pätzold 2002），这提高了学者对此领域的研究兴趣。必须提及的是，直到 20 世纪 50 年代末，承担教师培养任务的教育机构并没有开展职业教育研究的义务。在职业学校教师培养工作转到综合性大学后，情况发生了改变。20 世纪 70 年代，职业基础教育年的实施、普通教育与职业教育等值化是重要的研究课题（Grüner 1984；Greinert 1984）。目前的研究热点是校企合作、优化教学过程，行动导向、学习领域课程、质量方针与评价、外部组织条件的控制和设计以及职业院校向区域能力中心的发展进程。所有研究和创新都突破了现有职业教育体系的限制，它关注职业学校、企业、企业间的和劳动市场的交汇。

3.8.2.2 机构发展研究：职业学校的发展

迄今为止还没有出现能全面呈现职业学校发展历史风貌的研究成果，尽管教育史研究涉及了很多相关事实。限于篇幅，本文仅记述职业学校发展的关键点和发展线索。职业学校起源于 19 世纪国民教育和行业促进机构（Meermann 1909；Blättner 1947，1965；Kühne 1922；Horlebein 1976；Blättner 等 1960；Lipsmeier 1966，1978；Lisop 等 1990）。职业专科学校是目前集非全日制和多种类型全日制学校于一体的"职业学校中心"（Beruflicher Schulzentrum）的基础（Schütte 2003，406）。在第一次世界大战前，不同的入学资格要求把高等和中等专科学校区分开来，这对职业院校的结构性发展产生了重要影响。其后果是，高等专科学校向专业化的专科大学发展，而中等专科学校成为职业学校体系的一部分。

1821 年萨克森—魏玛颁布的《行会条例》首次明文规定师傅应送学徒去学校学习，这可以看作是"双元制"诞生的标志（Sstratmann/Schlässer 1990，25）。该条例于 1869 年上升为法律。在工业化过程中，职业领域的专业知识不断增加，传授这些知识的地方是学校。专业制图最能清晰地说明这一点（Lipsmeier 1971，1978）。

19 世纪星期日学校和普通的进修学校（职业学校的前身）的任务是对义务教育中所学知识的复习、巩固和应用，德语和算术具有重要的意义（Kühne 1922；Grüner 1975；Greinert 1975；Müllges 1970，1979；Peiszker 1949；Zielinski 1963）。"进修学校首先履行的是政治一体化的任务。严格来说，其教育目标没有经济取向，至少它不涉及职业资格。"（Greinert 1995，58）

进修学校具有明显的普通教育性质，它只传授很少技术知识（主要在专业制图课中），因此相对独立。虽然专业理论课越来越重要，但即便是与企业开展合作的进修学校也极少开设这些课程，其课程都与公民教育有关，因此学校教育和企业培训之间并没有系统化的联系（Lipsmeier 1971）。自从进修学校开始改革以适应技术发展的需要，并建立起适应工业化要求的培训模式后，职业学校才确定了新的功能定位（Abel /Groothoff 1959）。19 世纪中叶，工业星期日学校转变为技术、商业或农业进修学校，建立了自己的组织和课程模式（Greinert 1975）。进修学校的目的是"将小资产阶级和无产阶级（男）青年融入到中产阶级社会并接受其价值观，……通过社会化过程，系统性地弥补社会底层阶级青年与中产阶级社会的差距"（Greinert 1982）。进修学校也可视为手工业、贸易以及后来的工业领域职业资格要求发展的结果。20 世纪 20 年代以后，古典职业教育理论（Stratmann 1988）为职业学校的建立提供了教育学理论，其面向职业的教学理念为教学机构的发展奠定了基础（Pätzold 1989，1994）。然而这种教学理念一开始就缺乏远见，它没有考虑无产阶级的劳动解放利益（Greinert 1982，122）。20 世纪 20 年代中期，工业领域的职业教育发展起来以后，职业资格培养成为职业学校的主要功能。魏玛共和国宪法建立了普通义务教育制度，儿童在公立学校接受 8 年教育后可到进修学校学习到 18 岁，但该法实施效果不佳。德国 1938 年的《义务教育法》首次确定了实行职业义务教育。在纳粹时期，与企业内的培训相比，职业学校被严重忽视和弱化，特别是中断了职业学校教师的专业教育（Seubert 1977；Pätzold 1995）。20 世纪二三十年代，职业学校几乎只培养学生的职业资格和综合素质，首先是培养合格的、技术娴熟的工人与公民（Geissler 1996）；在 1933 年后，培养目标改为培养技术娴熟的德国劳动者和民族同胞。职业学校与企业需求的联系越来越紧密，后来与政府颁布的军事商业目标也联系起来。普通教育课程变得不再重要，魏玛共和国也强调课程的职业导向（Greinert 1995，85）。20 世纪 20 年代进行了一场以课程建设为主题的辩论，它是由义务职业学校的发展及其"去政治化"和"去专业化"引发的。在辩论达到高潮时，曾要求学校教学和企业培训在时间和课程方面保持同步。

在纳粹时期（Suedhof 1934），职业学校基本完全依附于企业（Wolsing 1977；Kipp 1980；Pätzold 1989），其教育任务退化为"按照德国课程标准的标准化教学"（Monsheimer 1956，73），这使职业学校的技术课蜕化成企业培训的注释和补充（Grüner 1984，14）。20 世纪 30 年代初，法兰克福学派（Wissing 1954；Pukas 1988，1989）已开始对这种教育方式提出质疑，并试图恢复职业学校教学的独立地位（Pätzold 1994，270）。但这一思想遭到纳粹的镇压，直到 1945 年才再次明确了职业学校的教育性任务。德国教育部在 1937 年对职业学校实施集中管理，将其统一规范成"职业学校和职业专科学校"，并统称为"职业教育学校"（Lipsmeier 1966）。尽管那时这些学校还无法授予正式文凭，但它已经不再是企业培训机构，而被公认为国民教育体系中与普通学校并列的第二大支柱。直到 20 世纪 70 年代末，全国才实现了职业学校授予普通中学文凭。有些州如北威州和巴符州，职业学校毕业证书（通过课程考试）在特定情况可以等同于中等教育毕业。第二次世界大战以后，职业学校的管理权被划入各州文教部。

3.8.2.3 职业学校的课程和其他具体研究项目

20 世纪 70 年代以前，将实证性教育学研究和规范性教育学研究结合在一起的职业学校研究基本上还不存在。职业学校研究指对职业学校基本教育教学行动开展的研究，并试图为他们界定某种组织框架条件。

这种研究的结果常常只有假设意义，往往只研究在学校、课堂和教学过程中的行为举止。1970 年以来，对双元制中教学方法和教育内容的批评，引发了一系列的典型试验，重点研究职业学校的教学组织和教学过程（Pätzold 等 2002），特别是关于关键能力、任务引领教学、教学计划的开发与评价、职业环境教育、跨学科教学、管理中的新型信息技术、多媒体学习、质量管理和自我组织等问题。迄今为止，这些研究主要研究了一些职业学校的实际做法。虽然职业学校已有独立的教育任务，但仍未能形成独立的课程与教学理论。20世纪70年代，职教研究与职教改革实践结合起来，提出了一种新的社会学观点。职业学校将促进学生社会化过程的实现作为己任，由此产生了对学生经验进行研究的兴趣。

不同学生对职业学校的重要性有不同的评价。那时，参与企业内培训的和有更好教育背景的学生对职业学校的评价往往低于其他类型学生的评价（Crusius 1973，211；Krumm 1978；Müller 1980）。如DFG对商业职前培训教学过程的结构及规律（Beck 2000；Beck/Krumm 2001）的观察表明，职业学校对学生最终通过结业考试有一定作用。但是如果分析一下学生的学习动机以及学生对教学方案的兴趣，企业培训显然比职业学校教学的效果更好（Wild/Krapp 1996）。学生学习自主性和职业能力在企业培训中也能得到更好的发展（Prenzel 等 1998）。北威州的典型试验项目"职业学校的每日九小时"通过实证研究证实了学生对学校和企业的不同评价，同时也证明了学生对职业学校各类课程的喜好程度有所不同。

那些与职业本身相关的专业课程由于在结业考试中很重要，因此更容易为学生所接受。对于其他跨学科的课程，学生则持保留态度，并怀疑其重要性（Twardy 等 2001，185）。甚至今天，"从属"还是"独立"模式，即企业培训与学校教学的关系，在很大程度上决定着职业学校的发展（Lipsmeier 2000）。在课程层面，在实施不同课程（如同步课程、协调课程和自主课程等）的过程中（Nikolaus 1998，296），随着学习领域和任务引领教学法的推广，教学场所（校企）之间的合作问题成为重要的研究课题（Pätzold/Walden 1999）。研究表明，职业学校与企业在政策和管理领域的合作进展很好，但在教学领域的合作却趋向零星。企业实训教师与职业学校教师之间的合作也不令人满意（Zelder 1995；Pätzold 等 1998）。即便有些合作，也无法达到教学的期望值。一些合作更像是劳动分工惯例，而非真正的合作。对合作的普遍抵制、学校和企业教学的封闭性以及对自己教学的自恋，是缺乏合作的主要原因。一些中小培训企业把同其他单位的合作看成一种负担，但培训体系较完善的大公司则是另一番景象。大公司常采用课程式教学，在教学方面与职业学校合作，但前提是职业学校的课程质量能达到其要求的标准。

教学场所的合作与学习领域课程紧密相关（Lipsmeier/Pätzold 2000）。据此，职业的教与学的起点是职业工作过程，或社会领域中的真实情境。根据1996年文教部长联席会的决议，学习领域课程是职业学校的教学基础，同时也成为职业教育研究的一个主题。学习领域的内容包括学习目标、学习内容、学习时间框架计划，并以此构建完整的任务结构和工作过程。为实现教育目标，职业学校有权自主设计教学任务，但问题是如何将企业的工作过程和学校的全面教育要求结合起来。"……在企业工作和学习过程背景下获得的实证依据是否有足够的可靠性，来证明学校的教与学的设计。"（Dörig 2003，292）另外，有人还提出过程导向的学习领域如何反映各相关科学的发展水平的问题。因此，人们不得不承认，尽管职业学校拥有现代化的教学计划，但是他们对计划中的教学目标、方法和组织还缺乏足够的执行力（Euler 1998，137）。为实现职业学校教学工作的现代化，还需要加强教学计划的实施和评价。

采用学习领域课程，与提高培训企业对职业学校的认可度的愿望有关。同时，这也使得职业学校在微观上加入到了课程开发的过程中。然而，这种改革是否能将职业教育的科学性、学生人格发展和学习情境导向等原则结合起来，目前还不十分清楚。实践中的问题的根源，在于学习领域理念与传统学科体系之间的冲突，也在于主管机构的职业资格证书考试中是否关注学校所传授的的职业知识。

迄今为止，任务导向教学法在职业学校的专业课教学中并未得到有效的推广，自上而下的传统教学仍占据着主导地位。任务导向教学目前主要用于某些专业的知识学习，如信息技术和商业模拟教学（Nickolaus 2000；Müller 1998；Pätzold 等 2003）。我们还不能确定何种教学法能将何种结构的课程和任务进行很好地结合，也不能解释其原因并付诸实施（Lipsmeier 2000），这为进一步的研究留下了空间。应从职业学校的历史发展角度分析课程设置的不足，厘清校内外教学组织的因果关系（Reinisch 1995；Pukas 1990，1991，1996；Eichler/Kühnlein 1997；Fischer/Uhlich-Schoenian 1995；Heidegger 等 1997；Rüden 2000；Pahl 2001；Pätzold 2003）。1998 年以来，联邦和州政府一直支持 BLK（联邦与州政府教育规划与研究促进会）针对教育的关键性问题和发展领域的典型试验项目，包括职业学校体系的完善。这些项目的目的是通过质量保证和评价等措施提高教育质量，主要通过参与各种创新活动，并为成果转化和推广提供坚实的基础。

很多 BLK 典型试验项目都对职业学校的现代化作出了贡献，如"双元职业教育学习新方案"（Deitmer 等 2004）、"职业教育学习场所的合作"（Euler 2003，2004）、"职业学校教师创新性继续教育"（Schulz 等 2003；Ebner/Pätzold 2003）等。"双元制职业教育学习新方案"项目的研究内容包括学习方案、学习内容和学习材料的开发、提高职业学习效果的灵活性和设计导向的教学组织、工作过程导向的课程开发、学习方案和测评方法的协调完善，以及学习方案和教学方法的有效性和质量评价。"职业教育学习场所的合作"项目的研究领域和目标是：深入了解学校课程的合作理念，开发在教学过程中的评价方法和社会能力评价手段，开发适应职业继续教育要求的教育方案，多种教学场所合作下的综合性教学方法的发展。"职业学校教师创新性继续教育"项目的目标是：提高职业学校教师各个教育培训阶段的质量。特别是把在职业学校典型试验项目中证实的创新性措施融入到教师的教育培训中来，从而使这些创新措施得到更加广泛的传播和采纳。

与 20 世纪 70 年代相比，如今职业学校所处的环境已经大不相同（Grüner 1984，97）。尽管人们认为职业学校应当具有"独立的教育任务"，但是批评声却来自四面八方，而且一部分是建立在实证基础之上的。职业学校面临着很多难题，如学生来源和学习兴趣的多样化，学生年龄增长，平均年龄超过了 19 岁。这是"一幅多样化的成人培训机构景象，其特色和教学计划亟须修订"（Greinert 1998，130）。善意的批评要求解决"资源的结构性不足以及政治利益群体的忽视"等问题（Euler 1998，134）。其他要求还包括减少职业学校的教学日、放弃跨专业的课程以及职业学校课堂教学课时数增加或灵活化。这些要求在很大程度上决定了职业学校的发展，并促进了职业学校教育的范围、组织和内容的改革。职业学校教育对不稳定的培训位置状况感到不满，这时常会让人们对职业学校贴上"培训障碍"的标签。事实上，并没有实证研究证明职业学校教学组织的变革与培训位置增加之间的因果关系（ibid，136）。

最初，职业学校仅仅把企业急需的事项作为自己的教育职责，而且这些职责很少受到质疑，如以产品生产和服务过程为目标的企业目标的论证、解释、固化、扩展和系统化等。一方面，作为职业工作组织发展变化的结果，"贯穿职业工作的培训"逐渐发展为"为了职业工作的培训"，企业培训和学校教育的学习内容重复越来越多，"职业学校传统的教育需求正在逐渐受到侵蚀"（Greinert 1998，130）。另一方面，企业培训和学校教育有不同的目标，且很难和谐共处，即"在有限资源的条件下平衡企业要求、学生个体教育期望和社会需求的关系"（Nickolaus 1998，304）。

从职业学校组织内部的角度看，在向职业学校中心发展过程中的经验可以帮助人们开放视野，了解如何解决那些涉及不同利益群体的问题，从而从自我控制的人力资源开发和组织发展过程中获益（Lisop 1998；Pahl 2001）。这同样也适用于学校的课程改革，以及按照"新公共管理"原则进行的质量保证与评价活动。教师选择什么标准评价其课堂教学行动的质量，是由教师自己决定的。实践证明，人们并没有办法保证其一定符合上级的规定（Heid 2000，44）。

从职业学校组织外部的角度看，职业学校在向"现代服务中心"（Kutscha 1999）或"地区能力中心"（Rauner 1999；Avenarius 2001；Dobischat/Eelewein 2003；Kurz 2002）发展过程中，也应该认识到自己在知识创新和转化应用中的优势（Gerds 1992；Allmannsberger-Klauke 1996；Eckert 等 2000）。

"尽管这些前景正确而且很有吸引力，但是考虑到职业学校目前所处的环境，这些前景依然很抽象。与其说这些前景提供了中期解决方案，还不如说提出了更多的问题。一个由于人员和物质资源短缺已不能实现其现实功能的学校，又怎能完成能力和创新区域中心的更多更艰巨的任务？可以实现的是，在整个初中后教育体系内对职业学校的功能进行重新界定。"（Baethge 2003，563）

现在需要系统化的职业教育实证研究，目标是确定并解释职业学校教学计划和职业教育实践间的兼容性问题(Dobischat 等 2003)。

3.8.3　职业学院研究：美国的案例研究

Stephanie Riegg Cellini

3.8.3.1　导论

在美国，希望进入职业学院深造的学生可以在公立和私立学院两者之间进行选择。公立机构，即所谓的社区学院和初级学院，严格地说能提供的最高学位是两年制的副学士，但它们也提供一系列的短期职业证书课程。自 1901 年起，这类学校在对美国工人的教育培训中发挥了核心作用。由于有大量与这些院校相关的官方数据，因此针对社区学院进行的研究不胜枚举。与之相对，关于私立职业院校的信息却相当有限。这些机构，即通常所说的私立团办学校、技术学院和盈利性学院，也为美国学生提供了一系列中等教育后的职业和技术教育课程，但是迄今为止，我们尚未获得有关这些机构的高质量的数据。

本文将回顾两类院校的相关研究文献，并着重指出那些尚未解决的重要问题。本文第二部分将概述有关社区学院的研究，并重点描述近年来研究遵循的主线：学校与学生、劳动市场的影响以及教育成就。第三部分的重点是私立院校，并将其与社区学院进行对比。在此再次谈及有关学校和学生方面的问题，并进一步指出公立和私立院校之间的聚合和竞争问题。进而讨论财政资助、私立学校欺诈行为和学校质量等方面的问题。第四部分总结全文。

3.8.3.2　社区学院

美国共有 1100 多所公立社区学院，每年在校生数高达近六百万。除了哥伦比亚特区之外，每个州至少有一所社区学院，其中加利福尼亚和德克萨斯州的数量最多，分别为 110 所和 67 所(NCES 2003)。这些学院主要由各州举办，州政府拨款占到办学总投入的 40%(Murphy 2004)。

学校与学生

虽然各州社区学院体系有所不同，但实际上所有社区学院都有两项共同的目标。一是促进转学，即学生完成前两年社区学院学习之后，顺利转到四年制大学的三年级。这也正是社区学院 1901 年创办所谓"初级学院"时设计的传统作用(Brint/Karabel 1989)。20 世纪 70 年代，社区学院为了与不断壮大的私立学校抗衡而大力创办新的职业教育课程，试图在四年制大学之外为自己开拓新的市场，并通过提高员工劳动生产力促进经济效益的提高(Brint/Karabel 1989；Honick 1995)。如今社区学院又有了另一项同等重要的目标，就是通过开设各种短期证书课程，为全国劳动者提供职业培训和再培训。

社区学院吸引了广大学生的注意力。与四年制大学学生相比，社区学院的学生往往年龄较大，而且更愿意选择非全日制课程(社区学院中 64％的学生选择非全日制课程，而四年制大学的这个数字仅为 27％)。此外，社区学院学生中少数民族比重也相对较大，约占总数的 35％，而四年制大学中的约为 25％(NCES 2003)。与四年制大学相比，许多社区学院的学生都是家庭的第一个大学生，其父母基本也没有接受过四年制大学教育(Kane/Rouse 1999)。由于在美国几乎每个城市都有社区学院，因此学生往往不住校。这种近在咫尺的便利，加之学费相对低廉——通常为四年制大学学费的一半，使得社区学院教育为低收入家庭所能承受。

劳动市场的影响

以高水平的描述性历史研究，以及四年制大学教育研究文献为基础，研究社区学院的经济学家们一直以来都将主要注意力集中在衡量社区学院的教育回报问题上。Kane 和 Rouse(1999)对这方面的文献进行了梳理后发现，在社区学院获得的每一年学分，都会带来年收入 5％~8％的增长。这一数字与对四年制大学年学分带来的收益率有惊人的相似，因此一些人由此得出结论：无论在哪类大学接受教育，"一个学分就是一个学分"。

然而 Grubb(1995)和 Jacobson 等(2005)的研究表明，社区学院职业类课程与学术类课程的学分含金量不同。两项研究都发现，职业类课程和教育项目会带来更高的工资收益。Grubb 通过分析 20 世纪 80 年代中期 NLS72 和 SIPP 提供的数据发现，在社区学院获得的职业类学分和学位比从学术类课程中获得的学分及学位带来更大的物质收益。当然，由于数据采集地、受调查者性别不同，且完成学业的状况和学习领域也有差异，因此对比结果也有一些差异。其后 Jacobson 等的研究又以更有力的证据表明，职业技术类课程的经济回报率比学术类课程的高。以华盛顿州的一批停职工人为样本，并充分考虑每个工人的潜在特征后他们发现，技术类职业课程获得的年学分为男性工人带来 14％的薪酬增长，而女性则高达 29％，而非技术类课程(如人文学科和社会学)只会带来 4％的收入增长，且从常规层面上看，这个增长率几乎趋近于零。虽然这些样本并不能代表所有社区学院的状况，但其研究成果确实表明，公立社区学院提供的工作技能培训的确受到了雇主们的青睐。尽管社区学院传统上只是一种转学教育机构，且其官僚化结构使之很难在课程设置中添加额外的项目和课程，但上述研究却清楚地证明，公立社区学院在职业教育方面的确是相当成功的。

教育成就

由于社区学院具备转学和培训双重使命，因此人们担忧，这些学校对学生的终生教育成就以及大众的整体受教育水平会产生怎样的影响。Brint、Karabel (1989)和 Clark(1960)的研究发现，进入社区学院的学生，即使只想以此作为转学教育的学生，其完成四年制大学教育而取得学位的概率都降低了。有趣的是，两篇文章的作者都将这一问题归因于社区学院提供了太多职业教育和终结性的学位课程。他们认为，学生偏离了主道，而陷入职业培训课程之中（有时是由于受到咨询家的怂恿，有时是自身的选择），因而与四年制学位无缘。这种观点忽略了一个问题，即社区学院是在"诱拐"那些可能争取四年制大学文凭的学生，还是社区学院（用 Brint 的话来说）通过为那些可能在高中之后就终结教育生涯的学生提供中学后教育培训，而使得教育更"民主化"。

Rouse(1995；1998)对上述问题给出了答案，指出：进入社区学院就读的高中毕业生与进入四年制大学就读的学生相比，其获得学士学位的可能性并没有降低。如果说 Brint 和 Clark 的观点有些价值的话，那就是社区学院削减职业类课程而增加学术类课程，确实能提高学生获取学士学位的可能性。但实际情况是，在加利福尼亚这个社区学院最发达的地方，每年仅有 4% 的社区学院学生，即约 42000 名学生，从社区学院转学到该州四年制公立大学中（CPEC 2005）。虽然对这种状况可能有不同解释，但它至少表明，学生的需求在这种非转学的职业类课程中得到了很好的满足。

3.8.3.3　私立职业学校

美国的私立职业学校（下文简称"私立学校"）在其结构、规模、课程和学费方面都有很大差异。事实上，许多私立学校也颁发四年制学位，甚至是研究生学位。但限于本文的目标，我重点讨论那些提供两年制学位和短期职业证书的学校。与社区学院不同，对美国私立学校的研究还较为鲜见。美国大学研究使用的主要资料数据库"中学后教育综合调查（IPEDS）"也没有系统收集这类院校的数据，这使得即便是统计该类院校数量这种最简单的工作也变得相当困难。尽管如此，有几项根据案例研究和较小数据库所做出的描述性研究还是对这些学校及其学生的特征进行了记载。近年来，由于引入新的数据源，相关因果研究也逐步展开。下文将对这些研究进行概要性回顾。

在讨论私立学校研究之前，有必要先了解一下相关历史。Honick(1995)详细描述了美国私立职业学校的发展。事实上，这类院校是美洲大陆最早出现的学校机构之一。教授航海、商业和建筑知识的小型私立学校在殖民地时期就很盛行，据说早在 1636 年就已经存在了，哈佛大学也恰好是这一年成立的。在其后的二百年间，也就是公立社区学院出现之前，这种营利性职业学校在无竞争对手的市场中独自存在。当时的企业主为了运用新技术也参与了举办这类学校。即便是社区学院出现以后，1944 年《退役军人重新适应法》为营利性学校提供了优惠政策，因此私立学校还在不断壮大。尽管这些学校十分盛行，但有关其欺诈和违法行为的指控还是一直困扰着它们。如今这些学校之所以吸引大众的眼球，并非由于其教育优势，而更多的是相关丑闻。关于这一点我将在下文中详述。

学校和学生

由于缺乏私立学校的数据，要确切估算全国范围内这类学校及其在校生人数十分困难。直至近期，多数有关私立职业学校的研究依赖的都是 IPEDS 数据（Apling 1993；Bailey 等 2001）。根据 IPEDS 的研究，2000 年时约有两年制私立学校 2500 所，注册在校生人数 70 万人（NCES 2003）。然而其后的研究表明，IPEDS 数据严重低估了营利性学校及其在校生数。由于只是以秋季入学记录数据为依据，且只关注了那些质地优良、有资格获得财政支持的学校，IPEDS 忽略了许多私立学校和学生（Cellini 2005a）。

根据一项新的有关加利福尼亚颁发两年制学位及证书的私立学校的管理资料，我发现，仅加利福尼亚就有 3800 多所私立职业学校。按每所学校平均 350 名在校生计算，估计每年在加州私立职业学校就读的学生人数高达 130 万。也就是说，研究人员和联邦政府都严重低估了在这类学校的学生数。

然而正如我在那份报告中指出的一样，IPEDS 数据目前仍然是关于这类学校统计数据的唯一来源。虽然数据并不能反映所有私立职业学校的情况，但 IPEDS 数据却可以让人们多少了解一些这类学校的学生背景信息、学生服务模式和学校费用支出状况，这些信息在别处无法获得。经过对 IPEDS 数据进行分析，我得出了与 Apling（1993）和 Bailey 等（2001）相似的结论，即与社区学院相比，私立职业学校中非全日制学生比例稍低，黑人和拉美裔学生的比重明显较高。Cheng 和 Levin（1995）对学生背景信息进行了研究，用的是 1980 年"中学及中学后调查"中的信息。这项调查对中学毕业生进行了六年跟踪。虽然他们的研究成果只是基于少数毕业后立即进入私立职业学校的学生状况，而且也没有效性测试，但在学生社会经济地位和家庭教育方面确实得出了与 Apling（同样针对 20 世纪 80 年代中期状况）报告相似的结论，也就是说私立职业学校学生往往来自于低收入和受教育水平较低的家庭。

聚合与竞争

从上文对学校和学生的描述可以看出，关于私立职业学校的文献主要是对这些学校与社区学院的对比。近年来，研究人员着力探讨这两类学校是朝着合并的方向，还是逐步趋异、彼此竞争的方向发展。1995 年出版的《社区学院发展新方向》有一卷专门研究私立职业学校和社区学院是会更加冲突还是会彼此聚合的问题。其中 Clowes（1995），Hittman（1995），Prager（1995），Chaloux（1995）以及 Hyslop 和 Parsons（1995）通过对办学资格认定、办学使命和政策等方面的分析，认为二者应该合并；而 Moore（1995）和 Hawthorne（1995）则反驳，尽管表面上二者存在相似之处，但它们确实存在，也应该继续存在重要的区别。

Bailey 等（2001）详尽讨论了竞争问题，认为社区学院和私立职业学校开设的课程及提供的证书和学位有很多重叠之处，特别是在职业课程领域。但是社区学院的教育使命更广，更注重普通教育内容，而私立职业学校则更强调具体的工作技能。尽管二者之间有重叠，但由于私立职业学校及其学生数量较少（同样基于有误的 IPEDS 数据），因此它们对社区学院构不成实质性威胁。他们对一所有多个分校的私立职业学校和当地社区学院进行的深入研究表明，社区学院管理者通常并不把私立学校看成竞争对手。由此作者得出结论：私立职业学校的存在和成功不可能对社区学院招生造成大的负面影响。但 Cellini（2005b）也的确找到了二者竞争的证据。以加利福尼亚私立职业学校管理数据和多变量回归分析为依据，我发现，每个县社区学院与私立学校的数量都成此消彼长的关系。每增设一所社区学院，就会导致约十所私立学校消亡。运用固定效应模型和回归不连续模型对内生性进行分解之后，我进一步发现，对社区学院资金的外生性冲击会导致私立职业学校数量减少以及社区学院生源增加。这就意味着，这两类学校可能是互为替代的关系，至少对那些在两类学校都能找到适合课程和学位的学生应该是如此。

财政资助和欺诈行为

美国的私立职业学校一直受到丑闻的困扰，至今也不例外。近期一些头条新闻包括："营利性学校：昂贵的课程"（CBSnews.com 2005 年 1 月 30 日）、"有指控称：一所学校在申请补助过程中存在欺诈行为"（纽约时报 2005 年 12 月 6 日）和"纽约拟限制营利性学校的发展"（纽约时报 2006 年 1 月 21 日）。这些都表明，财政资助方面的欺诈行为和滥用已成为美国公众关注的重要问题。

私立职业学校的学费水平差别很大，但在研究中对这一费用的估算为每年 5000～10000 美元。这种收费标准使得许多私立学校学生必须申请并获得财政资助。事实上，上文那些头条新闻报道的情况基本是，学生受到怂恿而申请了大笔教育贷款后学校却倒闭，或者学生毕业后仍长时间处于失业状态。

研究证实，私立职业学校学生获得的财政资助远高于社区学院学生，资助来源包括学校本身和其他渠道，如各州及联邦政府。对资助来源进一步分析后发现（Cellini 2005a），私立学校和社区学院学生在所获资助方面的差异主要是由联邦"佩尔助学金"造成的。该项目激励私立学校办学者招收那些有资格获得"佩尔助学金"的学生。由于该方案将教育费用作为主要参考，因此私立学校学生不但比低学费的社区学院学生更可能获得资助，而且获得资助的数额也相对较高。事实上，"佩尔助学金"对许多私立学校学生而言或许是一条救命绳。研究（Cellini 2005b）发现，当"佩尔助学金"增加时，私立职业学校就会涌入市场，这种模式在低收入地区尤为明显。这一研究发现为 Moore（1995）的论点提供了支撑。他认为：私立学校办学者往往选择低收入地区开办学校，并积极招收有资格获得"佩尔助学金"的学生。还有分析指出，私立学校甚至刻意抬高学费，以榨取最高额度的资助金（Honick 1995），但对此并没有找到相关证据（Cellini 2005b）。

质量

如果私立学校能提供高质量的培训，那么它对"佩尔助学金"的上述反应也无可厚非。如果从私立学校毕业后能够得到较好的经济回报，那么招收低收入家庭学生的做法可能有助于提高生产力，并缩小传统四年制大学毕业生与受教育程度较低学生之间的工资差距。但上文新闻报道却说，许多学生认为自己接受的教育质量很差。虽然质量问题如此重要，但至今还很少有人研究劳动市场对私立学校教育的回报状况。有研究（Angrist 1993）指出，享受《退役军人重新适应法》优惠政策参加了职业技术培训或在岗培训的退伍军人，其收入状况并未得到改善；而那些进入大学接受教育的人工资却有增长。该研究以及其他对不同教育途径经济回报的测量研究的主要问题是，未对社区学院和私立职业学校给出清晰的界定。例如，在社区学院完成一年制电子职业课程的退伍军人，应定义为"参加大学教育"还是"接受职业培训"？在多数大型纵向研究中根本无法辨别这一点。

对学校质量的其他方面有一些研究。Bailey 等（2001）指出，私立职业学校的课程结业率要远远高于社区学院。在 IPEDS 数据涉及的两年制学院中，私立学校录取的学生数仅占学生总数的 3.8%，但颁发的学位和证书却占总数的 13%，当然其中多数为短期课程证书而非两年制学位。这些作者又通过案例研究证实，私立学校主要关心学生的保留率和结业率，而社区学院则不太重视。加利福尼亚获得的证据（Cellini 2005a）显示，两类学校的结业率接近。

尽管职业类课程和学术类课程有以上细微差别，但研究发现，社区学院和私立学校类似教学项目开设的课程十分相似（Cellini 2005a）。两类学校采用的具体教学方法也很相近，只是私立学校更注重实验室和实际应用。研究发现，私立学校的学生服务工作比较完善，如咨询和就业服务。学生之所以宁可支付高昂的学费选择私立学校，或许就是为了得到更多服务和个性化关注。

3.8.3.4　讨论与结论

无论选择社区学院还是私立学校，每年都有数以百万计的美国人接受职业学校教育。利用私立学校的最新统计数据，研究人员开始揭秘私立职业学校的教育，并将这些学校与公共部门中的社区学院进行对比。

虽然学生在公立和私立学校都能找到相似的职业证书和学位教育项目，但社区学院与私立学校之间的本质差别依然存在。私立学校学生支付的学费较高，而且不论效果如何，他们获得的财政资助也相对较高。私立学校往往规模较小，吸纳了较多少数民族学生，并且更重视课程结业率和学生服务工作。尽管过去几年我们对职业学校教育产生了一定的了解，但仍有许多重要问题有待回答。其中最重要的包括：如何衡量私立学校的教育质量？社区学院和私立学校接受相同课程教育的学生是否能得到同等的收入回报？此外我们还必须弄清：这两类学校是否在抢夺生源？财政资助项目的激励措施对学校和学生行为会产生怎样的影响？对职业教育产业应该加强规范，还是放松监管？对这些问题的回答将对美国未来的职业学校教育产生重要的启示。

4 职业教育的规划与发展

4.0 职业教育规划与发展

Jeroen Onstenk

4.0.1 职业教育规划与发展面临的新挑战

职业教育的规划与发展是职业教育研究的重要领域。20 世纪 90 年代以来，随着职业教育体系以及劳动市场需求的变化，相关的理念、研究方式和研究问题也发生了变化。这种变化是一个多层次的转型过程，即在灵活的职业教育体系中，使职业教育的规划和课程设计从劳动力需求驱动、被动反应、复制导向的模式，转向开放、动态、设计和职业导向的组织和职业发展模式（Nijhof 等 2002；Onstenk 2005）。技术和工作组织方式变化推动了这种转型，而转型又导致对核心能力和关键能力要求的提高（Boreham 等 2002）；经济结构变化也同时推动了这种转型，如服务业的就业增长快于工业领域。教育体系的发展也经历了重大变化，如学校本位职业教育模式推广，以及职业教育进入高等教育新路径的打通（Bruijn 2006）。职业教育应培养学生学会生活，而不仅仅是培养他们只适应某一时期劳动市场的即时需求。因此，制定职业教育规划的目标是预测就业的变化，以及为学生提供知识基础的方式，从而帮助他们从不断变化的市场中受益（Kirsch 2005）。这里采取的形式是，根据最新理论和创新实践经验而不是具体企业的需求，设计有参考价值的框架标准。

在大多数发达国家，这个转型过程正在进行中，但是由于各国已建立的职业教育体系不同，所以转型的特点也不同。在职业教育体系不健全的国家，如盎格

274

鲁—萨克逊国家,严格意义上讲是没有职业教育规划的。然而,随着人们对人力资本和能力在全球化经济竞争中重要意义认识的提高,教育在培养培训高素质劳动力中,以及在人力开发与组织发展间关系中的作用,变得越来越重要。本节主要讨论与职业教育规划和发展进程有关的问题,包括:

> 劳动市场发展和课程设计分析;

> 能力发展与专家智能(expertise)发展的新视角;

> 学习场所的整合;

> 职业教育教师的专业化发展;

> 企业的职业教育培训与组织发展。

4.0.2　劳动市场发展和课程内容

第一个主题是职业教育规划中最重要的问题,即在分析职业教育的内容时,要考虑劳动市场的发展和课程需求。作为一项传统,职业描述及发展趋势分析一直都是培训课程、课程标准、企业及学校教育培训大纲中教学内容的来源。职业描述基础,通常是某种形式的针对资格需求的分析结果。所有具有(如德国)或没有(如美国或英国)先进职教体系的国家都有开展职业资格研究的项目。"资格"代表着"劳动市场"层面的培训与就业之间的关系。这一术语有"技能"的含义,同时暗示有些东西已经"达成一致"。这可能意味着获得了终身有效的资格,也可能意味着该资格可确保个体胜任短期内特定工作的需求,或有助于个人的长远发展,包括在本职业中的发展和转入新的行业。如果某一资格针对的职业领域过窄,或是课程设计得职业性过强,那么专业人员会很难在这种教育体系中取得进步。与此相反,为高等教育作准备的职业资格会丧失其部分职业内容,从而在劳动市场上失去价值(Méhaut 1997)。

Rauner 对资格研究的历史发展做了简单的分析。职业证书或"资格"是指能够完成一系列具体的专业任务所包含的知识、技能和态度。技术、组织和经济的发展,需要外部的资格认证,强调反思和参与设计工作世界和职业生涯的能力。这既包括关键能力与工作过程知识的结合,也需要对职业概念进行重新界定。以职业形式组织的专业化工作在经济和劳动关系系统中被认可的程度,会对资格分析及其所转化成的课程产生影响。在一些国家,强烈的职业认同感占有支配地位;而在另一些国家,职业认同感的发展还比较薄弱。Wolbers (2005)界定了欧洲的两种劳动市场体系:1)内部劳动市场体系;2)基于职业的劳动市场体系。两种体系与教育体系有不同的关系。在采用内部劳动市场体系的国家中,刚参加工作的人做资格要求低的工作,他们需要通过后期的在职学习获得其事业发展所需的能力,这与教育体系的关系并不紧密。英国、法国、爱尔兰和比利时等都是采用内部劳动市场体系的国家。在采用基于职业的劳动市场体系的国家,如德国、荷兰和丹麦等，职业教育体系的作用是培养年轻人具备符合劳动市场要求的资格。

在职业教育中，确定教育内容和目标的基础，是综合能力分析和职业描述，并参考职业的典型工作任务和职业行动领域。在现代的职业资格分析中，必须研究专家智能的发展，体现科学知识向实践知识的整合和转化。这意味着分析方法的质的改变，尤其要考虑，如何组织和促进与学习经验建立联系并进行整合。课程开发研究不再被简单地视为将职业实践直接转化成教育内容。专家智能研究体现了特定领域知识对专业行动能力形成的的重要性，它与具体领域的资格和课程研究有紧密的联系。由于职业教育体系的巨大差异，在国际上推广资格研究的方法和研究结果非常困难。即便如此，职业教育不断提高的国际化水平仍然能够促进这种知识的推广。总的来说，推广资格研究的方法与成果的机会在增加，但是挑战也随之增加。在进行资格分析时还需要考虑，就业体系既有水平的划分（职业类别），又有垂直的划分（职位等级）。新的生产方式和经济方式的巨大变化对两种划分方式有很大的影响，有时甚至逾越了岗位之间甚至经济部门之间的传统界限。总的来说，职业要么消失不见，要么随着目标、方法和社会地位的变化而发生深刻的变化。

4.0.3　能力与专家智能研究

开展国际化研究的一个重要基础，是建立对能力和专家智能研究新视角的共同理解。Röben（参见 4.1）发现，在科学研究以及职业教育文献中，有关能力的定义差别极大（Onstenk/Brown 2002）。对与专家智能发展相关的文献进行的分析，丰富了人们对能力的讨论。与新手相比，专家的特点通过其知识水平体现出来的（benner1984）。

对各种术语（如技能、职业知识、能力或专家智能等）的定义，是在不同学科和理论框架的基础上进行的。这里应强调的是，能力不是针对特定任务或环境的一套简单的知识、技能和态度，而应被视为能在特定职业领域采取有效行动的个人能力。能力很复杂，只有通过相当大的努力才能揭示出来。Mansfield 和 Mitchell（1966）将其分为四个方面，即任务、任务管理、突发事件管理以及应对工作环境。行动能力可视为个人在特定职业、社会和私人情境中，进行缜密而恰当的思考，并对个人和社会负责任行事的意愿和本领。能力是一个多维度的概念，包括特定的职业知识和技能以及工作过程知识（Boreham 等 2002）。例如，荷兰在定义资格的概念时引入了核心能力的概念，即"个人以适当方式处理职业的核心问题的能力"。每项资格都应该包含四项子能力类型：

➢ 专业/技术和方法能力；

➢ 管理/组织和战略能力；

> ➤ 社会沟通以及规范文化（normative-cultural）能力；
> ➤ 学习和设计能力（Onstenk/Brown 2002）

多维度是能力概念的特征。面对能力的不同属性，不仅需要变化资格，而且还要变化相应的课程，才能使学生达到不同的资格要求。在采纳以能力为基础的教育（CBE）的概念时，应当意识到，职业教育应培养学生成为一个合格的"专业人员"，使他们不仅掌握某项职业的技能，还要熟悉该职业领域的社会动态和文化方面。从这个角度上说，职业教育的责任是指导学生建立职业认同感。职业认同感的学习应成为以能力为基础的职业教育的核心。这意味着要关注职业实践"习惯"的内化，也就是不断地建构个人对自我的解释，这与他们所参与的行为有关（Geijsel/Meijers 2005）。

4.0.4　学习场所

能力发展的复杂性，与不断发展的职业实践的关系十分密切，因此必须整合不同层面的职业知识（编定成文的、理论性的知识以及缄默的和实践性知识）。从教学内容到教学实施，几乎所有国家都认为，不同学习场所对职业发展的重要作用，是职业教育的一项特征。有时多个学习场所如企业和学校是同一教育体系的一部分（如双元制），有时则是按照先后顺序的；如在学校教育中进行理论学习之后，或多或少地在企业进行有组织的整合（实习、岗位培训）。在职业教育规划和发展中，整合不同学习场所获得的学习经验非常重要（Guile/Griffiths 2001；2003；Onstenk 2003）。因此，对不同的学习场所、学习过程以及学习结果之间的联系进行研究，成为职业教育规划和发展的一个重要方面。Walden（参见 4.2）对德国的情况做了案例研究。他将合作看作是职业教育的重要研究课题。不同学习场所间的联系与协作非常重要（包括理论和实践知识的获取、建构和发展），而不是减少或者使一方面的过程服从另一个方面的过程。这意味着，在职业教育的技术、组织和教学方面，不同学习场所的教学人员之间需要进行实质性的合作。对学习场所合作进行的研究，通常关注特定学习场所之间的关系，如企业与职业学校之间，或者职业学校和跨企业培训机构之间。在对合作形式进行分析的同时，重点考虑拓展合作方式以及与实践相关的合作模式。在德国，通过有科学伴随的典型实验项目对这些关系进行研究，包括对科学研究的手段以及推动实践创新的工具。为提高在职学习内容和学习指导方面的质量并加强学校和在职学习之间的联系，其他国家也进行了大量的研究。

在大多数国家，职业教育体系正变得越来越重要，当然也越来越复杂（Brown 等 2000）。职业教育和普通或学术教育之间的传统障碍在弱化，有的通过普通教育的职业化（如在英国或法国，尽管方式很不同）；有的通过职业教育普通化（如在荷兰）。在传统的双元制国家中，独立的、专门化的职业学校教育体系正在加强，这对学徒培训体系构成了威胁。而在一些具有较强的职业学校体系的国家，新型学徒制度正获得发展。这意味着，为了推广理论和实践相结合的培训活动，合作的需求更为迫切。因此，学习场所的新型合作方式（如职业学校和企业之间）更应成为研究的焦点。

4.0.5 职业教育教师与培训师

由于职业教育课程的丰富性、专家智能的发展需求和工作过程知识的需要，职业教育教师和培训师的专业化发展，成为职业教育规划和发展的核心问题。在很多国家，对职业教育数量和质量日益增长的需求，使职教教师的能力及培训研究成为一个热点。目前，职业教育教师专业化发展相对滞后（Attwell/Brown 1999）。在德国，职业学校教师和企业培训师是不同的群体，Bauer 和 Grollmann（参见 3.4.4）分析了一些具有广泛联系的相关重要课题。职业教育学生（如移民）日益多元化，以及旨在提高高等教育入学率的政策目标，均要求推进职业教育教师的专业化，同时也对职业教育的专业化和学术性提出了更高要求。作者指出了职业教育教师培养和专业化发展过程中的很多问题和不足。尽管他们主要针对德国进行研究，但是有关职业和教育学知识与专家智能之间的关系问题，在所有国家都存在。学习理论和专家智能研究的新发展，要求多样化的教育教学方法、手段和实践。职业教育教师有两种：要么是受过专业教育并在各自职业有经验的专业人员；要么是普通文化课如数学、语言或历史的教师。在第一种情况下，尤其是在职业学校，教师有可能面临无法适应职业实践中新技术、新方法和组织变革要求的风险。在第二种情况下，他们通常不熟悉职业，在将普通文化课与职业问题衔接时会遇到困难。

从专业角度讲，许多职业教育教师与培训师缺少适当的教育教学培训，即便他们受过一些培训，也会遇到有关培训质量和效果的问题。多数国家没有职业教育学的传统。即使有一些，实际的培训活动与新的学习理论发展（如认知主义、建构主义和情境理论）要求差距也很大。将教师与培训师的专业化发展研究，与新的教育教学设计研究结合起来，是非常重要的（Onstenk/Brown 2002）。

4.0.6 职业教育与组织发展

对职业教育规划和发展进行的研究，与经济和劳动市场有双重的关系。一方面，它需要满足劳动力的能力和资格需要；另一方面，通过确定一系列具体的专家智能以及开发学习和设计能力，职业教育也有益于经济和组织的发展。高质量和高水平的职业教育体系，对推动经济和组织创新的发展十分重要（Maurice 等1980；Brown 等 2000）。Dybowski 和 Dietzen（参见 4.5）通过灵活的和创新型职业教育对宏观经济和企业层面创新战略的促进作用，来研究这一问题。所有国家开展了这方面的研究，不管该国是否建立了职业教育体系。本章就所谓的"职业性原则"的作用提供了一些德国的经验，描述了传统意义上的职业教育。已发表的研究成果证实了以下假设，即出现了"新型职业化"地县乡（Onstenk/Brown2002）。在多数国家，岗位学习是职业教育一个重要、必需而且不断发展的组成部分（raizen 1994）。为了形成可持续发展的能力开发体系，必须不断改变组织的结构：即建立能促进企业内合作交流的机制，建立清晰的资格及其认证体系，促进和开发有学习价值的工作环境（Nyhan 2003）。另一方面，能力开发可被视为企业内部所有技术、方法或组织结构创新的先决条件，因为它能确保劳动者拥有必要的能力，来支持这个转型过程。从个人层面上说，普通员工应具有反思能力，包括"组织意识""参与变革过程"和"准确定位自己的角色"的能力。只有这样，员工才能妥善处理个人利益、职业行动和企业利益之间的关系。

职业能力、过程性能力和社会能力这些元素应被整合为一个整体，这一结论对所有国家来说都十分重要。在现有的职业描述框架内，可以通过改变职业能力元素的权重，清晰地表明职业教育培训和组织发展之间的关系。职业教育、技能开发和组织发展之间的多重关系应该成为这项研究的中心。这意味着，不同的甚至相互独立的研究领域之间需要合作和沟通，包括管理、学习型组织和组织发展、资格研究、专家智能研究和能力开发研究以及职业研究等。

4.1 资格研究与课程开发

Felix Rauner

4.1.1 概念

学生的发展、企业的《职业培训条例》和《培训框架规划》以及在此基础上开发的职业学校的《框架教学计划》，都建立在明确了解资格要求的基础上的。资格研究（Teichler 1995）是指分析以职业形式组织的工作、该工作所要求的能力（资格要求的主观方面）、学生的发展，以及针对不同的典型工作任务和行动领域确定职业教育的内容、目标和结构（Becker/Meifort 2004；Rauner 2002d）。

所谓资格，包含了所有为实施职业行为而必须具备的技能和知识。从 20 世纪 80 年代末德国开始制定新的《职业培训条例》（——即国家课程标准，译者注）时，就采用了劳动科学中"完整的工作行动模式"理论，即全面考虑对工作任务的计划、实施和评价这一完整的过程。为了了解资格要求，就必须了解一个职业所特有的、典型的"工作关联"。资格，是由工作设计和组织所决定的职业工作的行动。这些行动代表了职业技能和知识的客观方面。与其对应的概念是"职业能力", 它代表职业行动所需的主观方面的能力条件。

4.1.2 与课程开发相关的资格研究(OQF)的发展

在德国, 与课程开发相关的资格研究(OQF), 就是《职业培训条例》的开发, 它是联邦职业教育研究所开展的职业教育研究的重要组成部分(参见《职业教育促进法》第 6 条), 直接服务于《职业培训条例》的开发准备过程。与这些工作联系最紧密的是 F. B. Gilbreth(1868—1924)的工作分析研究, 以及后来 REFA 的"工作研究协会"[①]所做的工作分析研究。在 20 世纪 20 年代, REFA 和德国工程师协会(VDI)就建立了最早的、具有工作分析特点的资格研究理论(REFA 1972, 17)。这种劳动科学的方法随着 F. W. Taylor(1911)的"科学管理"理论的推广得到广泛的推广。这里也包括, 为了形成企业培训方案对工作分析进行的进一步发展。

按照数量加和原则, 职业教育内容被定义为与职业有关的所有属性的总和, 这需要对职业活动和技能进行深入的分析, 直至每一个最细小的元素。

工作分析的目的首先是人员评价和薪酬设计, 然后才是技能培训。为了改善职业指导中的能力诊断和倾向诊断, F. Molle(1965)开创了职业分析的理念, 这一理念同样也受到了工作和职业特有方法的影响。继承工作分析的传统, Ferner (1972)开创了分析拓扑学理念, 以便为职业描述、职业教育结构和《职业培训条例》的制定提供理论依据。

1969 年颁布的《联邦职业教育法》针对《职业培训条例》和与此相关的培训方案的开发, 引入了在劳资双方、主管部以及文教部长联席会之间的协调机制, 这一机制决定了之后的 OQF 的发展。在有着详细规定的协调机制中, 联邦职教所承担了会议主持人以及为职业的确定和《职业培训条例》等相关文件的开发提供科学伴随的任务。同时, 人们也尝试了新的资格研究试验(Mickler 等 1977)。1978 年在做出比较之后, 联邦职教所对这种新的、带有社会学和劳动科学性质的资格研究做了总结(Grünewald 等 1979)。值得注意的是, 在这一由工业社会学、劳动科学和职业教育学领域的 24 位专家和研究小组参与的总结性研究中, 并没有提到 OQF。那时, 在职业教育研究领域和在社会学领域进行的资格研究之间还没有交叉点。

4.1.3 不同研究传统中资格研究的课题与方法

资格研究的问题提出、研究结果和研究方法与所处的研究学科背景有关。

---

① REFA e. V., 成立于 1924 年, 当时名为"国家工作时间确认委员会", 1935 年更名为"国家工作研究委员会", 详见(REFA 2004, 8)。

《职业培训条例》研究（OQF）

根据 1982 年颁布的《职业教育促进法》（BerBiFG）第 6 条，《职业培训条例》研究，即 OQF，是联邦职教所的重要任务。据此，联邦职教所的任务是"按照联邦主管部的指示，协助筹备修订或制定新的《职业培训条例》"。OQF 是制定和修订《培训条例》的基础。在此，可以把培训职业划分为以下几类：

> ➤ 没有专门化方向的培训职业（单一职业）：即该职业的培训具有统一的资格轮廓。它们不属于任何职业领域。到 2001 年 3 月 14 日的统计，德国国家承认的培训职业目录中共有 181 个职业属于单一职业。

> ➤ 具有专门化方向的培训职业：在每个培训职业的职业描述中，最多有三分之一的内容根据重点或专门化方向有所不同。

> ➤ 具有分级结构的培训职业：分级制的培训职业主要表现为，在两个资格水平上都能拿到培训结业证书。通常，在为期一年的整个职业领域内容相同的职业基础教育年后，再经过一年的学习，可以获得第一个阶段的专业阶段培训结业证书。在此基础上如果经过一年或一年半的学习，就可以获得第二阶段的专业水平，这是一个完整的技术工人的职业教育结业证书。20 世纪 90 年代中期，在制定《职业培训条例》时引进了新的培训职业模式。

> ➤ 核心技能：针对某些培训职业群，确定了共同的核心技能的，它对该职业群的所有职业的培训初期都是相同的。随着职业教育的开展，每个培训职业所特有的"专业技能"部分不断增加。这一理念最先在 IT 行业被采纳。

> ➤ 必备技能和可选技能：不管在基础培训阶段还是专业培训阶段，学习内容都分为必备技能和可选技能，这给职业教育带来了很大的灵活性和可变性。这个理念最先在"媒体职业"被采纳。

关于《职业培训条例》中采用的培训职业结构模式，D. Lennartz（1999）做了完整的概括。Benner 则描述了由联邦职教所管理委员会制定的《职业培训条例》开发程序，及其与《框架教学计划》之间的协调方式。这一由联邦职教所管理委员会于 1984 年 5 月 11 日制定程序被限制为一种"可能程序"。该程序有 4 个步骤，其中第一个是"研究及开发阶段"。Benner 指出，"一般情况下"采用以下方法确定职业教育的内容："文献研究、企业调查、案例分析、职业活动分析、专家问卷和专家咨询"（Benner 1996）。

自 20 世纪 90 年代中期起，Becker 和 Meifort（2004）对 OQF 的继续发展做出了贡献。他们区分了 OQF 的三种类型和研究重点，即资格现状研究、资格评价研究和资格发展研究。资格现状研究是在《职业教育促进法》的范围内，以统计数据、相关文献和《培训框架计划》为基础，对职业教育各个专业的培训内容及其结

构进行分析。"课程分析的核心问题是每个职业所传授的资格的职业特征、职业相关性和适用性"(同上,47)

资格评价研究主要是对职业教育和进修教育的《培训条例》的制定和修订所做的案例分析。这些研究的另外一个重点是《培训条例》改革项目的评价(Borch/Weissmann 2002;Petersen/Wehmeyer 2000)。评价结果将用于更好地划分培训职业、职业群和职业领域,以及完善培训职业和《职业培训条例》的开发方法。但是只有很少情况下,通过深入的资格研究项目来完善《培训条例》的开发方法;因为"在政府和劳资双方合作良好的《培训条例》开发制度中,劳资双方都认为,应当禁止研究活动去干预来自实践的代表的权威性(Becker/Meifort 2004,45)。

20世纪90年代中期,资格发展研究主要是回应了快速发展的技术创新对资格要求的影响的变化问题(Alex/Bau 1999)。当时成立了对资格要求的预警机制进行研究的团体(Bullinger 2000;2002)。在用于评价未来的以职业形式组织的专业工作的研究方法方面,出现了巨大的科学分歧。社会历史发展显示,在不断的目标优化过程中,以职业形式组织的工作越来越弱。职业社会学和劳动科学研究的实证结果似乎是支持这一观点的。与之相反的是,在20世纪90年代的职业教育政策改革的研究中,大家明显倾向于以职业形式组织的专业工作和相应的职业教育,而不是其他灵活性的工作和培训模式。这项改革讨论得到了开放、灵活的核心职业理论的支持(Heidegger/Rauner 1997;KMK 1997;BMBF 1997;Sennett 1998a;Kern/Sabel 1994)。

职业教育学

从教育理论上讲,职业教育学反映的是职业教育的内容和形式之间的内在联系,并致力于解决教育内容的合法化问题(Arnold/Lipsmeier 1995a.)。从中得出的科学导向和科学认知理念(Blakertz 1963)、教学简化与迁移(Grüner 1975;Möhlenbrock 1982)以及工作过程和设计导向的教学理念影响了近30年的课程开发。直到S.B.Robinsohn提出:"教育需要能够提供胜任生活的能力"(Robinsohn 1970,55)的观点,关于职业任务和职业教育课程之间的关系的职业教育学讨论才增多了(Pätzold 1995c,158;Zabeck 1995,225)。对于将工作实际及其可设计性作为研究的关键,职业教育学也存在着不同的意见。反对的依据是:职业教育学还未发展起自己所特有的资格研究方法。Lipsmeier提出的"差异性课程"理论解释了这一矛盾:"(从形式上看)职业学校承担的只是企业剩给它的那部分与职业有关的教育培训"(Lipsmeier 1995a,235)。

在学校职业教育模式中的学校教育学为了打破自身的局限性,对学生提供全面发展的教养和教育。从20世纪70年代起,一直寻找实现通识教育和职业教育进行融合为的最佳手段,这明显导致了职业教育学在资格研究方面的欠缺。随着职业教育教学论向工作导向的转变(Rauner 2004b),与工作过程和经营过程相关的学习领域开发，成为资格研究和教学论研究的核心（Gerds/Zöller 2001；Deitmer 等 2004）。

劳动科学和劳动心理学领域的资格研究

劳动科学和劳动心理学领域的开展的资格研究，加强了对资格要求的主观维度方面的研究。这些研究自产生以来，发展起了一整套用以分析工作行为的研究工具：

（1）针对工作行为分析：工作诊断调查（JDS），工作及工作行为的主观分析（SAA 和 STA）；规章要求及限制分析（VERA 和 VHIA）；工作压力分析（ISTA）和工作行为分析清单（TAI）等。

（2）针对工作行为的评价：可行性、可承受度、合理性和满意度等评价标准；工作行为评价体系（TBS），主要类别有：组织和技术条件，责任级别，绩效要求和资格及学习要求；任务对比分析（KABA），目的是对采用 I 和 K 技术支持提供设计建议。

（3）针对工作岗位的设计：促进个性发展的、有一定行动空间的柔性化和自主决策标准；推进预测性的工作设计，如可编程的软件系统开发和分散化生产系统；工作任务拓展理念，人性化工作与技术设计选项（Dybowski 1993，139）。

但总的来说，劳动科学领域的资格研究对职业教育课程开发并不能提供直接的帮助。因此，Frieling 在他的劳动科学研究方法论著作《质性社会研究手册》中这样结尾："在企业和组织中的劳动心理学行动分析常常没有作为，因为它们在进行设计工作时缺少对工作内容和工作手段的专门认知。"他从中得出结论："根据不同的目的，工作活动的分析者必须熟悉不同的工作环境，也就是说他必须努力去尝试理解这一职业活动。"（Frieling 1995a，285）

在此，Frieling 指出了标准化的分析程序的局限性。正如 E. J. McCormick（1979），F. Frei 和 E. Ulich（1981），W. Volpert（1974）等劳动科学家开发出这些工具时一样，这些工具尽管可以用于确定职业活动的重要方面（Frieling 1995a，288）；但是工具中分析指标的抽象表达方式，却并不适用来分析和评价具体的工作内容及其对工作人员的意义（Lamnek 1988，89）。从这一点来看，在劳动科学研究会的范围内，发展职业学和职业教学论，恰恰可以通过职业学和劳动科学的结合，来解决这个"内容问题"。

社会科学领域的资格研究

在社会科学领域进行的资格研究，主要用工业社会学和劳动社会学的观点来勾勒工作世界的变化，并将其作为一种社会现象进行主观化的处理。首先在 20 世纪七八十年代，关于专业工作的变化的研究（Mickler 1981；Kern/Sschumann 1984）明显深化了由 H. Bravermans 在其《工作与垄断资本》一书中引发的去资格化的讨论（Bravermans 1977）。W. Littek 等在其所写的《劳动社会学与工业社学引论》中指出，工业社会学和劳动社会学上的资格研究的目的是："为理解我们这个社会中的劳动的复杂社会结构，从企业的工作情境出发，分析其重要的层面和维度"（Littek 等 1982，102）。

根据 Littek 等的理论，针对工作岗位层面的社会学工作分析，同样以工作内容、资格、劳动分工和负荷等为研究依据。在很多工业社会学研究中，工作分析结果能够形成对工作内容的详细描述，但是在此基础上仍然无法开发出职业教育课程和设计职业教育教学过程。但是，对于工作过程的组织、人机互动关系的设计以及职业教育过程的组织来说，工业与劳动社会学的研究成果的确奠定了良好的基础。

在社会学实证研究中，在民族学研究范畴里发展起来的"工作研究"方法，成为资格研究的独立形式。

"……工作研究包括所有在完成工作行为时发生的事情，即不仅包括劳动者之间的（语言）互动，还有劳动者跟机器工具之间的技术交互作用，机器操控和被操作物体的空间组织，甚至在工作过程中形成的图文资料"（Bergmann 1995，269）。

工作研究的研究问题，与特定专业领域的资格研究有很大的相似之处。两者的区别在于研究方法的不同。工作研究的研究对象只是通过社会学的概念加以定义，这是否能够达到工作研究的诸多目标，令人怀疑。J. Bergmann 也看到了这里风险，即工作研究可能只能对职业行为进行一些描述，但却无法产生影响（Bergmann 1995，270）。

职业学的资格研究

职业学的资格研究试图这样去解决问题，即具备职业资格的研究者通过与研究对象的近距离接触，去确定工作领域所要求的能够确保职业技能的能力。这里的风险是，研究者和被调查的专业人员是同一个实践共同体的成员，而同专业人员之间的对话与理解很容易实现，这在很大程度上阻碍了研究过程。鉴于此，M. H. Agar 将研究者比喻为"专业化的陌生人"（Agar 1980）。在社会过程中的研究，如果研究者与研究对象之间没有距离，研究是不可能有所发现的。在进行行动导向的专业访谈和干预时，研究者必须同时建立"局外人"和"新介入人员"两种身份认同。这就构成了工作和主体关系分析的不同维度。因此建议，在开展领域相关的资格研究时应成立两个团队，其中一个是由本职业的职业学专家构成的新介入人员组成；另外一个由劳动科学和社会学家构成的专业化的局外人组成。

这样就可以保证研究的"接近"与"疏远"的平衡，并保证资格研究和工作研究的研究过程中所需要的能力（见图 4-1）。这个方法论适用于旨在进行特定职业的职业教育教学过程设计的职业教育研究。

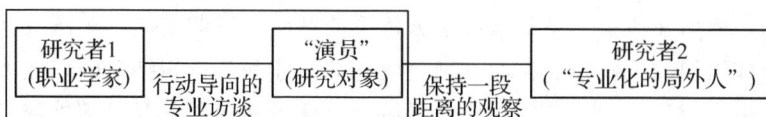

图 4-1　跨学科的行动导向专业访谈的研究设计(Rauner 2001b)

4.1.4　问题与发展前景

正如 20 世纪七八十年代工业社会学和"工作与技术"研究课题的研究重点一样，资格研究的核心问题在于，其研究成果对培训职业的确定和课程开发的贡献极为有限。《职业培训条例》研究和资格研究本来应当是一个整体，却没有共同的发展和组织(Grünewald 等 1979)。高质量的工业社会学的实证研究成果，在一次广泛的、关于劳动生产方式变化及其与专业劳动者资格要求变化的关系的职业教育政策讨论中起到了重要的作用(Kern/Schumann 1984)。然而，目前还没有符合实证研究标准的、针对职业领域的资格研究，这使得职业分类的完善和课程开发缺乏必要的基础。成立联邦职教所时希望建立职业教育规划研究，但是由于在实践中决策主要是由劳资双方专业代表谈判做出的，因此这一想法也落空了。此后，劳资双方在课程开发中做出重要决策时主要采用"妥协原则"，在此，利益对培训职业的确定和课程开发是最重要的标准。在这样一个职业教育研究的重要领域，以科学为依据的标准和方法，在国家课程开发过程中几乎没有人问津。由此产生了职业教育研究方法的缺失，并对职业教育质量产生了明显的影响。

联邦职教所在其开展的对大型课程开发项目的评价研究中，开发了整套的研究工具。通过利用这套研究工具，逐渐发现和解释了建立在妥协原则基础上的课程开发流程的缺点(Drescher 等 1995；Petersen/Wehmezer 2001b；Borch/Weissmann 2002)。由于技术创新加速，使得现代化的压力不断增加。在一个名为"预警系统"的研究项目中，人们进行了针对职业教育前景规划方法的探索和试验(Becker/Meifort 2004，57)。文教部长联席会确定了职业学校《框架教学计划》的制定方法以及与国家承认的培训职业的《培训条例》的协调原则，这对发展产生了一个新的推动力(KMK 1999)。文教部长联席会的介入，使资格研究成为可能(尽管只是个暗示)。借助资格研究，能获得"具有重要意义的典型的工作情境"，这些工作情境正是开发学习领域课程的基础。联邦与州委员(BLK)的典型试验项目"双元制职业教育的新学习方案"的主要目的，是执行文教部长联席会的规定。更多项目也参与到与职业相关的资格研究和课程开发研究中(Przygodda/Bauer 2004)。

资格研究和《职业培训条例》研究的发展前景，在很大程度上取决与欧洲教育的发展，正如由欧洲理事会在 Lissabon 和 Brügge 声明中确定的那样。据此，在哥本哈根进程中形成的、用于实现职业资格透明和欧洲职业资格证书的一系列工具和措施，应该在证书体系和欧洲学分体系的基础上贯彻实施。中欧发展起来的以职业形式组织的工作以及在此基础上建立的企业和学校相结合的职业教育文化随之也失去了意义。因此，针对职业领域的资格研究和课程开发的外部条件也发生了巨大的变化(Teichler 1995)。

4.2 能力与专家智能(expertise)研究

Peter Röben

4.2.1 概念解释

科学研究文献中关于"能力"的定义不计其数。一方面，不同的学科领域和理论体系有不同的定义；另一方面，能力不是一种简单的客观事实，而是一种个体特性，并需要较多的研究投入(这一点仍需进一步证明)。

因此接下来应选择合适的系统结构解释"能力"概念的含义(关于各种理论的综合性讨论见 Arnold 1997b；Jenewein 2004；Röben 2004)。这从四个角度来系统分析这一概念：

> 对能力的需求；

> 能力提供方；

> 能力鉴定；

> 能力的实现。

首先介绍一个在职业教育学中广泛应用的定义，即由文化部长会议(KMK)对行动能力的定义：

"'行动能力'可视为个人在特定职业、社会和私人情境中，进行缜密而恰当的思考并对个人和社会负责任行事的意愿和本领。"行动能力分为专业能力、个人能力和社会能力三个方面(KMK 2000a，9)。

对行动能力的这种理解最早是由 H. Roth 于 1971 年在教育学讨论中提出的。当时提及了能力可能产生影响的三个领域：第一个领域是行动主体，他们自己发展或发展他人的有关事件和事实的本领；第二个领域是行动主体发展这些本领的情境，如家庭、社会和企业；第三个领域是"意愿"，这涉及个体的态度(动机)，关系到他接受挑战而不是回避和拒绝挑战的意愿：

"能力是指个人在特定的领域独立发展知识和技能的能动性和能力，从而达到一个可以用'专家智能'来描述的高水平阶段"(Bergmann 2000，21)。

如果能力发展的效果显著，才能谈到"专家智能"。职业专家作为成功的能力发展的结果，对职业教育研究具有特殊的意义。

4.2.2 对能力的需求

谁要求能力？对能力的载体会有什么期望？首先必须提到具有现代化组织形式的企业。过去的几十年中，这些企业发生了过去任何时候都不曾发生过的广泛、深刻而又快速的变化（Baethge/Schiersman 1998，16）。这些变化表现在以"质量更高、距离客户更近、技术更新更快和价格更低"（Baethge/Schiersman 1998，21）为目标的如精益生产和业务流程重组等新的管理理念上，以及新的组织流程方式上，如持续优化过程（CIP）和全面质量管理（TQM）等。尽管这些理念有多种具体实施方式，但它们对职业的专业人员（包括技术、技师和工程师）有很大的影响。这就意味着，企业组织越来越要求其专业人员能对未知情境（如客户的特殊要求，市场环境改变等）做出快速和恰当的反应。

之前，由于实行泰勒式的劳动分工方式，专业人员的工作领域彼此界限分明，而且很少发生未预见的情境，因为企业内部已经在机制上屏蔽掉市场的偶然性因素。如今，专业人员的任务领域划分不再详尽，不论是在专业人员之间还是与客户之间都是如此，与市场的结合也更紧密。这样就加大了企业组织内部的随机性，从而要求专业人员对新的、不可预见的情境作出灵活、独立的反应。对新情境作出灵活反应的组织能力，无法通过独立的组织发展措施实现，而需要持久性的"组织学习"发展过程实现（实践经验参见 Fischer/Röben 2004）。在现代化的组织内部，不仅要求劳动者个体具备专业知识和专业行动能力，还要求他们能够参与组织结构的发展。从企业要求的角度看，劳动个体应具备比之前更为广泛的本领。因此，当职业资格的概念只涉及对机构中的学习的认证时，就显得很不够了。能力指的不仅仅是拥有一个形式上的文凭，更重要的是在精益组织形式下，专业人员主动的、出于企业角度考虑的、自我调节的行为举止。能力是主体的可支配潜力，而不是一种拥有的状态（Erpenbeck/Von Rosenstiel 2003a）。

上述企业发展的影响，在不同领域有不同表现形式。但是从统计上看，其最显著的影响表现在：职业工作的技术含量提高了。就业统计数据显示，以下职业活动的意义在提高：a)需要特殊技能的专业活动；b)包含领导任务的专业活动；c)需要高水平技能的专业活动。如果将 1985 年的数值设定为 100，那 2000 年的 a)、b)和 c)值分别是 117、110 和 122。预计到 2010 年上升趋势仍将继续（Bolder 2002，655）。

关于能力内涵的另外一个观点来自有关终身学习的讨论。之前，专业人员的普遍观点是，取得机构学习认证就是终点。现在，这种观点和做法遭到企业的无情拒绝。社会调查结果显示，过去专业人员的持续化学习（指有目的的和机构化的学习）的意愿并不普及，目前已经成为职业发展的普遍要求，并被很多企业作为所有雇员的标准。

4.2.3 能力提供方

上述发展的结果，就是如今的专业人员必须证明自己的能力。企业则会通过定期对工作人员能力的评估，展示能力的必要性。如上司观察下属职员一年，然后根据企业评价体系给出相应的评价。评价不会秘密进行，而依据企业工会通过的一整套测评方法(简介参见 Erpenbeck/von Rosenstiel 2003b)进行。这些测评方法对每个人都是开放的，同时也适用于每个人(对领导层同样适用，他们由同事通过如 360°反馈等方法进行评价，参见 Scherm 2003)。专业人员清楚别人对他们有怎样的期待。一般来讲，每年都举行一个员工会议，来公布和讨论观察的结果，并在评价结果方面努力达成一致，由此确定下一步能力发展的方向。

自 20 世纪 80 年代采用新的课程标准以来，职业教育(包括职前和职业继续教育)的关注重点就不再仅仅是传授知识和方法，而是提出了发展个体能力的理念，尤其是在关键能力讨论的背景下(如全面的职业教育理念，见 Lipsmeier 1989b)。这个理念不仅源自企业的要求，而且源自社会(参见有关全球化影响的讨论)和家庭的要求，如通过"拼布"(Patchwork)传记大师等。这与本文开始时引用的文教部长联席会议关于行动能力的定义所讲的一样。

能力发展的一个重要前提是，个体对该能力领域中的工作对象感兴趣，并有愿望长久致力于处理有关这些对象、问题和流程的问题。如果个体没有能力发展的兴趣，则需要一个可以激发个体能力发展动机的、道德上的上层建筑形式。这一道德上的上层建筑可以由企业确定，如可以通过加强个体对企业的认同实现。在很多传统的德国企业(如赫斯特、西门子和大众公司等)中都可以看到这一机制。但是最近几年，经济危机导致大量雇员解雇和企业结构重组，破坏了这一原则。德国的另外一个能力发展机制是"职业认同感"，它同样也经历了严重的侵蚀(Lipsmeier 1998)。为了应对这一挑战，人们采用一种新的理念促进能力的发展，即通过传授技术、专业劳动以及专业劳动的社会组织规则来建立职业的认同感(Bremer 2004)。

4.2.4 能力鉴定

在职业资格认证时，通常需要证明已经具备了相应的知识或在特定情境中的技能，而能力的实践证明要困难得多。要看一个人是否能够解决问题，或者是否有能力应对之前没有遇到的情境，最好的方法就是在一旁观察他。这就得出一个结论：人们无法鉴定能力，而只能评价能力(Bernien 1997，19)。在上述企业实践中试验和运用了多种方法评估员工的能力发展(Erpenbeck/von Rosenstiel 2003b)。鉴定能力与能力测量一样，需要解决一系列问题，更多细节可参见本书下册相关章节。

4.2.5　能力的实现

为了能够发展个体的能力，必须具备一个前提："不同于适应性要求，对工作人员的独立性要求面临一个限制，即他人无法来规定独立性。独立性是不能被强迫的，它与工作人员的意愿、自主性和独立性有关"（Brater/Bauer 1990，54. 转引自 Arnold 1997b，266）。这就意味着，需要发展能力的主体要想取得成效，就必须采取独立的行动措施。这对学习方式的要求是：每一种促进能力发展的措施都必须符合学习者自身的利益，而且其用途清晰可见。

但是，仅此一条还无法明确确定促进能力发展的措施。为了设计这些措施，还必须了解能力的实质内容。从文献分析中我们又遇到这样一个问题："随着对关键技能（key qualifications）无休止的讨论，对不同能力的讨论有一个共性，就是没有人再知道，能力究竟是什么"（Heyse/Erpenbeck 1997，8，引自 Bolder 2002，651）。

对能力没有一个精准的定义，使能力概念面临如同关键技能一样的威胁。由于恣意滥用，关键技能只剩下一个空壳而没有任何内涵可言。对该论断的一个证明是，当人们谈到关键能力时，并不能自然联想到 Mertens 于 1974 年发表的"现代社会理论的假设"著名论文中介绍的关键技能。能力概念内容注水的危险还在于，它与关键技能有同样的目的。Mertens 在其文章开头就提到了这一目的："对现代社会的一个个体进行的培训包含三个维度，即为完成和发展个性而培训，为奠定职业存在的基础而培训，为培养社会行为而培训"（Mertens 1974，36）。由于教育体制无法应对各职业领域迅速扩张的知识总量的要求，所以 Mertens 试图通过"培训"解决问题。他提出了一个充满疑问的解决方案："寻找工作和其他环境要求的共同的第三方。"这里指更高一级的教育目标和教育要素，即承诺让个体迅速而顺利地开发"可迁移的专门知识"。这里不再对个人进行针对特定情境的培训，取而代之的是通过关键技能开发应对多种情境的个性。

但是，开发培养关键技能的课程可能存在很大风险，为了促进抽象能力发展，如逻辑思维、数学能力或者信息采集能力等，而忽略了个体必须面对的现实要求。在一个著名的企业培训实例即西门子公司的"PETRA 方案"（以项目和迁移为导向的培训）中，企业培训集中在关键能力的培养上，包括"实训任务的组织和实施""交流与合作""学习及科学工作方法的应用""独立性及责任心"和"心理承受力"在内的关键能力成为衡量培训生任务完成状况的标准（Klein 1990）。

致力于培养无法直接传授的"形而上"的元能力的后果是：关键技能的种类急剧增多。如 Resse 在 1995 年列举了 600 种中关键技能（Resse 1995，引自 Bernien 1997，27），但无法找到不同关键技能之间的共性。

关键技能的理论在这一点上是失败的，但是 Mertens 提到的问题依然存在：

一方面对社会新人的职业教育必须保障传授具体的技能，使其能符合具体的工作要求。但另一方面也有必要发展所谓的元技能，否则将无法应对不断变化的工作的要求。

为了达到这一目的，作为现代课程的基础，如今职业教育学和职业学研究中出现了两种不同的理念：以学科系统化逻辑为导向和以（能力）发展逻辑为导向。

学科系统化逻辑的出发点是，一般性专业原理可以取代关键技能的作用。例如在电气技术职业领域，人们可以从电学原理中得出具体元件和电路的特征和运作方式。由于电学原理不会发生变化，而具体元件各不相同，人们就可以通过学习电学原理奠定一个适当的"基础"，以便应对发生了变化的具体要求。但是，这一教育理念与学习的实际情况相冲突。学习者在给定的培训实践中显然无法学到普遍适用的原理，更多的只是"枯燥的知识"（Gruber/Renkl 2000），这些知识也无法用来应对不断变化的工作要求。

另一个方案是，课程开发者通过专家智能研究，实证分析由初学者到专家的发展过程（Benner 1995；Rauner 1999b）。这里必须满足两个要求：第一，学习应有助于尽早建立职业行动能力；第二，应通过系统化的发展提高行动能力，并达到专家的水平。

相关研究文献讨论了两类学习，即系统性的学习和判例式的学习（Bruchhäuser 2001），仅采用第一种方式缺乏判例，第二种方式则缺乏系统性。学科系统化课程以科学体系框架为基础，它无法同时满足职业工作的要求。每一个《培训条例》和《框架教学计划》都是在学科系统和具体工作要求之间做出的妥协。

发展逻辑的理论也遵循学科系统化原则，但只是部分遵循了现有的学科规律。还需要验证的专家智能研究的结果，证明存在专家从学科系统化知识和经验性知识中发展出的新知识，新知识体系的逻辑方式与学科系统化逻辑不同（Bromme 1992，45）。

那么专家的能力是如何发展形成的呢？在对专家的实证分析中，研究集中在专家的技能和感受的结构。专家运用其技能的意志和愿望以及不断学习的努力，被认为是专家智能发展的条件。

4.2.6　专家智能

专家区别于新手的地方是他的知识特质。这一特质的作用，可以通过专家智能研究对下棋的研究结果进行说明。当然也有比下棋更与职业行动能力相关的例子（Gruber/Ziegler 1996；Gruber 1999，2001）。

在下棋这种领域种，专家可通过其突出的表现出名。例如，棋盘高手在下棋过程中不仅仅在棋术上赢了新手，也在心理战术上战胜了对方。而心理战术可以衡量下棋专家的特殊的理解能力。在看过一个棋局后，棋盘高手在很短时间后可以复原的棋子数比新手复原的多得多。原因并不像人们猜测的那样，高手的通用记忆力较好，而是他们的与对象相关的记忆更好，这里是与棋子位置相关的记忆。尽管这里通过记忆棋子位置的个数测量新手和高手之间的区别，但实际上并不是具体棋子的位置构成了记忆内容，而是棋局的整体。只有在实际下棋过程中出现的有意义的棋子布局中才能显示专家的过人之处。对于不重要的棋局，专家和新手之间的差别并不大。专家能理解棋盘的布局，这种布局并不是棋子的简单位置摆放，也不是所有都能理解。只有具备专家知识，才能理解布局。专家知识有多个来源：一方面熟知下棋的规则；另一方面来源于多次实践后总结的经验。下棋规则起设定边界的作用，即不允许有违反规则的行为发生。但是规则本身不会对下棋的战略战术提供任何指示。棋局的意义是下棋人所追求的目标。最高目标是赢棋，但期间应建立阶段性目标，如安排进攻和防守，而这些又与对手的行动有关。从阶段性目标的追求、实现或者没有实现的实践中，得出了棋局的意义，这也显示了收集经验的过程。在这一过程中，有关下棋规则的知识(棋手专业知识的一部分)和经验互相交叉。在抽象知识(如下棋规则)和实践经验交叉重叠的过程中产生了引导行动的知识。将这种知识投入使用，便真正开始了下棋(而不是对棋局的评论或者解说)，这就是"隐性知识"；即对行动产生影响，其影响是针对行动的，而不是口头表达的。每个人都有隐性知识，如在识别面孔时。相比描述或刻画一张面孔，人们更容易辨认一张面孔。这里的隐性知识是指知道一个人的长相，但并不包括眼睛、鼻子和嘴巴具体位置的知识，而只关心它们作为一个整体，即一张脸。将细节融合成一个整体的能力是大脑的一项功能。大脑同样能将细节知识融合成为知识整体。这种知识就是概念性知识，用于说明单个知识成分和整体的关系。

专家的出众之处在于他们具备概念性知识。它不仅影响对结构的理解(如下棋)，而且影响行动能力(Hacker 1992；1996)。

心理学对能力(这里指技能或专家智能)获取的理解，是将陈述性知识转化为程序性知识。按照 ACT 模型(Anderson 1982)的解释，陈述性知识是通过知识汇编(陈述性知识的合成与序化)和微调(tuning)过程被迁移(Gruber 2001，313)。可以借助医学试验对这一过程进行说明。医生或医科学生在学习中通过各种试验获得陈述性知识。在具备坐诊或门诊实践经验后，他的知识将有质的改变：陈述性的生物医学知识转变为特定形式的程序性(所谓"疾病描述")。这种新知识使医生不必回想很多生物医学知识，就可以快速有效地作出诊断。Schmidt 和 Boshuizen(1993)依据这一专家智能研究成果发展出一项用以解释基于经验的学习如何能发展能力的理论。据此分为多个步骤：第一步是收集涉及疾病及其后果的有因果关系的生物医学知识。通过实践经验，将这些知识和具体案例统一起来并建立"疾病描述"。这种知识表现出叙事性结构。随着能力的发展，陈述性知识并没有消失，只是不再是关注的焦点。在医生的能力发展过程中，有助于其诊断的不同形态的知识的意义在不断发生变化。医生的经验越多，诊断时陈述性生物医学知识所起的作用就越少，取而代之的是一个概括的、与具体个案相关的模式。在这一模式中，经验性知识和陈述性生物医学知识相融合。生物医学知识以"胶囊"的形式存在。在这种知识的"胶囊"中，生物医学知识不再是孤立的知识，而是融合在与个案相关的模式中。诊断时，会激活和检验这些知识。诊断的基础不是书本里的孤立的生物医学知识，但这些书本知识绝不是多余的。它在某些情况下会有所更新，特别是当应用一个模式得到的诊断结果与其他知识在此病情上的观点相矛盾时。同时人们也意识到，专家以处方给出的判断和结论，是无法被电脑(专家系统)取代的，而且至今为止这种尝试都以失败告终。这里的关键原因在于，人类专家可以对他的处方从内容上进行评价。专家也正是由于对自己的判断和结论所持的批判态度，而与众不同。

行动知识是学术知识迁移的结果，这一观点在职业教育研究中遭到驳斥。这里讲的不是现有知识的迁移，而是实践性知识具有自己所特有的品质。其次相对，从"书本知识"得出的理论知识"只有从属的意义"(Rauner 2004a，76)。但是迄今为止，只有极少数职业学研究真正把科学知识和实践知识的关系作为研究对象(如化学领域 Fischer/Röben 2001 的研究)。至今还没有与职业学研究相关的知识概念，可以区分"书本知识"、专业知识、实践性知识和工作过程知识(Röben 2001)。在这一点上，知识心理学也无法提供任何帮助，因为职业学的知识概念从根本上必须以知识内容为导向，而心理学则主要研究知识的组织形式(Hacker/Jilge 1993)。

4.2.7　专家智能与专业领域

Shanteau 根据专家履职行为特点是否明显，将专业领域(domain)分为两大类。例如，属于专家履职行为特点明显的一类有象棋、物理和数学。在这类领域中，极易把专家、初学者及非专家区分开来。在另外一类领域中，专家的履职行为特点不明显，如心理医师、精神病医师、行为研究着者、咨询师、法官、人事经理(招聘工作)以及医生(不同研究的观点不同，见 Shanteau 1992)。显然，领域与专家智能的特点有关，但是心理学研究几乎不涉及这种关系，因为一个领域的内在结构并不是心理学的研究对象。在心理学研究中一般也不区分所属科学的学科理论知识和专家知识，这一点受到 Bromme 的批判(1992)。Bromme 在针对专家智能的大量研究中，以自己对教师的专家智能的研究为基础，发展起来了"分类感知"的概念。这里的"感知"，是知识的应用，正如前文对下棋所描述的一样。专家的分类感知，是由导致感知的内容广泛的概念所决定的(1992，43)。在探讨专家知识的特殊品质时，Bromme 提出一个有趣的论断：

"专家智能研究的一个值得注意的成果是，寻找与领域知识无关的、影响工作成功与否的原因的努力，在一定程度上失败了。决定专家不同于他人的原因，不是下棋时想到的排阵数，也不是医生提出的可能的疾病数目，更多的是他们的思考内容、对问题和情境的感知，以及他们的假设"（同上，44）

作为专家智能特殊标志的专家特质，只表现在他所处的专业领域。但是专家也能发展他们在非核心专业领域的能力，为专家智能提供帮助，并更好地与初学者区分开来。Dörner 的研究结果显示，专家对于那些在非专业领域出现的问题尽管不能马上解决，但是还是能够找到一些解决方案，因为专家能够更好地分析问题、更精心地设计步骤，并对自己得出的结果进行批判性的质疑。这一结论与 Becker 的观点相矛盾（2003，246）。Becker 在对汽车专家的诊断工作进行深入调查研究后得出的结论是"不可能存在元认知结构"。

专业领域的确定，成为专家智能研究至今无法解决的问题。Bromme 认为，按照专家智能研究者的观点，专家知识表现出的是"对某个学科明确给定的客观知识程度不一的建构"（Bromme 1992，45）。但是 Bromme 反对将某学科的专业知识与专家知识混为一谈。他的根据是，研究中发现，不同学科的知识会在一些个案中融合，这种知识的融合正是专家的特殊标志，说明专家知识并不是在所有情况下都与专业系统化知识相一致。人们可以把其他学科知识的融入看作是一种补充。与这一看法相反，医学研究发现，专家知识是发生了质变的一种新的知识。某一学科的知识在发展过程会迁移为专家知识，但是至今为止还几乎没有关于这种迁移的方式的研究。"迁移"的概念启发人们，应弄清专家是怎样将他的知识运用到实际行动中的。简单的指导行动的知识模型遭到 Neuweg 的坚决反对（1999）。对自然或工程科学知识，与与此相关的职业领域知识以及从事该职业的专家知识之间的关系的研究，是职业学一个既原始又现实的研究领域（参见如金属加工职业领域的 Becker 2003；电气技术职业领域的 Drescher 1996；化学技术职业领域的 Niethammer 1995；Röben/Siebeck 2002；Fischer/Röben 2001）。

4.3　学习场所的合作与培训合作伙伴关系

Günter Walden

4.3.1　概念解释

按照 Pätzold 的观点，学习场所合作是指"参与职业教育的教育教学人员在学习场所发生的技术、组织和教育方面的合作"（Pätzold 1999b，286）。根据德国教育委员会的定义，学习场所是"公共教育体系中承认的机构"（Deutscher Bildungsrat 1974）。在德国，职业教育的学习场所包括培训企业、职业学校、跨企业的培训机构以及其他形式的培训机构。这些机构有多种可明确区分（功能）的学习场所，分别履行不同的教育职能。在企业里，至少可分为工作岗位、培训车间和教室/指导室。在职业教育学研究中，学习场所这一概念遭到了部分学者的明确批判（Beck 1984）。不可否认的是，学习场所这个概念的确不很精准，学习场所的法律、机制和组织条件也有很大的不同。尽管如此，通过对学习场所这一概念的关注，仍然可以引导人们去解决一些重要问题，即"在什么条件下、针对哪些群体、按照什么学习目标，才能进行'最好'的学习"（Münch 1995，95）。在学习场所概念的基础上，发展出了一系列涉及范围广泛的学习场所研究，如合作教育问题就是该研究领域的一个特殊研究对象。

关于学习场所合作的研究常常针对特定学习场所之间的关系，如企业和职业学校之间、职业学校和跨企业培训机构之间的合作。"培训伙伴关系"的概念起源于不同培训企业之间的合作（Meyer/Schwiedrzik 1987）。培训伙伴关系是一种特殊的培训联盟形式。在此，参与的企业与自己的培训生签订各自的培训协议，但是会将自己无法提供的部分培训工作委托给其他合作企业进行（Schlottau 等2003，2）。这种培训伙伴关系也经常被称为培训联盟，参与企业认为"自己是在《德国民法》（BGB）第705条规定范围内，为寻求共同目标而组建的、法律意义上的联合体中的一员"（Rauner 2003c 8）。与其他的培训联盟形式相比，如核心企业与伙伴企业合作项目、委托培训或培训联盟等，这种培训合作形式对企业的要求更高。本文将从培训联盟的角度，阐述企业之间的合作关系，对培训联盟的促进和组织问题则点到为止。当然，在实践中，并不是所有的培训联盟都能与上述某个基本模式完全对应。

原则上，学习场所的合作并不严格局限在职前教育中，在职后的继续教育中也适用。近年来，德国职业教育相关研究的重点是职前教育中的合作问题。由于与继续教育使用的概念不同，因此本文只涉及职前教育中的合作，如前文所讲的"学习场所合作"和"培训伙伴关系"。与相关研究工作一致，本文主要讨论各种职业教育机构之间的合作，尤其是企业、职业学校、跨企业的培训机构以及企业间的合作关系，而且仅限于德国的情况。

4.3.2 研究目的与对象

通常，与此相关的研究的对象是不同学习场所之间的合作的各个方面，以及职业教育中的合作的一般功能。研究目的分以下几个方面：

合作的理论基础：在职业教育研究框架内，明确学习场所合作的必要性、合作的具体任务以及合作的范围、内容和形式。然而，全面而绝对的学习场所合作理论并不存在。

合作实践：职业教育研究中，人们对学习场所的合作现状进行研究，分析影响合作的相关因素以及职业教育中的合作的效果。这里主要是寻找不同职业教育领域之间的差异，确定不同的初始条件和方法的重要性，对所选领域进行个案分析。

合作的加强：在合作项目的标准设想、实践经验或合作实践中发现的缺点的基础上，研究深化和改进合作的措施。这部分为提高合作水平提出改善外部条件的具体建议。

实践模型的开发：职业教育研究最终要开发出用于建立良好合作关系的实践模型。这里需要考虑不同职业领域的具体条件。

目前，有关职业教育学习场所以及学习场所间的合作已有大量研究文献(Euler 2003d)。针对学习场所的合作也进行了大量的典型实验，其中部分典型实验还深入研究了一些具体问题(Euler 等 1999；Holz 等 1998)。限于篇幅，本文只介绍针对学习场所合作的最重要的研究领域和发展轨迹。

4.3.3　研究的历史与现状

关于学习场所合作和培训伙伴关系的研究可以划分为三个领域：一是分析双元制职业教育体系中职业学校和企业的合作，包括职业学校和跨企业培训机构之间的合作；二是探讨培训联盟内企业之间的合作；三是在区域性培训联盟层次上，分析合作的可能性。需注意的是，有关合作问题的研究不一定局限在上述一个领域内，而有可能涉及多个方面，如有的针对培训联盟的研究会强调职业学校的角色(Howe 等 1998)。但是多数研究项目可根据研究重点归入到这三个领域中的一个。

企业和职业学校之间的合作

在双元制职业教育中，企业和职业学校的合作是必然的，因为两者都追求一个共同的目标——顺利完成职业教育，学习场所合作至少要达到这个目标(Waldem 1996，30)。企业和职业学校间的合作问题可以追溯到双元制职业教育体系建立的早期(Schmidt 2003)。在 20 世纪 70 年代，学习场所的合作首次成为研究对象。当时，职业学校引入了集中授课模式(blocksystem)，在学习场所间建立更紧密的合作被提上了议事议程。当时，人们针对合作状况还进行了实证研究(Schwiedrzik 1980；Franke/Kleinschmitt 1979)。

后来，针对学习场所合作的研究的范围逐渐扩大(Pätzold 1990)。特别是在 20 世纪 90 年代，还开展了一些大型的实证研究(Pätzold/Walden 1995；Pätzold 等 1998；Pätzold/Walden 1999)。研究问题包括，在职业教育现代化的过程中，如何在学习场所合作与变化了的职业要求之间建立系统化的联系(Pätzold 1995d；

1999c；Walden 1996；1999c)？需要特别指出的是，企业和职业学校追求的是共同的职业行动能力目标，因此弱化了两者间的传统分工（职业学校＝理论，企业＝实践），从而迫使学习场所之间建立一种更为密切的合作关系。同时，新的教育目标，如全面的思考能力、团队合作能力和独立自主能力等，不可能在单一的学习场所实现，因此学习场所也必须建立更为密切的合作关系。此外，由于企业的工作方法和流程不断变化，职业学校也希望与企业保持紧密联系，以保证不落伍。

为了描述学习场所的合作现状和合作水平，在职业教育研究中，人们建立了一系列的分类。Buschfeld 和 Euler(1992，26)采用不同的强度等级，对学习场所的合作水平进行表述，如"职业学校教师和企业实训教师在日常培训中交流其期望、经验和问题"，"协调教学行动"和"共同实施合作项目"。Pätzold(1991b)按照合作双方对合作的不同理解对合作进行分类，具体分为"实用的形式主义的理解""实用的功利主义的理解""基于教学法的理解"和"基于教育理论的理解"。只有后两种理解，才可以建立真正促进职业教育实践的合作项目。针对这两种合作类型，Berger 和 Walden(1995)在实证研究的基础上，按照联系的频度、合作范围和合作内容，对职业教育实践中的合作模式进行了描述。他按照由低到高的紧密程度，将合作分为六种类型，即没有合作；偶发性的合作行为；持续的问题诱导型行为；持续的进步型行为；持续的建设型行为。

有关学习场所合作的研究都得出相同的结论，即在多数情况下，学习场所的合作都不能满足职业教育发展的要求。在对这些研究进行评论时，Eckert(2003b，113)提出："完全满足职业教育学要求的、符合教学理论和教育学理论的学习场所合作是个例外。"企业和职业学校之间的合作，主要是为了解决一些偶发性问题，或克服培训过程中遇到的困难。在多数情况下，解决教学法方面的问题只起着次要的作用。与学习场所合作委员会或工作小组等有组织的合作形式相比，学习场所人员之间的联系起的作用更大。虽然在现实中存在着范式性的、完全满足职业教育学要求的合作模式，但这多数还是例外。在具体实践中，一般并没有统一的模型，而是由多种取向和运行方式。在职业教育实践中，不同的影响因素决定了不同的合作运行方式。其中对合作密切程度有决定性意义的，是培训企业的规模以及培训职业（专业）(Walden 1999b 150)。

职业教育研究发现，阻碍合作发展的因素主要有结构性因素、机构性因素和人员因素(Walden 1999a，379)。结构性因素是指教育体系中"企业体系"和"职业学校体系"之间的隔离。双元制职业教育体系实际由两个并列而且相对独立的自治体系组成(Euler/Twardy 1992)。在机构方面，教师和实训教师迥异的工作环境，不利于形成密切的合作关系。最后是人员因素。实训教师和教师对自身角色有不同的理解，对与另外一个学习场所的合作的重要性并没有足够的认识。

在对学习场所合作研究的基础上，人们提出了一系列建议，以提高合作的程度和改善合作的条件(Pätzold 1999a；Walden 1999a)。有建议为实训教师和职业学校教师创造(促进合作的)一般性条件，例如提供相应的资源和时间；同时建立新的组织形式，包括由实训教师和职业学校教师组成联合小组、共同的继续教育活动以及教师的企业实习等。此外，还应设置专门的协调部门，建立并稳固合作关系(Walden/Brandes 1995，142)。为了使学习场所合作满足职业教育的要求，还需要建立教学法工具，以加强学习场所之间的互动。其中，尤其要关注学习和工作任务开发的工具(Holz 等 1998)。

这些加强学习场所合作的建议，在很大程度上都是针对职业教育政策制定者的。对此，他们以建议(如1997年联邦职教所管理委员会的建议)和加强合作的倡议等方式部分地做出了回应。例如在巴登—符腾堡州，地方教育主管部门和工商行会联合任命了合作顾问，负责组织教师和实训教师的培训活动和组建工作小组。在很多典型实验中，人们开发和试验了旨在加强学习场所合作的方案。巴伐利亚州的"kobas"典型实验项目(Bau/Stahl 2002)通过建立合作中心，对加强学习场所的合作进行了制度化的尝试。这里有必要提及的是，由联邦和各州教育规划与研究促进委员会建立的重点项目"职业教育学习场所的合作"(Kolibri)。这些典型实验将学习场所合作放在职业教育的一系列重要背景中加以探讨(Euler 2003b，21)。

迄今为止，有关职业教育学习场所合作的研究成果主要是针对企业和职业学校之间的关系的。原则上，这些成果也可以应用于跨企业的培训机构及其相应的合作伙伴之间的合作上(Autsch 1999)。下面讨论企业间的合作。

企业间的合作

自从企业培训产生以来，培训企业就和其伙伴企业在特定的领域开展合作。这种合作的基本原则是，当一些培训企业由于自身业务流程的限制而无法很好地传授《培训条例》所规定的培训内容时，就让学员到伙伴企业接受这部分的培训(Rauner 2003c，7)。人们在创造培训位置的过程中，发现了这种企业间的合作方式可以成为实现公共利益的手段，并由此发展起"培训联盟"的理念(Meyer/Schwiedrzik 1987，15)。如果联盟中也包括其他学习场所，如跨企业的培训机构[①]、企业外的培训机构[②]和职业学校等，那么这种培训联盟也被称为"学习场所联盟"(Meyer/Schwiedrzik 1987，19)。

早在20世纪80年代，政府就做出了很大努力，试图把培训联盟更好地整合到企业实践中，从而促进企业增加培训位置的供应(BMBW 1984)。在培训岗位

[①] Überbetriebliche Bildungsstätten，用于补充企业培训内容不足的培训机构，属于企业培训的范畴。

[②] Außerbetriebliche Bildungsstätten，企业培训的替代机构，不属于企业培训范畴。

供给不足的情况下，政府促进这种培训联盟的发展具有重要的意义，如联邦政府在培训应急行动计划框架内的培训联盟促进活动（Raskopp 2002）。参与培训联盟有两方面的优点。首先，那些由于专业化程度不够而没有开展职业教育的企业，通过参与培训联盟可以获得培训资格；其次，培训成本的降低，也会刺激企业提高提供培训位置的意愿。职业教育研究的关注点，包括建立培训联盟分类模式、为企业实践提供帮助和建议、职业教育联盟推广度调查以及公共基金使用效率的研究等。

在各种联盟模式中，企业间合作的密切程度有明显不同。特别是在引入企业外的（专业）培训机构后，一方面，由于他们承担了培训的协调任务，并接受企业委托提供某些阶段的企业培训，这很可能对企业间的合作产生不利影响。另一方面，对一种权利平等的企业合作方式（又称为培训伙伴关系）而言，企业合作需要满足更高的要求。

在培训联盟的发展中，尽管公共利益的关注重点是培训位置的量的增加，但是对质的关注始终没有改变。作为建立培训联盟的目标，提高职业教育的质量也体现在国家的促进计划中（Schlottau 等 2003，7）。可以明确的是，利用企业的专业化条件，可以提高职业教育培训的质量。培训联盟提供了强调工作过程能力培养的可能性（Heidegger/Rauner 1995）。特别是 Rauner（2003c）认为，在企业外的培训机构和企业培训中心进行的远离生产岗位的培训，会严重影响职业教育的质量。而加强企业的合作培养，是强化企业工作过程中培训的一个恰当手段。

此间，职业教育研究从多方面对培训联盟进行了研究（Pahl 等 2003）。这种职业教育合作形式不仅能在量上起到积极的作用，而且还能促进质的提高；因而成为学术研究的重要对象，并在一定程度上被认为是"双元制职业教育标准组织模式的组成部分"（Rauner 2003）。关于企业对培训联盟模式接受程度的调查显示，参与联盟的企业明显从中受益（Schlottau 等 2003，7）。最明显的受益之处在于，培训生的专业素质得到更大的提高。但是，任何事物都有两个方面，联盟中的培训生对原企业的认同感减弱了。

虽然职业教育研究促使政府大力支持培训联盟的建立并为其提供资助，但是就企业培训而言，这种联盟方式仍属少数。企业间的部分培训合作伙伴关系（合作水平低于官方培训联盟的标准）得到了更为广泛的普及。

区域性的职业教育网络

最近，人们从更广的意义上对学习场所合作和学习场所联盟进行探讨，即"区域性的职业教育网络"，包括职业教育多种行为主体之间的可能的联系。一个区域性的职业教育网络由"该地区大量从事职业教育的机构以及它们之间的一系列关系构成，如政策影响、知识交流、友好合作和信息技术关系等"（Wilbers 2003，417）。

除了双元制职业教育体系中的企业和职业学校之间的合作，以及企业之间的合作外，这个网络还有助于解决不同职业学校之间的和弱势群体促进机构之间的合作问题（Wilbers 2003）。这种合作的特点是，它试图通过发展合适的理论和分析现有网络形式的共同和不同点，来加深对研究对象的理解。这里的理论根据主要是企业管理学中的企业合作理论（Backhaus/Plinke 1997）。现在还无法断定，这种内容更为广泛的网络思想是否比常规的、取向更明确的学习场所合作优势更大。由于职业教育中的信息技术以及所谓的在线社区越来越重要（Zinke/Fogolin 2004），因此合作关系也越来越复杂，这对分析工具提出了更高的要求。尽管如此，新技术还是有利于区域性职业教育组织的建立，也有利于形成跨地区的职业教育网络。

4.3.4　方法特点与展望

总的来讲，职业教育研究的目的并不是开展理论研究的本身，而是改善职业教育的实践，对职业教育合作的研究更是如此。除了分析已有合作模式外，改善加强合作的方法，形成切实可行的合作模式也有重要的意义。在此，科学伴随下的典型实验具有特殊的意义。典型实验不仅是学术研究的工具，也为改变实践作出了重要的贡献。典型实验中既包括"解释性模型"，也包括为建立新的现实提供基础的"设计性模型"（Zimmer 1997，28）。对典型实验的参与者来说，会有实际利益和认识目标的矛盾，这对实验的科学伴随提出了特殊的挑战。通常情况下，科学家不可能完全作为一个局外的观察者。行动研究理论因此具有特殊的意义。

在学习场所合作方面，改善合作实践的目标在很大程度上取决于职业教育主管部门的相关政策。也就是说，对加强职业教育合作的方法而言，仅通过学术研究发现合作中存在的问题，还远远不够（Bau/Walden 2002，148）。要想改善合作状况，更多地还要靠创造相应的条件。没有职业教育管理部门的鼓励措施，职业教育合作就不可能取得长足的进步，起码在广度上是这样的。因此，虽然学习场所的合作和培训伙伴关系是职业教育研究的对象，但是它们的发展更多地取决于职业教育政策未来的发展趋势。

鉴于资源的有限性，职业教育的多元化发展趋势，如学习场所重点的转移，以及与双元制职业教育呈竞争关系的学校式职业教育体系的发展（Kutscha 1998），可能还会加强人们对合作可以提高培训质量的重要性的认识。

职业教育研究必须明察发展动向，并针对出现的问题提出解决方案。同时，新的学习场所间的联合方式（如职业专科学校和企业）也应当成为研究对象。这就需要加强与职业教育实践者以及政策制定者的对话。除了专门的合作研究外，在开展职业教育研究时，还应融入合作的思想（Bau/Walden 2002，148）。合作是一个交叉性课题，与职业教育的很多问题都有关系。

4.4 职业教育教师专业化发展的研究

Philipp Grollmann & Waldemar Bauer

4.4.1 职业学校教师研究的传统与不足

职业学校教师的招聘、培养和职业工作，是职业教育研究的一个核心问题。审视与这一主题有关的文献我们会惊讶地发现：直到今日，既没有理论基础深厚且有实证数据支持的职教教师资格标准或"职业描述"，也没有任何由职业学校教师发起的有关学习过程的质量和效果的实证研究。在德国《职业学校教师培养方案》研究项目（Buchmann/Kell 2001）框架内，人们回顾了从 1970 年到 2000 年 476 篇德文相关文献，包括 11 项实证研究。其中多数实证研究都是针对职教教师培养进入大学以后的教师培养第一阶段（大学教育）的回顾性评估。"现有实证研究结果表明，……学习效果很不明显，其专业影响一般，对社会能力和教学能力的促进也很小"（Lempert 1998，150）。

几乎所有研究都对以下两点提出批评：

> - 一是专业学习实践欠缺：几乎所有评价都认为，对教师职业来说，技术工人或工程师的企业实践经验比专业学科知识更为重要；
> - 二是教育学和社会科学课程的教学与具体职业情境和教学行动情境缺乏联系，师范学生在学习中基本无法获得教育行动能力。

这种批评在多大程度上是确切的还很难断定。但文教部长联席会设立的"教师教育委员会"也认为，针对教师的研究存在很大不足："教师教育研究的一个很大缺陷是，……对教师培养的实际状况和实际效果的深入认知太少"（Terhart 2000a）。

在这个大背景下，从以下两方面对职教教师的专业化过程进行研究，成为未来对教师的实证研究面临的一大挑战：

> - 职教教师的专业化发展：从教师的知识和行动，以及教师工作的效果和质量两个方面研究教师的工作世界；
> - 职教教师的专业化发展过程是个体的自我发展过程，研究不同培养模式下各个阶段教育对教师的实际专业和教学能力发展的影响。

4.4.2 对职教教师专业化发展的分析（工作世界研究）

最近，有关职教教师专业化的讨论逐渐集中到教师培养专业的科学化上来，或确切地说，是职教教师教育的学术化这个议题。过去讨论的基础是经典的专业化发展模式（Hesse 1972），现在逐渐开始从一般的专业化理论视角来认识问题，即除了职业的社会功能外，它还强调客户和专业人员之间互动的行动逻辑（Oevermann 1996；Fasshauer 1997；Kurtz 1997）。据此，专业化的活动，是只有通过专业化行动才能满足的、对现代社会生存要求的回答。专业化的职业承担着传播和维护社会核心价值观的任务，这对社会的再生产来说是必不可少的。

职业教育行动的结构重心是制度化的职业教育、教养和培训。从这一点上讲，职业教育的专业化应当是一种有意识、有充分依据的决策和行动的反思性常规，它可以支持教育、培训、社会化和认同感建立的过程以及个性的发展。在这种职业任务和教师工作的实际社会选择功能之间，产生了一种职业实践，它是由多种多样甚至相互矛盾的要求、标准、价值、利益、愿望以及难以统一的社会角色和功能体系共同决定的（Lempert 2000，257）。

这种功能的专业化发展产生了两种重要但却在不可调和的矛盾中共存的专业化行动，即（Oevermann 1996；Koring 1989，69）：

➤ 狭义上的理论理解、结构方法以及应用逻辑的（专业和教育）科学能力；

➤ 对一个具体事件用这些事件的语言进行理解的解释能力。

组成专业化教学行动的基本元素，是专家的科学分析能力和解释能力构成的一个矛盾的统一体（Oevermann 1996，126）。专业化行动不是技术知识的应用和对规则条文的掌握，而是在具体教育情境中对个案的理解。科学知识首先是一种对教学实践活动进行评判性的反思性知识。D. Schön 在其著作中研究了这种反思过程。通过对"行动中的反思"和"对行动的反思"之间的区别，他从惯例与习惯化的角度指出了执行活动对实现专业化的重要性（Schön 1987）。从这个层面上讲，专业化知识可以划归到实践领域，而不是科学领域（Dewe 等 1992b，83）。

将其推广到职教教师的职业行动领域，即在（经济和教育）两个子系统中完成要求不断变化的工作任务。这意味着，专业化行动发生在一个相互矛盾的关系中，即行动发生在处于"两极"之间的空间里，一极是理论、模型、学科知识与专业工作；另一极是学校与职业实践中的具体案例、关于教与学的科学发现和理论。

因此专业化理论的目标是重构职业教育行动的逻辑，研究在（不同教学）领域里典型的专业化行动模型。专业化的行动模型对完成具有复杂要求的任务来说是必需的。针对一个职业群，它是在现有体制和结构条件的历史发展产物（Dewe 等 1992a，15）。这不仅要求从客观的角度审视职业任务及其要求，而且要求从主观的角度分析任务的表现方式，以及教学行动中的知识迁移过程。

这样就扩大了职业学校教师研究的领域，其目的是研究那些过去一直被忽视的教师的工作现实。在这一分析的基础上，不但可以通过具体任务和所涉及的领域描述职教教师的专业性，而且还可以获取有关专业化教师培养规律的认识。

职业领域分析须满足的要求

对职教教师工作实际情况的研究应设计成一种针对职业领域的实证分析，因为它关注的主要是有关职业的内容方面，它应至少满足以下五个要求（Holling/Bamme 1982）：

1）与现实的关联：实证分析和描述职教教师的职业教育实践，分析客观的要求和任务，与主观的表现和能力之间的关系；

2）领域特殊性：收集不同学校类型和职业领域有关结构、组织机制条件、异同点以及人力资源结构与组成的数据；

3）三角测量法：对教师的知识、行动和工作实践进行深层次的研究并非易事，他对研究方法提出了很高的要求，需要对不同研究方法进行有效的结合，特别是选择不同的有意义的质性研究方法；

4）进入关系：分析应从不同的视角综合性地看问题，揭示研究领域的意义以及对职业教育体系设计、职业开发、课程、教学过程和教师培养的影响；

5）理论提升：应从理论上将职业领域分析的理念和结果整合到整个社会的大背景中（如社会学、经济政策、教育学与系统理论）。对职教教师整个职业领域来说，这意味着，必须清晰地归纳出职业学校在整个社会环境中的功能、职业教育的意义以及教师在社会再生产和现代化过程中的角色。

这些要求的成本很高，无法通过单个的研究完成，而需要综合化的研究项目。

研究内容

在专业化模式和专家智能研究的基础上，应该对以下相互联系的领域进行研究，其中最重要的是职业领域分析：

➢ 职教教师的职业伦理，包括职业道德、自我认识、对任务的把握和对教育的理解，以及与特定客户的关系（自我概念）；

➢ 职教教师的、领域相关的职业教育过程知识，包括有关职业教育的过程、结构、组织和内容的知识，以及这些知识的成因与参照知识体系；

➢ 在职业文化中的教师的行动、能力以及表现（Terhart 1996）。

专业化的关于怎么做的知识

在职教教师培养的历史发展和培养过程学术化发展过程中，人们对其知识进行了讨论，其中最重要的经典议题是"技术专家还是教师"？原则上讲，"教师的知识"由在正式教师教育期间所学到的以及在实践中经历或应用的知识组成。对职教教师来说特别的是，不同人在其成长过程中有不同的社会、科学和实践背景。例如，很多技术类专业的教师从工程技术或职业师范大学毕业并学习了很多专业知识，但同时也在职业教育或实际工作中获得了大量实践经验（Jenewein 1994）。与普通教育老师相比，职教教师的行动有更复杂的空间，因为其专业和相应的知识有双重的"理论与实践"的关系，其工作同时涉及专业理论和专业工作，以及学校实践、工作实践和职业实践。用心理学领域专家智能研究和问题研究的术语，可以说存在双重的"不明确领域"(Grollmann 2004)。不明确领域的特点是，需要探讨和解决的问题没有明确的规则和技巧，而且问题本身也是由专业人员自己来确定的。不但在教育问题，而且在职业教育的内容中，都存在这一状况。因为事实上，对技术工人到底有哪些能力要求，并不存在一致而标准的答案(Fischer 2002)。

在教师认知研究中，目前既不能分析，也无法描述清楚教师的能力到底由哪些元素和知识构成。即人们并不清楚，在教师的专业化发展过程中，如何把科学的、专业的、教育学和实践的不同知识与经验进行融合，也不清楚这些知识是如何产生、组织并在教学行动中应用的(Bromme 1992)。

既然目前还没有在职业教育领域开展教师认知研究，因此有必要从研究理论和方法的角度来看一看美国的"教学内容知识"(Pedagogical Content Knowledge，简称 PCK)研究。在此，把教师的知识内容分为以下几个领域：内容知识、教学知识、课程知识、教学内容知识、学生的知识、背景知识以及教育的完结、目的和价值知识。它建立在以下假设基础上：教学内容知识是教师独有的知识领域；因此，教学内容知识是学科内容知识、一般教学法知识、课程知识三者的整合(Schulman 1986；1987)。

教学内容知识理论还说明了，专业知识和课程内容是如何通过教师在课堂进行转化的。直到今天，德国的专业教学论都没有研究这种通过教师行动引发的主观传授过程，因为它一直聚焦于专业和专业的客观内容以及教学简化上。

在这种逻辑思维下，对职教教师的知识库或"职业教育过程知识"(Gerds，Bauer 2002；Grollmann 2004)的研究就只能在具体专业领域内完成；而且与专业学科相比，有明显的特点。因此，对教师知识库的研究应包含以下内容：

➢ 知识库的内容及其产生和形成过程；

➢ 知识的参照系(专业科学、专业教学论、专业工作、教育学或职业教育学等)，并在行动中建立知识要素的联系；

➢ 知识的一致性与相关性，即各种知识要素(学科体系、与经验的联系和知识与情境相关的组织)在结构和组织上的密切关系；

➢ 知识的事实上的恰当程度(专业知识 VS 职业知识)，需要针对客观任务背景的规范化参考系。

职业伦理

从很大程度上讲，职教教师从事的是一种可以自我调控和自行掌握的专业化活动。对社会尽责和适当地完成任务，需要借助可引导行动的价值判断标准，和存在于内心的具有约束力的职业道德准则。这些准则必须符合三条原则，即公正、关怀和真实(Lempert 2000；Oser 1998)。然而迄今为止，尚未见到对职教教师职业伦理的研究。广义的职业伦理概念不仅关注狭义的职业教育工作中的道德困境，而且还关注典型的态度、感知方式和行为模式，这都依赖于职教教师的主观知识和他在职业文化中的社会融和的交互(Terhart 2000b)。一方面是知识；另一方面是社会条件，两者的相互作用是职教教师专业化研究的中心议题，因为只有这样的行动才是可解释的。

教师的知识与行动

主观理论综合研究项目(FST)①致力于教师行动的主观条件的研究，主要研究问题是可使教师日常行动顺利实现的原则(Groeben 等 1988)。研究的假设是：主观理论作为对某一现象的自我意识与世界观的复杂综合体，是一种相对持久的精神结构，这与客观理论乐意实现解释与预测功能是一样的。一些研究证明了教师存在着主体理论，并发现：教学实践不是由教育科学的理论决定的，而是由在产生于日常实践中的主观理论决定的(Dann 1994；Tenorth 1997)。

但其他有关教师的专业化研究的理论提出了关于行动引导的知识表述和知识分类的问题。舒曼学派(Schulman—Schule)近期的研究特别验证了以下观点：个体对事实性知识的表述，同与教学方法和能力相关的程序性和描述性知识是无法分离的(Bromme 1996)。人为的(对事实性知识和教学知识的)分离(Hillocks 1998)，弱化了教师的以下认识：事实性技术知识的实质与结构总是包含着一定隐性的"教育学"理论。这项研究有力地说明了，对专业的理解能对教学方法和教学策略产生深刻的影响。其中一个案例是对"专业教学应分为理论教学和实践教学，职教教师应分为理论教师和实践教师"问题的争论(Rauner 等 1980)。G. Adolph 证实，这种模式与传统的工程科学对典型生产模式的认知有紧密的联系。他还证明了，实际的教和学的过程，与由理论教师指导的专业实践以及独立进行的理论课都没有多大的关系。在个人发展和职业社会化过程中形成发展的主观理论，具有引导行动的功能，也有助于对教师行为的解释和证明。比较研究发现，在不同的职业文化中，教师的传统的个体准则(Lorthe 1975)和职业伦理(Groll-mann 2004)也不同，机构环境在专业化知识的形成过程中扮演着决定性的角色(赵志群 2003)。

对教师行动的研究至少应分为以下维度：

➢ 在与背景条件相关的职业成长经历中，主观行动理论的产生条件、发展及其特征；

➢ 与教学任务和教育目标相关的职业教学活动的表征、意义模式和依据。

对这些关系的研究总体上讲也是在质和量的两个维度进行的社会研究。对第

---

① FST 全称为 Forschungsprogramm Subjektive Theorien。

一类复杂问题(质的维度)来说,传记研究和人种学研究方法可用于确定和描述专业化发展的现实;对第二类复杂问题(量的维度)来说,需要进行更严格的心理活动研究设计(König, Zedler 2002)。Lempert (1998)认为,"研究不仅仅是收集职业教育专业学生和在职老师的自我总结,……应该很严肃地对待这些结果,这需要结合两类研究方法"。

4.4.3 职教教师的专业化发展过程的分析

如何能够恰当地培养职教教师,这一直都受到社会和职业学校政策发展对教师提出的不断变化的要求的影响。在这一发展变化过程中,不但产生了多种具有地方特色的教师学术培养的模式,也产生了多种教师类型(Rauner 1993;Brechmacher, Gerds 1993;Stratmann 1994)。

现有的(学术型)教师培养的实证研究表明,我们必须重视以下问题:这种教育对教师能力的培养到底有什么影响,或做出了什么贡献?我们必须意识到,教师第二阶段的培养(即见习期)在教学研究中经常被遗忘了。因此,文教部长联席会教师教育委员会建议"在对德国教师教育所有过程和机构进行广泛评价的基础上加强教师教育的研究"(Terhart 2000a, 153)。

在职业教育领域,首先要完成对所有过程、机构、阶段及它们对职业学校教师职业行动能力和职业认同感形成的影响的综合性分析。

对颇有争议的有关如何设计职教教师培养课程的讨论来说,目前尚没有实证依据证明某一种模式确实有绝对优势。然而现有的研究结果,却不支持那种"半个工程师的学术化"教育以及与专业教学机构完全分离的职业教育学模式。只有在广泛、系统地比较和评估不同模式的影响,才能确定出"正确"的教师培养理念和模式,而不受特殊的利益或理想的影响。这里应考虑以下问题:

> 有地方特色的不同教师培养模式的贡献和影响,应考虑到上面提及的各个方面,如职业伦理、专业化知识和教师行动等。这一方面涉及职业教育专业的设计,另一个方面也涉及职业教育学的发展;

> 在发展专业化知识时,对参与学科的学术传统、思维和交流风格以及所确定的一体化程度和问题领域进行分析,至少要将两种研究方式(理学和人文科学研究)结合起来;

> 企业与行业实践经验在教师能力发展过程中所扮演的角色;

> 教师教育第二阶段(见习阶段)对承担职业教育任务和职能,以及进入公共服务生涯的影响;

> 在第三个阶段即入职阶段,社会化的结果,职业伦理和职业认同感的建立。要想建立专业化的教师培养模式,必须有以下机制(Gerds/Bauer 2003;Terhart 2000a):通过实证研究和纵向分析实证证明,这些改革的

确对改善职教教师培养的质量做出了贡献；

➤ 教师培养所有阶段和机构的合作，它是维持必要而和谐的目标、内容和的组织条件，可使系统化、情境化和渐进的学习过程联系起来；

➤ 在大学教育阶段，完善每一部分学习内容体系，优化各知识领域（专业学科、专业教学论和教育科学等）之间的联系；

➤ 在职业实践的基础上更好地发展职业学。简单的专业能力加上教学法，已经不能满足教师的专业化要求和不断提高的社会要求。作为教师教育的核心，应培养对专业化行动极为重要的职业教育过程知识，这是教师培养的关键所在。获得引导行动的惯例，要求与具体的企业工作和学校教育过程紧密结合，从而确保教师教育的科学性和专业化标准；

➤ 在跨阶段和培养机构的大学、教师教育和继续教育机构的合作中，更加重视学习环境、反思性教学实践的设计和教学评价。职教教师的专业化教育是培养其计划、设计与评价学习情境的能力。促进自我组织的学习，是职业教育过程知识的核心要素。这首先要求与情境相关的实践，以及熟练应用解释学方法对有问题的职业工作情境进行解释和重建，并且促进学习者学习和发展过程的行动和决策（Lempert 2000，257）。

4.5　职业教育与企业的组织发展

Gisela Dybowski & Agnes Dietzen

4.5.1　职业教育与职业性原则：一个有挑衅性的争论

由于企业基本结构的发展变化，作为企业创新的两项战略性资源，职业教育和组织发展的重要性日益突显。然而在今天的讨论中，这仍然是一个具有挑衅性的话题。

1992—1993 年的经济危机，引发了一场有关德国是否仍然作为工业生产基地的社会学大讨论。讨论主要集中在两个方面：

➤ 德国工业界的等级和官僚模式以及变得僵硬的组织结构；

➤ 德国的职业性原则造成的职业间固有的分歧，以及以职业形式进行的教育培训。

H. Kern 和 C. Sabel 发表了著名论文，将以上两个方面看作导致经济危机的重要原因。他们的分析发现，产生德国工业的适应性困难的直接原因，是在企业内部和外部职业共同体之间过于分明的界限。另外，职业理念造成的惯性和沟通障碍，也是阻碍德国工业创新的重要因素（Kern/Sabel 1994）。

　　Kern 和 Sabel 的批评集中在官僚等级结构上。他们认为，官僚等级结构使德国工业组织的结构变得僵化。尽管很多人都赞同这种观点，但是当企业的组织发展过程涉及是否按照职业性原则并遵循德国传统的职业教育模式时，争论还是骤然火起。其他同样基于国际比较的研究则强调，基于职业性原则的工作安排是实现组织发展的重要桥梁（Drexel 1995，53）。这些研究认为，职业教育为技术工人带来的发展潜能，为企业提供了一系列具体的结构创新和组织发展的机会。因为，双元制职业教育的优势在于，它提供了一种职业社会化的形式，使还没有职业背景的技术工人在与生产设备的实践交流中，逐步建立"经验性知识"；并了解哪些还没有经过培训的有关规则性的、控制性的、过程优化的和问题解决的功能。

　　事实上，激进的企业重组过程发生在 20 世纪 90 年代中期，这不仅包括传统的技术工人密集型产业（如设备与机械制造），也包括传统的劳动密集型产业（如在汽车制造和化工）。这种发展与 Kern 和 Sabel 的预测正好相反。这些组织重组过程取得成就的基础，恰恰是高度的灵活性和扁平化企业组织结构。在此，质量保证和过程管理的责任重新回到了直接创造价值的生产环节，这必须由高素质的技术工人执行（Schumann 2003a）。尽管如此，关于结构转变及其对就业结构影响的争论仍在进行，包括对工作结构的影响及其对资格发展和培训需求的影响。与 Kern 和 Sabel 一样，M. Baethge 也提出了类似的假设，即过程导向的企业和工作组织原则会导致"职业的弱化"。因为取消按照职业资格进行分工的工作分配模式，冲淡了职业特性，并使职业轮廓变得更加模糊。许多人反对这一立场，认为组织发展和工作设计原则弱化了职业分工，这并不一定要解释为职业的弱化。事实上，过程导向的、范围更广的工作任务和更深入的合作，为职业工作领域的拓宽或重点转移提供了机会，也给职业教育带来了新的挑战（Schumann 2003a 108；OLSEN 2001，173）。典型试验项目 GAB①（Bremer/Jagla 2000）提出了制定职业描述新范式的建议（Lennartz 1999；Sauter 2002），这成为发展和完善职业性原则的一种新途径，但其对未来的价值还有待证明。

4.5.2　作为职业教育研究对象的职业教育与企业组织发展

　　这些发展表明，不仅要在社会学研究领域对结构变化、工作组织和资格发展的关系讨论中研究"职业教育与企业组织发展"的问题，而且迫切需要在职业教育和职业教育研究中关注这一问题（Dybowski 等 1995a）。对下面这些问题还需进行更深入的分析：

---

　　①　Geschäfts-und arbeitsprozessorientierte，dual-kooperative Ausbildung in ausgewähltn Industrieberufen mit optionaler Fachhochschulreife 的缩写，即在特定工业职业可获得高等专科大学入学资格的工作与经营过程导向的双元合作教育。

> ➤ 现代企业创新和组织发展的动态过程，与职业教育中跨企业的职业描述兼容吗？还是这些职业描述阻碍了企业灵活的组织发展？

> ➤ 德国的解决方案仍然是把已确认的职业资格作为企业组织发展和结构创新的出发点。对过程导向的企业组织新范式及工作来说，这是一个可持续发展模式吗？能由此来重新界定职业教育的概念吗？

在由大众汽车公司、联邦职业教育研究所(BIBB)和不来梅大学技术与教育研究所(ITB)联合举办的研讨会上，不同规模公司的人力资源经理、职业教育专家、社会伙伴和职业教育研究者对上述问题进行了深入的探讨。大家明确了一个观点，即"企业职业教育和组织发展"是学术界长期以来一直忽视的研究课题，其研究和发展在高度专业化分工的工作过程中有很大的局限性。但是在企业实践中，职业教育和组织发展在体制上始终就是分离的，虽然这两者的相互作用对推动企业和职业创新具有重要的意义。

为了能够更深入和全面地分析这些关系，并与其他学科或研究领域建立联系，职业教育研究能做出什么贡献呢？越来越多的学者和实践家提出这个问题，并将其呈现给专业研究机构，如联邦职业教育研究所和不来梅技术与教育研究所。这促使这两个研究机构加强了企业实践专家和不同学科研究者之间的对话，其目标有两个：一、确定针对职业教育和企业组织发展关系的研究、开发和监管需求；二、确定能够为本领域的发展指明方向的研究和开发任务。

1995 年，联邦职业教育研究所和不来梅大学技术与教育研究所的出版物(Dybowski 等 1995a)展示了有关这个主题的大量论文。文章重点讨论了 6 个问题。一方面，基本确定了职业教育和职业教育研究的实践与创新内容；另一方面，强调了研究和开发应从多学科和方法论的视角探讨职业教育与企业组织发展的相互关系。主要研究建议如下：

作为国际比较研究对象的企业组织发展与职业教育

对高度工业化国家的比较研究发现，各国正在努力实现内容更广泛的职业教育，这也是不同传统文化的发展结果。通过对企业促进创新和组织发展的分析可以发现，各国对自己国家面临的问题有更深入的理解，解决问题的框架也有所不同。对欧洲职业教育共同传统的研究非常有意义，这样有可能开发出既与各国的社会背景兼容又有竞争力的方案(Heidegger 1995，43)。

组织发展、技术设计和培训间的相互作用

职业教育研究应当努力采用跨学科的方法，将职业教育与企业的职业组织发展的关系分析，与技术开发研究、工作设计研究以及工业文化研究结合起来。重点应放在设计导向的跨学科研究上。为了实现参与式的组织发展，应将教育设计研究与技术和工作设计分析结合起来。

企业创新与培训策略

随着相关研究的发展，人们会逐渐弄清楚企业创新与培训策略之间的关系。职业教育和教育学研究必须采用跨学科的方法。从这个角度来说，可以从资格研究中获得重要的启发和认识。与资格研究不同的是，职业教育与职业教育研究必须考虑把资格研究成果转化为标准化工具（如职业教育的课程标准）的过程和形式。因此，急需合适的研究和开发工具来克服传统的职业教育课程开发技术的缺陷，并为未来的课程开发指出新的道路。同时，随着企业内部各个过程的整合，企业面临的紧迫问题是：如何对传统的职业或职业领域进行分类？另外，还要研究企业工作任务分工的变化，以及如何将企业内外的以职业方式组织的专业工作方式及其相关培训战略进行整合。

典型试验与企业组织发展的关系

典型试验项目采用准试验研究方案，为职业教育、职业教育管理和职业教育政策提供新的认识。应充分利用典型试验项目，将其作为推动企业组织发展的系统化工具，并努力将典型试验项目和其他相关研究和开发项目相结合。应该在研究项目和典型试验项目间建立"联合项目"，以发挥协同效应和提高研究能力。

学习技术和促进学习的工作设计所采用的媒体与培训方案

当涉及新的培训内容、新的技术和工作组织创新时，人们一直没有看到媒体作为创新手段的潜在可能性。为了使新媒体成为推动组织发展的工具，在工作场所充分运用新的学习技术非常重要。新媒体可以支持分散学习，提高学习时间和学习场所安排的灵活性。尽管如此，有关交互式媒体在工作组织、工作结构上的应用以及技术与社会兼容的综合性研究方法仍未出现（Ross 1995，320）。

这些研究和开发重点也为跨学科研究提供了众多的结合点，尤其是与工程科学和劳动科学相结合。

为学习型组织培养职业教育工作者

最后，企业的职业教育人员对融入企业组织发展过程中的职业教育也应当有所反映。然而，对职业教育人员来说一个大问题是，如何在内容和方法上系统化地设计与组织发展相关的培训过程（Pätzold 1995c，369）。将这些课题作为职业教育研究的重点，对职业教育具有重要的实践价值，但前提是职业学校教师对其在学习场所联盟中的角色变化进行批判性的反思。对职业学校教师的培养和培训也需要更深入的评价（Gerds 1995a，382）。

4.5.3　对 ITB 和 BIBB 相关研究和开发工作的概述

20 世纪 90 年代初定义的关于"职业教育和企业组织发展"的研究和开发任务，勾画出了一组研究项目，并为研究者和实践者提供了建议。随着时间的流逝，这些研究并未失去意义，而且还引发了新一轮的研究热情。职业教育在过去的十年里已经完成了开拓性的开发工作。职业性原则得到了改进，人们在完善"职业描述"方面也做出了很大的努力。通过对把附加能力整合到职前培训中的方式的深入研究，以及职业教育组织整合到工作过程导向的开放性结构里，人们建立和发展起了一个有活力的、灵活的职业教育理念。在对现有职业进行修订和制定新的培训职业的过程中，人们采用了客户导向、过程导向、服务导向的能力发展理念，并遵循将学科系统化原则与过程导向实践相结合的教学原则。过程导向作为企业重组和职业教育过程的指导原则，将职业教育与企业组织发展之间的关系发展到了一个新的水平(Dybowski 2002a，5)。

联邦职业教育研究所和不来梅大学技术与教育研究所在过去十多年的研究和开发工作中，已经较为详细地阐明了这些关系的各个方面，在此仅作简要概括：

在典型试验中，两个研究所都努力去强化职业教育和企业组织发展之间的联系，并试图深入揭示二者之间的关系。作为联邦和州教育规划与研究促进委员会(BLK)的典型试验项目的科学伴随机构，不来梅大学技术与教育研究所主要从学校教育过程和职业学校的组织发展需要方面来研究这个问题(Fischer/Stuber 1996；Fischer 2000，237)。而联邦职业教育研究所支持的一系列有关学习型组织(Bau/Schemme 2001)和工作过程导向的职业教育和职业继续教育的典型试验项目(Holz 等 1998；Bremer/Jagla 2000)，则强调职业教育在变化了的企业工作和组织背景中的重新定位。

同样，两个研究所都将这个主题作为它们的研究重点。在有关组织发展、技术设计和教育培训间关系的研究中，尤其是在创建"计算机辅助专业工作"这个研究领域的过程中，不来梅大学技术与教育研究所不遗余力地强调技术工人的经验和工作过程知识对职业教育设计的重要性，以及对企业的互动和创新的影响(Fischer 2000；Fischer/Rauner 2002b)。他们的研究主题包括工业和手工业领域的职业工作的内容和形式的变化。引发这些变化的并不仅仅是计算机、媒体和网络技术的发展应用，也包括企业的新型工作和学习组织形式。这就为职业和职业领域的重构提供了极大的可能性，包括重构工作过程中的知识和工作过程中所需要的知识。这就勾画出了一个新的研究领域，即为职业教育实践提供启发和指导。这个主题成为不来梅大学技术与教育研究所国际比较职业教育研究的一部分。欧洲的职业教育研究重点是分析工作和教育间的相互作用问题，并集中在工作过程中的学习方面。一个关于"组织学习模型及其对职业教育的影响"的项目①，通过对四家欧洲大型企业的研究，分析了职业教育与培训如何成为企业组织学习的前提条件，以及组织学习又如何在形式和内容上影响职业教育与培训的

---

① 项目全称 Wege des organisationalen Lernens und ihre Bedeutung für die berufliche Bildung。

(ITB 2000，158)。

联邦职业教育研究所也进行了一个类似的研究项目，即"企业创新与学习战略——对职业教育和人力开发的影响"(BILSTRAT)①，但是是在国家层面上的(Dybowski 等 1999)。这项研究调查了德国十家不同行业的企业，这些企业都经历了漫长的重组过程。研究分析了重组过程引发的企业工作和学习模式的变化，及其对职业教育和人力资源开发的影响。研究焦点主要集中在企业的组织、过程和资格要素的变化、其相互作用带来的挑战以及应对策略。这项研究还试图确定职业教育发展的环境和目标问题。这个项目没有局限在职业教育研究的急需品上。它还试图为职业教育实践提供建议，作为联邦职业教育研究所负责的典型试验项目的指导方针，并获得了好评。这一主题在跨学科的学术研讨会上也得到了广泛的讨论，因此有关这一复杂职业教育问题的深入见解，可以从其他研究领域或学科中获得启发(Dehnbostel/ Dybowski 2000)。

联邦职业教育研究所还将职业教育与企业组织发展的相互关系问题作为另一个研究重点的内容，即资格发展的早期识别，即通过组织与人力资源开发人员、工作设计者和变革管理顾问的经验性知识，了解企业的资格需求发展。其目标是，探询企业创新和变革过程对资格发展带来的影响；另外还获取以下信息，即企业和组织发展过程是否与企业的教育培训和人力资源开发相协调，以及这些行为在实践中的整合程度(Dietzen 2002；Dietzen/Selle 2003；Dietzen 等 2005)。作为组织变革和重组的结果，工作任务的组合和分配也发生了变化，这就有可能产生新的工作岗位和新的资格要求。组织发展顾问伴随着整个变化过程，它在工作流程和组织结构设计方面起着重要的作用，因此也有机会去确定和评价这一发展过程。

关于新的资格需求，研究结果证实了"新型职业化"的假设(Schumann 2003a)。很明显，专业能力、过程性能力和社会能力元素正越来越成为一个整体。在现有的职业描述框架内，可以通过改变职业能力元素的权重，清晰地表明职业教育培训和组织发展之间的关系。

上述专家意见对资格要求提高的背景和企业的实现条件提供了深刻的见解。尤其是后者，它清楚地说明，对于现代企业来说，必须把资格发展和组织发展看作是两个不可分割的背景环境。为了实现职业教育的目标，并持续化地开发技能，必须不断改变组织的结构：即建立能促进企业内合作交流的机制，建立清晰的资格认证结构，促进和开发有学习价值的工作环境。出于同样的原因，资格发展(skills development)是企业组织变革的一个基本的先决条件，它确保了员工具

---

①　项目全称 Betriebliche Innovations-und Lernstrategien-Implikationen fü berufliche Bildungs-and betriebliche Personalentwicklungsprozesse。

有支持变革的能力。从个人层面上说，普通员工应具有反思能力，包括"组织意识""参与变革过程"和"准确定位自己的角色"的能力。只有这样，员工才能妥善处理个人利益、职业行动和企业利益之间的关系。

5 职业教育的投入与经费

5.0 职业教育的成本、收益和融资

Robert l. Lerman

5.0.1 成本、收益的基本概念分析

所有公民都能接受教育是现代文明社会的重要标志。事实上，没有人会对教育系统的投入是否能带来收益提出疑问。相反，投资一家主营职业教育的机构会有以下问题，即职业教育的收益是否能超过投入的成本，是否值得学生将原本可以用于上普通教育课程的时间花费在职业教育课程上。要求提供职业教育成本收益有效性证据的原因，是因为当前人们对某个特定的职业的教育培训的投入经常很随意，或者因为政府资助职业教育的职责非常不明确。最普遍的观点是：职业教育是一个基础性的工作培训，应由雇主或者工人自己出资。

某种程度上，如何研究职业教育的成本、收益以及筹措资金的关系取决于研究者的原始兴趣。有些研究者从微观角度分析问题，比如，与在普通学校多待一年相比，在职业教育机构多待一年的回报率将会怎样？学生们完成特别的专业培训的平均成本和收益怎样？关于国家职业教育系统的宏观问题有：与大学教育相比，职业教育体系的最佳规模怎样？国家应该鼓励获得职业教育证书，还是学术性大学证书，还是其他一些技术模块标准的资格证书？与理论导向的教育相比，职业教育课程能更好地解决青年失业问题和其他社会弊病吗？本节将就有关问题的整体概况加以讨论，但并未提及所有可能的解决方案。

对于职业教育的价值、职业教育的成本、回报以及资金筹措的研究讨论或隐

或显地主要是运用经济学的成本效益分析及其相关理论。经济分析注重对社会成本(或者说消耗的资源)以及社会效益(产生的额外资源)的研究。正如其他的投资行为一样,职业教育成本投资很早,但是其利益的物质化总是在多年以后。将成本和收益进行适当的对比时,我们必须按照有关利率将今后的收益(和成本)折算到现在。当然,也可以将投入回报率折算成相当于现在的成本和收益价值。

社会成本和社会收益可能与货币成本和货币收益相同,也有可能不同。在职业教育中,有些社会成本是明确的,比如物质成本可以恰当地转化成它们的市场价格。付给教师花费时间的工资相应也可转化成社会成本,因为它们代表着:教师如果不教书的话,在其他领域也能产生生产价值。不明确的是,那些辅导员和兼职教师花费在职业教育上的时间如何转化成成本。从理论上讲,资源成本应该等同于其在其他生产领域或培训中产生的价值,但有时人们会忽略学生花费的时间转化成的社会成本。职业教育主要的收益是学生在培训过程中以及培训结束后为社会产生的额外生产价值。但是要计算这两种收益往往比较困难,特别是要计算他们在接受职业教育后十年中产生的额外收益。潜在的更广义的收益,比如自身观念的改变、效率的提高等,更是难以估量并转换成金钱。要较精确地比较成本(大部分消耗在职业教育过程中)和收益(大部分产生于职业教育以后),需要将今后的收益和成本折算并确定它们在当前的价值。如果把社会看作一个整体,来研究职业教育是否合理的话,那么分别从工人、企业以及政府三个角度来分析成本、收益以及资金筹措也是可行的。

成本收益分析能反映职业教育是否能给整个社会带来收益,当然收益在各个地方的分布是不均衡的,它取决于资金供应。在此,外部性理论非常重要。如果受训者或者雇主得到了职业教育的收益,那么他们就要承担成本。但是事实上经常有第三方,如其他工人以及企业,获得了外部收益。一个行业有受过良好训练的工人,会提高整个行业的生产力。如果一个行业中工人数量充足,那么不但雇佣相关专业工人的企业受益,其他企业也可能因为其供应商生产效率的提高而受益。最后,从某种程度上说,受训者如果自身能力提高了,少了那些生疏和没经验的人,社会的整体发展就会比较好,犯罪会减少,其他公民也能因此受益。鉴于这些外部相关性,如果工人和雇主承担所有成本,那么职业教育将会出现供应不足的情况。因此职业教育需要其他渠道的支持,特别是政府。这样不但能使职业教育达到一个最佳水平,也能使其他从职业教育中受益的人共同承担成本。

由于各国职业教育体系的结构和形式多样,要对其成本、效益以及资金筹措做一个综述是很难的。在一些国家,职业教育是以学校形式存在的,因此国家政府会在资金筹措中起着很大的作用。这时,参与筹资的其他人也会获得利益,最典型的是雇主分担一大部分的培训工作以及具有实习或学徒性质的教育培训费用。

本章展现了各国关于职业教育成本、收益、资金筹措以及更广义的收益研究的相关理论和实验研究。虽然各国在现代生产条件下有大的相似性，但是职业教育体系中职业教育的地位、雇主在职业教育中的参与程度以及职教资金筹措体制等方面还是存在着很大的差异。

5.0.2　人力资本理论

J. Mincer 和 G. Becker 创立的理论强调了普通教育（提高在企业内外都有价值的技能）和职业教育（仅提高在企业内部有用的技能）的差别。通用技能可以提升工人在企业内和企业外的价值。如果员工的通用技能提高了，企业从员工那里获得的生产价值高于工资，就可以受益。如果企业不愿因为员工接受培训提高了生产力而付出更高的工资，工人将会跳槽到另外一家企业，从而得到与他们提高了的生产力相对应的工资。因为所有的生产力提高的受益都是在工人自身上的，所以企业一般都不愿意在通用技能上投资。因此，为通用技能培训筹措资金的责任经常落到个人或者政府身上。企业更倾向于投资那些能让员工在企业内而不是在企业外产生效益的技能。企业如果提高员工在本企业的特定技能，则收益都由企业所得：企业提高了生产力，同时却不用提高工资。然而与设备投入不同的是，在培训上的投资都是当前的花费，而不是对企业生产能力的提高或者对未来生产潜力的提升。

人力资本理论在各方面遇到的挑战，证明企业在职业培训方面的投资是值得的。Acemoglu 和 Pischke（1999）注意到雇主的确在为工人提供一些通用的培训，他们认为雇主之所以有提供员工普通培训的动力，是因为劳动市场上的交易成本（如寻找成本和匹配成本）使雇员很难辞掉现有工作，也使企业更换员工的成本很高。如果能保持员工的稳定，那么这些投入就是雇主或雇员的潜在额外收入。如果企业有能力得到这些额外收入，同时也得到了因技术而提高的生产力的收益，这种收益比工资涨幅要高。这种工资和生产力双重提高带来的收益，使得雇主有机会通过培训、甚至是在通用技能方面的培训中获利。

把技能分成通用技能和专业技能这种分类方式，使得职业教育领域里最重要的技能类型——职业技能，没有得到应有的重视。那些在特定企业外的提高生产力的技能被称为通用技能，而只有利于特定雇主的技能才是专业技能。

一些人力资本理论家意识到资金筹措和资产流动性限制可能会妨碍工人对通用技能的投入。工人们可能会由于缺少现金，但又不能用未来的收入作为贷款的担保而影响其参与培训。在基于工作的培训中，工人们有可能通过做一份工资较低的工作，来承担一部分培训成本，而不要一份不需要培训的工作。在其他类型的职业教育中，政府通常通过提供学生补助金或者贷款解决流动资金的问题。

5.0.3 与研究职业教育成本、收益和融资等相关的概念问题

这些理论观点着重论述了职业教育的复杂性，说明了技能提高策略、融资以及成本和收益等之间的联系，阐明了为什么职业教育的成本和收益可以分为两大类：1)基于企业的学习，主要着眼于职业教育投资的收益率；2)基于工人的学习，主要是关于工人的投资回报率。基于工作的职业教育计划，如学徒制等，很自然地会注重专业知识的学习；因为雇主通常会承担这种学习的大部分成本，也有权利决定是否要为此学徒的学习付钱。在基于学校的教育中，两项最主要成本，即参加培训的学生的先前收入和授课成本，则主要是由学生本人和政府承担。因此基于学校的职业教育的理论学习很少考虑教学内容对雇主产生的影响，而主要考虑学生的回报率，有时候也考虑学生及政府的成本。比如，美国的职业教育国家评估包括学生收入的估计，但是没有关于整个职业教育体系成本增加的信息（Silverberg 等 2004）。很少有人在研究中去尝试量化其对第三方的影响，这里的第三方包括其他雇主、工人以及整个社会。

概念性的和实际的问题，主要出现在尝试对职业教育的成本和收益进行估计，以及按照这个估计成果做出决定的过程中。第一是界定与事实相反的情况，即如果没有职业教育，取而代之的又会是什么？要缜密地回答这一问题是很困难的。将接受职业教育的学生、工人和那些没有被这种问题所困扰的人相比，选择职业教育的人会与其他对照群体有潜在的不同。美国用来评价联邦政府资助的工作培训计划的方案属于此类社会实验。据此，将申请者随意分到不同的实验组（接受职业教育）和控制组（没有接受职业教育）。职业培训协作组（Job Training Partnership Act，Orr/Bloom/Bell et al. 1996）和职业团（Job Corps，McConnell/Glazerman 2001）正在合作进行这项研究。研究从参加培训的学员、政府以及整个社会的角度估算成本和收益。其中，职业团的研究是最全面的，它包含了因为有了职业培训而降低的犯罪率及其他社会问题而带来的收益。不过此类实验成本昂贵，周期也很长，它也很难估计雇主的潜在成本和收益时间。

第二，是成本收益研究前后的特点的问题。研究结果反映了过去的培训项目对过去的收入以及对提高生产力的影响，但其结果并不一定适用于将来。相关问题还涉及研究的时机。要想了解当前的职业教育的有效性可能需要至少 5 年到 10 年时间。但是到那时候，可能情况又会发生变化。

第三，很少有研究考虑到了雇主、工人和政府在专门的职业教育投资上的风险和不确定性（Lith 1998）。与所有投资一样，成本总是发生在所有的物质化收益之前。尽管总的来说职业教育可能会具有比较好的投入与产出比，人们投资的却是具体的课程、职业领域或者培训形式。职业教育在培训形式、职业、行业领域和培训质量等方面的巨大差别，使得不确定性增加，也使得归纳此问题更具风

险性。

第四，很难对增加的收益和成本进行准确地记录。为一个职业领域培训一名工作人员，提高了一个国家的生产力。但是工人生产率的提高依赖需求的增长。没有充分的需求，新培训的工人可能仅仅是取代了其他的工人。为了了解职业教育对提高综合生产力、减少不平等、劳动市场结构调整、产品与工艺设计等更为广泛的社会效益的促进作用，研究者必须在全国范围内去进行深入调查，这对解释数据、综合归纳发展趋势和文献分析等方面都有较高的要求。

5.0.4 基于雇主的研究项目

评估的困难很大，但是不应该钳制研究者。由雇主方资助的职业教育研究项目特别重要。这里的第一步是弄清成本和收益的概念。Walden(参见 5.1)讨论了这些方案，以及主要从企业的角度考察的相关实证数据。一方面，在考虑成本时，我们必须选择是将一些固定的商业成本附加到职业教育上，还是着眼于与职业教育有关的边际成本。虽然是否开展职业教育取决于它的边际成本和收益，但一些研究中的成本包括在没有开展职业教育时发生的开支。另一方面，边际成本优势忽视了与职业教育直接相关的资源成本。当然，企业培训管理者和兼职培训教师的一部分工资也属于职业教育消耗的实际资源，因此应该计入成本。规范的方法是将受训者交付的费用(包括强制性福利)都计入成本。虽然付给受训者的工资显然是企业花费的成本，它可能占有社会实际资源成本，也可能没有，这也是受训者的机会成本。如果职业教育取代了普通教育，成本将是受训者在接受普通教育时得到的收益，与接受职业教育所获得的收益相比较的学习价值。这个成本很难估计。如果职业教育取代了正常的工作，那么资源成本是受训者在他最适合的位置上能产生的价值。

无论是将受训者的生产性工作的价值作为减少成本，还是作为一种收益，都是不合适的。在任何一种情况下，它都会很大程度地影响成本和收益的平衡。Walden 论述了估量受训者工作获得的收益的两种方法。其一是衡量受训者为企业进行生产的时间，即计算相对一个普通员工，雇用一个受训者产生的生产率和潜在节省的工资成本；其二是计算企业要生产与受训者的工作量相同的成本。

企业投资职业教育的额外收益包括录用人员成本的减少、内部接受培训人员提高的生产率、职工流动率奖励以及产能利用率的增长。根据对开展培训的德国企业的调查数据，Walden 的研究得出的结论是：对于大多数企业来说，培训的收益远远高于培训所产生的边际成本。

5.0.5 职业教育的国家融资形式

职业教育的成本和收益不仅关系到雇主，也关系到工人和社会的其他人群。

不同的职业教育体制，对成本分担、获得利益和负责融资的方式有重要的影响。Timmerman(参见5.2)论述了不同国家不同的职业教育类型和投入渠道的关系。整个投入体系随着职业教育理念(资格的本质、教学方法)、管理制度(政府和企业的角色)和学校组织(职业学校、培训中心、企业内培训和双元制教育)等的不同而不同。

最普通的和与特定企业没有联系的职业教育很可能是由政府或者工人个人出资的。因此，职业学校最可能依赖政府投入，通常来源于普通税收。强调通过分散式的、岗位培训的专门技能培训则依赖于企业出资。美国和加拿大提供的职业教育往往是与工作岗位相联系的。虽然这种培训教授了很实用的知识，但是它最不可能具有普遍的适用性。亚洲(主要是日本)企业为员工提供与企业业务相联系的、范围较广的技能培训，让企业的长期员工获得企业内的灵活的技能。很多服务于企业的培训中心通常通过对相关行业的雇主进行征税获得资金。在双元制教育中，像在德国、瑞士和奥地利等地，主要依赖于个别培训企业提供资金，政府主要为职业学校中的理论知识教育提供资金。在双元制系统中，企业投入但没有企业间的界限是令人困惑的。他们的风险很大，因为自己提供资金培训的人员很可能被其他企业所录用。Timmerman在解释这一现象时，谈到了在培训阶段的生产效益、人员招聘录用成本减少、有限的人员流动以及普通教育和专门培训互补等原因。

国家包括雇主在职业教育融资方面所做的努力

虽然每个国家的职业教育体系都有所不同，但大多数国家都希望雇主能提供相当数量的经费用于现有员工和新员工的培训。Brandsma和Smith(参见5.3)讨论了国际上各种鼓励雇主开展培训的好的经验。根据这一分类，可把各国分成四类。

在如澳大利亚、加拿大、英国和美国的自由市场经济体系中，雇主有权选择是否对员工进行培训。但是在这些国家中，雇主还是会为员工提供培训，尽管很少会提供长期而且能获得职业证书的培训(OECD 1999)。他们提供的培训经常是短期的、专门化的、而且与企业业务紧密关联的(Lerman等2004)。此外，在1994年，美国四分之三的企业对其员工在大学或培训机构中缴纳的学费进行了补偿。70%的企业为员工提供了生产设备、电脑技术、团队合作和岗位培训(Lerman/Schmidt 1999)。

斯堪的纳维亚国家实行高就业义务体制。在挪威和芬兰，80%以上的雇主为员工提供培训，每年有超过50%的工作人员接受培训。在丹麦，行会、政府和雇主都会资助各种培训计划，其中大部分由政府提供。他们的培训计划涉及丹麦的55个经济领域。通过公私人合作(PPP)形式，荷兰在各经济领域广泛推广项目，这使得私营雇主也能够动用这笔培训基金。社会力量，包括行会和雇主等，通过集体协议参与规划和管理这些培训项目。在美国也有类似的促进领域就业的培训计划(Blair 2002)。

如果补助和其他形式的激励机制的效果不明显，有些地方的政府便会试图通过建立培训基金的方式强制雇主提供培训资金。强制性培训命令的另外方式是，企业至少需花将工资总额的一部分用于培训，或者投入到培训资金里。强制性的雇主投入方案在好几个国家实行，但是经常为管理成本高昂和比如什么才算真正的培训这样的问题所困挠。Brandsma 和 Smith 得出这样一个结论：激励雇主培训需要机构上的调整，应该让雇主成为主要的利益相关者，并让他们提出培训政策和培训项目。

5.0.6　职业教育为个人和社会带来的广泛收益

另外一个促进职业教育的方法是记录个人和公众在事业和社会生活中得到的巨大收益。关于职业教育对个人收入影响的文献很多，当然收入的影响无疑会因课程本身的不同而不同。但是，即便那些很少有雇主参与的培训体系，似乎也能增加受训者的收入。在美国，Bishop 和 Maine（2004）的研究发现，接受四门高级 CTE 课程，而不是两门学术课程和一门个人兴趣课程，会为学生在其普通高中毕业八年后的生涯发展中带来更大的收益。

职业教育的收益不仅仅体现在事业发展和生产力提高上，而且会影响个人的认同感和社会资本。Feinstein，Kirpal 和 Sánchez（参见 5.4）讨论了产生此类影响的领域和机制，并举例说明职业教育如何提升受训者的自尊、自信心、社会技能、社交能力和学习动力，以及使其清楚未来事业的发展方向和前景。这些效果进而又改善了个人的身体状况，减少了抑郁情绪，也降低了少年怀孕和犯罪的概率。一些研究还记录了职业教育对社会整体带来的效益，包括低犯罪率、改善了年轻人和社会的交流能力等。当然，这与职业教育的形式和质量也有很大的关系。总的来说，边工作边学习的方式对提高个人的认同感和社会资本更有效。

职业教育对提高生产力的效益

除了将个人培养成具有更高生产率的员工、具备一个职业的更多技能资格的作用外，职业教育还帮助工人在生产流程中扮演一个重要角色，并提升他们的革新能力。Ruth 认为，职业教育对于发达国家来说更重要，它能使其顺利地从大批量生产过渡到柔性生产(参见 5.5)。从这一角度出发，在柔性生产上一直有很强能力的德国，很大程度上是其职业教育体系的功劳。Steedman 和 Wagner（1987；1989）的实证研究，记录了职业教育特别是学徒制是如何提高一个具体行业的生产率的。职业教育获得的技能和提高生产率的创新之间的相互作用虽然很微妙，但却实实在在的存在着。

职业教育的收益、成本和投入的全面研究

很多可获得的关于职业教育的收益、成本和投入情况的研究都很有价值，但是目前尚没有全面阐明其对发展完善职业教育体系所产生的影响的成果。影响此类研究的困难，是研究方法和实践方面的问题，比如对生涯发展的影响评价需要长期的跟踪；对生产率的提高需要深入的企业研究，企业和员工之间的多元互动可能引发与个体叠加效应不同的市场效应，等等。然而，研究职业教育对个人的影响和对整个体系的影响，对深入了解职业教育，以及对职业教育更好地服务个人和社会发展，都是非常重要的。

5.1　企业内职业教育与培训的成本与收益

Günter Walden

5.1.1　术语的定义

有关培训的成本与收益的数据对职业教育与培训体系的效能评价至关重要（参见 5.2）。在企业内的职业教育与培训领域，德国对成本的核算已经有相当长的历史。在此，我们首先要对企业内培训成本和收益的研究中使用的相关术语进行一下解释。

培训成本

依据经济学理论，成本是由企业生产产品和服务而消耗掉的价值（Wöhe 2002：1083）。计算成本，首先必须掌握数量和价值构成。将产品和服务的价值消费量与数量相乘，就得出了成本。如果要计算全部成本，那么对培训所需的人员和物质消耗也要进行衡量和估价。图 5-1 列出了企业内培训成本核算需考虑的各种因素。

培训成本核算的基本模式，是由"职业教育与培训的成本与经费"（Kosten und Finanzierung der beruflichen Bildung）专家委员会在 20 世纪 70 年代早期开发的（Sachverständigenkommission 1974）。由于许多企业并没有独立的成本核算方式，因此专家采用了一种统一的数据收集系统来衡量各种成本相关元素，并将其归入到一个成本核算模式中。

采用完全成本法原理引出了这样一个问题，即除了直接与培训相关的额外成本之外，还有一些间接费用也被归在培训费用中；然而事实却是，即便是那些不提供培训的企业，也不得不承担这样的费用。因此，这种完全成本计算法并没有反映出企业实际承担的额外成本。而这种成本计算结果对企业做出是否提供培训的决策却是至关重要的（Bardeleben 等 1995，23）。目前，除完全成本核算法之

总成本

培训生人事成本、法定福利、合同及额外福利、培训补助、

培训者人事成本、兼职培训师、外聘培训师、全职培训师、

企业内教学（工具、培训材料）、部、设备和材料成本、培训、工作场所

其他成本、场地费（如考试场所）、工作、教学材料/媒体

管理和兼职人员、服和防护衣、外部培训、工作、培训

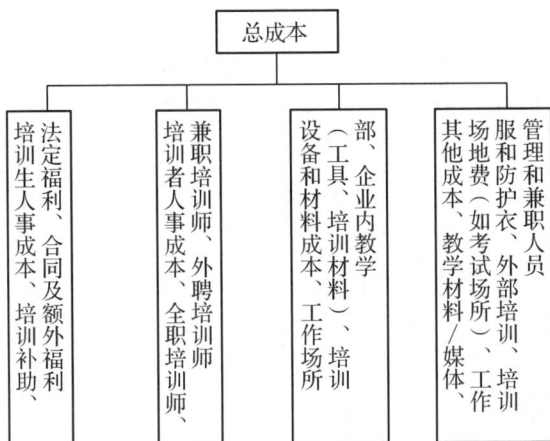

图 5-1　企业内职业培训的成本元素（Beicht/Walden/Herget **2004**：22）
注解：白色背景为"额外培训成本（相关成本）"；黑色背景为"企业已以某种方式支付了的相关培训成本（隐没成本）"

外，人们还采用边际成本核算法。边际成本的计算不包括兼职培训师成本，这里的兼职培训师是指在履行自身应有职责的同时，还在某种程度上参与了培训工作的企业雇员。此外，边际成本核算模式也不包括那些培训管理人员。

到底是完全成本核算模式还是边际成本核算模式更为适合，这要看所做的成本分析的具体目标。如果要利用计算结果进行不同培训体制、或是国际间的比较，那么需要着力研究总体的资源消耗，也就是说运用完全成本核算模式最为适合。相反，如果要确切估算提供培训的企业实际所承担的额外成本，最好选用边际成本核算法（Beicht 等 2004，28）。

双元制职业教育（即企业和职业学校合作进行的职业教育培训）的一个特点是，受训人员在接受企业内培训的同时，也往往进行着生产性和具有商业价值的实际工作。培训生的生产性产出减轻了企业的成本负担，因而也是一种可以从全部成本中扣除的培训回报。正是由于这一原因，在计算培训成本时往往还要区分总成本和净成本。后者是将总成本减去投资回报之后得出的结果。对投资回报进行计算的前提是，假设培训生所做的生产性工作与通用员工完成该项工作能为企业创造出等量的价值（即等值性原则）。因此，要想计算出对培训投资的回报，首先要测算培训生进行生产性工作的时间，以及与通用雇员相比培训生实施该项工作的水平。另一种计算投资回报的方法是所谓的替换法。该法还需要估算出那些根本不提供培训的企业必须雇用哪些人力资源和需要多少加班时间（Bardeleben 等 1995）。当然，这个计算过程在实证研究中并不十分重要。

培训收益

企业从企业培训中获得的收益并不能直接辨别出来，更不容易计算。对这种

收益的计算需要运用实证数据收集方法。从日常用语的含义上看，收益（benifit）往往被视为"回报"的同义词，此处所指的回报就是相对培训支出而产生的"投资回报"。但就企业培训的投资而言，对这个术语的使用存在一些争议（Timmermann 1998）。Timmermann 认为，"收益"一词只能用在个体层面上，而在企业层面上则最好使用"效益"（effects）一词。但对于这一观点专家们并没有形成广泛共识，因此本文还将继续使用"收益"一词。

虽然下文中我们讨论的收益仅指企业获得的收益，但事实上，培训也能使培训生个人和社会得到收益。对企业而言，企业培训的收益就是企业获得的积极的经济效益，既包括货币形式的收益，也包括非货币形式的收益（Timmermann 1998，82）。从某种程度上讲，个体从培训中获得的收益可以以货币的形式衡量。

通常对企业培训收益的类别是按照"收益是在培训期间，还是培训结束以后产生的"这一角度进行划分（Timmermann 1998；Richter 2000；Walden/Herget 2002）。如上文所述，受训人员的生产性工作所产生的回报是培训期间产生的收益，在计算总成本时也应该考虑在内。此外，培训期间的收益还体现在企业从培训活动中获得的一些其他优势（例如企业外部声誉的提高和企业内继续教育专业化水平的提升（Walden/Herget 2002）。对企业来说，只有当培训生结束学徒期，并正式成为企业固定员工时，培训后收益才能显现出来。在此需要重点考虑的是培训对劳动生产率（以及收益）所发挥的作用和通过培训避免了哪些其他成本。由于很难衡量培训对劳动生产率产生的直接作用，因此培训后收益往往是以一种间接形式给出的（Walden/Herget 2002），从而为实证研究提供了一个基础。这种方法就是在假设企业不提供培训的情况下，计算出企业不得不承担的成本（即机会成本）。以下列出了可以测算的各项成本元素（Walden/Herget 2002）：

a）招聘成本

这指的是企业对外寻求和雇佣技术工人所需的成本（广告费和面试费用）。而见习期和培训期还需要付出额外成本。

b）本企业培训的员工与在企业外获得能力的员工的工作绩效差异

企业内受训的员工与通过外部招聘聘用的员工之间工作绩效水平的差异，在见习期结束之后还可能会延续一段时间。导致这种绩效水平差异的原因是企业自身培训具有的一些特殊优势。也就是说，尽管要按照既定的《培训规则》行事，但是企业培训还是可以进行适当的调整，使培训迎合培训企业的特殊需求。培训生能够在早期阶段就了解企业生产流程、服务方式和工作过程等方面的特征。此外，企业培训事实上还创造了一个很长的试用期，这使得企业有机会去遴选最佳雇员，并将其录用为长期员工。

c）人员聘用和流动方面的不当

通过外部劳动力市场聘用新员工的做法，还要承担雇佣不当所带来的风险，这就有可能会因人员流动过快而导致一些额外成本的产生。

d) 停产成本

由于技术工人不能满足要求造成生产停顿一个时期所引发的成本，就是停产成本。培训收益的一个重要因素，就是它可以避免停产成本。对这种收益的实际价值的评估，取决于技术工人劳动力市场的大形势。停产成本有时相当高，在技术工人严重缺乏的极端状况下，甚至有可能导致生产的完全中断。

由于对上述收益都没有办法进行直接的测量和评价，因此研究人员面临着巨大的困难。比如说，企业从培训获得的收益有很大一部分只能在培训结束、合格工人被录用为长期员工后的很长一段时间才逐步显现出来。因此，研究人员迄今为止尚未能对培训收益进行成功的量化研究。

5.1.2 研究的对象与目标

本文讨论的研究项目多数采用实证研究方法，目的是从企业的角度出发衡量培训的成本与收益。教育经济学和人力资本理论，为有关企业培训的成本和收益的研究提供了理论基础。在此，需要特别提及 Becker（1993）的研究工作。在研究企业培训活动时，对专门的人力资本与通用的人力资本发展之间进行了区分。如果只在培训企业内适用的专门能力得到了发展，那么企业本身才能真正享受培训投资带来的回报。相反，通用能力却可以在不同企业间转移。也就是说，在某个企业接受过培训的员工为了得到更高工资而被其他企业录用，而这个企业却不必承担培训该员工的费用。如此看来，德国双元制职业教育体系由于是通用型的职业教育，且企业在通用能力发展方面需要投入大量资金，因此这种体制很难使企业乐于提供培训。当然，如果把理论假设弱化一下，例如不仅考虑产品的数量，也考虑对技术工人带来的回报，那么可以认为，企业在通用能力发展上的投资对企业也是合理的。近期由 Acemoglu 等做的拓展性理论研究，进一步解释了进行企业培训的合理性（Acemoglu/Pischke, 1999）。由于篇幅所限，在此不对教育经济学领域进行的各种讨论做深入论述（Beckmann, 2002）。

本文有关企业职业培训的成本和收益问题研究的重点，是收集与企业培训成本的高低和成本结构，以及与企业实现（或可实现）的收益相关的实证数据。要想进行科学的实证调查研究，首先必须解决数据收集和处理方面的大量技术性问题。培训成本方面的数据可通过企业内培训的结构性特征进行表述（如职业、培训领域）。另一个研究目标是确定影响成本高低的主要因素。最后也是最重要的研究任务是，在成本和收益数据之间建立起联系，这是解释企业培训行为的实证基础。这样才能检验每一个具体的研究假设，认识企业培训的结构性差异。

5.1.3 研究的历史与现状

过去尽管有一些分别针对培训成本和培训收益的研究，但将二者综合在一起的研究还十分鲜见。过去研究的重点集中在成本方面，而近期的研究似乎越来越关注企业培训的收益。

培训成本

德国曾经做过大量关于企业培训成本方面的研究。1971 年，"职业教育与培训的成本与经费"专家委员会第一次以典型企业的统计调查为依据，开展了成本分析研究。委员会进行的这项研究为德国后来进行的所有有关职业教育成本的实证研究奠定了理论依据和极限基础。

德国议会于 1970 年 10 月 14 日通过一项决议，决定成立一个专门委员会，负责研究德国职业教育的成本和投入问题。之所以会下达这样的任务，是因为当时经济界对职业教育的现状了解非常欠缺。该委员会进行的成本研究按照培训职业和其他一些重要的结构性特征展开，如培训领域和企业规模。在进行成本研究的同时，还对企业职业培训的质量进行了广泛的调查。委员会将收集到的数据作为完成另一项任务的基础，即为职业教育的投入提出改革建议。其中一项特别的建议就是成立职业教育基金。但该建议没有得到政府的采纳，也没能付诸实施。

1980 年前后，德国联邦职业教育研究所（BIBB）和德国经济研究所（IW）进行了两项关于培训成本的研究（Noll 等，1983；Falk 1982）。特别是 BIBB 进行的研究项目，其数据收集方法与上述专家委员会运用的方法十分类似。BIBB 的研究按照 45 种培训职业对研究结果进行分类，而经济研究所的研究却没有按照职业进行细分。这两项研究均没有考虑职业教育的质量问题，这里的原因是由于研究资金所限，此外数据收集方面也存在一些技术性问题。成本分析调查问卷的覆盖面相当宽泛，因而采访时间很长。20 世纪 80 年代，除培训成本问题外，BIBB 又进行了一项专门的有关企业培训质量的研究（Damm-Rüger 等 1988）。

另外一项经典的培训成本研究是 BIBB 于 1991 年进行的研究项目（Bardeleben/Beicht 等 1995），其后又于 1995 年（Bardeleben 等 1997）和 1997 年（Bardeleben/Beicht 1999）对此进行了深入研究。但这些研究都没有按照职业类别进行划分。另外一项培训成本研究是由德国汽车联合会于 1995 年进行的，但只针对汽车行业本身（Deutsches Kraftfahrzeuggewerbe 1998）。此外，奥地利（Lassnigg/Steiner 1997）和瑞士（Hanhart/Schulz 1998）也进行过培训成本方面的研究。

有关企业培训成本的最新数据来源于 2000 年德国（Beicht/Walden 等，2004）和瑞士（Schweri 等，2003）。由 BIBB 开发的数据收集方法，不仅用于德国的研究，同时也成为瑞士相关调查的基本方法。两项研究都是 2001 年进行的。

表 1 德国调查研究（Beicht/Walden 等，2004）显示的主要成果：通过运用完全成本法（即将培训过程中投入的全部人力和材料都计算在内）计算得出，德国每年每位培训生的平均总培训成本为 16 435 欧元。由于培训生在培训期间承担的生产性工作（也就是培训投资回报）减轻了企业的成本负担，因此要从总成本中将

其扣除。在扣除人均 7 730 欧元的回报之后，培训净成本为 8 705 欧元。

西德和东德的培训成本相差很大。东德的总成本（全部成本）比西德低 29%，净成本比西德低 32%。造成这种差距的主要原因是二者在培训津贴和工资方面的重大差别。

不同培训领域的培训成本差异也很大。工业和商业领域的总成本最高，自由职业和公共服务行业次之。相对而言，农业和手工业的总成本明显偏低。同时，不同领域的培训回报率差别也很大，这导致了它们净成本方面的巨大差异。公共服务部门的培训回报较低，但其净成本却最高。而农业部门的净成本最低，但其培训回报在各领域中却排名第二。

边际成本核算法没有把兼职培训师的成本考虑在内。因此用这种方法计算出的成本明显偏低。如果用边际成本法计算，那么总成本为 10 178 欧元，净成本为 2 448 欧元。边际成本体现了企业因提供培训而实际承担的额外成本，其中包括培训过程中消耗资源的全部成本。

运用平均总成本和净成本（全部成本）数据，我们可以算出 2000 年工业与商业领域企业培训的总成本。结果表明：德国全国所有培训生的总成本为 277 亿欧元，其中西德 233 亿欧元，东德 44 亿欧元；全国净成本总计 147 亿欧元，其中西德 124 亿欧元，东德 22 亿欧元。

许多因素（如企业规模和所属行业）会造成培训成本方面的巨大差异，其中有一个培训职业的培训成本极高，那就是机电一体化工，其全部成本高达 29 335 欧元。与之相比，其他职业的培训成本明显偏低，比如法律助理的全部培训成本仅为 12 941 欧元。

综上所述，边际成本，特别是净边际成本，才真正代表了实施职业培训的企业实际承担的培训成本。因此我们有必要弄清到底是哪些因素影响和决定了培训成本的高低。对此前人已有一些分析，并得出了以下结论（Beicht/Walden 等，2004，113）：首先企业规模会严重影响成本的高低，企业规模越大，培训成本会越高。其次，企业内的培训组织方式也是一个重要因素。在所有的培训组织形式中，在专门的培训车间进行的培训成本明显偏高。就行业和职业群而言，技术职业的培训成本要远远高于商业和管理类职业。总体上看，培训成本最高的当属由工商行会管辖的技术类职业和信息技术类职业。由工商行会管辖的商业类职业的培训成本居中，而手工业职业的培训成本较低。

前文提到，瑞士也采用了相似的数据收集方法对 2000 年的培训情况进行了成本研究（Schweri 等，2003），但该研究只是在分摊成本的基础上进行的。虽然瑞士的总培训成本较高，这与德国类似，但瑞士的净成本却明显低于德国。造成这种差异的主要原因是，瑞士为技术工人支付的工资和薪金明显较高（这些数据在计算培训生所做的生产性工作对培训带来的回报时是一个重要指标），但为培训生支付的培训津贴却与德国相当，因此瑞士的培训津贴与技术工人工资之间的差额明显高于德国。

培训收益

早期的成本研究只从培训期间生产性工作带来的回报方面研究培训的收益问题，但后来的研究也试图从其他方面来全面衡量培训的收益。其中备受关注的就是在培训结束、培训生摆脱其学徒身份而被录用为长期雇员时带来的收益。前文提及的、由 BIBB 于 1991 年进行的成本研究（Bardeleben/Beicht 等，1995），是第一个运用典型企业调查法，且包含上述类型培训收益的研究项目。研究开发了专门的估算模型，将企业培训和从劳动市场招聘新人的两种做法进行对比，从而测算不同情况下的成本收益。此外，研究还对具体企业的培训收益状况进行了直接估算。

Cramer 等进行了一项模型计算，从而得出与对外招聘相比，企业通过培训可以节约的开支数额（Cramer/Müller，1994）。利用 AEG 提供的数据，他们对不提供培训的企业在招聘、员工遴选、实习、再培训、雇佣不当和人员流动等方面的成本支出进行了估算，并由此计算出了培训的成本和收益。此外，Grossmann 等也在案例研究的基础上对培训收益进行了计算（Grossmann/Meyer，2002）。

2001 年 BIBB 进行的成本研究对培训成本和培训收益的衡量给予了同等的重视（Beicht/Walden 等，2004）。这是第一个测算出通过提供培训可以节约多少潜在招聘成本的研究，它对节约的测算以描述性方式进行，并将其与培训成本进行了对比。这项研究还对企业培训收益的内涵进行了研究，并首次对培训行为与企业经济成果之间的关联性进行了统计分析。下文简要介绍这一研究的主要成果：

通过提供培训而节约下来的从外部劳动市场招聘工人所需的成本，是培训收益的一个主要部分。BIBB 的研究对这种收益的内涵进行了分析，并用货币数额的形式对它们进行了量化说明。其中包括：通过外部劳动力市场招聘工人所需的广告费用、面试费用、适应期费用和再培训费用。此外，还估算了由本企业培训的员工和从外部招聘的员工之间的工资差异。

对每一个需要雇佣的技术工人而言，通过企业培训代替外部招聘平均节省的总成本约为 5 800 欧元，其中最主要的部分是招聘时企业所承担的入职适应期的费用，人均高达 4 000 欧元。其他方面的因素对成本的影响相对较小。

此外还需考虑培训收益的其他方面（如一些长期优势，包括本企业培训的员工有较高的绩效水平；雇佣不当可能带来的损失以及停产成本）。如果企业能够提供培训并通过培训提升自身的形象，那么这些方面的收益就会显现出来。即便对这些收益无法进行量化，但它们可能都很重要。社会劳动市场的整体状况会决定在技术工人短缺的情况下，企业要承担多大的停产成本。BIBB 在进行这项研究时，要求每个被调查企业针对每个被调查的职业，对已有工人数量和可雇佣到的外部工人的数量进行评估。结果是，受调查企业中仅有约五分之一称：其需要的技术工人随时"很容易"或"较容易"从外部招聘到。这就意味着，绝大部分企业如果不提供培训，就面临承担高昂停产成本的风险。

这项研究还对其他方面的培训收益进行了研究。受调查企业普遍认为，提供企业内培训的最大益处是自己培养的技术人员带来的各项优势。许多企业认为培训是将未来员工融入企业文化的途径(持这种观点的企业占 75%)，并提升员工对企业的认同感(68%)。同时人们还认为培训具有重要的经济意义。72%的企业表示，聘用高素质的工人能大大提高企业效益；另有 64%的企业称，培训对企业未来的竞争力至关重要。除了能够留住未来所需的技术工人以外，49%的企业认为，通过提供企业培训提升了自己在顾客和供应商那里的信誉。多达 60%的企业强调，培训功能不仅只限于在单个企业发挥作用，它也是一种主动承担行业和产业发展职责的社会服务行为。这种对培训收益的普遍认同清楚地表明培训收益是一个非常复杂的问题。要想全面系统地研究这一问题，必须考虑各个方面的因素。

BIBB 的这项研究使用了边际成本核算法计算净成本，从而全面呈现了培训成本与收益之间的关系。研究结果表明：为期三年的双元制职业教育总平均成本为 7 344 欧元，与之相对的总收益(节约的招聘成本)为 5 765 欧元。如果再将其他无法以货币形式衡量的收益考虑在内的话，作者得出了这样的结论：通常情况下，企业提供培训比从社会劳动市场招用技术工人更便宜。如果将得出的净边际成本总额分摊到这三年的企业内培训中，那么 38%的企业净成本几乎为零，甚至为负值。换言之，如果以净成本衡量，那么 38%的企业在培训期间其实根本没有承担任何费用。因此，BIBB 的研究结论是：对绝大多数企业而言，培训的成本低于收益。当然也有 13%的企业经计算得出的结论是成本大于收益(Beicht/Walden 等，2004：245—250)。

5.1.4 方法论问题与展望

BIBB 进行的成本研究采用了统一的标准化问卷，对大型企业培训负责人进行采访填写；而在小型企业则主要对企业主进行访谈。两种情况都采取个体访谈方式。

成本模式需要的重要信息是靠受访者的估算得出的，而不是来源于企业内部有记录的系统化数据，因此很难对培训成本做出确切的计算，尤其是无法估算出兼职培训师的具体工作时间。因为企业一般不会记录那些被委派了兼职培训任务的专业技术人员到底花费了多少时间辅导培训生。这种信息往往是受访者依据自己的主观判断提供的，而且会受到他们对何为"优秀培训"的看法的影响。通常情况下，对于兼职培训师的工作时间问题，被访者往往采取一种"宽大"态度，并夸大其投入到培训工作的时间。

另一个难以估量的领域就是培训生的生产性劳动。一般来说，企业都不记录培训生参与生产性活动的时间，因此对培训生的生产性劳动时间及其绩效水平的评估，也是基于被访者的主观性评价，这会在很大程度上受到被访者个人好恶的影响。虽然被访者往往会夸大兼职培训师的工作时间，但对于培训生进行的生产性劳动却总是低估（Beicht 等，2004，30）。

在进行培训成本研究时，即便是扩大实证调查的范围，也无法使目前的状况得到根本性的改观。由于时间和开销方面的问题，就不太可能要求企业对兼职培训师的培训工作和培训生的生产性劳动时间进行更为确切的记录。此外，由于我们根本无法排除信息被夸大或低估的倾向，因此也就根本无法提供更可靠的研究成果。原则上讲，如果能在采访企业内培训负责人的同时，也对培训生本人进行采访的话，可能是解决上述问题的一条途径。但这种做法很可能在许多企业中引起反感。也可能会在评估中引发一种反向的偏见。也就是说，培训生可能会低估兼职培训师的工作时间，而反过来夸大自己所做的生产性工作。

虽然在测算培训成本时遇到了这样那样的困难，但要估价培训收益的难度更大。企业对培训收益方面的信息根本没有记录，事实上甚至根本不清楚自己从培训中获得了什么样的收益。迄今为止，研究人员以货币形式对培训收益的估算只能是初步的成果，近期是否能够在此方面取得重大进展还很难说。但是，确认与培训收益相关的各项指标是可能的。在未来的研究中，重要的是扩大这些观察数据的基础，从而对有关企业职业培训收益的各种假设进行验证。

按照现有的认识和分析方法，对企业培训成本与收益进行有代表性的分析需要花费大量的财力和时间。正因为如此，过去约每过十年才会进行一次此类研究。由于职业教育领域的变革速度日益加快，人们对最新的、可靠的数据的需求大大增强，因此进行此类研究的周期必须缩短。此外还需要进行更多案例研究，从而从不同角度进行评价（如对不同地区的差异状况）。

迄今为止，将培训收益与培训成本进行对照研究并给出了丰富信息的研究只是针对一个时间点的。因此这项研究也不可能适用于一个较长的发展时段。对短期内培训成本与收益的稳定性，及其与宏观经济发展或企业经营状况相关因素之间的相关性，我们还知之甚少。所有这些方面的知识空白，都要求我们必须进行经常性的调查研究。此外还需要更深入地研究确定与成本和收益相关的各种数据源，从而提供进一步的补充。

5.2 不同国家的职业教育投入机制

Dieter Timmermann

5.2.1 可能提供财政支持的各种来源

所有关于职业教育投入机制方面的研究首先都会提出三个问题：一、谁是可能的投资人，以及他们可动用的流动资金来源如何？二、职业教育的投入方是否必须亲自实施职业教育？那些提供职业教育的单位是否必须为职业教育投入？三、那些先行提供资金来源和流动资金的人是否必须始终承担这一投资使命？

第一个问题：投资人可能是学员或其家庭、雇员或工人、雇主、企业或者其他组织(如雇主联合会、工会和辅助财政基金)和国家政府。可以说，上述所有投资人基本都有三种流动资金来源，即目前收入、以往收入和未来收入。但是由于他们各自的经济地位不同，收入种类也有所差异。下表可以很清楚地说明能够提供资金的选项是有限的。

表 5-1　可用资金(流动资金)来源

	目前收入	未来收入	以往收入
投资人			
学员及其家庭			
工资薪水收入；利息、租金、租赁所得；			
奖学金；减税所得；其他补助			
贷款、信贷收入			
储蓄或财产变现			
雇员或工人			
工资薪水收入；利息、租金、租赁所得；			
奖学金；减税所得；其他补助			
贷款、信贷收入			
储蓄或财产变现			
雇主或企业			
销售收入；利息、租金、租赁所得；各种补贴			
贷款、信贷收入			
储蓄或财产变现			

续表

	目前收入	未来收入	以往收入
其他组织			
销售收入；利息、租金、租赁所得；各种补贴			
贷款、信贷收入			
储蓄或财产变现			
国家			
税收、税费收入；关税、捐税收入			
贷款、信贷收入			
储蓄或财产变现(公共财产私有化)			

人们之所以认为职业教育投入机制具有透明性，是基于以下五点原因：第一，人们对于投入渠道的规模以及不同投入者的贡献力度了解很多；第二，多数国家，采用多元化混合投入方式，使职业教育机构也呈现出高度多元化的特征；第三，各种可能的投资人及其不同资金来源，共同构成了多样化的投入模式，但是目前收入对所有投资人都是主要的流动资金来源；第四，不同投入模式已在投资人之间建立起不同的投入渠道链条，这些链条的长度和结构存在差异；第五，在条件允许的情况下，有些投资人将其部分或全部投资负担转移给其他投资者，从而使投入链加长。

第二个问题：将职业教育的实施方和投入方区分开是明智和必要之举。人们通常把国家对职业教育的投入和具体实施视为一整套行为，而对企业内培训和雇主投入培训二者间的关系也是类似的看法。主流观点认为，如果国家是(主要)投资人，那么它就必须是职业教育举办方和该体系的拥有者；如果国家是职业教育的拥有者和举办方，它也必须为职业教育投入。同样的，对于雇主和企业的理解也是如此。事实上，这种将职业教育投入与实施及其体系所属权捆绑在一起的观点是错误的。如果打破这二者之间的一一对应关系，我们会发现它们之间有很多种组合方式，这在过去一直被忽略。

第三个问题：对于"谁是职业教育的投资人"这一问题不能简单地以直接投资人回答。相反，税收、市场和价格体系的作用也构成了支撑职业教育的特殊投入结构，即在各个不同且不易识别的投入方之间转移和增减投入额度的结构和过程。正是由于有这个过程，才使职业教育受益者(即谁获得了多大收入)和职业教育投入方(即谁承担投入和财政负担)之间的关系变得复杂和隐蔽。如果雇主或企业必须为职业教育买单，那么他们就会通过抬高产品价格或压低采购价格的方式，将这一负担转移到客户身上(要么是顾客，要么是供应商)。转移能否成功，取决于产品和服务在市场中的竞争力，也与受职业教育投入影响的范围有关。最终大部分开销会由消费者负担。而当国家成为职业教育的投资人时，由于税收体系的负担功能，纳税人会最终成为该职业教育投资的承担者。如果职业教育投入是以不同投资人合作或混合投入模式实现的，那么投入和财政负担的真正承担者就更难辨别了。但从理论上讲，这里传递的信息还是十分明确的，即任何一个国家，无论采用哪种投入机制，消费者(纳税人，或者产品和服务的最终购买者)必须为职业教育投入。因此，所谓投入不均的问题，事实上并不是在工资和利润，或者劳动和资本之间的投入分配问题；而是相对于职业教育受益者所获得的利益，如何将投入负担在消费者之间进行分配的问题。此外还必须指出，由于消费者个人必须拿出自己(目前、过去或未来)收入的一部分(即其消费的一部分)来投入职业教育；因此很明显，职业教育已经不单是一种社会投资，也是一种个人投资。

5.2.2 纵览：各种职业教育投入模式

职业教育的组织和体系由多种元素构成，这些元素体现出了各自的特征和彼此间的差别。其中最主要的元素如产权群、分配机制、管理体系、培训机构、教学和培训场所、教师和学员的地位、基本教学原则以及投入机制等。第一个切入点是以不同元素进行观察，我们会发现不同职业教育体系间的差别。例如：从有关培训的核心理念看，有的培训模式和组成元素是以所培训的功能为中心的(如英国以功能为导向的模式)；职业教育研究又发现了另一种培训体系(如法国的以科学为导向型的模式)。此外，德国、奥地利和瑞士遵循的是一种以职业为导向的职业教育模式；而日本的模式或许可以被称为以企业为导向的模式。美国和意大利的职业教育体系，似乎是以具体岗位为导向的(即岗位导向模式)。

第二个切入点是 Greinert (1988)提议的对管理机制的研究。职业教育管理机制有三种不同模式：第一种模式是"市场机制"，在这种机制中，国家的作用很小、甚至完全没有。机制的主导者是私人企业、私营职业教育机构和个体学习者和(或)他们的家庭。分配机制受控于市场和价格机制，职业教育的投入完全以私人投入方式进行，即由受训者及其家庭和私人企业投入。在纯粹的市场模式中，国家根本不起作用，也不参与投入；因此完全在私法的框架内进行。第二种模式认为，市场在职业教育中是完全无效的，职业教育完全依赖国家政府在公法的框架中进行，国家是职业教育唯一或主要的投资人。而职业教育的规划、组织、投入和控制都由国家全权负责。第三种模式将职业教育交给私营力量，但是国家保持对管理规则的制定权，从而确定私营者的行为范畴和界线。国家也可以参与职业教育的投入(即混合机制或公私合作机制)。

区分不同职业教育体制的第三种切入点是从教学场所和教学安排入手，对教学机构进行研究(从隐含层面上看，法权问题也属于这一部分)，由此将职业教育机构划分为：职业学校(可能为公立或私立，是瑞典、西班牙和法国常见的学校模式)、培训中心(多数拉美国家采用这一模式，是国家财政之外的辅助政府机构，由捐税体系投入，并从企业主支付的工资中抽取一部分资金维持中心运营)、单一企业培训(包括日本模式和美国的岗位导向型模式，其职业教育体系都是由雇主提供资金的)和双元制职业教育体系(在德国，这一体系已经发展出三大支柱：非全日制职业学校、具体的培训企业和跨企业培训中心)。在双元制职业教育体系中，组织和教学安排也有所不同(例如有的采用职业学校教学与企业实习相结合的方式，不在乎是否具备相应的培训条例；有的像德国、奥地利和瑞士一样，采用组织严密的双元制职业教育体系)。这种体系采用混合投入机制，即职业教育的投入由几方(国家、雇主、学员)合作的方式实现。值得指出的是，相关文献还有其他的职业教育体系分类方式。下文将具体介绍和探讨当今世界四种职业教育基本模式，讨论的焦点放在职业教育资金投入方面。

5.2.3 由国家投入办学的职业教育模式

在这种模式中，职业教育办学或者采用全日制职业学校方式(即作为一种独立的学校类型)，或者采用在综合院校中开设职业教育二级部门的方式。如法国和丹麦选用第一种方式；而瑞典则采用第二种。支撑这种体系的基本认识是，市场机制在职业教育中往往会失效，无法为职业教育提供最佳发展条件。职业学校是唯一的，或者说是迄今为止占主导地位的学习场所。原则上讲，这种体系也可以满足对职业教育的全部需求，但它有一定的条件要求，例如学生必须有初中毕业证书。通常情况下，为迎合学生的未来发展取向，在初中教育已经加入了一些基本的(预备性)职业课程内容。学校管理体系由国家创建并运作，可采取集中方式，也可能采取分散方式。职业教育学校中的教学人员是教师，他们是国家雇员，由国家支付工资。教师的教育和培训也由国家所属机构组织和掌控。国家管理的权限包括：开发课程，并对教学设备应达到的水平做出统一规定。学校资金来自税收、学费收入和课税体系。其中，税收可能是从普通税收中提取的(即税收分配遵循统一混合安排原则)；也可能来自于专门为教育，甚至专门为职业教育征收的税款，如法国征收的具有一定协商余地的学徒税就是一个例子。它通常从雇主支付工资额中扣除 0.5%，但如果雇主能够证明自己已经在职业教育方面投入了至少等额的资金，那么就可以不缴纳该项税费。

学校教育体系的优势是有统一的(即由国家确定和控制的)教育标准和设备设施要求，能对教师进行统一培训并保证师资质量。教师通常都接受过正规的教学培训。至于教育质量是否能达到令人满意的水平，这是一个实践性问题。只要申请者达到了规定的入学要求，学校就有义务接收。但这种模式中存在的问题也很多，如设施设备款式、课程设置和教学材料可能比较过时(例如苏联的哈萨克斯坦、吉尔吉斯斯坦和乌兹别克斯坦等国家的情况就是如此)。由于国家经济状况不佳且经济增长缓慢,税收收入和政策重点都使国家财政倾向于其他社会政治领域而不是职业教育。在这种办学模式中,除了某些第三世界国家中存在的生产性学校(半工半读)外,在教育培训期间一般不可能因教学行为而产生任何经济回报。教学过程、教师和课程往往都是远离企业和实际工作场所。这就使教育内容和接受了这种教育培训的毕业生都背上了沉重的"理论包袱",这种包袱可能会引起劳动市场的危机,并阻碍毕业生从职业教育顺利过渡到就业。这同时也会加大企业的支出,因为它们不得不拿出额外经费来培养新员工,从而使之达到工作岗位的实际要求。这种状况诱发企业转而寻求建立自己的培训体系,为员工创造在岗培训的机会,从而削弱了学校职业教育模式(20世纪90年代,在老挝和苏联各共和国中都有类似的情况发生)。除上述缺陷外,从"公众选择理论"角度看,对这种国家办学和投入模式可能还存在其他争议(Gwartney 1977),也就是所谓的"国家失效"。国家失效的可能表现是:对选民理性要求的忽略、单纯追求特殊利益的短视行为、缺乏提高行政效率的措施、决策滞后以及在信息、财政和立法方面的诸多限制。

5.2.4 企业培训(TIF)和在岗培训(TOJ)模式

在企业培训(training in the firm 简称 TIF)和在岗培训(training on the job 简称 TOJ)两种模式中,从普通学校教育到职业教育的过渡都是在毕业后(通常是接受十二年高中教育毕业后)在工作单位内部(企业或其他公立及私立部门)直接进行的。要想得到培训机会,毕业生就得在企业门口排队等候,直至与雇主签订劳动合同。也就是说,受训者没有一个作为"学徒"的特别地位,他只是劳动合同规定的一般工人或雇员。准入门槛由每个雇主确定,参考具体劳动岗位所需的资格要求、申请者人数、求职者受教育状况以及申请文件(特别是学校文凭)中标识的申请者素质。培训从正式工作开始算起,持续时间和内容由工作场所的具体能力要求、工作任务的难度、受训者进入企业时已有水平以及每个企业或组织所特有的培训和工作理念决定。工作场所就是主要的培训场所,有时也有企业内部的理论教学。培训水平直接取决于工作场所及其设备的先进程度。亚洲(特别是日本)采用的 TIF 模式是与整个企业工作相关的企业培训模式,即处于受训阶段的工人或员工不仅在某一工作场所接受有关特定岗位的培训,而且在一系列工作场所中接受多个岗位的培训,从而拓展他们的能力范围,使之在整个企业范围内具有灵活性和流动性。这种培训模式的目的是培养受训者包括核心技能在内的广泛能力,从而能在不同工作部门和岗位之间进行转换。

美国、加拿大、意大利和其他许多国家(通常接受了世界银行的建议)采用的主要是 TOJ 模式,这种模式的培训往往针对特定工作场所的某一岗位。每当工作、工作场所和生产技术发生变化时，就必须开展新的培训活动，而这种培训到底属于职前培训还是职后培训，则很值得探讨。虽然培训设备一般都比较先进，也代表了目前的最高水平，但这种模式很少有课程计划，缺乏系统性和足够的理论基础，其教学辅导人员往往也没有接受过正规的教育学培训。此外，若要转做其他岗位的工作，甚至是到其他企业中做类似的工作，不接受额外的全新培训几乎是不可能的。

无论采用哪种企业培训模式(TIF 或 TOJ)，企业和雇主都从培训中切实获得了经济回报和利益。Becker 认为：在普通的职业教育中，培训费用应由受训者承担，因为他们是培训回报的受益人；而在专门化的企业培训中，受训者和企业应共同分担费用，也共享培训回报(Becker 1993)。由于 TIF 和 TOJ 都属于专门化的培训，因此企业承担部分培训费用，也同时享受部分培训回报。这两种培训模式还有一个共同特征，即它们都处于外部和内部劳动市场的交汇处。也就是说，在这种市场化的培训体系中，培训机会取决于供给和需求双方，这在很大程度上取决于价格和工资。换言之，并不能确保他们提供的培训机会能够满足每年普通教育所有离校生的需求。有时，离校生可能不得不放弃职业教育，或者国家必须插手干预，在国有机构(如职业学校)中创造额外的教育机会，或为企业提供的额外培训工作提供补贴。

5.2.5　培训中心(拉丁美洲)模式

在几乎所有拉丁美洲国家中，自 20 世纪 40 年代后期逐步发展起一种特殊的职业教育运行、管理和投入模式(Ducci 1996)。工业化进程暴露出了技能型人才的严重缺乏，特别是在具体操作岗位上。从农村涌入城市的劳动力不具备现代工业和服务业所要求的资格，而正规学校体系(包括职业和技术学校)也不具备传授所需技能的能力。因此，政府、雇主联合会和工会一起创建了专业化的职业培训机构，以期满足经济发展所需的资格要求。这些培训中心由专门的国家培训服务机构负责运营，这在不同国家有不同的名称。有的进行集中化管理，有的则由不同经济部门(例如在巴西由 SENAI 负责工业领域的职业教育、SENAC 负责商业领域的职业教育)或不同的地方部门进行分散管理。此外还有许多类似的例子，如哥伦比亚的 SENA、委内瑞拉的 INCE、秘鲁的 SENATI、哥斯达黎加的 INA、智利的 INACAP、厄瓜多尔的 SECAP 和危地马拉的 INTECAP 等。

由这些机构举办的培训中心，其组织方式、设备和人员配置都与德国、奥地利、瑞士和法国的欧洲职业学校类似，其中有些中心还是由欧洲国家创建和资助的。这些中心都依据自定的教学大纲进行培训，多数教师是全职工作人员，并接受过对应科目的专门培训和教育学培训。在相当一段时间内，培训中心的运作方式都类似于职业学校，所传授的知识技能也远离企业的具体需求。因此很自然的，这种学校式的教学使培训无法获得回报，企业也常常抱怨接受过培训的员工缺乏实用技能，而只注重理论知识。这种状况迫使企业在缴纳资助培训中心的捐款之外还必须承担巨额开销，对中心毕业生进行长时间的在岗培训。20世纪90年代，由于企业和雇主联合会的强烈批评，培训中心开始关注不同规模企业的实际需求，企业也开始对中心及其学员开放并提供为期不同的实习机会。这种做法导致进入职业教育体系的门槛抬高，不再接纳那些普教学校的辍学学生。培训中心通过提供量身定制的课程(定向培训)重点迎合企业的近期需求，因此相对忽略了中长期的资格需求。这种"国家培训机构"体制采用的主要投入方式是建立辅助财政基金，即这些机构同时也是一种集体性的投入机制，从其成员那里收取捐税。其成员可能是全国所有的企业，也可能是某个地区或部门的所有企业。缴纳这项捐税的义务或者由国家法律规定，或者由与该体系有关的各方达成的协议规定。所谓捐税，是指雇主从工资额中拿出一定比例交给基金，此基金用于资助培训中心。最近，有关基金的政策有所变化，即国家鼓励企业自己举办职业教育，它们因此可以被免除这笔税费负担，前提是在培训规模和质量方面必须达到相应的要求。

5.2.6　合作式职业教育以及作为特例的德国双元制职业教育体系

人们之所以举办合作式职业教育，是因为职业教育既可以在企业内进行，也可以在企业外进行。企业外的职业教育如职业学校教育(国有或私立职业学校)或培训中心的培训(拉丁美洲式培训)。如前文所述，企业内培训和学校及培训中心的教育培训有着不同的教育教学目标，如果将这两类教育培训机构以合作的方式联系起来，并发挥各自的优势，就有可能产生协同效应。也就是说，如果两类教育培训机构，即学校(包括培训中心)和企业能够合作开展职业教育的话，就产生了所谓的双元制职业教育体系，其中每一方都为自己开展的培训活动支付相应费用。当然两类机构对职业教育的参与程度(比如投入的时间和财力)可能会有很大差别。这可能有以下几种组合方式：第一种，以学校或培训中心为主导，企业只提供实习和实践机会，或进行短期的企业培训。这样，大部分培训时间(如三分之二)、培训费用和投入的责任都落在了国家或国家培训机构这一方。第二种，学校和企业在时间分配(每一方的培训时间各占一半)和投入方面平等地参与职业教育。第三种，企业在时间(如占总培训时间的三分之二)和投入方面居主导，职业学校和培训中心只是次要参与者；通常情况下企业培训依据培训条例进行，也有不遵守的。两类教学机构可以是密切协作关系，也可以不是。职业教育投资人至少有两个，但更可能为三者，即国家(为公立职业学校投入，或对私立学校给予补贴)、学习者(支付给私立职业学校或公立学校的学费)和企业(为自己的培训活动投入)。换言之，主导投入模式是混合型或合作投入模式。

德国双元制职业教育体系有一些特殊点。无论是公立还是私立职业培训机构，其目标都是一致的，即培养学员胜任职业工作的能力。该体制的一个基础是，职业能力不可能在学校教学环境中获得，而只能在企业的职业实践中获得。这一观点得到了人们的广泛认同，人们期望通过符合教育学规律的、具有扎实理论基础的教育来提高职业教育质量，因此必须采用这种合作式的教育模式。双元制职业教育体系的另一个重要特征是有关学习场所的概念。在每个教育机构（如职业学校、培训中心和企业）中都可能存在多个教学场所，这些场所之所以有所区别，不仅是因为它们所处的地理位置不同，而且也因为教学组织、教学内容和教学条件方面的差异。下表清楚地显示了双元制职业教育体系的组成元素。

表 5-2　德国双元制职业教育体系的组成元素

	德国双元制职业教育体系的组成元素	职业教育的组成元素	双元制职业教育体系的构成元素
机构			
企业；跨企业培训机构			
非全日制职业学校			
多元学习场所			
理论教学、培训角、培训车间、工场、模拟中心、实验室			
教室、车间、实验室、模拟企业、学习办公室			
辅导员			
全职或兼职培训师			
职业学校教师			
学习者的地位			
学徒			
职业学校学生			
教育教学标准			
培训条例、框架培训计划、企业培训计划			
各州（框架）教学计划			
基本教学原则			
工作过程导向原则			
科学导向原则			

	德国双元制职业教育体系的组成元素	职业教育的组成元素	双元制职业教育体系的构成元素
监控机构			
负责机构、行会			
州政府			
实施机构			
企业			
学校			
投资人			
企业，以及国家对跨企业培训机构的补贴			
州			
确定管理规则的机构			
联邦政府			
各州政府			
共同决策制			
薪金协议的决策各方；工会；雇主联合会；工会；青年代表			
学生、家长、教师			

德国双元制职业教育体系的组成元素

近年来，产品生产和服务越来越专业化，德国在双元制职业教育体系外又发展起了两种补充性的机构模式：跨企业培训机构和企业培训联盟。由于多数企业只注重其核心业务，导致职业和工作活动范围缩小。在很多情况下，单个企业已经不具备一个职业描述及这个职业的《培训条例》中规定的所有职业活动。这些活动和培训内容可以通过专门的培训机构（例如手工业领域）或多个企业间的协作得以补充。这些企业都开展相同职业的培训，但重点有所不同。如果能将它们结合起来，就可以使学员获得培训条例所要求的各项培训。德国双元制职业教育体系的一个重要特征是，非全日制的职业学校依据各州统一的教学计划进行教学，而企业培训却依照一个职业的全国统一的培训标准进行，这一培训标准就是《培训条例》。这些《条例》之所以重要，是因为它们必须在全国范围内贯彻实施，因为培训的目的是培养学员具备在国内任何地方（无论是慕尼黑还是汉堡）从事该职业（如电工）的能力，而不受培训企业和培训地点的影响。这种通用的有效性原则就是要使接受培训的年轻人在德国任何地方都能胜任自己的职业工作。这意味着，通过培训获得的技能是可以市场化的，按照 Becker 的话说就是：双元制职业教育体系的企业培训是一种通用性的培训。

双元制职业教育体系的投入模式如下：无论是《联邦职业教育法》还是《行业条例》都没有对企业对职业教育的投入方式做任何规定。事实上，单个的雇主投入一直都是主要的投入模式。过去三十年间（特别是在原东德）零星采用的跨企业投入、个别行业的基金投入、培训企业间的合作投入以及对培训企业实施国家补助等做法，始终没有取代单个雇主投入模式，而只是对其进行补充。企业要想减轻其投入负担，可以将部分或全部转移到顾客、供应商或雇员身上（这一点在前文已经论及）。培训企业还可以从商品销售额中扣除培训费用，从而降低利润上报额，缴纳的所得税自然就会减少。

然而尽管许多德国企业具备了人员和设施设备方面的培训要求，但还是不愿意独立提供培训，这里的一个原因是费用问题：培训费用实在昂贵。每个培训生的平均花费基本上差不多：1971 年每年人均总开销约为 3500 欧元；1980 年这一数字攀升至 8500 欧元；1991 年为 14700 欧元（Bardeleben 等 1995，80）；2001 年该数字骤升至 16435 欧元（Beicht 等 2004：20）。当然，由于培训领域、培训年限、培训企业规模、培训职业和不同学习场所教学时间分配等方面的差异，投入有所变化。如果只考虑培训的直接投入，那么 2001 年的人均投入为 10178 欧元。如果扣除培训生在培训期间（在工作场所）承担的生产性工作带来的回报的话，那么 2001 年人均纯投入为 8705 欧元，而直接性的纯投入仅为 2448 欧元（Beicht）。倘若不采取企业培训方式而从外部劳动市场招聘新人，那么成本远远高于企业培训方式。采用内部培训而非外部招聘节约下来的经费就是所谓的"机会回报"。据估计，这种回报每年人均为 5765 欧元（Beicht 等 2004）。如果扣除机会回报，那么每年的人均培训总成本就只剩下 2940 欧元，而人均年度直接成本不但没有，还产生了 3317 欧元的净收益。应当清楚一点，这些数据是计算得出的。在实践中，无论是机会投入或机会回报都不能作为流动资金，这也许是企业往往只关注培训总体投入的原因所在。

如此一来，人们对德国双元制职业教育体系便产生了困惑：既然企业要承担高昂的培训开销，为什么还要进行这种通用性的培训，甘愿冒被窃取培训成果的风险呢？对此文献给出了多种解释（Timmermann 2006），比如：i) 培训企业切实享受到了培训期间这种通用性培训带来的回报；ii) 由于劳动市场机制不完善，有关培训资格的价值和质量方面的信息提供并不对称，因此遭到窃取的风险可以忽略；iii) 培训实际上是一种通用型培训和专门化培训相互补充的混合体，培训企业外的其他雇主往往会低估培训生的生产能力，而培训企业为他们却支付较高的工资，虽然这工资还是低于员工所创造的价值，但至少可以使培训生不至于产生辞职的想法；iv)只有当涉及专门化培训时，通用性培训的生产能力效应才会显露出来，反之亦然；v)通用性和专门化人力资本间的混合状况在每个企业都各不相同，因此通用性人力资本也具备企业特征，而且不易迁移到其他企业；vi)由于培训生(转换工作)需付出较高的流动代价，所以窃取很有限；vii)企业从事培训工作会提升自己的声誉，对本企业的高素质员工及其他企业的员工具有更强的吸引力；viii)大型企业可以形成内部劳动市场，从而将通用性培训变为具有企业特点的培训。

当然，即便上述解释中的一条或几条可以解开人们对双元制职业教育体系的困惑，但双元制仍无法确保每年青年人对培训的需求都得到满足，原因是该体系对经济周期十分敏感：在经济萧条时期，无论自己内部的培训需求如何，企业提供的培训机会都会减少。企业又往往会依据对劳动力的实际需求限制培训生的数量，这就损害了双元制为整个就业体系和劳动市场提供合格人力资源的功能(同上)。

5.2.7 小结

世界各国职业教育体系的结构丰富多彩、形态各异，但基本都可以归为本文总结的几种模式之一。本文通过对各种职业教育体系及其投入模式进行分析得出结论：在投入和管理方面似乎不存在"一种最佳的制度"，因为尽管每种职业教育体系都在试图进行自我完善，但由于其历史、文化和社会条件方面等诸多限制，它们还是无法摆脱各种各样的缺陷(Schaack 1995)。但这并不意味着各国职业教育体系之间不能相互借鉴。

5.3　各国企业培训的筹资方式

Andrew Smith

企业培训的筹资方式在很大程度上受各国不同经济社会结构的影响。虽然每个国家采用方法的依据都是各自的经济、社会和文化背景，但还是有可能在不同经济体之间找到一些共同的政策性元素，这从某种程度上源于各国共有的文化和社会价值观。Gasskov针对培训投入状况(政府与雇主间关系)提出了一种分类方法，并列出五种不同的筹资模式：

1. 企业对培训不承担任何法律义务(例如加拿大、英国、美国、荷兰和瑞典等)。

2. 在培训筹资过程中，企业主自愿承担了大量责任(例如德国、瑞士和日本等)。

3. 以集体性产业协议为基础,由雇主和工会共同组建培训发展基金(例如比利时、丹麦和荷兰等)。

4. 政府对提供培训的企业减免税收(例如比利时、智利、德国、韩国、马来西亚和巴基斯坦等)。

5. 政府强制企业主为培训出资(例如丹麦、法国、爱尔兰、韩国、马来西亚和许多南美国家)(Gasskov 2001)。

本文详细探讨国际范围内四种鼓励雇主增加培训投资的机制,它们分别是:

1. 自由放任式机制;

2. 雇主高投入机制;

3. 行业培训基金;

4. 征税方案。

5.3.1 自由放任式机制

盎格鲁——萨克逊国家(澳大利亚、英国、美国和加拿大)多采用这种机制,它几乎不对雇主的培训行为进行任何强制规定。雇主可以根据自己的业务需求决定是否进行培训。有批判观点认为,这种放任式方法会导致一种低层次的技能平衡。在这种平衡中,对技能的要求被"工作简单化"和大批量生产环境中的去技能化所左右(Finegold/Soskice 1988)。近期的一些评论更对这一论点进行了发展,认为这些国家出现的持续技能短缺状况,正是在培训方面的市场机制失效的表现(Hall 等 2002;Ashton/Green 1996)。

在英国,"人力投资者"(The Investors in People,简称 IiP)项目正是自由放任式机制的典型代表。IiP 的操作模式类似质量管理领域的国际标准机制(ISO)认证,只不过它是具体针对企业的人力资源开发。符合 IiP 标准的企业可以在它们的各类宣传中使用风筝标识(英国标准协会的商标)。虽然过去进展缓慢,但近些年来 IiP 项目拓展的速度相当快。从 1999 年到 2004 年年末,经 IiP 认证的企业数增加了一倍多,从 13 748 家发展到 37 035 家,同期 IiP 标准覆盖的劳动力人数占总人数的比重也从 15.5% 扩大到 38%。但在获得认证的企业中分布很不平衡,多数集中在大型或中型企业。为 2000 年的"就业与教育发展规划"所做的一项研究表明:英国只有 16% 的公司获得了 IiP 的正式认可(DfEE,2001)。从表 5-3 可以看出,获得认证的企业集中在某些行业中,特别是公共部门。IiP 认证在不同规模企业和不同行业中的这种不对称分布,也反映出了多数发达国家的培训分布的不对称性。因此,IiP 在增加培训机会方面或许并没有起到太大的作用。

表 5-3　各行业获得 IiP 认证的企业比例(DfEE 2001：94 页)

行　　业	获得认证的比例(%)
制造业	
农业、采矿业、公用工程和建筑业，	
分配和消费服务业	
财政和商业服务业	
交通、公共管理和其他服务行业	
合计	

针对不同企业培训的这种不均衡分布，有评论指出，IiP 只是用于强化那些已经在培训方面投巨资的企业的地位，而不是用来鼓励没有对培训进行投资的企业去开展更多针对自身员工的培训(Hoque 等 2005)。然而，参与 IiP 项目的企业，其培训在特点和质量方面都受到了正面影响。就业研究所(Institute of Employment Studies)对 IiP 所做的一项评估得出了以下结论：

➢ 它刺激企业主对培训状况进行改革，如果没有 IiP，这种变化就不可能出现；

➢ 它促进了培训水平和技能的提高，从而改善了企业的经营状况；

➢ 企业因此获得的收益远高于对该项目的投入(Hillage/Moralee 1996)。

IiP 的运作模式与 ISO 和其他质量认证机制类似，它使那些已经提供培训的企业进一步改进自己的运行方式，但目前还无法确定它是否能够促进雇主增加对培训的整体投资(Emberson/Winters 2000)。

5.3.2　雇主高投入机制

采用这一机制的国家都属于 Gasskov 分类中那些雇主自愿承担大量技能培训义务的国家。法律明确规定了雇主有进行培训的义务，但真正的培训体系是建立在雇主出资的工作场所培训基础之上的。

在挪威和芬兰等斯堪的纳维亚国家中，政府并没有在雇主培训方面制定特别的政策。但从"欧盟职业教育调查"的结果可以看出，这两个国家的雇主培训都比较发达。在芬兰，1999 年提供培训的雇主为 82%，挪威为 86%。此外，无论在大型还是中小型企业中，员工对这种由雇主提供的培训参与率都很高。在大型企业和小型企业中参与者的比例占所有员工的一半以上，在中型企业中这一比例稍低。而在所有欧盟成员国中，培训的平均参与率为 40%(Nestler/Kailis 2002)。由于雇主们对培训的投入已经如此之高，因此挪威和芬兰政府将注意力集中到工作生活的其他方面。长期以来，两国都在提高工作生活质量方面投入了巨资进行相关的研究和创新。挪威的公司还第一个尝试引入了自治性团队工作的方式，并为员工创造了实实在在的利益，例如创建家庭友好型工作场所。在芬兰，"工作生活发展项目"也一直强调高质量培训的重要性，十分注重提高工作场所的生产力发展。由此可见，两国的雇主和雇员都对雇员发展权利取得了广泛的认同，这种认同为高水平的培训提供了坚实的基础。

在丹麦，职业教育体系一直以来都是以完备的学徒制度为基础的。但与德国的双元制不同，丹麦的学徒制度是依据政府规定并由政府出资、只在有限的技能领域中开展的。20 世纪 60 年代中期，"成人职业培训"（AMU）成为丹麦职业教育体系的核心特征。由政府出资，并由政府、工会和雇主协会共同管理的 AMU 机制，为年轻人和失业人员提供工作导入课程，同时也对半技能工人和技能工人进行培训（Olesen 1997）。AMU 不但为现有工人提供培训，还为新进入劳动市场的人和失业人员提供培训。它是一个综合化的体系，其目标不仅是要满足现有雇员的职业继续教育的需求，同时也兼顾了新员工和失业者的需求。丹麦 AMU 培训由政府通过支付工资的方式出资，并由 AMU 学院具体实施（Nielsen/Cort 1999）。AMU 提供的培训课程种类，是根据丹麦 55 个主要经济领域确定的培训计划来确定的。该体系最重要的特征就是强调社会各方的共同管理，这种共同管理的理念在企业层面上体现得尤为明显，任何一项培训活动的开展都必须通过雇主和工会间的共同协商。自 1991 年开始，许多共同协议中都提出要建立行业和单个公司的培训基金，用以资助员工的继续培训。协议还规定，多数员工每年都有权参与一个星期的培训。雇主提供的大部分"继续教育"（CVT）都是针对特定的公司的，并通过 AMU 机制具体实施（Olesen 1997）。据估计，约三分之一私营部门中的劳动者被纳入这些培训共同协议中。但是，丹麦的培训基金规模不大。基金由三类用途，却倾向于对试验性和创新性的培训提供资助。

5.3.3 行业培训基金

行业培训基金针对具体的行业，是以雇主和政府间达成的行业协议为基础创建的基金，为雇主开展培训工作提供资助。从国家角度看，荷兰的行业培训基金是一个典型例子。按照"开拓地"原则，1984 年瓦格纳（Wagner）委员会提出，对职业教育体系的管理应采取由政府、培训机构和经济共同体共同管理的社会管理模式。从那时起，职业教育体系就由一系列的三方委员会共同监督运行。这种三方管理模式进一步引出了行业培训基金的想法，就是在所有的主要行业通过共同的产业协议建立专门的培训基金。

这些"培训研究与发展基金"（荷兰语缩写为"O＋O 基金"）开创了一种新的途径，使得原本由雇主单方面控制的培训活动变成了由社会各方共同决定的活动领域（Romijn 1999）。在荷兰，根据 134 项共同协议建立了 66 支"O＋O 基金"，其中多数协议还指定了一些培训项目，特别是一些岗位培训和针对特定群体开展的培训。"O+O基金"由雇主和工会代表共同组成的机构进行管理，基金来源是其依据的共同协议中覆盖的所有公司缴纳的特种税款。不同部门征收的税款额度不同，占工资总额的比例从0.1%到0.7%不等。"O+O基金"是荷兰的培训共同管理模式的一种表现形式。值得注意的是，不能过分夸大其在培训筹资方面的作用，因为荷兰的大部分企业培训资金仍然是由公司提供的。1996年，"O+O基金"提供的资金占继续教育（CVT）投入的总额还不到5%，而雇主提供的资金却占到了一半以上，其余部分则是由受训个体承担（Hendriks/Westerhuis 1997）。此外，"O+O基金"也并非能将所有经费都用在培训上，有时管理费用甚至占了很大一部分，直接投资在培训上的实际投入占基金总额的5%到100%不等。根据Waterrreus的估算，"O+O基金"直接用于培训的经费平均仅占基金总额的40%（Wattereus 1997）。

在其他一些国家，这种行业基金模式只用在某一特定的行业，如澳大利亚的"建筑业培训基金"。该基金在澳大利亚多个州中都有设立，但形式不同。澳大利亚的建筑业培训基金比荷兰相应的基金的规模小得多，其资金通常是从建筑总产值中提取0.1%~0.2%税款得到。这项基金多数用于支持该行业的学徒培训，而不是广义的行业培训。由于无数调查表明，建筑业的雇主在培训方面的投入总是比其他行业低，因此很难说征收建筑业（培训）税的做法是否成功地促进了该行业企业培训投入的增加（ABS 2003）。

5.3.4 征税方案

在Gasskov分类中，以强制方式要求雇主为培训出资的投入类型主要存在于协作型的市场经济体中（Ashton等2000），当然在其他国家中也偶尔有这样的例子，比如英国现已废止的"征税—授予"（levy—grant）方案。为提高雇主对培训的投资，最常采用的方法就是普遍征税。比如要求所有雇主或多数雇主向一项培训基金缴税，但同时他们也可以向该基金申请资金支持自己的培训活动（即征税—授予机制）。另一种方法是，要求那些没有达到特定培训投资标准的雇主向某项基金缴纳税款（即税收免除机制）。

澳大利亚的"培训保障规划"（Training Guarantee Sheme，简称TGS）是一种税收免除式方案。从严格意义上讲，TGS还不是一项税赋。依据法案规定，发放工资额超过二十万美元的企业必须从其工资总额中至少拿出1.5%用于合格的培训。如果培训投入达不到这一标准，就要将差额部分缴给澳大利亚税务局。所谓"合格的培训"，是指有组织的且与就业相关的培训。具体而言，这就意味着培训必须是与就业相关、且得到相关承认的项目。然而澳大利亚的企业主对TGS并不十分欢迎，其中最为不满的是：如果遵循TGS的规定，开销实在太大。Velten的一项研究表明，许多企业认为，对培训进行记录并将所有合格培训都进行上报的工作投入，已经远远超出了应支付的税费。特别是小型企业更持这种观点，而且一种普遍现象是，许多小企业宁可缴纳税费，也不愿意承担培训费用（Velten，1990）。此外，有批评说，TGS 过分关注培训数量而轻视培训质量，TGS 建立的机制主要是对违规者进行处罚，而不是奖励那些大力投入培训的企业（Noone 1991）。

在运用税收机制方面，新加坡是一个比较成功的例子，该国的机制也明确提出了培训机会平等的问题。为了促使雇主加大对低技能、低工资员工进行培训的投入，新加坡于 1982 年创立并启动了"技能发展基金"（Skills Development Fund，简称 SDF）。对月工资不足 1500 新元或小时工资不足 2 新元的工人，其雇主有义务将其工资总额的 1% 拿出来缴纳"技能发展税"。自从技能发展基金建立以来，这项标准被一再抬高，其目的是使更多工人被纳入受益范围（Low 1998）。无论是雇主还是员工，都可以通过参与该项目的培训补偿自己所缴的税金，而这些培训项目往往都是旨在提高工人的整体受教育水平，并不是针对某些具体发展技能。例如"技能培训基础教育（BEST）"项目的目标是使工人达到小学毕业文化水平；而"中等教育工人提高（WISE）"项目的目标则是使工人达到中学毕业水平（Osman-gani/Tan 2000）。最近，SDF 中又提供了一些具体的技能培训项目，特别是电学和计算机等高科技项目。SDF 基金还越来越多地用于对年纪较大员工进行培训。1995 年，平均每八位年老职工中有一位获得培训的机会，而这一比例在 1988 年时仅为二十五分之一（Low 1998）。有确凿证据表明，由于 SDF 税具有明确的针对性，因此对新加坡技能水平和培训产生了重要的影响。在全国范围内，雇主的培训投入已经占到了所发工资总额的 3.6%，新加坡政府正努力将这一比例提高至 4%（Low 1998）。那些生产能力最高的行业（例如电脑企业）往往也是 SDF 项目中提供培训最多的行业。

5.3.5　讨论

各国政府设计出了许多方法，试图刺激雇主加大对培训的投入。然而多数国家的努力都只是针对培训的需求面的。多数培训改革计划注重的都是如何加大培训的数量，以及如何引导雇主利用新政策从而增加对培训的投入。有些新政策还要求公共培训机构尽量迎合雇主的需求。澳大利亚和荷兰进行的培训改革主要就是针对这一问题的（Brandsma 2003）。其他方面的改革措施还包括：进行以能力为基础的培训；引入新的职业资格标准以及对准入性培训进行改革。但从总体上看，这些措施对促进雇主投资都没有起到太大的作用。此外，政府直接干预雇主培训投资的做法也收效甚微。事实上，政府对雇主的培训行为进行直接干预的力量十分有限。由于企业主才是政府制度的主要利益相关者，因此政府也不愿意对他们的行为进行强制管束，生怕会危害到这些人未来在国家的投资（Fenna

2004)。正是出于这些原因，各国政府的政策会时有时无，或者采取雇主自愿参与的方式。如果采取强制方式，比如 20 世纪六七十年代英国的"征税—授予"机制和澳大利亚的"培训保障"机制，那么政策无一例外都会遭到雇主的强烈抵制。

迄今为止，还没有一个国家形成了一种能大幅提高雇主对高水平工人培训的需求的机制。现有的各项（增加雇主培训投入）机制的有效性，在很大程度上是依赖于雇主与政策的关系。采用强制性的普遍征税的做法，不但造成雇主不愿遵守相关规定，对提升雇主的培训投入的积极性也不可能产生作用。因此这种政策对提升劳动力整体技能水平所发挥的影响力相当有限。相反，那些在形成和实施过程中允许雇主充分参与的政策，则很容易赢得他们的支持。虽然还无法确定这类政策能否真正提高劳动力的整体技能水平，但是得到雇主支持的政策比遭到他们抵制的政策对技能水平的提高，无疑会产生更加积极的影响。正如本文所述，各国采取什么模式来促进企业加大培训投入，这在很大程度上取决于地方特征、政策传统和所处的不同历史发展阶段。因此，各国对雇主的培训需求做出的政策回应也不相同，而这往往是受到了地方特点和传统文化的影响。如果想把斯堪的纳维亚和中欧各国的社会参与政策模式移植到在传统和文化上都不太重视社会化管理的国家（如英国或澳大利亚），那么显然会遭到失败。当然，迄今为止，这种强制性方法的成就也很有限。它似乎只能在那些能容忍这些强制措施的特殊社会，或具备有强制性管理机制的国家中，才有可能获得成功。

5.4　职业学习的广泛收益

Leon Feinstein & Simone Kirpal & Inés Arévalo Sánchez

5.4.1　导言

职业教育有满足多方面目标要求的潜力，包括产生即时见效的成果，例如获得职业资格与技能；能力、认知和社会心理方面的发展；社会及专业化团队的融入和信息的获取。此外还能列举出许多内容。也可以从其他角度给出其他类型的列表。这个列表足以说明，职业教育能带来的收益远非增加就业机会和提高收入及劳动生产率那么简单。这种职业教育成果的宽泛性意味着，对职业学习更为广泛的收益的界定和研究，不能仅看某个单一元素，也不能局限在某个单一学科中进行。此外，对"更广泛收益"也可能有不同的分类法。例如 Schuller 等（2001）提出了五个相互重叠的社会研究领域，即健康、成熟、家庭、犯罪和公民身份，其后的研究则只强调健康、社会资本、社会凝聚力和家庭。在其他不同时期还用过其他的分类方式，分别反映了当时的研究和政策倾向。

将通过职业学习获取和维系的个人潜力，与由此衍生出的更为广泛的收益区分开来，有助于弄清该研究领域的结构。个人才智在职业学习过程中或学习后不久便会显现出来。它与个体所接受的学校或工作中的职业教育直接相关。技术技能的获取往往是职业教育体系的正规目标和评价标准，而学习带来的更为广泛的收益则可能在人的一生中慢慢显露。它们虽然依赖那些即时成果，但其发生过程却相当复杂，可能需要很长时间。这些成果具有更宽泛的个人、社会和政治意义，除对教育本身以外，还对经济、公共福利和公共服务有重要的意义。

5.4.2 以资本为切入点研究职业学习的广泛收益

如果用基于资本的模式研究学习的即时成果和广泛收益，可以将通过职业教育获取的资源用资本的形式表现出来，并分为人力资本、社会资本和认同感资本三种。虽然选用"资本"一词并非十分恰当（Schuller 等 2004），但它强调了一个"有益投资"的概念，这种投资创造了能提高社会和经济效益的一系列收益。所有这三类资本——人力、认同感和社会资本，都可能通过职业教育而在个体一生中得到加强、维系或浓缩。图 5-2 对贯穿人一生的、将教育经历转化为个体和社会层面的种种收益这一复杂过程给出了一种简单化描述。

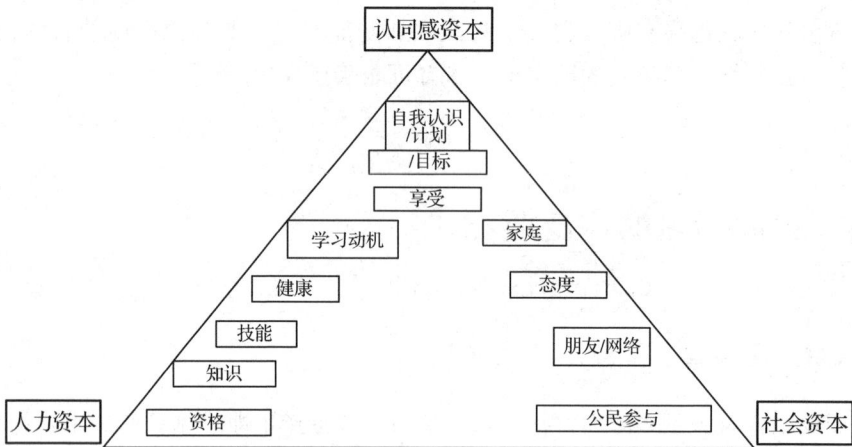

图 5-2 "资本"和学习的收益（引自 Schuller 等 2004）

人力资本

在对教育所产生的劳动生产力和工资回报所做的经济学研究中，一个重要的转折点就是经济理论中的人力资本变革。这种变革始于 20 世纪 60 年代，它由 Schultz(1961)的研究首次提出，后来 Becker（1975；1991）在微观经济层面上，Romer（1986）、Lucas（1988）和 Barro/Sala-i-Martin(1995)等在宏观经济层面对此进行的进一步的发展。近期 Cunha 等（2006）所做的关于人力资本形成的复杂经济模式的研究，对该理论的发展也起到了推动作用。新理论的要点是：教育积累了人力资本，从而提高了劳动市场中工人的生产能力，而增加了的生产能力反过来又导致了受教育水平较高和技能较高的工人工资的大幅增长。从宏观经济层面上看，这一表现为：国民平均受教育水平的提高会带来相应的社会收益，同时也导致经济竞争力增强和 GDP 增速的提高。从微观层面上也是如此：企业受教育水平较高的员工会带动其他一起工作的员工，从而提高劳动生产率，并推动技术创新。

在这种理论框架内，教育的经济回报被理解为教育过程中人力资本形成的结果。以过去四五十年中形成的、较为坚实的理论和实证依据为基础，人力资本理论将教育视为一种投资；这种投资可以带来个体的经济安全和收入增长，而对更广范围的经济而言，则会导致劳动市场生产力的提高和经济增速加快。一种普遍的观点认为，在成年之前，人力资本的形成过程与教育几乎是一种线性增长过程，即在儿童和青年时代，无论是处于哪一阶段的教育，每接受一年教育就一定会带来能提高生产力的人力资本的等量增加。因此，对人力资本的衡量往往基于某人的受教育年限，而不去考虑其所受教育的质量（例如课程内容、教学方法和个体的具体学习经历）。这也是人力资本与下文讨论的其他资本之间的一个重要区别。

对技能性技术变革的研究（Nickel/Bell 1996）提高了人们对高等教育在保持国家竞争力方面的重要性的认识。同时，人们对基本技能层面的技能差距不断加大的担忧也日益增强（Bynner/Parsons 1997）。从教育对个体收入增长所起的作用看，有一个领域往往被人们忽视，那就是成人教育。成年学生所得的工资回报比年轻的学生低（Blundell 等 1997；Dale/Egerton 1997；Dolton/Makepeace 1990；Egerton 2001；Field 2000），这可能因为，成年人在结束教育后可工作的年限较短，且学习本身的机会成本也较高，因此导致了他们在余生中获得的工资收益较少（Coffield 1997）。这两点也可部分解释为什么人力资本只在少年和青年阶段的学校教育中成线性增长，这也导致了人们对职业能力的终身发展不予重视。迄今为止，我们尚无充分研究证据可以证明成人职业学习的重要性（参见下文）；但似乎可以这样说，对成人而言，考虑其人力资本的广泛收益（特别是成人学习和家庭学习所具备的潜在代际优势）可能十分必要。因此，关注学习的广泛收益可能会改变我们对不同年龄段学习的相对成本及收益的理解。

认同感资本

如果说人力资本指的是那些在劳动市场中受到重视的技能，那么认同感资本指与个人、家庭和社会福利相关的、在处理生活的其他方面问题时的重要技能和态度。按照 Côté（2005）的观点，认同感资本代表了与社会心理技能相关的种种态度，其本质多为认知性的，而且对于人明智地做出影响其生活的各种决策十分必要。

在经济研究文献中，人力资本和认同感资本的区别被表述为"硬"技能和"软"技能，或者分别被称为认知技能和非认知技能。近年来，由于很多人认为软技能在劳动市场中也十分重要（Bowles 等 2001；Goldsmith 等 1997；Heckman & Rubenstein 2001），因此一些人将这类技能也列入了人力资本的定义中（Healy & Cote 2001）。"认同感资本"一词强烈地反映出，人力资本是与刻意的教育投资带来的生产力收益相关的元素。虽然认同感资本并不是以同样的方式形成的，但也完全可能由于教育经历而得到支撑、加强和维系。当然，由于经历了负面教育，也可能使这类资本受到损害并有所减弱。

个体的自我认识、自我效能、耐心和适应力（灵活性）是认同感资本的重要内容。自我认识关系到个体对于自身能力和价值的看法。这种认识依赖于个体获得的信息以及对这些信息进行处理的认知能力（Markus/Wurf 1987）。自我认识是多维度的（Shavelson 等 1976），与学术能力、社会能力和整体自尊等有关。正面的自我认识能促进人的健康行为、维护心理健康，并帮助患慢性疾病的个人控制病情发展（Schuller 等 2002；Hammond/Feinstein 2004）。缺乏自尊的青年人往往有如下症状：情绪沮丧、有自杀念头和尝试自杀的行为、无节制饮食（通常在女性中）、欺骗、早孕和难以形成或维系与他人的亲密关系（Emler 2001）。至于使用违禁药品或吸毒，以及酗酒和抽烟，对年轻人而言都属于违法行为。如果具有高度的自尊，就可能避免这种行为发生。具有高度自尊、懂得珍惜自己的青少年，不太可能会滥用药品（Modrein-talbott 等 1998）。

自我认识会影响其他社会心理因素，反过来也受这些因素的影响，例如自我效能、恒久自爱和适应力。如果个体看重自己，特别是自身的能力，那么他们就会认为自己有能力（或效能较高），面对不幸事件时也更坚强（即具备高度的适应力），而且不仅此时此地珍重自我，还会一直这样自爱下去（即恒久自爱）。Bandura（1997）将自我效能解释为：个体对于自己组织和执行一系列活动来解决问题或完成某项任务的能力所具备的信心。在学习方面的自我效能对学习动机是一个重要的决定性因素。它会促使个体参与学校教育，并坚持参加学习活动（Eccles 等，1997）。我们发现，参与职业教育会激励学生（Smith/Dalton 2004），鼓舞他们继续参加学习活动（Mchugh 等 1993；Kodz 等 2000），并增强其自信心（Rosenfeld 1999；Sims/Golden 1998）。父母和老师对孩子和青年人能力及成功可能性的认识，会大大影响到他们在自我效能方面的信心，因此成为一种可以提供良好情感及认知支撑的环境因素（Eccles/Lord 等 1997）。

"跨期选择"（也称为恒久喜好、耐力或未来取向）指"在不同时间点权衡投入与收益之后所做的决策"（Frederick 等 2002）。要对那些可能带来动态成果的行为做出经济方面的决策，跨期选择尤为重要。例如对是否要吸烟、是否要戒烟以及何时戒烟这类问题，跨期选择就会起到一定的作用，即在衡量各种行为可能对日后产生的影响之后，做出当前的决定。此外，对于是要继续接受教育，还是参与犯罪活动这类抉择来说，跨期选择也很重要。在教育（指接受学校教育的年限或所获资格水平）和跨期选择之间存在一种关联性（Fuchs 1982），即那些高度重视未来发展的个人可能选择继续学校教育，当然其中的推理过程相当复杂。

"适应力"指面对不幸状况时所做的积极调适（Schoon/Bynner 2003），是一个为应对不幸或创伤而进行的积极的自我调整过程（Luthar/Cicchetti 2000）。在儿童乃至整个成年阶段，社会和经济条件的劣势、恶劣的生活条件、过度拥挤的生活环境和物质资源缺乏等，都是不幸的主要根源（Duncan/Brooks-gunn 1997）。对于那些适应力不足的个人来说，早年经历的恶劣条件会削弱其应对未来挑战的能力。与之相反，能起到保护作用的因素可以分为三大类：儿童自身的态度、其家庭和广泛的社会环境（Masten 等 1990；Garmezy 1985；Rutter 1987）。因此，"适应力"有时也被理解为：个体在面临不幸时努力调适自我的行为（Luthar/Cicchetti 2000）。适应力与个性特征相关（如自尊和自我效能），同时也受到外部因素的影响，如是否具有能鼓舞和支持自己的家庭和其他外部力量。针对个体特征，Howard 等发现，具备适应力的儿童具备以下"内部特征"：独立性、问题处理技能、目标性、计划性和社会能力。其中一些特征还与自我认识、自我效能和跨期选择有关（Howard 等 1999）。此外，Schlossberg 等（1995）还指出，运用社会资源和网络的能力也会增强个体的适应力，使个体身心健康（引自 Ogden 1997；详细论述见 Wilkinson 1996）。

社会资本

社会资本是受教育影响的核心资源之一。虽然 Putnam 主要从公民身份和公民参与方面解释社会资本（Putnam 1999），但美国社会学家 Coleman（1988）却更加注重社会资本所反映出的社区优势，例如良好的邻里关系、相互之间的信任和互助行为。普通教育和职业教育能为个体提供获取社会资本的机会，也能改变个体已经具有的社会资本类型。

最基本的社会资本形式就是黏合式社会资本。它围绕具有共同身份特征的群体形成，往往能增强这一社会群体的信心和共性。跨越式社会资本指横向社会网络，它超越了同质实体的范畴，在不同种族、文化和社会人口背景的人群之间建立起一种交叉网络。连接式社会资本的特征是将个体与具有权力和权威的机构连接起来，从理论上讲，它在社会层级结构中是一种纵向网络，而非横向网络。社会经济地位和受教育水平较低的个体比较容易获得黏合式社会资本，这使得他们能够运用自己的社会网络进行自我保护。这些人往往不太容易获得跨越式、连接式社会资本，因此也很难获取自身小环境之外的其他社会资源。相反，社会经济地位较高的个体则比较容易获得跨越式和连接式社会资本，因而能够利用更多生产性资源。要将跨越式资本和黏合式资本确切地区分开来，必须看由个体形成的群体和社会网络的具体状况。因此，这种区分不是固定不变的，它取决于个体的自我分类方式（认同感）。

Putnam(1999)认为教育和学习对社会资本的形成具有重要作用。在小学教育阶段，如果不同社会经济背景的学生能被纳入到公共教育体系，那么学习就能提高社会凝聚力，并增强公民意识。例如学习经验可以为学生提供获取和演练社会资本技能的机会（如参与和互助），还能为团体活动和团体承诺提供论坛，创造拓展和加深社会网络的机会，并有助于形成共同的规范、包容心、理解和尊重（Heyneman 1998；Schuller 等 2002；Schuller 等 2004）。因此，从个体层面上看，教育通过帮助个体进入社会网络而使个体受益，但同时也可能使个体陷入黏合式网络的各种冲突中。教育对社会资本的影响往往通过同龄群体实现。教育和职业培训会直接和间接地影响个体融入同龄群体，即学校或成人学习环境中各种社会互动和网络的性质及范围，会对个体产生直接的影响，又通过对就业的作用对个体产生间接影响。由于共同的受教育经历而形成的同龄群体，会影响行为规范和价值观的形成，并带来直接的网络收益。

5.4.3 有关职业学习广泛收益的实证依据

对于接受职业教育可以带来的经济利益，已经有许多实证研究文献，虽然按照传统的方式衡量还不完善，而对认同感资本和社会资本方面广泛收益的评估研究就更加鲜见。下文六个案例给出了职业学习重要的广泛收益的实证证据，着重强调职业教育质量对参与者受益程度的重要影响。值得注意的是，学术性学习和其他一些特殊形式的学习所产生的广泛收益，不一定完全适用于职业教育，因为职业教育往往在一种完全不同的环境中、以完全不同的形式进行。到底会产生怎样的广泛收益，在很大程度上依赖于这些特殊性。因此，将职业教育与普通的学习相提并论是不合适的。

Smith 等曾提出了一个假设，即"用工作对职业教育提供补充，能够在学生的成年过程中增加认同感资本和社会资本"，这已经通过多种方式得到验证。以澳大利亚 446 名年龄在 15 岁至 19 岁之间参与职业培训并将其作为中等学校教育补充的学生为样本，Smith 等将职业教育取得的成果分为两类，即"素质成果"（如建立自信）和"功利性成果"（如促进就业）（Smith/Dalton 2004，9）；并从中发现，除了获取工作的专门技能外，学生们的自尊和学习动机增强（由于参加工作实践，坚定了继续学习的意愿），而且对职业课程的兴趣也更浓了。通过参与工作导向的培训项目，学生们对自己的就业前景有了明确认识，同时也提高了社会技能。将学生置于工作场所中的做法还能帮助他们建立起一个对其毕业后发展有益的网络：参与该项目的学生中有 30% 以上在毕业后得到了实习单位提供的工作（Smith/Dalton 2004，8）。

澳大利亚的另一项研究也为职业教育的广泛收益提供了依据。"澳洲地区性研究与学习中心"(CRLRA 2000)通过对职业教育的实施方和参与方(包括教育培训机构、雇主、社区组织代表和学员)进行实质性的实证研究后证实：通过参与职业培训项目，可以获得所有三种类型的资本，特别是有助于技能的形成、自信的提高、社会网络的建立和工作动力的增强。在社会资本方面，通过参与职业教育项目，可以促进个体与社区其他成员间的互动，增强互信，"更能意识到其他社区成员的存在，并给予对方关怀"(CRLRA 2000，105)。

通过一项纵向研究，Lattimore 等(1990)验证了"在参与职业教育的人群中，犯罪行为能得到抑制"的观点。1983—1989 年，研究人员在美国北卡罗莱纳州改造所对 591 名参与"职业提供体系(VDS)"项目的服刑人员进行了跟踪调查。服刑者被随机分为试验组(E)和控制组(C)。项目对试验组成员给予了额外支持，包括对其职业能力和职业倾向进行评估、监控其活动、安排工作、工作方针以及提供其他一些服务。虽然两组成员都有机会参加职业教育，但职业教育的教学环境不同，且学员和课程的关系有所差异。研究发现，E 组中有 88% 参加了职业培训课程，而 C 组中参与的人数仅为 77%。从教学成果上看，试验组中有 33% 完成了至少一门课程，而控制组中这个数字仅为 23%。刑满释放后又再度被拘的(约占所有被调查者的 40%)也多为控制组成员。将两组的惯犯进行比较后发现，随着出狱时间的增加，被捕的可能性相应减小，在获释 20 个月后，E 组和 C 组的再度被捕率分别降低了 0.6% 和 0.5%。这些研究成果证实了前文提出的观点，不仅说明职业教育有助于犯罪行为的减少，还说明了职业教育实施方式的决定性作用。

La Valle 等利用英国 2001 年的"国家成人教育调查"，在充分考虑了教学方式、自学、职业学习和非职业学习等情况后，对职业学习的广泛收益提供了证据。在受访的 6459 人中，此前三年间(界定学习者的基本时间段)有 68% 参与了职业学习，而从师学习和进行自学的人数分别占 59% 和 60%。参与指导性职业学习的人员报告说：自己的知识和技能得到提高(报告人数分别为 74% 和 64%)；结识了新人(29%)；自信心增强(33%)；学习勇气增强(23%)；自尊提高(19%)；参与志愿活动增多(4%)。在社会资本的积累方面，除了更多地融入各种网络和参与社区活动外，还不同程度地产生了有益健康的成果(La Valle/Blake，2001)。

德国也进行了各种实证研究，重点考查职业教育课程与个体道德评判能力发展之间的关系。

伦敦大学的学习广泛收益研究中心(Center for Research on the Wider Benefits，简称 WBL)的研究不是专门针对职业教育的，但它是仅有的几项对成人学习的广泛收益进行量化分析的研究之一(Feinstein 等 2003)。该研究以"国家儿童发展研究"为依据，考察了成人学习对健康和社会资本产生的 12 项影响。对健康的影响表现为吸烟、饮酒、锻炼、生活满足感和沮丧感；对社会资本衡量的方面包括种族包容、政治犬儒主义、对政权的支持、政治旨趣、公民主体资格和选举。

为最大限度地避免选择偏差，WBL 还考虑到了产出的变化状况，而不只是静止地看待产出。该研究分析了成人学习与成人健康及其社会行为变化之间的关联，并发现，成人学习对其中年时发生的理念和行为的细微变化起到了重要作用。此外，统计、教育和其他背景因素方面的数据，以及对中年期生活环境变化的调查结果，都进一步验证了这一结论。当然这并不是说二者之间有一种单向的因果关系。此外其他一些研究表明：成人学习是发展和进步的良性循环的一个重要元素。

该研究还着重指出了将因果关系归因法存在的问题。研究显示出了不同类型课程带来的广泛收益之间的区别，指出：职业类课程(受调查者年龄在 33～34 岁之间)所产生的积极影响要远小于学术类课程、雇主提供的课程和以休闲娱乐为主要目标的课程。这些区别十分重要但也相当复杂。在这项研究中，职业类课程被定义为能获取职业资格且不是由雇主出资开设的课程。然而，雇主提供的课程本质上也很可能是职业类的。尽管如此，研究的重要结论仍然是：成人时期参加的各种学习形式中，职业教育产生的广泛收益最为有限。对课程、教学法、同龄群体、建议和指导、课程选择以及学员与课程间匹配状况等方面的差异进行的分析，或许可以解释上述结论。也就是说，选择过程中的差异导致了个体在中年时期采纳了不同的学习形式，而并非不同学习形式所具有的实际影响导致人们做出了那样的选择(即因果关系问题)。对于上述说法尚未进行量化验证。

5.4.4 方法论的思考

上文的理论和实证结果表明，与其他学习形式一样，职业教育能够带来许多重要的广泛收益。有关这些收益仍有以下一些问题尚未澄清：i)这些收益的形成机制和过程；ii)能带来最大收益的职业教育组织形式；iii)如何对这些收益的程度和价值进行评估与量化；iv) 对这些收益具有支撑或限制作用的国家及社会环境；v)对不同年龄段的个体和生涯发展历程不同的个体，职业教育带来的本质影响。由于这些方面的知识仍然十分缺乏，因此必须进行进一步的研究。下文将提出一些进一步拓展此类研究的方法论问题并阐述其重要性。

广泛收益的多层次框架

广泛收益在社会的多个层面都有所体现。伦敦的 WBL 在对学习的广泛收益进行定义和实证评估时，越来越多地采用了一种将不同社会聚合层面(包括个体、家庭、社区和国家)考虑在内的多层次框架方法。在每一个层面上，学习的广泛收益都被定义为"功效良好"且"有助康乐"。当然，由于分析单位的性质不同，这两个词在不同层面上的具体含义也有所区别。此外，它们之间还存在着因果关系和相互依存关系。比如，在社会凝聚力较高的社会中，国家层面上的平等程度往往较高，社区层面上的犯罪率较低；而个体层面上的包容度较高、亲社会行为也较多。如果国家层面的犯罪率较低，那么在某种程度上讲，也是个体行为和社区特色。当然，这种不同的聚合单位划分相当复杂，或许将其称为"整合"更为恰当。

在 WBL 的研究中，为评估个体层面上由学习产生的"功效良好"和"有助康乐"的广泛收益，人们采用了以下指标：健康（身体健康、行为的健康性和幸福感）（Feinstein 2002）、效能、信心、将教育列入生活方式选择内、社会融入和种族包容。个体层面上由教育产生的种族包容意识，在社会层面上表现为社会凝聚力，同时也有助于社区层面上的福利（Preston 等，2005）。

家庭层面的"功效良好"和"有助康乐"部分映射出了个体层面的种种收益，只是在一个更高的社会聚合层面将其复制出来。除了父母的信仰、价值观、渴望、福利和家长与孩子间互动状况外，教育产生的代际影响（即将教育获得的收益传给下一代的过程，它对社会流动、平等、生活机遇和未来经济生产力产生重要影响）也同样重要（Feinstein 等，2004）。

在社区层面能体现"良好功效"和"有助康乐"的方面包括：社区凝聚力、犯罪行为和反社会行为较少、信任及其他社会资本和社区经济繁荣。在这一层面，社会网络的作用与功能是决定学习收益的重要因素。最后，在国家层面的学习广泛收益体现在其对涉及国家政策的指标产生的影响中，比如犯罪率、疾病死亡率、发病率、社会凝聚力和公众生活参与度。

其他有关研究方法的思考

虽然上述指标使我们有可能对学习的广泛收益进行实证评估，但研究方法方面的一些问题仍然悬而未决。

1. 研究方案问题：有时我们想评估社会层面的影响（比如教育不平等产生的影响）对个体学习的受益度（如个人健康）有什么作用；或者想弄清个体学习经历对社会受益度（如社会资本）的影响。从方案设计上讲，这些关系十分复杂，而且很难以统计的方式表述，因为这需要多层面的数据，甚至需要多个国家的数据。这都为实证研究提出了严峻的挑战。

2. 量度问题：有时我们感兴趣的学习成果可能很难测量。一般对经济成果有明确的度量标准，即从钱的角度去测量。但学习的广泛收益没有类似的测量工具，因此度量问题变得十分突出。对社会资本和认同感资本，测量技术正不断发展，而且已经取得了相当的成果。虽然并不能说这方面已不成问题，但至少对研究工作已经没有太大阻碍。最困难的不是对成果的测量，而是对学习本身的测量。多数研究中教育测量的基础都是受教育年限和所获资格水平。然而对学习产生的认同感资本和社会资本而言，最重要的并不是受教育年限，而是学习质量和适用性。很少有多样本研究从质量的角度入手进行研究，但是本章所提及的所有实证研究都指出了职业教育质量的重要性。因此，以合作方式进行的职业教育，如公共机构与地方产业的合作方式，就成为创造广泛收益的核心要素。

3. 对学习的测量：与上一点相关，明确不同学习形式可能对实现广泛收益产生的不同影响十分必要。划分不同的学习形式，可能是职业类学习和学术类学习，不同年龄段的学习，或者其他的结构性差异或距离差异。也可以根据其他更具体的因素进行区分，比如学习的提供者是谁；环境如何；目标何在；对何人采用何种教学方法；评估机制；指导与辅导方式等。所有这些特征都会影响职业学习的广泛收益。

4. 评判问题：从统计角度看，学习经历不是外生性的，也就是说，某种学习经历与其成果间的关联不能代表学习产生的确切影响；相反，这种关联很可能受制于第三方因素，而在调查数据中往往没有对这些因素进行测量。在实验条件下我们发现，要对广泛收益的程度做出精确测量很困难。对职业学习的广泛收益的研究采用定性研究方法似乎比较适当，但这种方法无法提供代表性样本和量化测量标准。迄今为止，只有一些描述个体经历的案例研究提供了一些实证依据，但这种研究的目标并非进行一般性的测量与分析。目前因果效应研究中较好的是利用丰富的纵向数据、并从统计角度对一些重要的混合因素进行的研究（例如Feinstein/Hammond 等 2003）。

从上文可以看出：只依靠量化研究无法填补证据方面的空白，定性研究和人类学研究也必不可少。当然，仅靠后者也无法解决对职业学习广泛收益的程度与价值进行评价的问题。考虑到职业教育体系的发展，量化研究非常重要，因为决策者往往很注重对某项政策的成本与收益的评估，从而将其控制在公共基金的开支范畴内。因此，在进行定性研究的同时，还必须辅之以更多、更好的样本数据，运用纵向研究法，并充分考虑参与职业教育的程度和性质，来评估学习的广泛收益。

还有一项复杂的因素是，由于职业教育在整个教育体系中起的作用不同，因此广泛收益也会有所不同。当职业教育被边缘化时，它产生的积极影响极为有限。但整体而言，接受过一定程度的职业教育应该会使青年人获得许多额外的收益。

5.4.5 研究工作面临的挑战

关于教育（包括职业教育）与经济回报之间密切关联的理论和证据已经比较完备，但有关教育和培训与其广泛收益之间的关联性的研究还不多。由于学习行为为社会创造了宝贵财富，并有助于个体"丰富自身生活、成为更优秀的公民"，因此学习的收益远远超出了提高个体和国家经济生产力的范畴（Weiss 1995：151）。上文已介绍了产生广泛收益的两个重要机制，即认同感资本和社会资本。这些资本并不等同于人力资本，也不能变化为人力资本。因此，对广泛收益的定义必然更加复杂，需要采用跨学科（包括教育学、经济学、发展心理学和社会学等）的研究方法。要对普通意义上的教育，特别是职业教育产生的广泛收益进行界定和评估，就必须参考所有上述学科的研究成果。

研究表明，学习的广泛收益覆盖面很广且具有多个层面，涵盖了健康、福利、犯罪、社会流动性、父母对子女的养育和社会凝聚力等方面；这对教育学、课程、选择过程、教师培训、专业化过程、咨询指导和各种政策干预具有重要的影响。尽管人们对学习的广泛收益早有认识，但有关这些收益的证据还不充分，不足以为研究人员和政策制定者提供明确的指导。虽然充分的量化研究能最大限度地为公共投资决策提供支持，但并非所有广泛收益的价值都能以量化的方式予以测量。因此，在学习的广泛收益研究中，必须发展学习收益测量模式和标准研究，从而增加广泛收益研究的成果。

虽然人们早就意识到广泛收益的重要性，但对这些收益的认识还不明晰。证据匮乏的表象之下，是策略的空白。正是由于这种空白，极大地限制了测量和评价的可能性。人们对教育对生产力提高所起的作用的认识已经比较充分，对这方面的分析和量化研究也有了科学基础。与之相反，学习的广泛收益研究领域的轮廓尚不明朗，多为跨学科的，发展还很不完善。因此，要想为明确、可验证的假设提供充分的实证依据，需要更多的方法性的研究。在实证方面，量化研究和定性研究对评价广泛收益和测试研究方案都是必不可少的。

5.5　职业教育对创新实践的贡献

Klaus Ruth

5.5.1　范围的界定和核心概念的定义

本文重点探讨创新与职业教育的关系，并从产业文化分析的角度，分析它们是如何融入到全球化进程中的。这里将特别关注职业教育与创新之间的相互影响，尤其是在全球化背景下，不同产业文化对不同国家产生的不同影响。这里的职业教育，是一种技术与职业教育体系，它不但为各国、各地区和各行业部门提供了合格的技能型人才，同时帮助人们获得了劳动力市场所需要的技能和能力。为了完善这一粗略的定义，我们还有必要考虑各国职业教育体系在质量方面的重大差异，也就是说，有些国家的职业教育体系是系统的；而另一些国家的职业教育"体系"只是由一系列凌乱的措施组成，并不具备一个体系应具备的系统性（在下文将对不同体系的特征和各国体系之间的差别进行具体说明）。

本文中的另一个核心概念是"创新"。现在人们将创新理解为新产品、新服务和新流程的发明、发展和商业化过程，这一过程往往被用于提高企业的经济效益和竞争能力。最初，创新是指某一企业的"熊彼特"（Schumpeterian，美籍奥地利裔经济学家）式的冒险性战略行为，但现在创新活动的范围已经超出了企业，通常是通过网络方式组织进行的（Duschek 2004），吸纳了大量具有不同教育背景的人的参与，例如用户和供应商（Hippel 1988）。本文还将跟踪研究技术工人和技师发挥的潜在作用，以及他们对创新实践可能做出的具体贡献。

最后我们还用"全球化"这个框架性概念，来分析和对比不同职业教育实践以及它们与创新之间的相互影响。全球化提出了"如何组织生产"这一亟待解决的问题。如今，许多国家承揽了很多国际外包工作，而这些国家却没有系统化的、有效的职业教育体系。这就引出了一个问题，即在类似中国这样的全球性生产基地中，对职业教育到底有哪些要求？这些新型的制造业大国对工业化国家中的工作和职业教育提出了怎样的挑战？本文着重探讨欧洲国家职业教育的最新发展，其中包括那些试图建立资格迁移和认证框架的创新活动，以及对不同学习形式（非正式学习和网络学习等）的认证。

本文对职业教育体系与创新能力建设之间关系问题的探讨，主要运用"产业文化"的理念（Rauner/Ruth 1996；Ruth 2001）。产业文化研究的特点表现在两个方面：一、研究对象是一个动态的社会、经济、文化和政治客体。这一客体与国家不同，因为产业文化的价值观、态度和社会制度并不局限于在一个国家的国界之内。为了能够进行国际比较，我们可以从相互依赖的多个层面研究产业文化，包括宏观层面（许多情况下被误认为国家层面）、中观层面（或地区、机构和组织层面）以及微观层面（个体层面）。二、研究方案一般是将产业文化这一系统进行分解，再按照国际比较研究的需要，将各种分析维度和变量进行重新组合。产业文化的重要因素包括：社会制度（一般文化价值观与态度、产业关系、技术类型、角色模型等）、产业组织（指产业、产业部门或产业集群的结构和组织）、普通教育和职业教育、产业研究与发展政策以及心理学因素。

从研究的角度看，上述变量之间存在着相互依赖的关系，而且这种关系也在不断发展变化之中。这种动态的相互依赖关系，实际构成了各个产业文化因素之间相互作用的外部环境。产业文化研究，就是比较这一环境和变量之间的关系（Ruth 2003）。分析产业文化中的这些因素，可以探索职业教育与创新体系间的关系；特别是在不同产业文化中，职业教育措施和职业教育研究成果对创新实践的作用。

5.5.2　感知压力

在过去的几十年间，全世界的产业发展地图和生产模式发生了巨大的变化。可以认为，工作的形式、它对技能和资格的要求也发生了很大的变化。从总体上看，可以注意到以下几个或独立存在、或同时存在的生产方案：一、如汽车和电器这样的标准化耐用产品的生产中主要采用批量生产方式；二、柔性化的批量生产方式部分取代了非柔性化的批量生产方式(Piore/Sabel 1984)；三、丰田模式，即所谓的"精益生产"(lean producation)模式(Womack 等 1990)。这种模式大规模引入了供应商网络，并引发了具有深远影响的外包风潮(这种观点没有考虑那些时刻都在发生变化的特殊生产领域，如机床生产)。制造业领域最近的一次发展是，生产大量涌向"世界工厂"，主要是中国、印度和其他几个亚洲国家。这些变化对发达国家的生产体系产生了重要的影响，特别是也影响了这些国家尚存的未能"全球化"的产业。显然，欧美和日本等发达国家保留的产业多数属于知识密集型的高附加值生产。

由于篇幅所限，无法对所有的生产模式进行深入探讨，但我们还是需要对这些模式对普通教育和职业教育的资格的影响进行一些说明。这也提出了未来如何建立发展职业教育体系的问题，即在由生产模式变化带来的需求与职业教育研究成果之间寻求一个大家都可接受的方案。下文具体探讨在生产、劳动和培训领域，职业教育研究成果对创新实践的贡献。

5.5.3　第一主题领域：职业教育及其在不同生产模式中的角色

由于在创新研究中人们越来越重视经济发展的动力问题，因此对人力资源领域的资格和技能问题的关注也不断增加。例如，波特(M. Porter)在题为《各国竞争优势的钻石模式》的研究报告中，重点强调了技能型劳动者的重要作用，将其称为与资本和基础设施同等重要的"条件因素"，认为其与需求条件、战略条件和空间条件等同等重要(Porter 1990)。在这一"钻石模式"中，政府能够事先对所有的条件进行积极的干预，从而提高一个行业(或国家)的竞争力。特别是在那些已经建立了职业教育体系的国家中，具有前瞻性的政策能够保证持续提供接受过良好教育的技能型人才，从而提高产业集群的创新能力，并最终增加国家的竞争优势。

波特模式与我们在前文描述的产业文化类似，着重强调了技能和资格与创新(或竞争优势)之间的关系。有关"资本主义多种形态"的讨论(Hall/Soskice 2001)也进一步支撑了这一观点，即：职业教育和经济发展之间的确存在着紧密的联系。按照"自由市场经济"和"协调的市场经济"两种类型，豪尔(P. Hall)等强调了不同经济制度和管理体系对国家经济发展的影响。在分析德国的市场经济模式

（即"莱茵模式"）时，还重点描述了职业教育体系／技能形成机制对经济的影响。如果将豪尔和波特的论述进行一下拓展，我们就可以得出基本经济制度（自由市场经济或协调市场经济）、基本的文化价值观、劳动市场类型、技能形成体系、经济发展状况、创新以及竞争力之间的关系。

回顾一下美国的大批量生产模式（福特主义或泰勒模式）的发展过程，就会发现它们是在一种高度分工和专门化基础上的半技能或无技能生产方式（Braverman 1974）。在美国，依附在学院中的职业教育体系并没有为批量生产的核心行业"输送人才"，而只是为其他行业培养人才，例如机床行业。其他国家如德国没有选择相同的道路，也没有如此过分依靠半技能或无技能劳动者。因此，美国没有发展起一种全国性的职业教育体系，而在德国和其他一些欧洲国家，却逐步形成了独立的职业教育体系并得到了繁荣和发展。这种不断调整完善的职业教育体系，又通过提供足量受过良好培训的劳动力，对新的生产模式（如柔性化的批量生产模式）提供了强大的支持。柔性化批量生产模式之所以在美国发展状况不佳，与该国没有发展形成独立的职业教育体系有密切的关系。然而每个国家都有学习和借鉴能力，从而完善现有的职业教育体系，或者开始建立全新的体系。

随着全球化进程的加快，全球制造业领域又出现了一种新的状况，即劳动密集型制造业与装配工作逐渐流入低工资、低劳动标准的地区，而高端制造业仍由发达国家主导。这就产生了一种国际劳动分工的新状况：从科研、基于知识的工作、到高附加值的基层生产性工作，仍然保留在欧美和日本等发达国家；而中国、印度以及其他亚洲发展中国家则承担了以体力劳动为主的半技能或低技能型低端工作（Appelbaum 2000）。

这种高端制造和低端制造体系的分歧发展状况，对于资格体系、技能形成和职业教育体系都有影响。职业教育对发达国家来说可能比以往任何时候都要重要，因为它们只有通过发展职业教育，推广知识密集型的生产模式，才可能确保就业，并增加自己在劳动市场中的份额。从某种程度上讲，目前的全球化发展对于那些"老牌"发达国家的创新能力提出了最新、也是最严峻的挑战，职业教育体系、职业教育的改革实践以及职业教育研究变得尤为重要。下文将以欧洲国家的一些尝试和成果为例，说明它们是如何通过职业教育改革促进创新实践的。

5.5.4　第二主题领域：职业教育及其对创新性实践的影响

全球化的一个主要后果是：在国际竞争中，发展程度较高的发达国家很难在成本方面与"新手"竞争。要解决这一问题，"老牌"工业化国家显然必须改变其生产和服务模式，发展高附加值、知识密集型的行业，这无疑对劳动者的技能水平提出了更高的要求。在不同的职业教育体系中，可以通过不同途径达到这一目标。但无论采用什么样的职业教育体系（基于学校的和基于工作的），面临的挑战都是相似的，主要通过两种方式解决问题，一是"途径依赖方式"；二是"大范围迁移方式"。所谓"途径依赖方式"，是遵循当事国中现有的职业教育轨道，如基于学校的职业教育体系。职业教育研究和在研究基础上制定的政策都在现有框架内，并在该框架内形成新的观点和方法，或者努力将其他环境中取得的研究成果吸纳到自己的体系中。"大范围迁移方式"是在不同国家之间建立起一种公认的认证（和／或）交流体制，例如"欧洲资格框架"。

回顾各国的职业教育研究可以发现，这些研究大多都是在各种项目中进行的，负责这些项目的往往是各级政府机构，包括国家政府和跨国组织。这种"分散化"的研究好像是一个拼图，缺乏系统和连贯性。欧洲的研究工作，特别是职业教育研究，这一缺点可以通过将职业教育研究项目融入到"欧洲研究框架项目"中克服，但该项目并不涉及如何将研究成果转化为具体政策的问题，如对资格和培训体系的改革问题。对经合组织（OECD）成员国的相关分析发现，在那些具有高度地方自治性的国家（如联邦制国家）里更难形成有效的政治改革方案，美国的情况就有力地说明了这一点。在美国，职业教育是各州和地方的事务，联邦政府只关注普通教育和出台一些刺激措施来鼓励地区和地方学校提供职业教育。因此，联邦政府对职业教育的内容和形式能施加的影响非常有限，而全国各地的职业教育形式与质量自然会存在巨大的差异（Stasz/Bodilly 2004）。欧盟的状况也十分类似：欧盟成员国存在多种类型的职业教育体系，但各国都有发展、完善和"调和"本国职业教育体系的政治意愿。下文中将重点评述欧盟近期的发展状况，它涵盖了世界上现存的所有类型的职业教育体系。此外，通过这些案例我们也可以清楚，要想在国际层面（有时含联邦层面）将研究成果转化为可行的政策，会面临哪些困难。

欧洲范围内的职业教育研究活动和政策实施

回顾近期欧洲职业教育方面的最新举措，必须从"哥本哈根宣言"和"里斯本目标"开始。尽管这两个文件都是在 2002 年以后形成的，但它们在过去的十年中一直都是评价欧洲各国相关研究和政策的依据。里斯本战略的最终目标是，到 2010 年将欧洲发展为"世界上最具竞争力和活力的基于知识的经济区"。这一总目标又细分为一系列相互联系的子目标，如创造更多、更好的就业机会，以及增强各国的社会凝聚力等，此外还要提高劳动力的流动性。在政策层面上各国都普遍认同：教育，特别是职业教育，在实现这些目标的过程中将发挥至关重要的作用。这里最突出的一个概念就是终身学习。这一理念已经经过了充分讨论并且正在逐步付诸实施，其含义是：学习应该贯穿人的一生，学习的目标是为了增进知识、技能和能力。终身学习的目标不仅仅是积累与就业和工作有关的能力，而且要发展成为积极的公民。它指出了一些迄今为止一直不被重视的能力，如创业能力和工作中的自我决策能力等。终身学习还意味着要认可多种多样（如果不是全部的)的学习形式。此外,在职业教育的政策和实施中,还特别强调工作实践的重要性,并将其作为技能的基本组成部分,目的是培养从业者的反思能力,从而为创新实践做出贡献。以下新的学习形式也正在兴起,如自我引导型学习;网络化学习;理论与实践(或工作过程知识)一体化的学习(Leney 等 2004)。

要对职业教育发展的各种政策措施进行评估,必须考虑的原则是,这些措施在实现里斯本目标的过程中究竟做出了多大贡献。显然要评价特定的政策措施对国家职业教育体系产生的影响并非易事,同样要评判这些措施对减小欧洲各国职业教育体系之间的差异所发挥的作用也相当困难。为更清楚地了解欧洲各项职业教育改革措施的作用,并使评价工作变得相对简单,我们有必要首先对各国的职业教育体系进行分类。按照 Leney (2004)的观点,可以将其分为四种类型:

➤ 双元制(或学徒制)占主导的职业教育(如德国和奥地利);

➤ 以学校为基础的职业教育体系(如芬兰);

➤ 以学校为基础的职业准备教育体系(如爱尔兰和意大利);

➤ 以学校为基础的和学徒制相混合的职业教育体系(如英国)。

虽然我们很难确切地将某个国家的职业教育归于上述四者之一,但这种分类方法还是可以帮助我们对各国职业教育措施做出一个总体性的评价,此外还能借此评估这些措施对欧洲不同体系间的调和所发挥的作用。

以下列举一些职业教育的具体措施,并描述这些政策措施是如何促进企业、地区和产业文化的发展的。这些措施可以在不同的社会、政治、管理体制下,也就是不同的产业文化环境中实施。在评估这类措施的效能时,重点分析它们对不同"环境"产生的影响,以及与不同"环境"间的相互作用。

对非正规学习和无一定形式学习的认可

下面重点谈一谈认可终身学习中非正规(non-formal)学习和无一定形式(in-formal)学习的认证问题(Bjφrnávold 2001)。多数欧洲国家目前都面临着一个必须解决的问题,那就是设计和实施一种资格认证体系,能够对个体在过去的工作过程中和工作之外的活动中所获得的能力进行鉴定。在采用双元制体系的国家中,由于越来越多的人没有经过正规的职业教育,因此也有必要建立这一认证体系;而那些采用以学校为基础的职业教育体系的国家在评价新员工的资格和能力水平方面也存在困难,因为他们往往没有能证明自己能力的证书。此外,各国间劳动力的流动性不断增强,也要求采用一些手段和措施来评价员工的能力。已经形成并付诸实施的重要的能力评估方法包括"法国的能力评估"(French Bilans de Compétence)(Drexel 1998;Gutschow 2003),英国的"国家职业资格"(NVQs)(Eraut 2003),以及芬兰、荷兰和其他欧洲国家的试点方案(Leney 等 2004:91)。当然这些方法的区别很大,有的采用正规考试,有的用口试对被试者的整体能力给予评价。后者是法国采用的典型的能力评价方法,它在对能力进行评价的同时还提供就业指导。通过这一过程，可对受测试者先前获得的能力给出鉴定，这也是就业指导的基础，由一个受过专门培训且经验丰富的人承担指导者的工作。经过一系列的程序，考官和被测试者共同制定出一个未来的生涯发展规划。这种方法既能使员工受益(即更好的就业机会和更好的工作)，也能为企业带来好处(由于雇佣了受教育水平高的员工，提高了企业的创新能力)。当然，所有这些益处的实现都有赖于上述考核程序的有效实施。从总体上看，这种合作式的能力评价方法比正规考试更有优势。这种全面的"能力评价"程序也比那些没有就业指导功能的职教体系更好。多数以学校为基础的职业教育体系都可以采用这种方法。

对非正规学习和无一定形式学习的认可，也有助于个体进一步获得更高等级的资格认定，并为个体参与正规学习创造可能。如果没有这种认证工作，这些个人就可能被排除在职业教育或高等教育课程之外。对非正规学习和无一定形式学习的认可，有助于提高职业教育体系的灵活性，并将那些新的、迄今为止尚未传授但已形成的技术和能力融入到企业、行业、地区和国家的"能力档案"中。目前欧盟许多职业教育改革都越来越重视能力问题，也是出于上述考虑。虽然我们不对关键(或核心)能力的价值与重要性进行探讨，但可以说：许多关键能力都是在实际工作经验中产生的，因此无法在学校脱离实际工作的环境中通过传授的方式获得(Onstenk 2001)。另外，有些技能与能力，如通过管理家庭获得的经营能力，或者沟通能力和领导技能等，都是典型的非正规学习和无一定形式学习的结果。这里的一个挑战是，我们很难为那些在不同学习环境中获得的、经过鉴定的能力，重新设置其适合的背景条件。

鉴于上文描述的全球化趋势，"老牌"工业化国家的知识密集型生产模式要求更多新型的技能与能力，或者至少应将这些能力列入到新的能力列表中。

5.5.5 作为创新实践组成部分的职业教育的前景

近期在欧洲和许多经合组织成员国中实施的职业教育探索，多数是以典型实验和试验性改革项目的方式进行的。这些项目一方面根植在原有的职业教育体系和实践中；另一方面也为完善现有体系做出了贡献。职业教育创新实践和政策的多样性，也符合职业教育体系、创新体系乃至资本主义形态多样性。为了应对知识密集型产业与创新的挑战，我们必须在现有职业教育体系中融入新的技能和能力。这正是多数发达国家，特别是欧洲国家的共同目标，因此它们对职业教育改革都抱有共同愿望(如培养新能力等)，当然为实现这些目标采取的具体方法各不相同。为应对全球化挑战而采取的改革措施，与原有体系的路径存在依赖性，各国职业教育体系之间的差异将永远存在。通过在职业教育体系中融入新的能力元素和学习方法，能为发展知识密集的高附加值制造业和应对全球化挑战奠定基础。职业教育的最佳改革策略，是在现有轨道上，采取适当措施完善这一体系；同时加强职教对创新体系的影响，而不是复制其他国家和产业文化背景中的成功措施。

中文参考文献

[1]高林，鲍洁．(2004)：点击核心——高鞴职业教育专业设置与课程开发引导[M]．北京：高等教育出版社

[2]高奇．(1984)：职业教育概论[M]．天津职业技术师范学院

[3]葛道凯．(2004)：以就业为导向 深化高等职业教育改革[J]．中国职业技术教育，(17)

[4]韩民．(1995)：日本的高等教育政策与高等职业教育[J]．中国高教研究，(1)

[5]郝新生/袁吉林/钱怀智．(1987)：比较职业教育[M]．延边：延边大学出版社

[6]胡幸福．(1998)：中国古代职业技术教育发展史上的两次遗憾及思考[J]．湖南教育学院学报，16(3)

[7]黄鸿鸿．(2003)：高等职业教育发展的国际比较研究[J]．漳州职业大学学报，(4)

[8]黄嘉树．(1987)：中华职业教育社史稿[M]．西安：陕西人民教育出版社

[9]黄克孝/石伟平等．(2004)．构建21世纪的职业技术教育体系．全面建设小康社会与现代职业教育体系构建[M]．北京：科学出版社

[10]黄立志．(2004)：读《中国教育史学九十年》所思[M]．扬州大学学报(高教研究版)，8(4)

[11]纪芝信/汤海涛．(1995)：职业技术教育学[M]．福州：福建教育出版社

[12]姜大源．(2002.职业学校专业设置的理论策略与方法[M]．北京：高等教育出版社

[13]姜蕙．(2002)：当代国际高等职业技术教育概论[M]．兰州：兰州大学出版社

[14]教育部职成司/职教中心所．(2005)．新世纪初我国职业教育发展．2001—2003年职业教育发展现状及政策研究[M]．北京：高等教育出版社

[15]黎琳．(2004)：21世纪中国高职人才培养目标的新特点与教学方法变革—中国高职教育研究之三[J]．广西大学学报(哲学社会科学版)，(3)

[16]李蔺田/王萍．(1994)：中国职业技术教育史[M]．北京：高等教育出版社

[17]李向东/卢双盈．(2005)：职业教育学新编[M]．北京：高等教育出版社

[18]李振波，石伟平．(1998)：从国际比较的角度论高职发展的动因及条件[J]．

职教论坛，（9）

[19]刘春生/徐长发.（2005）：职业教育学[M]. 北京：教育科学出版社

[20]刘桂林.（1997）：中国近代职业教育思想研究[M]. 北京：高等教育出版社

[21]刘鉴农/李澍卿/董操.（1986）：职业技术教育学[M]. 济南：山东教育出版社

[22]吕鑫祥.（1998）：高等职业技术教育研究[M]. 上海：上海教育出版社

[23]马海泉.（1994）：发展高等职业教育是现代化建设的客观需求一访国家教育委员会职业技术教育司原司长杨金土[J]. 中国高等教育，（10）

[24]马立武/常旭.（2005）：试析教育史研究中的历史人物问题[M]. 沈阳师范大学学报（社会科学版），3（29）

[25]马云鹏.（2002）：教育科学研究方法导论[M]. 长春：东北师范大学出版社

[26]毛礼锐.（1984）：中国教育史简编[M]. 北京：教育科学出版社

[27]孟广平.（2005）：我的职业技术教育观[M]. 上海：上海教育出版社

[28]孟广平/杨金土/孙震瀚.（1993）：当代中国职业技术教育[M]. 北京：高等教育出版社

[29]宁欣/李凤仙.（2002）：中国专科及职业技术教育的历史变迁[J]. 职业技术教育，（22）

[30]石伟平，徐国庆（2003）：试论当前中国发展技术本科的意义与策略[J]. 教育发展研究，（12）

[31]石伟平.（2001）：职业技术教育比较研究[M]. 上海：华东师范大学出版社

[32]孙琳.（2002）：从《德国职业教育报告》看职教科研为教育决策服务的功能[M]. 中国职业技术教育，（22）.

[33]孙培青.（1995）：中国教育思想史[M]. 上海：华东师范大学出版社

[34]孙越.（2003）：中国近代职业教育制度的确立[J]. 河北师范大学学报（教育科学版），5（5）

[35]王炳照.（2005）：中国职业技术教育问题的历史反思[M]. 教育学报，（2）

[36]王炳照/阎国华.（1994）：中国教育思想通史（第6卷）[M]. 长沙：湖南教育出版社

[37]闻友信/杨金梅.（2000）：职业教育史[M]. 海口：海南出版社

[38]吴继文，王娟茹.（2002）：中国产学研合作的产生、发展过程和趋势[J]. 科技与管理，（4）

[39]吴式颖/阎国华.（1997）：中外教育比较史纲[M]. 济南：山东教育出版社

[40]吴应彪.（1999）：中国职业技术教育的历史概况与现状分析[J]. 曲靖师专学报，18（4）

[41]吴玉琦.（1991）：中国职业教育史[M]. 长春：吉林出版社

［42］夏明．(1994)：美国高等职业教育［J］.中国培训，(7)

［43］徐国庆．(2005)：实践导向的职业教育课程研究：技术学院范式［M］.上海：
上海教育出版社

［44］薛培军，李宗泉．(2003)：论高等职业技术教育产学研合作的经济动因［J］.
中山大学学报，(2)

［45］严雪怡(1994)台湾的高等职业技术教育［M］.机械职业教育，(5)

［46］杨金土，孟广平，严雪怡，黄克孝等．(1999)：论高等职业教育的基本特征
［J］.教育研究，(10)

［47］杨金土，孟广平，严雪怡等．(2002)：对技术、技术型人才和技术教育的再
认识［J］.职业技术教育(教科版)，(22).

［48］俞克新．(2005)：高等职业教育学制改革对策的思考［J］.教育与职业，(9)

［49］张家祥/钱景舫．(2001)：职业技术教育学［M］.上海：华东师范大学出版社

［40］张兰馨．(1995)：张謇教育思想研究［M］.沈阳：辽宁教育出版社

［51］张新民．(2005)：论清末职业教育体系的形成与特点［J］.职教论坛，(6)

［52］职教司/职教中心所．(1995)：职业技术教育"九五"规划学科调研报告［M］.
北京

［53］职教中心所．(1998)：职业技术教育原理［M］.北京：经济科学出版社

［54］周稽裘．(2003)：适应全面建设小康社会的时代要求，促进现代职业教育体
系的均衡、全面发展．全面建设小康社会与现代职业教育体系构建［A］.中
国职业技术教育学会2003年学术年会论文集［C］.北京：科学出版社

［55］周明星等．(2002)：职业教育学通论［M］.天津：天津人民出版社

［56］周谈辉．(1982).中国职业教育发展史［M］.台北：台湾"国立"教育资料馆

［57］周耀华．(2002)：21世纪高等职业教育的发展趋势及我们的对策建议［J］.淮
阴工学院学报，(4)

［58］朱光应．(2005)：对高职教育学制"三改二"的理性思考［J］.安徽商贸职业技
术学院学报，(1).

［59］朱晓斌．(1997)：中国古代职业技艺传授的历史变迁［J］.职业技术教育，
(6)

英文参考文献

[1] Abe, Tatsumi (1936): Kougyou Gakko wo Shoukai Suru. In: Kyoiku Vol. 4, (9)

[2] Abel, Heinrich (1962): Die Bedeutung der vergleichenden Erziehungswissenschaft für die Berufspädagogik. In: DtBFsch. Vol. 58, 241-253

[3] Abel, Heinrich/Groothoff, Hans-Hermann (1959): Die Berufsschule. Gestalt und Reform. Darmstadt: Winter

[4] Abraham, Karl (1962): Die Aufgaben der Vergleichenden Internationalen Wirtschaftspädagogik. In: Zeitschrift für Pädagogik Vol. 8, 166-178

[5] ABS, Australian Bureau of Statistics (2003): Employer training expenditure and practices Australia. Canberra: AGPS

[6] Acemoglu, Daron/Pischke, Jörn-Steffen (1999a): Beyond Becker: Training in imperfect labour markets. In: The Economic Journal Vol. 109, (2). 112-142

[7] Acemoglu, Daron/Pischke, Jörn-Steffen (1999b): The structure of wages and investment in general training. In: The Journal of Political Economy Vol. 107, (3). 539-572

[8] Achtenhagen, Frank (1995): Lehr-Lern-Forschung. In: Rolf Arnold/Antonius Lipsmeier (Eds.): Handbuch der Berufsbildung. Opladen: Leske+Budrich. 465-481

[9] Achtenhagen, Frank (1999): Berufsbildungsforschung. In: Franz-Josef Kaiser/Günter Pätzold (Eds.): Wörterbuch der Berufs-und Wirtschaftspädagogik. Bad Heilbrunn: Klinkhardt. 99-101

[10] Achtenhagen, Frank (2003): COST Action A 11. Transferability, flexibility and mobility as targets of vocational education and training. http://www. wipaed. uni-linz. ac. at/ forsch/cost/A11_ evaluation_report. pdf. 29. 11. 2006

[11] Achtenhagen, Frank/Kell, Adolf (1994): Berufsbildung in Europa: Analysen und Perspektiven. In: Dietrich Benner/Dieter Lenzen (Eds.): Bildung und Erziehung in Europa. Zeitschrift für Pädagogik. 32. Beiheft. Weinheim, Basel: Beltz. 179-189

[12] Achtenhagen, Frank/Nijhof, Wim/Raffe, David (1995): Feasibility Study: Research scope for vocational education in the framework of COST social sciences. Brussels, Luxembourg: European Commission

[13] Achtenhagen, Frank/Thång, Per-Olof (2002): Transferability, Flexibility and Mobility as Targets of Vocational Education and Training. http://www. wipaed. uni-linz. ac. at/ forsch/cost/. 29. 11. 2006

[14] Adamski, Wladyslaw/Grootings, Peter (Eds.) (1989): Youth, Education and Work in Europe. London, NewYork: Routledge

[15] ADB (2004): Improving Technical Education and Vocational Trai ning. Strategies for

Asia. Manila: ADB

[16] Afenyadu, Dela/King, Kenneth/McGrath, Simon/Oketch, Henry/Rogerson, Christian (1999): Learning to Compete: Education, Training and Enterprise in Ghana, Kenya and South Africa. London: DFID

[17] Aga, Synnöva (1998): Agenda 2000 for CEDEFOP's Supportive Role to the Social Dialogue. Thessaloniki: CEDEFOP

[18] Agar, Michael H. (1980): The Professional Stranger. New York: Academic Press

[19] Ahlborn, Hans/Pahl, Jörg-Peter (Eds.) (1998): Didaktische Vereinfachung. Eine kritische Reprise des Werkes von Dietrich Hering. Seelze-Velber: Kallmeyer

[20] Albrecht, Günter/Bähr, Wilhelm (Eds.) (2001): Verankerung von Innovationen in der Alltagsroutine -zur Nachhaltigkeit von Modellversuchen. Berlin, Bonn: IFA

[21] Alex, Lazlo/Bau, Henning (1999): Wandel beruflicher Anforderungen. Qualifikationsreport 1. Bielefeld: Bertelsmann

[22] Alheit, Peter et al. (Ed.) (1994): Von der Arbeitsgesellschaft zur Bildungsgesellschaft? Bremen: Universität Bremen

[23] Allmannsberger-Klauke, Marianne (1996): Die Zukunft der Berufsschule im dualen System. Hildesheim: Niedersächsisches Landesinstitut für Fortbildung und Weiterbildung im Schulwesen und Medienpädagogik

[24] Althoff, Heinrich (1984): Entwicklungen der Berufsbildungsstatistik und Probleme ihrer bildungspolitischen Verwertung. In: BWP 13, (3). 77

[25] Althoff, Heinrich (1997): Die statistische Erfassung der neuen Ausbildungsverträge und der Ausbildungsabbrecher. In: ZBW Vol. 93, (4). 410

[26] Althoff, Heinrich (2003): Woran die Vertragslösungsraten kranken-Untersuchung zur Aussagekraft der gegenwärtigen Vertragslösungsraten. In: Heinrich Althoff/Walter Brosi/Klaus Troltsch/Joachim Gerd/Ulrich/Rudolf Werner (Eds.): Vorzeitige Lösung von Lehrverträgen und Ausbildungsabbruch Forschung Spezial. Bonn: BIBB. 35-47

[27] Anderson, John R. (1982): Acquisition of cognitive skill. In: Psychological Review Vol. 89, 369-406

[28] Andersson, Ronnie (2000): The financing of vocational education and training in Sweden. Thessaloniki: CEDEFOF

[29] Andersson, Ronnie/Olsson, Anna-Karin (1996): Fields of training. Proposal. Development of an internationally comparable classification for fields of vocational education and training. Stockholm: Statistics Sweden.

[30] Andersson, Ronnie/Olsson, Anna-Karin (1999): Fields of training: manual. CEDEFOP panorama. Luxembourg: Office for Official Publications of the European Communities

[31] Ando, Takao (1950): Shokugyo Kyoiku: Kyoiku Daigaku Kouza 21. Tokyo: Kanekoshobo

[32] Ando, Takao (1951): Shokugyo Shidou: Kyoiku Daigaku Kouza 17. Tokyo: Kanekoshobo

[33] Anlezark, Alison/Dawe, Susan/Hayman, Sarah (2005): An aid to systematic reviews of research in vocational education and training in Australia. Adelaide. http://www.ncver.

edu. au/publications/1575. html

[34] ANTA(1997): Reports of the ANTA Performance Review Committee: Key performance measures for vocational education and training. Brisbane

[35] ANTA (1998): Bridge to the Future: Australia's national strategy for vocational education and training 1998-2003. Brisbane

[36] ANTA (2004a): Shaping our future: Australia's national strategy for vocational education and training 2004-2010. Brisbane

[37] ANTA(2004b): Shaping our future: mapping the future-a forward plan for Australian vocational education and training statistics, 2004 to 2010. Brisbane

[38] Anweiler, Oskar (1974): Konzeptionen der Vergleichenden Pädagogik. In: Adelheid Busch/Friedrich/W. Busch/Bernd Krüger (Eds.): Vergleichende Erziehungswissenschaft. Pullach: Dokumentation. 19-26

[39] Apling, Richard N. (1993): Proprietary Schools and Their Students. In: Journal of Higher Education Vol. 64, (4). 379-416

[40] Appelbaum, Eileen/Bailey, Thomas/Berg, Peter/Kalleberg, Arne L. (2000): Manufacturing advantage. Why high-performance work systems pay off. Ithaca, London: Cornell University Press

[41] Apter, David E. (1967): The Politics of Modernization. Phoenix: University of Chicago Press

[42] Arbeit und Leben (2000): Paid Educational Leave in Europe. A Strategy for Lifelong Learning? http://www. arbeitundleben. de/projekt-bu/inhalt. htm. 29. 11. 2006

[43] Arendt, Hannah (1981): Vita activa oder Vom tätigen Leben. München: Piper

[44] Arnold, Patricia (2001): Didaktik und Methodik telematischen Lehrens und Lernens. Münster: Waxmann

[45] Arnold, Rolf (1994): Neue Akzente der internationalen Berufsbildungsdebatte. In: Horst Biermann/Wolf Dietrich Greinert/Rainer Janisch (Eds.): Systementwicklung in der Berufsbildung. Baden-Baden: Nomos. 13-45

[46] Arnold, Rolf (1996a): Weiterbildung. München: Vahlen

[47] Arnold, Rolf (1996b): Systemlernen und Berufsbildung. In: Harald Geissler (Ed.): Arbeit, Lernen und Organisation. Weinheim: Deutscher Studienverlag. 371-383

[48] Arnold, Rolf (1997a): Von der Weiterbildung zur Kompetenzentwicklung. In: AG QUEM (Ed.): Kompetenzentwicklung 1997. Münster: Waxmann. 253-307

[49] Arnold, Rolf (1997b): Qualität durch Professionalität. In: Rolf Arnold (Ed.): Qualitätssicherung in der Erwachsenenbildung. Opladen: Leske+Budrich. 51-61

[50] Arnold, Rolf (2002): Qualitätssicherung in der Berufsbildungszusammenarbeit. Baden-Baden: Nomos

[51] Arnold, Rolf/Lipsmeier, Antonius (1995): Berufspädagogische Kategorien didaktischen Handelns. In: Rolf Arnold/Antonius Lipsmeier (Eds.): Handbuch der Berufsbildung. Opladen: Leske+Budrich. 13-28

[52] Ashton, David/Green, Francis (1996): Education, training and the global economy. Cheltenham: Edward Elgar Publishing Limited

[53] Ashton, David/Maguire, Meg (1986): Young Adults in the Labour Market. Research Paper. Vol. 55. London: Routledge

[54] Ashton, David/Sung, Johnny (2002): Supporting workplace learning for high performance working. Geneva: ILO

[55] Ashton, David/Sung, Johnny/Turbin, Jill (2000): Towards a framework for the comparative analysis of national systems of skill formation. In: International Journal of Training and Development Vol. 4, (1). 8-25

[56] Atchoarena, David (1996): Financing Vocational Education: Concepts, Examples and Tendencies. Paris: UNESCO/IIEP

[57] Atchoarena, David (2001): From Research to Reality: An International Perspective. AVETRA Conference, March 2001

[58] Atchoarena, David/Caillods, Françoise (1999): Technical Education: A Dead End or Adapting to Change? In: Prospects Vol. 29, (1). 67-87

[59] Atchoarena, David/Delluc, André (2002): Revisiting Technical and Vocational Education in Sub-Saharan Africa. Paris: UNESCO/IIEP

[60] Atchoarena, David/Esquieu, Paul (2002): Private technical and vocational education in sub-Saharan Africa. Paris: IIEP

[61] Atchoarena, David/Gasperini, Lavinia (Eds.) (2003): Education for Rural Development: Towards New Policy Responses. Paris, Rome: UNESCO/IIEP and FAO

[62] Atchoarena, David/Holmes, Keith (2005): The Role of Agricultural Colleges and Universities in Rural Development and Lifelong Learning in Asia. In: Asian Journal of Agriculture and Development Vol. 2, (1& 2). 15-24

[63] Atkinson, David (1999): The financing of vocational education and training in the United Kingdom. Thessaloniki: CEDEFOP

[64] Attwell, Graham (1998): New forms of education of professionals for vocational education and training. In: Agnes Dietzen/Michael Kuhn (Eds.): Building a European co-operative research tradition in vocational education and training. Berlin: BIBBB. 69-83

[65] Attwell, Graham/Brown, Alan (1999): Cross-cutting themes in the education of vocational education and training professionals in Europe. In: Fons van Wieringen/ Graham Attwell (Eds.): Vocational and adult education in Europe. Dordrecht: Kluwer. 161-174

[66] Attwell, Graham/Jennes, Annemie/Tomassini, Massimo (1997): Work-related knowledge and work process knowledge. In: Alan Brown (Ed.): Promoting Vocational Education and Training: European Perspectives. Tampere: Tampereen Yliopisto. 69-80

[67] AusAID(1999): AusAID education sector interventions 1999. Canberra: AusAID

[68] Autsch, Bernhard (1999): Überbetriebliche Berufsbildungsstätten unter dem Blickwinkel ihrer lernortkooperativen Situation. In: Günter Pätzold/Günter Walden (Eds.): Lernortkooperation. Bonn: BIBB. 341-374

[69] Avenarius, Hermann (2001): Berufliche Schulen als Kompetenzzentren regionaler Bildungsnetzwerke. In: Recht der Jugend und des Bildungswesens Vol. 49, (4). 470-477

[70] BA, Bundesagentur für Arbeit (2006): Suche nach Tätigkeiten und Ausbildungen.

http://berufenet. arbeitsagentur. de/dkz. 20. 4. 2006

[71] Backhaus, Klaus/Plinke, Wulff (1997): Strategische Allianzen als Antwort auf veränderte Wettbewerbsstrukturen. In: Klaus Backhaus/K. Piltz (Eds.): Strategische Allianzen. Schmalenbachs Zeitschrift für betriebswirtschaftliche Forschung. Sonderheft 27. 21-33

[72] Baethge, Martin (2000): Gesellschaftliche Integration-Jenseits von Beruf und Beruflichkeit? In: Franz-Josef Kaiser (Ed.): Berufliche Bildung in Deutschland für das 21. Jahrhundert. Nürnberg: IAB. 375-390

[73] Baethge, Martin (2007): Das deutsche Bildungs-Schisma: Welche Probleme ein vorindustrielles Bildungssystem in einer nachindustriellen Gesellschaft hat. In: Wirtschaft und Erziehung Vol. 59, (1). 3-11

[74] Baethge, Martin/Achtenhagen, Frank/Arends, Lena/Babic, Edvin/Baethge-Kinsky, Volker/Weber, Susanne (2006): Berufsbildungs-PISA. Machbarkeitsstudie. Stuttgart: Steiner

[75] Baethge, Martin/Baethge-Kinsky, Volker (1998): Jenseits von Beruf und Beruflichkeit? In: Mitteilungen aus der Arbeitsmarkt-und Berufsforschung Vol. 31, (3). 461-472

[76] Baethge, Martin/Buss, Klaus-Peter/Lanfer, Carmen (2003): Konzeptionelle Grundlagen für einen Nationalen Berufsbildungsbericht. In: BMBF (Ed.): Bildungsreform. Vol. 7. Berlin: BMBF

[77] Barnes, Douglas/Johnson, George/Jordan, Steven/Layton, David/Medway, Peter (1987): Report on the TVEI Curriculum. London: Training Commission

[78] Barro, Robert J./Sala-i-Martin, Xavier (1995): Economic Growth. Boston, Massachussetts: McGraw-Hill

[79] Bau, Henning/Schemme, Dorothea (Eds.) (2001): Auf dem Weg zur Lernenden Organisation. Bielefeld: W. Bertelsmann

[80] Bau, Henning/Stahl, Thomas (Eds.) (2002): Entwicklung einer Kooperationskultur im dualen System der beruflichen Ausbildung. Bielefeld: W. Bertelsmann

[81] Bauer, Hans G./Böhle, Fritz/Munz, Claudia/Pfeiffer, Sabine/Woicke, Peter (2002): High-Tech-Gespür. Erfahrungsgeleitetes Arbeiten und Lernen in hoch technisierten Arbeitsbereichen. Bielefeld: W. Bertelsmann

[82] Baumgardt, Johannes (1979): Beruf und Bildung als wissenschaftliches Problem. In: Udo Müllges (Ed.): Handbuch der Berufs-und Wirtschaftspädagogik. Vol. 1. Düsseldorf: Schwan. 147-203

[83] BBF(1971a): Mitteilungen des Bundesinstituts für Berufsbildungsforschung. Wiesbaden: Steiner

[84] BBF (1971b): Forschungsprogramm 1971/72. Übersicht über die Projekte des Forschungsprogramms. Berlin. 3-27

[85] BBiG(1969/2003): Berufsbildungsgesetz vom 14. August 1969 (BGBl. I. 1112), zuletzt geändert durch Artikel 40 des Gesetzes vom 24. Dezember 2003 (BGBl. I. 2954)

[86] Beck, Klaus (1995): Theorieansätze. In: Rolf Arnold/Antonius Lipsmeier (Eds.): Handbuch der Berufsbildung. Opladen: Leske+Budrich. 457-464

[87] Beck, Klaus (2000b): Teaching-Learning-Processes in Initial Business Education. Landau: Verlag Empirische Pädagogik

[88] Beck, Klaus (2003): Erkenntnis und Erfahrung im Verhältnis zu Steuerung und Gestaltung. In: ZBW Vol. 99, (2). 232-250

[89] Beck, Klaus (Ed.) (2000a): Lehr-Lernprozesse in der kaufmännischen Erstausbildung. Landau: Empirische Pädagogik

[90] Beck, Klaus/Heid, Helmut (Eds.) (1996): Lehr-Lern-Prozesse in der kaufmännischen Erstausbildung. ZBW, Beiheft 13. Stuttgart: Steiner

[91] Beck, Klaus/Krumm, Volker (Eds.) (2001): Lehren und Lernen in der beruflichen Erstausbildung. Opladen: Leske+Budrich

[92] Becker, Gary S. (1964): Human Capital: A Theoretical and Empirical Analysis with Special Reference to Education. New York: National Bureau of Economic Research

[93] Becker, Gary S. (1975): Human Capital. Washington D. C.: National Bureau of Economic

[94] Becker, Gary S. (1991): A treatise on the family. Cambridge, Massachusetts: Harvard University Press

[95] Becker, Gary S. (1993): Human Capital. A Theoretical and Empirical Analysis with Special Reference to Education, 3rd Edition. Chicago: University of Chicago Press

[96] Becker, Matthias (2003): Diagnosearbeit im Kfz-Handwerk als Mensch-Maschine-Problem. Bielefeld: W. Bertelsmann

[97] Becker, Wolfgang/Meifort, Barbara (2004): Ordnungsbezogene Qualifikationsforschung als Grundlage für die Entwicklung beruflicher Bildungsgänge. In: Felix Rauner (Ed.): Qualifikationsforschung und Curriculum. Bielefeld: W. Bertelsmann. 45-59

[98] Beckmann, Michael (2002): Lohnstrukturverzerrung und betriebliche Ausbildung. In: Mitteilungen aus der Arbeitsmarkt-und Berufsforschung Vol. 35, (2). 189-204

[99] Behringer, Friederike/Coles, Mike (2003): The Role of National Qualification Systems in Promoting Lifelong Learning. Paris: OECD

[100] Behringer, Friederike/Pfeifer, Harald (2005): Indicators and Data for VET. In: Tom Leney et al. (Eds.): Achieving the Lisbon goal: The contribution of VET. Brussels: EC, DG Education and Culture. http://www. bibb. de/dokumente/pdf/a23_vet-annex_16-fi nal. pdf. 23. 08. 2007

[101] Beicht, Ursula/Walden, Günter/Herget, Hermann (2004): Kosten und Nutzen der betrieblichen Berufsausbildung in Deutschland. Bielefeld: W. Bertelsmann

[102] Bennell, Paul (1996): Using and abusing rates of return: A critique of the World Bank's 1995 education sector review. In: International Journal for Educational Development Vol. 16, (3). 235-248

[103] Benner, Patricia (1984): From Novice to Expert. Excellence and Power in Clinical Nursing Practice. Menlo Park: Addison-Wesley

[104] Benner, Patricia (19951; 19972): Stufen zur Pflegekompetenz. Bern: Huber

[105] Benner, Patricia/Hooper-Kyriakidis, Patricia/Stannard, Daphne (1999): Clinical wisdom and interventions in critical care: A thinking-in-action approach. Philadelphia:

W. B. Saunders

[106] Benner/Dieter Lenzen (Eds.): Bildung und Erziehung in Europa. Zeitschrift für Pädagogik. 32. Beiheft. Weinheim, Basel: Beltz. 179-189

[107] Benteler, Paul et al. (Ed.) (1995): Modellversuchsforschung als Berufsbildungsforschung. Köln: Botermann & Botermann

[108] Berger, Klaus/Walden, Günter (1995): Zur Praxis der Kooperation zwischen Schule und Betrieb. In: Günter Pätzold/Günter Walden (Eds.): Lernorte im dualen System der Berufsbildung. Bielefeld: W. Bertelsmann. 409-430

[109] Berghe, Wouter van den (1996): Quality issues and trends in vocational education and training in Europe. Theassaloniki: CEDEFOP

[110] Berghe, Wouter van den (1998): Indicators in perspective. The use of quality indicators in vocational education and training. Theassaloniki: CEDEFOP

[111] Bergmann, Bärbel (2000): Arbeitsimmanente Kompetenzentwicklung. In: Bärbel Bergman/Andreas Fritsch/Peggy Göpfert (Eds.): Kompetenzentwicklung und Berufsarbeit. Münster: Waxmann. 11-39

[112] Bergmann, Bärbel/Skell, Wolfgang (1996): Lernen im Prozess der Arbeit. In: AG QUEM (Ed.): Aspekte der beruflichen Bildung in der ehemaligen DDR. Münster: Waxmann. 201-244

[113] Bernien, Maritta (1997): Anforderungen an eine qualitative und quantitative Darstellung der beruflichen Kompetenzentwicklung. In: AG QUEM (Ed.): Kompetenzentwicklung 1997. Münster: Waxmann. 17-83

[114] Bertrand, Olivier (1992): Planning Human Resources: Methods, Experiences and Practices. Paris: UNESCO/IIEP

[115] BGJAVO, Berufsgrundbildungsjahr-Anrechnungsverordnung (1972): Verordnung über die Anrechnung auf die Ausbildungszeit in Ausbildungsberufen, geändert durch Verordnung vom 22. Juni 1973 (BGBl. I. 665)

[116] BIBB(2000): Impulse für die Berufsbildung. Bielefeld: W. Bertelsmann

[117] BIBB(2001): Modellversuche. In: BWP Vol. 30, (2)

[118] BIBB(2003): Neue und modernisierte Ausbildungsberufe. Mit einer Einleitung und einer Übersicht aller seit 1996 neugeordneten Berufe. Bielefeld: W. Bertelsmann

[119] BIBB(2004): Berufsinformationen: Nach Berufsgruppen sortiert. http://www2.bibb.de/tools/aab/aabgrupp.php. 02.08.2007

[120] BIBB(2005): Mittelfristiges Forschungsprogramm 2005. Bonn

[121] Bierhoff, Helvia/Prais, Sigbert Jon(1997): From school to productive work. Britain and Switzerland compared. Cambridge: Cambridge University Press

[122] Billett, Stephen et al. (1999): The CBT Decade: Teaching for flexibility and adaptability. Leabrook: NCVER

[123] Billett, Stephen/Fenwick, Tara/Somerville, Margaret (Eds.) (2006): Work, Subjectivity and Learning. Dordrecht: Springer

[124] Binmore, Ken (1995): Muddling through. Noisy equilibrium selection. London

[125] Bishop, John/Mane, Ferran (2004): The Impact of Career and Technical Education on

High School Labor Market Success. In: Economics of Education Review Vol. 23, (4).
381-402

[126] Bjørnåvold, Jens (2001): The changing institutional and political role of non-formal
learning. In: Pascal Descy/Manfred Tessaring (Eds.): Training in Europe. Second
report on VET research in Europe. Vol. 1. Luxembourg: Office for Official Publications
of the European Communities

[127] Bjørnåvold, Jens/Sellin, Burkhart (1998): Recognition and Transparency of Vocational
Qualification. Thessaloniki: CEDEFOP

[128] Blair, Amy J. (2002): Measuring Up and Weighing. In: Industry-Based Workforce
Development Training Results in Strong Employment Outcomes. Sector Policy Project
Series Report. No. 3. Washington, DC: The Aspen Institute

[129] Blankertz, Herwig (1963): Berufsbildung und Utilitarismus. Reprint 1985. Weinheim,
München: Juventa

[130] Blankertz, Herwig (1969): Bildung im Zeitalter der großen Industrie. Hannover:
Schroedel

[131] Blankertz, Herwig (1982a): Die Sekundarstufe II-Perspektiven unter expansiver und
restriktiver Bildungspolitik. In: Herwig Blankertz/Josef Derbolar/Adolf Kell (Eds.):
Enzyklopädie Erziehungswissenschaft. Vol. 9. 1. Stuttgart: Klett-Cotta. 321-339

[132] Blankertz, Herwig (1982b): Die Geschichte der Pädagogik. Wetzlar: Büchse der
Pandora

[133] Blättner, Fritz (1947): Menschenbildung und Beruf. Hamburg: Hansischer
Gildenverlag

[134] Blättner, Fritz (1965): Pädagogik der Berufsschule. 2. überarbeitete Auflage.
Heidelberg: Quelle & Meyer

[135] Blättner, Fritz/Kiehn, Ludwig/Monsheimer, Otto/Thyssen, Somin (1960): Handbuch
für das Berufsschulwesen. Heidelberg: Quelle & Meyer

[136] Blitz, Brad K. (1999): Professional Mobility and the Mutual Recognition of
Qualifications in the European Union. In: Comparative Education Review Vol. 43, (3).
311-331

[137] BLK(1992): Projektgruppe "Innovationen im Bildungswesen" Informationsblatt über
Modellversuche. Bonn: BLK

[138] BLK(1999-2002): BLK-Programme and the test trail SELUBA. www. seluba. de. Juni
2004

[139] BLK(2005): Innovationsförderung in der Berufsbildung. PM 38/2005. Heft 130. Bonn:
BLK

[140] Blundell, Richard/Dearden, Lorraine/Goodman, Alissa/Reed, Howard (1997): Higher
education, employment and earnings in Britain. London: Institute for Fiscal Studies

[141] BMBF(1997): Reformprojekt Berufliche Bildung. Bonn

[142] BMBF(2005): Berufsbildungsbericht 2005. Bonn: BMBF

[143] BMBW(1984): Ausbildungsverbund-was ist das? Bonn: BIBB

[144] BMZ(1993): Grundlinien der Entwicklungspolitik der Bundesregierung. Bonn:BMZ

[145] BMZ(2005a): Berufliche Bildung und Arbeitsmarkt in der Entwicklungszusammen-arbeit. BMZ Konzepte. Vol. 137. Bonn: BMZ

[146] BMZ (2005b): Berufsbildung in der entwicklungspolitischen Zusammenarbeit. BMZ spezial. Vol. 122. Bonn: BMZ

[147] Bobbitt, Franklin (1918): The Curriculum. New York: Houghton Mifflin

[148] Bojanowski, Arnulf/Dedering, Heinz (1991): Vorberufliche Bildung in Osteuropa. Wiesbaden: Deutscher Universitätsverlag

[149] Bojanowski, Arnulf/Dedering, Heinz/Heidegger, Gerald (1984): Vom Lehrer für Arbeitslehre zum Arbeitspädagogen. In: arbeiten+lernen-Die Arbeitslehre Vol. 6, (35). 2-5

[150] Bojanowski, Arnulf/Dedering, Heinz/Heidegger, Gerald (1996): Konzept eines Studienganges "Diplom-Arbeitspädagogik". In: Heinz Dedering (Ed.): Handbuch zur arbeitsorientierten Bildung. München, Wien: Oldenbourg. 865-880

[151] Bolder, Axel (2002): Arbeit, Qualifikation und Kompetenz. In: Rudolf Tippelt (Ed.): Handbuch Bildungsforschung. Opladen: Leske+Budrich. 651-674

[152] Bönkost, Klaus-Jürgen/Oberliesen, Rolf (1997): Arbeit, Wirtschaft und Technik in Schulbüchern der Sekundarstufe I. Bonn

[153] Borch, Hans/Weißmann, Hans (Eds.) (2002): IT-Berufe machen Karriere. Bielefeld: W. Bertelsmann

[154] Boreham, Nicholas/Samurçay, Renan/Fischer, Martin (Eds.) (2002): Work Process Knowledge. London: Routledge

[155] Boroditsky, Lera (2001): Does Language Shape Thought? Mandarin and English Speakers' Conceptions of Time. In: Cognitive Psychology Vol. 43, 1-22

[156] Bowles, Samuel/Gintis, Herbert/Osborne, Melissa (2001): The Determinants of Earnings: A Behavioral Approach. In: Journal of Economic Literature Vol. 34, 1137-1176

[157] Brandsma, Jittie (2003): Seven years of reform in the Dutch VET system. In: International Journal of Training and Development Vol. 1, (1). 64-82

[158] Brandtstädter, Jochen (1990): Evaluationsforschung: Probleme der wissenschaftlichen Bewertung von Interventions-und Reformprojekten. In: Zeitschrift für Pädagogische Psychologie Vol. 4, 215-227

[159] Brater, Michael/Bauer, Hans G. (1990): Schlüsselqualifikationen. In: Hans Herzer (Ed.): Methoden zur betrieblichen Weiterbildung. Eschborn. 51-69

[160] Brauer-Schröder, Margareta/Sellin, Hartmut (Eds.) (1996): Technik, Ökonomie und Haushalt im Unterricht. Arbeitsorientierte Allgemeinbildung in Europa. Baltmannsweiler: Schneider Hohengehren

[161] Brechmacher, Rainer/Gerds, Peter (1993): Grundmodelle der Gewerbelehrerbildung im historischen Wandel. In: Alfred Bannwitz/Felix Rauner (Eds.): Wissenschaft und Beruf. Bremen: Donat. 38-60

[162] Bremer, Rainer (2004a): Zur Konzeption von Untersuchungen beruflicher Identität und fachlicher Kompetenz. In: Klaus Jenewein/Peter Knauth/Peter Röben/Gert Zülch

(Eds.): Kompetenzentwicklung in Arbeitsprozessen. Baden-Baden: Nomos. 107-121

[163] Bremer, Rainer (2004b): Developing a modern curriculum for the automobile industry. In: Martin Fischer/Nicholas Boreham/Barry Nyhan (Eds.): European perspectives on learning at work. Luxembourg: CEDEFOP. Office for Official Publications of the European Communities. 332-339

[164] Bremer, Rainer/Jagla, Hans-Herbert (Eds.) (2000): Berufsbildung in Geschäfts-und Arbeitsprozessen. Bremen: Donat

[165] Bridgewood, Ann/Hinckley, Susan/Sims, David/Stoney, Sheila (1988): Perspectives on TVEI. London: Training Commission

[166] Brint, Steven/Karabel, Jerome (1989): The Diverted Dream: Community Colleges and the Promise of Educational Opportunity in America, 1900-1985. New York: Oxford University Press

[167] Broadfoot, Patricia (1999): Not so Much a Context, More a Way of Life? Comparative Education in the 1990s'. In: Robin Alexander/Patricia Broadfoot/David Phillips (Eds.): Learning from Comparing. Wallingford: Symposium Books. 21-31

[168] Broekkamp, Hein/Hout-Wolters, Bernadette, van (2006): De kloof tussen onderwijs onderzoek en onderwijspraktijk. Amsterdam: Vossiuspers UvA

[169] Bromme, Rainer (1992): Der Lehrer als Experte. Zur Psychologie des professionellen Wissens. Bern, Göttingen, Toronto: Huber

[170] Brown, Alan (1997): Promoting Vocational Education and Training: European Perspectives. Tampere: Tampereen Yliopisto

[171] Brown, Alan/Keep, Ewart (2000): Review of vocational education and training research in the United Kingdom. Luxembourg:EC

[172] Brown, Alan/Manning, Sabine (1998): Qualification for employment and higher education. Tampere: Tampereen Yliopisto

[173] Brown, Phillip/Green, Andy/Lauder, Hugh (2001): High Skills: Globalization, Competitiveness, and Skill Formation. Oxford: Oxford University Press

[174] Bruchhäuser, Hans-Peter (2001): Wissenschaftsprinzip versus Situationsprinzip? In: ZBW Vol. 97, 312-345

[175] Bruchhäuser, Hans-Peter (2003): Zur Rationalisierung curricularer Konstruktionsprinzipien. In: ZBW Vol. 99, 494-508

[176] Bruijn, Elly, de/Westerhuis, Anneke (Eds.) (2004): Research and Innovation in Vocational Education and Training: a European discussion. 's-Hertogenbosch: CINOP

[177] Brunner, Otto (1956): Das Problem einer europäischen Sozialgeschichte. In: Otto Brunner (Ed.): Neue Wege der Sozialgeschichte. Göttingen: Vandenhoeck & Ruprecht. 7-32

[178] Buchmann, Ulrike/Kell, Adolf (2001): Konzepte der Berufsschullehrerausbildung. Siegen. Bonn: BMBF

[179] Büchtemann, Christoph F./Schupp, Jürgen/Soloff, Dana J. (1993): Übergänge von der Schule in den Beruf: Deutschland und USA im Vergleich. In: Mitteilungen aus der Arbeitsmarkt-und Berufsforschung Vol. 26, (4). 507-520

[180] Büchtemann, Christoph F. /Verdier, Eric (1995): Education and training regimes: Macro-institutional evidences. Santa Monica, CA: RAND

[181] Buckley, Roger/Caple, Jim (2000): The Theory and Practice of Training. London: Kogan Page Limited

[182] Bullinger, Hans-Jörg (Ed.) (2000): Qualifikationen erkennen. Berufe gestalten. Bielefeld: W. Bertelsmann

[183] Bullinger, Hans-Jörg (Ed.) (2002): Qualifikationsoffensive. Bedarf frühzeitig erkennen -zukunftsorientiert handeln. Bielefeld: W. Bertelsmann

[184] Bunk, Gerhard P. (1972): Erziehung und Industriearbeit. Modelle betrieblichen Lernens und Arbeitens Erwachsener. Weinheim, Basel: Beltz

[185] Bünning, Frank (Ed.) (2006): The Transformation of Vocational Education and Training (VET) in the Baltic States. Dordrecht: Springer

[186] Busch, Adelheid/Busch, Friedrich W. /Krüger, Bernd/Krüger-Potratz, Marianne (Eds.) (1974): Vergleichende Erziehungswissenschaft. Pullach: Verlag Dokumentation

[187] Buschfeld, Detlef/Euler, Dieter (1992): Kooperation der Lernorte: Theoretische Bezüge und praktische Erfahrungen. In: Geschäftsstelle des Regierungspräsidenten Münster (Ed.): Modellversuch Kolorit. Gelsenkirchen: 26-47

[188] Bynner, John/Evans, Karen (1990): Does Prevocational Education Work? In: Journal of Educational Research Vol. 5, (3). 183-202

[189] Bynner, John/Parsons, Samantha (1997): Does numeracy matter? Evidence from the national child development study on the impact of poor numeracy on adult life. London: National Research and Development Centre for Adult Literacy and Numeracy

[190] Callaghan, James (1976): Ruskin College Speech, Education, 22nd October

[191] Calloids, Francoise (1994): Converging trends amidst diversity in vocational training systems. In: International Labour Review Vol. 133, (2). 241-260

[192] Campinos-Dubernet, Myriam/Grando, Jean-Marc (1988): Formation professionelle ouvrière: trios modèles Européens. In: Formation/Emploi Vol. 22, 5-29

[193] Canagarajah, Sudhsarshen/Dar, Amit/Nording, Rikkie/Raju, Dhushyanth (2002): Effectiveness of Lending for Vocational Education and Training. Social Protection Discussion Paper. No 0222. Washington D. C. : World Bank

[194] Canning, Roy (1998): The Failure of Competence-based Qualifications: an analysis of work-based vocational education policy in Scotland. In: Journal of Education Policy Vol. 13, (5). 625-639

[195] Carraz, Roland (Ed.) (1983): Recherche en éducation et en socialisation de l'enfant. Paris: La documentation française

[196] Charlot, Bernard/Figeat, Madeleine (1985): Histoire de la formation des ouvriers, 1789-1984. Paris: Minerve

[197] Cheng, Xing David/Levin, Bernard H. (1995): Who Are the Students at Community Colleges and Proprietary Schools? In: Darrel A. Clowes/Elizabeth M. Hawthorne (Eds.): New Directions for Community Colleges. Vol. 91. San Francisco: Jossey-Bass. 51-60

[198] Clark, Burton R. (1960): The 'Cooling-Out' Function in Higher Education. In: American Journal of Sociology Vol. 65, (6). 271-304

[199] Claydon, Tim/Green, Francis (1992): The Effect of Unions on Training Provision. Leicester: University of Leicester

[200] Clement, Ute (1996): Vom Sinn beruflicher Bildung. Zur Modellbildung in der vergleichenden Berufsbildungsforschung. In: ZBW Vol. 92, 617-626

[201] Clement, Ute (1999): Die transnationale Kommunizierbarkeit des Berufes. In: Klaus Harney/Heinz-Elmar Tenorth (Eds.): Beruf und Berufsbildung. Zeitschrift für Pädagogik. 40. Beiheft. Weinheim, Basel: Beltz

[202] Clowes, Darrel A. (1995): Community Colleges and Proprietary Schools. In: Darrel A. Clowes/Elizabeth M. Hawthorne (Eds.): New Directions for Community Colleges. Vol. 91. San Francisco: Jossey-Bass. 5-15

[203] Coffield, Frank (1997): A tale of three little pigs: Building the learning society with straw. In: Evaluation and Research in Education Vol. 12, (1). 44-58

[204] Coleman, James (1988): Social Capital in the Creation of Human Capital. In: American Journal of Sociology Vol. 94. 95-120

[205] Coles, Mike (2006): A Review of International and National Developments in the use of Qualifications Frameworks. Turin: ETF

[206] Coles, Robert (1988): Youth unemployment and the growth of 'new vocationalism'. In: Robert Coles (Ed.): Young Careers. Milton Keynes: Open University Press

[207] Comenius, Johann Amos (1967): The Great Didactic. New York: Russel & Russel

[208] Commonwealth of Australia (1979): Report on education, training and employment, Report of the enquiry into education and training. Canberra

[209] CORDIS (1999): Targeted socio-economic research. http://cordis. europa. eu/tser/home. html. 29. 11. 2006

[210] CORDIS (2006a): Improving the human research potential and the socio-economic knowledge base. http://cordis. europa. eu/improving. 29. 11. 2006

[211] CORDIS(2006b): Sixth Framework programme. http://cordis. europa. eu/fp6. 29. 11. 2006

[212] Correspondance Politique Japon (1865): Historical Documents Relating to Japan in Foreign Countries. Vol. XIII. France

[213] Corti, Louise/Witzel, Andreas/Bishop, Libby (2004): On the Potentials and Problems of Secondary Analysis. In: FQS Forum. Vol. 6 (1), Art. 49. http://www. qualitative-research. net/fqstexte/1-05/05-1-49-e. htm, 27. 02. 2006

[214] Costa, Arthur/Kallick, Bena (1993): Through the Lens of a Critical Friend. In: Educational Leadership Vol. 51, (2). 49-51

[215] Côté, James E. (2005): Identity capital, social capital, and the wider benefits of learning. In: London Review of Education Vol. 3, (3). 221-237

[216] Council of the EU-Education (2001): The concrete future objectives of education and training systems. http://europa. eu. int/comm/education/policies/2010/doc/rep_fut_obj _en. pdf. 18. 08. 2007

[217] Council of the EU (2000): Presidency Conclusions-Lisbon European Council 23. and 24. March 2000. http://ue. eu. int/ueDocs/cms_Data/docs/pressData/en/ec/00100-r1. en0. htm. 08. 08. 2005

[218] Council of the EU (2002a): Presidency Conclusions-Barcelona European Council 15. And 16. March 2002. http://ue. eu. int/ueDocs/cms _ Data/docs/pressData/en/ec/ 71025. pdf. 18. 08. 2007

[219] Council of the EU (2002c): Detailed work programme on the follow-up of the objectives of Education and training systems in Europe. http://europa. eu. int/eur-lex/pri/en/oj/ dat/2002/c_142/c_14220020614en 00010022. pdf. 18. 08. 2007

[220] Council of the EU (2004a): "Education & Training 2010" the success of the Lisbon Strategy hinges on urgent reforms. http://europa. eu. int/comm/education/policies/ 2010/doc/jir_council_final. pdf. 18. 08. 2007

[221] Council of the EU (2004b): Future Priorities of Enhanced European Co-operation in VET. http://europa. eu. int/comm/education/. policies/2010/doc/ council 13832 _ en. pdf. 20. 09. 2005

[222] Council of the EU (2005): Presidency Conclusions -Brussels European Council 22. and 23. March 2005. http://europa. eu. int/rapid/pressReleasesAct ion. do ? reference = DOC/05/1&.format=HTML&.aged=0&.-anguage=en&.guiLanguage=en. 18. 08. 2007

[223] Council of the EUnion -Education (2003): Council Conclusions on Reference Levels of European Average Performance in Education and Training. http://europa. eu. int/ comm/education/policies/ 2010/ doc/after-council-meeting_

[224] Cowen, Georgina/Clements, Margot/Cutter, Jo (2000): Union Learning Representatives Survey. Leeds: York Consulting

[225] CPEC(2005): At-a-Glance. http://www. cpec. ca. gov/OnLine Data/AtAGlanceMenu. asp. 19. 08. 2007

[226] Cramer, Günter/Müller, Karlheinz (1994): Nutzen der betrieblichen Berufsausbildung. Bielefeld: W. Bertelsmann

[227] CRLRA(2000): Managing change through VET: the role of VET in regional Australia. Launceston, Tasmania: University of Tasmania and Australian National Training Authority (ANTA)

[228] Crossley, Michael/Watson, Keith (2003): Comparative and International Research in Education: Globalisation, Context and Difference. London, New York: Routledge &. Falmer

[229] Crouch, Colin (1993): Industrial Relations and European State Traditions. Oxford: Clarendon

[230] Crusius, Reinhard (1973): Der Lehrling in der Berufsschule. Fachliche Unterweisung und politische Bildung im Urteil der Lehrlinge. 2. Auflage. München: Verlag Deutsches Jugendinstitut

[231] Cunha, Flavio/Heckman, James J. /Lochner, Lance/Masterov, Dimitri V. (2006): Interpreting the Evidence on Life Cycle Skill Formation. In: Eric A. Hanushek/Finis Welch (Eds.): Handbook of the Economics of Education. Amsterdam: North-Holland

[232] Curtain, Richard (2000): Identifying the Basis for a Youth Employment Strategy Aimed at Transitional and Developing Countries. http://www. ilo. org/public/english/bureau/exrel/partners/youth/yen/1-curtain. pdf. 18. 08. 2007

[233] Czycholl, Reinhard (1971): Vergleichende Wirtschaftspädagogik. Trier: Spee

[234] Dale, Angela/Egerton, Muriel (1997): Highly Educated Women: Evidence from the National Child Development Study. London: Department for Education and Employment

[235] Dammer, Karl-Heinz (1997): Berufsorientierung für alle. Wetzlar: Büchse der Pandora

[236] Damm-Rüger, Sigrid/Degen, Ulrich/Grünewald, Uwe (1988): Zur Struktur der betriebllichen Ausbildungsgestaltung. Berlin, Bonn: BIBB

[237] DANIDA(2002): Evaluation Report: Danish Assistance to Vocational Education and Training. Copenhagen: Danish Ministry of Foreign Affairs

[238] DANIDA(2004): Skills Development. DANIDA Sector Policies. Copenhagen: Ministry of Foreign Affairs/DANIDA

[239] Dann, Hanns-Dietrich (1994): Subjektive Theorien und erfolgreiches Handeln von Lehrkräften. In: Kurt Reusser/Marianne Reusser-Weyeneth (Eds.): Verstehen. Psychologischer Prozess und didaktisches Handeln. Bern: Huber. 163-182

[240] Dedering, Heinz (1979): Polytechnische Bildung in der Sekundarstufe II. In: Eberhardt Schoenfeldt (Ed.): Polytechnik und Arbeit. Bad Heilbrunn: Verlag Julius Klinkhardt. 243-274

[241] Dedering, Heinz (1998): Pädagogik der Arbeitswelt. Weinheim: Deutscher Studienverlag

[242] Dedering, Heinz (2000): Schulcurriculum "Arbeitsorientierte Bildung". Baltmannsweiler: Schneider Hohengehren

[243] Dedering, Heinz (2001): Entwicklung und Perspektive der arbeitsorientierten Bildung in der Sekundarstufe II. In: Jörg Schudy (Ed.): Arbeitslehre 2001. Baltmannsweiler: Schneider Hohengehren. 201-209

[244] Dedering, Heinz (2002): Entwicklung der schulischen Berufsorientierung in der Bundesrepublik Deutschland. In: Jörg Schudy (Ed.): Berufsorientierung in der Schule. Bad Heilbrunn: Verlag Julius Klinkhardt. 17-31

[245] Dedering, Heinz (2004): Arbeitsorientierte Bildung. Studien zu einem neuen Reformprojekt. Baltmannsweiler: Schneider Hohengehren

[246] Dedering, Heinz/Feig, Gottfried/Weitz, Bernd O. (1982): Zur Unterrichtssituation in Polytechnik/Arbeitslehre. In: Heinz Dedering/Gottfried Feig (Eds.): Polytechnik/Arbeitslehre. Bad Salzdetfurth: Franzbecker. 79-98

[247] Dehnbostel, Peter (1995a): Grundfragen zum Verhältnis von Modellversuchen und betrieblicher Organisationsentwicklung. In: Gisela Dybowski/Helmut Pütz/Rauner (Eds.): Berufsbildung und Organisationsentwicklung. Bremen: Donat. 223-239

[248] Dehnbostel, Peter/Dybowski, Gisela (Eds.) (2000): Lernen, Wissensmanagement und berufliche Bildung. Bielefeld: W. Bertelsmann

[249] Dehnbostel, Peter/Holz, Heinz/Ploghaus, Günter (1994): Modellversuche als Innovationen in der Berufsbildung. In: Berufsbildung Vol. 48, (30). 3-7

[250] Deißinger, Thomas (1992): Die englische Berufserziehung im Zeitalter der Industriellen Revolution. Würzburg: Königshausen und Neumann

[251] Deißinger, Thomas (1994): The Evolution of the Modern Vocational Training Systems in England and Germany. In: Compare. A Journal of Comparative Education Vol. 24, (1). 17-36

[252] Deißinger, Thomas (1995): Das Konzept der "Qualifizierungsstile" als kategoriale Basis idealtypischer Ordnungsschemata zur Charakterisierung und Unterscheidung von "Berufsbildungssystemen". In: ZBW Vol. 91, 367-387

[253] Deißinger, Thomas (1996): Germany's Vocational Training Act: It's Function as an Instrument of Quality Control within a Tradition-based Vocational Training System. In: Oxford Review of Education Vol. 22, 317-336

[254] Deißinger, Thomas (1998): Beruflichkeit als "organisierendes Prinzip" der deutschen Berufsausbildung. Markt Schwaben: Eusl

[255] Deißinger, Thomas (2001b): Vocational Training in Small Firms in Germany. In: Education and Training Vol. 43, (8/9). 426-436

[256] Deißinger, Thomas (2001c): Entwicklung didaktischcurricularer Vorgaben für die Berufsbildung in Deutschland. In: Bernhard Bonz (Ed.): Didaktik der beruflichen Bildung. Baltmannsweiler: Schneider Hohengehren. 71-87

[257] Deißinger, Thomas (2001d): Zum Problem der histo rischkulturellen Bedingtheit von Berufsbildungssystemen. In: Thomas Deißinger (Ed.): Berufliche Bildung zwischen nationaler Tradition und globaler Entwicklung. Baden-Baden: Nomos. 13-44

[258] Deißinger, Thomas (2002): Different Approaches to Lifelong Learning in Britain and Germany. In: Klaus Harney (Ed.): Lifelong Learning: One Focus, Different systems. Frankfurt/Main: Lang. 183-194

[259] Deißinger, Thomas (2004): Apprenticeship Cultures. In: Simon Roodhouse/David Hemsworth (Eds.): Apprenticeship: A Historical Re-invention for a Post Industrial World. Bolton: University Vocational Awards Council. 43-58

[260] Deißinger, Thomas (2005a): Links between Vocational Education and Training (VET) and Higher Education: The case of Germany. In: Jim Gallacher/Mike Osborne (Eds.): A Contested Landscape. International perspectives on diversity in mass higher education. Leicester: National Institute of Adult Continuing Education. 92-116

[261] Deißinger, Thomas (2005b): Berufsbildungsreform in Australien. "Kompetenzorientierung" im Zeichen eines "offenen Ausbildungsstellenmarktes". In: Berufsbildung. Vol. 59, (93). 44-45

[262] Deißinger, Thomas (2006a): The Apprenticeship Crisis in Germany. In: Liv Mjelde/Richard Daly (Eds.): Working Knowledge in a Globalizing World. Bern: Lang. 181-196

[263] Deißinger, Thomas (2006b): Wege und Umwege zum EQF. In: Verband der Lehrer an Wirtschaftsschulen (Ed.): Auf dem Weg zum Nationalen Qualifikationsrahmen. Heft 54 der Sonderschriftenreihe des VLW. Bielefeld: VLW. 9-16

[264] Deißinger, Thomas (Ed.) (2001a): Berufliche Bildung zwischen nationaler Tradition und globaler Entwicklung. Baden-Baden: Nomos

[265] Deißinger, Thomas/Hellwig, Silke (2004): Initiatives and Strategies to Secure Training Opportunities in the German Vocational Education and Training System. In: Journal of Adult and Continuing Education Vol. 10, (2). 160-174

[266] Deißinger, Thomas/Hellwig, Silke (2005): Structures and Functions of Competence-based Education and Training (CBET): A Comparative Perspective. Mannheim: InWEnt

[267] Deißinger, Thomas/Ruf, Michael (2006): Übungsfirmen am Kaufmännischen Berufskolleg in Baden-Württemberg. Paderborn: Eusl

[268] Deitmer, Ludger u. a. (2004): Neue Lernkonzepte in der dualen Berufsausbildung. Bielefeld: W. Bertelsmann

[269] Deitmer, Ludger/Heinemann, Lars/Moon, Yong Gap/Stieglitz, Dirk (2004): Improving the European Knowledge Base Through Formative and Participative Evaluation of Scinece-Industry Liaisons and Public-Private Partnerships in R&D. COVOSECO Project. www. itb. uni-bremen. de/projekte/covoseco/index. html. 25. 6. 2007

[270] Deitmer, Ludger/Kämäräinen, Pekka/Westerhuis, Anneke (2005): Regional development, action-oriented research and new innovation agendas. Bremen: ITB

[271] Descy, Pascal/Tessaring, Manfred (2001): Training and learning for competence. Luxembourg: Office for Official Publications of the European Communities

[272] Descy, Pascaline/Tessaring, Manfred (2004): Third report on vocational training research in Europe. Background report. Vol. 3. Luxembourg: Office for Official Publications of the European Communities

[273] Descy, Pascaline/Tessaring, Manfred (2005): The value of learning. Third report on vocational training research in Europe. Executive summary. Luxembourg: Office for Official Publications of the European Communities

[274] DEST(2005): Annual national report of the Australian vocational education and training system. Canberra: AGPS

[275] Deutscher Ausschuss für das Erziehungs-und Bildungswesen (1964a): Gutachten über das Berufliche Ausbildungs-und Schulwesen. Stuttgart: Klett

[276] Deutscher Ausschuss für das Erziehungs-und Bildungswesen (1964b): Empfehlungen und Gutachten. Stuttgart: Klett

[277] Deutscher Bildungsrat (1970): Strukturplan für das Bildungswesen. Stuttgart: Klett-Cotta

[278] Deutscher Bildungsrat (1974): Empfehlungen der Bildungskommission: Zur Neuordnung der Sekundarstufe II. Bonn: Deutscher Bildungsrat

[279] Deutsches Kraftfahrzeuggewerbe (1998): Kosten und Erträge der Ausbildung im Kraftfahrzeughandwerk. Ergebnisse einer Umfrage unter Betriebsinhabern ausbildender Kfz-Betriebe. Bonn

[280] Dewe, Bernd/Ferchhoff, Wilfried/Radtke, Frank O. (1992a): Das "Professionswissen" von Pädagogen. In: Bernd Dewe (Ed.): Erziehen als Profession. Opladen: Leske + Budrich. 71-102

[281] Dewe, Bernd/Ferchhoff, Wilfried/Radtke, Frank O. (1992b): Auf dem Weg zu einer aufgabenzentrierten Professionstheorie pädagogischen Handelns. In: Bernd Dewe (Ed.): Erziehen als Profession. Opladen: Leske+Budrich. 7-20

[282] Dewey, John (1916a): Democracy and Education. An introduction to the philosophy of education. New York: Free Press

[283] Dewey, John (1916b): Democracy and Education. The Middler Works, 1899-1929. Volume 9. Carbondale Southern Illinois University Press

[284] DfEE(2001): Learning and training at work 2000. London: DfEE

[285] DFG (1990): Berufsbildungsforschung an den Hochschulen der Bundesrepublik Deutschland. Weinheim u. a. : VCH. Acta Humaniora

[286] DFID(2006): The Importance of Secondary, Vocational and Higher Education to Development. http://www. dfid. gov. uk/pubs/fi les/post-primary. pdf. 12. 07. 2007

[287] DFID(2007): Technical and Vocational Skills Development. http://www. dfid. gov. uk/pubx/fi les/technicalvocational. pdf. 20. 08. 07

[288] DGB(Ed.) (1952): Arbeitslosigkeit und Berufsnot der Jugend. Vol. 2. Köln: Bund-Verlag

Dietzen, Agnes (2002): Das Expertenwissen von Beratern als Beitrag zur Früherkennung der Qualifi[289] kationsentwicklung. In: BWP Vol. 31, (1). 17-22

[290] Dietzen, Agnes/Selle, Bernd (2003): Qualifikationsentwicklung in betrieblichen Veränderungsprozessen. In: BWP Vol. 32, (3). 41-46

[291] Dietzen, Agnes/Selle, Bernd/Latniak, Erich (Eds.) (2005): Beraterwissen und Qualifikationsentwicklung. Bielefeld: W. Bertelsmann

[292] Dobischat, Rolf/Erlewein, Werner (Eds.) (2003): Modellversuch KOMPZET. Berufsbildende Schulen also regionale Kompetenzzentren für Aus-und Weiterbildungspartnerschaften. Mainz, Duisburg: Universität Duisburg-Essen

[293] Doeringer, Peter B. /Piore, Michael J. (1971): Internal Labor Markets and Manpower Analysis. Lexington: Heath Lexington Books

[294] Dolch, Josef (1959/1982): Lehrplan des Abendlandes. Darmstadt: Wissenschaftliche Buchgesellschaft

[295] Dolton, Peter John/Makepeace, Gerald Henry (1990): Graduate earnings after six years: Who are the winners? In: Studies in Higher Education Vol. 15, (1). 31-55

[296] Dølvik, Jan-Erik (1999): An Emerging Island? ETUC, Social Dialogue and the Europeanisation of the Trade Unions in the 1990s. Brussels: European Trade Union Institute

[297] Doolittle, Peter E. /Camp, William G. (1999): Constructivism: The Career and Technical Education Perspective. In: Vol. 16, (1). http://scholar. lib. vt. edu/ejournals/JVTE/v16n1/doolittle. html. 10. 01. 2007

[298] Dörig, Roman (2003): Handlungsorientierter Unterricht. Stuttgart, Berlin: Wiku-Verlag

[299] Dörrenbecher, Martina (2001): Armutsminderung durch Berufsbildungsförderung? Saarbrücken: Universität des Saarlandes

[300] Draus，Fraciszek（2000）：Social Dialogue in the European Candidate Countries. Brussels：European Trade Union Confederation

[301] Drescher，Ewald（1996）：Was Facharbeiter können müssen. Bremen：Donat

[302] Drescher，Ewald/Müller，Wolfgang/Petersen，A. Willi（Eds.）（1995）：Evaluation der industriellen Elektroberufe. Bremen：ITB

[303] Drexel，Ingrid（1995）：Betriebliche Organisationsentwicklung und das duale System der Berufsbildung. In：Gisela Dybowski/Helmut Pütz/Felix Rauner（Eds.）：Berufsbildung und Organisationsentwicklung. Bremen：Donat. 51-66

[304] Drexel，Ingrid（1998a）：Die Bilans de Compétences-ein neues Instrument der Arbeits- und Bildungspolitik in Frankreich. Münster：Waxman

[305] Drexel，Ingrid（1998b）：Das lernende Unternehmen aus industriesoziologischer Sicht. In：Peter Dehnbostel/Heinz-H. Erbe/Hermann Novak（Eds.）：Berufliche Bildung im lernenden Unternehmen. Berlin：49-62

[306] Dreyfus，Hubert L./Dreyfus，Stuart E.（1987）：Künstliche Intelligenz：Von den Grenzen der Denkmaschine und dem Wert der Intuition. Reinbek bei Hamburg：Rowohlt

[307] Dröge，Raimund/Neumann，Gerd（1996）：Arbeit und Lernen in der Dritten Welt. In：Heinz Dedering（Ed.）：Handbuch zur arbeitsorientierten Bildung. Müchnen，Wien：Oldenbourg. 747-768

[308] Drost，Walter H.（1967）：David Suedden and Education for Social Efficiency. Madison：University Press

[309] Drucker，Peter F.（1969）：The Age of Discontinuity. Guidelines to our Changing Society. New York：Harper and Row

[310] Dubar，Claude（2002）：La formation professionnelle continue. La découverte. Paris：Collection Repères

[311] Dubar，Claude/Gadéa，Charles（1999）：La promotion sociale en France. Lille：Septentrion

[312] Ducci，Maria Angelica（1996）：Latin America：National Training Agencies. In：Albert C. Tuijnman（Ed.）：International Encyclopedia of Adult Education and Training. Oxford，New York，Tokyo：814-819

[313] Ducray，Gérard（1971）：Le centre français d'études et de recherche sur les qualifications. In：Revue française des affaires sociales Juillet Septembre，81-96

[314] Duncan，Greg J./Brooks-Gunn，Jeanne（Eds.）（1997）：Consequences of Growing up Poor. New York：Russell Sage Foundation

[315] Duschek，Stephan（2004）：Inter-firm Resources and sustained Competitive Advantage. In：management revue. The International Review of Management Studies Vol. 14，（1）. 53-73

[316] Dybowski，Gisela（2002a）：Geschäftsprozessorientierung：ein neues Leitbild für betriebliche Restrukturierungs-und Ausbildungsprozesse. In：Gisela Dybowski/Margot Frackmann/Wilfried Lammers（Eds.）：Prozess-und Organisationsmanagement in der Ausbildung. Bielefeld：W. Bertelsmann. 4-7

[317] Dybowski，Gisela/Haase，Peter/Rauner，Felix（Eds.）（1993）：Berufliche Bildung und

betriebliche Organisationsentwicklung. Bremen: Donat

[318] Dybowski, Gisela/Pütz, Helmut/Rauner, Felix (1995a): Berufsbildung und Berufsbildungsforschung als Innovation. In: Gisela Dybowski/Helmut Pütz/Felix Rauner (Eds.): Berufsbildung und Organisationsentwicklung. Bremen: Donat. 10-34

[319] Dybowski, Gisela/Töpfer, Armin/Dehnbostel, Peter/Kling, Jens (1999): Betriebliche Innovations-und Lernstrategien: Implikationen für berufliche Bildungs-und betriebliche Personalentwicklungsprozesse. Bielefeld: W. Bertelsmann

[320] Dyson, Chloe/Keating, Jack (2005): The recognition of prior learning. Skills Working Paper. Vol. 21. Geneva: ILO

[321] Eberhard, Verena/Krewerth, Andreas/Ulrich, Joachim Gerd (2005): "Man muss geradezu perfekt sein, um eine Ausbildungsstelle zu bekommen. In: BWP Vol. 34, (3). 10-13

[322] Eberhardt, Christiane/Kunzmann, Margret (1997): Transfer und Transformationsprozesse in der Berufsbildung Mittel-und Osteuropas. Berlin, Bonn: BIBB

[323] Ebner, Hermann G. /Pätzold, Günter (2003): Berufsbildungsforschung im BLK-Modellversuchsprogramm" Innovative Konzepte der Lehrerbildung für berufsbildende Schulen"(innovelle-bs). In: ZBW Vol. 99, (2). 213-221

[324] EC(1993): White Paper on Growth, Competitiveness and Employment: The Challenges and Ways forward into the 21st Century. Brussels: EC

[325] EC(1995a): White Paper on Education and Training: Teaching and Learning -Towards the Learning Society (November 1995). Brussels: EC

[326] EC(1997c): Towards a Europe of Knowledge. http://ec. europa. eu/education/doc/other/orie_en. html

[327] EC(1998): Adapting and promoting the social dialogue at Community level. http://europa. eu/scadplus/leg/en/cha/c10713. htm

[328] EC(2001): The elearning action plan. Designing tomorrows education. Brussels

[329] EC(2002): The European Social dialogue: a force for innovation and change. http://europa. eu/scadplus/leg/en/cha/c10716. htm

[330] EC(2003a): Enhanced Cooperation in Vocational Education and training. Coordination Group. EC

[331] EC(2003b): The sectoral social dialogue. Brussels: EC

[332] EC(2003c): Communication on Innovation policy: updating the Union's approach in the context of the Lisbon strategy. In: European Commission (Ed.): Innovation & Technology Transfer. Luxembourg: EC, Enterprise DG, Innovation Directorate

[333] EC(2003d): European Networks to promote the local and regional dimension of lifelong learning. Brussels: EC

[334] EC(2004): Partnership for change in an enlarged Europe: Enhancing the contribution of the European social dialogue. Brussels: EC

[335] EC(2005): Auf dem Weg zu einem Europäischen Qualifikationsrahmen für Lebens langes Lernen (Arbeitsunterlage der Kommissionsdienststellen vom 08. 07. 2005)

[336] EC(2006): Communication from the Commission to the Spring European Council-Time

to move up a gear: The new partnership for Growth and Jobs. http://europa. eu. int/ growthandjobs/annual-report_en. htm. 18. 08. 2007

[337] Eccles, Jacquelynne S. et al. (1997): The association of school transitions in early adolescence with developmental trajectories through high school. In: Laurie Chassin/ John Schulenberg/Jennifer L. Maggs (Eds.): Health Risks and Developmental Transitions during Adolescence. New York: Cambridge University Press. 283-320

[338] Eckert, Manfred (2003b): Lernortkooperation als Gegenstand der Berufsbildungsforschung. In: Dieter Euler (Ed.): Handbuch der Lernortkooperation. Bielefeld: 102-118

[339] Eckert, Manfred/Rost et al. (2000): Die Berufsschule vor neuen Herausforderungen. Darmstadt: hiba-Verlag

[340] Edman, Irwin (1955): John Dewey. His Contribution to the American Tradition. Indianapolis: Bobbis-Merrill

[341] Egerton, Muriel (2001): Mature Graduates I: occupational attainment and the effect of labour market duration. In: Oxford Review of Education Vol. 27, (1). 135-149

[342] Eichler, Susanne/Kühnlein, Gertrud (1997): Berufsschulen als Reparaturbetrieb? Erfahrungen mit der Berufsausbildung in den neuen Bundesländern. Weinheim: Juventa

[343] Eicker, Friedhelm/Petersen, A. Willi (Eds.) (2001): "Mensch-Maschine-Interaktion". Baden-Baden: Nomos

[344] Elias, Peter (1997): Occupational Classification: concepts, methods, reliability, validity and cross-national comparability. Warwick: University of Warwick, Institute for Employment Research

[345] Elias, Peter/Birch, Margaret (1994): Establishment of Community-Wide Occupational Statistics ISCO 88 (COM) A Guide for Users. Warwick: University of Warwick

[346] Ellis, Simon (2004): International Data for TVET and Their Limitations. In: UNESCO/UNEVOC/BMBF (Eds.): UNESCO International Experts Meeting, Bonn, 25. October 2004. Orientation topic speeches, plenary session 1. Bonn: 16-34

[347] Ellis, Simon (2005): Current International Data for TVET and their Limitations. In: Prospects Vol. 35, (35). 367-380

[348] Emberson, Michael/Winters, Janet (2000): Investors in People: how a large public sector organisation in the UK dealt with a new national training initiative. In: International journal of training and development Vol. 4, (4). 259-271

[349] Emery, Fred E. (1959): Characteristics of sociotechnical Systems. Document No. 527. London: Tavistock Institute

[350] Emery, Fred E. /Emery, Merrelyn (1974): Participative Design: Work and Community Life. Canberra: Centre for Continuing Education, Australian National University

[351] Emler, Nicholas (2001): Self Esteem: The Costs and Causes of Low self Worth. York: York Publishing Services

[352] Epstein, Erwin H. (1994): Comparative and International Education. In: Torsten Husén/Thomas Neville Postlethwaite (Eds.): The International Encyclopedia of Education. Oxford: Pergamon. 918-923

[353] Eraut, Michael (2003): National Vocational Qualifications in England. In: Gerald A. Straka (Ed.): Zertifizierung non-formell und informell erworbener beruflicher Kompetenzen. Münster: Waxmann. 117-123

[354] Erikson, Erik H. (1966): Identität und Lebenszyklus. Frankfurt/Main: Suhrkamp

[355] Erismann, Theodor/Moers, Martha (1922): Psychologie der Berufsarbeit und Berufsberatung. Leipzig: de Gruyter

[356] Erpenbeck, John/Rosenstiel, Lutz von (Eds.) (2003a): Handbuch Kompetenzmessung. Stuttgart: Schäffer-Poeschel

[357] Ertl, Hubert (2002): The role of European Union programmes and approaches to modularisation in vocational education. München: Utz Verlag

[358] Ertl, Hubert (2006a): The Overseas Case as a Political Argument: The reception of NVQs in Germany. In: Hubert Ertl (Ed.): Cross-national Attraction in Education: Accounts from England and Germany. Didcot: Symposium Books. 105-128

[359] Ertl, Hubert (2006b): Educational Standards and the Changing Discourse on Education: the reception and consequences of the PISA study in Germany. In: Oxford Review of Education Vol. 32, (5). 619-634

[360] Ertl, Hubert/Gramlinger, Franz/Hayward, Geoff (Eds.) (2004): Vocational and Business Education and Training in Europe: Qualifications and the World of Work. Special issue of the online journal Berufs-und Wirtschaftspädagogik. Vol. 7

[361] Ertl, Hubert/Sloane, Peter F. E. (Eds.) (2005): Kompetenzerwerb und Kompetenzbegriff in der Berufsbildung in internationaler Perspektive. Paderborn: Eusl

[362] Esch, Will van/Neuvel, Jan (2005): De doorstroom van vmbo naar mbo. 's-Hertogenbosch: CINOP

[363] ETF(2006): About the ETF. http://www.etf.europa.eu/web.nsf/pages/About ETF_EN? OpenDocument

[364] ETF(2007): ETF Work Programme 2007. Turin: European Training Foundation

[365] ETUC/UNICE/UEAPME/CEEP (2002): Framework of Actions for the Lifelong Development of Competencies and Qualifications. http://www.etuc.org/a/580

[366] Euler, Dieter (1998): Modernisierung des dualen Systems. Problembereiche, Reformvorschläge, Konsens-und Dissenslinien. Bonn: BLK

[367] Euler, Dieter (1999): Kooperation der Lernorte in der Berufsbildung. Gutachten zum Programm. Bonn

[368] Euler, Dieter (2003a): Potentiale von Modellversuchsprogrammen für die Berufsbildungsforschung. In: ZBW Vol. 99, 201-212

[369] Euler, Dieter (2003b): Lernortkooperation-eine unendliche Geschichte? In: Dieter Euler (Ed.): Handbuch der Lernortkooperation. Vol. 1: Theoretische Fundierung. Bielefeld: 12-24

[370] Euler, Dieter (2003c): Virtuelles Lernen in Schule und Beruf. In: Frank Achtenhagen/Ernst G. John (Eds.): Meilensteine der beruflichen Bildung. Vol. 1. Bielefeld: W. Bertelsmann. 297-322

[371] Euler, Dieter (Ed.) (2003d): Handbuch der Lernortkooperation. Vol. 1: Theoretische

Fundierung. Bielefeld: W. Bertelsmann

[372] Euler, Dieter (Ed.) (2004b): Handbuch der Lernortkooperation. Vol. 2: Praktische Erfahrungen. Bielefeld: W. Bertelsmann

[373] Euler, Dieter/Twardy, Martin (1992): Duales System oder Systemdualität. In: Frank Achtenhagen/Reinhard Czycholl/Peter Diepold (Eds.): Duales System zwischen Tradition und Innovation. Köln: Botermann & Botermann. 199-221

[374] European Ministers of Vocational Education and Training/EC (2002): Declaration of the European Ministers of Vocational Education and Training, and the European Commission on enhanced European cooperation in vocational education and training "The Copenhagen Declaration". http://europa. eu. int/comm/education/copenhagen/ copenahagen_ declaration_en. pdf. 18. 08. 2007

[375] Eurydice (2004): European Glossary on Education, Vol. 1-Examinations, Qualifications, and Titles. Brussels

[376] Evans, Karen/Heinz, Walter R. (Eds.) (1994): Becoming adults in England and Germany. London: Anglo-German Foundation

[377] Evans, Karen/Kersh, Natasha (2006): Working Paper in Leonardo Trans-National Project: Approval of Modules in pre-Vocational Education and Training. Flensburg: Biat

[378] Evans, Karen/Niemeyer, Beatrix (Eds.) (2004): Reconnection: Countering Social Exclusion through Situated Learning. Dordrecht: Springer

[379] Falk, Rüdiger (1982): Kosten der betrieblichen Aus-und Weiterbildung. In: Uwe Göbel/Winfried Schlaffke (Eds.): Berichte zur Bildungspolitik. 1982/83. Köln: Institut der deutschen Wirtschaft

[380] Fame Consortium (2004): How Personal Management and HR Policies Shape Workers' Identity. ITB-Arbeitspapiere 46. Bremen: ITB

[381] Famulla, Gerd E. (2001): Berufsorientierung im Strukturwandel von Ausbildung, Arbeit und Beruf. In: Wissenschaftlichen Begleitung des Programms "Schule - Wirtschaft-Arbeitsleben" (Ed.): Schlüsselthemen 1. SWA-Materialien. Nr. 6. Flensburg, Bielefeld. 4-18

[382] Faulstich, Peter/Zeuner, Christine (2001): Erwachsenenbildung und soziales Engagement. Bielefeld: W. Bertelsmann

[383] Feinstein, Leon (2002): Quantitative Estimates of the Social Benefits of Learning, 2: Health. London: The Centre for Research on the Wider Benefits of Learning/Institute of Education

[384] Feinstein, Leon/Duckworth, Kathryn/Sabates, Ricardo (2004): A Model of the Inter-generational Transmission of Educational Success. London: The Centre for Research on the Wider Benefi ts of Learning/Institute of Education

[385] Feinstein, Leon/Hammond, Cathie/Woods, Laura/Preston, John/Bynner, John (2003): The Contribution of Adult Learning to Health and Social Capital. London: The Centre for Research on the Wider Benefi ts of Learning/Institute of Education

[386] Feldhoff, Jürgen/Otto, Karl A. /Simoleit, Jürgen/Sobott, Claus (1985): Projekt Betriebspraktikum. Düsseldorf: Pädagogischer Verlag Schwann

[387] Feller, Gisela (2000): Ausbildung an Berufsfachschulen. In: Franz J. Kaiser (Ed.): Berufliche Bildung in Deutschland für das 21. Jahrhundert. Nürnberg: Bundesanstalt für Arbeit. 439-450

[388] Feller, Gisela (2002): Leistungen und Defizite der Berufsfachschule als Bildungsgang mit Berufsabschluss. In: Matthias Wingens/Reinhold Sackmann (Eds.): Bildung und Beruf. Weinheim: Juventa. 139-157

[389] Fenna, Alan (2004): Australian public policy. 2nd Ed. Sydney: Pearson

[390] Ferner, Walter (1972): Die Analysentopologie. Hannover: Schroedel

[391] Field, John (2000): Lifelong Learning and the New Educational Order. Stoke of Trent: Trentham Books

[392] Finch, Curtis/Hillison, John (1990): Issues in vocational education research. In: Albert J. Pautler (Ed.): Vocational education in the 1990s: Major issues. Prakken: Ann Arbor. 223-237

[393] Finegold, David (1992): Education Training and Economic Performance in Comparative Perspective. In: David Phillips (Ed.): Lessons of cross-national comparison in education. Wallingford: Triangle. 57-68

[394] Finegold, David/Keep, Ewart/Miliband, David/Raffe, David/Spours, Ken (1990): A British 'Baccalaureat'. Ending the Division Between Education and Training. London: Institute for Public Policy Research

[395] Finegold, David/Soskice, David (1988): The Failure of Training in Britain: Analysis and Prescription. In: Oxford Review of Economic Policy Vol. 4, (3). 21-53

[396] Finlay, Ian/Niven, Stuart/Young, Stephanie (Eds.) (1998): Changing vocational education and training. An International Comparative Perspective. London: Routledge

[397] Fischer, Martin/Boreham, Nicholas/Nyhan, Barry (Eds.) (2004): European Perspectives on Learning at Work. CEDEFOP Reference Series. Vol. 56. Luxembourg: Office for Official Publications for the European Communities

[398] Fischer, Martin/Boreham, Nicholas/Röben, Peter (2004): Organisational learning in the European chemical industry. In: Martin Fischer/Nicholas Boreham/Barry Nyhan (Eds.): European perspectives on learning at work. Luxembourg: Office for Official Publications of the the European Communities. 115-128

[399] Fischer, Martin/Röben, Peter (2004): Arbeitsprozesswissen im Fokus von individuellem und organisationalem Lernen. In: ZfPäd Vol. 50, (2). 182-201

[400] Flemming, Simone/Uhly, Alexandra/Ulrich, Joachim Gerd (2005): Verwirrung um den Lehrstellenzuwachs 2004. http://www. bibb. de/de/18599. htm. 18. 08. 2007

[401] Fluitman, Fred (Ed.) (1989): Training for Work in the Informal Sector. Geneva: ILO

[402] FORUM(2000): FORUM-Forum of European Research in Vocational Education and Training. http://www. itb. uni-bremen. de/projekte/forum/Forum_framesets. htm. 29. 11. 2006

[403] Foster, Philip (1965): The Vocational School Fallacy in Development Planning. In: Mark Blaug (Ed.): Economics of Education. Harmondsworth: Penguin. 142-166

[404] Franke, Guido (Ed.) (2001): Komplexität und Kompetenz. Ausgewählte Fragen der

Kompetenzforschung. Bielefeld: W. Bertelsmann

[405] Franke, Guido/Kleinschmitt, Manfred (1979): Das Blocksystem in der dualen Berufsausbildung. Berlin: BIBB

[406] Frederick, Shane/Lowenstein, George/O'Donoghue, Ted (2002): Time Discounting and Time Preference. In: Journal of Economic Literature Vol. 40, (2). 351-401

[407] Freeland, Brett (2000): International comparisons of vocational education and training. Leabrook (Australia): NCVER

[408] Frei, Felix/Ulich, Eberhard (Eds.) (1981): Beiträge zur psychologischen Arbeitsanalyse. Bern: Huber

[409] Friede, Christian K. /Sonntag, Karlheinz (Eds.) (1993): Berufliche Kompetenz durch Training. Heidelberg: Sauer

[410] Frieling, Ekkehart (1995a): Lernen und Arbeiten. In: Rolf Arnold/Antonius Lipsmeier (Eds.): Handbuch der Berufsbildung. Opladen: Leske+Budrich. 261-270

[411] Frommberger, Dietmar (1999): Zur Anbindung beruflicher Weiterbildung an den tertiären Bereich des nationalen Bildungssystems. Markt Schwaben: Eusl

[412] Frommberger, Dietmar (2004): Kaufmännische Berufsausbildung im europäischen Ländervergleich. Baden-Baden: Nomos

[413] Frommberger, Dietmar (2006a): Europa: Europäische Berufsbildungspolitik (1). In: Uwe Lauterbach/Felix Rauner/Botho von Kopp (Eds.): Internationales Handbuch der Berufsbildung (IHBB). Bielefeld: W. Bertelsmann

[414] Frommberger, Dietmar (2006b): Berufliche Bildung in Europa. In: Ingrid Lisop (Ed.): Der Europäische Qualifizierungsweg. Frankfurt/Main: GAFB. 87-138

[415] Frommberger, Dietmar/Reinisch, Holger (1999): Ordnungsschemata zur Kennzeichnung und zum Vergleich von "Berufsbildungssystemen" in deutschsprachigen Beiträgen zur international-vergleichenden Berufsbildungsforschung. In: ZBW Vol. 95, (3). 323-343

[416] Fryklund, Verne C. (Ed.) (1949): Trade and Job Analysis. Tokyo: Jitsugyo Kyokasho Kabushiki Gaisha

[417] Fuchs, Victor R. (1982): Time preference and heatlh: an exploratory study. In: Victor R. Fuchs (Ed.): Economic Aspects of Health. Chicago: University of Chicago Press. 93-120

[418] Garmezy, Norman (1985): Stress-resistant children: the search for protective factors. In: J. E. Stevenson (Ed.): Recent research in developmental psychopathology. New York: Elsevier Science. 213-233

[419] Gasskov, Victor (2001): Government interventions in private financing of training. ILO: Geneva

[420] GATWU (1992): Empfehlungen zur Ausbildung von Lehrerinnen und Lehrern im Lernfeld Arbeitslehre. In: Gewerkschaftliche Bildungspolitik 7/8 (Beilage)

[421] Geertz, Clifford (1993): The Interpretation of Cultures. London: Fontana Press

[422] Geijsel, Femke/Meijers, Frans (2005): Identity learning: the core process of educational change. In: Educational Studies Vol. 31, (4). 419-430

[423] Geissler, Birgit/Oechsle, Mechtild (1996): Lebensplanung junger Frauen. Weinheim: Deutscher Studienverlag

[424] Geißler, Harald (1994): Grundlagen des Organisationslernens. Weinheim: Deutscher Studienverlag

[425] Gendron, Bénédicte (2005): Social Representations of Vocational Education and Training in France through the French Vocational Baccalauréat Case-Study. ITB-Arbeitspapiere 52. Bremen: ITB

[426] Georg, Walter (1982): Studium und Beruf des Lehrers an beruflichen Schulen. In: Hans-Josef Ruhland/Manfred Niehues/Hans-Jürgen Steffens (Eds.): Lehrer an beruflichen Schulen. Krefeld: 91-102

[427] Georg, Walter (1995): Probleme vergleichender Berufsbildungsforschung im Kontext neuer Produktionskonzepte: Das Beispiel Japan. In: Gisela Dybowski/Helmut Pütz/Felix Rauner (Eds.): Berufsbildung und Organisationsentwicklung. Bremen: Donat. 67-84

[428] Georg, Walter (1996a): Lernen im Prozess der Arbeit. In: Heinz Dedering (Ed.): Handbuch zur arbeitsorientierten Bildung. München: Oldenbourg. 637-659

[429] Georg, Walter (1996b): Kulturelle Tradition und berufliche Bildung. In: Wolf-Dietrich Greinert (Ed.): 30 Jahre Berufsbildungshilfe. Berlin

[430] Georg, Walter (1997a): Berufliche Bildung zwischen Internationalisierung und nationaler Identität. In: Christoph Kodron u. a. (Eds.): Vergleichende Erziehungswissenschaft. Köln: Böhlau. 312-328

[431] Georg, Walter (1997b): Zwischen Tradition und Moderne: Berufsbildung im internationalen Vergleich. In: Rolf Arnold/Rolf Dobischat/Bernd Ott (Eds.): Weiterungen der Berufspädagogik von der Berufsbildungstheorie zur Internationalen Berufsbildung. Stuttgart: Steiner. 153-166

[432] Georg, Walter (1997c): Kulturelle Tradition und berufliche Bildung. In: Wolf-Dietrich Greinert/Werner Heitmann/Reinhard Stockmann (Eds.): Vierzig Jahre Berufsbildungszusammenarbeit mit Ländern der Dritten Welt. Baden-Baden: Nomos. 65-93

[433] Georg, Walter (1999): Berufsbildung in Europa. In: Franz-Josef Kaiser/Günter Pätzold (Eds.): Wörterbuch Berufs-und Wirtschaftspädagogik. Bad Heilbrunn: Klinkhardt. 89-91

[434] Georg, Walter (2005): Berufsbildungsforschung in der Entwicklungszusammenarbeit. In: Felix Rauner (Ed.): Handbuch Berufsbildungsforschung. Bielefeld: W. Bertelsmann. 95-101

[435] Georg, Walter/Sattel, Ulrike (1992): Von Japan lernen? Aspekte von Bildung und Beschäftigung in Japan. Weinheim: Beltz

[436] Gerds, Peter (1992a): Zur Entwicklung der Berufsschule. In: Lernen & Lehren Vol. 7, (25/26). 146-150

[437] Gerds, Peter (1992b): Zum Verhältnis von Arbeit, Technik und Bildung in gestaltungsorientierter Perspektive. In: Peter Dehnbostel (Ed.): Neue Technologien

und berufliche Bildung. Berlin, Bonn: BIBB. 33-46

[438] Gerds, Peter (1995a): Berufsschullehrerausbildung in den Bahnen des öffentlichen Dienstrechts. In: Gisela Dybowski/Helmut Pütz/Felix Rauner (Eds.): Berufsbildung und Organisationsentwicklung. Bremen: Donat. 373-386

[439] Gerds, Peter (2001): Der Lernfeldansatz-ein Weg aus der Krise der Berufsschule? In: Peter Gerds/Arnulf Zöller (Eds.): Der Lernfeldansatz der Kultusministerkonferenz. Bielefeld: W. Bertelsmann. 20-52

[440] Gerds, Peter/Bauer, Waldemar (2003): Anforderungen und Eckpunkte einer zukunftsträchtigen Entwicklung des Personals gewerblich-technischer Schulen. In: Arnulf Zöller/Peter Gerds (Eds.): Qualitätsichern und steigern. Bielefeld: W. Bertelsmann. 333-356

[441] Gerds, Peter/Fischer, Martin/Deitmer, Ludger (Eds.) (2002): Was leistet die Berufsbildung für die Entwicklung neuer Lernkonzepte? Bielefeld: W. Bertelsmann

[442] Gerds, Peter/Heidegger, Gerald/Rauner, Felix (1999): Das Universitätsstudium der Berufspädagogen. Bremen: Donat

[443] Gerds, Peter/Zöller, Arnulf (2002): Qualität sichern und steigern. Bielefeld: W. Bertelsmann

[444] Gerstenmaier, Jochen/Mandl, Heinz (1995): Wissenserwerb unter konstruktivistischer Perspektive. In: ZfPäd Vol. 41, (6). 867-888

[445] Gibbons, Michael E. et al. (1994): The New Production of Knowledge. London: Sage

[446] Gierorgica, Pawel/Luttringer, Jean-Marie (1997): The influence of the social partners on training at enterprise level in the member states of the European Union. Torino

[447] Gilbreth, Frank B. (1911): Motion Study. New York: Van Nostrand

[448] Gill, Indermit S./Fluitman, Fred/Dar, Amid (2000): Vocational Education and Training Reform. Matching Skills to Markets and Budgets. New York: Oxford University Press

[449] Gill, Indermit S./Fluitman, Fred/Dar, Amit (1998): Skills and change: A synthesis of findings of a multi-country study of vocational education and training reforms. Vol. 1. Washington D. C. : World Bank

[450] Gmelch, Andreas (1991): Arbeitslehre-ein Bildungsauftrag ohne klares Profil? In: Jürgen Lackmann/Uwe Wascher (Eds.): Arbeitslehre und Polytechnik: Annäherung und Wandel. München: Lexika Verlag. 18-31

[451] Goetschy, Janine (2005): The European Social dialogue in the 1990s. In: Transfer Vol. 11, (3). 409-422

[452] Gold, Michael (Ed.) (1993): The Social Dimension: Employment Policy in the European Community. London: Macmillan

[453] Goldsmith, Arthur H./Veum, Jonathan R./Darity, William A., Jr. (1997): The Impact of Psychological and Human Capital on Wages. In: Economic Inquiry Vol. 35, (4). 815-829

[454] Gonon, Philipp (1998): Das internationale Argument in der Bildungsreform. Bern u. a. : Lang

[455] Gonon, Philipp (2001): Krise und Kritik-Anmerkungen zu Karlwilhelm Stratmanns berufspädagogischhistorischem Zugang. Universität Mainz.

[456] Gordon, Howard R. D. (2001): American Vocational Education Research Association members' perception of statistical signifi cance tests and other statistical controversies. http://eric. ed. gov/ ERICDocs/data/ericdocs2/ content_storage_01/0000000b/80/26/ 2f/d6. pdf. 2001

[457] Gordon, Howard R. D. (2003): The history and growth of vocational education in America. 2nd Ed. Prospect Heights, IL: Waveland Press

[458] Goudswaard, Nicolaas Bastiaan (1981): Vijfenzestig jaren nijverheidsonderwijs. Assen: Van Gorcum

[459] Green, Andy (1990): Education and state formation: the rise of education systems in England, France and the USA. Basingstoke: Macmillan

[460] Gregson, James A. (1995): The School-to-Work Movement and Youth Apprenticeship in the U. S. : Educational Reform or Democratic Renewal? In: Journal of Industrial Teacher Education Vol. 32, (3). 7-29

[461] Greinert, Wolf-Dietrich (1975): Schule als Instrument sozialer Kontrolle und Objekt privater Interessen. Hannover: Schroedel

[462] Greinert, Wolf-Dietrich (1982): Einige Anmerkungen zur Periodisierung der Berufsschulentwicklung. In: Horst Biermann/Wolf-Dietrich Greinert/Rainer Janisch (Eds.): Berufsbildungsreform als politische und pädagogische Verpflichtung. Velber: Friedrich. 115-129

[463] Greinert, Wolf-Dietrich (1984): Das Berufsgrundbildungsjahr. Weiterentwicklung oder Ablösung des "dualen" Systems der Berufsausbildung? Frankfurt/Main, New York: Campus

[464] Greinert, Wolf-Dietrich (1988): Marktmodell-Schulmodell-duales System. Grundtypen formalisierter Berufsbildung. In: Die berufsbildende Schule Vol. 40, (3). 145-156

[465] Greinert, Wolf-Dietrich (1994): The "German System" of Vocational Training. History, Organization, Prospects. Baden-Baden: Nomos

[466] Greinert, Wolf-Dietrich (1995a): Geschichte der Berufsausbildung in Deutschland. In: Rolf Arnold/Antonius Lipsmeier (Eds.): Handbuch der Berufsbildung. Opladen: Leske +Budrich. 409-417

[467] Greinert, Wolf-Dietrich (1995b): Das "deutsche System" der Berufsausbildung. 2. Au. Baden-Baden: Nomos

[468] Greinert, Wolf-Dietrich (1998): Das "deutsche System" der Berufsausbildung. 3. Auflage. Baden-Baden: Nomos

[469] Greinert, Wolf-Dietrich (1999): Berufsqualifizierung und dritte Industrielle Revolution. Baden-Baden: Nomos

[470] Greinert, Wolf-Dietrich (2002): A theoretical framework proposal for a history of the development of vocational training in Europe. http://history. cedefop. eu. int/ framework. asp. 29. 11. 2006

[471] Greinert, Wolf-Dietrich/Heitmann, Werner/Stockmann, Reinhard (Eds.) (1997):

Vierzig Jahre Berufsbildungszusammenarbeit mit Ländern der Dritten Welt. Baden-Baden: Nomos

[472] Grierson, John/McKenzie, Iain (Eds.) (1996): Training for Self-Employment through Vocational Training Institutions. Turin: ILO International Training Centre

[473] Groeben, Norbert/Wahl, Diethelm/Schlee, Jörg (Eds.) (1988): Das Forschungsprogramm Subjektive Theorien. Tübingen: Francke

[474] Grollmann, Philipp (2004): Professionelle Realität beruflichen Bildungspersonals im institutionellen Kontext ausgewählter Bildungssysteme. Bremen: ITB

[475] Grollmann, Philipp (2005a): Prognose-und prospective Berufsbildungsforschung. In: Felix Rauner (Ed.): Handbuch Berufsbildungsforschung. Bielefeld: W. Bertelsmann. 123-129

[476] Grollmann, Philipp (2005b): Berufspädagogen im internationalen Vergleich. Bielefeld: W. Bertelsmann

[477] Grollmann, Philipp/Gottlieb, Susanne/Kurz, Sabine (2003): Berufsbildung in Dänemark: dual und kooperativ? ITB-Forschungsberichte 9. Bremen: ITB

[478] Grollmann, Philipp/Kruse, Wilfried/Rauner, Felix (2003): Scenarios and strategies for VET in Europe. Dortmund: Landesinstitut Sozialforschungsstelle Dortmund

[479] Grollmann, Philipp/Kurz, Sabine/Otten, Maren (2004): Qualitätssicherung. ITBArbeitspapier. Bremen: ITB

[480] Grollmann, Philipp/Lewis, Morgan V. (2003): Kooperative Berufsbildung in den USA. ITB-Forschungsberichte 11. Bremen: ITB

[481] Grollmann, Philipp/Patiniotis, Nikitas/Rauner, Felix (2003): A networked European university for vocational education and human resource development. ITB-Forschungsberichte 5. Bremen: ITB

[482] Grollmann, Philipp/Spöttl, Georg/Rauner, Felix (2006): Europäisierung Beruflicher Bildung. Hamburg: Lit

[483] Grootings, Peter (1992): Towards cooperation among researchers of vocational education and training in Europe. In: CEDEFOP (Ed.): Towards cooperation among researchers of vocational education and training in Europe. CEDEFOP

[484] Grootings, Peter (Ed.) (2004): Learning Matters. ETF Yearbook 2004. Turin: ETF

[485] Grootings, Peter/Nielsen, Sören (Eds.) (2005): Teachers and Trainers. Professionals and Stakeholders in VET Reform. Turin: ETF

[486] Grossmann, Stefan/Meyer, Hans Ludwig (2002): Berufsausbildung im Dualen System-eine lohnende Investition? Frankfurt/Main: Lang

[487] Grottker, Dieter (2005): Berufsbildungsforschung in der DDR. In: Felix Rauner (Ed.): Handbuch Berufsbildungsforschung. Bielefeld: W. Bertelsmann. 35-44

[488] Grubb, W. Norton (1995): Postsecondary Education and the Sub-Baccalaureate Labor Market: Corrections and Extensions. In: Economics of Education Review Vol. 14, (3). 285-299

[489] Gruber, Hans (1999): Wie denken und was wissen Experten? In: Hans Gruber/Wolfgang Mack/Albert Ziegler (Eds.): Wissen und Denken. Wiesbaden: Deutscher

Universitäts-Verlag. 193-209

[490] Gruber，Hans（2001）：Die Entwicklung von Expertise. In：Guido Franke（Ed.）：Komplexität und Kompetenz. Bielefeld：W. Bertelsmann. 309-326

[491] Gruber，Hans/Renkl，Alexander（2000）：Die Kluft zwischen Wissen und Handeln. In：Georg Hans Neuweg（Ed.）：Wissen-Können-Reflexion. Ausgewählte Verhältnisbestimmungen. Innsbruck：Studien-Verlag. 155-174

[492] Gruber，Hans/Ziegler，Albert（Eds.）（1996）：Expertiseforschung：theoretische und methodische Grundlagen. Opladen：Westdeutscher Verlag

[493] Grüner，Gustav（1978）：Bausteine zur Berufsschuldidaktik. Trier：Spee

[494] Grüner，Gustav（1984）：Die Berufsschule im ausgehenden 20. Jahrhundert. Bielefeld：W. Bertelsmann

[495] Grüner，Gustav（Ed.）（1975）：Curriculumproblematik der Berufsschule. Stuttgart：Holland+Josenhans

[496] Grünewald，Uwe（1979）：Qualifikationsforschung und berufliche Bildung. Berlin：BIBB

[497] Grünewald，Uwe/Degen，Ulrich/Krick，Henrike（1979）：Qualifikationsforschung und berufliche Bildung. Berlin：BIBB

[498] Guile，David/Griffiths，Toni（2001）：Learning through Work Experience. In：Journal of Education and Work Vol. 14，（2）. 113-131

[499] Gustavson，Bjorn（2001）：Theory and Practice：the Mediating Discourse. In：Peter Reason/Hilary Bradbury（Eds.）：Handbook of Action Research. London：Sage

[500] Guthrie，Hugh（2002）：Value-adding to VET research：what we have learned，what you can tell us. Adelaide

[501] Gutschmidt，Fritz u. a.（1974）：Bildungstechnologie und Curriculum. Hannover：Schroedel

[502] Gutschow，Katrin（2003）：Erfassen，Beurteilen und Zertifizieren non-formell und informell erworbener beruflicher Kompetenzen in Frankreich. In：Gerald A. Straka（Ed.）：Zertifizierung non-formell und informell erworbener beruflicher Kompetenzen. Münster：Waxmann. 127-139

[503] Gwartney，James D.（1977）：Microeconomics：Private and Public Choice. U. S.：Academic Press

[504] Haan，Hans（2006）：Training for Work in the Informal Micro-Enterprise Sector：Fresh Evidence from Sub-Sahara Africa. Dordrecht：Springer

[505] Hacker，Winfried（1986a）：Arbeitspsychologie. Psychische Regulation von Arbeitstätigkeiten. Bern：Huber

[506] Hacker，Winfried（1986b）：Arbeitspsychologie. Psychologie von Arbeitstätigkeiten. Berlin：Deutscher Verlag der Wissenschaften

[507] Hacker，Winfried（1992）：Expertenkönnen. Erkennen und Vermitteln. Göttingen，Stuttgart：Verlag für Angewandte Psychologie

[508] Hacker，Winfried（1996）：Diagnose von Expertenwissen. Berlin：Akademie-Verlag

[509] Hacker，Winfried/Matern，Bärbel（1980）：Methoden zum Ermitteln tätigkeitsregulierender kognitiver Prozesse und Repräsentation bei industriellen

Arbeitstätigkeiten. In: Walter Volpert (Ed.): Beiträge zur Psychologischen Handlungstheorie. Bern: Huber

[510] Hacker, Winfried/Skell, Wolfgang (1993): Lernen in der Arbeit. Berlin, Bonn: BIBB

[511] Hackman, J. Richard/Oldham, Greg R. (1976): Motivation Through the Design of Work. In: Organizational Behaviour of Human Performance Vol. 60, 250-279

[512] Haddad, Georges (2005): Preface. In: Wenda McNevin (Ed.): UNITWIN/UNESCO Chairs Programme: Ten Years of Action: Case Studies. Paris: UNESCO. 4-7

[513] Hake, Barry J. (1999): Lifelong Learning Policies in the European Union. In: Compare Vol. 29, (1). 53-70

[514] Hakim, Guillermo/Carrero Perez, Elena (2006): Reforming Technical and Vocational Education and Training in the Middle East and North Africa. Turin, Washington D. C. : ETF and the World Bank

[515] Hall, Peter A. /Soskice, David (Eds.) (2001): Varieties of Capitalism. London: Oxford University Press

[516] Hall, Richard/Buchanan, John/Considine, Gillian (2002): 'You value what you pay for': enhancing employers' contributions to skill formation and use. Sydney

[517] Hall, William (1994): Kangan and research. In: Peter Kearns/William Hall (Eds.): Kangan: 20 years on: A commemoration. Adelaide: NCVER

[518] Halls, Wilfred Douglas (Ed.) (1990): Comparative Education. Contemporary Issues and Trends. Educational Sciences. London

[519] Halvorsen, Helge (1998): Role of social partners in the development of training. Bucharest

[520] Hammond, Cathie/Feinstein, Leon (2004): The contribution of adult learning to health and social capital. In: Oxford Review of Education Vol. 30, (2). 199-221

[521] Hamstra, Dorien G. /Ende, Joan van den (2006): De vmbo-leerling. Onderwijspedagogische-en ntwikkelingspsychologische theorieen. Amersfoort: CPS

[522] Han, Min (1996): Gendai Nippon no Senmon Gakko. Tamagawa Daigaku Shuppanbu and others

[523] Hanf, Georg (1998): Das deutsche System der Berufsbildung auf dem Wege seiner Europäisierung. In: Friedhelm Schütte/Uhe Ernst (Eds.): Die Modernität des Unmodernen. Berlin: BIBB. 147-163

[524] Hanhart, Siegfried/Schulz, Hans-Rudolf (1998): Lehrlingsausbildung in der Schweiz. Kosten und Finanzierung. Chur, Zürich: Rüegger

[525] Hara, Masatoshi (1968): Kyoiku Naiyo Kenkyu wa Haisen kara Nani wo Manandaka-Gijutsu Kyoiku no Baai (2). In: Kyoiku (September)

[526] Hara, Masatoshi/Sasaki, Susumu (Eds.) (1972): Gijutsuka Kyoiku-hou. Tokyo: Gakubunsha

[527] Hara, Masatoshi/Uchida, Tadashi (Eds.) (1975): Gijutsu Kyoiku no Rekishi to Tenbou: Kouza Gendai Gijutsu to Kyoiku 8. Tokyo: Kairyudo

[528] Harms, Geertruida Johanna/Kuyper, Hans/Werf, Margaretha P. C. van der (2005): VOCL '99-4. VMBOleerlingen in het vierde leerjaar: over werk, school, leren en

omgaan met vrienden. Groningen: GION

[529] Harney, Klaus/Kissmann, Guido (2000): Maßstabsbildung, lokale Anpassung und hochschulischer Raumgewinn. In: FIAB (Ed.): Jahrbuch Arbeit, Bildung und Kultur. Vol. 18. Bochum: FIAB. 43-68

[530] Harney, Klaus/Rahn, Sylvia (2000): Steuerungsprobleme im beruflichen Bildungswesen. In: Zeitschrift für Pädagogik Vol. 46, (3). 731-751

[531] Harris, Roger (2001): Training Reform in Australia -Implications of a Shift from a Supply to a Demanddriven VET System. In: Thomas Deißinger (Ed.): Berufliche Bildung zwischen nationaler Tradition und globaler Entwicklung. Baden-Baden: Nomos. 231-256

[532] Harris, Roger/Deißinger, Thomas (2003): Learning Cultures for Apprenticeships: a comparison of Germany and Australia. In: Jean Searle/Irena Yashin-Shaw/Dick Roebuck (Eds.): Enriching Learning Cultures. Brisbane: Australian Academic Press. 23-33

[533] Havighurst, Robert James (1972): Developmental Tasks and Education. New York: David Mc Kay Company

[534] Hayward, Geoff (2005): Competencies in Vocational Education and Training. In: Hubert Ertl/Peter F. E. Sloane (Eds.): Kompetenzerwerb und Kompetenzbegriff in der Berufsbildung in internationaler Perspektive. Paderborn: Eusl. 62-81

[535] Hayward, Geoff/James, Susan (Eds.) (2004): Balancing the Skills Equation. Key issues and challenges for policy and practice. Bristol: Policy Press

[536] Healy, Thomas (2000): Investing in Human Capital -the OECD view. In: Manfred Weiß/Horst Weishaupt (Eds.): Bildungsökonomie und neue Steuerung. Frankfurt/Main: Lang. 19-29

[537] Heid, Helmut (1995): Die Interdisziplinarität der pädagogischen Fragestellung. In: Dieter Lenzen/Klaus Mollenhauer (Eds.): Theorien und Grundbegriffe der Erziehung und Bildung. Enzyklopädie Erziehungswissenschaft. Vol. 1. Stuttgart: Klett-Cotta. 177-192

[538] Heid, Helmut (2000): Qualität. Überlegungen zur Begründung einer pädagogischen Beurteilungskategorie. In: Andreas Helmke/Walter Hornstein/Ewald Terhart (Eds.): Qualität und Qualitätssicherung im Bildungswesen. Schule, Sozialpädagogik, Hochschule. Beiheft der Zeitschrift für Pädagogik. Vol. 41. Weinheim, Basel: 41-51

[539] Heid, Helmut/Lempert, Wolfgang/Zabeck, Jürgen (Eds.) (1980): Ansätze berufs- und wirtschaftspädagogischer Theoriebildung. Beiheft 1 der ZBW. Wiesbaden: Steiner

[540] Heidegger, Gerald/Adolph, Gottfried/Laske, Gabriele (1997): Gestaltungsorientierte Innovation in der Berufsschule. Begründungen und Erfahrungen. Bremen: Donat

[541] Heidegger, Gerald/Rauner, Felix (1995): Dualität der Lernorte und Lernortverbund. In: Günter Pätzold/Günter Walden (Eds.): Lernorte im dualen System der Berufsbildung. Bielefeld: W. Bertelsmann. 107-126

[542] Heidegger, Gerald/Rauner, Felix (1997a): Reformbedarf in der Beruflichen Bildung. Gutachten für das Ministerium für Arbeit, Gesundheit und Soziales des Landes NRW. Bremen, Düsseldorf

[543] Heidegger, Gerald/Rauner, Felix (1997b): Reformbedarf in der beruflichen Bildung: Gutachten im Auftrag des Ministeriums für Wirtschaft und Mittelstand Technologie und Verkehr in Nordrhein-Westfalen. Bremen, Düsseldorf

[544] Heidemann, Winfried (2002): Lifelong Learning: Current developments within social dialogue in selected European Countries. Düsseldorf: Hans Böckler Stiftung

[545] Heidemann, Winfried/Kruse, Wilfried/Paul-Kohlhoff, Angela/Zeuner, Christine (1994): Social Dialogue and Further Education and Training in Europe. Berlin: Hans Böckler Stiftung

[546] Heidenreich, Martin/Schmidt, Gert (Eds.) (1991): Internationale Vergleichende Organisationsforschung. Opladen

[547] Heinz, Walter R. (2002a): Transition discontinuities and the biographical shaping of early work careers. In: Journal of Vocational Behavior Vol. 60, 220-240

[548] Heise, Wulf (1998): Kfz-Mechatroniker: Ein neues Curriculumkonzept und seine Umsetzungsmöglichkeiten in der beruflichen Fachrichtung. In: Jörg-Peter Pahl/Felix Rauner (Eds.): Betrifft: Berufsfeldwissenschaften. Bremen: Donat. 223-236

[549] Hellwig, Silke (2006a): Competency-based Training: Different Perceptions in Australia and Germany. In: Australian Journal of Adult Learning Vol. 46, (1). 51-73

[550] Hellwig, Silke (2006b): The Competency Debate in German VET. In: International Journal of Training Research Vol. 4, (1). 1-16

[551] Hendriks, Luusi/Westerhuis, Anneke (1997): Dutch vocational education: developments in initial and continuing vocational training. Den Bosch: CINOP

[552] Hering, Dietrich (1959): Zur Fasslichkeit naturwissenschaftlicher und technischer Aussagen. Berlin: Volk und Wissen

[553] Heritage, John (1984): Garfinkel and Ethnomethodology. Cambridge: Polity Press

[554] Herkner, Volkmar (2003): Deutscher Ausschuss für Technisches Schulwesen. Hamburg: Dr. Kovač

[555] Herman, Alexis M./Abraham, Katharine G. (1999): Revising the Standard Occupational Classification System - U. S. Department of Labor. Washington D. C. : Bureau of Labor Statistics

[556] Hermann, Graham Douglas/Richardson, Edward/Woodburne, G. J. (1976): Trade and Technician Education: principles and issues. Stanmore, NSW: Cassell Australia

[557] Hesse, Hans Albrecht (1972): Berufe im Wandel. 2. Aufl. Stuttgart: Gustav Fischer

[558] Heydorn, Heinz-Joachim (1972): Zu einer Neufassung des Bildungsbegriffs. Frankfurt/Main: Suhrkamp

[559] Heydorn, Heinz-Joachim (1979): Über den Widerspruch von Bildung und Herrschaft. Frankfurt/Main: Syndikat

[560] Heyneman, Stephen P. (1998): From the Party/State to the Multiethnic Democracy. In: Educational Evaluation and Policy Analysis Vol. 22, (2). 173-191

[561] Heyse, Volker/Erpenbeck, John (1997): Der Sprung über die Kompetenzbarriere. Bielefeld: W. Bertelsmann

[562] Hillage, James/Moralee, Janet (1996): The return on investors. Brighton: Institute for

Employment Studies

[563] Hillocks, George (1998): Ways of Thinking. Ways of Teaching. New York: Teachers College Press

[564] Himmelmann, Gerhard (1985): Arbeit und Allgemeinbildung. In: Helmut Heid/ Wolfgang Klafki (Eds.): Arbeit-Bildung-Arbeitslosigkeit. Zeitschrift für Pädagogik. 19. Beiheft. Weinheim, Basel: Beltz. 227-237

[565] Hippel, Eric von (1988): The Sources of Innovation. New York, Oxford: Oxford University Press

[566] Hittman, Jon A. (1995): Changes in Mission, Governance, and Funding of Proprietary Postsecondary Institutions. In: Darrel A. Clowes/Elizabeth M. Hawthorne (Eds.): New Directions for Community Colleges. Vol. 91. San Francisco: Jossey-Bass. 17-25

[567] Hoachlander, E. Gareth/Levesque, Karen A. (1993): Improving National Data for Vocational Education: Strengthening a Multiform System. Berkeley: National Center for Research in Vocational Education

[568] Hodson, Georg S. (1901): Educational Sloyd in Theory and Practice. London: Liverpool

[569] Hoene, Bernd/Höhns, Gabriela (2001): Förderpolitischer Schlussbericht des Bundesinstituts für Berufsbildung über die Unterstützung der Staaten Mittel- und Osteuropas bei der Reform beruflicher Bildung im Rahmen des TRANSFORM-Programms. http://www2. bibb. de/tools/fodb/pdf/eb_50005. pdf. 04. 08. 2007

[570] Hoff, Ernst- H./Lappe, Lothar/Lempert, Wolfgang (Eds.) (1985): Arbeitsbiographie und Persönlichkeitsentwicklung. Bern, Stuttgart, Toronto: Huber

[571] Hoffmann, Eivind (1997): ILO and ISCO-88. Third Meeting of the Expert Group on International Economic and Social Classifi cations. 1-3 December 1997. New York: ILO

[572] Hoffmann, Eivind (1999): International statistical comparisons of occupational and social structures: Problems, possibilities and the role of ISCO-88. Geneva: ILO

[573] Hoffmann, Ingo (2001): Knowledge Management Tools. In: Kai Mertins/Peter Heisig/ Jens Vorbeck (Eds.): Knowledge management: Best practices in Europe. Berlin: Springer. 74-94

[574] Holling, Eggert/Bammé, Arno (1982): Die Alltagswirklichkeit des Berufsschullehrers. Frankfurt/Main: Campus

[575] Holmes, Brian (1974): Vergleichende Erziehungswissenschaft als wissenschaftliche Disziplin. In: Adelheid Busch (Ed.): Vergleichende Erziehungswissenschaft. Pullach: Verlag Dokumentation. 115-132

[576] Holmes, Keith (2003): The Reform of Public Technical and Vocational Education Institutions. Paris

[577] Holt, Michael/Reid, William Arbuckle (1988): Instrumentalism and education. In: Andrew Pollard/June Purvis/GeoffreyWalford (Eds.): Education, Training and the New Vocationalism. Milton Keynes: Open University Press

[578] Holz, Heinz/Koch, Johannes/Schemme, Dorothea/Witzgall, Elma (Eds.) (1998): Lern- und Arbeitsaufgabenkonzepte in Theorie und Praxis. Bielefeld: W. Bertelsmann

[579] Holz, Heinz/Rauner, Felix/Walden, Günter (Eds.) (1998): Ansätze und Beispiele der

Lernortkooperation. Bielefeld: W. Bertelsmann

[580] Honick, Craig A. (1995): The Story Behind Proprietary Schools in the United States. In: Darrel A. Clowes/Elizabeth M. Hawthorne (Eds.): New Directions for Community Colleges. Vol. 91. San Francisco: Jossey-Bass. 27-40

[581] Horlebein, Manfred (1976): Die berufsbegleitenden kaufmännischen Schulen in Deutschland (1800-1945). Frankfurt/Main, Bern: Lang

[582] Hörner, Wolfgang (1991): Systemwandel und Systemvergleich. In: Pädagogik und Schule in Ost und West 1991, 71-75

[583] Hörner, Wolfgang (1993): Technische Bildung und Schule. Eine Problemanalyse im internationalen Vergleich. Köln: Böhlau

[584] Hörner, Wolfgang (1996a): Arbeitsbezogene Bildung in Westeuropa. In: Heinz Dedering (Ed.): Handbuch zur arbeitsorientierten Bildung. München, Wien: Oldenbourg. 693-719

[585] Hörner, Wolfgang (1996b): Polytechnische Bildung im östlichen Europa. In: Heinz Dedering (Ed.): Handbuch zur arbeitsorientierten Bildung. Müchnen, Wien: Oldenbourg. 663-692

[586] Hörner, Wolfgang (1997): "Europa" als Herausforderung für die Vergleichende Erziehungswissenschaft. In: Christoph Kodron u. a. (Eds.): Vergleichende Erziehungswissenschaft. Köln: Böhlau. 65-80

[587] Hosoya, Toshio (1944): Gijutsu Kyoiku

[588] Hosoya, Toshio (1969): Kyoiku Houhou Second Edition (First Edition: 1960). Tokyo: Iwanami Shoten

[589] Hosoya, Toshio (1978): Gijutsu Kyoiku Gairon

[590] Howard, Sue/Dyrden, John/Johnson, Bruce (1999): Childhood Resilience: Review and Critique of Literature. In: Oxford Review of Education Vol. 25, (3). 307-323

[591] Howe, Falk (2004): Elektroberufe im Wandel. Hamburg: Dr. Kovaç

[592] Hyman, Jeff (1992): Training at Work: A Critical Analysis of Policy and Practice. London: Routledge

[593] Hyslop, Cheryl/Parsons, Michael H. (1995): Curriculum as a Path to Convergence. In: Darrel A. Clowes/Elizabeth M. Hawthorne (Eds.): New Directions for Community Colleges. Vol. 91. San Francisco: Jossey-Bass. 41-49

[594] Hyslop-Margison, Emery J. (2001): An assessment of the historical arguments in vocational education reform. In: Journal of Career and Technical Education 17, (1). http://scholar. lib. vt. edu/ejournals/JCTE/v17n1/hyslop. html. 05. 02. 2007

[595] IAB(2000): Berufe im Spiegel der Statistik. Beschäftigung und Arbeitslosigkeit 1993-1999. Nürnberg: IAB

[596] IDB(2000): Vocational and Technical Training: An IDB Strategy. Washington D. C. : IDB

[597] ILO(2002): Learning and training for work in the knowledge society. Report IV (1). http://www. ilo. org/public/english/employment/skills/download/report4. pdf. 18. 08. 2007

[598] ILO(2005a): Training for Economic Empowerment. Fifth Technical Report. Geneva: ILO

[599] ILO (2005b): Recommendation 195. Recommendation concerning Human Resources Development. Geneva: ILO

[600] ILO(2005c): Training for Rural Economic Empowerment (TREE). Geneva: ILO

[601] ILO/UNDP(1992): Occupational Classification of Workers in Migration (ISCO-88 (OCWM)). Bangkok, Geneva: ILO

[602] Iribarne, Alain d' (2001): Trente ans de Céreq. In: Formation Emploi Vol. 76, 71-98

[603] ITB (2000): Bericht über Forschungsarbeiten 1998-1999. ITB-Arbeits papiere 22. Bremen: ITB

[604] Jacobson, Louis/LaLonde, Robert/Sullivan, Daniel G. (2005): Estimating the Returns to Community College Schooling for Displaced Workers. In: Journal of Econometrics Vol. 125, 271-304

[605] Jaeger, Dorit (1999): Erfahrungswissen der Produktionsarbeiter als Innovationspotential. In: Peter Brödner/Ernst Helmstädter/Brigitta Widmaier (Eds.): Wissensteilung. München, Mering: Hampp. 193-220

[606] Jank, Werner/Meyer, Hilbert (2002): Didaktische Modelle. 5. Aufl. Frankfurt/Main: Cornelsen-Scriptor

[607] Jankowicz, Devi (2001): Why does subjectivity make us nervous? In: Journal of Intellectual Capital Vol. 2, (1). 31-73

[608] Janssen, Jörn/Richter, Wolfgang (1983): Arbeitsbedingungen der Bauarbeiter. Frankfurt/Main, New York: Campus

[609] Japan Federation of Steel Workers' Unions (1973): Saikin no Tekkou Sangyou ni Okeru Shokugyo Kunren

[610] Jellema, Mariet/Kerstens, Lyanda/Wal, Thonia Van der (2001): Zu den Auswirkungen des Gesetzes zur Erwachsenenbildung und Berufsbildung (WEB) in den Niederlanden. In: Dietmar Frommberger/Holger Reinisch/Martinus Santema (Eds.): Berufliche Bildung zwischen Schule und Betrieb. Markt Schwaben: Eusl. 261-276

[611] Jenewein, Klaus/Knauth, Peter/Röben, Peter/Zülch, Gert (Eds.) (2004): Kompetenzentwicklung in Arbeitsprozessen. Baden-Baden: Nomos

[612] Jensen, Mogens (2002): DANIDA's Technical and Vocational Education Priorities, Projects and Strategies. Oslo: Nordic Network of UNEVOC Centres

[613] Jenzen, Uwe (2002): Entwicklung arbeitsorientierter Allgemeinbildung: Land Bremen. Baltmannsweiler: Schneider Hohengehren

[614] JICA(2006): JICA and Technical and Vocational Education and Training (TVET). http://www.jica.go.jp/infosite/issues/education/pdf/TechnicalE_E. pdf. 01. 07. 2006

[615] Johanson, Richard K./Adams, Arvil V. (2004): Skills Development in Sub-Saharan Africa. Washington D. C. : World Bank

[616] Jones, Phillip (1992): World Bank Financing of Education. London, New York: Routledge

[617] Jones, Phillip E. (1971): Comparative Education. Purpose and Method. Queensland:

Queensland University Press

[618] Kaestle, Carl F. (1993): The awful reputation of educational research. In: Educational Researcher Vol. 26, (7). 4-14

[619] Kahsnitz, Dietmar (1993): Gegenvorschlag zu den "Empfehlungen zur Ausbildung von Lehrerinnen und Lehrern im Lernfeld Arbeitslehre" der GATWU. In: Gewerkschaftliche Bildungspolitik 2 (Beilage)

[620] Kaigo, Tokiomi (Ed.) (1968): Kowashi Inoue no Kyoiku Seisaku. Tokyo Daigaku Shuppankai

[621] Kämäräinen, Pekka (1996): Alternative strategies for parity of esteem between general/academic and vocational education in Europe. In: Rainer Bremer (Ed.): Doppelqualifikation und Integration Beruflicher und Allgemeiner Bildung. Bielefeld: W. Bertelsmann. 125-133

[622] Kane, Thomas J./Rouse, Cecilia Elena (1999): The Community College: Educating Students at the Margin between College and Work. In: Journal of Economic Perspectives Vol. 13, (1). 63-84

[623] Karmel, Tom/Maclean, Rupert (Eds) (2007): Technical and Vocational Education and Training in an Ageing Society. Adelaide

[624] Karsten, Sjoerd (2006): Onderwijs waarop we kunnen bouwen; de publieke waarde van het beroepsonderwijs. Amsterdam: Vossiuspers UvA

[625] Keating, Jack/Medrich, Elliot/Volkoff, Veronica/Perry, Jane (2002): Comparative Study of Vocational Education and Training Systems. Leabrock: NCVER

[626] Keep, Ewart/Mayhew, Ken (1998): Vocational education and training and economic performance. In: Britain's economic performance Routledge. 367-395

[627] Keeves, John P./Adams, Don (1994): Comparative Methodology in Education. In: Torsten Husén (Ed.): The International Encyclopedia of Education. Oxford: Pergamon. 948-958

[628] Kell, Adolf (1996): Berufliche Schulen in der Spannung von Bildung und Beruf. In: ZBW Vol. 92, 6-18

[629] Keller, Berndt (2005): Europeanisation at sectoral level. Empirical reslut and missing perspectives. In: Transfer Vol. 11, (3). 397-408

[630] Kerckhofs, Peter/André, Maria-Helena (2003): European social Dialogue on Lifelong Learning. In: Emilio Gabaglio/Reiner Hoffman (Eds.): European Trade Union Yearbook 2002. Brussels: European Trade Union Institute. 127-150

[631] Kern, Horst/Sabel, Charles F. (1994): Verblasste Tugenden. Zur Krise des Deutschen Produktionsmodells. In: Niels Beckenbach/Werner van Treeck (Eds.): Umbrüche gesellschaftlicher Arbeit. Göttingen: Schwartz. 605-625

[632] Kern, Horst/Schumann, Michael (1984): Das Ende der Arbeitsteilung? Rationalisierung in der industriellen Produktion. München: Beck

[633] Kerschensteiner, Georg (1901a): Beobachtungen und Vergleiche über Einrichtungen für gewerbliche Erziehung außerhalb Bayerns. München: Gerber

[634] Kerschensteiner, Georg (1954): Grundfragen der Schulorganisation. München,

Düsseldorf: Oldenbourg

[635] Kerschensteiner, Georg (1966/68): Ausgewählte pädagogische Schriften. Vol. 1: Berufsbildung und Berufsschule; Vol. 2: Texte zum pädagogischen Begriff der Arbeit und der Arbeitsschule. Paderborn: Schöningh

[636] Keupp, Heiner/Ahbe, Thomas/Gmuer, Wolfgang/Hoefer, Renate/Mitzscherlich, Beate (1999): Identitätskonstruktionen. Das Patchwork der Identitäten in der Spätmoderne. Reinbek bei Hamburg: Rowohlt

[637] Kido, Bantaro et al. (Ed.) (1950): Seisan Kyoiku no Gijutsu. Tokyo: Shogakukan

[638] King, Kenneth (1985): The Planning of Technical and Vocational Education and Training. Paris: UNESCO/IIEP

[639] King, Kenneth (1990): Technical and Vocational Education and Training (TVET). Multilateral Developments in TVET. In: NORRAG News Vol. 9, 3-11

[640] King, Kenneth (1991): Aid and Education in the Developing World: The Role of Donor Agencies in Educational Analysis. Harlow: Longman

[641] King, Kenneth (1993): Technical and vocational education and training in an international context. In: The vocational aspect of education Vol. 43, (3). 201-216

[642] Kipp, Martin (1978): Arbeitspädagogik in Deutschland: Johannes Riedel. Hannover u. a. : Schroedel

[643] Kipp, Martin (1980): Privilegien für "alte Kämpfer"- Zur Geschichte der SA-Berufsschulen. In: Manfred Heinemann (Ed.): Erziehung und Schulung im Dritten Reich. Teil 1. Stuttgart: Klett-Cotta. 289-300

[644] Kipp, Martin (2000): Anmerkungen zu Stand und Standards der historischen Berufsbildungsforschung. In: Günter Pätzold/Holger Reinisch/Manfred Wahle (Eds.): Profile der Historischen Berufsbildungsforschung. Universität Oldenburg: BIS. 59-64

[645] Kipp, Martin (2003): Wandsprüche in industriellen Lehr werkstätten. In: Franz-Josef Jelich/Heidemarie Kemnitz (Eds.): Die pädagogische Gestaltung des Raums. Bad Heil brunn/Obb. : Julius Klinkhardt. 373-390

[646] Kipp, Martin/Miller-Kipp, Gisela (1995): Erkundungen im Halbdunkel. Einundzwanzig Studien zur Berufserziehung und Pädagogik im Nationalsozialismus. Frankfurt/Main: GAFB

[647] Kirpal, Simone (2004a): Work Identities in Europe: Continuity and Change. ITB-Arbeitspapiere 49. Bremen: ITB

[648] Kirpal, Simone (2004b): Researching work identities in a European context. In: Career Development International Vol. 9, (3). 199-221

[649] Kirsch, Jean-Louis (2005): Formation générale, formation professionnelle, vieille question et nouveaux débats. Net. Doc n°14, Mars. Marseille: CEREQ

[650] Kirsch, Jean-Louis/Bertrand, Olivier (1991): Histoire du système de formation professionnelle en France. Contribution au projet OCDE: Le rôle nouveau de l' enseignement technique et de la formation professionnelle. Paris: CEREQ

[651] Kistler, Ernst/Oehlke, Paul (2003): Demographic developments in Europe - Labour market impacts and changes in the world of work. The Geneva Association. No. 271

［652］Kita, Masami (1981): Koubu Daigakkou to Glasgow Daigaku - Nissu (Scotland) Kankei-shi no Ichi-shiten. In: Shakai Keizaishi-gaku Vol. 45, (5)

［653］Kiuchi, Takaji (1936): Nippon ni Okeru Gijutsu Suijun to Gijutsu Kyoiku = Ginou-sha Yousei. In: Kyoiku Vol. 8, (1, 2, 5)

［654］Kivinen, Osmo/Peltomaki, Mikko (1999): On the Job or in the Classroom? The apprentice in Finland from the 17th century to the 1990s. In: Journal of Education and Work Vol. 12, (1). 75-93

［655］Kiyohara, Michihisa (1989): Showa Gijutsu Kyoiku-shi. Tokyo: Noubunkyo

［656］Klafki, Wolfgang (1959): Das pädagogische Problem des Elementaren und die Theorie der kategorialen Bildung. Weinheim et al. : Beltz

［657］Klafki, Wolfgang (1973): Handlungsforschung im Schulfeld. In: Zeitschrift für Pädagogik Vol. 19, (4). 77-94

［658］Klafki, Wolfgang (1984): Handlungsforschung. In: Christoph Wulf (Ed.): Wörterbuch der Erziehung. München, Zürich: Piper. 267-271

［659］Klafki, Wolfgang (19912/19933): Neue Studien zur Bildungstheorie und Didaktik. Zeitgemäße Allgemeinbildung und kritisch-konstruktive Didaktik. 2. Aufl. Weinheim, Basel: Beltz

［660］Kleffner, Annette/Lappe, Lothar/Raab, Erich/Schober, Karen (1996): Fit für den Berufsstart? Berufswahl und Berufsberatung aus Schülersicht. In: Materialien aus der Arbeitsmarkt- und Berufsforschung (Nr. 3)

［661］Klein, Helmut (1962): Polytechnische Erziehung und Bildung in der DDR. Reinbek: Rowohlt

［662］Klein, Ulrich (Ed.) (1990): PETRA - Projekt- und transferorientierte Ausbildung. München: Siemens

［663］Kleining, Gerhard (1995): Methodologie und Geschichte qualitativer Sozialforschung. In: Uwe Flick u. a (Eds.): Handbuch Qualitative Sozialforschung. 2. Aufl. Weinheim: Beltz. 11-22

［664］Kleinschmidt, Rolf/Paulsen, Bent/Rauner, Felix/Wenzel, Eberhard (Eds.) (1978): Modellversuche - Ein Instrument zur Weiterentwicklung beruflicher Bildungspraxis. Hannover: Schroedel

［665］Kleinschmitt, Manfred/Rath, Bernhard/Zabeck, Jürgen (1981): Modellversuche zur Weiterentwicklung beruflicher Schulen. Bonn-Oedekoven: Köllen

［666］Kliebard, Herbert M. (1999): Schooled to Work. Vocationalism and the American Curriculum, 1876-1946. New York, London: Teachers College Press

［667］Klieme, Eckhard/Avenarius, Hermann/Blum, Werner/Döbrich, Peter/Gruber, Hans (2003): Expertise zur Entwicklung nationaler Bildungsstandards. Bonn: BMBF

［668］Klieme, Eckhard/Avenarius, Hermann/Blum, Werner/Döbrich, Peter/Gruber, Hans/ Prenzel, Manfred/Reiss,

［669］Klusmeyer, Jens (2000): Zur Entwicklung der historischen Forschungsorientierung in der Berufs- und Wirtschaftspädagogik im Spiegel der ZBW. In: Holger Reinisch/Günter Pätzold/Manfred Wahle (Eds.): Profile der Historischen Berufsbildungsforschung.

Oldenburg: BIS. 47-57

[670] KMK(1995): Rahmenvereinbarung über die Ausbildung und Prüfung für ein Lehramt der Sekundarstufe II (berufliche Fächer) oder für die beruflichen Schulen (Lehramtstyp 5). Beschluss der Kultusministerkonferenz vom 12.05.1995

[671] KMK(1997): Weiterentwicklung des dualen Systems der Berufsausbildung. Thesen und Diskussionsvorschläge der KMK. Bonn

[672] KMK (1999): Handreichungen für die Erarbeitung von Rahmenlehrplänen der Kultusministerkonferenz (KMK) für den berufsbezogenen Unterricht in der Berufsschule und ihre Abstimmung mit Ausbildungsordnungen des Bundes für anerkannte Ausbildungsberufe. Bonn: (Stand 05.02.1999)

[673] KMK (2000a): Handreichungen für die Erarbeitung von Rahmenlehrplänen der Kultusministerkonferenz (KMK) für den berufsbezogenen Unterricht in der Berufsschule und ihre Abstimmung mit Ausbildungsordnungen des Bundes für anerkannte Ausbildungsberufe. Stand 15.9.2000. www.kmk.de

[674] KMK (2005): Bildungsstandards der Kultusministerkonferenz. Erläuterungen zur Konzeption und Entwicklung. München: Luchterhand

[675] Koch, Richard (1998): Duale und schulische Berufsausbildung zwischen Bildungsnachfrage und Qualifi kationsbedarf. Bielefeld: W. Bertelsmann

[676] Koch, Richard/Reuling, Jochen (Eds.) (1994): Modernisierung, Regulierung und Anpassungsfähigkeit des Berufsausbildungssystems der Bundesrepublik Deutschland. Bielefeld: W. Bertelsmann

[677] Kodz, Jenny/Tackey, Nii Djan/Pollard, Emma/Dench, Sally/Tyers, Claire (2000): Modern Apprenticeships and National Traineeships: Skills, Utilisation and Progression. Nottingham: Department for Education and Employment

[678] Koga, Hiroshi (1978): TWI no Dounyuu to Shokuba Chitsujo no Kakuritsu. In: Mikio Sumiya/Hiroshi Koga (Eds.): Nihon Shokugyo Kunren Hattenshi (Sengo-hen) - Roudou-ryoku Touya no Kadai to Hatten. Nihon Roudou Kyokai. 34-41

[679] Kommission der Europäischen Gemeinschaften (1996): Weissbuch zur allgemeinen und beruflichen Bildung: Lehren und Lernen. Luxemburg: Amt für amtliche Veröffentlichungen der EG

[680] Kommission der Europäischen Gemeinschaften/EUROSTAT/CEDEFOP (1997): Schlüsselzahlen zur Berufsbildung in der Europäischen Union. Luxemburg

[681] König, Eckard/Zedler, Peter (2002): Qualitative Forschung. Weinheim, Basel: Beltz

[682] Konrad, Franz-Michael (1998): Dewey in Deutschland (1900 bis 1940). In: Pädagogische Rundschau Vol. 52, (1). 5-46

[683] Koring, Bernhard (1989): Eine Theorie pädagogischen Handelns. Weinheim: Deutscher Studienverlag

[684] Kraayvanger, Geert/Onna, Ben van/Strauß, Jürgen (Eds.) (1988): Berufliche Bildung in der Bundesrepublik Deutschland und in den Niederlanden. Nijmegen: Instituut voor Toegepaste Sociale Wetenschappen

[685] Kreysing, Matthias (2002): Duale Berufsausbildung in den USA - Das Scheitern einer

Institution und seine Folgen. In: Reinhold Sackmann/Matthias Wingens (Eds.): Bildung und Beruf. Weinheim, München: Juventa

[686] Kristina/Riquarts, Kurt/Rost, Jürgen/Tenorth, Heinz-Elmar/Vollmer, Helmut J. (2003): Zur Entwicklung nationaler Bildungsstandards: Eine Expertise. http://www. dipf. de/publikationen/publikationen_volltexte. htm. 03. 01. 2007

[687] Kromrey, Helmut (1995): Evaluation. Empirische Konzepte zur Bewertung von Handlungsprogrammen und die Schwierigkeit ihrer Realisierung. In: Zeitschrift für Sozialisationsforschung und Erziehungssoziologie Vol. 15, (4). 313-335

[688] Krumm, Volker (1978): Auswirkungen des Blockunterrichts auf Einstellungen von Berufsschülern und Berufsschullehrern. Hannover u. a. : Schroedel

[689] Kühne, Alfred (1922): Handbuch für das Berufs- und Fachschulwesen. Leipzig: Quelle &. Meyer

[690] Kultusministerium Nordrhein-Westfalen (Ed.) (1972): Kollegstufe NW. Strukturförderung im Bildungswesen des Landes Nordrhein-Westfalen. Ratingen u. a. : Henn

[691] Kurauchi, Shiro/Kamiyama/Sekiguchi (1977): Kakushu Gakko, Senshuu Gakko no Karikyuramu no Kenkyu. Noma Institute Of Educational Research

[692] Kurauchi, Shiro/Miyaji, Seiya/Nakamura, Shigeyasu (1963): Kigyo-nai Kyoiku no Doukou Chousa. In: Noma Kyoiku Kenkyu-jo Kiyou Vol. 22

[693] Kurauchi, Shiro/Miyaji, Seiya/Nakamura, Shigeyasu (1965): Kigyo-nai Kyoiku no Shomondai. Vol. 24.

[694] Kurtz, Thomas (1997): Professionalisierung im Kontext sozialer Systeme. Opladen: Westdeutscher Verlag

[695] Kurtz, Thomas (2005): Die Berufsform der Gesellschaft. Weilerswist: Veebrücke Wissenschaft

[696] Kurz, Sabine (2002): Die Entwicklung berufsbildender Schulen zu beruflichen Kompetenzzentren. ITB-Arbeitspapiere 41. Bremen: ITB

[697] Kutscha, Günter (1982): Allgemeinbildender Unterricht in der Berufsschule - verwaltete Krise. In: Zeitschrift für Pädagogik Vol. 28, (1). 55-72

[698] Kutscha, Günter (1998): "Regulierte Pluralität" - Entwicklungspfade aus der Sackgasse des dualen Systems. In: Die berufsbildende Schule Vol. 50, (9). 256-260

[699] Kutscha, Günter (1999): Vielfalt und Modernisierung der Berufsbildung im europäischen Kontext. In: Berufliche Bildung und Frauen Senatsverwaltung für Arbeit (Ed.): Expertisen für ein Berliner Memorandum zur Modernisierung der beruflichen Bildung. Berlin: BBJ. 101-125

[700] Kyu-Koubu Daigakkou Shiryo Hensan Kai (Ed.) (1978): Kyu-Koubu Daigakkou Shiryo, Dou-furoku. Osaka: Seishisha

[701] La Valle, Ivana/Blake, Margaret (2001): National Adult Learning Survey (NALS). Nottingham: Department for Education and Skills

[702] Lackmann, Jürgen/Wascher, Uwe (Eds.) (1991): Arbeitslehre und Polytechnik: Annäherung und Wandel. München: Lexika Verlag

[703] Lagemann, Ellen Condliffe (1997): Contested terrain: A history of education research in the United States, 1890-1990. In: Educational Researcher Vol. 26, (9). 5-17

[704] Lagemann, Ellen Condliffe (2000): An elusive science: The troubling history of education research. Chicago: University of Chicago Press

[705] Lakes, Richard D. (1993): If Vocational Education Became Critical Work Education. Philospophy of Education. http://www. ed. uiuc. edu/eps/PES-Yearbook/93 _ docs/ LAKES. HTM. 05. 02. 2007

[706] LAKS(2005): Go Vmbo? Een onderzoek naar het oordeel van VMBOleerlingen over het vmbo. Amsterdam: LAKS

[707] Lamnek, Siegfried (1988): Qualitative Sozialforschung. Vol. 1: Methodologie. München: Beltz

[708] Landesinstitut für Schule und Weiterbildung (Ed.) (1997): Profilbildung in Kollegschulen und berufsbildenden Schulen. Bönen: Kettler

[709] Lange, Ute (1996): Die obligatorische Fortbildungsschule für Mädchen in Wuppertal (1880-1920). In: Burkhard Dietz/Ute Lange/Manfred Wahle (Eds.): Jugend zwischen Selbst- und Fremdbestimmung. Bochum: Dr. Dieter Winkler. 127-154

[710] Larsson, Gustav (1899): Sloyd-Theorie and Practice Illustrated. Boston

[711] Lasonen, Johanna (1996): Reforming upper secondary education in Europe: Surveys of strategies for post-16 education to improve parity of esteem for initial vocational education in eight European educational systems. Jyväskylä: Institute for Educational Research

[712] Lasonen, Johanna/Young, Michael (1998): Strategies for Achieving Parity of Esteem in European Upper Secondary Education. Jyväskylä: Institute of Education

[713] Lassnigg, Lorenz/Steiner, Peter (1997): Die betrieblichen Kosten der Lehrlingsausbildung. Wien: Wirtschaftswissenschaftliche Abteilung der Kammer für Arbeiter und Angestellte

[714] Latour, Bruno (1999): Pandora's Hope. Essays on the Reality of Science Studies. Harvard: Harvard University Press

[715] Lauglo, Jon (1991): A Critique (Of the World Bank Paper Policy). In: NORRAG News Vol. 10, 37-40

[716] Lauglo, Jon (1993): Lessons from and Priorities for Applied Research on Vocational Training. In: NORRAG News Vol. 14, 7-9

[717] Lauglo, Jon (1996): What's true and not true about TVET? In: NORRAG News Vol. 20, 3-4

[718] Lauglo, Jon (1997): Berufliche Bildung und das Vertrauen der "Banker" in den Privatsektor. In: Klaus Schaack/Rudolf Tippelt (Eds.): Strategien der internationalen Berufsbildung. Frankfurt/Main: Lang. 109-121

[719] Lauglo, Jon/Maclean, Rupert (Eds.) (2005): Vocationalisation of Secondary Education Revisited. Dordrecht: Springer

[720] Laur-Ernst, Ute (1981a): Medienprojekte in der Berufsbildung. Hannover: Schroedel

[721] Laur-Ernst, Ute (1981b): Erwartungen Jugendlicher von einer guten Ausbildung und

ihre Erfüllung durch Medien. In: BWP Vol. 10, (4). 14-18

[722] Laur-Ernst, Ute (1997): Transnationale Projekte in Europa. In: Der Generalsekretär Bundesinstitut für Berufsbildung (Ed.): Berufliche Bildung - Kontinuität und Innovation. Berlin, Bonn: BIBB

[723] Laur-Ernst, Ute/King, Jeffrey (Eds) (2000): In Search of World Class Standards in Vocational Education and Training. A US-German Dialogue on Skill Standards in two Emerging Fields. Bonn: BIBB

[724] Laurie, Andrina (1998): Sixteenth International Conference of Labour Statisticians. Geneva, 6. -15. October 1998. Geneva: ILO

[725] Lauterbach, Uwe (1994): Lehrlingsausbildung im internationalen Vergleich. In: Wiso Vol. 17, (2). 95-120

[726] Lauterbach, Uwe (2001): Lernen vom Ausland, best practice und internationale Berufsbildungszusammenarbeit. In: Thomas Koch/Gerd Neumann/Meinhard Stach (Eds.): Aspekte internationaler Berufspädagogik. Universität Kassel. 225-248

[727] Lauterbach, Uwe (2003a): Vergleichende Berufsbildungsforschung und Vergleichende Erziehungswissenschaft als korrespondierende Disziplinen? In: ZBW Vol. 99, (4). 481-502

[728] Lauterbach, Uwe (2003b): Vergleichende Berufsbildungsforschung. Baden-Baden: Nomos

[729] Lauterbach, Uwe (2005): Die Schritte zu einer international vergleichenden Berufsbildungsforschung. In: Felix Rauner (Ed.): Handbuch Berufsbildungsforschung. Bielefeld: W. Bertelsmann. 44-51

[730] Lauterbach, Uwe/Maslankowski, Willi/Mitter, Wolfgang (1995): Strukturen, Vergleich, Ergebnisse. In: Uwe Lauterbach (Ed.): Internationales Handbuch der Berufsbildung. Vol. 1. Baden-Baden: Nomos. 1-131

[731] Lauterbach, Uwe/Sellin, Burkhart/CEDEFOP/DIPF (Eds.) (2001): Vergleichende Berufsbildungsforschung in Europa, Ansätze, Politikbezüge und Innovationstransfer. Frankfurt/Main, Thessaloniki

[732] Lauterbach, Uwe/Spöttl, Georg/Fasshauer, Uwe/Frommberger, Dietmar/Grollmann, Philipp/Rauner, Felix (Eds.) (1995-2005): Internationales Handbuch der Berufsbildung. Loseblattsammlug. 3 Bände. Baden-Baden: Nomos

[733] Lave, Jean/Wenger, Etienne (1991): Situated Learning. Legitimate Peripheral Participation. New York, Cambride/UK: Cambridge University Press

[734] Lawn, Martin/Rees, Gareth (2007): Mapping Education Research in the United Kingdom, Introduction. In: European Educational Research Journal Vol. 6, (1). 52-54

[735] Lazerson, Marvin/Grubb, W. Norton (1974): American education and vocationalism: A documented history 1870-1970. New York, NY: Teachers College Press

[736] Leach, Fiona/Abdulla, Salwa/Appleton, Helen/el-Bushra, Judy/Cardenas, Nora (2000): The Impact of Training on Women's Micro-Enterprise Development. London: DFID

[737] Lehmann, Rainer H. (1988): Comparative Studies in Technical and Vocational

Education. In: Thomas Neville Postlethwaite (Ed.): The Encyclopedia of Comparative Education and National Systems of Education. Oxford: Pergamon. 50-60

[738] Lemmermöhle-Thüsing, Doris et al. (Ed.) (1991-1993): Wir werden was wir wollen! Schulische Berufsorientierung (nicht nur) für Mädchen. 1-6. Dokumente und Berichte. Vol. 16. Düsseldorf

[739] Lempert, Wolfgang (1973): Berufsbildungsforschung am Max-Planck-Institut für Bildungsforschung. In: DtBFsch Vol. 69, (109-125)

[740] Lempert, Wolfgang (1974): Neuere Untersuchungen zur Qualität der betrieblichen Lehre in der Bundesrepublik Deutschland. In: Die Deutsche Berufs- und Fachschule Vol. 70, 68-84

[741] Lempert, Wolfgang (1998): Berufliche Sozialisation oder was Berufe aus Menschen machen. Baltmannsweiler: Schneider Hohengehren

[742] Lempert, Wolfgang (2000): Zwischen Wissenschaft und Praxis, Wirtschaft und Staat, Sachverstand und Subalternität. In: Die berufsbildende Schule Heft 9, (52. Jg.). 249-259

[743] Lempert, Wolfgang (2005): Entwicklung moralischer Urteilskompetenz. In: Felix Rauner (Ed.): Handbuch Berufsbildungsforschung. Bielefeld: W. Bertelsmann. 329-336

[744] Leney, Tom (2004): Reflections on the five priority benchmarks. In: Roger Standaert (Ed.): Becoming the best. Educational ambitions for Europe. CIDREE Yearbook. 3. Enschede: CIDREE

[745] Leney, Tom/Ammerman, Philip/Brandsma, Jittie/Behringer, Friederike/Coles, Mike (2004): Achieving the Lisbon goal: The contribution of VET, final report to the European Commission 1-11-04. London: QCA

[746] Leney, Tom/Ammerman, Philip/Brandsma, Jittie/Behringer, Friederike/Coles, Mike/ Feenstra, Betty/Grollmann, Philipp/Green, Andy/Shapiro, Hanne/Westerhuis, Anneke (2005): Achieving the Lisbon goal: The contribution of VET. Final Report to the European Commission. http://www.bibb.de/dokumente/ pdf/a13_ lisbon_goals_ final_1-11-04. 23. 08. 2007

[747] Leney, Tom/Coles, Mike/Grollmann, Philipp/Vilu, Raivo (2004): Scenarios Toolkit. Thessaloniki: Office for Official Publications of the European Communities

[748] Leney, Tom/The Lisbon-to-Copenhagen-to-Maastricht Consortium Partners (2005): Achieving the Lisbon goal: The contribution of VET. London: QCA

[749] Lenhart, Volker (1993): Bildung für alle. Zur Bildungskrise in der Dritten Welt. Darmstadt: Wissenschaftliche Buchgesellschaft

[750] Lennartz, Dagmar (1999): Ordnungspolitische Perspektiven für ein lebensbegleitendes Lernen. In: Berufliche Rehabilitation 13/1999, (2). 98-107

[751] Lenzen, Dieter/Luhmann, Niklas (Eds.) (1997): Weiterbildung im Erziehungssystem. Frankfurt/Main: Suhrkamp

[752] Leontjew, Alexej Nikolajewitsch (1982): Tätigkeit, Bewusstsein, Persönlichkeit. Studien zur Kritischen Psychologie. Vol. 7. Köln: Pahl-Rugenstein

[753] Lerman, Robert/Schmidt, Stefanie (1999): An Overview of Economic, Social, and

Demographic Trends Affecting the US Labor Market. http://www. urban. org/ UploadedPDF/dol_fi nalreport. pdf. 20. 08. 2007

[754] Levesque, Karen/Laird, Jennifer/Hensley, Elisabeth/Choy, Susan/Cataldi, Emily Forrest (2008): Career/Technical Education in the United States: 1990-2005. Washington: U. S. Department of Education, National Center for Education Statistics

[755] Levin, Joel R. /O'Donnell, Angela (1999): Educational research's credibility gaps? In: Issues in Education Vol. 5, (2). 177-229

[756] Lewis, Morgan V. (2000): Vocational Education and the Dilemma of Education. In: Journal of Vocational Education Research Vol. 25, (4). http://scholar. lib. vt. edu/ ejournals/JVER/v25n4/lewis. html. 10. 01. 2007

[757] Lipsmeier, Antonius (1966): Geschichte der Bezeichnung "Berufsschule". In: Die berufsbildende Schule Vol. 18, (3). 169-180

[758] Lipsmeier, Antonius (1969): Technik, allgemeine Pädagogik und Berufspädagogik im 19. Jahrhundert. In: Technikgeschichte Vol. 36, (2). 133-146

[759] Lipsmeier, Antonius (1971): Technik und Schule. Wiesbaden: Steiner

[760] Lipsmeier, Antonius (1972): Vom Beruf des Berufspädagogen. Zur Wissenschaftstheorie der Berufspädagogik. In: Deutsche Berufs- und Fachschule Vol. 68 (1972), (1). 21-49

[761] Lipsmeier, Antonius (1978): Didaktik der Berufsausbildung. München: Juventa

[762] Lipsmeier, Antonius (1989): Ganzheitlichkeit als berufspädagogische Kategorie. In: ZBW Vol. 85, (2). 137-151

[763] Lipsmeier, Antonius (2000): Berufsschule in Abhängigkeit oder Autonomie? In: ZBW Vol. 96, (1). 12-29

[764] Lipsmeier, Antonius (2001): Qualitäts- und Effizienzindikatoren für die berufliche Aus- und Weiterbildung in der internationalen Diskussion. In: Thomas Koch/Gerd Neumann/ Meinhard Stach (Eds.): Aspekte internationaler Berufspädagogik. Kassel: Universität Gesamthochschule Kassel. 35-57

[765] Lipsmeier, Antonius (2003): Die Figur des denken den Arbeiters im berufs- und arbeitspädagogischen Denken. In: Antje Bredow/Rolf Dobischat/Joachim Rottmann (Eds.): Baltmannsweiler: Schneider Hohengehren. 55-65

[766] Lipsmeier, Antonius (2005): Genese der berufspädagogischen Forschung. In: Felix Rauner (Ed.): Handbuch Berufsbildungsforschung. Bielefeld: W. Bertelsmann. 19-27

[767] Lisop, Ingrid (1998): Autonomie - Programmplanung - Qualitätssicherung. Leitfaden zur Organisationsentwicklung von Schulen und Bildungseinrichtungen. Frankfurt/Main: GFAFB

[768] Lisop, Ingrid/Greinert, Wolf-Dietrich/Stratmann, Karlwilhelm (Eds.) (1990): Gründerjahre der Berufsschule: 2. Berufspädagogisch-historischer Kongress. Berlin: BIBB

[769] Lith, Ulrich van (1998a): Costs and Benefits of Vocational Training Level. http:// www. training village. gr/etv/Up load/Projects _ Networks/ResearchLab/ ResearchReport/RR1_VanLith. pdf. 06. 08. 2007

[770] Lith, Ulrich van (1998b): Vocational education and training: the European research field. Luxembourg: Office for Official Publications of the European Communities

[771] Litt, Theodor (1929): "Führen" oder "Wachsenlassen": eine Erörterung des pädagogischen Grundproblems. Leipzig: Teubner

[772] Litt, Theodor (1961): Das Bildungsideal der deutschen Klassik und die moderne Arbeitswelt. Bochum: Kamp

[773] Littek, Wolfgang/Rammert, Werner/Wachtler, Günther (Eds.) (1982): Einführung in die Arbeits- und Industriesoziologie. Frankfurt/Main: Campus

[774] Lorthie, Dan C. (1975): Schoolteacher: a sociological study. Chicago: University of Chicago Press

[775] Lourdelle, Henri (2002): The future role of trade union organizations in social protection. In: Hedva Sarfati/Giuliano Bonoli (Eds.): Labour Market and Social Protection Reforms in International Perspective. Aldershot: Ashgate. 414-430

[776] Low, Linda (1998): Jobs, technology and skills requirements in a globalized economy: Country study in Singapore. Geneva: ILO

[777] Lucas, Robert E. Jr. (1988): On the Mechanics of Economic Development. In: Journal of Monetary Economics Vol. 22, (1). 3-42

[778] Luhmann, Niklas (1996): Soziale Systeme. Grundriss einer allgemeinen Theorie. 6. Aufl. Frankfurt/Main: Suhrkamp

[779] Luthar, Suniya S./Cicchetti, Dante (2000): The construct of resilience. In: Development and Psychopathology Vol. 12, (4). 857-885

[780] Lynch, Richard L. (2000): New directions for high school career and technical education in the 21st century. Reproduction Service No. ED444037. Columbus, OH: The Ohio State University, ERIC Clearinghouse on Adult, Career, and Vocational Education

[781] Lyotard, Jean-Francois (1984): The post-modern condition: A report on knowledge. Manchester: Manchester University Press

[782] Maastricht, Consortium (2004): Achieving the Lisbon goal: The contribution of VET. http://europa. eu. int/comm/education/policies/2010/studies/maastrichtexe _ en. pdf. 20. 09. 2005

[783] Maclean, Rupert (2005): Orientating Technical and Vocational Education and Training for Sustainable Development. In: Prospects Vol. 35, (3). 249-380

[784] Maclean, Rupert/Wilson, David (Eds.) (2009): International Handbook of Education for the Changing World of Work. Dordrecht: Springer

[785] Maclean, Rupert/Wilson, David/Chinien, Chris (Eds.) (2008): International Handbook of Education for the Changing World of Work. Dordrecht: Spinger

[786] Madsen, Hans Henrik (1991): A Discussion (Of the World Bank Paper Policy). In: NORRAG News Vol. 10, 41-44

[787] Magnusson, Lars/Winterton, Jonathan (2007): Trade Union Approaches to Competence Development Mailand

[788] Maintz, Julia (2004): Agencies for International Cooperation in Technical and Vocational Education and Training: A Guide to Sources of Information. Bonn:

UNESCO/UNEVOC

[789] Manning, Sabine (2000): Dually oriented qualifications. A knowledge base related to the LEONARDO projects. http://www. b. shuttle. de/wifo/duoqual/=base. htm. 29. 11. 2006

[790] Manning, Sabine/Manning, Stephan (2006): European research network in vocational education and training, An analysis of participants and networks relations (1995-2003). www. wifo-gate. org; http://www. b. shuttle. de/wifo/vet-pr/Net04. pdf. 12. 07. 2007

[791] Mansfield, Bob/Mitchell, Lindsay (1996): The Competent Workforce. London: Gower Press

[792] Manske, Fred/Moon, Yong Gap/Ruth, Klaus/Deitmer, Ludger (2002): Ein prozess- und akteursorientiertes Evaluationsverfahren als Reflexionsmedium und Selbststeuerungsinstrument für Innovationsprozesse. In: Zeitschrift für Evaluation Vol. 1, (2). 245-263

[793] Masson, Jean-Raymond (2006): Financing Vocational Education and Training in the EU New Member States and Candidate Countries. Turin: ETF

[794] Masten, Ann S. /Best, K. M. /Garmezy, Norman (1990): Resilience and development: Contributions from the study of children who overcome adversity. In: Development and Psychopathology Vol. 2, 425-444

[795] Masuda, Koichi et al. (Ed.) (1959): Shokugyo Shidou. Osaka: Sogensha

[796] Maurice, Marc/Sellier, François/Silvestre, Jean Jacques (1982): Politique d'éducation et organisation industrielle en France et en Allemagne. Paris: PUF

[797] Maurice, Marc/Sorge, Arndt M. (1990): Industrielle Entwicklung und Innovationsfähigkeit der Werkzeugmaschinenhersteller in Frankreich und der Bundesrepublik Deutschland. Wissenschaftszentrum Berlin für Sozialforschung, Berlin

[798] Maurice, Marc/Sorge, Arndt M. /Warner, Malcolm (1980): Societal differences in organizing manufacturing units. A comparison of France, West-Germany and Great Britain. In: Organization Studies (1). 59-86

[799] Mayer, Christine (1992): "und dass die staatsbürgerliche Erziehung mit der Erziehung zum Weibe zusammenfällt". Kerschensteiners Konzept der Mädchenerziehung. In: Zeitschrift für Pädagogik Vol. 38, Beltz. 771-791

[800] Mayer, Christine (1998): Berufsbildung und Geschlechterverhältnis. In: Friedhelm Schütte/Ernst Uhe (Eds.): Die Moderität des Unmodernen. Berlin: BIBB. 427-447

[801] Mayoux, Linda (2006): Learning and Decent Work for All: New Directions in Training and Education for Pro-Poor Growth. http://www. microfi nancegateway. com/fi les/ 31307_fi le_13. pdf. 18. 08. 2007

[802] McConnell, Shenna/Glazerman, Steven (2001): The National Job Corps Study: The Benefits and Costs of Job Corps. Princeton, NJ: Mathematica Policy Research

[803] McCormick, Ernest James (1979): Job Analysis. Methods and Applications. New York: Ammercon

[804] McCracken, J. David/Paugh, Mary Jo/Shank, Jacqueline (1994): The history of the American Vocational Education Research Association. In: The American Vocational

Education Research Association. ERIC No. ED369903

[805] McDonald, Rod/Hayton, Geoff/Gonczi, Andrew/Hager, Paul (1993): No small change: proposals for a research and development strategy for vocational education and training in Australia. Sydney: VETAC

[806] McGaw, Barry/Boud, David/Poole, Millicent/Warry, Richard/McKenzie, Phillip (1992): Education research in Australia. Report of the review panel, strategic review of research in education. Canberra

[807] McHugh, Gilly/Fuller, Alison/Lobley, David (1993): Why Take NVQ's? Perceptions of Candidates in the South West. Lancaster: Centre for the Study of Education and Training, Lancaster University

[808] Meermann, B. (1909): Das gewerbliche, kaufmännische und hauswirtschaftliche Fortbildungsschulwesen in Preußen. Breslau: Hirt

[809] Méhaut, Philippe (1997): Le diplôme, une norme multivalente? In: Martine Moebus/ Eric Verdier (Eds.): Les diplômes professionnels en France et en Allemagne, conceptions et jeux d'acteurs. Paris: L'Harmattan. 263-273

[810] Méhaut, Philippe (forthcoming): The French system of vocational education and training. In: Gerhard Bosch/Jean Charest (Eds.): Vocational Training in the 21st Century: A Comparative Perspective on Systems and Innovations in Ten Countries

[811] Mertens, Dieter (1974): Schlüsselqualifi kationen. Thesen zur Schulung für eine moderne Gesellschaft. In: Mitteilungen aus der Arbeitsmarkt- und Berufsforschung Vol. 7, (1). 36-43

[812] Mertens, Dieter/Parmentier, Klaus (1988): Zwei Schwellen - acht Problembereiche. Grundzüge eines Diskussions- und Aktionsrahmens zu den Beziehungen zwischen Bildungs- und Beschäftigungssystem. In: Dieter Mertens (Ed.): Konzepte der Arbeitsmarkt- und Berufsforschung. Beiträge zur Arbeitsmarkt- und Berufsforschung. Vol. 70. Nürnberg: IAB. 357-396

[813] Meyer, Klaus/Schwiedrzik, Bernd (1987): Der betriebliche Ausbildungsverbund, Vol. 1: Verbundausbildung - Anlässe, Meinungen, Perspektiven. Berlin, Bonn

[814] Meyser, Johannes (1996): Die berufspädagogische Genese des Produktionsschulprinzips. Frankfurt/Main et al.: Lang

[815] Mezirow, Jack (1991): Transformative Adult Education. San Francisco: Jossey-Bass

[816] Michimata, Kenjiro (Ed.) (1978): Gendai Nippon no Tekkou Roudou Mondai - Tekkou Roudou-ryoku no Jusou Kouzou to Saihen, Touya no Jittai. Hokkaido Daigaku Tosho Kankokai

[817] Mickler, Otfried (1981): Facharbeit im Wandel. Rationalisierung im industriellen Produktionsprozess. Frankfurt/Main, New York: Campus

[818] Mickler, Otfried/Mohr, Wilma/Kadritzke, Ulf (1977): Produktion und Qualifi kation. Bericht über die Hauptstudie. 2 Bde. Göttingen: SOFI

[819] Middleton, John/Demsky, Terri (1988): Vocational Education and Training: A Review of World Bank Investment. Washington D. C.: World Bank

[820] Middleton, John/Schwartz, Antoine (1986): Policy Study on Vocational and Technical

Education. Washington D. C. ; World Bank

[821] Mikke/Due, Jesper (2004); Social Dialogue in Central and Eastern Europe; Present State ad Future Development. In; European Journal of Industrial Relations Vol. 10, (2). 179-197

[822] Miller, W. R. /Miller, M. F. (Eds.) (1998); Instructors and their Jobs. Hoemwood, Illinois

[823] Mincer, Jacob (1958); Investment in Human Capital and Personal Income Distribution. In; The Journal of Political Economy Vol. 66, 281-302

[824] Ministère de l'Education (Ed.) (2001); Les travaux prospectifs sur les besoins de qualifi cation en France et en Allemagne. Collection insertion, éducation, société. Vol. 122. Paris; Ministere de l'éducation

[825] Misko, Josie (1999); Competency-based Training. Leabrook; NCVER

[826] Misko, Josie (2006); Vocational Education and Training in Australia, the United Kingdom and Germany. Adelaide; NCVER

[827] Mitchell, Roscoe/Robertson, Ian/Shorten, Ann (1999); Law and Policy in Vocational Education and Training; a contemporary survey. Adelaide; NCVER

[828] Mitter, Wolfgang (1996); Vergleichende Erziehungswissenschaft. In; Helmwart Hierdeis/Theo Hug (Eds.); Taschenbuch der Pädagogik. Baltmannsweiler; Schneider Hohengehren. 494-506

[829] Miyachi, Seiya (1978); Shokugyo Kunren to Koukou no Renkei in Chuutoo Kyoiku to Shokugyou Seikatsu. Kawashima Shoten

[830] Miyahara, Seiichi (Ed.) (1956); Seisan Kyoiku. Tokyo; Kokud-sha Miyoshi, Nobuhiro (1979); Nippon Kogyo Kyoiku Seiritsu-shi no Kenkyu. Tokyo; Kazamashobo

[831] Miyoshi, Nobuhiro (1989a); Dyer no Nippon. Tokyo; Fukumura Shoten

[832] Miyoshi, Nobuhiro (1995); Kindai Nippon Sangyo Keimouka no Kenkyu. Kazamashobo

[833] Modrein-Talbott, Mary Anne/Pullen, Lisa/Ehrenberger, Heidi/Zandstra, Karlyn/München, Robert A. (1998); Self-Esteem in Adolescents Treated in an Outpatient Mental Health Setting. In; Issues in Comprehensive Pedriatic Nursing Vol. 21, (3). 159-171

[834] Molle, Fritz (1965); Leitfaden zur Berufsanalyse. Köln, Opladen; Westdeutscher Verlag

[835] Monsheimer, Otto (1956); Drei Generationen Berufsschularbeit. Beiträge zur Geschichte und Systematik der Berufsschulpädagogik. Weinheim; Beltz

[836] Moore, Richard W. (1995); The Illusion of Convergence; Federal Student Aid Policy in Community Colleges and Proprietary Schools. In; Darrel A. Clowes/Elizabeth M. Hawthorne (Eds.); New Directions for Community Colleges. Vol. 91. San Francisco; Jossey-Bass. 71-80

[837] Morishita, Kazuki (1988); Futsu Kyoiku ni Okeru Shokugyo Kyoiku no Ichikousatsu. In; Nagoya Daigaku Kyoiku Gakubu Kiyou; Kyoiku Gakka Vol. 35

[838] Moritz, Eckehard F. (1996); Im Osten nichts Neues. Theorie und Praxis von Produktinnovationen in Japan im Vergleich zu Deutschland. Sottrum; artefact

[839] Moritz, Eckehard F./Rauner, Felix/Spöttl, Georg (1997): Austauschen statt reparieren: der "Erfolg" des japanischen Kfz-Service. Bremen: Donat

[840] Motoki, Ken (1973): Gijutsu Kyoiku no Houhou-ron. Tokyo: Kairyudo

[841] Moura Castro, Claudio de (1995): Training policies for the end of the century. Paris: International Institute for Educational Planning

[842] Moura Castro, Claudio de/Andrade, Antonio Cabral de (1997): Angebots- und Nachfrageungleichgewichte in der beruflichen Bildung: In: Klaus Schaack/Rudolf Tippelt (Eds.): Strategien der internationalen Berufsbildung. Frankfurt/Main: Lang. 81-108

[843] Mulder, Regina H./Sloane, Peter F. E. (Eds.) (2004): New Approaches to Vocational Education in Europe. The construction of complex learning-teaching arrangements. Didcot: Symposium Books

[844] Müller, Albrecht (1978): Erklären oder Verstehen? Zur didaktischen Begründung der Sozialwissenschaften. Frankfurt/Main: päd. extra

[845] Müller, Ingrid (1980): Der Blockunterricht im Urteil von Schülern. Eine Befragung zum neu organisierten Unterricht an der Berufsschule. München: Ehrenwirth

[846] Müller, Walter/Shavit, Yossi (1998): The Institutional Embeddedness of the Stratification Process. In: Yossi Shavit/Walter Müller (Eds.): From School to Work. Oxford: Clarendon. 1-48

[847] Müllges, Udo (Ed.) (1970): Beiträge zur Geschichte der Berufsschule. Frankfurt/ Main: Akademische Verlagsgesellschaft

[848] Münch, Joachim (Ed.) (1977): Lernen, aber wo? Der Lernort als pädagogisches und lernorientiertes Problem. Trier: Spee

[849] Münk, Dieter (2001): Tendenzen und Entwicklungsperspektiven der beruflichen Aus- und Weiterbildung im Kontext der europäischen Integrationspolitik. In: Reinhard Bader/ Holger Reinisch/Gerald Straka (Eds.): Modernisierung der Berufsbildung in Europa. Opladen: Leske+Budrich. 155-164

[850] Murphy, Patrick J. (2004): Financing California's Community Colleges. San Francisco, CA: Public Policy Institute of California

[851] Nakayama, Shigeru (1974): Rekishi to Shiteno Gakumon. Tokyo: Chuokoronsha

[852] National Institute for Educational Research (Ed.) (1974): Nippon Kindai Kyoiku Hyakunen-shi 9 Sangyo Kyoiku (1). Tokyo: National Institute for Educational Research

[853] NCCTE(2006): The National centers - Our vision. Retrieved on March 19, 2006, from www. nccte. org.

[854] NCES(2003): Digest of Education Statistics. http://nces. ed. gov/programs/ digest/ d03/.

[855] NCRVE (1988): Presentation of the National Center for Research in Vocational Education at the AVA Annual Conference. Berkeley, CA

[856] NCVER(1997): The national research and evaluation strategy for vocational education and training, 1997-2000. Adelaide

[857] NCVER(2001a): 20 years of the National Centre. Adelaide: NCVER

[858] NCVER(2001b): The national research and evaluation strategy for vocational education and training, 2001-2003. Adelaide: NCVER

[859] NCVER (2001c): Australian Apprenticeships. Facts, fiction and future. Adelaide: NCVER

[860] Negt, Oskar (1968): Soziologische Phantasie und exemplarisches Lernen. Zur Theorie der Arbeiterbildung. Frankfurt/Main: Europäische Verlagsanstalt

[861] Nestler, Katja/Kailis, Emmanuel (2002): Continuing vocational training in enterprises in the European Union and Norway. Statistics in Focus. Berlin: Eurostat

[862] Neuweg, Georg Hans (19991, 20012; 2004a4): Könnerschaft und implizites Wissen. Zur lehr-lerntheoretischen Erkenntnis- und Wissenstheorie Michael Polanyis. Münster: Waxmann

[863] Nickel, Stephen/Bell, Brian (1996): The Collapse in Demand for the Unskilled and Unemployment Across the OECD. In: Oxford Review of Economic Policy Vol. 11, (1). 40-62

[864] Nickolaus, Reinhold (1998): Der Auftrag der Berufsschule im "dualen System". In: Karl-Heinz Sommer (Ed.): Didaktisch-organisatorische Gestaltung vorberuflicher und berufl icher Bildung. Esslingen: DEUGRO. 291-311

[865] Nickolaus, Reinhold/Schnurpel, Ulrich et al. (2001): Innovations- und Transfereffekte von Modellversuchen in der beruflichen Bildung. V. 1 und 2. Bonn: BMBFg

[866] Nielsen, Sören/Cort, Pia (1999): Vocational education and training in Denmark. Thessaloniki: CEDEFOP

[867] Niethammer, Manuela (1995a): Facharbeiterbeteiligung bei der Technikeinführung in der chemischen Industrie. Frankfurt/Main: Lang

[868] Niethammer, Manuela (1995b): Beteiligung von Facharbeitern bei der Technikeinführung in der chemischen Industrie. Frankfurt/Main: Lang

[869] Nijhof, Wim J./Heikkinen, Anja/Nieuwenhuis, Loek F. M. (Eds.) (2002): Shaping Flexibility in Vocational Education and Training. Dordrecht: Kluwer

[870] Nijhof, Wim J./Streumer, Jan N. (Eds.) (1998): Key Qualifications in Work and Education. Dordrecht: Kluwer

[871] Noah, Harold J./Eckstein, Max A. (1969): Toward a science of comparative education. London: Macmillan

[872] Nobuchi, Tatsuo (1998): Kongo ni Okeru Gakko Shinro Shidou no Shidou Taisei no Henka ni Kansuru Chousa Kenkyu. In: Shinro Shidou Kenkyu Vol. 18, (2)

[873] Nohlen, Dieter (Ed.) (2000): Lexikon Dritte Welt. Länder, Organisationen, Theorien, Begriffe, Personen. Reinbek: Rowohlt

[874] Noll, Ingeborg/Beicht, Ursula/Böll, Georg/Malcher, Wilfried/Wiederhold-Fritz, Susanne (1983): Nettokosten der betrieblichen Berufsausbildung. Berlin: Beuth

[875] Noone, Leon (1991): Why I believe that the training guarantee is a great leap backwards rather than a small step in the right direction. In: Training and Development in Australia Vol. 18, 19-20

[876] Nóvoa, Antonio/deJong-Lambert, William (2003): The Education of Europe:

Apprehending EU Educational Policies. In: David Phillips/Hubert Ertl (Eds.): Implementing European Union Education and Training Policy. Dordrecht: Kluwer. 41-72

[877] Nyhan, Barry (1998): Promoting a European vocational education and training research tradition. In: Agnes Dietzen/Michael Kuhn (Eds.): Building a European co-operative research tradition in vocational education and training. Berlin: BIBB 19-41

[878] O'Higgins, Niall (2001): Youth Unemployment and Employment Policy: A Global Perspective. Geneva: ILO

[879] Oates, Tim/Reuling, Jochen/Hanf, Georg (2004): OECD project: "The role of qualification systems in promoting lifelong learning". An OECD activity. Bonn: BIBB

[880] OCW(2005): Kerncijfers 2001-2005. Den Haag: Ministerie van Onderwijs, Cultuur en Wetenschappen

[881] OECD(1994): Making Education Count. Paris: OECD

[882] OECD(1995): Educational Research and development: Trends, Issues and Challenges. Paris: OECD

[883] OECD(1998): Human Capital Investment: An International Comparison. Paris: OECD

[884] OECD (1999a): Classifying Educational ProgrammesManual for ISCED-97 Implementation in OECD Countries. Paris: OECD Publishing Centre for Educational Research and Innovation

[885] OECD (1999b): Guidelines and instructions for OECD Symposium. International Symposium Measuring and Reporting Intellectual Capital. 9.-11. June 1999, Amsterdam. http://www. oecd. org/dsti/sti/industry/indcomp/act/Ams-conf/symposium. htm. 30. 01. 2000

[886] OECD(1999c): Training of Adult Workers in OECD Countries: Measurement and Analysis. In: Employment Outlook 134-175

[887] OECD(2000a): Measuring Student Knowledge and Skills. The PISA 2000 assessment of reading, mathematical and scientific literacy. Paris: OECD

[888] OECD(2000b): Knowledge management in the learning society. Paris

[889] OECD(2000c): From Initial Education to Working Life. Making Transitions Work. http://www. mszs. si/eurydice/pub/oecd/in2work. pdf. 13. 06. 2008

[890] OECD(2001b): Education policy analysis: Education and skills. Paris

[891] OECD(2003a): New challenges for educational research. Paris: OECD

[892] OECD(2003b): Education at a Glance. Paris: OECD

[893] OECD(2003c): Reviews of National Policies for Education: South Eastern Europe, Volumes I and II, 2003. Paris

[894] OECD(2004a): Policy Brief: Lifelong learning. OECD Observer. February 2004

[895] OECD(2004c): OECD Handbook for Internationally Comparative Education Statistics. Concepts, Standards, Definitions and Classifications. Paris: OECD

[896] OECD(2005b): Education at a Glance. OECD Indicators 2005. Paris: OECD

[897] Oevermann, Ulrich (1996): Theoretische Skizze einer revidierten Theorie professionalisierten Handelns. In: Arno Combe/Werner Helsper (Eds.): Pädagogische Professionalität. Frankfurt/Main: Suhrkamp. 70-182

[898] Ogata, Hiroyasu (1961): Seiyo Kyoiku Inyu no Houto. Kodansha

[899] Ogden, Jane (1997): The rhetoric and reality of psychosocial theories: a challenge to biomedicine? In: Journal of Health Psychology (2). 21-29

[900] Olesen, Kaj (1997): Denmark: the role of the social partners. Geneva: ILO

[901] Olsen, Ole Johnny (2001): Erosion der Facharbeit? Fragen und Einwände zu einer deutschen Debatte. In: Soziale Welt 52/2001, 151-179

[902] Onderwijsraad(2006): Naar meer Evidence based Onderwijs. Den Haag: Onderwijsraad

[903] Onstenk, Jeroen (2001): Training for new jobs: contents and pilot projects. In: Manfred Tessaring/Pascaline Descy (Eds.): Second Report on Vocational Training Research in Europe. Thessaloniki: CEDEFOP

[904] Onstenk, Jeroen (2003): Werkplekleren in de beroepsonderwijskolom. Den Haag: Onderwijsraad

[905] Onstenk, Jeroen (2005): Versterk de schakels, op weg naar inspirerende kwalifi caties. Den Bosch: CINOP

[906] Onstenk, Jeroen/Brown, Alan (2002): A Dutch approach to promoting key qualifications. In: Pekka Kämäräinen/Graham Attwell/Alan Brown (Eds.): Transformation of learning in education and training. Thessaloniki: CEDEFOP. 87-104

[907] Ookouchi, Kazuo (1955): Sengo Nippon no Roudou Undou. Iwanami Shoten

[908] Orr, Julian E. (1996): Talking about Machines: An Ethnography of a Modern Job. Ithaca: ILR Press

[909] Oser, Fritz(1998): Ethos - die Vermenschlichung des Erfolgs. Zur Psychologie der Berufsmoral von Lehrern. Opladen: Leske+Budrich

[910] Osman-Gani, Ahmed/Tan, Wee-Liang (2000): International briefing 7: training and development in Singapore. In: International journal of training and development Vol. 4, (4). 305-323

[911] Pahl, Jörg-Peter (2001a): Berufsfelder. In: Kurt Häfeli/Martin Wild-Näf/Traugott Elsässer (Eds.): Berufsfelddidaktik. Baltmannsweiler: Schneider Hohengehren. 17-37

[912] Pahl, Jörg-Peter (2004): Berufsschule. Annäherungen an eine Theorie des Lernortes. Seelze-Velber: Kallmeyer

[913] Pahl, Jörg-Peter (2005): Zur Genese berufswissenschaftlicher und berufsdidaktischer Forschung. In: Felix Rauner (Ed.): Handbuch Berufsbildungsforschung. Bielefeld: W. Bertelsmann. 27-35

[914] Pahl, Jörg-Peter/Rauner, Felix/Spöttl, Georg (Eds.) (2000): Berufliches Arbeitsprozesswissen. Baden-Baden: Nomos

[915] Pahl, Jörg-Peter/Schütte, Friedhelm/Vermehr, Bernd (Eds.) (2003): Verbundausbildung. Lernorganisation im Bereich der Hochtechnologie. Bielefeld: W. Bertelsmann

[916] Parkes, David/Nielsen, Sören (2006): Cross-country Analysis of ETF Peer reviews on Curricula Reform in Four South East European Countries. ETF

[917] Parsons, Talcott (1976): Zur Theorie sozialer Systeme. Opladen: Westdeutscher Verlag

[918] Pätzold, Günter (1989): Berufsbildung. In: Dieter Langewiesche/Heinz Elmar Tenorth

(Eds.): Handbuch der deutschen Bildungsgeschichte. Vol. 5: 1918-1945. München: Beck. 259-287

[919] Pätzold, Günter (1991b): Lernortkooperation - pädagogische Perspektive für Schule und Betrieb. In: Kölner Zeitschrift für Wirtschaft und Pädagogik Vol. 6, (11). 37-49

[920] Pätzold, Günter (1994): Berufsschuldidaktik in Geschichte und Gegenwart. Bochum: Projekt-Verlag

[921] Pätzold, Günter (1999a): Überlegungen zur Initiierung und Intensivierung einer Zusammenarbeit von Berufsschule und Betrieb. In: Günter Pätzold/Günter Walden (Eds.): Lernortkooperation. Bielefeld: W. Bertelsmann. 395-427

[922] Pätzold, Günter (1999b): Lernortkooperation. In: Franz-Josef Kaiser/Günter Pätzold (Eds.): Wörterbuch Berufs- und Wirtschaftspädagogik. Bad Heilbrunn: Julius Klinkhardt. 286-288

[923] Pätzold, Günter (1999c): Kooperation der Lernorte im dualen System der Berufsausbildung. In: Günter Pätzold/Günter Walden (Eds.): Lernortkooperation - Stand und Perspektiven. Bielefeld: W. Bertelsmann. 25-62

[924] Pätzold, Günter (Ed.) (1990): Lernortkooperation. Impulse für die Zusammenarbeit in der beruflichen Bildung. Heidelberg: Sauer

[925] Pätzold, Günter/Drees, Gerhard/Thiele, Heino (1998): Kooperation in der beruflichen Bildung. Baltmannsweiler: Schneider Hohengehren

[926] Pätzold, Günter/Wahle, Manfred (2000): Beruf und Arbeit als konstituierende Elemente menschlicher Existenz. In: ZBW Vol. 96, (4). Steiner. 524-539

[927] Pätzold, Günter/Wahle, Manfred (2003): Das duale System der Berufsausbildung zwischen Erosionstendenzen und Modernisierungschancen. In: Antje Bredow/Rolf Dobischat/Joachim Rottmann (Eds.): Berufs- und Wirtschaftspädagogik von A-Z. Baltmannsweiler:Schneider Hohengehren. 471-489

[928] Pätzold, Günter/Walden, Günter (Eds.) (1995): Lernorte im dualen System der Berufsbildung. Bielefeld: W. Bertelsmann

[929] Pätzold, Günter/Walden, Günter (Eds.) (1999): Lernortkooperation. Bielefeld: W. Bertelsmann

[930] Pätzold, Günter/Walzik, Sebastian (Eds.) (2002): Methoden-und Schlüsselkompetenzen - ein Schlüssel zur Wissensgesellschaft? Bielefeld: W. Bertelsmann

[931] Paulsen, Friedrich (1895): Bildung. In: Wilhelm Rein (Ed.): Encyklopädisches Handbuch der Pädagogik. Langensalza: Beyer. 414-424

[932] Peiszker, Hans (1949): Berufsschule und Jena-Plan. München: Bayrischer Schulbuch-Verlag

[933] Pelpel, Patrice/Troger, Vincent (1993): Historie de l'enseignement technique. Paris: Hachette

[934] Perry, Peter John Charles (1976): The Evolution of British Manpower Policy from the Statute of Artificers 1563 to the Industrial Training Act 1964. London: BACIE

[935] Pestalozzi, Johann Heinrich (1899-1902): Sämtliche Werke. Liegnitz: Adolph Müller

[936] Petersen, A. Willi/Rauner, Felix (2000): Memorandum: Neuordnung der Berufe in eine Berufsfeld Elektrotechnik-Informatik. In: Lernen und Lehren (60). 43-45

[937] Petersen, A. Willi/Rauner, Felix/Stuber, Franz (Eds.) (2001): IT-gestützte Facharbeit - gestaltungsorientierte Berufsbildung. Baden-Baden: Nomos

[938] Petersen, A. Willi/Ward, Tony/Wehmeyer, Carsten (2004): Towards a Comprehensive European level E-Skills Framework: ICT and e-business skills and training at subdegree and vocational level in Europe. Thessaloniki: CEDEFOP (13. 05. 2004)

[939] Phelps, Richard P. /Parsad, Basmat/Farris, Elizabeth/Hudson, Lisa (2001): Features of Occupational Programs at the Secondary and Postsecondary Education Levels. Washington: U. S. Department of Education, National Center for Education Statistics

[940] Phillips, David (1999): On Comparing. In: Robin Alexander/Patricia Broadfoot/David Phillips (Eds.): Learning from Comparing. New directions in comparative educational research. Wallingford: Symposium Books. 15-20

[941] Piehl, Ernst/Sellin, Burkhart (1995): Initial and Continuing Vocational Training in Europe. In: Circle for Youth Research Cooperation in Europe CYRCE (Ed.): The Puzzle of Integration. Berlin, New York: de Gruyter. 197-215

[942] Pilz, Matthias (1999): Modulare Strukturen in der beruflichen Bildung. Markt Schwaben: Eusl

[943] Pilz, Matthias (2006): Standards für die Berufsbildung aus europäischer Perspektive. In: Ingrid Lisop (Ed.): Der Europäische Qualifizierungsweg. Frankfurt/Main: Verlag der Gesellschaft zur Förderung arbeitsorientierter Forschung und Bildung. 157-189

[944] Piore, Michael J. /Sabel, Charles F. (1984): The Second Industrial Divide. Possibilities for Prosperity. New York: Basic Books

[945] Platte, Hans Kaspar (1981): Betriebspraktika in schulischen Bildungsgängen. In: BMBW-Werkstattbericht Vol. 37

[946] Poelke, Klaus (1987): Die Entstehung von Facharbeit. In: Wolf-Dietrich Greinert u. a. (Eds.): Berufsausbildung und Industrie. Berlin. Berlin: BIBB. 27-49

[947] Popkewitz, Thomas S. (2000): National Imaginaries, the Indigeneous Foreigner, and Power: Comparative Educational Research. In: Jürgen Schriewer (Ed.): Discourse Formation in Comparative Education. Frankfurt/Main: Lang. 261-294

[948] Porras-Zúñiga, Juan (1994): Comparative Statistics in Education. In: Torsten Husén/Thomas Neville Postlethwaite (Eds.): The International Encyclopedia of Education. Oxford: Pergamon. 958-964

[949] Porter, Michael E. (1990): The Competitive Advantage of Nations. New York: Free Press

[950] Prager, Carolyn (1995): The Ties that Bind: Default, Accreditation, and Articulation. In: Darrel A. Clowes/Elizabeth M. Hawthorne (Eds.): New Directions for Community Colleges. Vol. 91. San Francisco: Jossey-Bass. 61-70

[951] Prais, Sig J. (1995): Productivity, education and training. An international perspective. Cambridge: Cambridge University Press

[952] Prais, Sigmund J. (1981): Vocational Qualifications of the Labour Force in Britain and Germany. In: National Institute Economic Review Vol. 98, (11). 47-59

[953] Prais, Sigmund J. /Wagner, Karen (1985): Schooling Standards in England and Germany: Some Summary Comparisons Bearing on Economic Performance. In: National Institute Economic Review Vol. 112, (5). 53-76

[954] Pratzner, Frank C. (1978): Occupational Adaptability and Transferable Skills. Columbus: The Ohio State University

[955] Prenzel, Manfred/Drechsel, Barbara/Kramer, Klaudia (1998): Lernmotivation im kaufmännischen Unterricht. In: Klaus Beck/Rolf Dubs (Eds.): Kompetenzentwicklung in der Berufserziehung. Beiheft der ZBW. Vol. 14. Stuttgart: Steiner. 169-187

[956] Preston, John/Feinstein, Leon/Anderson, Tashweka Marion (2005): Can Adult Education change extremist attitudes? In: London Review of Education Vol. 3, (3). 289-310

[957] Pring, Richard (1987): The curriculum and the new vocationalism. In: British Journal of Education and Work Vol. 1, 133-148

[958] Pring, Richard (2004): A Comprehensive Curriculum for Comprehensive Schools, The fourth Caroline Benn Memorial Lecture, 13th November, 2004

[959] Przygodda, Karin/Bauer, Waldmar (2004): Ansätze berufswissenschaftlicher Qualifikationsforschung im BLK-Programm "Neue Lernkonzepte in der dualen Berufsausbildung". In: Felix Rauner (Ed.): Qualifikationsforschung und Curriculum. Bielefeld: W. Bertelsmann. 61-79

[960] Psacharopoulos, George (1985): Curriculum Diversification in Colombia and Tanzania. In: Comparative Education Review Vol. 29, (4). 507-525

[961] Psacharopoulos, George (1986): To Vocationalize or not to Vocationalize? That is the Curriculum Question. In: International Review of Education Vol. 33, (2). 187-211

[962] Pukas, Dietrich (1988): Die gewerbliche Berufsschule der Fachrichtung Metalltechnik. Alsbach: Leuchtturm

[963] Pukas, Dietrich (1989): Die "Frankfurter- Methodik"- ein Meilenstein der Berufsschulgeschichte und Berufsschuldidaktik. In: ZBW Vol. 85, (3). 230-243

[964] Pukas, Dietrich (1990): Zur Rolle der Berufsschule im auslaufenden 20. und beginnenden 21. Jahrhundert. In: BWP Vol. 19, (2). 7-10

[965] Pukas, Dietrich (1991): Funktion, Funktionsverlust und Funktionsausweitung der Berufsschule. In: Berufsbildung Vol. 45, (7/8). 320-322

[966] Pukas, Dietrich (1996): Lernort Berufsschule trotz Krise. In: ZBW Vol. 92, (2). 206-211

[967] Putnam, Robert (1999): Bowling Alone: The Collapse and Revival of American Community. New York: Simon and Schuster

[968] Pütz, Helmut (2000): "Hans lernt weiter. ". In: BWP Vol. 3, 3 ff.

[969] Raddatz, Rolf (1999): Fachglossar: Deutsche Berufsbildungsbegriffe. Bielefeld: W. Bertelsmann

[970] Raffe, David (1998): Conclusion: Where are Pathways Going? - Conceptual and

methodological lessons from the pathways study. In: OECD (Ed.): Pathways and Participation in Vocational and Technical Education and Training. Paris: OECD. 375-394

[971] Raffe, David/Byrne, Don (2005): 'Policy Learning from Home International Comparisons'. CES Briefing. No. 34. Edinburgh: CES

[972] Raffe, David/Courtenay, Gill (1988): 16-18 on both sides of the border. In: David Raffe (Ed.): Schooling and Scheming: Education and the Youth Labour Market. Lewes: Falmer Press

[973] Raffe, David/Howieson, Cathy/Tinklin, Teresa (2005): The Introduction of a Unified System of Post-compulsory Education in Scotland. In: Scottish Educational Review Vol. 37, (1). 46-57

[974] Rainbird, Helen (1990): Training Matters: Union Perspectives on Industrial Restructuring and Training. Oxford: Blackwell

[975] Raskopp, Kornelia (2002): Verbundausbildung als Maßnahme zur Erhöhung des betrieblichen Lehrstellenangebots. In: BWP Vol. 31, (4). 29-31

[976] Rauner, Felix (1988a): Die Befähigung zur (Mit) Gestaltung von Arbeit und Technik als Leitidee beruflicher Bildung. In: Gerald Heidegger/Peter Gerds/Klaus Weisenbach (Eds.): Gestaltung von Arbeit und Technik. Frankfurt/Main, New York: Campus. 32-51

[977] Rauner, Felix (1993): Zur Begründung und Struktur Gewerblich-Technischer Fachrichtungen als universitäre Fächer. In: Alfred Bannwitz/Felix Rauner (Eds.): Wissenschaft und Beruf. Bremen: Donat. 10-37

[978] Rauner, Felix (1996a): Elektrotechnik-Grundbildung: Zu einer arbeitsorientien Gestaltung von Lehrplänen im Berufsfeld Elektrotechnik. In: Antonius Lipsmeier/Felix Rauner (Eds.): Beiträge zur Fachdidaktik Elektrotechnik. Stuttgart: Holland + Josenhans. 86-102

[979] Rauner, Felix (1996b): Lernen für die Arbeitswelt in den USA. In: Heinz Dedering (Ed.): Handbuch zur arbeitsorientierten Bildung. München, Wien: Oldenbourg. 721-745

[980] Rauner, Felix (1999a): Entwicklungslogisch strukturierte berufliche Curricula. In: ZBW Vol. 95, (3). 424-446

[981] Rauner, Felix (1999b): Reformbedarf in der beruflichen Bildung. In: Berufliche Bildung und Frauen Senatsverwaltung für Arbeit (Ed.): Expertisen für ein Berliner Memorandum zur Modernisierung der beruflichen Bildung. Berlin: BBJ. 187-196

[982] Rauner, Felix (2002a): Die Bedeutung des Arbeitsprozesswissens für eine gestaltungsorientierte Berufsbildung. In: Martin Fischer/Felix Rauner (Eds.): Lernfeld: Arbeitsprozess. Baden-Baden: Nomos. 25-52

[983] Rauner, Felix (2002d): Berufswissenschaftliche Forschung. In: Martin Fischer/Felix Rauner (Eds.): Lernfeld: Arbeitsprozess. Baden-Baden: Nomos. 443-476

[984] Rauner, Felix (2003a): Die Berufsbildung im Berufsfeld Elektrotechnik-Informatik vor grundlegenden Weichenstellungen? In: Lernen und Lehren (71). 102-110

[985] Rauner, Felix (2003b): Modellversuche in der beruflichen Bildung. In: Antje Bredow/

Rolf Dobischat/Joachim Rottmann (Eds.): Berufs- und Wirtschaftspädagogik von A-Z. Baltmannsweiler: Schneider Hohengehren. 399-414

[986] Rauner, Felix (2003c): Ausbildungspartnerschaften als Regelmodell für die Organisation der dualen Berufsausbildung? ITB-Forschungsberichte 12. Bremen: ITB

[987] Rauner, Felix (Ed.) (2005): Handbuch Berufsbildungsforschung. Bielefeld: W. Bertelsmann

[988] Rauner, Felix/Bremer, Rainer (2004): Bildung im Medium beruflicher Arbeitsprozesse. In: Zeitschrift für Pädagogik Vol. 50, (2). 149-161

[989] Rauner, Felix/Drechsel, Rainer/Gronwald, Detlef/Krüger, Helga (Eds.) (1980): Berufliche Bildung. Perspektiven für die Weiterentwicklung der Berufsschule und die Ausbildung ihrer Lehrer. Braunschweig, Wiesbaden: Vieweg

[990] Rauner, Felix/Spöttl, Georg (Eds.) (1996): The automobile, service and occupation in Europe. Bremen, Luxemburg: Donat

[991] RAVAV(1930): Handbuch der Berufe. Teil I: Berufe mit Volks-, Mittel- oder Höherer Schulbildung. 2. Band: Berufsgruppen V/VI (Metallverarbeitung). Leipzig: Quelle & Meyer

[992] Ray, John(2001): Apprenticeship in Australia: a concise history. In: Nigel Smart (Ed.): Australian Apprenticeships: research readings. Adelaide: NCVER. 15-41

[993] Rebelgroup(2006): Kosten en baten van voortijdig schoolverlaten. Den Haag: Taskforce Jeugdwerkloosheid, OCW

[994] Reece, Ian/Walker, Stephen (2003): Teaching, Training and Learning. Sunderland: Business Education Publishers

[995] Reed, Michael/Hughes, Michael (Eds.) (1992): Rethinking Organizations. New Directions in Organization Theory and Analysis. London: Sage

[996] REFA (Ed.) (1972): Methodenlehre des Arbeitsstudiums. Teil 1: Grundlagen. München: Hanser

[997] Reichsarbeitsverwaltung (Ed.) (1925): Berufsberatung, Berufsauslese, Berufsausbildung. Berlin: Verlag des Reichsarbeitsblattes

[998] Reichwein, Georg (1925/1963): Grundlinien einer Theorie der Schule. In: Georg Reichwein (Ed.): Kritische Umrisse einer geisteswissenschaftlichen Bildungstheorie. Bad Heilbrunn: Klinkhardt. 89-101

[999] Reincke, Hans Joachim (1995): Slöjd. Die schwedische Arbeitserziehung in der internationalen Reformpädagogik. Frankfurt/Main et al.: Lang

[1000] Reinisch, Holger (1995): Modernisierung des Lehrens und Lernens in der Berufsschule als berufspolitisches, -theoretisches und didaktisches Problem. In: Günter Pätzold/Günter Walden (Eds.): Lernorte im dualen System der Berufsbildung. Bielefeld: W. Bertelsmann. 291-318

[1001] Reinisch, Holger (2000): Historische Didaktik und Curriculumforschung. In: Holger Reinisch/Günter Pätzold/Manfred Wahle (Eds.): Profile der Historischen Berufsbildungsforschung. Oldenburg: BIS. 33-45

[1002] Resse, Wilfried (1995): Ein prüfungsspezifischer Schlüsselqualifikationskatalog. In:

BWP (6)

[1003] Reuling, Jochen/Hanf, Georg (2004): OECD project: "The role of qualification systems in promoting lifelong learning". Country Background Report: Germany. Bonn: BIBB

[1004] Rhyn, Heinz (2001): Bildungsevaluation und Bildungspolitik 2001. In: Edwin Keiner (Ed.): Evaluation (in) der Erziehungswissenschaft. Weinheim, Basel: Beltz. 179-194

[1005] Richter, Julia F. (2000): Das Ausbildungsverhalten von Betrieben. Berlin: Logos

[1006] Riordan, Trevor/Maclean, Rupert (2003): ILOUNESCO Collaboration. In: Network for Policy Review Research and Advice on Education and Training NORRAG (Ed.): Debates in Skills Development. Skills for Life And Work. Working Group for International Cooperation in Skills Development. Bonn. 42

[1007] Riordan, Trevor/Rosas, Gianni (2003): Core Work Skills: ILO Perspective and Recent Developments. Skills for Life and Work. Geneva: Working Group for International Cooperation in Skills Development

[1008] Röben, Peter (2001): Arbeitsprozesswissen und Expertise. In: A. Willi Petersen/Felix Rauner/Franz Stuber (Eds.): IT-gestützte Facharbeit. Baden-Baden: Nomos. 43-57

[1009] Röben, Peter (2004a): Kompetenzentwicklung durch Arbeitsprozesswissen. In: Klaus Jenewein/Peter Knauth/Peter Röben/Gert Zülch (Eds.): Kompetenzentwicklung in Arbeitsprozessen. Baden-Baden: Nomos. 11-34

[1100] Röben, Peter (2004b): Identifying work process knowledge in accordance with characteristic occupational tasks. In: Martin Fischer/Nicholas Boreham/Barry Nyhan (Eds.): European perspectives on learning at work: the acquisition of work process knowledge. Luxembourg: Office for Official Publications of the Europaen Communities. 257-276

[1101] Röben, Peter/Siebeck, Frank (2002): Technik, Organisation und Arbeit im chemischen Labor. In: Martin Fischer/Felix Rauner (Eds.): Lernfeld: Arbeitsprozess. Baden-Baden: Nomos. 147-174

[1102] Robinsohn, Saul B. (1970): Erziehungswissenschaft: Vergleichende Erziehungswissenschaft. In: Josef Speck/Gerhard Wehle (Eds.): Handbuch pädagogischer Grundbegriffe. 1. München: Kösel. 456-492

[1103] Robinsohn, Saul Benjamin (1992): Comparative Education. A Basic Approach. Jerusalem: Magnes Press

[1104] Rojewski, Jay W. (1997): Editorial: Past, present, and future directions of the JVER. In: Journal of Vocational Education Research Vol. 22, (3). 141-148

[1105] Rojewski, Jay W. (2002): Preparing the Workforce of Tomorrow. In: Journal of Vocational Education Research Vol. 27, (1). http://scholar. lib. vt. edu/ ejour nals/ JVER/v27n1/rojewski. html. 10. 01. 2007

[1106] Romer, Paul M. (1986): Increasing Returns and Long-Run Growth. In: Journal of Political Economy Vol. 94, (5). 1002-1037

[1107] Romijn, Clemens (1999): Financing of vocational education and training in the Netherlands: financing portrait. Thessaloniki: CEDEFOP

[1108] Ropohl，Günter（1992）：Philosophie der technologischen Bildung. In：arbeiten & lernen/Technik Vol. 2，(8). 6-9

[1109] Ropohl，Günter（1997）：Plädoyer für eine integrierte Arbeits-und Techniklehre. In：Arbeit und Technik in der Schule Vol. 8，(9). 282-286

[1110] Rosenfeld，Virginia（1999）：The value of Care National Vocational Qualifications. In：International Journal of Training and Development Vol. 3，(2). 142-155

[1111] Ross，Ernst（1995）：Potentiale und Problemfelder moderner Lerntechnologien im Kontext von Organisationsentwicklung und Arbeitsgestaltung. In：Gisela Dybowski/ Helmut Pütz/Felix Rauner（Eds.）：Berufsbildung und Organisationsentwicklung. Bremen：Donat. 312-322

[1112] Rothe，Georg（1995）：Systeme beruflicher Qualifizierung Frankreichs und Deutschlands im Vergleich. Nürnberg

[1113] Rouse，Cecilia Elena（1995）：Democratization or Diversion? The Effect of Community Colleges on Educational Attainment. In：Journal of Business and Economic Statistics Vol. 13，(2). 217-224

[1114] Rouse，Cecilia Elena（1998）：Do Two-Year Colleges Increase Overall Educational Attainment? In：Journal of Policy Analysis and Management Vol. 17，(4). 595-620

[1115] Rückle，Horst（2000）：Gruppen-Coaching. In：Christoph Rauen（Ed.）：Handbuch Coaching. Göttingen：Hogrefe. 133-147

[1116] Ruth，Klaus（1995）：Industriekultur als Determinante der Technikentwicklung. Ein Ländervergleich Japan - Deutschland - USA. Berlin：edition sigma

[1117] Ruth，Klaus（2001）：Innovation Competence：Intangibles in Cooperative Innovation Processes. In：Parthasarathi Banerjee/Frank-Jürgen Richter（Eds.）：Intangibles in competition and cooperation. Basingstoke，New York：palgrave. 177-197

[1118] Ruth，Klaus（2003）：Manufacturing Culture. In：Yoshimi Ito/Eckehard F. Moritz/ Klaus Ruth（Eds.）：Synergy of Culture and Production. Vol. 2 - Localized Engieering for Globalized Manufacturing? Sottrum：artefact. 13-39

[1119] Rutter，Michael（1987）：Psychosocial resilience and protective mechanisms. In：American Journal of Orthopsyhiatry (57). 316-331

[1120] Ryan，Paul（2001）：Apprenticeship in Britain. In：Thomas Deißinger（Ed.）：Berufliche Bildung zwischen nationaler Tradition und globaler Entwicklung. Baden-Baden：Nomos. 133-157

[1121] Ryan，Paul（Ed.）（1991）：International Comparisons of Vocational Education and Training for Intermediate Skill. London

[1122] Rychen，Dominique Simone/Salganik，Laura Hersh（Eds.）（2001）：Defining and Selecting Key Competencies. Seattle u. a. ：Hogrefe & Huber

[1123] Rychen，Dominique Simone/Salganik，Laura Hersh（Eds.）（2003）：Key Competencies for a Successful Life and Well-Funktioning Society. Seattle：Hogrefe & Huber

[1124] Sachs，Conrad/Beinke，Lothar（Eds.）（1997）：Abschlussbericht zum Modellversuch："Berufsorientierender Unterricht an Mittelschulen im Freistaat Sachsen unter Einschluss von Betriebspraktika unter Berücksichtigung der Förderung von

Berufstätigkeiten für Mädchen". Gießen: Verlag Didaktik der Arbeitswelt

[1125] Saito, Takeo/Tanaka, Yoshimi/Yoda, Arihiro (Eds.) (2005): Kougyo Koukou no Chosen - Koukou Kyoiku Saisei e no Michi. Gakubunsha

[1126] Sakamoto, Ichiro et al. (Ed.) (1953): Shokugyo Shidou no Shinri: Kyoiku Shinrigaku Kouza 6. Tokyo: Kanekoshobo

[1127] Salomé, Bernard/Charmes, Jacques (1988): Inservice Training: Five Asian Experiences. Paris: OECD

[1128] Sanden, Johan M. M. van der (2004a): Ergens goed in worden. Naar leerzame loopbanen in het beroepsonderwijs. Eindhoven: Fontys Hogescholen

[1129] Sanden, Johan M. M. van der (2004b): De pedagogischdidactische vormgeving van het vmbo. In: Elly de Bruijn (Ed.): Onderwijskundig Lexicon. Editie III. Beroepsonderwijs in ontwikkeling. Alphen aan de Rijn: Kluwer. 35-57

[1130] Sangyo Kyoiku Renmei (Ed.) (1996): Gijutsu-ka no Shidou Keikaku. Tokyo: Kokudosha

[1131] Sarfati, Hedva (2003): Welfare and labour market reforms: a new framework for social dialogue and collective bargaining. In: European Journal of Industrial Relations Vol. 9, (3). 255-282

[1132] Sarr, Makha D. (2000): Youth Employment in Africa. http://www.ilo.org/public/english/bureau/exrel/partners/youth/yen/3-sarr.pdf. 18.08.2007

[1133] Sasaki, Susumu (1989): Hisshuu-sei, Sentaku-sei ni Tsuite. In: Nagoya Daigaku Kyoiku Gaku-bu Kiyo - Kyoiku Gakka Vol. 35

[1134] Sasaki, Susumu (2000): Kougyo Koutou Gakko no Ryusei to Suitai - 50 nen no Kiseki wo Kaerimiru. In: Sangyo Kyoiku-gaku Kenkyu Vol. 30, (2)

[1135] Sasaki, Teruo (1987): Shokugyou Kunren no Kadai -Sasaki Teruo Shokugyo Kyoiku Ronshu. Vol. 3

[1136] Sato, Fumito (1996): Kouto Gakko-cho Kyokai no Katsudo wo Tooshite mita Shokugyo Kyoiku-hou Seitei Undo no Keii. In: Susumu Sasaki (Ed.): Gijutsu, Shokugyo Kyoiku no Shosou. Ozorasha

[1137] Sauter, Edgar (2002): Ein neues Paradigma für die Konstruktion von Berufsbildern. In: WSI-Mitteilungen 1/2002, 3-9

[1138] Schaack, Klaus (1995): Possibilities and Contraints of the Establishment of a Cooperative or Dual System of Vocational Education and Training in the Republic of Korea. Working Paper. No. 5. Seoul: Korea Manpower Agency

[1139] Schaack, Klaus/Tippelt, Rudolf (1997): Internationale Berufsbildung und neue Strategien. In: Klaus Schaack/Rudolf Tippelt (Eds.): Strategien der internationalen Berufsbildung. Frankfurt/Main: Lang. 9-14

[1140] Scheerer, Friedrich (1998): Transparenz beruflicher Befähigungsnachweise in Europa. Stand und Entwicklungsperspektiven. Thessaloniki: CEDEFOP

[1141] Scherer, Klaus R. /Ekman, Paul (1982): Handbook of Methods in Non-verbal Behavior Research. Cambridge: Cambridge University Press

[1142] Scherm, Martin (2003): Response 360°-Feedback. In: John Erpenbeck/Lutz von

Rosenstiel (Eds.): Handbuch Kompetenzmessung. Stuttgart: Schäffer-Poeschel. 309-321

[1143] Schlossberg, Nancy K./Waters, Elinor B./Goodman, Nancy (1995): Counselling Adults in Transition: Linking Practice With Theory. Second Edition. New York: Springer Publishing

[1144] Schlottau, Walter/Raskopp, Kornelia/Brandes, Harald (2003): Verbundausbildung: Was ist das und wofür ist sie gut? Bonn: BIBB

[1145] Schlüter, Anne (Ed.) (1987): Quellen und Dokumente zur Geschichte der gewerblichen Berufsausbildung für Mädchen. Köln, Wien: Böhlau

[1146] Schlüter, Anne/Stratmann, Karlwilhelm (1985): Die betriebliche Berufsausbildung 1869-1918. Köln, Wien: Böhlau

[1147] Schmidt, Dorothea (1993): Massenhafte Produktion? - Produkte und Beschäftigte im Stammwerk von Siemens vor 1914. Münster: Westfälisches Dampfboot

[1148] Schmidt, Gert (1991): Anmerkungen zur Fast-Unmöglichkeit solider international vergleichender Organisationsforschung. In: Martin Heidenreich/Gert Schmidt (Eds.): Internationale Vergleichende Organisationsforschung. Opladen: Westdeutscher Verlag. 157-169

[1149] Schmidt, Henk G./Boshuizen, Henny P. A. (1993): On acquiring expertise in medicine. In: Educational Psychology Review 205-221

[1150] Schmidt, Hermann (1995): Berufsbildungsforschung. In: Rolf Arnold/Antonius Lipsmeier (Eds.): Handbuch der Berufsbildung. Opladen: Leske+Budrich. 482-491

[1151] Schmidt, Jens U. (1997): Empirischer Vergleich von irischen und deutschen Ausbildungsstandards. In: BWP Vol. 26, (3). 28-34

[1152] Schmidt, Susanne Liane (2003): Early identification of qualification needs in Germany. In: Susanne Liane Schmidt/Klaus Schömann/Manfred Tessaring (Eds.): Early identification of skill needs in Europe. Luxembourg: Office for Official Publications of the European Communities

[1153] Scholz, Rupert (1977): Kommentar zu Art. 5, Abs. III. In: Theodor Maunz/Günter Dürig (Eds.): Kommentar zum Grundgesetz. München: Beck. 175-207

[1154] Schön, Donald A. (19821; 19832; 19843): The Reflective Practitioner. How Professionals Think in Action. New York: Basic Books

[1155] Schön, Donald A. (1987): Educating the Reflective Practitioner. Toward a New Design for Teaching and Learning in the Professions. San Francisco: Jossey-Bass

[1156] Schoon, Ingrid/Bynner, John (2003): Risk and Resilience in the Life Course. In: Journal of Youth Studies Vol. 6, (1). 21-31

[1157] Schriewer, Jürgen (1986): Intermediale Instanzen, Selbst verwaltung und berufliche Ausbildungsstrukturen im historischen Vergleich. In: Zeitschrift für Pädagogik Vol. 32, 69-89

[1158] Schriewer, Jürgen (1987a): Vergleich als Methode und Externalisierung auf Welt. In: Dirk Bäcker/Jürgen Markowitz/Rudolf Stichweh (Eds.): Theorie als Passion. Frankfurt/Main: Suhrkamp. 629-668

［1159］Schriewer, Jürgen (1987b): Funktionssymbiosen von Überschneidungsbereichen. In: Jürgen Oelkers/Heinz-Elmar Tenorth (Eds.): Pädagogik, Erziehungswissenschaft, Systemtheorie. Weinheim, Basel: 76-101

［1160］Schriewer, Jürgen (1993): Hierarchisierung in Schule und Arbeitswelt. In: Verband der Lehrer an berufsbildenden Schulen und Kollegschulen in NW (Ed.): Berufliche Kompetenz ist Lebensperspektive. Krefeld: Joh. van Acken. 125-150

［1161］Schriewer, Jürgen (1995): Alternativen in Europa: Frankreich. In: Herwig Blankertz/ Josef Derbelov/Adolf Kell (Eds.): Enzyklopädie Erziehungswissenschaft. Vol. 9. 1. Stuttgart: 250-285

［1162］Schuller, Tom/Brasset-Grundy, Angela/Green, Andy/Hammond, Cathie/Preston, John (2002): Learning, Continuity and Change in Adult Life. London: The Centre for Research on the Wider Benefits of Learning/Institute of Education

［1163］Schuller, Tom/Bynner, John/Feinstein, Leon (2004): Capitals and Capabilities. WBL Discussion Paper. London: The Centre for Research on the Wider Benefits of Learning/ Institute of Education

［1164］Schuller, Tom/Bynner, John/Green, Andy/Blackwell, Louisa/Hammond, Cathie (2001): Modelling and Measuring the Wider Benefits of Learning. WBL Papers. No. 1. London: The Centre for Research on the Wider Benefits of Learning/Institute of Education

［1165］Schulz, Reinhard/Kreuter, Annette/Kröning, Uwe/Staudte, Axel (2003): Innovelle-bs - das derzeit größte bundesweite Innovationsprogramm zur Berufsschullehrerbildung. In: Die berufsbildende Schule Vol. 55, (3). 79-84

［1166］Schumann, Michael (2003a): Struktureller Wandel und Entwicklung der Qualifikationsanforderungen. In: SOFI-Mitteilungen No. 31

［1167］Schütte, Friedhelm/Deißinger, Thomas (2000): "Bildung" und "Arbeit" im internationalen Diskurs. Zur Aktualität und Relevanz historisch-vergleichender Forschung in der Berufs- und Wirtschaftspädagogik. In: ZBW Vol. 96, (4). 541-555

［1168］Schweitzer, Julian (1994): Vocational education and training: The role of the public sector in a market economy. Washington D. C. : World Bank

［1169］Schweri, Jürg/Mühlemann, Samuel/Pescio, Yasmina/Walther, Belinda/Wolter, Stefan C. (2003): Kosten und Nutzen der Lehrlingsausbildung aus der Sicht Schweizer Betriebe. Chur Zürich: Rüegger

［1170］Schwiedrzik, Bernd (1980): Kooperation und Blocksystem. Berlin: BIBB

［1171］Scott, John L. /Sarkees-Wircenski, Michelle J. (1996): Overview of vocational and applied technology education. Homewood, IL: American Technical Publishers

［1172］SDC(1994): Sector Policy on Vocational Education. http://www. vetnet. ch/fi les/ spolicy. pdf. 14. 01. 2006

［1173］SDC/KODIS(2001): Skills Development in Swiss Development Cooperation: Insight and Outlook. Bern, Zürich: SDC and KODIS Consult

［1174］SEK/HSSt/GTZ (1994): 10 Jahre chinesisch-deutsche Zusammenarbeit in der Berufsbildung, Stand - Perspektiven. Bericht zum Symposium vom 14. -18. November

1994 in Hangzhou. Beijing

[1175] Sellin, Burkart (2002): Scenarios and strategies for vocational education and lifelong learning in Europe. Luxembourg: CEDEFOP

[1176] Sellin, Burkart/Grollmann, Philipp (1999): Zum Stand der europäischen Berufsbildungsforschung, ihren Funktionen und Problemen. In: Europäische Zeitschrift für Berufsbildung (17/99). 73-79

[1177] Sellin, Burkhart (1996): Do Joint European Vocational Training Standards Stand a Chance? Recognition and Transparency of Qualifications. Thessaloniki: CEDEFOP

[1178] Sengenberger, Werner (1987): Struktur und Funktionsweise von Arbeitsmärkten. Die Bundesrepublik Deutschland im internationalen Vergleich. Frankfurt/Main: Campus

[1179] Senker, Peter (1992): Industrial Training in a Cold Climate. Aldershot: Avebury

[1180] Sennett, Richard (1998): The Corrosion of Character: The personal consequences of work in the new capitalism. New York: Norton

[1181] Senzaki, Takeshi (1979): Oubei ni Okeru Career Education. Tokyo: Bunkyo Center Insatsu, Shuppan-bu

[1182] Senzaki, Takeshi (1998): Shokugyo Kyoiku Oyobi Shinro Shidou ni Kansuru Kiso-teki Kenkyu (Final report). Tokyo

[1183] Seubert, Rolf (1977): Berufserziehung und Nationalsozialismus. Das berufspädagogische Erbe und seine Betreuer. Weinheim, Basel: Beltz

[1184] Seubert, Rolf (2000): Historische Forschung in der Berufs- und Wirtschaftspädagogik. In: Holger Reinisch/Günter Pätzold/Manfred Wahle (Eds.): Profile der Historischen Berufsbildungsforschung. Oldenburg: BIS. 17-31

[1185] Shanteau, James (1992): The psychology of experts. In: George Wright/Fergus Bolger (Eds.): Expertise and decision support. New York: Plenum. 11-23

[1186] Shavelson, Richard J./Hubner, Judith J./Stanton, Georg C. (1976): Self-concept: Validation of Construct Interpretations. In: Review of Educational Research (46). 407-442

[1187] Shirai, Ryoichi (Ed.) (1952): Shokugyo Kyoiku Oyobi Shinro Shidou. Tokyo: Seibundo Shinkosha

[1188] Silverberg, Marsha/Warner, Elizabeth/Fong, Michael/Goodwin, David (2004): National Assessment of Vocational Education: Final Report to Congress. Washington: U. S. Department of Education

[1189] Simons, Diane (1966): Georg Kerschensteiner. His Thought and its Relevance Today. London: Methuen

[1190] Sims, David/Golden, Sarah (1998): A study of Employers' Use of NVQz and SVQs Across Industrial Sectors. RR51. Nottingham: Department for Education and Skills

[1191] Singh, Madhu (Ed.) (2005): Meeting Basic Learning Needs in the Informal Sector. Dordrecht: Springer

[1192] Smith, Adam (1776/1993): An Inquiry into the Nature and Causes of the Wealth of Nations. Oxford: Oxford University Press

[1193] Smith, Andrew/Noble, Charles/Oczkowski, Edward/Macklin, Robert (2003): New management practices and enterprise training in Australia. In: International Journal of Manpower Vol. 24, (1). 31-47

[1194] Smith, Andy (2001): Never mind the width, feel the quality: improving VET research in Australia. Adelaide

[1195] Smith, Neville B. (1999): A Tribute to the Visionaries, Prime Movers and Pioneers of Vocational Education, 1892 to 1917. In: Journal of Vocational and Technical Education Vol. 16, (1). 67-76

[1196] Smith, Peter J. /Dalton, Jennifer (2004): Developing student agency through VET in schools: the role of structured work placements

[1197] Snedden, David (1912): Practical Arts in Liberal Education. In: Educational Review 43. 373- 386

[1198] SOC, Standard Occupational Classifi cation (1998): U. S. Department of Labor, Bureau of Labor Statistics: Standard Occupational Classifi cation (SOC) System 1998. http://www. bls. gov/soc/home. htm. 19. 08. 2003

[1199] Somavia, Juan (1999): Decent Work: Report of the Director-General, International Labour Conference (ILC), 87th Session, Geneva

[1200] Sorge, Arndt M. /Warner, Malcolm (1986): Comparative factory organisation. An Anglo-German comparison of management and manpower in manufacturing. Aldershot: Gower

[1201] Soskice, David/Hancké, Bob (1996): Von der Konstruktion von Industrienormen zur Organisation der Berufsausbildung: eine vergleichende Analyse am Beispiel von Großbritannien, Deutschland, Japan und Frankreich

[1202] Spiewak, Martin (2001): Next Exit Phoenix. Bildung als Produkt: Die größte private Universität der USA lehrt traditionelle Hochchschulen das Fürchten. In: Die Zeit 4

[1203] Stahl, Thomas/Severing, Eckhart (2002): Qualitätssicherung in der Beruflichen Bildung - Europäische Konzepte und Erfahrungen. In: Rolf Arnold (Ed.): Qualitätssicherung in der Berufsbildungszusammenarbeit. Baden-Baden: Nomos. 33-51

[1204] Stasz, Cathleen/Bodilly, Susan J. (2004): Efforts to improve the quality of vocational education in secondary schools: Impact of federal and state policies. Santa Monica, CA: RAND

[1205] StBA (1992): Personensystematik. Klassifizierung der Berufe. Systematisches und alphabetisches Verzeichnis der Berufsbenennungen. Stuttgart: Metzler-Poeschel

[1206] Steedman, Hilary/Wagner, Karin (1987): Productivity, Machinery, and Skills: Clothing Manufacture in Britain and Germany. In: National Institute Economic Review Vol. 122, 84-95

[1207] Steedman, Hilary/Wagner, Karin (1989): Productivity, Machinery, and Skills: Clothing Manufacture in Britain and Germany. In: National Institute Economic Review Vol. 128, 40-57

[1208] Steeg, M. van der/Webbink, D. (2006): Voortijdig schoolverlaten in Nederland: omvang, beleid en resultaten. Den Haag: Centraal Plan Bureau

[1209] Stenström, Marja-Leena/Lasonen, Johanna (2000): Strategies for reforming initial vocational education and training in Europe. Jyväskyklä: University of Jyväskyklä: Institute for Educational Research

[1210] Stern, David/Wagner, Daniel A. (1999): International Perspectives on the School-to-Work Transition. Cresskill, N. J.: Hampton

[1211] Stockmann, Reinhard (1992): Die Nachhaltigkeit von Entwicklungsprojekten. Opladen: Westdeutscher Verlag

[1212] Stockmann, Reinhard (1996): Die Wirksamkeit der Entwicklungshilfe. Opladen: Westdeutscher Verlag

[1213] Stockmann, Reinhard/Meyer, Wolfgang/Krapp, Stefanie/Köhne, Godehard (2000): Wirksamkeit deutscher Berufsbildungszusammenarbeit. Wiesbaden: Westdeutscher Verlag

[1214] Stratmann, Karlwilhelm (1975a): Historische Pädagogik als Mittel der Entmythologisierung. In: Josef Leonhard Blass (Ed.): Bildungstradition und modern Gesellschaft. Hannover: Schroedel. 304-322

[1215] Stratmann, Karlwilhelm (1975b): Curriculum und Curriculumprojekte im Bereich der beruflichen Aus- und Fortbildung. In: Karl Frey (Ed.): Curriculum-Handbuch. Band II. 335-349. München: Piper

[1216] Stratmann, Karlwilhelm (1988): Zur Sozialgeschichte der Berufsbildungstheorie. In: ZBW Vol. 84, (7). 579-598

[1217] Stratmann, Karlwilhelm (1989): Berufs-/Wirtschaftspädagogik. In: Dieter Lenzen (Ed.): Pädagogische Grundbegriffe. Vol. 1. Reinbek: Rowohlt. 176-179

[1218] Stratmann, Karlwilhelm (1992): "Zeit der Gärung und Zersetzung". Arbeiterjugend im Kaiserreich zwischen Schule und Beruf. Weinheim, Basel: Deutscher Studienverlag

[1219] Stratmann, Karlwilhelm (1994): Die historische Entwicklung der Gewerbelehrerbildung. In: Die berufsbildende Schule Vol. 46, (2). 40-51

[1220] Stratmann, Karlwilhelm (1999): Georg Kerschensteiner. Kritische Analyse seiner Pädagogik. In: Karlwilhelm Stratmann/Günter Pätzold/Manfred Wahle (Eds.): Berufserziehung und sozialer Wandel. Frankfurt/Main: GAFB. 631-645

[1221] Stratmann, Karlwilhelm/Kümmel, Klaus/Pätzold, Günter (Eds.) (1982): Quellen und Dokumente zur Geschichte der Berufsbildung in Deutschland. Verschiedene Einzelbände. Köln, Wien: Böhlau

[1222] Stratmann, Karlwilhelm/Pätzold, Günter/Wahle, Manfred (2003): Die gewerbliche Lehrlingserziehung in Deutschland. Modernisierunsgeschichte der betrieblichen Berufsbildung. Vol. 2. Frankfurt/Main: GAFB

[1223] Stratmann, Karlwilhelm/Schlösser, Manfred (1990): Das Duale System der Berufsbildung. Eine historische Analyse seiner Reformdebatten. Frankfurt/Main: GAFB

[1224] Streeck, Wolfgang (Ed.) (1992): Social Institutions and Economic Performance. Studies of Industrial Relations in Advanced Capitalist Economies. London: Sage

[1225] Strietska-Ilina, Olga (2000): Research on vocational education and training at the crossroads of transition in Central and Eastern Europe. In: Pascaline Descy/Manfred

Tessaring (Eds.): Training in Europe. Second report on vocational training research in Europe 2000. Vol. 3

[1226] Stringer, Ernest T. (1999): Action Research. 2. London: Sage

[1227] Sudnow, David (1978): Ways of the hand: The organization of improvised conduct. London: Routledge & Kegan Paul

[1228] Suedhof, Hermann (1934): Das Berufs- und Fachschulwesen im totalen Staat. Berlin: Heymanns

[1229] Sumiya, Mikio (Ed.) (1970): Nippon Shokugyo Kunren Hatten-shi - Senshin Gijutsu Dochaku-ka no Katei. Vol. 1

[1230] Sumiya, Mikio (Ed.) (1971): Nippon Shokugyo Kunren Hatten-shi - Nihon-teki Yousei Seido no Keisei. Vol. 2

[1231] Suzuki, Jun (1996): Meiji no Kikai Kogyo. Minerva Shobo

[1232] Swaffield, Sue (2002): Contextualising the Work of the Critical Friend. Cambridge: University of Cambridge

[1233] Swanson, John Chester (1966): Development of Federal legislation for vocational education. Chicago, IL: American Technical Society

[1234] SZW, Ministerie van Sociale Zaken en Werkgelegenheid (2001): Najaarsrapportage CAO-afspraken. Den Haag: SZW

[1235] Tanaka, Kazutoshi (1986): Waga Kuni no Shokugyou Kunren Karikyuramu. Shokudaisha

[1236] Tanaka, Kazutoshi/Ooki, Eiichi (Eds.) (2005): Hataraku Hito no 'Gakushuu' Ron - Shougai Shokugyo Noryoku Kaihatsu-ron. Gakubunsha

[1237] Tanaka, Sadao (1983): Les débuts de l'étude français au Japon. Tanaka Sadao: France, Tosho

[1238] Tanaka, Yoshimi (1993): Gijutsu Kyoiku no Keisei to Tenkai. Tokyo: Taga Shuppan

[1239] Tanguy, Lucie (1983): Système éducatif et système productif. In: Roland Carraz (Ed.): Recherche en éducation et socialisation de l'enfant. Paris: La documentation française

[1240] Tanguy, Lucie (1986): L'introuvable relation formation emploi, un état des recherches en France. Paris: La documentation française

[1241] Tanguy, Lucie (1989): L'enseignement professionnel et technique: du présent au passé. In: Formation Emploi Vol. 27-28, 5-11

[1242] Taylor, Frederick Winslow (1911): The Principles of Scientific Management. New York: Harper & Brothers

[1243] Teichler, Ulrich (1995): Qualifikationsforschung. In: Rolf Arnold/Antonius Lipsmeier (Eds.): Handbuch der Berufsbildung. Opladen: Leske+Budrich. 501-508

[1244] Tenorth, Heinz-Elmar (1997): Pädagogik als Wissenschaft. In: Georg Jäger/Jörg Schönert (Eds.): Wissenschaft und Berufspraxis. Paderborn: Schöningh. 175-191

[1245] Terada, Moriki (2003): Vocational Education and Training in Japan. In: Frank Achtenhagen/Ernst G. John (Eds.): Political Perspectives of Vocational and Occupational Education and Training. Bielefeld: W. Bertelsmann. 259-282

[1246] Terada, Moriki (2004): Koukou Shokugyo Kyoiku to Shokugyo, Shuugyo no Kanren KouzouTerada. In: Moriki Terada (Ed.): Kyaria Keisei, Shuushoku Mekanizumu no Kokusai Hikaku. Koyoshobo

[1247] Terhart, Ewald (1996): Berufskultur und professionelles Handeln. In: Arno Combe/ Werner Helsper (Eds.): Pädagogische Professionalität. Frankfurt/Main: Suhrkamp. 448-471

[1248] Terhart, Ewald (2000a): Lehr-Lernmethoden. Weinheim, München: Juventa

[1249] Terhart, Ewald (2000b): Perspektiven der Lehrerausbildung in Deutschland. Weinheim, Basel: Beltz

[1250] Terhart, Ewald (2003a): Constructivism and Teaching: a new paradigm of general didactics? In: Journal of Curriculum Studies Vol. 35, (1). 25-44

[1251] Terhart, Ewald (2003b): Erziehungswissenschaft zwischen Forschung und Politikberatung. In: Vierteljahresschrift für Wissenschaftliche Pädagogik Vol. 79, 74-90

[1252] Terrot, No 8 (1997): Histoire de l'éducation des adultes en France: la part de l' éducation des adultes dans la formation des travailleurs: 1789-1993. Paris: L' Harmattan

[1253] Terzis, Nikos (Ed.) (2004): Quality in Education in the Balkans. Union of Thessaloniki Book: Saloniki Book Publishers

[1254] Tessaring, Manfred (1998a): First report on vocational training research in Europe. Thessaloniki

[1255] Tessaring, Manfred (1998b): Ausbildung im gesellschaftlichen Wandel. Thessaloniki: CEDEFOP

[1256] Tessaring, Manfred (1999): Ausbildung im gesellschaftlichen Wandel. Ein Bericht zum aktuellen Stand der Berufsbildungsforschung in Europa. Luxem bourg: EU-Commission

[1257] Teurlings, Christa C. J./Wolput, Bibi van/Vermeulen, Margreet (2006): Nieuw leren waarderen. Een literatuuronderzoek naar effecten nieuwe vormen van leren in het voortgezet onderwijs. Utrecht: Schoolmanagers

[1258] Theunissen, Anne-Françoise (1996): CEDEFOP and the Social Partners. Thessaloniki: CEDEFOP

[1259] Tikly, Leon/Lowe, John/Crossley, Michael/Dachi, Hilary/Garrett, Roger (2003): Globalisation and Skills for Development in Rwanda and Tanzania. London: DFID

[1260] Timmermann, Andrea (2006): Betriebliche Personalpolitik und die Erwerbstätigkeit qualifizierter Frauen. Hamburg: Dr. Kovač

[1261] Timmermann, Dieter (1996): Qualitätsmanagement in der betrieblichen Bildung. Bielefeld: W. Bertelsmann

[1262] Timmermann, Dieter (1998): Nutzen aus der Sicht der Wissenschaft. In: BIBB (Ed.): Nutzen der berufl ichen Bildung. Bielefeld: W. Bertelsmann. 75-92

[1263] Timmermann, Vincenz/Graff, Michael (1995): Bildung und wirtschaftliches Wachstum in Entwicklungsländern. In: Verein für Socialpolitk (Ed.): Bevölkerungsdynamik und Grundbedürfnisse. Berlin: Duncker &. Humblot. 339-367

［1264］Tippelt，Rudolf（2000）：Initiativen der UNESCO：Ausgewählte aktuelle Konzepte zur Bildungsplanung und zur Kooperation von beruflicher und allgemeiner Bildung. In：Manfred Weiß/Horst Weishaupt（Eds.）：Bildungsökonomie und neue Steuerung. Frankfurt/Main：Lang. 123-147

［1265］Tissot，Philippe（2004）：Terminology of vocational training policy. A multilingual glossary for an enlarged Europe. Luxembourg：Office for Official Publications of the European Communities

［1266］Tokyo Kogyo Daigaku（1940）：Rokujunen-shi

［1267］Tokyo Kogyo Daigaku（1985）：Hyakunen-shi，Tsuushi

［1268］Tramm，Tade（1994）：Die Überwindung des Dualismus von Denken und Handeln als Leitidee einer handlungsorientierten Didaktik. In：Wirtschaft und Erziehung Vol. 46，39-48

［1269］Tramm，Tade/Reinisch，Holger（2003）：Innovationen in der beruflichen Bildung durch Modellversuchsforschung? In：ZBW Vol. 99，161-174

［1270］Travitian，Roland（1992）：The community social dialogue. Vocational Training I/1992. Thessaloniki：CEDEFOP

［1271］Traxler，Franz/Blaschke，Sabine/Kittel，Bernhard（2001）：National Labour Relations in Internationalized Markets. Oxford：Oxford University Press

［1272］TUC(1998)：Union Gateways to Learning：TUC Learning Service Report. London：Trades Union Congress

［1273］Twardy，Martin/Beutner，Marc/Buschfeld，Dieter/Bader，Reinhard/Richter，Andy（2001）：Modellversuch "Neunstündiger Berufsschultag". Münster：Bezirksregierung，Geschäftsstelle Modellversuch

［1274］U. S. Legislation（1968）：Amendments to the Vocational Education Act of 1963. Pub. L. No. 90-576，1，82 Stat. 1064

［1275］Ulich，Eberhard（1994；1998；2001；2005）：Arbeitspsychologie. 3. Aufl. Zürich，Stuttgart：Schäffer-Poeschel

［1276］Ulrich，Joachim Gerd（1999）：Verwirrung um den Lehrstellenzuwachs 1998：um mehr als das Doppelte überschätzt? In：BWP Vol. 28，（6）.17-22

［1277］Ulrich，Joachim Gerd（2003）：Ergänzende Hinweise aus der Lehrstellenbewerberbefragung 2002 zur Interpretation der Berufsbildungsstatistik. In：BIBB/BA：Nutzung und Nutzen des Internets bei der Berufswahl und bei der Lehrstellensuche. ibv（6）.1,775-1,784

［1278］Ulrich，Joachim Gerd/Krekel，Elisabeth M. /Flemming，Simone（2005）：Training place market still very tight. http://www. bibb. de/en/22024. htm. 15. 11. 2005

［1279］UNESCO(1945)：Constitution of the United Nations A Educational，Scientific and Cultural Organization. http://unesdoc. unesco. org/images/0013/ 001337/133729e. pdf ♯page＝7.

［1280］UNESCO(1990b)：Framework for Action to Meet Basic Learning Needs. In：UNESCO（Ed. ）：World Declaration on Education for All and Framework for Action to Meet Basic Learning Needs. Adopted by the World Conference on Education For All：

Meeting Basic Learning Needs, Jomtien, Thailand, 5.-9. March 1990. Paris: UNESCO

[1281] UNESCO(1997a): International Standard Classifi cation of Education. ISCED-97. Paris: UNESCO

[1282] UNESCO(2000a): What is UNESCO? Paris: UNESCO

[1283] UNESCO(2000b): The Dakar Framework for Action: Education for All: Meeting our Collective Commitments. Adopted by the World Education Forum Dakar, Senegal, 26.-28. April 2000. Paris

[1284] UNESCO(2003a): Education Work and the Future: Selected UNESCO Publications and Documents in Technical and Vocational Education and Training (CD-ROM)

[1285] UNESCO(2003b): UNESCO: What it is. What it does. Paris: UNESCO

[1286] UNESCO(2004a): International framework curriculum for a master degree for TVET teachers and lecturers. In: UNESCO International Meeting on Innovation and Excellence in TVET Teacher/Trainer Education. Bonn: UNESCO-UNEVOC. 13-18

[1287] UNESCO(2004b): UNESCO and Education: Institutes and Centres. Paris: UNESCO

[1288] UNESCO (2005a): Revised Recommendation Concerning Technical and Vocational Education (2001). In: UNESCO (Ed.): Normative Instruments Concerning Technical and Vocational Education. Paris: UNESCO. 7-51

[1289] UNESCO (2005b): Vocational Education: The Come-Back? In: Education Today (13). 3-7

[1290] UNESCO(2006): The Technical and Vocational Education and Training Programme. http://portal. unesco. org/education/en. 06. 08. 2007

[1291] UNESCO/IIEP (2004): Promoting Skills Development. Report of an Interregional Seminar on "Assisting the design and implementation of Education for All skills development plans, Paris, 22.-23. January 2004. Paris: UNESCO/IIEP

[1292] UNESCO/ILO (2002): Technical and Vocational Education and Training for the Twenty-First Century. UNESCO and ILO Recommendations. http://unesdoc. unesco. org/images/0012/001260/126050e. pdf. 06. 08. 2007

[1293] UNESCO-UNEVOC (1989): Convention on Technical and Vocational Education. Adopted by the General Conference at it's twenty-fifth session Paris 10 November 1989. http://p19035. typo3server. info/fileadmin/ user_ upload/pubs/conv-e. pdf. 06. 08. 2007

[1294] UNESCO-UNEVOC(1996): Financing Technical and Vocational Education. Modalities and Experiences. Berlin: UNESCO-UNEVOC

[1295] UNESCO-UNEVOC(2003): UNESCO-UNEVOC International Centre for Technical and Vocational Education and Training, in Brief. Bonn

[1296] UNESCO-UNEVOC/BMBF(2004): UNESCO International Experts Meeting, Bonn, 25. October 2004. Orientation Technical and Vocational Education and Training for sustainable development. Bonn:

[1297] UNESCO-UNEVOC/UIS (2006): Participation in Formal TVET Programmes Worldwide: An Initial Statistical Study. Bonn, Montreal

[1298] UNICE/CEEP/ETUC (1996): Compendium: Vocational Training-Innovation and

Diversity in Dialogue Practices between Social Partners. Luxembourg: European Commission

[1299] United Nations (2000): 55/2-United Nations Millenium Declaration. Resolution adopted by the General Assembly. http://unric. org. 06. 08. 2007

[1300] United Nations(2001): Road map towards the implementation of the United Nations Millenium Declaration. Report of the Secretary General 6 September 2001. http:// unric. org. 06. 08. 2007

[1301] Vargas Zuñiga, Fernando (2005): Key competencies and lifelong learning. Montevideo: Skills and Employability Department/CINTERFOR, ILO and Swiss Agency for Development and Cooperation

[1302] Veichtlbauer, Judith/Schlögl, Peter (2001): Bildungserträge: kommentierte Übersicht bestehender Ansätze und Indikatoren zur Erfassung von Bildungserträgen. Wien: Arbeiterkammer, Abt. Wirtschaftswiss. und Statistik

[1303] Velten, Michael (1990): Training guarantee scheme: Boon or burden? In: Australian Accountant (8). 26-29

[1304] Verdier, Eric (2001): La France a-t-elle changé de régime d'éducation et de formation? In: Formation Emploi Vol. 76, 11-35

[1305] Vergnaud, Gérard (1983): Contenus des enseignements et didactique des disciplines. In: Roland Carraz (Ed.): Recherche en éducation et en socialization de l'enfant. Paris: La documentation française

[1306] Verordnung (1999): Verordnung über die Ausbildung und Prüfung in den Bildungsgängen des Berufskollegs

[1307] VETNET(2006): European research network in vocational education and training. http://www. vet-research. net. 29. 11. 2006

[1308] Vijlder, Frans de (2005): Zorg voor of zorg over kennisdelen in het gezondheidszorgonderwijs? In: Vakblad voor opleiders in het gezondheidszorgonderwijs Vol. 4, 3-8

[1309] Vind, Anders/Delamare Le Deist, Françoise/Heidemann, Winfried/Winterton, Jonathan (2004): European Trade Union Policies on Lifelong Learning. Copenhagen: Landsorganisationen i Danmark

[1310] Volpert, Walter (1974): Handlungsstrukturanalyse als Beitrag zur Qualifi kationsforschung. Köln: Pahl-Rugenstein

[1311] Volpert, Walter (2003): Wie wir handeln, was wir können. Ein Disput als Einführung in die Handlungspsychologie. 3. Aufl. Sottrum: artefact

[1312] Vonken, Matthias (2005): Handlung und Kompetenz. Theoretische Perspektiven für die Erwachsenenund Berufspädagogik. Wiesbaden: Verlag für Sozialwissenschaften

[1313] Vos, Arjen J. /Brits, V. M. (1990): Comparative education and national education systems. Durban: Butterworths

[1314] Wahle, Manfred (1999): Berufsbildungsgeschichte. In: Franz-Josef Kaiser/Günter Pätzold (Eds.): Wörterbuch der Berufs- und Wirtschaftspädagogik. Bad Heilbrunn, Hamburg: Klinkhardt. 101-102

[1315] Wahle, Manfred (2007a): Im Rückspiegel-das Kaiserreich. Modernisierungsstrategien und Berufsausbildung. Frankfurt/Main: GAFB

[1316] Walden, Günter (1996): Kooperation zwischen Berufsschule und Betrieb in kaufmaennischen Berufen. In: BIBB (Ed.): Lernortkooperation und Abgrenzung der Funktionen von Betrieb und Berufsschule. Bielefeld: W. Bertelsmann. 29-45

[1317] Walden, Günter (1999a): Möglichkeiten zur Verankerung von Lernortkooperation im dualen System der Berufsbildung. In: Günter Pätzold/Günter Walden (Eds.): Lernortkooperation. Bielefeld: W. Bertelsmann. 377-393

[1318] Walden, Günter (1999b): Verhaltensmuster und Bestimmungsgründe der Kooperation von Ausbildern und Berufsschullehrern. In: Günter Pätzold/Günter Walden (Eds.): Lernortkooperation. Bielefeld: W. Bertelsmann. 133-156

[1319] Walden, Günter (1999c): Lernortkooperation und zukünftige Anforderungen an das duale System der Berufsbildung. In: Günter Pätzold/Günter Walden (Eds.): Lernortkooperation. Bielefeld: W. Bertelsmann. 63-82

[1320] Walden, Günter/Brandes, Harald (1995): Lernortkooperation- Bedarf, Schwierigkeiten, Organisation. In: Günter Pätzold/Günter Walden (Eds.): Lernorte im dualen System der Berufsbildung. Bielefeld: W. Bertelsmann. 127-142

[1321] Walden, Günter/Herget, Hermann (2002): Nutzen der betrieblichen Ausbildung für Betriebe. In: BWP Vol. 6, 32-37

[1322] Watson, Keith (1993): Changing Emphases in Educational Aid. In: Terry Allsop/Colin Brock (Eds.): Key Issues in Educational Development. Oxford: Triangle. 59-87

[1323] Wattereus, Jan M. (1997): O + O fondsen onderzocht. Opelidings- en ontwikkelingsfondsen en de schooling van werknemers. Amsterdam: University of Amsterdam

[1324] Weber, Max (1988a): Gesammelte Aufsätze zur Wissenschaftslehre. Gesammelte Aufsätze: 7 Taschenbuchbände/Max Weber. Hrsg. von Marianne Weber. 7. Aufl. Tübingen: Mohr

[1325] Weber, Max (1988b): Die‚Objektivität‘ sozialwissenschaftlicher und sozialpolitischer Erkenntnis. In: Max Weber (Ed.): Gesammelte Aufsätze zur Wissenschhaftslehre. Tübingen: Mohr. 146-214

[1326] Weigel, Tanja/Mulder, Martin/Collins, Kate (2007): The Concept of Competence in the Development of Vocational Education and Training in Selected EU Member States. In: Journal of Vocational Education and Training Vol. 59, (1). 33-66

[1327] Weise, Gabriele (2001): Filmische Quellen zur Berufsbildungsgeschichte. In: Holger Reinisch/Reinhard Bader/Gerald A. Straka (Eds.): Modernisierung der Berufsbildung in Europa. Opladen: Leske+Budrich. 263-270

[1328] Weiss, Andrew (1995): Human Capital vs. Signalling Explanations of Wages. In: Journal of Economic Perspectives Vol. 9, (4). 133-154

[1329] Wenger, Etienne (1999): Communities of Practice: Learning, Meaning, and Identity. Cambridge: Cambridge University Press

[1330] Wenger, Etienne/McDermott, Richard/Snyder, William M. (2002): Cultivating

Communities of Practice: A Guide to Managing Knowledge. Boston: Harvard Business School Press

[1331] White, Simon/Kenyon, Peter (2001): Enterprise-based youth employment policies, strategies and programmes. Initiatives for the development of enterprise action and strategies. Skills Working Paper. No. Geneva: ILO

[1332] Whitty, Geoff (2006): Education (al) Research and Education Policy Making: is conflict inevitable? In: British Educational Research Journal Vol. 32, (2). 159-176

[1333] Wiegand, Ullrich (1996): Reform des Ordnungsrahmens: Modulsysteme oder Flexibilisierung der Ausbildungsordnungen? In: Winfried Schlaffke/Reinhold Weiß (Eds.): Das duale System der Berufsausbildung. Köln: Hundt Druck. 260-276

[1334] Wiemann, Günter (1991): Die Frühzeit der Arbeitslehre. In: Jürgen Lackmann/Uwe Wascher (Eds.): Arbeitslehre und Polytechnik. Annäherung und Wandel. München: Lexika Verlag

[1335] Wieringen, Fons van/Attwell, Graham (Eds.) (1999): Vocational and Adult Education in Europe. Dordrecht: Kluwer

[1336] Wietek, Gerhard (2003): Aufspaltung und Zerstörung durch disziplinäre Wissenschaften. Innsbruck: Studien-Verlag

[1337] Wild, Klaus-Peter/Krapp, Andreas (1996): Lernmotivation in der kaufmännischen Erstausbildung. In: Klaus Beck/Helmut Heid (Eds.): Lehr- Lern-Prozesse in der kaufmännischen Erstausbildung. Beiheft zur ZBW Vol. 13. Stuttgart: Steiner. 90-107

[1338] Wilde, Rein de (2001): De kenniscultus. Over nieuwe vormen van vooruitgangsgeloof. Maastricht: Universiteit Maastricht

[1339] Wilkinson, Richard (1996): Unhealthy Societies: The Afflictions of Inequality. London: Routledge

[1340] Wilms, Wellford (1988): Training for Technology: a questionable investment. In: International Journal of Educational Development Vol. 8, 143-54

[1341] Winch, Christopher (2006): Georg Kerschensteiner - founding the dual system in Germany. In: Oxford Review of Education Vol. 32, (3). 381-396

[1342] Winterton, Jonathan (2001): VET innovations through arrangements in collective agreemnets to facilitate lifelong learning for low-skilled workers and workers in occupations at risk. Thessaloniki: CEDEFOP

[1343] Winterton, Jonathan (2003): Social dialogue and vocational training in the EU: Analysis of a CEDEFOP survey. Thessaloniki: CEDEFOP

[1344] Winterton, Jonathan (2005): From Bologna to Copenhagen: Process towards a European credit transfer system for VET. In: International Journal of Training Research Vol. 3, (2). 47-64

[1345] Winterton, Jonathan/Strandberg, Torbjorn (2004): European Social Dialogue: an evaluation and critical assessment. In: Béla Galgoczi/Céline Lafoucriere/Lars Magnusson (Eds.): The enlargement of social Europe. Brussels: ETUI/SALSTA/ CRÉER. 21-75

[1346] Winterton, Jonathan/Winterton, Ruth (1994a): 'United Kingdom'. In: Roger

Blanpain/Christian Engels/Claudio Pellegrini (Eds.): Contractual Policies concerning Continued Vocational Training. Leuven: Peeters Press. 299-314

[1347] Winterton, Jonathan/Winterton, Ruth (1994b): Collective Bargaining and Consultation over Continuing Vocational Training. Sheffield: Employment Department

[1348] Wissing, Jürgen (1954): Zur Didaktik des werkkundlichen Berufsschulunterrichts. Weinheim: Beltz

[1349] Wöhe, Günter (2002): Einführung in die Allgemeine Betriebswirtschaftslehre. 21. Aufl. München: Vahlen

[1350] Wolbers, Maarten H. J. (2005): De arbeidsmarktintegratie van schoolverlaters in Europa. In: Tijdschrift voor Arbeidsmarktvraagstukken Vol. 21, (2). 129-139

[1351] Wolsing, Theo (1977): Untersuchungen zur Berufsausbildung im Dritten Reich. Kastellaun: Henn

[1352] Wolter, Stefan C./Schweri, Juerg (2003): Kosten und Nutzen der Lehrlingsausbildung aus Sicht der Schwei zer Betriebe. Bern: Bundesamt für Berufsbildung und Technologie

[1353] Womack, James P./Jones, Daniel T./Roos, Daniel (1990): The Machine that Changed the World. New York: Rawson Associates, Macmillan Publishing Press

[1354] World Bank (1991): Vocational and Technical Education and Training. A World Bank Policy Paper. Washington D. C. : World Bank

[1355] World Bank (1999): Education sector strategy. Washington D. C. : World Bank

[1356] World Bank (2000): Integrating quantitative and qualitative research in development projects. Washington D. C. : World Bank

[1357] Yamamoto, Reiko (2002): Senryouka ni Okeru Koukyou Kigyo-tai Shokunou kyoiku Kaikaku - GHQ no Kaikaku Sisei wo Chushin ni. In: Sengo Kyoiku-shi Kenkyu Vol. 16, Meisei Daigaku Sengo Kyoiku-shi Kenkyu center

[1358] Yokosuka Naval Arsenal (1915): In: Yokosuka Kaigun Sensho-shi Vol. 1, 13-14

[1359] Young, Michael (2003): National Qualifications Frameworks as a Global Phenomenon. In: Journal of Education and Work Vol. 16, (3). 223-237

[1360] Young, Michael (2005): National Qualifications Frameworks: Their Feasibility for Effective Implementation in Developing Countries. Vol. 22. Geneva: ILO/Skills and Employability Department

[1361] Zabeck, Jürgen (1973): Die Sekundarstufe II zwischen Studierfähigkeit und Berufsqualifi kation. In: Wirtschaft und Erziehung Vol. 25, 31-39

[1362] Zabeck, Jürgen (1975): Die Berufsakademie - Zum Problem der pädagogischen Legitimation eines Innovationsversuchs im Bildungswesen. In: DtBFsch Vol. 71, 109-118

[1363] Zabeck, Jürgen (1996): Politikberatung am Beispiel der Berufsakademie Baden-Württemberg. In: Bernd-Joachim Ertelt/Manfred Hofer (Eds.): Theorie und Praxis der Beratung. Nürnberg: IAB. 237-249

[1364] Zabeck, Jürgen (2000): Geschichtsschreibung zwischen Rekonstruktion und Konstruktivismus. In: ZBW Vol. 96, (4). 485-494

[1365] Zabeck, Jürgen/Zimmermann, Matthias (1995): Anspruch und Wirklichkeit der Berufsakademie Baden-Württemberg. Eine Evaluationsstudie. Weinheim: Deutscher Studienverlag

[1366] Zedler, Reinhard (1995): Berufsschule-Partner der Ausbildungsbetriebe. In: Günter Pätzold/Günter Walden (Eds.): Lernorte im dualen System der Berufsbildung. Bielefeld: W. Bertelsmann. 181-192

[1367] Zhang, Chi (1993): The determination of statistical sophistication of research in vocational education. ERIC Document Reproductive Services No. ED360381. Atlanta, GA: ERIC

[1368] Zhao, Zhiqun (2003): Berufspädagogen in China auf dem Weg zur Profession. Bielefeld: W. Bertelsmann

[1369] Ziefuß, Horst (1985): Schule, Arbeit und Beruf aus der Sicht Auszubildender. Arbeit - Bildung - Arbeitslosigkeit. ZBW 19. Beiheft. Weinheim, Basel: Beltz

[1370] Ziefuß, Horst (1992): Lehrpläne in den westlichen Bundesländern. In: Horst Ziefuß (Ed.): Arbeitslehre. Eine Bildungsidee im Wandel. Vol. 5. Seelze-Velber: Kallmeyer

[1371] Ziefuß, Horst (1995): Arbeitslehre in der Schulpraxis der Länder. In: Horst Ziefuß (Ed.): Arbeitslehre. Eine Bildungsidee im Wandel. Vol. 6. Seelze-Velber: Kallmeyer

[1372] Ziefuß, Horst (1996): Arbeitslehre im Spiegel der Meinungen. In: Horst Ziefuß (Ed.): Arbeitslehre. Eine Bildungsidee im Wandel. Vol. 3. Seelze-Velber: Kall meyer

[1373] Ziefuß, Horst (1998): Lehrerbildung in der Arbeitslehre. In: Horst Ziefuß (Ed.): Arbeitslehre. Eine Bildungsidee im Wandel. Vol. 4. Seelze-Velber: Kallmeyer

[1374] Ziefuß, Horst/Hendricks, Wilfried/Reuel, Günter (1984): Arbeitslehre: Stand und Entwicklungstendenzen aus Lehrersicht. Braunschweig: Westermann

[1375] Ziegler, Adolf (1916): Handbuch für das kaufmännische Unterrichtswesen. Leipzig: Glöckner

[1376] Zielinski, Johannes (1963): Humanisierung der Berufsschule. Aufsätze und Reden zum Gestaltwandel der Berufsschule in der industriellen Gesellschaft. Ratingen: Henn

[1377] Zilversmit, Arthur (2004): Schooling for Work. http://encyclopedia. chicagohistory. org/pages/1123. html. 05. 02. 2007

[1378] Zimmer, Gerhard M. (1997): Wissenschaftliche Begleitung von Modellversuchen: Auf der Suche nach der Theorie innovativer Handlungen. In: BWP Vol. 26, (1). 27-33

[1379] Zimmermann, Claudia (1993): Die Anerkennung von Berufsabschlüssen in Europa. Keine Klarheit bei der Berücksichtigung sozialer Berufe. In: Soziale Sicherheit. Zeitschrift für Arbeitsmarkt- und Sozialpolitik Vol. 42, (11). 337-340

[1380] Zinke, Gerd/Fogolin, Angela (Eds.) (2004): Online-Communities-Chancen für informelles Lernen in der Arbeit. Bielefeld: W. Bertelsmann

[1381] Zolingen, Simone J. van (2002): The Role of Key Qualifications in the Transition from Vocational Education to Work. In: Journal of Vocational Education Research Vol. 27, (2). http://scholar. lib. vt. edu/ ejournals/ JVER/ v27n2/vanzolingen. html. 10. 01. 2007

[1382] Zöller, Arnulf/Gerds, Peter (Eds.) (2003): Qualitätsichern und steigern. Personal-

und Organisationsentwicklung als Herausforderung für berufliche Schulen. Bielefeld:
W. Bertelsmann

[1383] Zymek, Bernd (1975): Das Ausland als Argument in der pädagogischen
Reformdiskussion. Schriftenreihe zur Geschichte und politischen Bildung. Vol. 19.
Ratingen et al. : Henn